逸周書彙校集注

（修訂本）

下册

黃懷信　張懋鎔　田旭東　撰
黃懷信　修訂
李學勤　審定

上海古籍出版社

逸周書彙校集注卷六

周月解第五十一

〔**集注**〕潘振云：周月者，周正朔之月也。得賢所以爲政，而改朔乃政之首務也，故次之以《周月》。○陳逢衡云：《周月》與《時訓》不同，《時訓》用夏時，故從孟春建寅之月起，《周月》從周正，故以「惟一月既南至」起篇。末又云「敬授人時，巡狩祭享，猶自夏焉」，以起次篇《時訓》之義。

惟一月既南至，昏，昴、畢見，日短極，基踐長，微陽動于黃泉，陰慘于萬物。

〔**彙校**〕諸本「陰」下皆有「降」字。盧校亦有「降」字，云：舊脱「降」字，據《通鑑前編》補。○孫詒讓云：杜氏《玉燭寶典》引「陰降」作「隆陰」。「隆」、「降」聲類同，古字通用。○劉師培云：宋鮑雲龍《天原發微》卷三上及《玉海》九並引作「維十有一月」，《玉海》注云：「一作『維一月』。」又卷二亦引作「維一月」。「十有一月」當係後儒據夏正妄改。日短極基踐長，《玉海》九引「基」作「其」，注云：「一作『基』。」陰降慘於萬物，今考《玉海》九所引亦有「降」字。

〔**集注**〕潘振云：一月，周正月也。南至者，自秋分日行南陸，冬至日南極也。昴，白虎中星。畢星狀如掩兔畢，昏見南方中也。日短，四十刻也。基，始也。踐，行也。陰慘降落，而萬物將舒也。此節專言冬至。○陳逢衡云：一月，仲冬之月，夏之十一月。南至，冬至也。《孝經説》：「斗指子爲冬至。」「至」有三義，一者陰極之至，二者陽氣始至，三者日行南至，故謂之至。昴七星，畢八星，昴、畢之間謂之天街。日短極者，仲冬日出於辰入於申，謂晷刻也。基踐長者，晷影極長也。微陽動於黄泉，氣初發於内也，地底謂之黄泉。陰慘降於萬物，地上之物無不摧落也。徐發《天元曆理》曰：「既南至即冬至，既者明非朔日。」今以法考之，乃武王克商壬辰歲冬十一月甲申朔，甲午冬至也。畢，盡也。《堯典》之「日短星昴」，乃昴宿之初見。此云畢見，乃昴宿所占之分盡見也，非畢宿也。〇朱右曾云：冬至日在牽牛，出赤道南二十四度，故曰南至。古曆冬至中星去日八十二度，日在牽牛初，則奎十度爲中星，自奎十一度至畢十六度，凡五十九度，故昴、畢見極。基，始；踐，履也。冬至日出辰入申，陽照三不覆九，故極短。夏至日出寅入戌，陽照九不覆三，故極長。陽伏泉下，故泉動而温。陰氣盛於地上，故物慘而死。慘，寒氣慘烈也。冬至中星去日八十二度者，據《三統曆》也。

是月斗柄建子，始昏北指，陽氣虧，草木萌蕩。

〔彙校〕盧文弨云：《前編》作「不萌蕩」。〇孫詒讓云：陽氣虧，《玉燭寶典》引「虧」上有「肇」字，當據補。〇劉師培云：草木萌蕩，盧校云《前編》作「不萌蕩」，今考《玉海》九引無「不」字。

〔集注〕潘振云：建者，柄所暨也。北指，指大火辰。虧，氣損也。萌蕩，芽始動也。此節專言斗柄。〇陳逢衡云：古人定時建月多用斗杓，故《小正》言斗最詳，周時仍用此法，故云斗柄建子。斗柄，玉衡也。《鶡冠子·環流篇》曰：「斗柄北指，天下皆冬。」《淮南子·時則訓》仲冬之月招摇指子，《晉樂志》十一月之辰謂之子。子者，孳也，謂陽氣至此更孳生也。陽氣虧者，建子之月於卦爲復，一陽不能敵五陰，故虧。萌蕩，猶萌動也。〇丁宗洛云：陽氣虧，蓋言陽氣尚微，故只萌蕩耳，非虧損之謂也。○朱右曾云：日入後漏下三刻爲昏。虧，少；蕩，動也。陽氣雖少而萌芽將動，故曰孳萌於子。

日月俱起于牽牛之初，右回而行。

〔**彙校**〕劉師培云：「之初」二字疑屬後儒所增，《天原發微》卷三上作「起于牽牛」，無「之初」二字。今以歲差術證之：據今《會典》所載推日躔法，謂歲差五十一秒，積七十年，差五十九分三十秒，幾及一度。又據咸豐元年辛亥歲前冬至日在箕初，上距魯僖五年計二千五百零五年，所差不及三十七度，則魯僖五年冬至日躔適在牽牛初度之初。（箕十一度，斗二十六度三百八十五分，牛八度，由箕星初度之末至牽牛初度之初，所差不及三十七度。）故《漢書·律曆志》述劉歆《三統曆》，謂冬至日起牽牛之初，即以僖五年至朔同日爲準。及吕不韋作《月令》，距魯僖五年約四百一十餘年，所差約及六度。《續漢書·律曆志》注引蔡邕《月令章句》則謂起斗六度。漢四分曆，即據斯爲準。（《三統曆》謂進退於牽牛前四度五分，蓋《太初曆》有此説，惟所測稍疏，太初之時冬至日躔當作斗二十度。）若夫《周月解》之作，蓋在武王既崩之後，下距魯僖五年約四百五十年，所差幾及七度，則冬至日躔當在牽牛七八度之間，故云「日月起於牽牛」。後儒據《漢志》、《河圖》（《開元占經》五引）、《尚書考靈曜》（《御覽卷》十七引）諸書增「之初」二字，實則彼書所據均春秋時之天象，與周初天象不符。《周髀算經》言「冬至日在牽牛」，不言在初度（李籍《音義》亦僅言「冬至日在牽牛」），其證也。（《御覽》三十七引《尸子》云「天左舒而起牽牛」，亦不言初度。）

〔**集注**〕潘振云：牽牛，星紀也。○朱右曾云：牽牛之初，星紀也。

月周天起一次，而與日合宿。

〔彙校〕諸本「起」作「進」。盧校亦作「進」，云：進，舊作「起」，從沈改。○孫詒讓云：《寶典》引作「月一周周起一次」，蓋有衍誤，而作「起」則已與今本同。以文義校之，疑「起」當爲「超」，形近而誤。超與超辰之超義同，謂月行每月超一次而與日會也。沈改爲「進」，義通而非其原文。盧從之，疏矣。

〔集注〕潘振云：進，前進也。星之躔舍爲次。宿，宿也。舍，次舍。

日行月一次周天，歷舍于十有二辰，終則復始，是謂日月權輿。

〔彙校〕孫詒讓云：《寶典》兩引「一次」下並有「十月二次」四字，是也，當據補。○劉師培云：《玉海》九引「舍」作「會」，注云：「一作舍。」《天原發微》卷三上亦作「會」。

〔集注〕朱右曾云：權輿，始也。造歷必始冬至，以正氣朔，故曰日月權輿。孫星衍曰：「權輿，草木之始，釋草云其萌灌蕍，即權輿也。」

周正歲道，數起于時一而成于十，次一爲首，其義則然。

〔彙校〕道，諸本作「首」，盧從沈亦改「首」。

〔集注〕陳逢衡云：施彦士曰：「盧本『歲道』作『歲首』甚核，蓋以一月爲正歲之首，與《周禮》『正歲』、《豳風》『十月改歲』無乎不合。」徐發曰：「正讀如政。歲與年不同，《周禮》『太史正歲年』注：『中數曰歲，朔數曰年。』中數者節氣之謂，言歲必節氣，全年則以月論，十二月不必全節氣也。凡作歷必始冬至，故以冬至之月爲正歲，言歲月之道從此而始正也。然天有差移，歷代不同，故以此月之朔日月皆起牽牛之初爲本朝正歲之道，可見古人於歲差之理甚明，故其昭示法象如此。數，月數。言數必起於四時之首，當以春爲月數之始明矣，但數止於十，其孟春即次一矣。次一爲時之首而仲冬却爲歲之首者，天道由正，日月權輿之義不得不然也，故《豳風》與《周書》仲冬皆稱一月。」衡案：周正歲首指仲冬建子之月，次一爲首指孟春建寅之月。數起於時一而成於十者，《董子·陽尊陰卑篇》云：「天之大數畢於十旬。」古之聖人因天數之所止以爲數紀，十如更始，是故天道十月而成，人亦十月而成，合於天道也。故陽氣出於東北入於西北，發於孟春畢於孟冬，而物莫不應。

凡四時成歲，有春夏秋冬，各有孟、仲、季，以名十有二月，中氣以著時應。

〔彙校〕王念孫云：凡四時成歲，有春夏秋冬，「歲」下更有「歲」字，而今本脱之。《太平御覽·時序部二》引此正作「歲有春夏秋冬」。「中氣」上有「月有」二字，而今本脱之。「月有中氣以著時應」，與上文「歲有春夏秋冬，各有孟仲季以名十有二月」文同一例，下文「十二月中氣」皆承此「月有」二字言之。《文選·顏延之讌曲水詩》注及《太平御覽》並作「月有中氣」。○陳逢衡據《文選》注補「月有」二字。○朱右曾校從王，云：古曆皆以中數，朔不必在其月，中必在其月，故夏、殷、周曆元皆與朔會。漢詔曰：「黄帝建氣分數。」氣，二十四氣也。則中氣由來已久矣。○劉師培云：朱本據《御覽》所引疊「歲」字（本《雜志》説），今考《書抄》百五十三引作「凡四時成歲，歲有春夏秋冬」。

春三月中氣：雨水、春分、穀雨；夏三月中氣：小滿、夏至、大暑；秋三月中氣：處暑、秋分、霜降；冬三月中氣：小雪、冬至、大寒。

〔彙校〕按春月三中氣，盧改作「驚蟄、春分、清明」，潘、丁、朱三家從。○盧文弨云：《御覽》所引「春三」下無「月」字，下夏、秋、冬並同。舊作「雨水、春分、穀雨」，非古法也，説見下篇。○陳漢章云：《考工記》注：「啓蟄，孟春之中也。」《禮記·月令》注：「漢始以雨水爲二月節。」《漢書·律曆志》：「諏訾初立春中驚蟄，降婁初雨水中春分，大梁初穀雨中清明。」是漢始與周月合。

〔集注〕朱右曾云：孔穎達曰：「雨水，雪散而爲雨水也。驚蟄，蟄蟲驚而走出。穀雨，言雨以生百穀。清明，謂物生清淨明潔。小滿，言物長于此小得盈滿。芒種，言有芒之穀可稼種。小暑、大暑、小寒、大寒謂極寒、極熱之中分爲大小，月初爲小，月半爲大。處暑，暑將退伏而潛處。白露，陰氣漸重露濃色白。寒露，言露氣寒將欲凝結。小雪、大雪，以霜雨凝結爲雪，十月猶小，十一月轉大。」

閏無中氣，斗指兩辰之間。

〔集注〕朱右曾云：朔數三百五十四日有奇爲一年，中數三百六十五日有奇成一歲。中、朔參差，正之以閏。中氣在月盡則後月是閏也。《淮南·天文訓》云：「斗指子則冬至，加十五指癸則小寒，指丑則大寒。指報德之維則越在陰地而立春，指寅則雨水，指甲則雷驚蟄，指卯中繩曰春分，指乙則清明風至，指辰則穀雨。指常羊之維則立夏，指巳則小滿，指丙則芒種，指午則陽氣極而夏至，指丁則小暑，指未則大暑。指背陽之維則立秋，指申則處暑，指庚則白露降，指酉中繩曰秋分，指辛則寒露，指戌則霜降。指號通之維則立冬，指亥則小雪，指壬則大雪，又十五日指子。」是届中氣而後指辰。閏無中氣，故指兩辰之間也。○劉師培云：《尚書·堯典》「以閏月定四時成歲」，孔疏引王肅注云：「斗之所建是爲中氣。日月所在，斗指兩辰之間無中氣，故以爲閏也。」語本此文。（又《御覽》十七引陸績《渾天儀說》云：「閏月無中氣，北斗斜指二辰之間。」）

萬物春生、夏長、秋收、冬藏，天地之正，四時之極，不易之道。夏數得天，百王所同。

〔集注〕陳逢衡云：《爾雅》：「春爲發生，夏爲長嬴，秋爲收成，冬爲安寧。四時和爲通正，謂之景風。」《管子·四時》曰：「春嬴育，夏養長，秋聚收，冬閉藏。大寒乃極，國家乃昌，四方乃服，此謂歲德。」極，中也。不易，不改易也。○朱右曾云：得天，得天地之正也。《魏志》高堂隆云：「黄帝、高辛、夏后皆以十三月爲正，少昊、唐、殷皆以十二月爲正，高陽、虞、周皆以十一月爲正。」此云百王同夏，則隆說謬也。

其在商湯，用師于夏，除民之災，順天革命，改正朔，變服殊號，一文一質，示不相沿。以建丑之月爲正，易民之視。若天時大變，亦一代之事。

〔彙校〕盧文弨云：視，本亦作「眂」。○朱右曾云：《玉海》無「湯」至「正朔」十六字。○孫詒讓云：改正朔，《寶典》引作「改夏正朔」。以建丑之月爲正，《寶典》引無「之月」二字。視，《寶典》作「眂」，與別本同。亦，疑當作「示」，形近而誤。○劉師培云：《斠補》云「亦」疑當作「示」，其說是也。若天時大變，當作「若天時之變」（之、大草書形近），猶言順天時之變也。

〔集注〕潘振云：正者，年之始。朔者，月之初。夏尚忠，殷尚質，以之相較，則夏質而商文。沿，固也。○陳逢衡云：徐發曰：「正歲本於曆數，有餘、不足因時改變，故有改朔之法，亦謂之改正朔。若正月乃四時之首，孟春定數何得改變？故商以建丑之月爲正朔，即《伊訓》之元祀十有二月乙丑祠先王也。蓋正朔爲班朝蒞治之始，故新君廟見於此時行之。然而仍稱十有二月，則可知商之改正實非正月矣。」衡案：夏數，謂由正月至十二月之數。得天，謂合天道。百王所同，則固而不改也，其改者爲歲首。湯革命則以丑月爲歲首，武伐商則以子月爲歲首，故曰改正朔。○朱右曾云：夏以平旦爲朔，殷以鷄鳴爲朔，周以夜半爲朔。號，名號也。沿，固也。以季冬爲孟春，故天時大變。此改正亦改時之明證也。

亦越我周王致伐于商，改正異械，以垂三統。

〔彙校〕劉師培云：《路史·發揮二》引「械」作「制」。

〔集注〕潘振云：越，及也。致，會也。械，軍旅之器也。垂，布也。○朱右曾云：械，謂禮樂之器也。統，本也。寅爲人統，丑爲地統，子爲天統。

至於敬授民時，巡狩祭享，猶自夏焉。是謂《周月》，以紀于政。

〔彙校〕盧文弨云：《前編》「祭」作「蒸」。○孫詒讓云：《黄氏日鈔》引作「烝」(蒸即烝之借字)，疑宋本如是。《商誓》亦云「罔不維后稷之元穀用蒸享」，可與《前編》互證。○劉師培云：巡狩祭享，《路史·發揮二》引「祭」作「承」，即「烝」字之訛。趙汸《周正考》亦引作「烝」。(朱子發《漢上易書·李溉卦氣圖》云「周建子而授民時，巡狩承享，皆用夏正」，「承」亦「烝」訛。)

〔集注〕潘振云：敬授者，欽定而頒之也。民時，謂耕穫之候。祭，祭地祇。享，享人鬼。自，從也。紀，治理也。○

陳逢衡云：徐發曰：「此尤見改正不改月之明證矣。」衡案：敬授民時，如《堯典》所載「厥民因厥民析」，《小正》所載「綏多士女」之類。巡狩，二月岱、五月南嶽、八月西嶽、十一月北嶽也。祭享，春祠、夏礿、秋嘗、冬烝之類。自，用也。

逸周書彙校集注卷六

時訓解第五十二

〔彙校〕按：唐大沛《句解》缺此篇。

〔集注〕潘振云：時，四時。古言可法者曰訓。夏數得天，時依古訓。驗氣候，察物異，導君脩德也，故次之以《時訓》。○陳逢衡云：此七十二候所由始也，蓋自周有之，非始於秦漢也。《困學紀聞》曰：「《夏小正》具十二月而無中氣，有候應而無日數，《時訓》乃五日爲候，三候爲氣，六十日爲節，二書詳略雖異，大要則同。《易通卦驗》所記氣候，比之《時訓》，晚者二十有四，早者三，當以《時訓》爲正，故揚子雲《太玄》二十四氣、關子《明論》七十二候，皆以《時訓》。」衡案：《周書·時訓》與今法同，自唐《大衍術議》後多遵用之。仁和郎瑛著《七修類藁》有《二十四氣考》，王棠《知新録》採其説而復申論之，然於名物不甚詳核。近刻《藝海珠塵》載曹仁虎《七十二候考》，亦只詳歷代異同增損，而於時應概無發明。○劉師培云：《周髀算經》雖有八節二十四氣之名，而七十二候之分則始於本篇。唐一行《卦候議》謂七十二候原於周公，《時訓》、《月令》雖有增益，其先後之次則同。此篇當唐、宋之時均有別行本。觀唐人引《周書》者，惟此恒舉篇名，《御覽》標目亦特著《周書·時訓》，別於《汲冢周書》之外，其證也。又據唐《開成石經》及《御覽·時序部》所載，《唐月令》以七十二候分配二十四氣，五日一候，與《時訓》同。《魏書·律曆志》據《正光曆》、

《甲子元曆》兩列七十二候，與《隋志》所録《劉暉曆》略同。《唐志》載一行《卦候議》，謂其以《易軌》爲據，故與《時訓》迥殊，具詳曹仁虎、俞樾《七十二候考》。自《唐志》採録《大衍曆》，始據《時訓》，蓋與《唐月令》同，惟改從冬至起箕，由唐以下均用之。（《隋書·經籍志》云梁有《月令七十二候》一卷，亦抄撮此書，惟其書久佚。）存以俟考。

立春之日，東風解凍；又五日，蟄蟲始振；又五日，魚上冰。

〔彙校〕孫詒讓云：惠云《御覽》「魚上冰」以上爲《經》，「風不解凍」以下爲《時訓》，「雨水」以下同。盧未採。案：此疑隋唐人妄分經、訓爲二，必非古本，然亦校讀此書者所當知也。

〔集注〕陳逢衡云：立春之日，正月節氣也。《孝經援神契》：「立，始建也。」東風解凍者，立春距冬至四十六日，陽氣暢達，向之水澤腹堅，今則無不融釋也。蟄蟲始振，即《小正》所謂正月啓蟄也。魚上冰者，魚當盛寒之時伏於水下，正月陽氣至則上游而近冰，即《小正》所謂「魚陟負冰也」。○朱右曾云：《易乾鑿度》云：「天氣三微而成一著。」康成曰：「五日爲一微，十五日爲一著，故五日爲一候，十五日成一氣。」東風，條風也。振，動也，言漸蘇也。《泰卦》用事，陽息而升，故魚上負冰。

風不解凍，號令不行；蟄蟲不振，陰姦陽；魚不上冰，甲胄私藏。

〔彙校〕陰姦陽，朱右曾據《御覽》「陰」下增「氣」字。○孫詒讓云：朱本陰下增「氣」字，云舊脱，據《御覽》補。案：《玉燭寶典》引亦有「氣」字。

〔集注〕潘振云：宣於人爲號，本諸律爲令。陰爲小人。姦，詐也。陽，謂君子。私，卿大夫也。○陳逢衡云：此占驗之始也。案：風爲號令之象，故《易》巽爲風。君子以申命行事，蓋風行於天猶令行於國，今不解凍，是帝出乎震而不齊乎巽也，故其占爲號令不行之象。蟲，昆蟲也。昆蟲得陰而藏，得陽而生，今時當孟春而猶不振，是陰氣犯陽，陽氣不能發於黄泉也，故其占爲陰奸陽之象。冰有稜角，甲胄之應也。蓋冰薄則魚陟負冰而上下和，冰厚則魚不上冰而陰陽戰。《易》曰：「履霜，堅冰至。」防其漸也，故其占爲甲胄私藏之象。〇朱右曾云：凡言此者，人君政失則氣候乖，天事恒象，著以示警，使修省焉。奸，犯也。陽不勝陰故不振。魚有鱗，甲胄之象。凡此災祥之應有三：蟄蟲不振，陰奸陽義也；鴻鴈不來，遠人不服象也；草木不萌動，果蔬不熟類也。餘倣此。

雨水之日，獺祭魚；又五日，鴻鴈來；又五日，草木萌動。獺不祭魚，國多盗賊；鴻鴈不來，遠人不服；草木不萌動，果蔬不熟。

〔彙校〕雨水，盧校與下句「驚蟄」易，潘、丁、朱三家從。〇盧文弨云：古雨水在驚蟄後，前漢末始易之，後人遂以習見妄改古書。此舊本亦以雨水在前，驚蟄在後，非也。今從沈改之，下穀雨、清明亦然。〇孫詒讓云：果蔬不熟，《寶典》引「蔬」作「瓜」，疑當爲「蓏」之譌。〇陳漢章云（合見下條校）。

〔集注〕潘振云：此解正月中氣也。獺，獸，西方白虎之屬，似狐而小，青黑色，膚如伏翼。取鯉於水裔，四方陳之，進而否食，世謂之祭魚。鴻，鴈之大者。來，自南而北，象遠人也。竊賄爲盗，殺人爲賊。果，木實。不萌動於始，故不熟於終。〇陳逢衡云：雨水之日，正月中氣也。謂之雨水者，前此雨雪今則融爲水也。獺也者，獱也，水禽也，一名水狗，似狐而小，青色。魚也者，鯉鮒之屬也。獺祭非其類，故《小正》大之而謂之獺獸祭魚也。祭也者，何也？此時魚肥美，獺將食而先置之水邊，四面陳之，有似於祭，所謂獺祭圓鋪是也，圓鋪者水象也。鴻鴈來者，自南而北也，即《小正》所謂正月鴈北鄉也。案《時訓》「小寒之日」已言「鴈北鄉」，此直云鴻鴈來，而其義自見，且鴈無定居，有似旅人，故南北皆可以言來。萌動，謂草木之根漸有生意，《大戴禮》所謂百草權輿是也。魚潛於水猶盜賊伏於草莽，獺能捕魚則魚避之，今不祭魚則魚得肆志矣，故其占爲國多盜賊之象。鴻鴈一歲自北而南復自南而北如旅人之奔走，今時當北鄉而猶不來，故其占爲遠人不服之象。草木者果蔬之本也，春不發揚，安望秋實？故其占爲果蔬不熟之象。○朱右曾云：冰解魚多，獺將食之，先陳以祭。《埤雅》曰：「豺祭方、獺祭圓。」《夏小正》云：「正月鴈北鄉。」鄉者，鄉其居也。萌動，將茁也。

驚蟄之日，桃始華；又五日，倉庚鳴；又五日，鷹化爲鳩。桃始不華，是謂陽否，倉庚不鳴，臣不□主；鷹不化鳩，寇戎數起。

〔彙校〕驚蟄，盧校與前句「雨水」易。潘、丁、朱三家從。○盧文弨云：《御覽》作「桃始不華是謂否塞」，又云：「倉庫災，倉庚不鳴即下不從上。」闕處丁宗洛補「從」，朱右曾從。朱駿聲補「諫」。○孫詒讓云：桃不始華，惠校改「桃若不華」，盧未採。臣不□主，惠校據《御覽》作「即不從上」，丁宗洛亦補「從」字，朱本同。案《寶典》引亦闕一字，則隋本已如此，《御覽》自別有所據，不足相補也。寇戎數起，案《御覽》句首有「則」字，《寶典》引「戎」作「賊」。○劉師培云：又五日倉庚鳴，《書抄》百四十四引「又」作「後」，疑唐本此篇又五日「又」均作「後」。《類聚》三引立秋、白露、秋分三節亦作「後五日」，此即《唐月令》所本也。桃不始華是爲陽否，案盧校云《御覽》作「是爲否塞」，又云「倉庫災」，今考「倉庫災」三字疑即下文「倉庚不鳴」之訛，然《類聚》八十六引《易通卦驗》云：「驚蟄曰大壯初九。桃不華，倉庫多火。」似三字又屬《通卦驗》之文。鷹化爲鳩，案《類聚》九十一引「化」作「變」。臣不□主，案主與否、起非協韻，疑係訛文，或舊本作「至」。〇陳漢章云：七十二候雖本此篇，而二十四氣實與漢以後諸曆不同。《易緯》、《孝經緯》並雨水在驚蟄前，清明在穀雨前。《魏書·律曆志》述正光曆及甲子元曆、劉焯曆，叙次與此篇不合。《唐書》載僧一行《大衍曆·卦候議》謂魏曆從《易軌》，不合經義。然一行造《開元大衍曆》，雖改從古，而「驚蟄之日獺祭魚，鴻鴈來，草木萌動」則作「雨水」，「雨水之日桃始華，倉庚鳴，鷹化爲鳩」則作「驚蟄」，其於穀雨五候、清明五候亦逐易其先後，仍未合於此篇。《曲園襍纂》有《七十二候考》，詳矣，於此猶未及考，故補之。

〔**集注**〕潘振云：桃能祛邪，陽木也。倉庚，鸝黄，象爲君勸農桑也。鷹，鷙鳥，象寇戎也。鳩，布穀。〇陳逢衡云：驚蟄之日，二月節氣也，謂之驚蟄者，蟄蟲聞雷而驚出也。《淮南·天文訓》：「雨水加十五日斗指甲則雷驚蟄。」蓋前此有動有不動，今則無不動矣，故《月令》仲春言蟄蟲咸動也。桃也者，杝桃也，即《小正》所謂梅杏杝桃則華也，此不言梅杏者，梅杏華或在前，而桃則必二月始華也。倉庚者，商庚也，即《小正》所謂有鳴倉庚也，鳴則蠶生，故《豳風》詠之以紀可蠶之候焉。倉庚一謂之鵹黄，一謂之黄離，一謂之楚雀，一謂之摶黍。其謂之斲木者，高誘注《時則》之譌也。其謂之長股者，《大戴》釋《小正》之誤也。鷹也者，雕也，鷙鳥也。化爲鳩者，春氣盪鼓，猛戾化爲慈柔，即《小正》所謂正月鷹則爲鳩也。鷹也者，其殺之時也，鳩也者，非其殺之時也，善變而之仁也。蓋其質猶是而其性則變也，閲其形則鷹而格其性則鳩也，故曰化也。郎瑛曰：「仲春之時鷙喙尚柔，不能捕鳥，瞪目忍饑如痴而化，故曰鳲鳩。」桃色紅，其象爲火，火有所附則不爲災，今不始華則陽氣無所洩，故其發必猛烈而爲害。《易通卦驗》曰：「驚蟄大壯初九，桃始華，不華倉庫多火。」是其應也，故其占爲陽否。陽，火也。否，愆也。倉庚性和不妒，故當春而鳴庚歌，喜起之應也。今不鳴則國家攜貳，故其占爲臣不從主之象。鷹鳥性鷙，不仁之應也。化爲鳩，則不仁者遠矣。今不爲鳩，其賊殺也必有應，故其占爲寇戎數起之象。〇丁宗洛云：閻百詩曰：「康成時尚是驚蟄前雨水後，至後漢劉洪《乾象曆》方改易其次。《周書·時訓解》舊亦雨水在驚蟄前，分明是傳寫人以後之節次上改古曆。讀者以此疑《時訓》非古，過矣。」○朱右曾云：倉庚，商庚，黃鳥也。鷹，鶇鳩也。應陽而變，喙柔而不鷙。否，塞也。鷙不感化，故有寇戎。

春分之日，玄鳥至；又五日，雷乃發聲；又五日，始電。

〔**集注**〕潘振云：玄鳥，燕也。陰陽薄動而成雷。○陳逢衡云：春分之日，二月中氣也。《淮南·天文訓》：「驚蟄加十五日，斗指卯中繩，故曰春分。」《春秋繁露》：「仲春之月，陽在正東，陰在正西，謂之春分。」春分者，陰陽相半也，故晝夜均而寒暑平。玄鳥者，燕也，燕，乙鳥，故謂之鳦，《莊子》謂之鷾鴯。乙以春分來，是爲二月之候鳥，即《小正》所謂「來降燕乃睇」也。雷也者，震氣也。正月必雷，雷不必聞，至二月始得聞之。電也者，激氣也。二月雷不必電，然雷爲火電爲燄，電則其雷之將發而先見者，故其色青而紫，有電然後有雷。蓋有電而不雷者，未有雷而不電者，二月其氣微不甚著，故人有見有不見也。謂之始者，因雷而使之也。○朱右曾云：康成云：「燕以施生來，巢人堂宇而字乳，故玄鳥爲祈子之候。大壯用事，陽盛上奮與陰相搏，其聲爲雷，其光爲電。」

玄鳥不至，婦人不□；雷不發聲，諸侯□民；不始電，君無威震。

〔**彙校**〕「不」下闕處盧據《御覽》補「娠」，「民」上闕處盧據《後漢書》補「失」。○盧文弨云：《御覽》又作「電若不見，即國無威振」，「振」與「震」同。○孫詒讓云：婦人不娠，案《御覽》首有「則」字。

〔**集注**〕潘振云：娠，孕也。震，怒也。雷電，君象。○陳逢衡云：玄鳥以施生時來，巢人堂宇而字乳，故古禮祀于高禖以爲請子之候。今其鳥不至則天失其施，地失其生，而人受厥咎矣，故其占爲婦人不娠之象。雷震百里，大國侯伯之應，今不發聲，則無以號令，而民將背畔矣，故其占爲諸侯失民之象。電也者，雷之前驅也，雷未至而電已奪其魄，則其威可畏也。今不始電，非無電也，無雷則亦無電也。雷以電照民，猶君以刑政治國。刑政者君之威震也，今因無雷而亦不始電，則無以爲五常之鞭策矣，故其占爲君無威震之象。○朱右曾云：雷震百里，諸侯之象。電光照耀，象君之威。

清明之日，桐始華；又五日，田鼠化爲鴽；又五日，虹始見。桐不華，歲有大寒；田鼠不化鴽，國多貪殘；虹不見，婦人苞亂。

〔彙校〕清明，盧校與下「穀雨」易，潘、丁、朱三家從。○盧文弨云：苞亂，《御覽》作「亂色」。○丁宗洛《外篇》云：穀雨、清明，予亦從盧本據《漢書》以易之矣，但二節取名之由，參諸季春六候，皆未見得穀雨必當先、清明必當後，亦未解後世因何而前後倒换，尚應闕疑。苞亂，《御覽》作「亂色」，案「苞」恐即「色」之訛。○孫詒讓云：桐不華，《寶典》引作「桐不始華」，與上文「桃不始華」文例正同，似較今本爲長。田鼠不化鴽，《寶典》引無「鴽」字。虹不見，《寶典》引作「虹不始見」。○劉師培云：桐始華，案李石《續博物志》九引「華」作「花」，下文桐不華「不」上有「若」字，《類聚》十八作「不始華」，王應麟《急就章補注下》所引與今本同。田鼠化爲鴽，案《列子·天瑞篇》「田鼠之爲鶉」，殷敬順《釋文》云：「《大戴禮》三月田鼠化鴽。《周書》云化鴽。」是唐本或無「爲」字。

〔集注〕潘振云：此解三月節也。穀雨者，雨以生百穀也。桐，榮木。田鼠，鼸鼠。鴽，鶉也。苞，包藏淫亂也。○陳逢衡云：清明之日，三月節氣也。謂之清明者，天氣和煦，萬物鮮潤明潔也。《淮南·天文訓》：「春分加十五日斗指乙則清明。」桐始華者，即《小正》所謂拂桐芭也。桐有白桐、青桐、油桐，今始華者白桐也。田鼠者，鼸鼠也。鼸鼠也者，嗛鼠也，非食禾之田鼠也。食禾之田鼠爲碩鼠，化爲鴐之田鼠爲鼢䶅，同名而異實也。《小正傳》：「鴐，鶕也。」《説文》：「鴐，牟母也。」《爾雅》作鴾母。王砯《素問注》：「鴐，鶉也。」案：鶉即鶕，故《列子·天瑞》云田鼠之爲鶉也。一説田鼠即田鷄，《淮南·齊俗訓》「夫蝦蟆爲鶉」是也。薛傳均曰：「鴐，《説文》作鴽，《儀禮注》引《莊子》云蝦蟆所化。」衡案：蝦蟆即蛙，《一統志》湖北施南府蝦蟆池，在恩施縣南一百二十里，池多蝦蟆，春水方生輒跳躑出岸間，前趾變爲羽，隨衆禽飛去，土人常得之雀網中，是其驗也。蓋是陽氣極旺，故潛物化爲飛物也。或以鴐爲田鼠所化，鶉爲蝦蟆所化，分鶉與鴐爲二，似可不必。虹也者，陰陽交媾之象，其物青紅二氣相抱，一謂之螮蝀，或曰雄者謂之虹，雌者謂之蜺，其實一物也。蓋雄勝雌則陽盛而鮮明，雌勝雄則陰盛而微闇矣。桐木挺生，中虚而外直，其得氣最易，今不華，是陽氣不至也，故其占爲歲有大寒之象。田鼠，耗物而害於民者也，化爲鴐則變形易志而歸於善矣。今乃不因氣候而化，則鼠竊必衆，故其占爲國多貪殘之象。虹者，淫氣也，氣有所附則升而散。今不始見，則婦人應其事。《易通卦驗》曰：「虹不時見，女謁亂公。」虹者，陰陽交接之氣，陽倡陰和之象。今失節不見，似人君心在房内，不脩外事，廢禮失義，夫人淫恣而不制，故云「女謁亂公」。衡案：《易緯》所云與《時訓》同，故其占爲婦人苞亂之象，苞亂者，謂包藏淫亂也。○朱右曾云：田鼠食稼，鴐當爲鴽，《説文》云：「牟母也，一名鶕。」虹，螮蝀也。桐葉知秋，其華知寒燠。苞，叢也。叢亂，淫也。《易緯》注云：「虹，陰陽交接之氣，失節不見，似夫人淫恣。」亦此意也。

穀雨之日，萍始生；又五日，鳴鳩拂其羽；又五日，戴勝降于桑。萍不生，陰氣憤盈；

鳴鳩不拂其羽，國不治兵；戴勝不降于桑，政教不中。

〔彙校〕穀雨，盧校與上句「清明」易，潘、丁、朱三家從。盧文弨本、潘振本、丁宗洛本、朱右曾本皆作「清明之日」。○盧文弨云：「政教不中」之「中」，《御覽》作「平」，《寶典》亦作「平」。○孫詒讓云：萍始生，《寶典》引「萍」作「蓱」。萍不生，《寶典》引作「蓱不始生」。鳴鳩不拂其羽，《寶典》引無「其」字。戴勝不降于桑，《寶典》引無「于」字。

〔集注〕潘振云：此解三月中氣也。萍，柳絮入水所化者，其大者曰蘋。鳴鳩，似山雀而小，青黑色，短尾多聲，飛而翼拍身，象兵衛身也。戴勝，織紝之鳥，一名戴鵀，即頭上勝，《曹風》謂之鳲鳩。飼子均平，象政教也。憤盈，鬱積而怒滿也。○陳逢衡云：穀雨之日，三月中氣也。《淮南・天文訓》：「清明加十五日斗指辰則穀雨。」謂之穀雨者，言雨以生百穀也。今以清明前得雨謂之桃花雨，以清明後十日得雨謂之卹花雨，蓋有雨則歲豐，無雨則歲歉，故謂之穀雨也。萍也者，苹也，無根之物，生與水平，故名苹也，一謂之水藻。鳴鳩者，鶻鳩也，一曰鶌鳩，《左傳》謂之祝鳩。祝鳩應春而鳴，故亦謂之鳴鳩。《離騷》謂之雄鳩，《莊子》謂之鷽鳩。《吕氏・季春紀》注謂鳴鳩是斑鳩，誤。鳴鳩春來冬去，而斑鳩則四時有之者也。鳴也者，言如相命也。拂也者，搏也。鳩感陽氣而搏羽，故曰拂其羽。戴勝，鵖鳩也，亦謂之鵖鴔，蠶事之候鳥也，鳥似山鵲而尾短，色青，毛冠俱有文飾，若戴花勝，故謂之戴勝。《吕氏・季春紀》作戴任，《淮南・時訓》作戴鵀，任即鵀，鵀即勝也。東齊海岱之間謂之戴南，南亦鵀也。《禽經》曰：「戴勝而穀。」案：布穀催耕以興男事，戴勝催織以興女功，非一鳥也。其謂之降者，若自天而來，重之也。鳥于是時恒在桑，故曰降于桑。萍者，浮蕩之物，最易生者也，微陽蒸煦便盈溝壑。今乃爲寒氣逼而不生，故其占爲陰氣憤盈之象。羽者，舞人所執。羽舞所以息兵也，國治兵則羽舞而鳩亦應乎上。今不拂羽，無以動物也，故其占爲國不治兵之象。戴勝頭戴花勝，黼黻太平之象，降于桑以興蠶也，國家無事政教和平，婦人得以務其織紝。今戴勝不降，是桑者少而上無以勸也，故其占爲政教不平之象。〇朱右曾云：萍，楊花入水所化。鳴鳩，鶌鳩，一名鶻鵃。郭璞云：「似山雀而小，青黑色，短毛，多聲，拂羽。康成以爲翼相擊。」戴勝，一名鵀鳲，《埤雅》云：「頭上有花成勝，三月飛在桑間，蠶生之候。」憤，盛也。盈，滿也。

立夏之日，螻蟈鳴；又五日，蚯蚓出；又五日，王瓜生。螻蟈不鳴，水潦淫漫；蚯蚓不出，嬖奪后；王瓜不生，困於百姓。

〔彙校〕盧文弨云：嬖奪后，《御覽》作「臣奪后命」。又「困」作「害」。〇王念孫云：「嬖奪后」下少一字，則文義不明，且韻與上下不協。《太平御覽・時序部八》引此作「嬖奪后命」，是也。命與漫、姓爲韻。（命字古音本在鎮部，周秦間始轉入諍部。漫字古音在願部，願部之字古或與諍部通，故漫與命、姓爲韻。《管子・內業篇》曰：「凡人之生也，必以平正；所以失之，必以喜怒憂患。」《淮南・原道篇》曰：「萬方百變消搖而無所定。」《要略》曰：「埒略衰世，古今之變，以褒先聖之隆盛，而貶末世之曲政。」《太玄・聚測》曰：「鬼神無靈，形不見也。燕聚嘻嘻，樂淫衍也。宗其高年，鬼待敬也。」皆其例矣。）〇陳逢衡、朱右曾從王說據《御覽》補「命」字。〇孫詒讓云：蚯蚓出，《寶典》引「蚯」作「丘」，下同。（下冬至節同）。嬖奪后，盧云《御覽》作「臣奪后命」，王、朱校據增「命」字，案《寶典》引亦同。困于百姓，盧云《御覽》「困」作「害」，案《寶典》同。〇劉師培云：盧校云《御覽》作「臣奪后命」，今考《開元占經》一百二十亦引作「臣奪后令」，「令」或「命」訛。

〔集注〕潘振云：此解四月節也。夏，假也，寬假萬物使生長也。螻蟈，蝦蟇，陰而伏者，乘陽而鳴。蚯蚓，土龍。王瓜，瓠瓤，實如瓝瓜，正赤，味苦，感火色而生。潦，道上無源之水。淫漫，水多貌。〇陳逢衡云：立夏之日，四月節氣也。《淮南·天文訓》：「穀雨加十五日斗指常羊之維則春分盡，故曰有四十六日而立夏。」《孝經緯》云：「斗指東南維立夏，物至此時皆假大也。」螻蟈，一名蛙，色青而長股，今所謂水雞，《本草》所謂土鴨，《爾雅》所謂耿黽也。單呼謂之蟈，雙呼謂之螻蟈，其實一也。《夏小正》：「四月鳴蜮。」蜮與蟈同。高誘《時則》注乃謂螻是螻蛄，蟈是蝦蟆，誤矣。高注《吕氏·孟夏紀》：「螻蟈，蝦蟆也」，與康成《月令》注「螻蟈，蛙也」同，其説可據。蚯蚓者，却行之物，無心之蟲，土精也。其爲物引而後伸，故謂之蚯蚓。《爾雅》：「螼蚓，蜸蠶。」郭注：「即蛩蟺。」王瓜，一名土瓜，《爾雅》之鉤葵姑也。《月令》鄭注：「王瓜，萆挈也。」《夏小正》「四月王萯秀」，《豳風箋》疑即是葽草。案：王萯、王瓜一物也，蓋以草言之則其時已秀，故《小正》四月言王萯秀，《豳風》四月言莠葽，以瓜言之則其時乃生，故《時訓》、《月令》、《淮南》俱言王瓜生也。螻蟈屬土，土氣王則鳴。今不鳴，則土不勝水，故其占爲水潦淫漫之象。蚓亦土屬，其爲物能屈，小人女子之態。今不出，是潛藏于内欲有所謀也，故其占爲嬖奪后命之象。王瓜，民食也。今不生，則徵令繁而民荒於圃，故其占爲困于百姓之象。李兆洛曰：「蚯蚓純土，不出者土氣否也。地爲后象，故嬖奪后命。瓜，陰類微者，故困于百姓。」○朱右曾云：螻蟈，蛙之屬。蛙鳴始于二月，立夏而鳴者其形較小其色褐黑，好聚淺水而鳴，舊謂即蝦蟇，非也。王瓜，一名土瓜，四月生苗延蔓，五月開黄花，子如彈丸，生青熟赤，或以爲即瓝瓠也。水大無蛙，故爲水潦之徵。康成《易緯》注云：「蚯蚓淫邪。」《御覽》引郭璞《爾雅圖贊》云：「蚯蚓，土精，無心之蟲，交不以分，淫於阜螽，觸而感物，無有常雄。」故蚯蚓不出爲嬖奪后命之象。

小滿之日，苦菜秀；又五日，靡草死；又五日，小暑至。苦菜不秀，賢人潛伏；靡草不死，國縱盗賊；小暑不至，是謂陰慝。

〔彙校〕盧文弨云：《御覽》「賢」作「仁」，「不死」作「未死」，「縱」作「從」，「慝」作「匿」。○孫詒讓云：賢人潛伏，盧云《御覽》「賢」作「仁」，案《寶典》同。

〔集注〕潘振云：此解四月中氣也。苦菜，荼也，象賢人苦節也。不榮而實曰秀。靡草，草之枝葉靡細者，陰類，陽盛則死。小暑，小小有暑，一陰將來也。潛伏，藏隱也。縱，肆行也。盜賊，陰險人也。險慝，謂小人匿惡也。○陳逢衡云：小滿之日，四月中氣也。《淮南・天文訓》：「立夏加十五日斗指巳則小滿。」謂之小滿者，言物長於此小得滿盈也。苦菜，一名荼，陶宏景疑以爲茗者，非也。《通卦驗》曰：「苦菜葉似苦苣而細，斷之有白汁，花黄似菊，堪食但苦耳。」邵晉涵曰：「《夏小正》正月取荼，是孟春已取荼矣。」衡案：《小正》正月是採芸非採荼也。取荼在王萯秀之後，亦四月也。靡草，薺亭藶之屬。薺也者，菜之甘者也，以冬美，以夏死。亭藶者，葷也，亦謂之丁藶，亦謂之狗薺，三月開花結子，至夏則枯死。案：二物皆草之靡細者，故曰靡草。小暑者，氣將鬱而未甚也。賢人守節在下，如荼之苦。今不秀，是無發榮之日，故其占爲賢人潛伏之象。靡草蔓延于地，盜賊潛伏之應。今不死，是不能翦除也，故其占爲國縱盜賊之象。暑者，陽氣外發之應。今其氣不至，則陽不勝陰，故曰是謂陰慝。○丁宗洛《外篇》云：後世之歷靡草死下皆係麥秋至，此處小暑至，恐誤。或問立秋後以白露降爲候，白露亦節名，何不疑其誤？即曰：《月令》中孟秋原以白露降爲候，而仲夏不以小暑至爲候，且此又屬孟夏，彼此三代之書而有不同，故可疑。○朱右曾云：苦菜，荼也，生于秋，淩冬不凋，至夏乃秀，葉似苦苣而細，斷之有白汁，花黄似菊。康成曰：「靡草，薺亭藶之屬。」穎達云：「以其枝葉靡細，故曰靡草。」慝，惡也。

芒種之日，螳螂生；又五日，鵙始鳴；又五日，反舌無聲。螳螂不生，是謂陰息；鵙不始鳴，令姦壅偪；反舌有聲，佞人在側。

【彙校】孫詒讓云：螳螂生，「螂」《寶典》作「蜋」，下同。令姦壅偪，「令姦」《寶典》作「號令」，是，當據改。

【集注】潘振云：此解五月節也。芒種者，有芒之穀可稼種也。螳螂，螵蛸母，陰類。鶪，博勞，司至者也，陰類，感微陰而鳴。反舌者，能辨反其舌，效百鳥之鳴，謂之百舌。○陳逢衡云：芒種之日，五月節氣也。謂之芒種者，言有芒之穀至是可斂可種也。《淮南·天文訓》：「小滿十五日斗指丙則芒種。」螳螂，蟷蠰也，一謂之齕疣，一謂之天馬，一謂之巨斧，《爾雅》謂之不過。鶪也者，伯勞也。狀類鸜鵒而大，亦謂之百鷯，亦謂之博勞，亦謂之百趙。《通雅》曰：「鶪即今之苦吻鳥，四月鳴苦苦，又名姑惡。」陳思王《惡鳥論》云：「伯勞以五月鳴，應陰之動，其音鶪鶪，故以其音名也。」反舌，百舌也，形小于鴝鵒，能辨反其舌，變易其聲以效百鳥之鳴。高誘《淮南注》：「五月陽氣極于上，微陰起于下，百舌無陰故無聲也。」《禮正義》引蔡邕曰：「反舌，蟲名，鼃也，今謂之蝦蟆。其舌本前著口側而末嚮內，故謂之反舌。」其説不足據。螳螂感陰氣而生，故其物能殺蟲。今不生，則是陽極而陰不出也，故曰是謂陰息。鶪性殘賊，亦陰氣所感。今不始鳴，則陰險潛蓄，故其占爲令姦壅偪之象。反舌能學百鳥，《詩》所謂巧言如簧者佞道也。今有聲，則不應候矣，故其占爲佞人在側之象。○朱右曾云：螳螂，秋深乳子，至夏乃生。鶪，伯勞也。五月陰極于下，應候而鳴，《離騷》所謂鵜鴂也。息，滅也。令姦壅偪，言令壅塞而姦僭偪也。百舌巧言如佞。反舌，蔡邕以爲蝦蟇，康成以爲百舌鳥。案：《握誠圖》云：「江充之害，反舌鳥入殿。」則是鳥也。

夏至之日，鹿角解；又五日，蜩始鳴；又五日，半夏生。鹿角不解，兵革不息；蜩不鳴，貴臣放逸；半夏不生，民多厲疾。

〔彙校〕兵革，程本、鍾本、王本作「兵戈」。○劉師培云：夏至之日鹿角解，案《慧琳音義》十一云：「《周書・時訓注》云：『鹿居山林，陽狩（獸）也，故五月感一陰而角解也。麋居川澤，陰狩也，故十一月感一陽而角解。』」《音義》所引，即此語及下麋角解注文，則唐時此篇孔注未亡也。

〔集注〕潘振云：此解五月中氣也。鹿，陽獸，有角象兵甲，而陰生而角解。蜩，蟬也，兩翼，喙長在腹下，以脅鳴。蜋蜩者，五彩具。螗蜩者蝘，而陰生而始鳴，清高象貴臣。半夏，葉三三相偶，白花圓上，根辛平有毒，感陽盛，故生，藥可以治惡疾者也。逸，遺佚也。厲，惡也。○陳逢衡云：夏至之日，五月中氣也，《禮》所謂日長至也。日行南陸臨于東井，是謂夏至。《淮南・天文訓》：「芒種加十五日斗指午則陽氣極，故曰有四十六日而夏至。」鹿，形小山獸也，以陽爲體，以陰爲末。角，末也，故應陰而隕。蜩也者，蟬也，一謂之匽，一謂之螗，一謂之螇螰，一謂之蜓蚞。四月鳴者謂之札，五月鳴者謂之蝒，六月鳴者謂之蜩。半夏，藥草也，其生也當夏之半，故名。《易通卦驗》謂「大暑雨濕半夏生」者，誤也。大暑則季夏，非半夏矣。鹿角善觸，有似兵刃。今不解，則戰鬬之應也，故其占爲兵革不息之象。蟬居高而吟，言官之應，故當鳴而鳴，則貴臣有以懼矣。今不鳴，是言路不通有所壅于上也，故其占爲貴臣放逸之象。半夏氣味辛平，感一陰始生。今不生，則夏有伏陰而氣必鬱，故其占爲民多厲疾之象。○朱右曾云：鹿，陽獸，感陰氣而解角。蜩，良蜩也。半夏，治痰之藥。角者，獸之兵。放逸，放縱晏佚。厲疾，瘧也。

小暑之日，温風至；又五日，蟋蟀居壁；又五日，鷹乃學習。温風不至，國無寬教；蟋蟀不居壁，急恒之暴；鷹不學習，不備戎盜。

〔彙校〕壁，趙本、吴本作「辟」；恒，程本、鍾本、趙本、王本作「迫」，盧校並從。朱右曾「迫」字未從盧，從《御覽》改

「恒」。○盧文弨云：《御覽》作：「温風不至，即時無緩；蟀蟋不居壁，即恒急之暴；鷹不學習，即寇去不備。」○陳逢衡云：《御覽》所引俱誤。○孫詒讓云：國無寬教，案《寶典》「寬」作「完」。急迫之暴，盧云《御覽》作「即恒急之暴」，朱本據改。案《寶典》「迫」作「垣」，即「恒」之誤。

〔集注〕潘振云：此解六節月也。小暑者，對大暑而言，月初爲小，月半爲大也。温厚之風，景風也，象教之寬。至，到也。蟋蟀，似蝗而小，正黑有光澤如漆，有角翅，一名青蛪。壁，牆也。季夏羽翼稍成，未能遠飛，宜居壁之穴，不急迫也。學習者，化鳩之鷹感陰氣，學數飛以攫博，象預戒也。暴，暴政。○陳逢衡云：小暑之日，六月節氣也。《淮南·天文訓》：「夏至加十五日斗指丁則小暑。」謂之小暑者，此時暑熱之氣猶未盛，對大暑而言也。《呂氏春秋》謂夏之德在暑，故以暑爲驗也。温風，薰風也。《月令》作「温風始至」，與《時訓》同。《呂氏·季夏紀》、《淮南·時則訓》並作「涼風始至」，高誘曰：「夏至後四十六日立秋節，故曰涼風始至。」案：小暑十五日乃大暑，大暑十五日乃立秋，不得取三十日後之涼風以爲小暑之驗也。蟋蟀者，蛬也，一謂之瑟蟹，亦謂之蜻蛪，亦謂之趣織，似蝗而小，生于牆壁之下，故曰居壁。鷹乃學習者，前此鷹性慈柔，至此始順殺氣習肄搏擊，《小正》所謂六月鷹始摯也。温風，陽氣所結。陽爲德爲生，今不至，則刑政之酷而陰氣愁慘也，故其占爲國無寬教之象。蟋蟀居壁，猶民得所依。今不居，壁則無所容也，故其占爲暴急之象。《通卦驗》曰：「蟋蟀之蟲，隨陰迎陽，居壁向外，趣婦女織績女工之象。今失節不居壁，女工不成，有淫佚之行，因夜爲姦，故爲門户夜開。門户，人之所由出入，今夜不閉，明非也。」此又一解也。鷹逐鳥雀，比司寇之擊奸、司馬之討賊。今不學習，則軍容慢矣，故其占爲不備戎盜之象。○朱右曾云：蜫蟀生土中，有翼而未能飛，但居壁上。辟，壁同。鷹感陰氣，學習搏擊之事。急，褊急。

大暑之日，腐草化爲螢；又五日，土潤溽暑；又五日，大雨時行。腐草不化爲螢，穀實鮮落；土潤不溽暑，物不應罰；大雨不時行，國無恩澤。

〔彙校〕爲螢，朱右曾據《説文》及《北户録》訂「爲蠲」。下「螢」同。○盧文弨云：《御覽》作「土潤不溽暑，即急應之罰。大雨不時行，即恩不及下」，凡句皆有「即」字。○王引之：腐草化爲螢，「螢」本作「蛙」。後人習聞《月令》之「腐草爲螢」，故改蛙爲螢耳。蛙即蠲之借字。《説文》：「蠲，馬蠲也。」引《明堂月令》曰：「腐草爲蠲。」蛙從圭聲，圭、蠲古同聲，故《小雅·天保》「吉蠲惟饎」之蠲（《釋文》：「蠲，古元反，舊音圭」），鄭注《周官·蜡氏》、《士虞禮記》並引作「圭」。腐草爲蠲之蠲作蛙，亦猶是也。唐段公路《北户録》引《周書》正作「腐草爲蛙」（公路誤解爲蛙黽之蛙，蓋不知爲蠲之借字），是其明證。乃《藝文類聚·歲時部上》、《太平御覽·時序部七》並作「螢」，蓋本作「蛙」字，後人以《月令》改之也。（《吕氏春秋·季夏篇》「腐草化爲蚈」，高誘注：「蚈，馬蚿也。」蚈讀如蹊徑之蹊，聲與圭亦相近，即蠲之或體也。而今本《吕氏春秋》作「腐草化爲螢蚈」，「螢」字亦後人所加，盧氏《抱經》已辯之。）獨有公路所引，尚足見《周書》之舊，亦考古者之幸矣。○俞樾云：又五日土潤溽暑，按「暑」字衍文也，此當云「又五日土潤溽」。下文「土潤不溽暑」，當作「土不潤溽」。○孫詒讓云：腐草化爲螢，王云螢本作蛙，蛙即蠲之借字，《北户録》引正作「腐草爲蛙」。朱本作「腐草爲蠲」，云據《説文》及段氏《北户録》訂。案《寶典》螢亦作「蛙」，下同。土潤不溽暑，案《寶典》無「溽」字。物不應罰，盧云《御覽》作「即急應之罰」，案《寶典》與《御覽》同。大雨不時行，案《寶典》引無「大」字。○劉師培云：腐草化爲螢，案《雜志》據段氏《北户録》所引謂螢本作蛙，蛙即蠲之借字。朱本據《説文》引《明堂月令》改螢爲蠲，今考古《明堂月令》雖與《時訓解》不同，然此文自以作蠲爲正。今《禮記·月令》作螢，《玉燭寶典》引蔡邕《章句》作蛙，《淮南·時則訓》作蚈，《吕氏春秋·季夏紀》作螢蚈（畢校删螢字），而《寶典》、《北户録》引此文亦均作蛙。推其歧異之由，則蠲即馬蚿之蟲，異名爲蚈，（《寶典》引作蛢，誤甚。）古代蠲音近圭，如《吕氏春秋·尊師篇》「必蠲絜」，高注云「蠲讀爲圭」是也，故以蛙字况蠲音，後人遂易蠲爲蛙，王説是也。又圭聲同聲之字互相通轉。《説文》云：「烓，圭聲，讀若冋。」而熒字或從冂聲。（戴侗《六書故》引《説文》云：「熒，一説冂聲。」）故昔人又以熒音况蠲音，螢、熒同字，嗣遂易蠲爲螢。東漢之時，舍許君所據《明堂月令》外，已鮮作蠲，惟《寶典》引蔡氏《章句》云：「腐艸爲蛙。蛙，蟲名也，世謂之馬蛙。」所云馬蛙，即馬蠲異字。（杜氏釋之云：「即上所稱蛝蚿也。」其説是。）又《易緯·通卦驗》「腐艸爲嗌」，《玉燭寶典》引同。杜氏以爲似蠲别體，（張惠言《易緯略義》亦以嗌爲蠲誤。）與《明堂月令》同。（《通卦驗》鄭云：「舊説腐艸爲嗚。」《寶典》引作蝎。嗚、蝎二字，疑均《爾雅》「蛝馬蝬」之蛝。）足證王説。又案化、爲並言，化即爲也。蓋一本作化，一本作爲，校者合而一之。本篇「鷹化爲鳩」，「田鼠化爲鴽」，「爵入大水化爲蛤」，均然，别有説。

物不應罰，案罰、縛雙聲，此蓋讀罰爲縛，故與落、澤協韻。

〔集注〕潘振云：此解六月中氣也。螢，一名即炤，一名夜光，一名熠燿。〇陳逢衡云：大暑之日，六月中氣也，謂之大暑者，比小暑爲盛也。腐草，朽敗之草。螢，一名即照，一名景天，《吕氏》作螢蚈，《淮南》作蚈。案：螢與蚈俱生于腐草，并是季夏節候之驗，故或以爲螢，或以爲蚈，記者各有所授，不必同也。土潤溽暑大雨時行者，《内經》曰：「中央生濕，濕生土，土生甘，甘在天爲濕，在地爲土。」《管子·四時》曰：「中央爲歲德掌和，和爲雨。」《春秋繁露·五行之義》曰：「土居中央謂之天潤。」《白虎通》曰：「土在中央者主吐含萬物，土之爲言吐也。」此皆季夏土之驗也。腐草朽落之物化而爲螢，則天地之生氣所憑。今不化，則終於朽壞矣，故其占爲穀實鮮落之象。鮮，解也。《月令》「季夏行春令則穀實鮮落」，《吕氏春秋》作「解落」，鮮即解也，落如落實取材之落。季夏土潤，因溽暑所致。今不溽暑，則刑罰過峻，是當燠而不燠也，故其占爲物不應罰之象。雨者，天之發施，猶國之恩澤也。今萬物皆待命而大雨不降，是惠不及衆也，故其占爲國無恩澤之象。○朱右曾云：溽，溼也。穎達曰：「六月建未，未值井，井主水，故大雨時行。」鮮，如葬鮮者之鮮，謂未熟而墮落也。不應罰，言刑罰不當。蠲，舊作螢，據《説文》及段氏《北户録》訂，然説者疑焉。《爾雅》云：「蛝，馬蠸。」注云：「馬蠲灼，俗呼馬蠸。」《廣雅》云：「蛆，蝶馬、蠸馬並也。」又云：「馬蠸，蠲蛆也。」《方言》云：「馬蚿，北燕謂之蛆蝶，其大者謂之馬蚰。」《本草》作馬陸，一名百足，一名商蚷，一名秦蝶，皆一物也。陶注《本草》曰：「此蟲足甚多，寸寸斷便寸寸行。」又引李當之云：「蟲長五六寸，狀如大蛩，夏日登樹鳴，冬則蟄。」《唐本草》注云：「亦名刀環蟲，以其死側卧若刀環也。」據此，諸説並無腐草變化之説。陶注《本草》：「螢火，云此是腐草爛竹根所化，初時如蛹，腹下已有光，數日便能飛」，而不言螢火即蠲也。高誘曰：「蚈，馬蚿也，一曰螢火也。」

立秋之日，涼風至；又五日，白露降；又五日，寒蟬鳴。涼風不至，無嚴政；白露不降，民多邪病；寒蟬不鳴，人皆力争。

〔彙校〕「無嚴政」上盧校增「國」字，云：「『國』字舊本無，從《御覽》增。又『邪』作『疾』，又『人皆』作『人臣』。《藝文類聚》『邪』作『欬』。○王念孫云：白露不降民多邪病，案「邪病」二字文義不明，《藝文類聚・歲時部上》、《太平御覽・疾病部六》並引作「民多欬病」，是也。鈔本《御覽・時序部十》作「劾病」，明是欬病之誤，而刻本《御覽》乃改爲「疾病」，謬矣。○陳逢衡、朱右曾從《藝文類聚》改作「欬病」。○孫詒讓云：寒蟬鳴，案《寶典》「蟬」作「蜩」，下同。民多邪病，案《寶典》作「欬」。人皆力争，盧云《御覽》「人皆」作「人臣」，案《寶典》同。○劉師培云：人皆力争，盧云《御覽》作「人臣」，今考《類聚》二所引亦同，《事類賦》注三十作「人臣不力争」。

〔集注〕潘振云：此解七月節也。秋，愁也。涼者，寒之漸，西南風也。寒蟬，蜺也。○陳逢衡云：立秋之日，七月節氣也。《淮南·天文訓》：「大暑加十五日斗指背陽之維則夏分盡，故曰有四十六日而立秋。」《孝經緯》：「大暑十五日斗指坤爲立秋。」秋者揫也，物于此而揫斂也。涼風者，氣轉而將肅也。陸佃曰：「西風謂之涼風。」《淮南·天文訓》：「景風至四十五日涼風至。」高誘《吕氏·孟秋注》：「涼風，坤卦之風。」露者，天地滋潤之氣至，是應金行之象而白也。降，下也。寒蟬者，寒蜩也。似蟬而小，其色青，一謂之蝭蟧，一謂之蟪蛄，即《小正》所謂寒蟬鳴是也。又謂之寒螰，螰即瘖。蓋此蟲不鳴於夏故謂之瘖蜩，又謂之啞蟬；鳴則天涼，故謂之寒蟬也。郎瑛曰：「今秋初夕陽之際小而緑色聲急疾者，俗稱都了是也。」衡案：《廣雅》謂之蛁蟟。涼風者，金行之應。金主刑殺，嚴政也。今不至，則上慢而下縱矣，故其占爲國無嚴政之象。露者，陰陽之和也。季夏暑熱煩悶，得秋氣之清潤，則暑鬱解而民氣和，故無病。今白露不降，故變而旱，亢陽爲患，使天地清潤之氣不行，則于五行爲金者于人主肺，肺色白而屬金，喜潤而惡燥，又主氣，今乃無以助其滋養之性，則氣燥而逆，故其占爲民多欬病之象。寒蟬飲而不食，應時而動，如守之清而治化行也。今不鳴，則賢者尸位而民氣不靖矣，故其占爲人多力争之象。○朱右曾云：寒蟬似蟬而小，青赤色，一名蜺，鳴則天涼。嚴政，嚴肅之政。欬，瘷也。

處暑之日，鷹乃祭鳥；又五日，天地如肅；又五日，禾乃登。鷹不祭鳥，師旅無功；天地不肅，君臣乃□；農不登穀，暖氣爲災。

〔彙校〕闕處吴本作「日」，朱駿聲補「怠」。○盧文弨云：災，《御覽》作「凶」。（陳、朱據改。）○潘振云：脱文疑是「訌」，亂也。災，當作「凶」。○孫詒讓云：災，盧云《御覽》作「凶」，朱同。案：《寶典》作「災」。

〔**集注**〕潘振云：此解七月中氣也。肅，嚴急也。禾，嘉穀也，指稷。暖氣，春氣也。○陳逢衡云：處暑之日，七月中氣也。《淮南·天文訓》：「立秋加十五日斗指申則處暑。」謂之處暑者，暑氣將退而伏處也。鷹乃祭鳥者，是月鷹鷙殺鳥于大澤之中，四面陳之，有似于祭也。天地始肅者，謂始收斂閉藏也。禾乃登者，登，升也。鷹捕鳥雀，如師旅捕寇盗。今不祭鳥，則威無所用也，故其占爲師旅無功之象。七月之氣於卦爲否，天地有交儆之意，故始肅。今不肅，則上下玩而君臣應之矣。穀者，民之命也。木得秋金而成其時，必有清涼之氣助之。今農不登穀，則火尅金，而木亦受其害矣，故其占爲暖氣爲凶之象。○朱右曾云：殺鳥而不食，如祭然。肅，嚴急也。禾，木王而生，金王而死。黍，稷之屬也。

白露之日，鴻鴈來；又五日，玄鳥歸；又五日，羣鳥養羞。鴻鴈不來，遠人背畔；玄鳥不歸，室家離散；羣鳥不養羞，下臣驕慢。

〔**彙校**〕盧文弨云：遠人背畔，「背」《御覽》作「皆」。○王念孫云：「下臣」本作「臣下」，謂羣臣也。《燕義》曰：「臣下竭力盡能。」是也。若倒言之，則文義不明。（《士相見禮》曰：「凡自稱於君，士大夫則曰下臣。」非此之用。）《藝文類聚》、《太平御覽》引此並作「臣下驕慢」。○孫詒讓云：羣鳥不養羞，下臣驕慢，案《寶典》引無「羞」字，「下臣」作「羣臣」。○劉師培云：《類聚》三引作「羣鳥不羞，臣下驕慢」。

〔**集注**〕潘振云：此解八月節也。白露者，陰氣漸重，露濃色白也。雁從北漠來，南過周雒，到彭蠡也。歸，去蟄也。羞，謂所美之食。養羞者，藏之以備冬月之養也。反面曰背，離去曰畔。○陳逢衡云：白露之日，八月節氣也。謂之白露者，前此立秋始降，今則露凝而白也。《淮南·天文訓》：「處暑加十五日斗指庚則白露降。」鴻雁來者，自北而南，以就燠也。元鳥歸者，燕以春分來、秋分去，去者蟄也，謂蟄於山林隱僻之地，故高誘曰：「歸，謂歸于蟄所也。」《夏小正》謂「九月遰鴻雁，元鳥蟄」者，舉其晚者而言也。羣鳥養羞者，羞謂所食，若食之有珍羞也。《夏小正》「八月丹鳥羞」。白鳥、丹鳥，當是有翅之蟲，不必定指蚊蚋。蓋蟲之小者爲丹鳥，猶人之初生爲赤子也。白鳥，當是百鳥脱去上畫而爲白鳥也。百鳥，即《月令》所謂羣鳥也。（《金樓子》謂「白鳥是蚊」，引《齊桓七事》，不足據。）蓋此時羣鳥以丹鳥爲珍羞而不盡食，以後此蟲將蟄户而不可多得也。其曰丹鳥羞百鳥者，言丹鳥爲白鳥之羞，倒文也，與《時訓》、《月令》之言養羞一也。《吕氏·仲秋紀》注謂「寒氣將至，羣鳥養進其毛羽以禦寒」，似不足據。鴻雁者，遠人之應也。今不至，則所以柔之者無道耳，故其占爲遠人背畔之象。元鳥巢人屋宇，經秋而蟄，得安止之義。今不歸，則漂泊無定，故其占爲室家離散之象。羣鳥者，臣下之應也。有備無患，似臣下之小心謹慎。今不養羞，則恃寵而玩事矣，故其占爲臣下驕慢之象。〇朱右曾云：來，自北而來也。燕去而蟄，如歸家然。養羞者，蓄食以備冬，如藏珍羞。

秋分之日，雷始收聲；又五日，蟄蟲培户；又五日，水始涸。雷不始收聲，諸侯淫佚；蟄蟲不户，□靡有賴；水不始涸，甲蟲爲害。

〔彙校〕水，程本、鍾本、王本作「冰」。闕處盧校補「民」。〇盧文弨云：《御覽》「培」作「閉」，下同。又「佚」作「泆」，或「泆」字之訛。「民」字舊作空圍，從《御覽》補。《御覽》别見一段云：「雷乃收聲，不收聲即人民不安」，又云：「諸侯驕逸，蟄蟲坯户，不坯户即邊方不寧」，又云「人靡有賴，水始涸，不始涸即人多疾病」，又云「介蟲爲害」。惠云：此當是古本。〇王念孫云：引之曰：「雷始收聲，本作『雷乃始收』，此後人依俗本《月令》改之也。下文雷不始收聲，亦本作『雷不始收。』」説見《經義述聞・月令》。雷不始收聲諸侯淫佚，蟄蟲不培户民靡有賴，水不始涸甲蟲爲害，盧云：《御覽》「佚」作「汏」，或「泆」字之譌。念孫案：盧説非也。汏、賴、害三字於古音屬祭部，轉入聲則入月部，佚字屬質部，轉去聲則入至部。至與祭、質與月古音皆不相通，（見段氏《六書音均表》，此唯精於周秦之音者乃能辨之。）下文母后淫佚，自與一、嫉爲韻，不得與賴、害爲韻也。昭元年《左傳》注曰：「汏，驕也。」（俗作汰，非。）諸侯淫汏，猶言諸侯放恣耳。今本作淫佚，即涉下文母后淫佚而誤。《藝文類聚》引此，亦作「淫汏」。〇陳逢衡「佚」改「汰」，云：「汰」舊作「佚」，《藝文類聚》亦作「佚」，今從《御覽》作「汰」。雷始收聲，《北堂書鈔・雷部》引「始」作「乃」，又《秋部》引作「始」，與今本同，《藝文類聚》引作「雷」。培户，《御覽》引作「閉户」。桂未谷《札樸》云：《月令》蟄蟲坯户，《周書・時訓》作「附」，附即「坿」。衡案：今本作「培」。盧文弨曰《御覽》别見一段，俱誤。〇丁宗洛「民靡有賴」改「民靡有寧」。〇朱右曾「淫佚」亦改「淫汰」。〇孫詒讓云：雷始收聲，王校作「雷乃始收」，案《寶典》正作「雷乃始收」，與王校同。蟄蟲培户，案《寶典》「培」作「附」，下「不培户」作「不附」，無「户」字。甲蟲爲害，盧云《御覽》云「介蟲」，案《寶典》同。〇劉師培云：雷始收聲，案《類聚》三引作「雷乃始收」。《書抄》百四十五「雷始收」，注引作「雷乃收聲」。唐石經所載《唐月令》同。（《御覽》四十二、《白帖》三所引同石經。）《唐志》及《素問》注亦均作「乃」。蟄蟲培户，案《類聚》三引培作「坯」，唐石經所載《唐月令》亦作「坯」。（《御覽》二十五、《白帖》三所引同。）《素問》注同，惟《唐志》作「培」。水始涸，案《唐書・律曆志》載一行《日度議》云：「《時訓》爰始收潦，而《月令》亦云水涸。」所引《時訓》與今本殊。《寶典》八、《類聚》三引《周書・時訓》與今本同，蓋所據非一本也。唐石經所載《唐月令》亦同今本。（《御覽》二十四、《白帖》三所引同。）又案下文水不始涸，據一行所引推之，則所據之本當作「潦不始收」。諸侯淫佚，案盧校云《御覽》「佚」作「汰」，今考《類聚》三引同。蟄蟲不培户，案《類聚》三引作「不坯」，無「户」字。甲蟲爲害，案盧校云

《御覽》作「介蟲」，今考《類聚》三亦引作「介」。

〔集注〕潘振云：此解八月中氣也。培，益其蟄穴之户，使通明處稍小，至寒甚乃謹塞之，有藉賴以存身也。涸，竭也。淫，樂之過也。汰，奢之甚也。○陳逢衡云：秋分之日，八月中氣也，《淮南·天文訓》：「白露加十五日斗指酉中繩故曰秋分。」《孝經緯》：「白露後十五日斗柄指酉爲秋分。陰生於午，極于亥，故酉其中分也。」雷者陽氣所發也，八月陽氣漸衰故收聲。《漢·五行志》曰：「于《易》，雷以八月入其卦曰歸妹。」言雷復歸入也。培户，益户也，謂以土增益其穴之四畔，使通明處稍小之也。水自八月中氣以後潮勢就衰，雨澤漸少，溝澮無復盈滿之象，故始涸。《周語》曰：「辰角見而雨畢，天根見而水涸。」則自此以後也，蓋九月事也，一則始涸，一則盡涸也。雷震百里，大國諸侯之象。雷應天地之凝肅而收聲，猶諸侯服天王之政教而寧輯也。今不收聲，則號令不肅矣，故其占爲諸侯淫汰之象。蟄蟲培户，猶民之綢繆牖户也。今不培户，則不安厥居而寒莫能禦，故其占爲民靡有賴之象。水者，介蟲之窟宅也。今不始涸，則黿鼉之屬得有所憑藉以肆其毒，故其占爲甲蟲爲害之象。○朱右曾云：穎達云：「户，穴也。以土增益穴之四畔，以陰氣將至而猶須出入故也。」淫汰，淫佚、汰侈。甲蟲，若稻蟹之類。水始涸，《唐書·曆書》引作「爰始收潦」，然《御覽》兩引此與今本同，故仍之。

寒露之日，鴻鴈來賓；又五日，爵入大水化爲蛤；又五日，菊有黄華。鴻鴈不來，小民不服；爵不入大水，失時之極；菊無黄華，土不稼穡。

〔彙校〕丁宗洛云：鴻雁不來，小民不服，「來」下應有「賓」字。○劉師培云：寒露之日鴻雁來賓，案《類聚》九十一云《周書》曰「白露之日鴻雁來，寒露之日又來」，是初唐之本正文無「賓」字，或「賓」字下屬，與《呂氏春秋·季秋紀》

高注賓雀聯文同，故下云鴻雁不來，亦無「賓」字。此作「來賓」，與《唐月令》所據本同。菊有黃華，案唐石經所載《唐月令》作「黃花」，（《御覽》二十四、《白帖》三引同。）《宋史·律曆志》同。《御覽》九百六十六引本書亦作「花」，惟《新五代史·司天考》作「黃華」。（裕孚謹案：《御覽》「二十四」當作「九百九十六」。）

〔集注〕潘振云：此解九月節也。寒露者，露氣寒，將欲凝結也。雁以仲秋先至者爲主，季秋後至者爲賓。爵，雀也。大水，海也，見《國語》。蛤，蚌也，小於蜃。菊，治蘠也。○陳逢衡云：寒露之日，九月節氣也。《淮南·天文訓》：「秋分加十五日斗指辛則寒露。」《三禮義宗》曰：「寒露者，九月之時露氣轉寒，故謂之寒露也。」賓也者，客也。鴻雁一歲南北遷徙無定，其孕育乳孳俱於北方，是北方乃其巢宇之所，而南方乃其作客之鄉，故曰來賓。賓之爲言賓旅也。或曰賓與濱通，《詩》「率土之濱」，《王莽傳》作「率土之賓」，此鴻雁來賓蓋謂自北而南來居于彭蠡之濱，《禹貢》所謂「彭蠡既豬陽鳥攸居」是也，亦通。高誘《呂氏》、《淮南》二注俱以賓字連下爵字成文，因謂「賓爵者老爵也，棲宿人堂宇之間，有似賓客，故謂之賓爵」，此說非也。《易通卦驗》曰：「立冬不周風至，始冰，薺麥生，賓爵入水爲蛤。」鄭注：「賓爵入水爲蛤，亦物應時之變候。」衡案：《通卦驗》所云之賓爵，此賓字尤當通作濱。蓋謂沙灘海岸之傍，其地所產之鳥雀性情與水相近，且多水族所化，故當陰極之時，又復轉而爲蛤也。其有以賓鳥爲鴻雁者，魏摯《笳賦》之「賓鳥鼓翼」，謝朓《郊廟歌》之「榆關命賓鳥」是也。有以賓爵爲水濱之鳥者，張叔《皮論》之「賓爵下革」，陶注《本草》之「賓爵化爲蛤」是也，二事須分別看。大水者，海也。爵化爲蛤者，飛物化爲潛物，陽氣伏而在下也，即《小正》所謂爵入于海爲蛤也。蛤，蛤蠣、海蛤、魁蛤之類。菊，一名治蘠，《夏小正》所謂九月榮鞠也。鴻雁至秋而就煗南方，如小民之知依而懷樂土也。今不來，是不相歸附也，故其占爲小民不服之象。爵入大水，時之應也。今不入，則物失其性矣，故曰失時之極。《續古今注》云「九月雀不入水則多淫佚」，此蓋誤以立冬雉不入水之占，混于九月矣。菊者牝菊也，當榮而榮，樹麥之候也，且其色正黄應在農事。今不花，知來歲之力田惟草其宅也，故其占爲土不稼穡之象。○丁宗洛云：浮山云：「華不稼穡，即秀而不實之意。」○朱右曾云：鴻雁先至者爲主，後至者爲賓。大水，海也。蛤，蜃屬，似蜯而圓。極，過也。

霜降之日，豺乃祭獸；又五日，草木黄落；又五日，蟄蟲咸附。豺不祭獸，爪牙不良；草木不黄落，是謂愆陽；蟄蟲不咸附，民多流亡。

〔彙校〕豹，元刊本、趙本作「豺」；程本、吴本、王本作「豺」，盧從。二「附」字程本、鍾本、吴本、王本並作「俯」，盧從。下「蟲」字，程本、趙本、吴本作「虫」。○盧文弨云：《御覽》「俯」並作「附」。○孫詒讓云：蟄蟲咸俯，盧云《御覽》「俯」並作「附」。惠云宋本「附」，盧失載。案：據此，則宋本與《御覽》同。

〔集注〕潘振云：此解九月中氣也。豺，狼屬，狗聲，有爪牙者也。祭獸者，祭之於天也。俯，垂頭也。爪牙，喻軍士。愆，過也。流，流離。亡，逃亡。○陳逢衡云：霜降之日，九月中氣也。《淮南·天文訓》：「寒露加十五日斗指戌則霜降。」《國語》「駟見而隕霜」，注謂建戌之中霜始降。《考異郵》曰：「霜之爲言亡也。」豺乃祭獸者，是月豺殺諸獸，四面陳之，有似乎祭。《小正》在十月者，舉其晚也。草木黄落者，九月金盛尅木，故先黄而後落。《國語》：「本見而草木節解。」注：「本，氐也。」謂寒露之後十日陽氣盡，草木之枝節皆理解也。蟄蟲咸俯，俯也者，伏也，謂以身附土，就地陽而不出也，《吕氏·季秋紀》所謂蟄蟲咸俯在穴，皆墐其户也。豺殺諸獸，如徒役之捕盜。今不祭獸，是不用力也，故其占爲爪牙不良之象。九月陽氣寖微，故草木盡凋。今不黄落，則過時而陽不斂也，故曰是爲愆陽。蟄蟲畏寒在穴，如小民之塞向墐户。今不咸俯，則無以安其身，故其占爲民多流亡之象。○朱右曾云：豺似狗，高前廣後，黄色，羣行，其牙如錐。殺獸而陳之，若祭。俯，垂頭也，陽氣下沈，垂頭嚮之。爪牙，武士。愆，陽陽不潛藏也。

立冬之日，水始冰；又五日，地始凍；又五日，雉入大水化爲蜃。水不冰，是謂陰負；地不凍，咎徵之咎；雉不入大水，國多淫婦。

〔彙校〕是謂，程本、吴本、趙本作「是伏」。地不凍，盧校作「地不始凍」。○盧文弨云：謂，舊作「伏」，從《御覽》改。又載一段云：「立冬，十月節，水始冰，若不冰，即陰之有負；地始凍，若不凍，即災咎之徵；野雞化爲蜃，若不爲蜃，即時多淫婦。」文弨案：此惠氏所疑爲古本者也，然避「民」字、「雉」字，當出唐人所更定。○王念孫云：咎徵之咎，文不成義，此後人妄改之以就韻也，不知負、婦二字古皆讀如否泰之否（説見《唐韻正》），不與咎爲韻。《太平御覽·時序部十三》引作「災咎之徵」，是也。徵轉上聲，爲宫商角徵羽之徵，故徵驗之徵亦轉而與負、婦爲韻，古人不以兩義分兩音也。凡蒸、之二部之字，古音或相通，上去二聲亦然，故《洪範》之「念用庶徵」亦與「疑」爲韻。（文十年《左傳》「秦伯伐晉，取北徵」，《釋文》：「徵如字。《三蒼》云：『縣屬馮翊，音懲，一音張里反。』」）他若《鄭風》「雜佩以贈之」，與來爲韻；宋玉《神女賦》「復見所夢」，（夢，古音莫登反，説見《唐韻正》。）與喜、意、記、異、識、志爲韻；《賈子·連語篇》「其離之若崩」，與期爲韻，皆其例也。（《説文》：「崩，從邑，崩聲，讀若陪。」「倗，從人，朋聲，讀若陪位。」又艿、訒、仍、仍、扔、孕六字，竝從乃聲。又云「卤，讀若仍。」即今之逌字。又「冰」爲古凝字，從水、仌，而凝字則從疑聲。繒從曾聲，而籀文作綷，則從宰省聲。《周官·司几筵》「凶事仍几」，注：「故書仍作乃。」《爾雅》「䍁孫之子爲仍孫」，《漢書·惠帝紀》「仍」作「耳」；《墨子·尚賢篇》「守城則倍畔」，《非命篇》「倍」作「崩」；《楚策》「仰承甘露而飲之」，《新序・雜事篇》「承」作「時」；《史記・賈生傳》「品庶馮生」，《漢書》「馮」作「每」；《司馬相如傳》「葴橙若蓀」，《漢書》「橙」作「持」：此皆蒸、之二部相通之證。）〇陳逢衡云：盧文弨曰《御覽》又載一段所云，案《御覽》别出一段，俱係訛誤。〇孫詒讓云：咎徵之咎，盧云《御覽》云即「災咎之徵」，王云《御覽・時序部十三》引作「災咎之徵」，是也。案：上「咎」字《寶典》作「災」。〇朱駿聲云：下「咎」字當作「蒙」。恒風，故地不凍也，凍、蒙爲韻。

〔集注〕潘振云：此解十月節也。冬，藏也。雉有十四種，見《爾雅》。大水，淮也，見《晉語》。蜃，音腎，大蛤也。負，失也。陰失其道，古語謂之陰負。咎徵，災證也。咎，愆也。〇陳逢衡云：立冬之日，十月節氣也。《淮南・天文訓》：「霜降加十五日斗指蹏通之維則立冬。」《孝經緯》：「霜降後斗指西北維立冬。」水始冰者，陰極於亥，故凝結也。地始凍者，寒氣由外達内，無不閉塞也。雉比雀爲大，故化爲蜃蜃亦比蛤爲大也。大水，淮海之屬。《小正》傳謂蜃爲蒲盧，則大蛤也。《月令》鄭注：「大蛤曰蜃。」《吕氏》、《淮南》注竝云：「蜃，蛤也。」或曰蜃蓋蛟屬。水得陰氣而凝，今不冰，則陰不能聚也，故曰是謂陰負。地不始凍，豫恒燠若也，故其占爲咎徵。雉喜淫，常與蛇交，化爲蜃則沈伏於下。今不入水，則陽動而不能禁其欲，故其占爲國多淫婦之象。〇朱右曾云：《晉語》云：「雉入于淮爲蜃。」雉，丹雉也，立秋來，立冬去。大蛤曰蜃。負，偝也，言陰敗也。雉與蛇交合，不以類，淫之象也。

小雪之日，虹藏不見；又五日，天氣上騰，地氣下降；又五日，閉塞而成冬。虹不藏，婦不專一；天氣不上騰，地氣不下降，君臣相嫉；不閉塞而成冬，母后淫佚。

〔彙校〕虹，鍾本作「陰」。〇孫詒讓云：地氣不下降，案《寶典》引無「下」字。不閉塞而成冬，案《寶典》引無「塞」字。母后淫佚，案《寶典》引「淫」作「縱」。

〔集注〕潘振云：此解十月中氣也。虹，陰陽之交氣，陰壯則不見，專一之理也。相嫉，交惡也。母儀天下曰母后。〇陳逢衡云：小雪之日，十月中氣也。《淮南·天文訓》：「立冬加十五日斗指亥則小雪。」《三禮義宗》：「十月小雪爲中氣，氣叙轉寒，雨變成雪，故以小雪爲中。」謂之小雪者，未盛之辭，對十一月而言也。虹者，陰陽相接而成，今氣不交，故藏不見。天氣上騰地氣下降者，非復前此絪緼化生，而暫爲凝聚，以待來歲之發洩也。閉塞而成冬，亦指天地之氣言。《吕氏·孟冬紀》注謂「天地閉冰霜凛烈成冬」，《吕氏·音律篇》亦云「應鐘之月陰陽不通，閉而爲冬」，是也。鄭康成謂「門户可閉閉之，窗牖可塞塞之」，誤。虹爲天地之淫氣，當藏而藏，婦德之應也。今不藏，則雌雄逐，逐而事必有驗矣，故其占爲婦不專一之象。天尊地卑，君臣之應也。今乃天不上騰則于事爲逼下，地不下降則于事爲凌上，故其占爲君臣相嫉之象。冬者四時之終也，坤道也，《易》所謂無成而代有終也。今乃不閉塞，則于至静之德不協，故其占爲母后淫佚之象。〇丁宗洛《外篇》云：氣至而物應，是爲候。若天氣上騰地氣下降，閉塞成冬，二者是氣，即以氣爲候也。然孟春天氣下降，地氣上騰，又何不以爲候？豈自春至冬則太遠，自冬至春則太近，不足以取候耶？〇朱右曾云：六陽盡消，天不近物，故云上騰。純陰用事，地體凝涷，故云下降。閉塞，謂物盡蟄。天地，猶君臣也。嫉，惡也，若陰母后之象。

大雪之日，鴠鳥不鳴；又五日，虎始交；又五日，荔挺生。鴠鳥鳴□□□；虎不始交，□□□□；荔挺不生，卿士專權。

〔彙校〕上「鴠」字程本、吴本作「鴡」，王本作「鶡」，下「鴠」字程本、趙本、吴本、王本並作「鶡」。盧校二「鴠」字並作「鴡」。朱右曾從王念孫説「鴠鳥」改「鶡旦」。鳴，王本作「不鳴」，餘諸本闕，盧從《御覽》補「猶鳴」，朱駿聲補「讒慝起」。「鳴」下程本、趙本、鍾本、王本少一「囗」，盧從《御覽》補「國有訛言」，朱駿聲補「將帥失職」。「虎不始交」下四闕文，盧校補「將帥不和」。○盧文弨云：䳚鳥，鶡鳴也，或作鴇䳚。《禮記・坊記》作盍旦，夜鳴求旦之鳥也。《御覽》䳚作「鶡」，亦可通，本或作「鶡」，或作「鶚」，皆誤。「猶鳴」六字及「將帥」四字舊闕，今從《御覽》補。又「荔挺不生」，《御覽》作「不出」。惠云：康成以「荔挺」連讀，顏之推譏之「不知《周書》已如是」。○王念孫云：引之曰：《書傳》無謂鶡旦爲䳚鳥者，「䳚鳥」本作「鶡旦」。《唐月令》避睿宗諱，改「鶡旦」爲「鶡鳥」，校《逸周書》者依《唐月令》亦改爲「鶡鳥」，《御覽》所引者是也。(《藝文類聚》作於睿宗以前，而引《月令》亦作「鶡鳥」，則唐人依《唐月令》追改之。)案《說文》：「䳚，渴䳚也。」渴䳚與鶡旦同。又云：「鶡似雉，出上黨。」是鶡旦與鶡異。唐人改「鶡旦」爲「鶡鳥」，則與似雉之鶡無別，校《周書》者依《唐月令》作「鶡鳥」，非也。今本作䳚、作鴠、作鶚，則又鶡之譌矣，當從《月令》原文作「鶡旦」，然後復《周書》之舊。○俞樾云：按上文云「鶡旦猶鳴國有譌言」，下文云「荔挺不生卿士專權」，言與權爲韻。此云「虎不始交，將帥不和」，和字不入韻，疑必有誤，古本當作「將帥不讙」，讙與歡古通用。《禮記・樂記篇》「鼓鼙之聲讙」，鄭注曰：「讙或爲歡。」將帥不讙，即將帥不歡也。《一切經音義》卷十二曰「讙，古文作吅」。此文「讙」字疑從古文作「吅」，因誤爲「和」耳。○孫詒讓云：鶡鳥不鳴，案《寶典》亦作「曷鳥」，則隋本已如是。王謂唐人避諱改，疑非。䳚鳥猶鳴，惠云宋本作「鶚鳥猶鳴」。案此亦當作「鶡鳥」，宋本譌。國有訛言，案《寶典》「有」作「多」。○劉師培云：䳚鳥不鳴，案《雜志》云當從《月令》作「曷旦」，今考《御覽》九百二十一引此及下文䳚鳥猶鳴，均作「鶡䳚」，《元史・曆志》亦作「鶡旦」。虎不始交將帥不和，案「和」當讀「桓」。《史記・孝文紀》索隱云「陳楚俗桓聲近和」，是其證。《詩・魯頌・泮水篇》「桓桓於征」，《毛傳》云：「威武貌。」《爾雅・釋訓》亦云：「桓桓，威也。」則將帥不桓，猶言將帥無威耳，桓與言、權均協韻。荔挺不生，案荔挺之說當從《顏氏家訓・書證篇》。如彼說，似此文當作「荔不挺生」。（顔引《易緯通卦驗玄圖》荔挺不出駁鄭，疑彼文本作「荔不挺出」）。

〔集注〕潘振云： 此解十一月節也。 大雪，對小雪而言，十一月始大也。 鴠鳥，陰類，夜鳴而求旦，感微陽而不鳴。交，猶合也。 荔挺，香草也，從陽而生。 ○陳逢衡云： 大雪之日，十一月節氣也。《淮南·天文訓》：「小雪加十五日斗指壬則大雪。」謂之大雪者，此時寒氣極盛，雨雪比前月爲大也。 鴠鳥，求旦之鳥，《詩》所謂「鶡鴠」（《淮南·時則》同），《禮·坊記》所謂「盍旦」也。《廣志》作「侃旦」，《方言》作「鶡旦」，《通卦驗》作「曷旦」，《詩》注作「渴旦」。《説文·鳥部》：「鴠，渴旦也。」高誘《吕氏注》：「鶡鴠，山鳥，陽物也，是月陰勝故不鳴也。」《淮南注》同。《唐書》及《宋史》、《金史》俱作「鶡鳥」，誤。 案鶡鳥則又一物。 虎始交者，虎乃陽中之陰，故交于冬至一陽將發之前。 高誘《淮南·時則訓》注：「交讀將校之校。」衡案： 始交當訓爲交合之義，所謂虎不再交是也，其字當讀如郊。 荔挺，鄭注《月令》曰「馬薤也」，《顔氏家訓》引蔡邕《月令章句》「荔似挺」。 高誘《吕氏注》荔草挺出之説，以《月令》注爲誤。 衡案：下文「荔挺不生」，與《易通卦驗》「荔挺不出」皆以「荔挺」二字連名，鄭注似不可議。 鴠以陽鳥而鳴於陰極之時，則口舌爲祟之應也，故其占爲國有訛言之象。 虎者將帥之應也，今不交，則貔貅必有不相能者，故其占爲將帥不和之象。荔挺生而正直如臺端得人有正色立朝之概，今不生則朝列無所懼，故其占爲卿士專權之象。《易通卦驗》謂荔挺不出則其國多火，此又一説也。 ○朱右曾云： 鶡旦，一名寒號，夏月毛采五色，至冬盡落，夜則忍寒而號以求旦。 荔挺，香草，一名馬薤，又名馬藺，似蒲而小。 或曰似薤而長厚，三月開紫碧花，五月結實。 訛言，妖言也。 虎，將帥之象。《顔氏家訓》曰： 「《説文》云荔似蒲而小，根可爲刷。 蔡邕《章句》云荔似挺。 高誘《吕覽注》云荔草挺出。 然則《月令注》荔挺爲草名，誤矣。」王引之曰： 《月令篇》中草名二字者則但言生，一字者則言始生，未狀其生之貌者，究當從鄭。

冬至之日，蚯蚓結；又五日，麋角解；又五日，水泉動。蚯蚓不結，君政不行；麋角不解，兵甲不藏；水泉不動，陰不承陽。

〔彙校〕孫詒讓云：陰不承陽，案《寶典》「承」作「烝」。○劉師培云：君政不行，案《占經》一百二十引作「政令」。

〔集注〕潘振云：此解十一月中氣也。○陳逢衡云：冬至之日，十一月中氣也。蚯蚓結者，高誘《呂氏注》：「結，紆也。」麋角解者，麋是陰獸，冬至得陽氣而解角也。水泉動者，泉浚于地，陽氣聚于內，故稟微陽而動。動，謂氣始達也。蚯蚓蠕動之物，今陽氣已達黃泉而猶挺然若死，則是一陽未生而號令不伸于至近也，故其占爲君政不行之象。麋角象刃亦如鹿角，俱兵甲之應。今不解，是耀武也，故其占爲兵甲不藏之象。水泉乘陰而凝乘陽而達，今不動，則嫌于無陽矣，故其占爲陰不承陽之象。○朱右曾云：結，盤屈如結也。麋，澤獸，色青黑肉蹏，目下有兩孔能夜視。陽氣踵黃泉而生，故水泉動。承，奉也。

小寒之日，鴈北向；又五日，鵲始巢；又五日，雉始雊。鴈不北向，民不懷主；鵲不始巢，國不寧；雉不始雊，國大水。

〔彙校〕二「鴈」字鍾本、王本並作「雁」。主，鍾本作「土」。○盧文弨云：《御覽》載：「小寒，十二月節，鴈北鄉。鴈不北鄉，即臣不懷忠。鵲始巢，鵲不巢即邊方不寧。」又曰：「一國不寧，野雞始雊。野雞不雊，國乃大水。」○陳逢衡據《藝文類聚》「國不寧」改「國不安寧」，「國大水」改「國乃大水」，云：盧曰《御覽》所引俱誤。○孫詒讓云：鴈北向，盧云《御覽》作「鄉」，案《寶典》同。國不寧，惠云《御覽》「國」下有「家」字，盧未採。案《寶典》「不」上有「乃」字。○劉師培云：雁不北向民不懷主，案《類聚》三引「向」作「鄉」，《初學記》引「主」作「至」。

〔**集注**〕潘振云：雊，音冓。此解十二月節也。鵲，大如鴉而長尾、尖嘴、黑爪、緑背、白腹，陽鳥，隨陽而動。雉屬火，感於陽而鳴。○郝懿行云：《夏小正》注：「鴈以北方爲居，生且長焉。」故曰鴈不北向，民不懷主也。○陳逢衡云：小寒之日，十二月節氣也。謂之小寒者，對大寒而言也。《管子・四時》曰：「其時曰冬，其氣曰寒。」《吕氏春秋》曰：「冬之德寒，故以小寒大寒爲冬日之驗也。」《淮南・天文訓》：「冬至加十五日斗指癸則小寒。」雁北向者，自南而北，此據早者而言也，晚者正月二月乃北鄉，故《時訓》於雨水又言鴻雁來。始巢，《淮南》作加巢，高誘曰：「鵲感陽而動，上加巢也。」《詩》「維鵲有巢」，《箋》：「鵲之作巢。」冬至加功至春乃成，故曰始巢。雉始雊，雊謂鼓其翼也。《小正》正月雉震呴，而此在十二月者，一言其震呴乃大鳴之候，一言其始雊乃微鼓其音也。雁北向，向北闕也，是小民拱戴王室之應。今時已轉陽，而猶戀煖于南，故其占爲民不懷主之象。鵲巢所以安處，小之應閭閻之得所，大之應城邑之奠安。今不始巢，則旅無所容矣，故其占爲國不安寧之象。《通卦驗》曰：「鵲者，陽鳥，先物而動，先事而應，見于未風之象。」大寒之日鵲始巢，今失節不巢，癸氣不通，故言春不東風也。案此以鵲始巢爲大寒候，而其占爲春不東風之應，則又一解也。雉，陰類，好與蛇交，應北方元武之精，惟震雊而上與雷應，故水氣散而不爲害。今乃不始雊，則陰氣聚而無以鼓盪之，故其占爲國乃大水之象。大水者，來年之應也。○丁宗洛云：雊，上作「鴝」。按《書・高宗肜日》：「越有雊雉。」雊，雉鳴也，則從隹是。但鴝，《集韻》：「音冓，鳥聲，雉鳴也。」是鴝與雊通。○朱右曾云：孔穎達曰：「鴈北鄉，晚者正月乃北鄉。」鵲始巢，據晚者。若早者，《詩緯推度災》云復之日鵲始巢是也。雷在地中，雉聞則雊，不雊，不聞雷也。陽不勝陰陰沴，故主水。

大寒之日，鷄始乳；又五日，鷙鳥厲；又五日，水澤腹堅。雞不始乳，淫女亂男；鷙鳥不厲，國不除兵；水澤不腹堅，言乃不從。

〔彙校〕鶏，趙本、王本作「雞」。厲，元刊本同，餘諸本作「厲疾」，盧從。〇盧文弨云：宋本無「疾」字。案下但云「鷙鳥不厲」，則上句亦本無「疾」字，宋本是也。《御覽》載：「大寒十二月中，雞始乳，雞不乳即淫婦亂男；鷙鳥厲疾，鳥不厲疾即國不除姦；水澤腹堅，不腹堅即言無所從。」〇陳逢衡、朱右曾從《御覽》「兵」改「姦」。〇孫詒讓云：國不除兵，盧云《御覽》「即國不除姦」，朱本據改。案《寶典》亦作「兵」，則舊本不誤。〇劉師培云：鷙鳥厲疾，案《玉海》十二引無「疾」字。陳本、朱本均據《御覽》改「兵」爲「姦」。《斠補》云：「《寶典》亦作『兵』，舊本不誤。」孫説是也。男與從、兵韻雖弗協，然古韻恒雙聲通轉，東、冬之字多轉入侵、覃（如《詩·小戎》以中協驂，《蕩篇》以諶協終是也），故從與男叶。兵字古音亦恒轉入東、冬（如《酆保解》以兵叶凶，是也），故從與兵協。陽、唐之字，古音多轉入覃，故又與男協。

〔集注〕潘振云：此解十二月中氣也。乳，卵也。鷙鳥，鷹隼之屬。腹，猶内也。〇陳逢衡云：大寒之日，十二月中氣也。《淮南·天文訓》：「小寒加十五日斗指丑則大寒。」謂之大寒者，寒至此無復加也。《易稽覽圖》所謂「冬至後三十日極寒」是也。《白虎通》曰：「冬至陽始起反大寒，何也？陽氣推而上，故大寒。」雞始乳者，謂當字育之時，即《小正》「雞桴粥」也。《小正》以爲正月，《通卦驗》以爲孟春候，舉其晚者而言也。鷙鳥，題肩也，亦謂之擊征。厲疾，猛迅也。水澤腹堅，腹，内也。雞乳所求在得子，今不始乳，則牝雞之逐惟雄是戀矣，故其占爲淫女亂男之象。鷙鳥厲疾則雀角之屬皆遠避，今不厲疾，無所用力，雖禍在肘腋而不能制也，故其占爲國不除姦之象。澤也者，兑也。兑爲口，象言語，今不復堅，則言皆虛僞矣，故其占爲言乃不從之象。〇朱右曾云：鷙鳥，鷹隼之屬，太陰殺氣將盡，故猛疾與時競。腹堅，言冰堅固凸出如腹。

逸周書彙校集注卷六

月令解第五十三闕

案：此篇闕，盧文弨據《吕氏春秋》十二紀首補之。盧文弨云：案蔡邕《明堂月令論》云：「《月令》篇名因天時制人事，天子發號施令，祀神受職，每月異禮，故謂之《月令》，所以順陰陽，奉四時，效氣物，行王政也。成法俱備，各從時月，藏之明堂，所以示承祖考神明，明不敢泄瀆之義，故以明堂冠月令，以名其篇。《戴禮·夏小正》，則夏之月令也。殷人無文，及周而備文義，所説博衍深遠，宜周公之所著也。官號職司與《周官》合，《周書》七十二篇，而《月令》第五十三。秦相吕不韋著書，取《月令》爲紀號。淮南王安亦取以爲第四篇，改名曰《時則》。故偏見之徒或云《月令》吕不韋作，或曰淮南，皆非也。」又案《隋書·牛宏傳》云：「今《明堂月令》者，鄭康成云是吕不韋著《春秋》十二紀之首章，禮家鈔合爲記。蔡邕、王肅云周公所作《周書》内有《月令》第五三，即此也。」案宏以今《禮記》中之《月令》即是在《周書》内者，故云即此，與蔡邕説相符合。邕以《淮南·時則》在第四篇，今却在第五篇，其文與《吕氏》微異。邕作《月令問答》所云云者皆在《吕氏》，不在《淮南》。既蔡邕、牛宏有斯二證，故今即依《吕氏》十二紀首鈔出以備此闕。〇潘振、丁宗洛皆依盧本載其全文。〇丁宗洛云：《文獻通考》亦云十二紀者本周公書，後寘於《禮記》，善矣。而目之爲吕令者，誤也。然則盧氏所據以補此書，良不謬矣。〇陳逢衡云：《月令》全文已載在《吕氏》，又載《小戴》

篇中，似不必再取以補《周書》，而且出自《吕氏》，其中有無潤色損益不可知，恐未必即《周書・月令》之舊，故仍從舊闕，而其引見于他書者，另附于後：

春取榆柳之火，夏取棗杏之火，季夏取桑柘之火，秋取柞楢之火，冬取槐檀之火。

《論語》「鑽燧改火」，馬氏註云：「《周書・月令》有更火之文，春取榆、柳之火，夏取棗、杏之火，季夏取桑、柘之火，秋取柞、楢之火，冬取槐檀之火。一年之中鑽取各異木，故曰改火也。」《正義》曰：「《周書》，孔子所删百篇之餘也，晉太康中得之汲冢，其辭今亡。」衡案：《御覽》二十二引《周書》「夏取棗杏之火」，九百五十八引《周書》「季夏取桑柘之火」，則春秋冬當亦引《周書》爲是，而乃于「春取榆柳之火」則引《易京房占》（見卷十八），「秋取柞楢之火，冬取槐檀之火」，則並引《鄒子》（見卷二十四、二十六）。又九百五十四《槐部》引《周禮》「司烜氏掌取槐檀之火」，九百五十四《桑部》引《鄒子》「季夏取桑柘之火」，九百六十五《棗部》引《鄒子》「夏取棗杏之火」，豈非自亂其例乎？又其甚者，九百五十六《榆部》既引《秋官・司烜氏》「春取榆柳之火」，又引《鄒子》之説于後，此與卷二十二引《鄒子》、《周書》同，其重複雜出無序甚矣。案《鄒子》「四時改火」見《周禮・司爟》疏鄭司農引，蓋其源出于《周書》，故《御覽》或以爲《周書》，或以爲《周禮》，或以爲《鄒子》，其實一也。改火之法《吕氏》十二紀首不載，而「春三月其燧火（其讀該備之該），夏三月、秋三月柘燧火，冬三月松燧火」則見於《淮南・時則》。然四時而三改火，則秋用柘必誤，蓋傳者失之。（《管子・幼官》云：「五和時節以倮獸之火爨，八舉時節以羽獸之火爨，七舉時節以毛獸之火爨，九和時節以介蟲之火爨，六行時節以麟獸之火爨。」其於改火之説又別，未知出於周《月令》否也。）

夏食鬱、秋食櫨、梨、橘、柚，冬食菱、藕。

《御覽》九百七十三引《周書》「夏食鬱，秋食橘柚」，又九百七十五引《周書》「冬食菱藕」。《初學記·橘部》引《周書》「秋食櫨、梨、橘、柚」。據《藝文類聚·菓部》引《月令》「食橘柚」，則《初學記》、《御覽》所引《周書》皆《月令解》中文也。《藝文類聚·草部》引《周官》曰：「冬食菱藕、棗栗、杍實。」案《周官》當是《周書》之誤。○朱右曾云：盧氏據蔡邕《明堂月令論》、《隋書·牛宏傳》謂《禮記·月令》即《周書·月令》，因以《呂氏》十二紀首補之。然如馬融《論語注》引《月令》改火之文，蔡邕、牛宏引《月令》論明堂之制，今俱不見于《呂覽》，則其同異未可知也。宋《崇文總目》有《周書月令》一卷，則別有單行本，今不可考矣。

逸周書彙校集注卷六

謚法解第五十四

〔彙校〕于鬯云：《謚法篇》當爲周人所作，非周公所作，故篇首云「維周公旦、太公望開嗣王業，建功于牧之野，終將葬，乃制謚，遂叙《謚法》」。盧校依《史記正義》及《通鑑前編》所訂如此，今本小有脱誤，大旨無異。玩其語意，明謂周公、太公爲周功臣，故二公終將葬，周人爲之制謚，遂叙此《謚法》一篇。是此篇實周人爲周公、太公制謚而作，初無周公作此篇之説。惟序云「周公肇制文王之謚，義以垂于後，作《謚法》」，與篇首語意實不合。凡古書有序，本一家之言，《詩》、《書》兩序，至今疑者未絶。即《周書序》中，可議亦多。若《嘗麥篇》稱文考，明是武王言也，而序云「成王既即政，因嘗麥以語羣臣而求助」；《官人篇》據《大戴記》題《文王官人》，則王曰者文王曰也，而序亦云「成王訪周公以民事」。然則讀序者信弗可泥矣。維王應麟《困學紀聞・書卷》引《周書・謚法》云「惟三月既生魄，周公旦、太師望相嗣王發，既賦憲受臚于牧之野，將葬，乃制作謚」，與今本不同。朱右曾《集訓》遂據彼以改今本，云「于時追謚西伯爲文王，而謚法未備，及此將葬武王，乃叙制之」，如此得謂周公作矣。而又將葬武王，叙制此篇，與序語亦復歧出。王又引今所傳本云云，而云與《六家謚法》所載不同，則其所引《周書・謚法》者，實《六家謚法》中之《周公謚法》文也。據其所著《玉海》，有《周公謚法》、《春秋謚法》、《廣謚》、沈約、賀琛、扈蒙六家之書，則《六家謚法》中信有《周公謚法》一家。考《謚覽》引《大戴禮》曰：「周公旦、太師望相嗣王，作《謚法》。」文與彼雖詳略異而大相類，則《六家謚法》中之《周公謚法》恐本《大戴》不本《周書》，本稱《周公謚法》不稱《周書謚法》，王漫引作《周書・謚法》耳。或謂信如二公終葬時周人制謚，何以二公之前文武已有謚？則固謂二公終葬時周人叙此《謚法》一篇，而非謂謚法始於二公終葬時也。且篇首既周公、太公并稱，如因此謂周公作，又何以不云太公作邪？○劉師培云：案《玉海》五十四引沈約《謚例序》云「《周書・謚法一》第五十六、《謚法二》第五十七」，是舊本《周書》或析《謚法》爲二篇，篇第亦殊。今本《玉海》又引沈約云「《周書・謚法一》第五十六，《謚法二》第五十七」，上篇有十餘謚，下篇惟有第目無謚名，是沈約所見分篇本上缺下亡。《玉海》又云沈約案《謚法》上篇卷前云《禮大戴記》，後云《周書・謚法》第四十二，又云「凡有一百七十五謚」，王氏所引蓋亦《謚例序》文。據彼説是《周書・謚法》別有單行本，與《大戴謚法》爲一編，所載之謚計百餘，惟所標第次復迥不同。又考《蘇洵集・謚法總論》云：「謚者，起於今文《周書・謚法》之篇。今文既以鄙野失傳，其《謚法》之上篇獨存，又簡略不備。」洵之所見蓋亦分篇本，均與孔本不同，別詳《略説》。又案諸書引《謚法》者，始於西漢（見《漢書・河間獻王傳》及《武五子戾太子傳》）。《通典・禮六十四》云：「舊有《周書・謚法》、《大戴禮・謚法》，又漢劉熙《謚法》一卷，晉張靖撰《謚法》兩卷，又有《廣謚》一卷，梁《沈約總集・謚法》凡一百六十五。」據《通典》説，是《周書》、《大戴》並有《謚法篇》。《玉海》五十四又載沈序云《大戴禮》及《世本》書並有《謚法》，而二書傳至約時已亡，其篇惟取《周書》及劉熙《謚法》、《廣謚》舊文，仍採乘輿《帝王世紀》（當依《隋志》作來奧《帝王本紀》）。《謚法篇》之異者以爲此書。據彼説，是《世本》、《帝王本紀》亦均詳列《謚法》。至於六朝，則《大戴》、《世本》咸佚斯卷。（《大戴》尚有別行本。）今考《漢書・帝紀》顔注載應劭説所引《謚法》冠以「禮」字，則爲《大戴》甚明，然所云「柔質慈民曰惠，布義行剛曰景，威强叡德曰武，聖聞周達曰昭」，並與《周書》相同。《白虎通義・號篇》又引《禮記・謚法》云「德象天地稱帝，仁義所生稱王」，亦與《周書》相類。又《御覽》五百六十二引《大戴禮》云「周公旦、太師望嗣王(《書鈔》九十四所引有「將葬」二字)，作《謚法》(下脱謚字)者，行之跡也；號者，功之狀(今《周書》作「表」)也；服者，位之章也。是以大行受大名，細行受小(《周書》作細)名，行出(《書鈔》作生)於己，名出(《周書》作生)於人」。《魏書・甄琛傳》載袁翻議引「謚者行之迹」以下並稱爲《禮》。所據亦《大戴》，自「周公」以下(下有「謚慎也」)云云，《周書》無)悉符《周書》，(宋初《大戴》久佚，此篇當從他籍轉引。)均《大戴・謚法》同《周書》之證。乃《白虎通義・謚篇》引《禮記・謚法》云「翼善傳聖謚曰堯，仁聖(《書・堯典》疏聖作「義」)聖明謚曰舜，慈惠愛民謚曰文，强理勁直(盧本作「剛强理直」)謚曰武」，似《大戴》所録別有堯舜諸謚。然《書・堯典》孔疏云「《周書・謚法》周公所作，而得有堯、舜、禹、湯」。是堯、舜二謚亦唐本《周書》所有。《書・堯典》釋文引馬注亦以「堯」、「舜」爲謚，《湯誓》釋文引馬注則云「禹湯不在謚法中」，此《謚法》舊本有堯舜而無禹湯之證也。乃《史記正義》載《周書・謚法》有「除殘去虐曰湯」語，《原本玉篇・水部》又引《謚法》云「除要(當作惡)去殘曰湯」，則均以「湯」爲謚。今考《書・堯典》疏云「《謚法》又云：淵源流通曰禹(《類聚》十四引《梁元帝謚議》作『受禪成功曰禹』，引下語亦作『除虐去殘曰湯』，文各不同)，雲行雨施曰湯」，則禹湯亦是謚法。而馬融云禹湯不在《謚法》中，故疑之，將由《謚法》或本不同，故有致疑。亦可本無禹湯爲謚，後來所加，故或本曰除殘去虐曰湯，是以異也。是孔氏亦疑禹、湯二謚增自後人也。盧校亦宗馬誼。今宗盧校不以禹、湯二謚列《周書》，非出《周書》外也，惟蔡邕《獨斷》録帝謚堯舜而外兼録桀紂，(其文云「殘人多壘曰桀，賊義損善曰紂」。又《吕氏春秋・功名篇》高注云「殘義損善曰桀，賤人多累曰紂」，又希麟《續一切經音義》引《謚法》云「賊仁多傪曰桀，殘義損善曰紂」，文各不同。)爲《周書》所無。元應《衆經音義》十三亦云「《謚法》賊人多累曰桀，劉熙曰：『多以惡逆累賢人也。』」是劉熙《謚法》亦有桀謚。據《隋書・經籍志》「《大戴禮記》十卷」自注云「梁有《謚法》

三卷，後漢安南太守劉熙注」，是劉熙之書即係《大戴・謚法》之注。又據《玉海》五十四引沈約云劉熙注《謚法》惟有七十六名，與《通義・謚篇》七十二品數亦略合。彼據《大戴》言（蓋《大戴》所列之謚弗及今本《周書》之衆），亦劉書援據《大戴》之徵。劉列桀謚，則《大戴》兼臚桀紂二謚亦可類推。此或《大戴》之異於《周書》者也。杜預《春秋釋例》亦有書謚例，今佚弗傳。據吕祖謙《春秋集解》於所引《釋例》，《謚法》有「隱拂不成曰隱」語，則亦撮録《周書》。宋代之時，《周書》而外僅存杜書。陳振孫《直齋書録解題》有《六家謚法》二十卷，周沆等編。又云：「六家者，周公、《春秋》、《廣謚》、沈約、賀琛、扈蒙也。」（《玉海》五十四略同。）周公即《汲冢書》之《謚法解》，《春秋》即杜預《釋例》所載。據彼説所云，「周公」即《周書》也，所云《春秋》即杜書也，然所據《周書》似與《續通考》《周公謚法》有殊，蓋兼録《大戴》。劉注逸文既非汲冢本，亦與孔本不同，《困學紀聞》二、《玉海》六十七所述是也（詳後）。故欲校孔本，惟張守節《史記正義》所録碻係唐本。《正義》所載，計一百九十四條。晁公武《郡齋讀書志》謂《周公謚法》一卷，計一百九十餘條。此雖《謚法解》單行本，然數與唐本略同。《宋史・禮志》云：「太平興國八年，詔增《周公謚法》五十五字，美謚七十一字爲一百字，平謚七字爲二十字，惡謚十七字爲三十字。」朱校據之，謂《周公謚法》當僅九十五字，實則今本《謚法解》舍帝、皇、王、公、侯、君、長七字外，與九十五字之數亦略相符，似不得謂其弗合。惟《史記正義》所據既係孔本，勘以今本，復有不同，於一百九十餘條之數，又稍弗足。舍湯謚而外，自當據《正義》補增。乃朱本於盧本而外，又據各經《正義》及《釋文》增補數則。陳本所録佚文，舍《史記正義》外亦得二十餘條。惟唐、宋人所稱《謚法》，僅《左傳・隱公》疏引「隱拂不成曰隱」、《穀梁・定公》疏引「肆行勞神曰煬」、《哀公》疏引「恭仁短折曰哀」、《公羊隱公》疏引「大慮行節曰考」明標《周書》，其他所引既未冠《周書》之目，或兼據蔡、杜、沈、賀之書，果屬《周書》佚文，未容臆測。今即朱、陳二家未録者考之，《晉書・范弘之傳》引《謚法》云「貪而敗官爲墨」，《御覽》五百六十二引《梁蕭華傳》

云「有司按《謚法》言行相違曰僭」，《通典·禮六十四》載張星所作《宋慶禮賜謚議》云「按《謚法》好功自是曰專」，又《原本玉篇·高部》引《謚法》云「昭公間民曰高」（此語有誤，似即「昭功寧民曰商」之異文，故《漢書·高紀》顔注引張晏云「禮謚法無高」），《系部》引《謚法》云「不污非義曰絜」（慧琳《音義》三十五所引作「不行不義曰潔」與此略同），《音部》引《謚法》云「温恭有儀曰章，法度明文曰章」，《言部》引《謚法》云「除天之際曰誼，□能制命曰誼，行議不疾曰誼」（下二語慧琳《音義》十二亦引之，缺處乃「善」字），慧琳《音義》二十二引《謚法》云「□貴親親曰仁，煞身成仁曰仁，度功而行曰仁」，十四引《謚法》云「寬柔以敬（當作教）曰强，不報無道曰强，和而不流曰强」，八十四引《謚法》云「先義後利曰榮」，八十八引《謚法》云「亡身從物曰殉」，卷六又引《謚法》云「於事不信曰誣」，《唐會要》八十引《謚法》云「德性寬柔曰温」。以上十三謚，均爲今本《周書》所無，（又《北史》載魏淮陽王欣謚曰容，《廣陵王羽傳》、《周書·柳機傳》云「謚曰愷」，二謚亦古籍所無。）疑非《謚法解》固有之文。惟《史記·五宗世家》索隱引《逸周書·謚法》云「能優其德曰于」，碻屬《周書》。他書所引雖恒出今本《周書》外，亦非盡屬佚文，兹均從省。（其所用之字均見《周書》，語爲今本所無，復爲朱陳諸家所未引者，别有考。）又《文獻通考》一百二十二引《謚法》雖轉録《史記正義》，然其文特完，間足證今本《正義》訛誤。互勘所及，亦事援拾。與《正義》同，則不贅録。若蘇洵《謚法》世有專書，《續通考》所録《周公謚法》淩雜輥淆，失宋人舊本之真，兹均弗採。○按：唐大沛《句釋》闕此篇。

【集注】盧文弨云：《五經文字》：「謚、謚，常利反，上《説文》，下《字林》，以『謚』爲笑聲，音呼益反，今用上字。」據此，則行之迹正當作「謚」字。今《説文》不從「益」而從「兮」、從「皿」，以從「益」者爲笑皃，今人多從之，此亦不能違俗也。○潘振云：謚，誄行立號以易名也。謚有一定之凡例，故曰法。○陳逢衡云：《郡齋讀書志》曰《周公謚法》一百九十餘條，衡案：《宋史·禮志》太平興國八年詔增《周公謚法》五十五字，美謚七十一字爲一百字，平謚七字爲二十字，惡謚十七字爲三十字，則是《周公謚法》原本止當有九十五字。今檢《謚法解》所載，自「一人無名曰神」至「貞心大度曰匡」共一百八十餘條，而唐張守節所録以冠於《史記》者計一百九十四謚，與晁氏所謂一百九十餘條合，若不數重字止得九十九謚，則與《宋禮志》所云争差不遠，蓋今本尚有空方三字故也。盧抱經謂此解錯簡甚多，良然。王圻《續通考》卷一百三十四載《周公謚法》並註，蓋從《史記正義》而注又多不相同，蓋王氏雜取他書改酌成文，不足以訂孔晁本注之誤。○丁宗洛云：浮山云：「謚法起則人自恥爲惡，謚法行則益務好名，蓋制刑所以絶乎小人之路，而制謚所以堅其君子之心，周公爲天下後世慮深矣。」洛案：後世但知謚法爲周公所定，而篇首却以太公并言，則知創制立法，太公與周公才範圍曲成，太公與周公同心，皆聖人也。孟子言見知以統于文王及周公，而必首太公也，有以夫！○陳漢章云：此篇朱釋多非原文，其異同已詳拙撰《讀禮通考後案》卷十七，兹不勝録。

維周公旦、太公望開嗣王業，攻于牧野之中，終葬，乃制謚叙法。

〔**彙校**〕「開嗣王業」以下，盧依《史記正義》及《通鑑前編》改「建功于牧之野，終將葬，乃制謚，遂叙謚法」，潘、陳、丁三家從。○盧文弨云：《正義》牧野無「之」字，脱耳。案王伯厚《困學紀聞》云：「《周書·謚法》：『惟三月既生魄，周公旦、太師望相嗣王發，既賦憲受臚于牧之野，將葬，乃制作謚。』劉彦和《雕龍·哀弔篇》其首云『賦憲之謚』，蓋本此。今所傳《周書》與《六家謚法》所載不同，蓋今本闕誤。」○朱右曾從《困學紀聞》云：三月，謂成王元年作《謚法》之月也。武王未葬，故不諱。賦，布；憲，法；臚，旅也。布法于天下，受諸侯旅見之禮，于時乃追謚西伯爲文王，而謚法未備，及此將葬武王，乃叙制之。○孫詒讓云：案依朱説，此爲成王元年將葬武王時所作，（《作雒》云：「元年夏六月，葬武王于畢。」）然以文義校之，殊不可通，時武王在殯，則嗣王自是成王，安得以武王爲嗣王？且武王雖未葬，然以大行故王而稱爲嗣王，且直斥其名，其爲不敬甚矣。又賦憲受臚於牧野，乃武王初得天下時事，胡爲於此述之乎？竊謂此書雖作於成王元年，而《謚法》自是爲改葬先王時，并追謚文王而作。叙云「周公肇制文王之謚義，以垂于後」，是其證。然則此書非主葬武王爲文明矣。《禮記・大傳》云：「牧之野，武王之大事也。既事而退，柴於上帝，祈於社，設奠於牧室，遂率天下諸侯執豆籩逡奔走追王大王亶父、王季歷、文王昌，不以卑臨尊也。」又《中庸》云：「武王末受命，周公成文武之德，追王太王、王季，上祀先公以天子之禮。」鄭注云：「追王大王、王季者，以王迹起焉。先公，祖紺以上至后稷也。」又云：「追王者，改葬之矣。」依鄭説，是武王追王，周公又有改葬先王之事。蓋於葬武王時並以天子禮崇飾先王之陵墓，因遂作《謚法》，故以相嗣王發發端。此對先王爲文，固不嫌其指斥也。鄭君改葬之説，近儒多疑之，以此書證之，殆信而有徵矣。〇劉師培云：案《困學紀聞》卷二云：「《周書・謚法》：『惟三月既生魄，周公旦、太師望相嗣王發，既賦憲受臚於牧之野，將葬乃制作謚。』」今所傳《周書》云「惟周公旦、太公望開嗣王業建功於牧之野，終葬乃制謚」，與《六家謚法》所載不同，蓋今本缺誤。朱本從《紀聞》改訂，實則《紀聞》所引《謚法》非《周書》孔本也。宋初《謚法》單行本有《周公謚法》一卷，見《崇文總目》（《通考》一百八十一引）。晁公武《郡齋讀書志》云「其序曰『維周公旦、太公望建功於牧野，及終將葬，乃制謚』，計一百九十餘條」，是所録即今《周書》本也。宋又有《六家謚法》二十卷，周沆等所編，陳振孫《書録解題》亦謂所據即《謚法解》，此即《紀聞》所引《六家謚法》之《周書》本也。然《玉海》卷六十七云：「《周書・謚法》『惟三月既生魄，周公旦、太公望相嗣王發，既賦憲受臚於牧野，將葬乃制作謚。謚者，行之迹也。號者，功之表也。車服者，位之章也。』劉熙注曰：『憲，法也。賦，治國之法，於諸侯而受其貢養也。』」所引《周書・謚法》與《紀聞》同，必屬《六家謚法》本，而下引劉注則《六家謚法》之《周書》兼輯《大戴》劉注爲注文。又觀《御覽》五百六十二所引《大戴禮》文雖不備，其首語亦言「相嗣王」，與《六家謚法》

《周書》合，則《六家謚法》既採劉注，兼據《大戴》逸文改《周書》，非孔晁注本也。（若《通考》所録出於《史記正義》，亦爲孔注本，故無「賦憲」諸文。然《正義》作「開嗣王」，案《通考》亦作「相嗣王發」，蓋馬以《正義》爲誤，兼據六家本改其文也。）《紀聞》所引今所傳《周書》與《史記正義》合，與晁氏所引亦符，自係孔注舊本，非缺誤也，仍以盧本爲允。又案《斠補》以「終葬」爲「改葬先王」，今考《白虎通義・謚篇》云：「所以臨葬而謚之何？因衆會欲顯揚之也。」則制謚與臨葬同時。據《作雒解》言六月葬武王，此言維三月既生魄，則非葬武王甚明。蓋改葬先王在成王元年（即周公攝政二年）三月，葬武王則在六月也。（《穀梁・桓十八年》范寧集解云「昔武王崩，周公制謚法」，則此篇作於武王崩後，固無疑義。）孫説至允。

【集注】潘振云：開導武王，嗣續文王之事業。文歿已久，斷無未葬者。據《史記》「父死不葬，爰及干戈」，故事畢而將文王也，乃爲文王制謚，謚之曰文。《白虎通》云：「天子崩，大臣至南郊告謚之，明不得欺天也。」文王未葬，王業已成，故即以天子之禮事之，與此言謚之所由作也。遂者，繼事之辭。叙謚法，後事也。〇陳逢衡云：此因武王將葬，議謚南郊而作。古者生無爵，死無謚。謚法，周公所爲也。

謚者，行之迹也；號者，功之表也；車服，位之章也。

【彙校】「車服」下盧校增「者」字，云：舊「車服」下脱「者」字，今案《魏書・甄琛傳》所引及《正義》、《前編》皆有，今補入。

【集注】孔晁云：古者有大功則善號，以爲福也。（盧作「則賜之善號，以爲稱也」，云：注脱「賜之」二字，又「稱」作「福」，今皆從《正義》。陳云：「福義亦通，如『惟辟作福』之福，或疑是『副』字。」亦可備一説。）〇潘振云：行迹，行事之迹。號，如帝、皇、王、君、公、侯之屬。表，標準也。車，所以載柩者。服，所以飾棺者。章，采也。〇陳逢衡云：《禮·外傳》：「謚者，行之迹也，累積平生所行事善惡而定其名也。」《禮·表記》：「謚以尊名」，注：「謚者，行之迹也。」《五經通義》曰：「謚者，死後之稱，累生時之行而謚之，生有善行，死有善謚，所以勸善戒惡也。」《白虎通》曰：「號者，功之表也，所以表功明德，號令臣下者也。」崔駰《章帝謚議》曰：「臣聞號者功之表，謚者行之迹，據德録功，名當其實。」車服者，賜葬之器，如公以九爲節，侯伯以七爲節，故曰位之章。《魯語》孟文子曰：「車服，表之章也。」〇朱右曾云：迹，蹤迹，猶云大略也。號若成湯、武丁是也。名謂號謚，勸沮之方，以車服動之于生前，以號謚惕之于身後。《春秋傳》曰：「謚以勸德，言勸成其德也。」《五經通義》云：「謚之言陳列所行以爲勸戒也。」自殷以前有名號而無謚，堯、舜、禹皆名也。《虞書》堯呼舜，舜呼禹，及其殁稱之爲帝，爲皇祖，不敢名也。湯，號也。成湯既殁猶稱爲湯，而馬融、蔡邕之倫並以爲謚。《春秋繁露》、《風俗通》、《獨斷》並以黄帝之黄亦爲謚，非也。但湯有成湯、武湯之目，則亦謚之先聲矣。《白虎通》曰：「天子崩，大臣至南郊謚之，明不得欺天，故幽、厲之謚宣、平不能改。」自晉魏以還，君上無惡謚，失其義矣。婦人無外事，故從其夫之謚，有謚自魯隱公母聲子始。太子未立無謚。晉賀循云：「周靈王太子聰哲明智，年過成童，亡猶不謚。」春秋諸侯即位未踰年稱子卒，不爲謚，行未成也。申生有謚，惠公改葬未尊之，其後陳有悼太子，蔡有隱太子，亦其例也。諸侯薨，天子謚之，卿大夫卒，君謚之。春秋王室卑，諸侯不請謚，故莊公元年王錫桓公命，而前此已書「葬我君桓公」矣。《周禮》太史掌小喪賜謚，小史掌卿大夫之喪賜謚，讀誄皆告賜謚于柩。夫易名考行，勸沮之大典，後世則官顯例得美謚，何以褒貶哉？〇劉師培云：謚者行之迹也，案《原本玉篇·言部》云：「謚法，謚者行之迹也。」劉熙曰：「謚，申也，申理述見示後也。」此亦《大戴》劉注佚文，與《釋名》訓謚爲曳殊。（《釋名·釋典藝》云「謚，曳也，物在後爲曳，言名之於人亦然也」）。元應《衆經音義》十二引作「申」當係別本。又《書鈔》九十四引《大戴・謚禮》、《御覽》五百六十二引《大戴禮》云「謚，慎也，以人行之始終悉慎録之以爲名也」，此蓋「名生於人」下《大戴》正文，與劉注靡涉。）

是以大行受大名，細行受小名；　行出於己，名生於人。

〔彙校〕生于人，「人」字趙本作「仁」。○劉師培云：　細行受細名，案《穀梁・桓十八年》范寧集解「細」作「小」，《蔡邕集・和熹鄧后謚議》、《白帖》六十六引《謚法》、《御覽》五百六十二引《晉中興書》並同，惟《晉書・嵇紹傳》及《文選・顔延年宋元皇后哀策文》注亦引作「細」。行出於己，案《白虎通義・謚篇》「出」作「生」。《魏書・甄琛傳》載袁翻議謚引《禮》亦作「生」，《白帖》六十六同。

〔集注〕孔晁云：　名謂號謚。○潘振云：　行出于己，本諸德也。名生于人，臣下謚之也。此專指善謚、平謚，不言惡謚。

一人無名曰神。

〔彙校〕按：　此句盧依《史記正義》改「民無能名曰神」，潘、丁、朱三家從。○劉師培云：　《通考》「一人」作「壹民」，引注作「以至無爲（此四字疑在『不名壹善』下）神道設教」，與《正義》不同。

〔集注〕孔晁云：　不名一（別本均作「壹」）善。○潘振云：　無能名，言其德不可以言語形容也。○陳逢衡云：　一人，尊無二上之稱。無名者，無得而名也。《鶡冠子・道瑞》曰：　「莫不受命，不可爲名，故謂之神。」孔子曰：　「大哉堯之名君也！　巍巍乎！　唯天爲大，惟堯則之。　蕩蕩乎，民無能名焉。」是其證也。北魏神元皇帝謚神。○朱右曾云：聖之至妙，無形無方。

稱善□簡曰聖。

【彙校】闕處盧從《正義》補「賦」，潘、丁、朱三家從；朱駿聲補「別」。盧又云：《正義》「稱」作「揚」。《前編》注：「賦」一作「副」。文弨案：闕處疑是「無」字，所謂禹吾無間然，方與聖相稱。

【集注】孔晁云：所稱得人，所善得實，所別得簡。（盧文弨云：此注本難通。）〇潘振云：稱，説也。善，即繼善成性之善。賦，予也。簡，即簡能之簡。〇陳逢衡云：聖，通明也。沈濤曰：「民無能名曰神，稱善無間則能名矣，故孟子曰：『大而化之之謂聖，聖而不可知之謂神。』」衡案：《索隱》引《世本》有「衛聖公馳爲聖公之子」，又《姓氏書辨證・四十勁》引《姓源韻譜》：「聖氏八愷，隤敳謚聖，後世氏焉。」〇朱右曾云：賦，布也。簡，壹德不懈也。

敬賓厚禮曰聖。

【彙校】劉師培云：《文苑英華》八百四十蘇滌《宣宗謚議》作「敬祀享禮曰聖」。《通考》同，引注作「既敬於祀，能通神道」，與今本及《史記正義》均殊。

【集注】孔晁云：聖於禮也。（盧文弨云：聖，《正義》作「厚」，非。）〇陳逢衡云：《禮・鄉飲酒義》：「仁義接，賓主有事，俎豆有數，曰聖。」

德象天地曰帝。

〔彙校〕盧文弨云：天地，《正義》作「天帝」。

〔集注〕潘振云：帝者，諦也，言天蕩然無心，忘於物我，公平通遠，舉事審諦也。○陳逢衡云：《易坤靈圖》：「德配天地，在正不在私曰帝。」《樂稽耀嘉》：「德象天地爲帝。」《白虎通》：「德合天地者稱帝。」○朱右曾云：博厚高明，同于天地。

静民則法曰皇。

〔彙校〕盧文弨云：《正義》「静」作「靖」，注同，二字本通。《論衡》、《獨斷》「皇」並作「黄」。案：黄帝亦作皇帝，二字亦本通。○劉師培云：《論衡·道虚篇》引《謚法》「皇」作「黄」，音近，古通。又案：《文選·七發》注引《謚法》有「明者曰皇」一語，或「明者」即「則法」之訛。

〔集注〕孔晁云：静，安。○潘振云：静，安也。則，準也。法者，象也。皇者，美大之名，言大於帝也。《白虎通》云：「不擾匹夫匹婦，故爲皇，虚無寥廓，與天地通靈也。」○陳逢衡云：《獨斷》：「皇者，煌也，盛德煌煌，無所不照。」《風俗通》云：「皇道德元泊有似皇天，故稱曰皇，皇者，中也，光也，宏也。」《白虎通》：「皇，君也，美也，大也。」盧文弨曰：「《論衡》、《獨斷》皇並作『黄』。案黄帝亦作皇帝，二字亦本通。」衡案：《論衡·道虚篇》曰：「黄帝好道，遂以升天，臣子諫之，宜以仙升不當以黄謚。《謚法》曰：『静民則法曰黄。』黄者安民之謚，非道德之稱也。」又《白虎通》曰：「古者先皇後帝何？黄帝始制法度，得道之中，萬世不易，後世雖聖，莫能同也。後世德與天同，亦得稱帝，不能制作，故不得復稱皇也。」○朱右曾云：静，安；皇，大也。前民利用，惠及萬也。

仁義所在曰王。

〔**彙校**〕所在，陳逢衡從《正義》作「所往」。〇盧文弨云：在，《正義》作「往」，非。〇王念孫云：「往」字是也。後人不解仁義所往之語，故改「往」爲「在」。予謂《廣雅》：「歸，往也。迋，歸也。」（迋與往同。）仁義所往，猶言天下歸仁耳。古者王、往同聲而互訓，（《莊三年·穀梁傳》：「其曰王者，民之所歸往也。」《吕氏春秋·下賢篇》：「王也者，天下之往也。」《漢書·刑法志》：「歸而往之，是爲王矣。」《大雅·板篇》「及爾出王」毛傳：「王，往也。」《吕氏春秋·順説篇》「桓公則難與往也」，高注：「往，王也。」是王與往聲同義同而字亦相通。）故曰「仁義所往曰王」。若云「仁義所在」，則非古人同聲互訓之旨。天下皆以仁義歸之，則天下皆往歸之矣，故孔曰「民往歸之」。若云仁義所在，則又與孔注不合。〇劉師培云：仁義所在曰王，案《史記正義》「在」作「往」，盧校以爲非。《雜志》云：「往字是也。」（陳本亦改在爲往。）今考《白虎通義·號篇》引《禮記·謚法》云「仁義所生稱王」，所引即《大戴》佚文。《文選·兩都賦序》李注引《樂緯稽耀嘉》同。（《書鈔》卷五亦有此語。）宋雲《翻譯名義集》五引《謚法》亦同，則「在」乃「生」訛，惟王謚匪僅一義，此下疑有脱詞，或即「民所歸往曰王」一語也。孔以民往歸相訓，當係彼注。《通考》作「仁義歸往曰王」，亦合二語爲一。〇按：此條下盧據《正義》補注「民往歸之」及「賞慶刑威曰君」，注「能行署」及「從之成羣曰君」兩條，潘、丁、朱三家從。〇于鬯云：「曰王」下有「賞慶刑威曰君，從之成羣曰君」二句，盧文弨校依張守節《史記正義》補入，是也。

〔**集注**〕孔晁云：民從之也。〇盧文弨云：舊以此注（「民從之也」）接「王」字，下脱去注及正文共二十字，今據《正義》補。案：《左氏·昭廿八年》成鱄論文王九德，此《謚法》内皆見之，「賞慶刑威曰君」，亦其一也。〇潘振云：京師爲首善之區，故曰仁義所在。王，往也，天下所歸往。〇陳逢衡云：《公羊·成八年》注：「仁義合者稱王。」《白虎通》：「仁義合者稱王。」《春秋元命苞》：「王者，往也，神之所輸，向人所樂歸也。」《春秋文耀鉤》曰：「王者，往也，神所向往，人所歸落。」《呂覽·下賢》曰：「王也者，天下之往也。」《韓詩外傳》曰：「王者往也，天下往之謂之王。」《春秋繁露·滅國》曰：「王者民之所往。」又《深察名號》曰：「王者，往也。」《風俗通·皇霸》引《書大傳》：「王者，往也，爲天下所歸往也。」○朱右曾云：仁，天道。義，地道。一貫三爲王。王，往也，民往歸之。

立制及衆曰公。

〔集注〕孔晁云：志無私也。○潘振云：立制，創立制度。及衆者，推而皆通，非一人之私也。公者，通也，公正無私之意。○陳逢衡云：《春秋元命苞》：「公之爲言公正無私也。」

執應八方曰侯。

〔彙校〕于鬯云：顧帝、皇、王、君、公、侯六者，皆號也，非謚也。班固《白虎號通》云：「帝王者何？號也。皇者何謂也？亦號也。」皇、君也，則君亦號矣。公侯在古蓋亦號，後乃因號爲爵，是六者皆號而非謚也。説者因其列在《謚法篇》，亦疑其爲謚，則不可解。然則非謚何以列在《謚法》？曰：《謚法》本及號，故篇首云：「謚者，行之迹也。號者，功之表也。」此足以見矣。若專論謚，何必云號者功之表？然則列此六者之號，正合篇首謚、號並提之義，蓋謚與號論其原却無甚别，惟謚在死後定之，號則生時已稱之耳。觀於「仁義所在曰王」，張《義》引「在」作「往」，義尤顯，故王《雜志》以「在」字爲誤。則王者必仁之義之者王之也。立制及衆曰公，則公者必衆公之也。執應八方曰侯，則侯者必八方侯之也。謂非生時已稱乎？特古生時有此稱，即死後或仍此稱，所謂號者如是。夫至死後仍此稱，是已不啻其謚矣。至若三皇五帝，則恐生時所稱亦不過曰王而已，曰帝曰皇，乃在死後追號。夫誠死後追號，則更不啻其謚矣，但未有謚之名目而已。蓋在古曰王、曰君、曰公、曰侯，非能自主也，必有王之、君之、公之、侯之者，然後爲王、爲君、爲公、爲侯，故爲王、爲君、爲公、爲侯者，未有不足於王、君、公、侯者也。至於後世舉古所號爲王、爲君、爲公、爲侯者以爲定名，則不足以見其人，乃不得不於其外更造一字以定之，所謂謚也。《謚法》之列謚而先立六者之號，猶數典而不忘祖與。抑上文云「一人無名曰神，稱善賦簡曰聖，敬賓厚禮曰聖」，曰神曰聖，儻亦號而非謚。自下文「壹德不解曰簡」以下，乃正周人所定之謚，與號截然爲别者矣。故六者號也，非謚也。又案《白虎謚通》及蔡邕《獨斷》、《戰國・秦策》高誘注、《史記・五帝紀》裴駰集解引《謚法》、《漢書・古今人表》顔注引張晏，並云「翼善傳聖曰堯，仁聖盛明曰舜」。（《書・堯典》孔穎達《正義》、陸德明《釋文》並引馬注，稱「堯」謚同。陸《釋》又引馬注於「舜」但云謚也。《小戴・中庸記》孔《義》引《謚法》云：「受禪成功曰舜。」又云：「仁義盛明曰舜。」《淮南子・氾論訓》高注及《史記・夏紀》裴解引《謚法》並云：「受禪成功曰禹。」《書・堯典序》孔《義》引《謚法》「淵源流通曰禹，雲行雨施曰湯」，《史記・殷紀》裴解引《謚法》「除虐去殘曰湯」，張《義》所載《謚法解》「除殘去虐曰湯」。）是則堯、舜、禹、湯並列《謚法》，而《周書》無之。後人謂堯、舜、禹、湯非謚，議者至多。愷謂夫其以堯、舜、禹、湯爲謚固非，謂堯、舜、禹、湯非謚，然矣。而議之則有分别，堯、舜、禹爲《周書・謚法》所必無，湯則容宜有之，安知今本《周書》非脱去乎？蓋其所以並有堯、舜、禹者，乃正因一湯而附益之，不知堯、舜、禹於湯，實不類也。堯、舜、禹當爲名，而湯號也。羅泌《路史・發揮》云：「夫堯舜禹之名，固自章也。堯曰咨汝舜，舜曰咨汝禹，汝弃、汝契，是果名也。若以爲謚，則弃、契、垂、益、夔、龍一皆爲謚而後可。有鯀在下曰虞舜，是豈鯀而在下已有謚乎？」顧炎武《日知録》、宋翔鳳《五經通義》並以堯、舜、禹爲名，湯爲號。夫名則當諱，何通於謚？《謚法》及號，即湯何不可列乎？故張《義》《謚法解》末云：「以前《周書・謚法》，周代君王並取以作謚，故全寫一篇以傳後學。」是其所據即《周書》也，無堯、舜、禹而有湯。羅《路史・發揮》謂「《周書・謚法》，杜預取而納之《釋例》」，又云「至預而後增之以湯」，是預所據亦《周書》，而亦獨有湯，亦無堯、舜、禹。羅氏譏杜所增，則不然也。杜誠有所增，何爲獨取一湯乎？此可知《周書》本有湯號，而今書脱去也。《謚通》云：「謚或一言或兩言，何？文者以一言爲謚，質者以兩言爲謚，故湯死後稱成湯，以兩言爲謚也。」此仍紐於湯爲謚之説，故以「成湯」爲兩字謚，而豈知以湯爲號，固不礙其見於《周書・謚法》也。《周書・謚法》之有湯，猶其有帝王諸字並號而非謚。成乃真謚，以成配湯，即以謚配號曰成湯，猶其曰文王、武王矣，何得曰兩字謚乎？《太平御覽・謚覽》引唐獨孤及議曰：「謚法在懲惡勸善，不在字多，必稱其大而略其細，故言文不言武，言武不言文。三代以下，朴散禮壞，乃有二字之謚，非古也，其源生於衰周。」此其所見却出白虎諸儒之上。至《獨斷》又云：「殘人多壘曰桀。（《史記・夏紀》裴解引《謚法》殘作賊，壘作殺。）殘義損善曰紂。」桀、紂亦號也。《史記・殷紀》云：「天下謂之紂。」非名也。則桀、紂之載入《謚法》，卻較堯、舜、禹之載入《謚法》爲近理，特無以取證《周書・謚法》之必有桀、紂耳。

〔**集注**〕孔晁云：所執行八方應也。○潘振云：《白虎通》：「侯者，侯也，侯逆順也。公侯皆千乘，象雷震百里，所潤同，十終爲同，同方百里也。」○陳逢衡云：執應八方，蓋即屏藩之意。施彦士曰：「古者生無爵死無謚，故以爵列《謚法》之首，蓋惟克稱其爵乃可以議謚。」○朱右曾云：執所守者，可應八方。侯，候也。

壹德不解曰蕳

〔**彙校**〕蕳，别本均作「簡」。○盧文弨云：《左氏・昭廿二年》正義作「壹意不解曰簡」。○解，陳逢衡作「懈」。○丁宗洛云：解通懈,《晉書·郭奕傳》作「一德不懈」。○劉師培云：盧校引《左氏正義》「德」作「意」,今考《世説新語·文學篇》注引劉謙《晉紀》載謝安《簡文帝謚議》云：按《謚法》「一德不懈曰簡」,《金史·禮志五》、李石《續博物志三》亦作「懈」。

〔集注〕孔晁云：壹,不委屈。○潘振云：壹德,專一之德,指教而言。解與懈同。簡之爲言要也。○陳逢衡云：周王夷謚簡王。《晉書》：「郭奕太康八年卒,詔曰：『謚所以旌德表行,案《謚法》「壹德不懈爲簡」,奕忠毅清直,立德不踰。』於是遂賜謚曰簡。」又唐尉遲汾《杜佑謚議》曰：「佑之寬容得衆,全和葆光,不病於物類,其能考終,得不爲寬容乎？和好不争(衡案《謚法》「好和不争曰安」,當云「得不爲好和不争乎」。又《漢書·孝安皇帝》注引「寬容和平曰安」,亦當云「得不爲寬容和平乎」,疑所引有誤),自卑士而極衆,任一心於理以惠物,潔行廉止,人無尤怨,得不爲壹德不懈乎？請謚爲安簡。」○朱右曾云：壹,專一也。簡,約也。

平易不疵曰蕑

〔彙校〕蕑,别本均作「簡」。○盧文弨云：疵,《正義》作「訾」。又案：謚有美、有平、有惡。此「簡」字不優於「文」而列於「文」之前,蓋篇中錯簡多矣。《史記正義》本作兩排,首排盡,然後及次排。如《後漢書·馬武傳》後所列雲臺諸將,亦是兩重排列,上一重首鄧禹、次吴漢、賈復,下一重首馬成,次王梁、陳俊,蓋古法也。後人不知,改兩排爲一排,而以一上一下爲次。《正義》與《後漢書》皆同此錯,然《正義》中間又有爲後人所紛亂及脱漏者,故今亦不能考之以復其舊。此「簡」字在恭、欽、定、襄之前,則固灼然可尋也。○劉師培云：盧校引《史記正義》疵作「訾」,今考《唐會要》七十九亦作「訾」,訾、疵古通。惟《正義》引注作「不信訾毁」,《通考》引「不信」作「無用」,均異今注。

〔集注〕孔晁云：疵，多病也。（盧文弨云：「多」字衍，「不行」二字亦有訛。）〇潘振云：平者，不陂。易者，不難。疵，病也。〇朱右曾云：平易，無城府也。簡，約也，大也。

經緯天地曰文。

〔集注〕孔晁云：成其道也。〇潘振云：織直絲曰經，織横絲爲緯。〇陳逢衡云：《左·二十八年傳》服注：「德能經緯順從天地之道，故曰文。」〇朱右曾云：能經緯順從天地之道，德之盛也。《論衡》曰：「文者，德惠之表。」

道德博厚曰文。

〔彙校〕博厚，《前編》同，盧從《正義》作「博聞」，潘、陳、丁從。〇丁宗洛《外篇》云：《史記正義》改「博厚」爲「博聞」，大約因有「無不知之」之注，然遍考諸書皆曰「博厚」，宜乃從之。阮芸臺《論語校勘記》亦曰《周書》本作「厚」。〇劉師培云：案《史記正義》作「博聞」（盧本據改），《通考》同。晉謝安《簡文帝謚議》（《世説·文學篇》注引《晉紀》）、魏彭城王勰《孝文帝謚議》（《魏書·勰傳》）、唐蘇端《駁楊綰謚文端議》（《通典·禮六十四》）所引《謚法》亦均作「聞」，《禮記·檀弓》下孔疏、宋張皤《劉屏山先生謚議》、元虞集《陳文靖公謚議》所引亦同。惟《論語·公冶長》疏、《唐會要》七十九仍作「厚」。《通典·禮六十四》又引作「稱聞」，則各本不同。

〔集注〕孔晁云：無不知之。〇潘振云：道者，事物之理。德者，性情之德。行諸外爲道，本諸心爲德。多聞也。《洛誥》云：「惟公德明光于上下，勤於四方。」《金縢》云：「旦多材多藝。」此周公之所以爲文也。〇陳逢衡云：道德博聞如孔子是已。宋夏竦始謚文正，司馬光奏曰：「《謚法》本意所謂道德博聞曰文者，非聞見博雅之謂也。」〇朱右曾云:博厚,廣博深厚。

學勤好問曰文。

〔彙校〕盧文弨云:學勤,《正義》同,《前編》作「勤學」。

〔集注〕孔晁云:不恥下問。○潘振云:孔文子類此。○陳逢衡云:《論語》子貢問曰:「孔文子何以謂之文也?」子曰:「敏而好學,不恥下問,是以謂之文也。」疏:案《謚法》「勤學好問曰文」。

慈惠愛民曰文。

〔集注〕孔晁云:惠以成文也。(成文,盧從《正義》改「成政」。)○陳逢衡云:如漢孝文帝是已。春秋時邾文公卜遷于繹,志在利民,亦慈惠愛民之一證也。《孟子·滕文公》疏:「以其能慈惠愛民,故以文爲謚。」○朱右曾云:《論衡》曰:「文者,德惠之表。」《吕覽》曰:「文者,愛之徵也,憂民而順理,則政事斐然。」

愍民惠禮曰文。

〔集注〕孔晁云:以禮安人。(盧改「惠而有禮」。)○潘振云:愍,憂也。惠,順也。如《書·大傳》:「命民得棄,飾車駢馬,衣文駢錦,未有命者不得衣,不得棄,棄者有罰。」凡此之類,憂民之奢而順之以禮也。《周禮·大司徒》:「荒政十有二,七曰眚禮,八曰殺哀,十曰多昏。」凡此類,憂民之困而順之以禮也。禮有條理,焕乎成章,故曰文。棄即「乘」。

錫民爵位曰文。

【集注】孔晁云：與可舉也。（盧校「與」改「舉」，云：《正義》作「與同升也」，謝云：「注不恥下問與同升二語直以《論語》二事作解，似反不該捨。」）○潘振云：公叔文子類此。○陳逢衡云：《論語》：「公叔文子之臣大夫僎與文子同升，諸公子聞之曰：可以爲文矣」，《疏》：「以《謚法》錫民爵位曰文故也。」

剛彊直理曰武。

【彙校】直理，盧校作「理直」，潘、丁、朱從。盧文弨云：「理直」舊本倒，今據《北史・于忠傳》改。《白虎通》引《禮記・謚法》曰：「强理勁直曰武。」○陳逢衡云：盧本據《北史・于忠傳》改作「理直」，案于忠謚義見《魏書》，《北史》于忠無傳。○劉師培云：案盧校云「舊本理直倒，據《北史・于忠傳》改」，今考《白虎通義・謚篇》引《禮・謚法記》「剛理勁直謚曰武」。《御覽》五百六十二亦引作「剛德理直」，則舊本作「直理」確爲訛文。（《通考》亦訛作「直理」。）

【集注】孔晁云：剛，無欲；彊，不撓；直，正無曲；理，忠恕也。（下二句盧改「理，忠恕；直，無曲也」，云：《正義》撓作「屈」，下云「懷忠恕，正曲直」，文雖訛而「理」在「直」字上亦可證。）○潘振云：剛以體言，彊兼用言，惟剛故能彊，循理故常直，此大勇也，故曰武。

威彊叡德曰武。

【彙校】盧文弨云：《正義》「叡」作「敵」，注云「與有德者敵」，訛。○劉師培云：《唐會要》七十九叡作「睿」，《通考》作「直」，引注作「無有德者敬」，與今本及《史記正義》均殊。

〔**集注**〕孔晁云：思有德者叡也。○陳逢衡云：《楚語》：「昔衛武公年數九十有五猶箴儆於國，於是作懿戒以自儆。及其没也，謂之叡聖武公。」韋注：「《謚法》曰：威彊叡德曰武。」○朱右曾云：威武競彊而有叡聖之德、叡思之德也。

克定禍亂曰武。

〔**彙校**〕劉師培云：《論語·爲政篇》皇疏「克」作「撥」。

〔**集注**〕孔晁云：以兵征，故能解也。(盧校下句作「故能定」，云：《正義》「征」作「往」。)○陳逢衡云：武定禍亂，如湯武是已。《禮外傳》：「武定禍亂，其功大也。」《書·大禹謨》「乃武乃文」，《傳》：「武定禍亂。」《文選·述高帝紀》注引「項岱尅定禍亂，闢土升彊曰武。」○朱右曾云：《春秋傳》曰：「戈爲武。」又曰：「夫武，禁暴、戢兵、保大、定功、安民、和衆、豐財者也。」

刑民克服曰武。

〔**集注**〕孔晁云：法正民，能使服。(服，鍾本作「武」。「法」下盧從《正義》增「以」字。)○朱右曾云：法以正民，而民服法，本于德故也。

大志多窮曰武。

〔**彙校**〕大志，盧從《正義》改「夸志」，潘、丁、朱從。

〔集注〕孔晁云：大志，行兵多所窮也。（窮也，盧從《正義》、《前編》改「窮極」。）〇潘振云：如後世漢武帝是也。〇朱右曾云：夸，大也，好大喜功，黷武不厭。《管子》曰：「兵威而不止，命曰武滿。」

敬事供上曰恭。

〔彙校〕供上，朱右曾據《後漢書·竇皇后紀》注訂「尊上」。

〔集注〕孔晁云：恭，奉也。（恭，盧校作「供」。）〇陳逢衡云：周王伊扈謚共，共、恭同。凌曙曰：按《檀弓》「是以爲恭世子也」，疏：「申生不能自理，遂陷父有殺子之惡，雖心存孝而於理終非，故不曰孝，但謚恭，以其順於父母而已。《謚法》曰：『敬順事上曰恭。』」〇朱右曾云：敬事，不懈于位；尊上，責難于君。

尊賢貴義曰恭。

〔集注〕孔晁云：尊貴賢人，寵貴義士。（尊貴，盧改「尊事」。）〇朱右曾云：尊賢則嚴憚，貴義則齊肅。

尊賢敬讓曰恭。

〔集注〕孔晁云：敬有德，讓有功。〇潘振云：尊賢，尊其人。敬讓則尊賢之實也，此同僚之恭。

既過能改曰恭。

〔彙校〕孫詒讓云：《斠補》云《獨斷》「既」作「知」，以孔注推之，似亦本作「知」。○劉師培云：《獨斷》「既」作「知」，孔注似亦作「知」。今考《唐書・許敬宗傳》、《續博物志》、《唐會要》七十九並作「既」。又「能改」，《志》作「能正」。

〔集注〕孔晁云：言有智也。(有智，盧訂「自知」。)○潘振云：此省身之恭。○陳逢衡云：《左・襄十三年傳》：「楚共王卒，子囊謀謚，大夫曰：『君有命矣。』子囊曰：『君命以共，若之何毀之？赫赫楚國，而君臨之，撫有蠻夷，奄征南海，以屬諸夏，而知其過，可不謂共乎？請謚之共。』大夫從之。」共、恭同。《魯語》閔馬父曰：「楚共王能知其過而爲恭。」《晉語》「是以謚爲共君」(謂申生)，韋注：「《謚法》既過能改曰共，國人告公以此謚也。」又《楚語》「可不爲恭乎」(謂楚恭王)，韋注：「《謚法》既過能改曰恭。」

執事堅固曰恭。

〔集注〕孔晁云：守正不移。○潘振云：事所當爲者謂善也。堅，堅實，外不可磷。固，牢固，中不可破。此幹事之恭。○陳逢衡云：如宋共姬逮乎火而死是也。

安民長悌曰恭。

〔彙校〕安民，盧從《正義》、《前編》改「愛民」，潘、丁、朱從。○劉師培云：盧本據《史記正義》「安」改「愛」，《通考》作「愛民悌長」，與《正義》又異。

〔集注〕孔晁云：順長接弟。(接，程本、趙本、吴本作「按」。盧文弨云：「接」本作「按」。)○王念孫云：愛民長弟曰恭，孔注曰順長接弟。念孫案：孔言順長接弟，則以長弟爲長幼，失其旨矣。予謂長弟者仁愛之意。《齊語》曰：

「不慈孝於父母，不長弟於鄉里。」《吴語》曰：「將不長弟以力征一二兄弟之國。」（韋注「弟猶幼也，言晉不帥長幼之節」，亦失之。）是長弟爲仁愛之義，故曰愛民長弟曰恭。倒言之則曰弟長，《鄉飲酒義》曰：「焉知其能弟長而無遺矣？」（焉字屬下讀，説見《釋詞》。弟長而無遺，言德厚之徧及於衆也，《正義》曰「弟，少也」，亦失之，説見《經義述聞》。）《墨子·非命篇》曰：「入則孝慈於親戚，出則弟長於鄉里。」《趙策》曰：「窮有弟長辭讓之節，通有補民益主之業。」○潘振云：以長弟示民，愛之至也。《鄉飲酒義》：「弟長而無遺。」《祭義》：「弟達乎道路，弟達乎州巷，弟達乎蒐狩。」此馭民之恭。○陳逢衡云：長如長養之長。弟，豈弟也。○朱右曾云：以愛撫民，以慈字幼，皆恭道也。

執禮敬賓曰恭。

【彙校】敬賓，盧改「御賓」，潘、陳、丁、朱從。○盧文弨云：《正義》、《前編》俱作「御」。注亦釋「御」字。

【集注】孔晁云：迎侍賓也。○潘振云：御，進也。執持禮節而進於賓，此待客之恭。○陳逢衡云：御，當讀如「迓」。○朱右曾云：賓客主恭執禮以迓之。

芘親之門曰恭。

【集注】孔晁云：無德以益之也。（盧校作「脩德以蓋之也」。）○潘振云：芘同庇，覆也。闕，失也。晉太子申生類此。掩覆父嬖驪姬之失，是以爲恭世子。其實書之本義，謂率德改行蓋前人之愆爾。此親親之恭。○陳逢衡云：《易》所謂幹父之蠱也。《魯語》閔馬父曰：「周恭王能庇昭穆之闕而爲恭。」注：「庇，覆也。恭王，周昭王之孫，穆王之子。昭王南征而不反，穆王欲肆其心，皆有闕失。恭王能庇覆之，故爲恭也。」〇丁宗洛云：芘同庇。《莊子·人間世》：「隱將芘其所賴。」〇朱右曾云：親之闕失，脩德以蓋之。

尊長讓善曰恭。

〔集注〕孔晁云：不尊己善，推於他人。（不尊，盧改「不專」。）〇潘振云：此泛言處世之恭。〇陳逢衡云：尊長，尚齒也。讓善，貴德也。〇朱右曾云：讓善，謂己有善而讓之人也。

淵源流通曰恭。

〔彙校〕盧文弨云：《正義》以文、武、成、康、穆、昭爲次，其「淵源流通曰康」在「温柔好樂曰康」三句之前，今錯簡於此，改康爲恭，非本文也。又《書正義》引作「淵源流通曰禹」。案《獨斷》有堯、舜、禹、湯之謚，《史正義》僅有「除殘去虐曰湯」一謚，而此無之，然案《書·湯誓》釋文引馬融之説，謂禹湯皆不在《謚法》中，故今亦闕之。〇陳逢衡云：（孔）注與正文不合，蓋恭謚之下脱去孔注，而此注又脱去正文一條，故兩不相符。〇按朱從盧説，依《正義》移此條於「康」謚。

〔集注〕孔晁云：性無所忌也。〇潘振云：《洪範》注云：「貌澤，水也。淵之水有自來，人之貌有自形，流無不通，貌無不肅。」此指容貌之恭。

照臨四方曰明。

〔集注〕孔晁云：以明照之。（照，鍾本作「炤」。）○潘振云：大人以繼明照于四方，成鰣九德之一。○陳逢衡云：《左·昭二十八年傳》、《詩·皇矣》「其德克明」箋、《禮·樂記》「其德克明」注並云：「照臨四方曰明。」服虔曰：「豫見安危也。」《書·堯典》「欽明」，馬注、鄭注並云：「照臨四方曰明。」《欽定續通志·謚略》曰：「照臨四方，漢孝明帝是也。」○朱右曾云：豫見安危也。

譖訴不行曰明。

〔集注〕孔晁云：逆知之，故不行。○陳逢衡云：《論語》：「子張問明，子曰：『浸潤之譖，膚受之愬，不行焉，可謂明也。』」○朱右曾云：譖訴不行，能先覺也。

威儀悉備曰欽。

〔彙校〕盧文弨云：馬融引此「悉備」作「表備」。○朱右曾從馬融。○劉師培云：朱本據《堯典》馬融注改「悉」作「表」，今考《原本玉篇·欠部》、《慧琳音義》七十引《謚法》亦作「悉」，《通考》同。

〔集注〕孔晁云：威則可畏，儀則可象。○陳逢衡云：欽，敬也。此謚唐明宗用之。○朱右曾云：表見于外者，可畏可象也。

大慮静民曰定。

〔彙校〕盧文弨云：静民，《前編》作「慈仁」。○陳逢衡「静民」作「慈民」，云：静訓安，下「安民大慮」複，今從《獨斷》。○孫詒讓云：盧云「靜民」《前編》作「慈仁」，案《獨斷》「靜」亦作「慈」，據《前編》疑舊本作「慈人」，「人」即「民」字，唐人避諱改也。校者不審，又改爲「慈仁」耳。○劉師培云：《續博物志》及《通考》「靜」作「慈」。

【集注】孔晁云：思樹惠也。（劉師培云：《通考》引「惠」作「德」。）○潘振云：大慮者，慮無以承業於前人也。靜民者，民初未靜而靜之也。大慮靜民，所以爲前人定其業也。○朱右曾云：靜，安也。大慮，深思遠慮也。○于鬯曰：案慮有法義。《論語·微子篇》云「行中慮」，謂行中法也。又古慮與憲通，《周禮·朝士》鄭注云：「故書慮爲憲。」《後漢書·鄧禹傳》李注云：「慮字或爲憲字。」故《小戴·學記》云「發慮憲，求善良」，善、良平列，明慮、憲亦平列。善即良，明慮即憲矣。《爾雅·釋詁》云：「憲，法也。」則慮亦訓法。大慮者，大法也。孔解云「思樹惠也」，以思字訓慮字，失義矣。下文云「安民大慮曰定，安民法古曰定」，實即此大慮靜民一謚而異其文耳。朱右曾《集訓》以下文「安民大慮曰定」爲複出而删之，而不知「安民法古曰定」，亦實此條之異文複出，由未明此慮字之法義也。法古者即猶之大法也，法古與大法義相成，安民與靜民意相合，謂非一謚而何也？不明乎慮字之義，故一删一否。然慮字之義明，而決爲異文可也，删之仍不可。《謚法篇》中異文並載者多矣，若下文「猛以剛果曰威，（今本猛作彊，盧文弨依《史記張義》改正。）猛以彊果曰威；辟土服遠曰桓，辟土兼國曰桓；短折未成曰殤，未家短折曰殤」。苟可删，此類亦何不可删邪？朱氏亦並載未删也。下文又有「大慮行節曰考」（今本考作孝，盧依《公羊隱元年傳》徐解改正），「耆德大慮曰景」（今本脱此，盧依《張義》及《前編》補），「大慮克就曰貞」，大慮之義並放此。

安民大慮曰定。

【彙校】朱右曾删此條，云：舊衍「安民大慮曰定」，複出，今删。○劉師培云：朱本删此語，謂與上「大慮靜民」復，今考《唐會要·七十九》亦有此語，似非衍文。

〔集注〕孔晁云：以慮安民。○潘振云：安民者，民本安而安之也。大慮者，慮無以垂統於後人也。安民大慮者，所以爲後人定其統也。○陳逢衡云：《孟子》「滕文公薨」，疏：「以其能安民大慮，故以定爲謚。」《欽定續通志·謚略》曰：「安民大慮，魯定公是也。」

安民法古曰定。

〔彙校〕劉師培云：《金史·禮志五》「法」作「治」。

〔集注〕孔晁云：不失舊意也。○潘振云：法古者，不愆不忘，率由舊章也。此言政之定。○朱右曾云：法古以安民，有定識。

純行不傷曰定。

〔彙校〕不傷，「傷」字元刊本墨釘，餘諸本作「不二」，盧從，陳、朱作「不爽」。盧云：《正義》「不二」作「不爽」。○王念孫云：純行不二曰定，孔注曰「行壹不傷」。念孫案：不傷與不二異義，若正文作不二，則注不得訓爲不傷。今考「不二」本作「不爽」。《爾雅》曰：「爽，差也，爽，忒也。」《衛風·氓篇》「女也不爽」，《小雅·蓼蕭篇》「其德不爽」，毛傳竝云：「爽，差也。」故曰「純行不爽曰定」，定即不爽之謂。而孔以不爽爲不傷者，本篇云：「爽，傷也。」《淮南·精神篇》「五味亂口使口厲爽」（今本「厲爽」作「爽傷」非，辯見《淮南》），高注云：「厲爽，病傷滋味也。」是爽又訓爲傷，與此爽字異義。孔以不爽爲不傷，其誤實由於此，然據此知正文之本作「爽」矣。後人改爽爲二，則與孔注不合。

《史記正義》引此正作「純行不爽」。《後漢書・蔡邕傳》注「純行不差曰定」，差亦爽也，義即本於《周書》。○俞樾云：純行不二曰定，樾謹按：此本作「純行不忒曰定」。古書忒字或以貣字爲之，《尚書・洪範篇》「衍忒」，《史記・宋微子世家》作「衍貣」，是其證也。貣譌作「貳」，後人因改爲「二」矣。《史記正義》引此文作「純行不爽曰定」。《爾雅・釋言》曰：「爽，忒也。」是不忒與不爽同義。《後漢書・蔡邕傳》注又作「純行不差曰定」。《周易・豫卦・彖傳》鄭注曰：「忒，差也。」是不忒與不差亦同義。若如今本作「不二」，則與不爽、不差之義絶遠矣。《禮記・緇衣篇》引《詩》曰「淑人君子，其儀不忒」，《釋文》曰：「不忒，他得反，本或作貣。」蓋亦假貣爲忒，因誤貣爲貳也。此文又改貳作二，學者益無從訂正矣。○劉師培云：案《後漢書・蔡邕傳》注所載《蔡攜碑》引「二」作「差」。《通考》亦作「差」，蓋二當作貣字，訛爲貳，校者復以二易之。孔以「行壹」釋「純行」，以「不傷」釋「不差」，固不誤也。

【集注】孔晁云：行一不傷。（諸本「一」作「壹」，盧從。）○潘振云：純一之行，稍有差忒則二矣，不二則純。此言行之定。○陳逢衡云：所謂有大醇無小疵也。○朱右曾云：純行而不爽，有定力。爽，差也。

謀慮不威曰德。

【彙校】謀慮，盧訂「諫争」，潘、陳、丁、朱從。○盧文弨云：諫争，舊作「謀慮」，訛。《正義》又有「綏弱士民曰德」，注云：「安民以居，安士以事。」（朱從《正義》，「弱」作「柔」。）

【集注】孔晁云：不以威相拒也。（相拒，盧訂「拒諫」。）○潘振云：諫，聞也，更也。是非相聞，革更其行也。諍，止也，謂止其失也。○陳逢衡云：君不拒諫，臣子之幸。語曰：「荷恩爲德。」此之謂也。周僖王時秦寧公子德公謚德。

辟地有德曰襄。

〔**彙校**〕丁宗洛云：《晉書・范弘之傳》言《謚法》：「因事有功曰襄。」○朱右曾云：《左傳疏》「地」作「土」。○孫詒讓云：朱云《左傳疏》「地」作「土」，案《獨斷》亦作「土」。○劉師培云：《左疏》「地」作「土」，《唐會要》八十、《續博物志》、《孟子・梁惠王上》孫疏、《金史・禮志》並同，《通考》亦同。

〔**集注**〕孔晁云：取之以義。○潘振云：辟地非取也，有德則化行，而服從之國日以益衆，《詩》所謂日闢國百里也，其治成矣。襄之爲言成也。○陳逢衡云：周王鄭謚襄王。○朱右曾云：辟，開廣也。

甲胄有勞曰襄。

〔**彙校**〕朱右曾云：《左傳疏》此句作「因事有功」。○劉師培云：《左疏》作「因事有功」（朱本引），勞、功義同，此作「甲胄」疑緣形近致訛。《晉書・范弘之傳》、《唐會要》八十並作「因事有功」，無「甲胄」語，其證也，惟孔本自作「甲胄」。（秦嘉謨輯《世家》兼取「因事」語補《周書》，非是。）

〔**集注**〕孔晁云：言成征伐。（成，盧作「亟」。）○潘振云：甲，鎧也。用金謂之鎧，用皮謂之甲。胄，兜鍪也。有勞，有功也。征伐有功，所以撥亂而成治也，故曰襄。○陳逢衡云：勞，謂有功。○朱右曾云：有勞，言能攘除外患。

有伐而還曰釐。

〔**彙校**〕盧文弨云：《正義》、《前編》「伐」俱作「罰」。

〔**集注**〕孔晁云：知難而退。○潘振云：釐，福也。○陳逢衡云：有伐而還，不窮兵也。止戈爲武，與民同福，故曰釐。釐、僖古通用。周王胡齊謚僖王，春秋齊僖公、魯僖公，《史記》並作釐。〇朱右曾云：戰功曰伐，不窮兵所以受福。

質淵受諫曰釐。

〔彙校〕盧文弨云：《正義》有「小心畏忌曰釐」，「釐」作「僖」，二字本通用。注云：「思所當忌。」〇朱右曾此條後據《左傳疏》補「小心畏忌曰釐」，注曰：「畏忌，敬憚也。能敬憚則過寡矣。」〇孫詒讓云：朱云「小心畏忌曰釐」舊脱，據《左傳疏》補。案《史記正義》、《獨斷》並有此句，「釐」作「僖」，字通。〇劉師培云：小心畏忌曰釐，案此語舊脱，朱本據《左疏》補。今考《續博物志》、《唐會要》八十及《金史・禮志》並有此語，惟「釐」均作「僖」。（《續博物志》作「小民」，刊本之訛。）《通考》亦然。

〔集注〕孔晁云：深故能受。〇潘振云：質，生質。淵，静深也。静能翕受，深能容受，從諫如流，並受其福，故謚曰釐。〇陳逢衡云：良藥苦口利於病，忠言逆耳利於行，君能受諫，宗社之福也。沈濤曰：「案《後漢・梁統傳》注：『釐，猶改也。』釐有改義，故受諫曰釐。」〇朱右曾云：淵，深也。受諫，獲益求福也。

慈惠愛親曰釐。

〔彙校〕按：此條盧從《正義》移「五宗安之曰孝」條下，「釐」改「孝」，潘、陳、丁、朱從。

〔集注〕孔晁云：言周愛親族也。

博聞多能曰獻。

〔彙校〕獻，盧校作「憲」，潘、陳、丁、朱從。○盧文弨云：憲，舊作「獻」。案：《正義》「博文多能曰憲」，在良、順二謚之後，不與「獻」謚相比近，故今定爲「憲」。《前編》亦作「博文」。○劉師培云：博聞多能曰憲，案舊本憲作獻，盧本據《史記正義》改。今考《文選・王文憲集序》注、《唐會要》七十九、《權文公集・獨孤及謚議》、《金史・禮志》並作「憲」。《英華》八百八十二張説《贈太尉裴行儉神道碑》亦云：「太常議謚，博古多能、文武表式曰憲。」盧校是也。《通考》憲作「慮」，則刊本之訛。又案《會要》引《謚法》有「聖善周達曰憲」語，以本書「聖善周聞曰宣」（《會要》引同）證之，疑宣、憲本一謚，後人因傳寫不同析分爲二。

〔集注〕孔晁云：雖多能不至大道。○潘振云：博聞，事無不知。多能，藝無不習。憲，敏也，敏訓速，謂汲汲也。○陳逢衡云：憲，法也。《漢書・古今人表》秦憲公，《史記・秦本紀》作「寧公」，二字不通用，必有一誤。○朱右曾云：通古今，多才能，故能制憲令。

聰明叡哲曰獻。

〔彙校〕盧文弨云：《正義》又有「知質有聖曰獻」，注云：「有所通而無蔽。」○朱右曾從《正義》。○劉師培云：案《唐會要》七十九作「睿哲」，《漢書・河間獻王傳》、《爾雅・釋言》郭注、《續博物志》及《英華》八百四十《宣宗謚議》並作「睿智」，哲、智義符。又案朱本據《史記正義》補「知質有聖曰獻」語，今考《會要》及《通考》亦同。（惟《會要》知作「智」。）

〔集注〕孔晁云：有通知之聰也。○潘振云：聰，無不聞。明，無不見。通微爲叡。先知爲哲。獻，聖也。○陳逢衡云：魯獻公具謚獻。《漢書·景十三王傳》：「河間王德立二十六年薨，中尉常麗以聞，曰：『王身端行治，温仁恭儉，篤敬愛下，明知深察，惠於鰥寡。』大行令奏：『《謚法》曰「聰明叡知曰獻」，宜謚曰獻王。』」師古曰：「睿，深也，通也。」〇朱右曾云：聰明叡哲，具視聽思之德。

温柔聖善曰懿。

〔彙校〕盧文弨云：《正義》作「賢善」，《獨斷》、《前編》皆作「聖善」。〇劉師培云：《博物志》三作「性善」，《唐會要》七十九、《論語·爲政篇》邢疏及《通考》並作「賢善」。

〔集注〕孔晁云：性純淑也。〇潘振云：温，和厚也。柔，選明也。聖，叡也。善，良也。懿，醇美也。〇陳逢衡云：懿，美也。周王堅謚懿王。

五宗安之曰孝。

〔彙校〕按：盧依《正義》改前「慈惠愛親曰釐」爲「慈惠愛親曰孝」而移此條下，潘、陳、丁、朱從。〇盧文弨云：「孝」舊作「釐」，與釐謚一類。《正義》作「孝」，在「五宗」句下，「秉德」、「協時」三句之上。案：慈惠愛親於孝義爲允，於釐義太闊，故定從《正義》移此。《魏書·甄琛傳》云：「慈惠愛民曰孝。」《北史》避唐諱改「民」爲「人」，注：「親族。」《正義》倒。〇劉師培云：舊本「孝」作「釐」，盧據《史記正義》改，是也。《續博物志》三、《唐會要》七十九並作「孝」，《通考》同。

〔集注〕孔晁云：五世之宗也。〇潘振云：流派所出曰宗。凡言宗者，以主祭祀爲言，人宗於此而祭祀也。五宗，五世之宗也。安之者，世爵世禄，以安其身、安其心也。宗安則考安，自仁率親等而上之，至于祖無不安矣，此孝之推也。○陳逢衡云：周王辟方謚孝王。《禮·大傳》鄭注：「小宗四，與大宗凡五。」《正義》：「小宗四謂一是繼禰與親兄弟爲宗，二是繼祖與同室兄弟爲宗，三是繼曾祖與再從兄弟爲宗，四是繼高祖與三從兄弟爲宗。是小宗四並繼別子之大宗，凡五也。」衡案：宗安之則能敬宗收族矣，非孝而何？○朱右曾云：五宗，五服内之族屬也。

協時肇享曰孝。

〔集注〕孔晁云：協，合；肇，始也。常如始。（劉師培云：《通考》「合」作「和」，「如始」作「如初」。）○潘振云：享，獻也。○陳逢衡云：能承祭祀，不忘遠矣。《詩》曰「綏予孝子」，又曰「孝孫有慶」，此之謂也。

秉德不回曰孝。

〔彙校〕孝，朱右曾改「考」。○劉師培云：朱本改「孝」爲「考」，非也。《唐會要》七十九及《通考》亦作「孝」。

〔集注〕孔晁云：順於德而不逆。（盧校「不逆」作「不違」。）○潘振云：秉，執持也。回，邪也。守身所以事親，故曰孝。○陳逢衡云：孝莫大於守身秉順也。回，邪也。秉德不回則身正而無忝所生矣，故曰孝。○朱右曾云：回，邪也。不回所以成其德。

大慮行節曰孝。

〔彙校〕孝，盧校改「考」，潘、陳、丁、朱從。○盧文弨云：考，舊訛作「孝」。案《正義》此句在「威」、「祈」二字之後，不與孝謚連文,而今本亦作「孝」,此傳寫之誤也。《公羊·隱元年》疏引此作「考」。考,成也,正與注合,故定從之。○陳逢衡云:《史記·燕世家》孝公,《漢書·人表》作考公,孝、考二字形近易混。周一代有考王嵬,魯有考公就,楚有考烈王熊完,衛有考伯,滕有考公,此解不應無考謚一條。

〔集注〕孔晁云:言成其節。○潘振云:慮,如托孤寄命,所憂者大也。行有節操,雖至於死生之際而不可奪,斯成其節矣。考,成也。○朱右曾云:大慮,所以成其節。考,成也。

執心克莊曰齊。

〔彙校〕劉師培云:《穀梁·襄二年》楊疏引《謚法》作「克壯」,《通考》同。

〔集注〕孔晁云:能自齊也。(齊,盧改「嚴」。)○潘振云:執持其心,執,競也。主競而言,心敬則色容能莊,表裏如一,故曰齊。齊者,肅也。○陳逢衡云:魯成公妃姜氏謚齊姜,襄公妃歸氏謚齊歸。《論語》「叔齊」正義:「齊亦謚也。」○朱右曾云:齊,肅。

輔輕供就曰齊。

〔彙校〕盧文弨云:「供就」《正義》作「就共」,係誤倒。

〔集注〕孔晁云:輕有所輔而供成也。(盧校删「輕」字,「供」改「共」,云:「《正義》注作『資輔佐而供成』,《前編》注與此合。」劉師培云:「《通考》引注『有所輔』作『輶有近輕』。」)○潘振云:供,通作共。就,成也。籍輔佐以共成其治,上下同心,故曰齊,齊又等也。○陳逢衡云:言其應事接物無闕失也。齊有整肅周備之義。○朱右曾云:自治資輔佐以共成。

温年好樂曰康。

〔彙校〕温年，盧校改「豐年」，潘、陳、丁、朱從。盧云：《正義》作「温柔」，《前編》作「温良」，皆訛，今依孔注改。○朱右曾此條前又有「淵源流通曰康」句，云：此句舊錯在「恭」謚之下，今並此。淵源流通，言明於義理，觀物無滯。○劉師培云：豐年好樂曰康，案盧校云「豐舊作『温』，《正義》作『温柔』，《前編》作『温良』，皆訛」。今考《原本玉篇·广部》引《大戴禮》「令民好（《周書》作「安」）樂曰康」，又引《謚法》云「淵源流通曰康，（《周書》舊本作「恭」，盧、朱並據《史記正義》改「康」，今據此文則作康，益信。）温良好樂曰康，安樂撫民曰康。」《唐會要》七十九亦作「温柔」，則作「柔」作「良」均非訛本，惟孔本自作「年」，故《通考》亦作「温年」。

〔集注〕孔晁云：好豐年勤民事。○潘振云：康，安也。此天時之康。○陳逢衡云：豐年多黍多稌也，好樂優游伴奂也，周之康王近之。

安樂撫民曰康。

〔彙校〕劉師培云：《續博物志》「撫」作「治」。

〔集注〕孔晁云：撫四方之虞。○潘振云：此謂國運之康。

令民安樂曰樂。

〔彙校〕樂,諸本均作「康」,盧從。盧又云:《正義》「令」作「合」。

〔集注〕孔晁云:富而教之。○潘振云:富之使各得其所而安,教之使皆知其善而樂,所以安民者至矣。此政事之康。

安民立政曰成。

〔彙校〕劉師培云:《金史·禮志》引《謚法》「安」作「愛」。

〔集注〕孔晁云:政以安之。(盧文弨云:《正義》「之」作「定」。)○潘振云:體國經野,各有寧宇。設官分職,各無廢事。民安政立,業斯成矣,故曰成。○陳逢衡云:安民立政,如周成王是已。

布德執義曰穆。

〔彙校〕盧文弨云:《正義》作「故穆穆」,訛。

〔集注〕孔晁云:穆,純也。(劉師培云:《通考》引注作:「《舜典》四門穆穆」。晁時《書》無《舜典》,似非孔注原文。)○潘振云:德,惠也。德施於外,故曰布。義,宜也。義持乎内,故曰執。穆,和也。○陳逢衡云:周王滿謚穆王。布德執義則和而能敬,故曰穆。○朱右曾云:布德不私,執義而固。

中情見貌曰穆。

〔集注〕孔晁云:在□路也。(在□,元刊本、程本、趙本、鍾本、吴本作「任□」;王本作「性公」,盧從。)○潘振云:

中，心也。情者，性之動也。見，發見。貌，舉一身而言。根心生色，自然流露，此於脩己見其穆也。○朱右曾云：情貌相符，表裏若一，皆敬以成之。

敏以敬順曰傾。

〔彙校〕盧文弨云：《正義》「順」作「慎」，注同，二字本通用。案：《左氏·昭八年》有「祗勤追懼曰傾」，不見此書。○陳逢衡云：敏以敬順，於傾謚不合。《漢書·文帝紀》注：「諸謚爲傾者」，《漢書》傾作「頃」字。此謚《史記正義》亦作「頃」，頃、傾通。《景十三王傳》中山頃王，師古曰：「頃音傾。」案：頃訓衺，邪訓危、訓傷，俱與此不合。《謚議》據《通鑑·周紀》注引「敏以敬曰慎」，又蘇洵《嘉祐謚法》有「敏事以敬曰慎」，則此條當是「敏以敬順曰慎」。○朱右曾云：「順」當爲「慎」。○劉師培云：盧引《史記正義》「順」作「慎」，今考《唐會要》七十九及《通考》亦作「慎」。○按：此條後朱據《左傳》昭八年、三十年疏補「祗勤追懼曰頃、慈仁和民曰頃」。

〔集注〕孔晁云：無所不敬順也。（無所不，盧改「疾於所」。）○潘振云：敬順，即肅雝也。頃與傾同，空也，空訓虚。言性敏疾而不遲，用其敬於處事之際，用其和於接物之時，非中虚不能也。中虚則心無私累，故能疾速於敬順也。○朱右曾云：敏，疾也。頃，敬也。

昭德有勞曰昭。

〔彙校〕盧文弨云：昭德，《前編》作「明德」。○劉師培云：案《三國志·魏甄后傳》裴注引《魏書》所載三公奏云：「按《謚法》德明有功曰昭。」《唐會要》七十九作「明德有功」。《英華》八百四十賈餗《敬宗謚議》及杜宣猷《懿宗宣太后謚議》並同。《金史·禮志》亦同。勞，功義符。

【集注】孔晁云：能勞謙也。○潘振云：昭明百姓之德，所謂賢者以其昭昭使人昭昭也，故有功。勞，功也。此言德之昭。○陳逢衡云：周王瑕謚昭王。昭，明也。民功曰勞。（孔）注以勞謙訓有勞，非。○朱右曾云：昭德，明其德也。勞，功也。

聖文周達曰昭。

【彙校】聖文，盧改「聖聞」，云：聞，舊作「文」，訛。《獨斷》作「聖聞宣遠」。○劉師培云：今考《三國志》注引魏三公奏、《唐會要》七十九並作「聖聞」，惟《續博物志》作「聲聞宣遠」，似較各本爲長。《通考》作「聖善周聞曰宣」，引注作「通於善道，聲教宣聞」，與此又異。○案：盧校此條前有「容儀恭美曰昭」及注「有儀可象，行恭可美」，云：舊本誤「昭」爲「勝」，脱此條在後圉、宣二謚之上。今案《正義》本在昭德上，《前編》在明德下，故移補此處，後「勝」謚一條則削之。《左氏》釋文及正義並引作「威儀恭明曰昭」。朱右曾此句作「威儀恭明曰昭」，云：威，舊作「容」；明，舊作「美」，據《左傳釋文》訂。

【集注】孔晁云：聖文，通治也。（治，盧訂「洽」。）○潘振云：此言學之昭。○朱右曾云：聖聞，令聞也。

保民耆艾曰胡。

【彙校】劉師培云：《續博物志》「胡」作「明」，誤。《金史·禮志》亦作「明」，定爲后謚，尤誤。

【集注】孔晁云：六十曰耆，七十曰艾。○潘振云：艾，養也，言愛護斯民。至耆老之年，日益頤養至眉壽也。胡，壽也。○陳逢衡云：耄而慈惠，克孝大年，故曰胡。

彌年壽考曰胡。

【集注】孔晁云：大其年也。○盧文弨云：胡，訓大也。《正義》(孔)注作「久也」，非。○潘振云：雖無保民之功，而能長久其年，享眉壽而考終命，故亦謚胡。○陳逢衡云：《詩·周頌》：「胡考之寧。」傳：「胡，壽也。」《儀禮·士冠禮》：「眉壽萬年，永受胡福。」注：「胡，猶遐也。」《通志·謚略》曰：「陳胡公滿者，言其老也，有胡耇之稱焉，胡非謚義。」衡案：言其老，正與彌年壽考合。《姓纂·十一模》：「胡氏，帝舜之後，胡公封陳，子孫以謚爲氏。」鄭謂「胡」非謚義，誤。《欽定續通志·謚略》曰：「《史記》陳有胡公滿，其子爲申公，孫爲相公。申與相不列《謚法》，則疑胡公非謚不爲無因。然齊有胡公静，次哀公不辰後，哀既爲謚，胡亦是謚矣。漢陽信侯吕清、懷昌侯劉延年、晉都亭侯華譚、梁之王汾、吉士瞻皆用胡謚，樵謂特胡耇之稱，是其疑古之過也。」○朱右曾云：彌年，大年也。○孫詒讓云：盧云《正義》(孔)注作「久也」非，案：胡雖訓大，而此注則似釋彌年之義。後文云：「胡，久也。」《正義》本似不誤。

彊毅果敢曰剛。

【彙校】盧文弨云：今《正義》本脱此條，故兩景謚相連接，可見其本有也。

【集注】孔晁云：强於仁義，致果曰毅。(劉師培云：《通考》引注作「蠢於義致志固」。)○潘振云：彊，不息也。毅，堅忍也。果，決斷也。敢，勇往也。此指性而言。○陳逢衡云：《説文》：「剛，彊斷也。」漢棘蒲侯陳武、復陽侯陳胥、都昌侯朱率並謚剛。〇朱右曾云：自勝爲彊。致果爲毅。果敢，勇敢也。

追補前過曰剛。

〔彙校〕劉師培云：追補前過曰剛。案：《唐會要》八十「剛」作「密」，七十九又作「定」，竊以作「密」爲長，作「剛」作「定」均以形近致訛，蓋「密」訛爲「岡」，校者因改爲「剛」也。今《史記正義》亦作「剛」。（密即密勿之密，與勉同。）

〔集注〕孔晁云：勤善以補過也。〇潘振云：卓然自立，不爲外物所奪，故前過能追補，兼氣而言。〇陳逢衡云：《通鑑》：「建武三十年，膠通剛侯賈復薨。」胡三省注：「《謚法》：『能補過曰剛。』」

柔德考衆曰静。

〔彙校〕盧文弨云：「考」《正義》作「安」，「静」作「靖」，本通用，下同。《魏書・源懷傳》有「柔直考終曰靖」，是相傳本不同也。〇陳逢衡云：《欽定續通志・謚略》曰：「古『靖』與『静』通，故謚作靖者皆即静字，又與『靚』通，周慎靚王即慎靖王也。又或作『竫』，秦文公賜太子謚爲竫公。」〇朱右曾云：柔德考衆，當依《魏書・源懷傳》作「柔直考終」，「直」作「德」，「終」作「衆」，並古文假借。〇孫詒讓云：《獨斷》亦作「柔德好衆曰靖」，與舊本略同。〇劉師培云：《唐會要》七十九作「秉德考終曰靖」，《續博物志》作「柔德好聚曰靖」，《金史・禮志》又作「柔德好衆曰靖」，均與孔本殊。（《通考》亦作「静」，惟「考」字作「教」。）又下文「恭己鮮（《通考》誤「解」）言」、「寬樂令終」二語，《會要》《通考》亦均作「靖」。（《文選・陶徵士誄》李注及宋張磻《劉屏山先生謚議》引寬樂句亦作「靖」。）靖、静古通。《老子》「守静篤及不欲以静」，傳本均作「靖」，是其例。

〔集注〕孔晁云：成衆，使安也。○丁宗洛云：（孔）注「成衆」，《正義》作「安衆」，亦不大謬。

供己鮮言曰静。

〔彙校〕供，盧據《正義》改「恭」，注同，潘、陳、丁、朱從。○盧文弨云：《前編》亦作「供」。

〔集注〕孔晁云：供己之身，鮮言而正。○潘振云：恭己則矜平，鮮言則躁釋，此言心静。○陳逢衡云：恭己，不妄動。鮮言，不妄言。《晉語》：「吾其静也。」注：「静，默也。」○朱右曾云：鮮言，静默也。

寬樂令終曰静。

〔集注〕孔晁云：性寬樂義，以善自終。○潘振云：寬而不猛，樂則無憂，以善自終，何安如之。此言身静。

治而清省曰平。

〔彙校〕清省，盧據《正義》改「無眚」，潘、陳、丁、朱從。○劉師培云：盧本從《史記正義》作「治而無眚」，與孔注合，《通考》亦同，惟《論語·公冶長》疏、《孟子·公孫丑上篇》疏並引《謚法》作「清省」，則宋本已訛。

〔集注〕孔晁云：無失闕之病也。（盧文弨云：《正義》作「無災罪也」。）○潘振云：治者，事有條理，已見其效也。無眚，無災也。此世道之平。○陳逢衡云：《欽定續通志·謚略》曰：「周十三世爲平王，於是陳有平公燮；至簡王時，宋有平公成；靈王時，晉有平彪；景王時有杞平公郁釐、蔡平公盧、楚平王居、曹平公須及燕平公；敬王時有齊平公驁；戰國時有衛平侯、魯平公，則平謚周所習用。鄭《志》認爲義不專而削之，非是。」○朱右曾云：眚，過也。

執事有制曰平。

【彙校】制，趙本作「郜」。

【集注】孔晁云：在位平意也。（盧訂「不任意也」，云：有法度檢制，故曰不任意。舊作「在位平意也」，訛。）〇潘振云：執持其事各有法制，無得偏陂。此王道之平。〇陳逢衡云：執事有制，能絜矩也。《周語》：「細大不踰平。」〇朱右曾云：制，法度。言不偏也。

布綱治紀曰平。

【彙校】盧文弨云：《左氏・昭廿二年正義》「治」作「持」。（朱據改）〇孫詒讓云：盧云《左氏・廿二年正義》治作「持」，朱本據改。案《獨斷》作「治」，與舊本同。

【集注】孔晁云：施之政事。〇潘振云：頒布綱領，修理條目。此治道之平。〇陳逢衡云：《詩》「何彼穠矣」疏引《鄭志》曰：「德能平正天下則稱爲平。」

由義而濟曰景。

【集注】孔晁云：用義而成也。〇潘振云：景，光也，大也。用義而成事，治光大也。〇陳逢衡云：景有正大顯樂之義，周王貴謚景王。〇朱右曾云：景，强也，大也。用義而成，能自强也。

布義行綱曰景。

〔彙校〕綱，元刊本、趙本、鍾本作「剛」，注同，盧從。

〔集注〕孔晁云：以綱行義也。〇潘振云：義施乎外，故曰布。剛出乎内，故曰行。布義行剛，體光大也。〇陳逢衡云：《春秋考異郵》曰：「景者，强也。」《魏書・羊祉傳》大常少卿元端、博士劉臺龍議謚曰：「祉志存埋輪，不避彊禦；及贊戎律，熊武斯裁；仗節撫藩，邊夷識德；化沾殊俗，襁負懷仁，謹依《謚法》『布德行剛曰景』，宜謚爲景。」《北史・羊祉傳》同。〇朱右曾云：以剛行義也。〇案：盧校此條後有「耆意大慮曰景」及孔晁注「耆，强也」。盧云：舊脱此條，《正義》、《前編》皆有，云：「耆如耆定爾功之耆，謂意所期指。」又案《獨斷》作「致志大圖」。〇劉師培云：此條舊脱，盧據《史記正義》、《通鑑前編》補。案《通考》亦同。孔注：「耆，强也。」《詩・周頌》毛傳云：「耆，致也。」耆兼致意，故《獨斷》及李石《續博物志》並作「致志大圖」。

清白守節曰貞。

〔彙校〕盧文弨云：《獨斷》「守節」作「自守」。〇劉師培云：案盧引《獨斷》守節作「自守」，今考《續博物志》亦作「自守」，據孔注似正文當同《獨斷》。惟《後漢書・蔡邕傳》注所載《蔡攜碑》末引《謚法》亦作「守節」。（《金史・禮志》、《元文類》四十八《劉致蕭貞敏公謚議》引同。）《隷續》一所載《漢梁休碑》亦有「守節曰貞」語。

〔集注〕孔晁云：行清白志固也。（「志」上盧校增「執」字。陳逢衡云：此注後句當作「志固執也」。〇劉師培作「行清白執堅固也」。）〇潘振云：不濁曰清，不淄曰白。守其節操，此立身之貞。〇陳逢衡云：處亂而不汙其身，蒙難而能正其志，艱屯之會有守，斯不辱矣，故曰貞。周王介謚貞王。〇朱右曾云：清白不污，故守其節也。

大慮克就曰貞。

〔集注〕孔晁云：能大慮非正則不可。(則不可，盧據《正義》改「而何」。劉師培云：《通考》引注作「幹事能成」。)○潘振云：大慮，事業之將隆而能成就之。此幹事之貞。○陳逢衡云：大慮克就，能以正決疑也，故曰貞。○朱右曾云：就，成也。精定不動惑，故成也。

不隱無克曰貞。

〔彙校〕無克，盧改「無屈」，云：《前編》作「無私」，今從《正義》○劉師培云：《通考》「屈」作「屏」。○朱右曾此條下據《檀弓》疏、《左傳》疏補「外内用情曰貞」。

〔集注〕孔晁云：坦然無私也。○潘振云：處物無私，故常見而不隱。反身循理，故氣有伸而無屈。此御世之貞。○朱右曾云：不隱無屈者堅守其正，外内用情者内外如一。

彊以剛果曰威。

〔彙校〕彊，盧據《正義》改「猛」，注同。○朱駿聲云：猛，據孔注當作「彊」。

〔集注〕孔晁云：彊甚於剛也。(盧據《正義》改「猛則少寬，果敢行也」，云：舊作「彊甚於剛也」，係因下注而訛。)○潘振云：猛，嚴也。不屈曰剛，地德也。人生性善，皆有不忍之心，故寬易而猛難。以性體之，剛德決之，則能猛矣。人畏之也，故曰威。○陳逢衡云：《欽定續通志・謚略》曰：「凡桓謚或作威，因後人避諱改也，若周威烈王及桓公之子威公、齊威王嬰齊、楚威王商則是其本謚，非因諱改。」○朱右曾云：剛在心，彊在力，彊于行也。

猛以彊果曰威。

〔集注〕孔晁云：亦彊甚於剛也。（盧刪句首「亦」字，云：舊有「亦」字，衍。）〇潘振云：不息曰彊，天德也。以心體之，彊力決行其嚴猛。

彊毅信正曰威。

〔彙校〕盧文弨云：《正義》作「彊義執正」。案《正義》有「治典不殺曰祁」，注云：「秉常不衰。」此脱去。祁，《獨斷》作「祈」，一作「震」。《左氏·莊六年正義》引：「經典不易曰祈。」〇朱右曾從《正義》補「治典不殺曰祁」，云：秉常不衰。祈，大也。〇劉師培云：盧引《史記正義》作「彊義執正」，今考《通考》引同，《唐會要》七十八、《金史·禮志》亦作「執正」，惟《史記》游本「執」作「訊」。訊、信古通，猶之申也（孔注「信正」，信與申同），今本「執」乃「訊」訛。

〔集注〕孔晁云：信正，言無邪也。（邪，鍾本作「和」。盧文弨云：《正義》作「私」。）〇潘振云：彊能健行，毅能致果，内信實而外貞正，非作威之謂，乃德之謂也。〇朱右曾云：干斷以伸其正。信、申同。

辟土服遠曰桓。

〔彙校〕按此條下盧據《正義》、《前編》補「克敬勤民曰桓」及注「敬以使之」、「辟土兼國曰桓」及注「兼人，故啓土也」兩條。云：勤民，《正義》作「動民」，今從《前編》。舊本以「兼人故啓土也」繫「辟土服遠曰桓」之下，脱去兩條。

〔集注〕孔晁云：兼人故啓□也。（缺處元刊本作「上」，鍾本、王本作「土」。劉師培此注作「以武正定」，云：《通考》引注作「以武力征四夷」。）

道德純一曰思。

〔彙校〕盧文弨云：馬融引作「純備」。○朱右曾從馬融，云：純且備，由其慮深通敏。

〔集注〕孔晁云：道大而德一也。（劉師培云：朱本據《堯典》馬注改「一」爲「備」，今考《唐會要》八十、《金史・禮志》亦作「一」，與孔本合。）○潘振云：此言成身之思。純，大也。

不眚兆民曰思。

〔彙校〕不眚，盧從《正義》、《前編》改「大省」。○劉師培云：大省，《唐會要》八十作「大眚」。

〔集注〕孔晁云：大親民而不殺。○潘振云：此恤民之思，大爲省察，謂清問也。○陳逢衡云：寒則爲民思衣，飢則爲民思食，貧則爲民思富足，鰥寡孤獨則爲民思存活，偷惰縱佚則爲民思教化，是皆大省兆民之事。○朱右曾云：省察疾苦，興利革弊也。

外内思索曰思。

〔集注〕孔晁云：言求善也。○潘振云：此求善之思。外而四方，内而朝廷，思求其善。索，求也。○陳逢衡云：外謂國，内謂身。索，求索也。○朱右曾云：外内思索，言求善也。

追悔前過曰思。

〔集注〕孔晁云：思而能改也。○潘振云：此悔過之思。○陳逢衡云：此即《論語》内自訟之義。追補前過曰剛，剛在「補」字上看，此思義在「悔」字上看。○案：此條後盧據《正義》、《前編》補「柔質慈民曰惠」及注「知其性也」、「愛民好與曰惠」及注「與謂施也」兩條，云：舊本脱此兩條。愛民條又見《獨斷》，《魏書・源懷傳》亦引之。○朱右曾云：柔質，寬柔之質。與，施予也。《孟子》曰：「惠而不知爲政。」又曰：「分人以財謂之惠。」○劉師培云：柔質慈民曰惠，《通考》引注作「賑孤惸加施惠」，義較長。

柔質受課曰惠。

〔彙校〕課，元刊本作「諫」。盧據《正義》改「柔質受諫曰慧」，云：慧，舊作「惠」。案：惠雖可通慧，然與惠謚連文，則易混矣。案《正義》上惠謚兩條在敬、肅之上，此慧謚在質、良之上，本不附近，《前編》始合置一處，蓋由誤認慧即惠也。（孔）注又不知何人妄竄，今悉依《正義》改正。受諫，《正義》作「愛諫」。○俞樾云：盧校曰「慧舊作惠」，當從之，慧、惠古通用字。《論語・衛靈公篇》「好行小慧」，鄭注曰：「魯讀慧爲惠。」是其證也。此句與上文「柔質慈民曰惠，愛民好與曰惠」本爲一條，蓋柔質慈民謂曰惠，愛民好與則就慈民而推言之，柔質受諫則就柔質而推言之，以見有其一節者亦得謚之曰惠也。因其字假作慧，後人遂分爲兩謚，恐非其舊。○劉師培云：柔質受諫曰慧，盧校云云。今考《唐會要》七十九引《謚法》「愛民（《孟子・梁惠王上》孫疏引《謚法》「民」作「人」）好與曰惠，柔質慈民曰惠，柔質受諫曰惠」，字不作「慧」，《通考》亦然（引注作受諫以爲惠）。惠、慧古通，不必析分爲二。

〔集注〕孔晁云：以惠愛惠。（愛惠，元刊本作「愛人」。盧依《正義》改「以虚受人」）。○潘振云：慧，智也。○陳逢衡云：周王涼謚惠王。案：《爾雅・釋言》：「惠，順也」，故質柔而能受諫者曰惠。○朱右曾云：慧，智也。能受諫則慧矣。

能思辯衆曰元。

〔集注〕孔晁云：別之，使各有次也。○潘振云：元者，天地之大德，所以生生者也，在人爲仁。○陳逢衡云：周王赤謚元王。案：元者，首出之謂也。能思辯衆則能知人，能知人則能官人矣，故曰元。○朱右曾云：能以深思辯章百姓，可以長久矣。元，長也。

行義説民曰元。

〔彙校〕劉師培云：《續博物志》「行」作「仁」。

〔集注〕孔晁云：民説其義。○潘振云：説，悦通。行義，如「老吾老」、「幼吾幼」之類。舉私心以加彼，惻隱之心人皆有之，體仁足以長人，故曰元也。○朱右曾云：行義説民，民説其義。

始建國都曰元。

〔彙校〕盧文弨云：《左氏·昭十年》正義「始」作「好」。○朱右曾云：始，《左傳》疏作「好」，非也。

〔集注〕孔晁云：非善之長可以始也。○潘振云：元，始也。周公始建國都，所以稱元也。○陳逢衡云：《爾雅》：「元，始也。」造端伊始，立我丕基，故曰元。○朱右曾云：元，始也。

主義行德曰元。

〔彙校〕陳逢衡云：主義，疑作「主善」，注同。○劉師培云：《魏書·馮熙傳》引《謚法》作「善行仁德」。《通典·禮三十三》引《謚法》又作「尊仁貴德」。

〔集注〕孔晁云：以義爲主，作德政也。（作德政，盧改「行德政」。）〇陳逢衡云：《晉語》「人之有元君」，韋昭注並云：「元，善也。」立善行德能長人，故曰元。〇朱右曾云：主義者，以義爲主。

兵甲亟作曰莊。

〔彙校〕劉師培云：《通考》「甲」作「革」，「莊」作「壯」，下同。《唐會要》七十九引《謚法》「莊」字亦均作「壯」。

〔集注〕孔晁云：以數征爲嚴。〇潘振云：亟作，言數起也。莊，嚴也。此用兵之嚴者。〇陳逢衡云：周王它謚莊王，漢避明帝諱，故《人表》「莊」作「嚴」。然二字亦可相通。〇朱右曾云：亟，數。

叡通克服曰莊。

〔彙校〕通，王本作「邊」；《正義》作「圉」，盧從。郝懿行亦作「圉」，云：圉，邊圉也。通邊使能服。作「通」非。朱駿聲云：據孔注當作「通」。〇劉師培云：「叡」當作「𣦻」，《説文》云：「𣦻，叡深堅意也，從叡、從貝，貝堅寶也。」是𣦻誼訓堅𣦻。圉猶言强圉。（《雜志》以「圉」爲强是也，以「叡」爲叡智亦非。）《唐會要》七十九作「敵國」，《通考》作「共圉」，似非。《通考》引注作「禁圉敵人使能服之」，則訓圉爲禦，與今本殊。

〔集注〕孔晁云：通達使能服也。（通達，盧從《正義》作「通邊圉」。）〇王念孫云：叡與邊圉義不相屬，雖叡可訓爲通，而通邊圉不可謂之叡圉也。予謂圉者，彊也。下文曰：「威德剛武曰圉。」《大雅·烝民篇》「不畏彊禦」，《漢書·王莽傳》作「强圉」。《楚辭·離騷》「澆身被服强圉兮」，王注曰：「强圉，多力也。」是圉與彊同義。叡圉克服者，既叡智而又彊圉能服人也。叡圉二字兼智勇言之。《繫辭傳》曰：「聰明睿知，神武而不殺。」《楚語》曰：「謂之睿聖武公。」上文曰「威彊叡德曰武」，此文曰「叡圉克服曰莊」，其義一也。莊之言壯也。「兵甲亟作曰莊，叡圉克服曰莊，勝敵志强曰莊，死於原野曰莊，屢征殺伐曰莊」，五莊字竝與壯同義，故莊、壯古字通。《晉語》「趙簡子問於壯馳」，兹舊音壯本或作莊。《檀弓》「衛有大史曰柳莊」，《漢書・古今人表》作「柳壯」。《莊子・天下篇》「不可與莊語」，《釋文》：「莊，一本作壯。」《鄘風・君子偕老》箋「顏色之莊」，《釋文》：「莊，本又作壯。」若斯之類，不可枚舉。○朱右曾云：叡，深；圉，强也。○按：此條後盧據《正義》補「勝敵志强曰莊」及注「不撓故勝」，潘、丁、朱從。盧云：舊本脱此條，《正義》有。《左氏釋文》「志强」作「克亂」，《正義》作「克莊」。

死於原野曰莊。

【**集注**】孔晁云：非嚴何以死難？○陳逢衡云：不辱社稷，不辱宗廟，以身殉焉，可謂莊矣。○朱右曾云：死於原野，爲國捐軀也。

屢征□伐曰莊。

【**彙校**】闕處王本作「殺」，盧從，朱駿聲補「致」。○盧文弨云：《前編》作「屢行征伐」。○劉師培云：盧校云《前編》作「屢行征伐」，今考《唐會要》七十九與《前編》同。據孔注，似讀「征」爲「正」，故訓爲「釐」，或孔本「屢」亦作「嚴」。

【**集注**】孔晁云：以嚴□之。（缺處盧據《正義》補「釐」。）○潘振云：征者，奉王命以征之也。殺用斧鉞，伐用鍾鼓。此敵愾之嚴者。○陳逢衡云：《傳》曰：「殺敵致果，以昭戎經。」○朱右曾云：屢征殺伐，好勇尚力也。

武而不遂曰莊。

〔集注〕孔晁云：武功不成。○陳逢衡云：此乃止戈爲武之義，如楚莊王是也。不遂，謂不窮兵耀武也。孔解非。○朱右曾云：遂，成也。

克殺秉正曰夷。

〔彙校〕秉，諸本作「秉」，盧從。正，諸本同，盧作「政」，云：《正義》「政」作「正」，注同。○劉師培云：盧校云《正義》「政」作「正」，今考《唐會要》八十及《通考》亦作「正」。

〔集注〕孔晁云：秉正，不任賢也。○盧文弨云：秉讀若柄。○陳逢衡云：夷，傷也、滅也、誅也。以殺爲政，慘莫大焉，是故周王燮以紀侯之譖而烹齊哀侯不辰於鼎，故有斯謚。○朱右曾云：夷，傷也、平也。誅戮不忌，傷人多矣。

安心好静曰夷。

〔彙校〕盧文弨云：《左氏·僖廿八年正義》引作「安民好靖」，《僖十五年正義》「民」作「人」。○朱從《左傳疏》作「安民好静」。○劉師培云：朱本據《左疏》改「心」爲「民」，今考《通考》作「民」，《唐會要》八十亦作「心」，惟孔注訓爲「不爽正」，似所據又異。

〔集注〕孔晁云：不爽丸正也。（按：諸本「丸」在下條「幸」右旁，盧從。）○潘振云：安心，無危心也。好静，喜寂處也。○陳逢衡云：夷，平也。夷謚又見《孟子疏》「好名之人」章。案：克殺秉政爲惡謚，此安民好静爲平謚。○朱右曾云：好静則平易之義也。

幸義揚善曰懷。

〔彙校〕幸，諸本作「執」，盧從。○陳逢衡云：《獨斷》同，《史記正義》「懷」作「德」，《通鑑·漢紀》注引作「執義行善曰德」。

〔集注〕孔晁云：揚人以善。(揚，元刊本作「稱」，程、趙、吴本作「私」。以，諸本作「之」。盧同元刊本。)○潘振云：懷，來也。○陳逢衡云：春秋時晉有懷公圉，陳有懷公柳。《爾雅·釋詁》：「懷，止也。」止於義故執義。《詩·周頌》注：「懷，來也。」○朱右曾云：揚，稱也。

慈義短折曰懷。

〔彙校〕義，諸本作「仁」，盧從。○劉師培云：《通考》「仁」作「人」。

〔集注〕孔晁云：短，未六十；折，未三十。○潘振云：懷，傷也。○陳逢衡云：(孔)注有誤，説見「短折不成曰殤」下。其德在人而無大年之享，故黎民懷之。○朱右曾云：鄭康成説：未冠曰短，未婚曰折。

夙夜警戒曰敬。

〔彙校〕劉師培云：《通考》「警」亦作「敬」。

〔集注〕孔晁云：敬身思戒。(盧文弨云：思戒，《正義》作「急成」，非。)○潘振云：夙夜即朝夕，猶言常也。防之於外曰警，凛之於内曰戒。○陳逢衡云：周王匄謚敬王。《詩・常武》「既敬既戒」箋：「敬之言警也。」《釋名》：「敬，警也，恒自肅警也。」○朱右曾云：夙夜警戒，敬身也。

夙夜恭事曰敬。

〔彙校〕劉師培云：案《左傳・閔元年》孔疏引「恭」作「勤」，《唐會要》八十「恭」作「就」，《金史・禮志》作「共」。

〔集注〕孔晁云：敬以莅事也。○潘振云：恭事，執事有恪也。○陳逢衡云：《周禮・小宰》「廉敬」注：「敬，不解於位也。」○朱右曾云：夙夜恭事，敬事也。

象方益平曰敬。

〔彙校〕盧文弨云：《正義》脱此條，故兩烈謚相連不隔，知是傳寫者脱耳。

〔集注〕孔晁云：法以敬也之常而加（元刊本作「法常而加之以敬也」，王本作「法之以常而加敬也」，盧從何允中本作「法以常而加敬也」）。○潘振云：象者，法也。方，常也、道也。益，進也。言法乎常行之道，進乎平易之塗，無敢戲愉，無敢馳驅。此敬天命者也。○陳逢衡云：象方益平，地道也。地屬坤，坤道主敬。

合善法典曰敬。

〔彙校〕合善，盧從《前編》倒。盧又云：法典，《史記正義》作「典法」。○劉師培云：案盧校云「善合」舊倒，從《前編》。今考《唐會典》八十作「令善法典」。

〔集注〕孔晁云：非敬何以善也？（善也，盧從《正義》作「善之」。）

述善不克曰丁。

〔彙校〕陳逢衡云：《説文》：「齊大公子伋謚曰玎公。」段玉裁曰：「《齊世家》、《古今人表》皆云師尚父之子丁公，丁公之子乙公，乙公之子癸公，猶之魯禽父、晉燮父、衛康伯、宋微仲皆無謚，不聞謚丁也。此當云讀若齊大公子伋謚曰丁公。」邵瑛曰：「玎公，今經典作丁。《左·昭三年傳》：『徼福於太公、丁公。』《十二年傳》杜注：『吕伋，齊大公之子丁公。』《逸周書·謚法解》『述義不克曰丁，迷而不克曰丁』，據《説文》當作玎。」梁玉繩曰：「《通志·氏族略》云：『謚法雖始有周，是時諸侯猶未能遍及。齊五世後稱謚，則知所謂丁公者，長第之次也。』鄭説是，杞、宋、曹、蔡四世未稱謚，衛亦五世後稱謚，而宋並有丁公，可驗已。《説文》以伋謚玎，非。又《謚法》『述義不克曰丁』，吕伋賢嗣，何以蒙此不韙之名乎？」沈濤曰：「蓋古文《左傳》作玎公，故許偁之，許書引經之例如此，非必謂其字之本義也。」又曰：「丁公之丁假借作玎，猶泰丙之丙假借作尚，古書往往有此。」衡案：丁義自是《謚法》中所有。齊丁公之後爲乙公、癸公，是襲用殷法。若宋丁公申，之後爲煬公閔，則丁是謚法無疑。且合觀全謚，周一代未用者甚多，使必盡有證而後爲謚義，似未免拘虚之見。《魏書》：「穆崇爲太尉，又徙宜都公，天賜三年薨。先是，衛王儀謀逆，崇預焉，太祖惜其功而秘之。及有司奏謚，太祖親覽《謚法》，至『述義不克曰丁』，太祖曰：『此當矣。』乃謚曰丁公。」《北史·穆崇傳》同。又《廣韻·十五青》：「丁本自姜姓丁氏。齊太公子伋謚丁公，因以命族。」據斯二説，則丁爲謚，義有所明矣。

〔集注〕孔晁云：不能成義。○潘振云：述，循也。循義不能，是之謂丁。丁，蠆尾，諭惡也。○朱右曾云：丁，强也。

述義不悌曰丁。

〔**彙校**〕述，盧從《前編》作「迷」。盧云：《正義》脱此條。○劉師培云：《玉篇·玉部》玎字注引作「義（上脱一字）不克曰玎」。《説文繫傳》引作「述義不勉曰玎」，是正字當作「玎」。《齊世家正義》引《謚法》又作「述義不悌曰丁」，合下語並爲一詞，疑誤。又案《通考》引注作「欲立志義而弗能成」，與今本異。

〔**集注**〕孔晁云：不悌，不遜順也。○潘振云：迷，惑也。昏迷其德而不善兄弟，是其所厚者薄也，毒莫甚焉，故曰丁。○陳逢衡云：丁有强壯盛大義，故不悌。前云述義不克，謂紹述前業而不克肖其父，不克二字非貶辭。此述義不悌亦謂能述前業，而有用壯之象也。

有功安民曰烈。

〔**彙校**〕孫詒讓云：案《後漢書·皇后紀》李注引蔡邕《和熹鄧后謚議》云：「《謚法》『有功安人曰熹』。」（「民」避唐諱作「人」。《蔡中郎集》「人」作「居」，「熹」作「憙」，「居」蓋「民」之譌。）是此烈字當爲熹，今本傳寫誤作烈，遂無熹謚，非也。○劉師培云：《唐會要》七十九作「安民有功」。

〔**集注**〕孔晁云：以武立功。○潘振云：烈，美也。此言功之美。○陳逢衡云：烈，功也。周王喜謚烈王。○朱右曾云：烈，業也，光也。

秉德遵業曰烈。

〔彙校〕朱右曾云：秉，《後漢書·陰皇后紀》注作「執」。○劉師培云：《唐會要》七十九「遵」作「尊」，《通考》同。

〔集注〕孔晁云：遵世業不墮改。（劉師培云：《通考》引作「業以通德而能尊」。）○陳逢衡云：《爾雅·釋詁》：「烈，業也。」《唐書·盧奕列傳》：「天寶十四載，安禄山犯東都，人吏奔散，奕在臺獨居，爲賊所執，與李澄同見害，贈兵部尚書。太常議謚，博士獨孤及議曰：『謹案《謚法》，圖國忘身曰貞，秉德遵業曰烈。奕執憲戎馬之間，志藩王室，可謂圖國；國危不能拯，而繼之以死，可謂忘身，歷官一十任，言必正，事必果，而清節不撓，去之若始至，可謂秉德；先黄門以執道佐時，奕嗣之忠純，可謂遵業。請謚曰貞烈。』從之。」

剛克爲伐曰翼。

〔集注〕孔晁云：成功也。（成，盧訂「伐」。）○潘振云：克，治也。○陳逢衡云：後漢關内侯陰興謚翼。

思慮深遠曰翼。

〔集注〕孔晁云：好遠思任能也。（任，程本、趙本、吴本作「曰」。盧文弨云：《正義》作「小心翼翼」，與此不同。○劉師培云：《通考》引注「任能」作「不任亂」。）○陳逢衡云：翼有敬義，故思慮深遠。○朱右曾云：翼翼敬事也。

剛德克就曰肅。

〔彙校〕劉師培云：案《慧琳音義》卷四、卷六引《謚法》並作「强德剋義曰肅」。

〔集注〕孔晁云：成其不欲，使爲就。（盧訂作「成其敬，使爲終」。）○潘振云：肅，敬也。○陳逢衡云：春秋時，趙侯語、楚子臧謚肅。《御覽》：唐獨孤及謚吕諲曰肅，嚴郢駁曰：「國家故事，宰臣之謚有二字，以彰善旌德焉。夫以吕公文能無害，武能禁暴，貞則幹事，忠則利人，盛烈宏規，不可備舉。《傳》叙八元之德曰忠肅恭懿，若以美謚擬於形容，請曰忠肅。」及重議，曰：「謚法在懲惡勸善，不在多字，肅者威德克就之名（威德《册府元龜》作盛德），以諲之從政，威能閑邪，德可濟衆，故以肅易名，而忠在其中矣。」《姓氏書辨證・一屋》引《姓源韻譜》：「肅氏，八元仲堪謚肅，後世爲氏。」又《姓纂・一屋》：「肅氏，周文王子郕叔之後，成肅公以謚爲氏」。○朱右曾云：嚴整不撓，成其剛德。

執心決斷曰肅。

〔彙校〕劉師培云：案《金史・禮志》作「斷決」。

〔集注〕孔晁云：言嚴果也。

愛民好治曰戴。

〔彙校〕治，程本、趙本、吴本作「治」。陳逢衡本作「憂民好治」。

〔集注〕孔晁云：好民治也。（劉師培云：《通考》引注作「愛養其民，天下戴仰」。）○潘振云：好，愛而不釋也。○陳逢衡云：曹八世有戴侯鮮。《急就章》注：「戴氏，宋戴公子文以謚爲氏。」○朱右曾云：戴，奉也。

典禮不塞曰戴。

【彙校】盧校「塞」改「寋」，云：寋，《正義》作「愆」，《前編》作「㥦」，音義並同。○陳逢衡從《前編》作「㥦」，云：沈濤曰：「觀下文『㥦，過也』，則當從《前編》爲是。」㥦即愆字之假，寋乃㥦字之誤。《説文》：「寋，寔也。」音讀如塞，與愆義異。○劉師培云：今考《左傳·隱三年》孔疏引《謚法》作「無愆」，《通考》作「不倦」，引注亦作「倦過」。

【集注】孔晁云：□（盧據《正義》補「無過」）。○朱右曾云：寋，愆也。

死而志成曰靈。

【集注】孔晁云：立志不恡命也。（「恡」字諸本闕，盧作「丞」。）○陳逢衡云：鄭氏《通志·謚略》謂靈非惡謚。案：《周書》靈謚六條俱不甚惡，蓋平謚也。《水經·洛水注》：「周靈王，蓋以王生而神，故謚曰靈。」○朱右曾云：生前之志死而成之，所謂爲厲鬼以殺賊也。

亂而不損曰靈。

【彙校】劉師培云：案宋馬永卿《嬾真子》卷二云：「謚之曰靈，蓋有二義。《謚法》曰：『德之精明曰靈，亂而不損曰靈。』（《莊子·則陽篇》成疏引《謚法》同。）今《周書》無『德之精明』語。」《通考》「亂而」作「亂治」，別有「亂而不損」語，注云：「貪亂直亡，而神靈之曲也」。）

【集注】孔晁云：不□以治。（盧從《正義》作「不能以治損亂」。）○潘振云：亂，謂君無道也。無道而國不損，賴前哲以免，是神佑之也，故曰靈。○陳逢衡云：亂，如禮煩則亂之亂。損，傷也，失也。《左傳·襄二年》：「君子是以知齊靈公之爲靈也。」注云：「《謚法》亂而不損曰靈，言謚應其行。」○朱右曾云：棄法行私曰亂。損，滅也。

極知鬼事曰靈。

〔彙校〕鬼事，盧改「鬼神」。

〔集注〕孔晁云：知其能聰徹也。（知其能，盧改「其智能」。）○朱右曾云：極知鬼神者，窮幽測隱，不務民義也。

不勤成名曰靈。

〔彙校〕劉師培云：江鄰幾《雜記》自注作「勤不成名」。

〔集注〕孔晁云：本任性，不見賢思齊。（陳逢衡云：此注與正文不合，恐有脱誤。）○潘振云：不勞成名。○朱右曾云：若周靈王之生而能神。

死見鬼能曰靈。

〔彙校〕鬼，盧改「神」，云：舊作「鬼」，《前編》同。○朱駿聲云：當作「鬼」。「能」讀爲「態」。○孫詒讓云：「能」字當在「見」字上。○劉師培云：「見」讀若「現」，「能」即「態」省。《素問》有《病能論篇》。又《風論》云「及其病能」，王注云：「能謂内作病形。」此假能爲態之例。《黄帝内經·太素》凡「狀態」皆作「狀能」，亦其證也。死見鬼能，如杜伯，伯有是。盧本易「鬼」爲「神」，於注文「爲厲」上增「不」字，雖與《通考》合，實則非也。

〔集注〕孔晁云：有鬼爲（「爲」上盧增「不」字）厲。○朱右曾云：死見神能，若杜伯、彭生之類。

好祭鬼神曰靈。

〔彙校〕盧文弨云：神，《正義》作「怪」。

〔集注〕孔晁云：敬鬼神不能遠也(盧訂「瀆鬼神，不敬遠也」)。○潘振云：如靈巫矣。○朱右曾云：好祭鬼神，謂瀆祀如靈巫。

短折不成曰殤。

〔集注〕孔晁云：有知而大殤也。(大，諸本皆作「夭」。劉師培云：《通考》「有知」作「幼稚」。)○潘振云：短折，橫天也。不成，未成人也。人生二十年曰弱，冠則成人矣。殤，未成人喪也。○陳逢衡云：晉穆侯殤叔、宋公與夷並謚殤。《儀禮·喪服傳》：「年十六至十九死爲長殤，十二至十五爲中殤，八歲至十一死爲下殤，七歲以下爲無服之殤，生未三月不爲殤。」《釋名·釋喪制》：「未二十而死曰殤。殤，傷也，可哀傷也。」衡案：前「慈仁短折曰懷」孔注「短未六十折未三十」，當在此處，六十當作「十六」，三十當作「十三」，蓋謂長殤、中殤也。若年未六十去下壽不遠，焉得爲短？《洪範》六極，一曰「凶短折」，短爲上殤，折爲下殤。

未家短折曰殤。

〔彙校〕盧文弨云：《正義》「殤」作「傷」，不與上條相連，又注作「未娶也」。

〔集注〕孔晁云：未家，未室家也。(諸本「未家」下有「者」字，盧從。)○陳逢衡云：此指長殤言。《鹽鐵論》：「十九年已下爲殤。」

不顯尸國曰隱。

〔彙校〕盧文弨云：《左傳釋文》作「不尸其國」。○劉師培云：案《唐會要》八十作「明不治國曰隱」。

〔集注〕孔晁云：以門國也。（諸本作「以闇主國也」，盧從。）○陳逢衡云：魯侯息姑謚隱公。《欽定續通志·謚略》曰：「隱與偃同用，故徐隱王亦稱徐偃王。」○朱右曾云：顯，明；尸，主也。以闇主國，若郲隱公。

隱拂不成曰隱。

〔彙校〕盧文弨云：《春秋傳》「隱拂」同，《前編》作「隱括」，《正義》注：「不以隱括改其性。」《獨斷》又作「違拂」，《正義》有「見美堅長曰隱」，注「美過其令」，《前編》無之。

〔集注〕孔晁云：言其隱拂改其性也。○潘振云：拂謂逆理也。隱藏逆理之事，不成惡名，如隱疾然。○陳逢衡云：如魯隱公欲傳位桓公，將營菟裘而卒見殺，可哀痛也。○朱右曾云：隱拂，違拂也。如魯隱公欲讓國而不成。

年中早夭曰悼。

〔彙校〕盧文弨云：《前編》「年中」倒。○孫詒讓云：《獨斷》作「中年早折」，則《前編》作「中年」不誤。惠校亦改「中年」。○劉師培云：案：盧校云《前編》「年中」倒，今考《唐會要》八十及《通考》亦作「中年」，《續博物志》作「中身早夭」。

〔集注〕孔晁云：年不肆志。（肆，盧訂「稱」。）○潘振云：人生六十花甲之週，年中，方三十歲也。不盡天年謂之夭。悼，傷也。○陳逢衡云：周王猛謚悼王。年不稱志，如晉悼公是也。據《獨斷》中年作中身，蓋年未五十之謂。

《漢書·平帝傳》云:「悼者,未成爲人,於其死亡可哀悼也。」

肆行勞祀曰悼。

〔**彙校**〕盧文弨云:案《穀梁·定元年疏》引作「肆行勞神曰煬」。○朱右曾據《穀梁傳疏》「悼」改「煬」,移煬謚末。

〔**集注**〕孔晁云:縱於心,勞於淫祀,言不脩德也。(縱於心,盧訂「放心」。)○潘振云:肆欲妄行,勞於淫祀而不脩德,是可傷也。

恐懼從處曰悼。

〔**彙校**〕王念孫云:恐懼從處曰悼,孔注曰:「從處言險圯也。」念孫案:「險圯」二字與從處義不相近,未解注意云何,「從」疑當讀爲「聳」。聳,懼也。《成十四年·左傳》曰「大夫聞之無不聳懼」,又《襄四年·傳》「邊鄙小聳」,《昭十九年·傳》「駟氏聳」,杜注竝曰:「聳,懼也。」(《説文》本作「愯」,或作「𢥞」,又作「悚」、「竦」。)恐懼聳處者,謂居處不安,聳然而懼也,作「從」者借字耳。(《漢紀·孝武紀》「一方有急,四面皆聳」,《漢書·嚴助傳》聳作「從」。)《爾雅》「竦,恐、慴,懼也。」郭注曰:「慴,即懾也。」《趙策》曰:「愁居懾處不敢動摇,唯大王有意督過之也。」彼言懾處,猶此言聳處矣。《説文》「悼,懼也。陳、楚謂懼曰悼。」《莊子·山木篇》曰:「振動悼慄。」《吕氏春秋·務本篇》曰:「敵人悼懼憚恐。」是悼亦懼也,故曰「恐懼聳處曰悼」。○陳逢衡云:從,當作「聳」。○孫詒讓云:案以孔注推之,疑「從」當爲「徙」,形近而譌。《書敘》「祖乙圯于耿」,僞孔傳云:「圯于相遷于耿,河水所毁曰圯。」孔注似隱據彼文,謂遇險圯遷徙,去其故都也。

〔集注〕孔晁云：從處，言□地也。（闕盧補「險」。地，王本作「圮」，盧從。）○陳逢衡云：《説文》：「悼，懼也。」陳楚謂懼曰悼。」《晉語》：「隱悼播越。」注：「悼，懼也。」《左傳》：「駟氏聳聳。」亦懼也。○朱右曾云：從處，未詳。孔曰「言險圮也」，亦未詳。

不思忘愛曰刺。

〔彙校〕劉師培云：案《唐會要》八十作「妄愛」，《通考》同，引注作「忌甚」，與今本殊。

〔集注〕孔晁云：忌其愛已暑也。（暑，諸本作「者」。盧訂「忘其愛已者也」。）○潘振云：刺，乖也。○陳逢衡云：《説文》：「刺，戾也。」漢燕王劉旦、長沙王劉建德、利昌侯劉殷、當塗侯魏楊、宜城侯燕安、汜鄉侯何武、平阿侯王仁並謚刺。又唐中書侍郎高璩卒，太常博士曹璞建言：「璩爲相交遊醜雜，《謚法》『不思妄愛曰刺』，請謚爲刺。」案：妄與忘通。○朱右曾云：刺，謬戾也。

愎佷遂過曰刺。

〔彙校〕劉師培云：案《唐會要》八十引王彦威《于頔謚議》云：「按《謚法》：『殺戮不（今《周書》作「無」）辜曰厲，愎佷遂過曰厲。』」疑誤。

〔集注〕孔晁云：去諫曰愎，反是曰佷。（丁宗洛云：去諫之「去」當作「拒」。）○潘振云：佷，音恒。剛而自用曰愎。佷當作「很」，違而不從也。遂過者，擅成其過而不改，乖孰甚焉？

外内從亂曰荒。

【彙校】盧文弨云:《前編》「從」作「縱」。○劉師培云:案《通考》「從」作「縱」。

【集注】孔晁云:官不治,家不(諸本「家不」下有「理」字,盧從)。○陳逢衡云:迷亂曰荒。漢成王劉順、梁王劉喜、朝陽侯劉聖、什邡侯雍鉅鹿、舞陽侯樊市人、建平侯杜業、紅陽侯王立並謚荒。

好樂怠政曰荒。

【彙校】劉師培云:案《史記·漢興以來諸侯年表》索隱引蕭該云:「《謚法》『好樂怠政曰康』。」《漢書》作「穅」,所引或非《周書》。又案《唐會要》八十引《謚法》有「凶年無穀曰荒」語,誤穅爲「荒」,説詳下。

【集注】孔晁云:淫於聲色,故怠政事。(下句盧訂「怠於政事」。)○朱右曾云:荒,亦作「穅」。

在國逢難曰愍。

【彙校】盧文弨云:《正義》作「逢艱」。○劉師培云:《續博物志》「在」作「佐」。

【集注】孔晁云:逢兵寇之事也。○潘振云:愍通閔,痛也。○陳逢衡云:愍,憂也、痛也。《欽定續通志·謚略》曰:「古愍與閔通,故凡春秋謚閔者皆愍也。又與湣通,《史記》宋閔公、魯閔公皆作湣,三字是一義。又南宋以後兼用憫字,宋張廷堅紹興時追謚節憫,遼托卞嘉道宗時謚貞憫。《人表》宋愍公作敏公。」○朱右曾云:難,外患也。

使民折傷曰愍。

〔彙校〕盧文弨云：折，《正義》、《前編》作「悲」，非。○劉師培云：《慧琳音義》三引《謚法》作「使人悲傷」。《唐會要》八十「折」亦作「悲」。《通考》同，引注作「妨政敗害」。

〔集注〕孔晁云：苛政賊害。○潘振云：短命曰折，主死者言也。哀死曰傷，主生者言也。愍，傷也。○朱右曾云：災癘水旱，民多夭折。

在國連憂曰愍。

〔彙校〕連，王本作「遭」。○盧文弨云：《正義》、《前編》「連」作「遭」，非，注「仍」正釋「連」字。○劉師培云：今考《唐會要》八十亦作「遭」，《通考》同。

〔集注〕孔晁云：仍多大喪。○朱右曾云：憂，内難也。

禍亂方作曰愍。

〔彙校〕盧文弨云：《前編》脱此條。

〔集注〕孔晁云：國無政，動長亂。○潘振云：自天降曰禍，自人興曰亂。方作，言未已也。○朱右曾云：方作，滋長也。

蚤孤短折曰哀。

〔集注〕孔晁云：早者，未知人事。（早，鍾本、吴本、王本作「皁」。）○潘振云：少而無父謂之孤。蚤孤而又夭，是可哀也。○陳逢衡云：周王去疾謚哀王。

恭仁短折曰哀。

〔彙校〕仁，鍾本、王本作「人」。○孫詒讓云：仁，舊本作「人」，惠校改「仁」，盧、朱同。案《獨斷》「仁」亦作「人」，古通。

〔集注〕孔晁云：體恭質仁，功未施也。○潘振云：體恭有其容，質仁有其德，而無其壽，是可哀也。

蚤孤有位曰幽。

〔彙校〕有位，盧據《正義》改「鋪位」，潘、陳、丁從。朱右曾據《通考》訂「隕位」。

〔集注〕孔晁云：有喪即位而卒也。(有喪，盧據《正義》改「鋪位」。)○潘振云：鋪音敷，設也。言未知人事而喪父爲孤子，但設其位，不能踐阼，蒙而不明也。○陳逢衡云：幼而孤露，嗣位即病，故曰鋪位。《詩・江漢》「淮夷來鋪」，傳：「鋪，病也。」○朱右曾云：隕位，失其位也。

壅遏不通曰幽。

〔彙校〕盧文弨云：高誘引作「壅過不達」，蘇明允《謚法》作「壅遏不達」，注恐訛。

〔集注〕孔晁云：弱損不□也。(闕處程本、吴本、王本作「日」，鍾本作「月」。盧補「凌」，云：「注恐訛。」)○潘振云：外有所壅則内令不得通行，内有所遏則外事無能通達，不明政之故也。○陳逢衡云：此(孔注)蓋另一條注，非注「壅遏不通」也。其幽謚下脱去孔注，而「損弱不凌」又脱去正文一條，與前「不成勤名」下注同。《通志·謚略》曰：「幽者，隱之並名也。周幽王喪於犬戎之禍，魯隱公卒於羽父之難，皆臣子所不忍言，故以幽隱命之，痛惻之甚也，豈有壅遏不通之義？」衡案：以魯隱公與周幽王並舉，不合。《易》：「幽人貞吉。」幽，囚也，與「壅遏不通」義近。〇丁宗洛云：此（孔注）與「蚤孤短折」之注彼此互换則義比附矣。凌字舊只空圍，不知盧氏何據，此等字正當闕疑。鄭漁仲言《謚法》無惡謚，《孟子》幽、厲之論意欲以儆惕時君，其實幽之爲言隱也，厲之爲言傷也，皆可作美謚稱矣。但此書「壅遏不通曰幽」及下文「殺戮無辜曰厲」而得以爲美乎？則知漁仲亦一偏之見。〇朱右曾云：壅遏不通，言心蔽于欲，昏亂暗昧。〇劉師培云：孔注「弱損不凌也」，案注與正文不符，上語云「蚤孤有位曰幽」，孔注云「有喪即位而卒也」。《史記正義》「有」作「鋪」，引注「有喪」作「鋪位」（盧本據改）。《通考》「有」作「殞」，引注「有喪」作「殞位」。據以互證，則「弱損」係「弱殞」之訛，乃上語注文。「不凌」乃「不達」之訛，係此語注文。《通考》作「權臣擅命政令不達」，當據補。（《史記正義》與今本同誤。）

動祭亂常曰幽。

〔彙校〕幽，朱右曾據《左傳疏》訂「常」。

〔集注〕孔晁云：易神之班。〇潘振云：舉動祭祀而亂常位，如逆祀是已。幽者，謂其不明禮也。〇朱右曾云：動静亂常，言起居無節，號令不時。

克威捷行曰魏。

〔集注〕孔晁云：有威而敏行。○潘振云：捷，敏疾也。魏，高也。○陳逢衡云：《方言》：「魏，能也。」《史記·魯世家》有魏公，《漢人表》同。《左傳·文十六年疏》引《世家》作「徽公」，《釋文》云《世本》作「徽公」。《漢律曆志》及《集解》、《索隱》引《世本》皆作「徽公」。○朱右曾云：魏，大也。《史記·年表》索隱引作「克捷行軍曰魏」，魏音巍，通作微。魯魏公亦作微公。

克威惠禮曰魏。

〔彙校〕劉師培云：《通考》「惠」作「順」。

〔集注〕孔晁云：有威而敏行也。（盧從《正義》改「雖威不逆禮也」。）○潘振云：魏，大名也。

去禮遠衆曰煬。

〔彙校〕劉師培云：據孔注似正文亦作「遠長」，故《史記索隱》及《通考》「長」作「正」。《爾雅》：「正，長也。」

〔集注〕孔晁云：內好多淫，外則荒政。（盧訂「不率禮，不親長」，云：長字疑是民字。）○按：此條下盧增「好內遠禮曰煬」及注「朋淫于家，不奉禮」、「好內怠政曰煬」及注「好內多淫外則荒政」兩條，云：舊本「去禮遠衆」條下即接此注（即「好內多淫，外則荒政」），脱去兩條，注「好內」作「內好」，《正義》少「好內怠政」一條。今案此注爲「好內怠政」，正釋其爲本可知。《左氏·定元年》正義正引此條，《前編》亦有之，但少「好內遠禮」一條。○劉師培云：案《通考》引注作「內則朋淫」，「多」乃「朋」訛。○朱右曾校「好內怠政」條後更有「肆行勞神曰煬」一條，云：舊作「肆行勞祀曰悼」，錯在前悼謚下，兹據《穀梁·定元年》疏訂。

⿰甄鬼心動懼曰甄。

〔彙校〕⿰甄鬼，元刊本作「甄」，王本作「醜」。○盧文弨訂「甄心動懼曰頃」，云：前有「敏以敬慎曰頃」，《正義》本與此條相連接，舊本誤「頃」爲「甄」，遂脱簡於此。○郝懿行云：⿰甄鬼字誤，疑即甄字之僞。○丁宗洛云：《字典》引此「甄」作「醜」。○朱右曾從舊本，云：此節盧從《史記正義》作「甄心動懼曰頃」，兹從故書，與《通考》合。○孫詒讓云：案盧校是也。甄當讀爲震。《周禮・典同》云：「薄聲甄」，注云：「甄猶掉也。」《鳧氏》云：「鍾長甬則震」，注云：「鍾掉則聲不正。」是甄、震訓同。《廣雅・釋詁》云：「振、掉，動也。」振、震、甄聲義並相近，注訓爲「積」，疑即「振」之譌。○劉師培云：案舊本作「醜（郝氏謂當作甄）心動懼曰甄」，盧從《史記正義》改（《通考》同），朱從舊本，實則舊本是也。《周書》本有甄謚，《史記正義》所録有「治典不殺（《通考》誤「設」）曰甄」語，注云「秉常不衰」。《獨斷》及《續博物志》並作「治典不敷曰震」，震亦甄也，是即此下脱文。蓋甄取震警爲義，故醜心動懼及治典不殺者均取爲謚。惟《獨斷》今本均作「祈」，注云「一作震」。蓋祈、震古通，敷乃「殺」訛。（《唐會要》引「理典不殺曰簡」，蓋誤。）《左疏》引作「經典不易」，亦與秉常義同。朱本歧甄、祈爲二，非也。（《詩・小雅》「吉日其祈」，鄭箋云：「祈當作麎。」是祈、震古通之證。）

〔集注〕孔晁云：甄，積也。○郝懿行云：甄，精也。按甄有二音，本音「堅」。《吴志》：「孫堅屯軍甄井。」晉以後始音「真」，張華《女箴》「既陶既甄」叶「肇經天人」是也。○潘振云：甄，明也。動，謂不敢安也。懼，謂不敢樂也。○陳逢衡云：周王士臣謚頃王，頃與傾通，危也。甄猶掉也，心轉掉，故動而兼懼。○朱右曾云：醜，恥也。心能有恥，動則戒懼。甄讀若真，魯真公、衛真公是也。

容儀恭美曰勝。

〔彙校〕美，鍾本作「謹」。按：盧據《正義》、《前編》移此條及注於「昭德有勞曰昭」下，「勝」改「昭」。

〔集注〕孔晁云：有義可象，行恭可美。（義，程本、吴本、王本作「儀」。）

威德剛武曰圉。

〔彙校〕盧文弨云：《史·表六》索隱「剛」作「强」。

〔集注〕孔晁云：圉，御也，能御亂患也。○陳逢衡云：漢高陵侯王虞人謚圉。○朱右曾云：《漢功臣表》有費圉侯陳賀。

聖善周聞曰宣。

〔彙校〕朱右曾據《左傳釋文》訂「善聞周達曰宣」。○孫詒讓云：案《獨斷》作「聖善同文」，「同文」疑即「周聞」之譌。蔡書雖亦有譌舛，而與舊本相近，似不必改。○劉師培云：案朱本據《左氏釋文》改作「善聞周達」，今考《魏書·彭城王勰傳》、《穀梁·宣公》疏、《孟子·梁惠王上篇》疏、宋孔煒《南軒先生張子謚議》引《謚法》亦作「善問周達」，惟《漢書·宣帝本紀》顏注引應劭云《謚法》「聖善周聞曰宣」，《通考》同。又《唐會要》七十九引《謚法》云「聖善周聞曰宣（《續博物志》、《金史·禮志》同），施而不秘曰宣，善聞周達曰宣」，似「聖善周聞曰宣」别係一語，非「善聞周達」之訛，惟《會要》所引「聖善周達曰憲」，當係此語異文，説詳上。

〔集注〕孔晁云：聞，謂所聞善事也。○陳逢衡云：宣，通也。周王靖謚宣王。

治民克盡曰□。

〔彙校〕闕處王本作「使」，盧同，云：舊本「使」作空圍，案《正義》、《前編》並作「使」，據補。○丁宗洛云：《字典》引此猶有「嚴篤無私」四字。按：使字尚是好謚，而(孔)注語説成不好，或是「無遺恩惠」，而誤脱一「無」字耳。○劉師培云：《通考》引孔注作「克盡思慮」。○朱駿聲云：「使」當作「嚴」。

〔集注〕孔晁云：克盡，無恩惠也。○潘振云：使，奉命治事謂之使。盡，終也。○朱右曾云：使民以義。

行見中外曰愨。

〔集注〕孔晁云：言表裏如一也。○潘振云：愨，愿也，誠也。○陳逢衡云：愨，謹也。漢有祁穀侯賀，《史記索隱》曰：「《謚法》：『行見中外曰穀。』」衡案：「穀」字當作「愨」。

勝敵壯志曰勇。

〔彙校〕盧文弨云：《正義》「勝敵志强曰莊」，與莊謚五條皆連接，此作「勇」，脱簡於此，誤。○劉師培云：案《慧琳音義》十一引《謚法》云：「懸命爲仁曰勇(卷十三引懸作棄)，知死不避曰勇。」卷七十同。《唐會要》八十引《謚法》「率義恭用曰勇，率義死用曰勇(恭用，疑即死用)，懸命爲仁曰勇，後身爲義曰勇，持義不撓曰勇，知命不避曰勇」，均無「勝敵壯志」語，盧校疑即「勝敵志强曰莊」條之脱簡，是也。又案據注所釋，似正文本有「持義不撓」語，「不撓折」三字即彼注文。

〔集注〕孔晁云：不□勝。(方框鍾本作「曰」。盧據《正義》訂「不撓折」，朱作「不撓屈」。)○陳逢衡云：唐高祖時絳州總管羅士信謚勇。

照功寧民曰商。

〔彙校〕功，元刊本、程本、趙本、吴本並作「切」。照，盧從《正義》作「昭」。〇劉師培云：《通考》引注作「商度事宜所以安民」，與此異。又案《原本玉篇・㕯部》、《慧琳音義》八十二引《謚法》並有「仁見中外曰商」語，疑上文「行見中外曰慤」舊本「慤」或作「商」。

〔集注〕孔晁云：明有功也。（「功」下盧增「者」字。）〇陳逢衡云：商，章也，張也。藏珠玉不如富餱糧，厚倉箱不如課農桑，商之爲言商也，故王者以富民爲要。

狀古述今曰譽。

〔彙校〕劉師培云：《原本玉篇・言部》「訾」字注引《謚法》云：「收今述古曰訾。」《慧琳音義》十二同，惟「收」又作「牧」，是「譽」爲「訾」訛。「訾」與咨詢之「咨」同。〇陳漢章云：案劉《補正》據《原本玉篇・言部》及慧琳《一切經音義》（十二）引作「收今述古曰訾」（《音義》收作「牧」），謂「譽」爲「訾」之訛。若然，則「述」當爲「迷」之訛。上云「迷而不悌曰丁」，是其證。「訾」當讀如「疵」，《史記正義》引《謚法》「平易不訾曰簡」，今本《謚法》作「平易不疵」是其證。劉云「訾」與「咨」同，似非。

〔集注〕孔晁云：言立人稱。（立，元刊本同，餘諸本作「直」。盧倒「言立」二字。孫詒讓云：惠校注作「言立之稱」，是也。《左・襄廿四年傳》云：「死而其言立。」）〇潘振云：形容古道，稱述於今，人譽之矣。譽，聲美也。〇陳逢衡云：博通今古名譽斯彰，春秋時子產、叔向、晏子可以當之。○朱右曾云：譽，美也。以文章狀述古今。

心能制義曰庶。

〔彙校〕庶，盧改「度」，云：舊訛「庶」，今從《正義》，與《左傳》合。

〔集注〕孔晁云：制得事宜。（「得事」二字盧倒）○潘振云：度，音鐸，謀也。成鱄九德之一。○陳逢衡云：《左·昭二十八年傳》、《詩·皇矣》「帝度其心」傳並云：「心能制儀曰度。」服虔曰：「心能制事，使得其宜，言善揆度事也。」《魯語》：「咨義爲度。」○朱右曾云：心如度，能度萬事也。

好和不争曰安。

〔彙校〕孔晁云：失在少斷。（盧文弨云：《正義》作「生而少斷」。）○陳逢衡云：盧云《正義》作「生而少斷」，衡案：俱與正文不合。蓋「好和不争」下失去孔注，而「失在少斷」上又脱去正文謚法一條，故兩不連接。

〔集注〕潘振云：情好和平，不與人争，身心皆安也。○陳逢衡云：周王駿謚安王。

外内貞復曰白。

〔彙校〕貞，程本、趙本作「真」。盧文弨云：《前編》「外」作「分」。

〔集注〕孔晁云：正而□，終始一也。（缺處王本作「復」，盧從，《正義》同。）○潘振云：外指身，内指心。貞復者，正而復終始一也。白，潔也。○陳逢衡云：晉陶宏景謚貞白先生。

不生其國曰聲。

【彙校】劉師培云：《續博物志》作「不匡」，誤。

【集注】孔晁云：知而不改。(元刊本、王本作「生於外家」，盧同。)○潘振云：聲在外，謚取義也。○陳逢衡云：《揅經室文集》曰：「《逸周書·謚法解》『不生其國曰聲』，昔人解此多誤。案此乃生於母家，不在本國，如虛懸然，然其義猶在殸字，聲乃假借耳，猶《史記》所云贅壻之義。魯嬰齊謚聲伯，聲伯之母不聘，穆姜不以爲姒，生聲伯而出之，嫁於齊。(《左·成十一年傳》)然則聲伯必是隨母生長於外，所以卒謚曰聲。又齊侯娶魯顔懿姬，無子，其姪鬷聲姬，生光。(杜注云：「顔、鬷皆二姬母姓。」)姬之謚聲，亦必育于母鬷姓家之故，故以母姓爲名，而謚曰聲。(《左·襄十九年傳》)與嬰齊聲伯同例。而隱公母謚聲，僖公夫人聲姜，齊靈母聲孟子，皆同此例矣」。衡案：《衛世家》「聲公」，索隱云《世本》作「聖公」。據《廣韻》引《風俗通》「聖者，聲也」，則聖、聲二字可通。《欽定續通志·謚略》曰：「魯聲伯之母不聘，因謚爲聲。」然曹有聲公野，鄭有聲公勝，蔡有聲公産，楚有聲王當，衛有聲公訓，列國大夫謚聲者尤多，豈盡不生其國者？意聲謚或兼聲聞之義，而《周書》流傳日久不無闕漏，乃僅傳不生其國一義，其義亦太專矣。○按：此條後朱據《左傳·隱公三年》疏補「暴慢無親曰厲」，孫詒讓云：朱云舊脱「暴慢無親曰厲」，《獨斷》亦有此句，「慢」作「虐」。

致戮無辜曰厲。

【彙校】致戮，盧從《正義》作「殺戮」。○朱右曾云：無辜，杜預引作「不辜」。○劉師培云：《原本玉篇·厂部》作「煞戮不辠」。

〔集注〕孔晁云：賊良善人。○潘振云：厲，虐也。○陳逢衡云：厲，惡也，虐也。周王胡謚厲王。

官人應實曰知。

〔彙校〕盧文弨云：《前編》「應實」倒。

〔集注〕孔晁云：能官人也。○陳逢衡云：官人應實則能進賢退不肖矣，故曰知。古知、智通。○朱右曾云：量才授官，知之要務。

凶年無穀曰糠。

〔彙校〕盧文弨云：《漢書·諸侯王表》有中山糠王昆侈，則《謚法》之有糠明矣。師古注引「好樂怠政曰糠」，則與前「荒」之謚相同。《正義》此糠字亦作「荒」。文弨案：美謚中有「豐年好樂曰康」，此糠之惡謚正與相反。古者三年耕必有一年之食，上荀勤於民事則緩急自當有備，歲亦不能爲之災。糠之爲言虚也。（孔）注以「不務稼穡」爲言，可謂深得制謚之旨。師古所引或誤記耳。若云後人羼入，則「糠，虚也」又明見下文，周有好紛亂典籍者，於理不應謬誤至此。至《正義》之作「荒」，則以二謚相次比而致誤耳。○劉師培云：案《穀梁·襄二十四年傳》「四穀不升謂之康」，《原本玉篇·欠部》引作「歑」，又引劉兆注云：「歑，虚也。」是糠之正字當作歑。（《方言》十三：「漮，空也。」郭注云：「或作歑，虚字也。」）《説文》：「歑，飢虚也。」與此合。《唐會要》作「荒」（與《史記正義》同），失之。

〔集注〕孔晁云：不務稼穡。○潘振云：糠，穀皮也，無米。

名實不爽曰質。

〔集注〕孔晁云：不爽應也。（應也，盧改「言相應也」。劉師培云：《通考》引注作「名實内外相應不差」。）○潘振云：爽，失也。名不失其實，可謂正矣。質，正也。○陳逢衡云：質，信實也。後謚名與實爽曰繆，正與此相反。漢棘陽侯杜但謚實。

不悔前過曰戾。

〔集注〕孔晁云：知而不改。○潘振云：戾，乖也。○陳逢衡云：漢戾太子謚戾，韋昭注：「以違戾擅發兵，故謚曰戾。」唐《楊綰謚議》：「漢宣不敢私於祖，謚曰戾。」

温良好樂曰良。

〔彙校〕劉師培云：此與《史記正義》所引「康」謚複。

〔集注〕孔晁云：言人行可好可樂也。（言人行，盧訂「言其行」，云：《正義》作「言其人」。）○陳逢衡云：良，善也。唐太宗時皇甫無逸、長孫敞並謚良。○朱右曾云：和厚直，使人可好可樂。

怙威肆行曰醜。

〔彙校〕劉師培云：《晉書・秦秀傳》引《謚法》「威」作「亂」。

〔集注〕孔晁云：肆意好威。（好，元刊本、鍾本、王本作「行」，盧從；程本、趙本、吴本作「得」。）○潘振云：怙，恃也。○朱右曾云：恃其威勢，肆行妄爲。○按：此條後盧據《正義》補「德正應和曰莫」及注「正其德，應其和」，云：此亦成鱄所論九德之一，《正義》在類謚前，正合。

勤政無私曰類。

〔彙校〕勤政，諸本作「勤施」，盧從，云：舊作「勤政」，《前編》同，《正義》作「施勤」，今從《左氏》。案此兩條及下美謚當本在前，不與惡謚雜厠，今皆紛亂，難以考而復矣。○劉師培云：《通考》作「施勤無私曰惠」。

〔集注〕孔晁云：無私，惟義所在。（所，程本、趙本、吴本、王本作「聽」。）○陳逢衡云：《左·昭二十八年》杜注：「施而無私，物得其所，是無失類也。」○朱右曾云：類，善也。

好變動民曰躁。

〔彙校〕劉師培云：《慧琳音義》五十七、七十四引《謚法》同，五十及一百引作「好動變民」，七十九引無「民」字，七十二引「民」作「人」。又案《通考》引注作「好改舊以勞動民」，與此殊。

〔集注〕孔晁云：數移徙也。○潘振云：好變更其事，擾動百姓，故謂之躁。躁，擾動也。○朱右曾云：使民不安。躁，古文作「趮」。

慈和偏服曰順。

〔集注〕孔晁云：言使人皆服其慈和。（言，元刊本、程本、王本作「能」。）○潘振云：成鱄九德之一。○陳逢衡云：

《左·昭二十八年》服注：「上愛下曰慈。」和，中和也。爲上而愛下，行之以中和，天下徧服而順之。杜注：「唯順，故天下徧服。」《正義》曰：「人君執慈心以惠下，用和善以接物，則天下徧服而從順之，故爲順也。」

滿志多窮曰惑。

〔彙校〕盧文弨云：《正義》、《前編》「惑」俱作「惑」，非也。感，古憾字，注云於憾之義正合。○陳逢衡「感」改「惑」，云：後周有陳惑王宇文純，盧改作「感」，非也。

〔集注〕孔晁云：自足者必不足也。○潘振云：「感」與「憾」通，恨也。

危身奉上曰忠。

〔集注〕孔晁云：險不辭勞也。（勞，盧改「難」。）○陳逢衡云：事君能致其身故曰忠。漢燀渠侯僕明謚忠。○朱右曾云：忘身之危，鞠躬盡瘁。

思慮深遠曰翼。

〔彙校〕翼，王本作「明」，餘本均闕。按：此條盧訂「思慮果遠曰趕」，云：舊本「果」作「深」，《前編》同，云：「『趕』恐當作『悍』。」《正義》作「明」，訛。○朱右曾云：趕，當作「悍」。（朱駿聲訂「固」）○陳逢衡云：趕乃追趕之義，字同「赶」。《説文》：「赶，舉尾走也。」義與「思慮果遠」不合。舊作「深遠」，亦誤。案：「思慮深遠」已爲翼謚。《通鑑·周紀》注引《戴記》作「慎」，此不得又云趕也。明王圻《謚法考》引《會編》載有「思慮深遠曰捍」句，與（孔）注意稍近。○丁宗洛云：《正義》「趕」作「明」，則舊作「深遠」義勝，但玩（孔）注語頗與明義不的，故從盧氏。○劉師培云：《通考》「深遠」作「果敢」。

〔集注〕孔晁云：自任多，近於專。○潘振云：趕，追也。

息政外交曰推。

〔彙校〕推，盧訂「攜」，云：《正義》脱此條，舊本「攜」作「推」，《前編》同，今從《獨斷》改正。《獨斷》「息」作「怠」。○朱右曾「息」從《獨斷》作「怠」。○劉師培云：《通考》「息」作「怠」，引注「恃外」作「博外交」。

〔集注〕孔晁云：不自明而恃外也。○陳逢衡云：《左·昭二十六年傳》：「攜王好命。」杜預曰：「攜王，幽王少子伯服也。」《正義》曰：「以本非適，故稱攜王。」○朱右曾云：不自强而恃人也。攜，離也。

疏遠繼□曰紹。

〔彙校〕闕處諸本作「位」，盧從。○劉師培云：慧琳《音義》引《謚法》作「遠繼先位」。

〔集注〕孔晁云：非其次第，偶得之也。○郝懿行云：《爾雅》「瓜瓞其紹瓞」，紹字義正如此。○潘振云：紹，繼也，如舜紹堯是也。○陳逢衡云：漢有汲紹侯公上不害。

彰義掩過曰堅。

〔彙校〕劉師培云：《通考》「掩」作「揜」，引注作「亡治」二字。

〔集注〕孔晁云：明義以□前過。（闕處元刊本、王本作「蓋」，盧同。）〇潘振云：堅，實也。〇陳逢衡云：漢有臨轅侯戚鰓謚堅。〇朱右曾云：著善而掩不善是長其過也。堅，長也。

肇敏行成曰直。

〔集注〕孔晁云：始疾行成，言不深也。〇王念孫云：案《爾雅》：「肇，敏也。」郭注引《書》「肇牽車牛」，是肇與敏同義。《論語》曰：「敏於行。」故曰肇敏行成。孔訓肇爲始，云始疾行成，言不深也，失之。〇潘振云：肇，開也。敏，速也。直，不曲也。〇陳逢衡云：漢王根謚直，道讓公。〇丁宗洛云：疾速也，蓋是欲速成之咎。〇朱右曾云：敏於行而行成，則能正之不曲。

內外賓服曰止。

〔彙校〕止，元刊本泐，似「正」字，王本作「正」，盧同。

〔集注〕孔晁云：言以正□也。（闕處王本作「服」，盧同。）〇潘振云：內指國，外指敵。外來曰賓，內附曰服。〇陳逢衡云：正，治也。後漢有節鄉正侯趙憙。〇朱右曾云：外賓内服，非正不能。

華言無實曰夸。

〔彙校〕「夸」字諸本闕，盧從《正義》亦作「夸」。〇劉師培云：案《原本玉篇·言部》云：「《謚法》『華言不實曰誇』。」今亦或爲「夸」字，是字以作「誇」爲正也。《慧琳音義》五十八亦引作「誇」（《元應音義》二十五言作「而」），與《原本玉篇》同，卷十五、卷六十又引作「諺」，亦「誇」異體。

〔集注〕孔晁云：□□□□□（王本作「言其恢誕也」。盧據《正義》補「恢誕」，云：疑有脱字。）○潘振云：夸之爲言大也。○陳逢衡云：夸，大也、張也、虚也。唐沙門《一切經音義》卷十一：「《謚法》華言無實曰誇也。誇，相誕也，謂憍恣過制自夸大也。」

教誨不倦曰長。

〔集注〕孔晁云：以道教之也。○潘振云：成鏄九德之一。○朱右曾云：服虔曰：「教誨人以不懈倦，言善長人以道德也。」

愛民在刑曰克。

〔彙校〕劉師培云：《通考》「在」誤作「引」。（孔）注「以刑」作「以法」。

〔集注〕孔晁云：道之以政，齊之以刑。○陳逢衡云：克，勝也，能也。漢有隆慮克侯，周竃《史表》作「哀侯」。○朱右曾云：在，察；克，服也。

嗇於賜與曰愛。

〔集注〕孔晁云：言貪悋也。○潘振云：嗇，吝也。○陳逢衡云：《魯語》：「人以其子爲愛。」注：「愛，吝也。」《孟子》：「百姓皆以王爲愛也。」注：「愛，嗇也。」《史記・魏其武安侯傳》：「豈以臣爲有愛。」《索隱》：「愛猶惜也。」皆與此義近。漢成安侯郭遷謚愛。

逆天虐民曰煬。

〔彙校〕煬,盧訂「抗」,云:抗,舊訛「煬」。案:煬謚在前已見,此處《正義》、《前編》皆作「抗」。○潘振云:抗,當作「亢」。○朱駿聲云:煬,當作「易」,讀爲「狂瘍」之易。○孫詒讓云:盧云《正義》注作「背遵大而逆之」似誤。案:惠校本從《史記正義》是也,此正文當作「逆大虐民曰抗」,言背大國而行暴虐民也。○劉師培云:盧從《正義》、《前編》「煬」改「抗」,今考《慧琳音義》八十七引《謚法》亦作「煬」,則唐本已然。

〔集注〕孔晁云:所尊天而逆天。(尊,趙本作「享」。盧文弨云:《正義》注作「背尊大而逆之」。丁宗洛云:(孔注)「所」應是「不」,尚遺虐民一層。《正義》注作「背遵大而逆之」,更訛。)○陳逢衡云:《國策》宋康王射天笞地,斬社稷而焚滅之,剖傴者之背,鍥朝涉之脛,是其證也。案:抗讀康,見《後漢書·班彪傳》。又《禮·明堂位》「崇坫康圭」,康即抗。○朱右曾云:天者,理也。逆理害民,是抗天也。

好廉自克曰節。

〔集注〕孔晁云:自節以情欲也。(節以,盧改「勝其」,云:克訓勝也。○劉師培云:《通考》引注作「廉儉不傷則不害民」。)○潘振云:節,操也。○陳逢衡云:漢閎氏侯馮解散謚節。○朱右曾云:廉,廉偶。

擇善而從曰比。

〔集注〕孔晁云：比方善而從之。○潘振云：成鱄九德之一。○陳逢衡云：《禮·樂記》：「克順克俾。」注：「擇善而從之曰比。」服虔曰：「比方損益古今之宜而從之也。」《左·昭二十八年》：「擇善而從之曰比。」注：「比方善事使相從也。」

好更改舊曰易。

〔彙校〕劉師培云：《通考》「改」作「故」。

〔集注〕孔晁云：變改故常。○潘振云：易，變也。變者，常之反。○陳逢衡云：周顯王時燕有易王。

名與實爽曰謬。

〔彙校〕劉師培云：案《原本玉篇·言部》云：「《謚法》『名與實爽曰謬』，劉熙曰：『謬，差也，名清而實濁也。』」《慧琳音義》六引「爽」作「乖」，卷七亦作「爽」，「繆」均作「謬」。又引劉熙曰：「謬，差也。」是《大戴》劉注本「繆」作「謬」，此書孔注亦出於劉。「傷」或「濁」訛，《續博物志》三作「名實過爽」。（《史記·漢興以來諸侯年表》索隱引「爽」作「乖」。）

〔集注〕孔晁云：言名美而實傷。○潘振云：繆，紕繆，猶錯也。○陳逢衡云：繆，誤也。《史記·蒙恬傳》蒙毅曰：「昔者秦穆公殺三良而死，罪百里奚而非其罪，故立號曰繆。」《風俗通·皇霸篇》：「繆公殺百里奚，以子車氏爲殉，故謬爲繆。」據此，則「繆」當讀如謬，然繆、穆實通用。○朱右曾云：名美實惡。

思厚不爽曰愿。

〔彙校〕盧文弨云：《正義》作「思慮不爽曰厚」，《前編》亦作「厚」，唯「思慮」作「思過」，訛。○陳逢衡從《正義》「思厚」改「思慮」。○朱右曾從《正義》、《前編》作「思慮不爽曰厚」。○劉師培云：《通考》作「思慮不爽曰原」。

〔集注〕孔晁云：不差所思而得也。○潘振云：思厚，存心厚也。不爽者，言行不傷厚德也。愿，謹慤也。○陳逢衡云：愿，謹厚也。○朱右曾云：爽，差也。

貞心大度曰匡。

〔集注〕孔晁云：心正而明察也。（也，盧改「少」。）○潘振云：匡，方也，方則正大。○陳逢衡云：匡，正也。

隱，哀之也。

〔彙校〕按：「哀」下盧增「方景武之方」五字，潘、丁、朱從。陳移此條於「和，會也」下。○盧文弨云：舊脱「方，景武之方」五字，今從《前編》增。《正義》作「隱，哀也。景，武也」。

〔集注〕潘振云：方，比方。隱爲憂痛，哀亦憂痛於徑寸，故隱者哀之比。景爲光大，武亦爲光大其國家，故景者武之比也。○朱右曾云：方，類也。

施爲文也，除爲武也。

〔彙校〕「施爲文也」下盧增注「施德」，云：《正義》作「施德爲文，除惡爲武」，如此可不用注。《前編》「除爲」作「除亂」，今從蘇明允所引。〇陳逢衡云： 「除爲武」條下盧本有「除惡」二字注，案《正義》自「隱，哀也」以下俱無注，今删。

〔集注〕孔晁云： 除惡。

辟地爲襄，視遠爲恒。

〔彙校〕視，盧改「服」，云： 舊作「視」，《前編》同。〇丁宗洛《外篇》云： 上已言「辟地有德曰襄」，又言「辟土服遠曰桓」，此處疑重出。

〔集注〕潘振云： 服遠者，謂征而服其人也。

剛克爲發。

〔彙校〕發，鍾本作「廢」，王本作「肅」。〇盧文弨云： 發與伐同，蘇明允引「剛克爲伐」。〇丁宗洛《外篇》云： 《正義》無「爲發」至(後)「有過」十二字。〇劉師培云： 案盧校云「發與伐同，蘇明允引剛克爲伐」，今考《通考》亦同，惟發、伐二謚不見於前。上云「剛克爲伐曰翼」，或此節複舉其文，各本脱下二字。

〔集注〕朱右曾云： 發，奮發。

柔克爲懿。

〔集注〕朱右曾云： 懿，美也。

履亡爲莊。

〔集注〕朱右曾云：莊，嚴正也。

有過爲僖。

〔彙校〕丁宗洛云：有過，疑「宥過」誤。○劉師培云：僖，即前文之「釐」。釐凡三義，均非惡謚。此文「有過」，當係「無過」之訛。《通考》所引正作「無」，當據正。

〔集注〕潘振云：僖，樂也，與喜通。古人告之以有過則喜，故謚僖也。○朱右曾云：僖，樂也。

施而不成曰宣，惠無内德曰獻。

〔彙校〕盧校二「曰」字均改「爲」，「獻」改「平」，潘、丁、朱從。○盧文弨云：兩「爲」字舊作「曰」，又「平」作「獻」，獻爲美謚，非也。○劉師培云：不成，《唐會要》七十九作「不秘」，《通考》作「不私」，又引注云「雲行雨施，日月無私」。不私之義與「宣」義合，今本作「成」，涉下注誤。

治而生眚爲平，亂而不損爲靈，由義而濟爲景。

〔彙校〕盧删此三條，云：舊有「治而無眚爲平，亂而不損爲靈，由義而濟爲景」三句，案皆見前，係重出，《正義》亦有後二句。

失無補，則以其明。餘皆象也。

〔彙校〕失無補，「補」字諸本闕。○盧文弨云：《前編》云：「失志無轉」，一作「失忘無轉」。案《正義》無「失志」以下八字。○丁宗洛云：無轉之「轉」疑「傳」訛。○朱右曾云：「失」當爲「矢」。堅定不移，則以其明所及爲謚。○劉師培云：《通考》作「無補」，引注「以其明及爲謚，象其事也」。

〔集注〕孔晁云：以其明所及爲謚，象謂象其事行也。（盧訂「以其所爲謚，象其事行也」。）○丁宗洛云：經意猶言德業無所表現，不足傳之銘誌，則以心偶明白者謚之，除此以外凡美惡則象其事實也。如此解，原（孔）注甚協。

合，會也。

〔彙校〕劉師培云：案自此以下非《周書·謚法解》正文，乃註釋此篇之詞也。前人爲書作詁均與本書別行，故詮釋之詞不復分繫於各條之下，後儒取以附篇末，脱漏紛亂，蓋失本書之舊矣。

勤，勞也。遵，循也。

〔彙校〕丁宗洛《外篇》云：「遵，循也」，《正義》作「遵，修也」。○劉師培云：《正義》作「遵，修也」，誤。

爽，傷也。肇，始也。乂，治也。康，安也。怙，恃也。享，祀也。胡，大也。服，敗也。

〔彙校〕盧文弨云：「敗也」疑是「伏也」。○丁宗洛《外篇》云：《正義》無「乂，治也。康，安也。服，敗也。蹇，過也」等句。

康，順也。

【彙校】康，盧改「秉」，云：「康，安也」已見前，今從《正義》，但「順」字亦可疑。〇王念孫云：盧曰「順」字可疑，念孫案：此釋上文之「秉德不回曰孝」也，孔彼注曰「順於德而不違」，即用此訓。又上文「秉德遵業曰烈」，秉德與遵業連文，亦謂順前人之德，遵前人之業，故此竝釋之也。

就，會也。

【集注】俞樾云：就與集一聲之轉。《詩·小旻篇》「是用不集」，《韓詩》作「是用不就」，《毛傳》亦曰：「集，就也。」是就與集聲近義通。《爾雅·釋言》：「集，會也。」此云「就，會也」，蓋即讀就爲集，故訓會耳。

惵，過也。錫，與也。典，常也。肆，施也。穅，虛也。叡，聖也。惠，愛也。綏，安也。堅，長也。耆，彊也。考，成也。周，至也。懷，思也。式，法也。

【彙校】「式，法也」下盧增「布，施也」三字，云：此三字舊脱，《正義》有。〇丁宗洛《外篇》云：「式，法也」，《正義》「式」作「武」。

敏，疾也。

【彙校】劉師培云：《史記正義》此下有「速也」二字，疑上有脱文。

捷，克也。載，事也。彌，久也。

〔彙校〕盧文弨云：自「和，會也」以下，廣訓篇内字義，非盡謚也。此篇及《史記正義》皆爲後人所殽亂。《前編》所載，其去俗本亦無幾矣。《正義》云：「以前《周書·謚法》，周代君王並取作謚，故全寫一篇，以傳後學。」據此，則《正義》所録實出《周書》，今故取以訂訛補闕云。

逸周書彙校集注卷六

明堂解第五十五

〔彙校〕丁宗洛云：按《蔡邕論》、《牛宏傳》俱稱《明堂月令》，似二篇本屬一篇。今觀其書，《月令》乃授時之政，《明堂》乃朝見之位次，各不相蒙。因想其室蓋析言之爲青陽、明堂、總章、公堂，合言之則曰明堂，原只一地，而授時、朝見皆在於此，故作書必析爲二，而論者猶可併稱之也。《說文繫傳》徐氏曰：「《明堂月令》，即今《禮記》未删定之前也。古天子居明堂布政，每月告朔，班一月之政令，故曰明堂月令。」浮山云：「此篇亦略異於《戴記》之第十二，自『封周公曲阜』以下，未免敷張太過。蓋周公有大勳勞，乃臣子之分所當然，成王賜以天子禮樂，雖曰異數，實貽公以心所不安，故《戴記》雖極俊爽，不如此書簡括。」最爲有識。○唐大沛云：此篇作於周公弭亂六年。《小戴·明堂位》一篇載此文於篇首，小有異同。彼篇自「致政於成王」以下，則後來魯人本此篇而鋪張揚厲，以誇飾魯國者也，非實録矣。明堂朝會諸侯位次，當以此爲定。則若《王會篇》所載，乃設壇壝於郊外之制，故與此不合。

〔集注〕潘振云：明堂者，通明之堂也。王者朝諸侯出政令居之，非常居也。周公爲文王作謚在克紂之後六年，而武王崩，成王幼，周公輔之以朝諸侯，故次之以《明堂》。○陳逢衡云：汪師韓曰：「魯用天子禮樂，魯自僭也。而託於成王之賜，先儒多有辨者。若周公踐天子位，此斷斷必無之事，然《記》有《明堂位》，《史》有《魯世家》，望溪方氏作

《周官辨》於《明堂位》一篇斷爲王莽、劉歆所僞竄而特疑。其文不知何爲而作，蓋無他書作證也。余竊嘗得其證於《周書》之《明堂解》，其曰未能踐天子之位，猶曰未踐明堂之位以聽政耳。時成王年十五歲，攝政者，行君之政令，故曰君天下，而不曰天下君。逮弭亂六年，成王年已二十，能行天子政令矣，於是乃會方國諸侯而朝之。其曰天子之位者，天子即成王也，位即成王之位也。率公卿士侍於左右，誰率之乎？乃周公率而侍於成王之左右，即《王會解》所云周公在左，太公在右，旁天子而立於堂上者也。周公建焉，建此堂耳。明堂明諸侯之尊卑，而謂周公敢以諸侯而居天子之位乎？至七年致政，則凡政無不自成王出者，蓋在六年猶不離乎周公也，其文義顯明。若此明堂位乃删去之位二字，而曰天子負斧依，似天子即指周公，且移其解之後文於前，改『明』爲『朝』，而曰朝諸侯於明堂之位；改『宗周』爲『周公』，而曰此周公明堂之位也；删去『故周公建焉』五字，而增損其文曰『周公踐天子之位以治天下，六年朝諸侯於明堂，制禮作樂，頒度量，而天下大服』。要而論之，《明堂解》乃自古方策所流傳，而魯後人述之，以著周公之勳勞，其自『成王以周公有勳勞於天下』以下，則魯人僭禮而增益之詞。然魯但以禮樂賜自成王，未嘗以踐阼誣周公也，故其文頻稱天子，而曰天下傳之久矣。又曰天下以爲有道之國，蓋詞隱而指微焉。不幸爲莽、歆顛倒而又竄易，莽、歆之禍，不更烈於焚書也哉！」

大維商紂暴虐，脯鬼侯以享諸侯，天下患之。

〔**彙校**〕虐，鍾本誤「虗」。

〔**集注**〕潘振云：大，初也，追叙之辭。維，助辭。鬼侯即九侯，有女入於紂，侯女不好淫，紂怒殺之，並脯鬼侯。以人肉爲羞，暴虐中之一事，惡之甚也。○唐大沛云：大維，發語辭，猶云丕維。○朱右曾云：九、鬼聲相近，《路史·國名記》云:「相之隆慮有九侯城。」

四海兆民欣戴文武,是以周公相武王以伐紂,夷定天下。既克紂六年而武王崩,成王嗣,幼弱,未能踐天子之位。

〔彙校〕唐大沛云:「六年」疑當作「二年」,以涉下「弭亂六年」而誤也。辨見《作雒》篇。

〔集注〕潘振云:戴,奉也。〇陳逢衡云:夷,平也。武王即天子位六年而崩,與《竹書紀年》合。武王崩,成王嗣。嗣,繼也。是時成王年十三,故未能踐天子之位,言未能聽政也。〇唐大沛云:欣戴猶愛戴。嗣,繼也。踐,履也。周公但居冢宰攝政行政事,君理天下,未嘗踐天子之位。〇朱右曾云:夷,平也。武王十一年克紂,十七年十二月崩,時成王年十三歲。

周公攝政君天下,弭亂六年而天下大治。

〔彙校〕弭,趙本作「彌」。陳漢章云:周公攝政君天下,案雷氏學淇據《定四年·左傳》曰「周公相王室以尹天下」,謂「君」爲「尹」之訛,其説是也。《嘗麥篇》「里君」即《禮記·雜記》之「里尹」,是本書之明證。

〔集注〕陳逢衡云:亂謂殷亂,即武庚、奄人、徐人、淮夷之叛。〇丁宗洛云:君是擔荷之意,蓋以天下爲己任也,與假王之説不同。〇朱右曾云:攝政,謂百官聽於冢宰。弭亂,黜殷踐奄也。

乃會方國諸侯於宗周,大朝諸侯明堂之位。

〔彙校〕于鬯云：乃會方國諸侯於宗周，于鬯案：「方」疑本是「万」字，万即萬字。《説文》無「万」字，然厹部云：「萬，蟲也。从厹象形。」則「萬」非千萬本字，蓋本字即「万」字矣。俞蔭甫《太史湖樓筆談》云：「千與万皆从一从人，人持一爲千，人載一爲万。」其説頗善。然則《説文》或失收脱落，皆未可知。古書不容無「万」字，故《周書》萬國作「万國」，因誤爲「方國」耳。「方國」二字雖見於《詩・大明篇》，然毛無傳，至鄭始以四方箋之，安知彼「方國」不亦本作「万國」乎？《大明篇》之以受萬國，實即猶《文王篇》之萬邦作孚也。然則受字或並孚字之誤。《水經・汝水》酈道元注，言楚築萬城，或作方字，彼方字亦正万字之誤。楊慎《丹鉛録》據之以訂《左傳》之方城，謂本作万城，是亦一證。然鬯竊謂方城爲万城尚在可疑之際，方國爲万國實無可疑。下文云「萬國各致其方賄」，正與万國相應，是屬顯近之據。此作万，乃正字。彼作萬，轉借字。一正一借，古書之恒例也。《韓非子・定法篇》云：「故託万乘之勁。」韓亦用万字。○劉師培云：「明堂」上脱「於」字，當據《玉海》九十五所引補。此篇所記爲周公攝政六年事，即成王嗣位之五年。以三統曆推之，是年距入甲申統五百三十三年，積月六千五百九十二，閏餘七，積日一十九萬四千六百六十七，大餘二十七，小餘三十七，得辛亥爲天正朔。據《漢書・律曆志》引《世經》，以《召誥》月日屬之周公攝政七年，則營洛自在朝諸侯之後。周公六年，尚無洛邑。此云朝諸侯於明堂之位者，乃西周明堂，非東都也，故本書特標宗周，别有攷。

〔集注〕陳逢衡云：方國，四方諸侯之國。宗周，鎬京也。明堂之制，具見《大戴・盛德》、《小戴・月令、明堂位》、《周禮・考工篇》書。

天子之位，負斧扆南面立，率公卿士侍于左右。

【彙校】王念孫云：率公卿士，本作「羣公卿士侍於左右」，謂侍於周公之左右也。今本作「率公卿士」者，後人不曉文義而改之耳。上文既言周公攝政君天下，大朝諸侯於明堂之位，則此負扆南面立者即周公也，乃又言率公卿士侍於左右，則率公卿士者果何人邪？此理之不可通者也。《玉海》九十五引此正作「羣公卿士」。〇朱右曾本作「羣公卿士侍於左右」，據《玉海》九十五訂。

【集注】潘振云：斧扆，户牖間畫斧屏風也。率，領也，謂周公領之。公，三公。卿，九卿。士，故士、虎士之類。〇陳逢衡云：天子，成王也。《禮・明堂位》鄭注謂是周公，誤。負，背也。《爾雅・釋宫》：「户牖之間謂之扆。」斧亦作黼，其繡用斧，故謂之斧，蓋取其有斷也。率公卿士侍於左右者，則周公也。〇唐大沛云：扆狀如屏風，以絳爲質，高八尺，繡爲斧文。〇朱右曾云：天子，成王也。〇劉師培云：攷《明堂位》鄭注以此天子爲周公，觀上言成王嗣，幼弱未能踐天子之位，則非成王甚明。又《論衡・書虚篇》云：「説《尚書》者曰周公居攝帶天子之綬，戴天子之冠，負扆南面而朝諸侯。」是鄭説亦係《尚書》舊誼。

三公之位，中階之前，北面東上。

【彙校】于鬯云：案「三公」蓋「上公」之誤。上公者，諸侯之九命者也。若三公，則天子之官矣。上文云「大朝諸侯明堂之位」，則朝者諸侯也。九命之上公則當朝，若天子之官不容廁列於其位也。且云率公卿士侍於左右，彼公正是三公，則固明言侍，不言朝，三公既侍左右，又何以忽在中階之前乎？其複疊無理，實甚顯見。《小戴・明堂位記》亦作「三公明堂位」，本有後儒所益，非戴氏原書之説。《隋書・經籍志》以爲馬融益《月令》一篇、《明堂位》一篇、《樂記》一篇。但即使出於戴氏，戴氏亦本於《周書》。《周書》既誤，《戴記》因之亦誤，良不足異，特見其誤爲已久耳。要記人亦未嘗不疑其義之複疊，故於上文「率公卿士侍於左右」一句徑行删去，删去即三公不犯複，而不知與朝諸侯之義仍不可協也。《大戴·朝事記》云：「諸公之國，中階之前，北面東上。」言諸公之國，則明是諸侯九命者而非三公，此其明證。顧不即以此「三」字爲「諸」字之誤者，「諸」與「三」字形不相近，何由致誤？「上」與「三」較爲相近，又或古文「上」作「二」，後人誤識爲一二之二，嫌二公無義，因改二爲三，亦未可知。《周禮·大行人職》及《朝事記》上文皆言上公，而其下歷言諸侯、諸伯、諸子、諸男。此下文亦歷言諸侯、諸伯、諸子、諸男，則亦足知三公爲上公之誤，非諸公之誤矣。下文九夷之國，東門之外，西面北上，例以六戎之國，西門之外，東面南上，則九夷亦當南上，不當北上。諸侯西面，諸伯東面，皆北上，未嘗一北一南，則九夷西面，六戎東面，必皆南上，與侯伯相變也，不當一南一北。而《明堂位》記亦同，姑存疑。

〔**集注**〕潘振云：三公，王者之後封上公，擬於内爵，故稱三公也。明堂南面三階，故有中階，所謂納陛也。〇陳逢衡云：《禮·明堂位》正義曰：「此明朝位之法。中階者，南面三階，故稱中。周公已居天子位，餘有二公，而云三公者，舉國本數。」衡案：此來朝之公，當如虞公、宋公之類，指外諸侯之爲公者，猶《周禮》言諸公也。此三公「三」字似不必泥。至謂周公已居天子，尤妄。〇唐大沛云：三公蓋指三恪。王者之後稱公。

諸侯之位，阼階之東，西面北上。

〔**集注**〕潘振云：中國諸侯，故内之也。按《禹貢》五服，帝畿在其中，所謂甸、侯、綏、要、荒也。《周禮》王畿外分爲九服，所謂侯、甸、男、采、衛、蠻、夷、鎮、蕃也。周之王畿，即禹之甸服。周之侯服、甸服，即禹之侯服。周之男服、采服，即禹之綏服。王畿之内臣無論矣。此五等之爵在侯、甸、男、采者，即《禹貢》侯服、綏服之邦君也。〇唐大沛云：阼階在東。諸侯位次面西,以北爲上。

諸伯之位,西階之西,東面北上。

〔集注〕唐大沛云:諸伯面東,亦以北爲上。

諸子之位,門内之東,北面東上。

〔集注〕唐大沛云:明堂周垣四門,東爲庫門。諸子位次則庫門之東面北,以東爲上。

諸男之位,門内之西,北面東上。

〔集注〕唐大沛云:西爲皋門,諸男於皋門之西,亦以東爲上。

九夷之國,東門之外,西面北上。

〔集注〕潘振云:九夷,見《爾雅疏》。非侯甸男采,故外之也。云之國者,約略言之也。各從其方之門,而以右爲尊,獨南面東上者不然。南面疑於君,故與北面者同其上也。按周之衛服、蠻服,即禹之要服;周之鎮服、夷服,即禹之荒服。《周語》:「蠻夷要服,戎翟荒服」,皆在九州之内者。

八蠻之國,南門之外,北面東上。

〔集注〕陳逢衡云：八蠻，見《爾雅疏》。○唐大沛云：南門曰應門。

六戎之國，西門之外，東面南上。五狄之國，北門之外，南面東上。

〔集注〕陳逢衡云：六戎、五狄，並見《爾雅疏》。○朱右曾云：夷、蠻、戎皆上右，狄上左者，以亦南面避尊也。

四塞九□之國，世告至者，應門之外，北面東上。

〔彙校〕闕處王本作「采」，盧從；朱駿聲補「荒」，唐大沛據惜抱軒《九經説》補「蕃」。○俞樾云：按「采」乃「釆」字之誤。釆讀爲蕃，蓋蕃省作番，番又省作釆也。九蕃之國，即《周禮》所謂九州之外謂之蕃國，説詳《禮記・明堂位篇》。

〔集注〕潘振云：四塞，在四方爲蔽塞者。《周禮・大行人》：「九州之外謂之蕃國，世壹見。」○陳逢衡云：世告至者，即《周禮》「蕃國世一見」是也。○朱右曾云：四塞九采，謂九州之外爲中國蔽塞供事者。世告至，世一見也。

宗周明堂之位也。

〔彙校〕王念孫云：《玉海》引「宗周」上有「此」字，是也。今本脱「此」字，則文不足意。《明堂位》亦云：「此周公明堂之位也。」

明堂，明諸侯之尊卑也，故周公建焉，而明諸侯於明堂之位。

〔彙校〕明諸侯於明堂之位，盧校作「朝諸侯於明堂之位」。○王念孫云：「明堂」下有「者」字，而今本脱之。《文選・

東都賦》注引有「者」字。《明堂位》亦云：「明堂者，明諸侯之尊卑也。」朱右曾據《文選》注補「者」字。○劉師培云：盧本改「明」爲「朝」，今考《文選·東都賦》注所引正作「朝」。

〔集注〕潘振云：朝諸侯，指成王也。

制禮作樂，頒度、量，而天下大服，萬國各致其方賄。

〔集注〕潘振云：治定功成，於是制官禮，作樂章，頒布分寸尺丈引之五度，龠合升斗斛之五量，而天下服。致，送詣也。賄，方物也。○陳逢衡云：制禮作樂，如《周禮》、《儀禮》所載是已。度，丈、尺。量，斗、斛也。方賄，器貢、服貢、物貢、嬪貢之類。成王時千七百七十三國，言萬國者，誇大之辭。

七年，致政於成王。

〔彙校〕盧文弨云：致政，本或作「致位」。○唐大沛云：盧云「致政」本或作「致位」，非。○朱右曾云：「政」一本作「位」，非。○劉師培云：七年致政於成王，案此即成王即位之六年也。錢大昕《三統術衍》云是歲入統積月六千六百零四，閏餘十四，積日十九萬五千二十一，大餘二十一，小餘六十七，推得正月乙巳朔。

〔集注〕潘振云：致政，歸還其政。○陳逢衡云：致政，復政也。《竹書紀年》：「成王七年，周公復政於成王。」○按：此篇末盧據《御覽》五百三十三補左八十一字：明堂方百一十二尺，高四尺，階廣六尺三寸。室居中方百尺，室中方六十尺。户高八尺，廣四尺。東應門，南庫門，西皋門，北雉門。東方曰青陽，南方曰明堂，西方曰總章，北方曰玄堂，中央曰太廟。左爲左介，右爲右介。○盧文弨云：《御覽》五百三十三引《周書·明堂》云云，實此之闕文，今取以繫於後。自「户高八尺，廣四尺」以上亦見《隋書・宇文愷傳》，避諱「中」作「内」，「廣」作「博」。陳云：「徐鉉謂个不見義，無以下筆，《明堂》『左右个』當作『介』。」蓋本此。○王念孫云：明堂方百一十二尺，高四尺，階廣六尺三寸。室居中方百尺，室中方六十尺。户高八尺，廣四尺。東應門，南庫門，西皋門，北雉門。東方曰青陽，南方曰明堂，西方曰總章，北方曰元堂，中央曰大廟。左爲左介，右爲右介。右文八十一今本脱去，盧據《太平御覽・禮儀部》十二及《隋書・宇文愷傳》補入，然《御覽》「室中方六十尺」下無「户高八尺，廣四尺」七字，而《隋書》有之，其所引與《御覽》亦互有詳略。又《藝文類聚・禮部上》、《初學記・禮部上》引「室中方六十尺」，下亦無「户高八尺」云云，而有「牖高三尺，門方十六尺」九字，亦互有詳略。○于鬯云：盧云：「自『户高八尺廣四尺』以上亦見《隋書・宇文愷傳》，避諱『中』作『内』，『廣』作『博』。」鬯案：「户高」七字，今《御覽・明堂覽》卻不見，惟見於《愷傳》。「東應門，南庫門，西皋門，北雉門。東方曰青陽，南方曰明堂，西方曰總章，北方曰元堂，中央曰太廟。左爲左介，右爲右介」，今《明堂覽》作「以左爲左个，右爲右个也」。凡八十一字，以爲皆此篇之闕文，具見搜輯之功。然鬯於此卻猶有疑，則以其言東應門爲可疑也。今篇中云「九夷之國，東門之外。八蠻之國，南門之外。六戎之國，西門之外。五狄之國，北門之外。四塞九采之國世告至者，應門之外」，明所謂應門者别在東南西北四門之外，則不合東亦曰應門。一篇之中，稱號何其溷亂邪？且據《隋書・宇文愷傳》引至「户高八尺、博四尺」止，無「東應門」以下云云。又《藝文類聚・明堂聚》引《周書》曰：「明堂一百一十二尺，室中方六十尺，牖高三尺，方十六尺。東方曰青陽，南方曰明堂，西方曰總章，北方曰元堂，中央曰太廟。左爲左个，右爲右个」，亦無「東應門」四句。又《初學記・明堂記》引《周書》與《類聚》大同，惟「中央曰太廟」下多「亦曰太室」四字，亦無「東應門」四句。此四句獨見於《御覽》所引《周書・明堂》，竊恐他文羼入。然則此條前後或可爲《周書》逸文補今本之闕，其「東應門」四句必非《周書》文也。若不然，則此條實全是《周書》家傳語，猶《書》有伏生《大傳》之比。古之作傳者，輒與本文多剌，不足爲異，引家取《周書》家説而止標《周書》，亦屬恒例。然則《明堂覽》文「東應門」四句，苟非他文羼入，並此條實皆非《周書》本文，故今《周書·明堂篇》所無也，而盧補頗爲多事矣。聊備其説於此。

逸周書彙校集注卷六

嘗麥解第五十六

〔集注〕潘振云：嘗麥者，農始登麥，先薦寢廟而嘗之也。《竹書》：「四年春正月，初朝於廟。夏四月，初嘗麥。七年，周公復政於王。」列此解於《明堂解》之後者，追叙未致政時之事也，故次之以《嘗麥》。○莊述祖云：謹按嘗麥者，周王初飭歲典，遂正刑書以告戒羣臣、州伯也。說者以篇中有「予亦述朕文考」之文，謂成王即位之四年。尋上下文義，疑羼入《周書》不盡。周史記往往有太公書及戰國謀士所云，《周書》《陰符》皆傅會成王、周公事爲作首尾，如此類者多不足據。或又謂是時未告太平制周禮，故篇中官名與鄭氏《曲禮注》所云殷制天官六大相應，是又不然。《詩》、《書》所載官名不盡合周禮，不必皆在成王即位之初，況是時周公救亂方黜殷東征且三年，禮樂之未遑，安所謂九刑之書而正之？其非成王之時明甚。《傳》曰「龍見而雩，正雩之禮在於孟夏」，《周官·小祝》所謂將事侯禳，禱祠之祝號逆時雨寧風旱者是也。天災彌祝則至南郊，故成湯以六事自責，而《雲漢》之詩亦曰自郊徂宫。篇中記孟夏祈禱於宗廟於社，自王以下宫府邑野皆有歸祭享祠，謂之歲典，斯正雩禮也。《明堂月令》箸正雩於中夏，鄭氏以爲失之，而孟夏正雩之禮略備是篇。至周作九刑，當在穆王之後，故叔向以爲叔世亂政。篇中命大正正刑書，其君臣相與儆戒之辭，畏天之顯憂民之疾苦，至於鰥寡，至於臣僕，惟恐有一人失其所，干天地之和。蓋聖王祈天命長王國以刑獄爲兢兢，共、懿以降能修文、武之業者無聞焉，殆宣王復古之書也。宣王承厲王之亂，故言蚩尤逐赤帝，及啓之五觀，夏已衰而中興，又監於殷之既敗，其遇災而懼。既作《雲漢》之詩，至是復修正雩爲歲典，周禮之廢隊者以次舉矣。然其始不籍千畝，後乃料民太原，一傳而宗周以滅，故孔子删《書》不録於周之正經。篇中多脱簡，又前後錯亂字誤，以鼀爲中，以廷爲在，以尹爲揜，以鳥爲馬，以辟爲肓，以職爲戴。脱爲半字者以元爲二。誤爲兩字者以周爲用九，以閔爲無思，皆古文。謹校讐頗復略揃闕其疑，定以爲逸書。○陳逢衡云：此成王四年事也。沖幼委裘變生骨肉，故于免喪朝廟之後，踵行夏礿之禮，因命大正正刑書，以儆厥後。篇中引蚩尤以寓紂虐，引武觀以寓三叔，則戎衣一著破斧三年，皆非得已，故明刑即以弼教，而勿畏多寵尤於九宗三政焉。蓋深有戒於鴟鴞之變也。○丁宗洛云：《月令》斷薄刑決小罪，出輕繫怡，當嘗麥之月。是時殷亂方平，成王因嘗麥遂欲正刑書，使民不敢玩法，非徒定新潮之制也。蓋安益求安與辟以止辟之心均寓焉。○孫詒讓云：此篇記成王於嘗麥之月格廟命大司寇正刑書以逆刑罰，之中遂以策書敕戒司寇及羣臣州伯之事，舊釋皆不得其義，今略説之。

維四年孟夏，王初祈禱於宗廟，乃嘗麥於太祖。

〔彙校〕《史略》作「禱於周廟」。○盧文弨云：《御覽》八百三十八引曰：「王初祈禱於岱宗，乃嘗麥於廟。」《汲郡古文》謂「成王四年正月初朝於廟，夏四月初嘗麥」。○孫詒讓云：案首句《玉燭寶典》引作「維四月」三字，似誤也。於宗下無廟字，注云：「一本云天宗。」(《史略》作「周廟」，誤。)今案作「天宗」是也，天宗即天神，見《月令》。(《世俘》亦云：「告天宗上帝。」)○劉師培云：案《玉海》六十七所引與今本同，《書抄》九十「禱於宗周」，注引《周書》云：「四月孟夏，王初禱於周宗，乃嘗麥於廟。」與今本異。竊以作四月是也。序言成王既即政，則在周公歸政後。又本書以武王崩之次年爲成王元年，與《世經》不同。若作四年，則爲周公攝政五年，與序文所云相背，仍以作月爲確。此蓋周公歸政次年，即《世經》所云成王元年也。《世經》言正月己巳朔，則四月朔日爲戊戌。若從夏正，則爲丁未。（《玉燭寶典》四亦作「四月」。《斠補》以爲誤，非也。）又《書抄》「宗廟」作「周宗」，「太祖」作「廟」，亦較今本爲長，惟「周宗」當作「天宗」，説詳《斠補》。

〔集注〕潘振云：喪三年不祭，至是始得祈禱，故曰初。祈禱，求福也。宗廟，七廟也。太祖，始祖，后稷廟也。○莊述祖云：不言六月言孟夏者，正歲以序事也。言嘗麥，則非周之四月矣。《明堂月令》曰：「孟夏之月農乃登麥，天子乃以彘嘗麥，先薦寢廟，祈禱告事，爲民求福也。」《周頌·噫嘻·序》曰：「春秋祈穀於上帝。」凡祭，先郊後宫。首言祈禱於宗廟，則不於郊。天子之祈穀有二，啓蟄於郊，孟夏或於廟與。太祖，文王也。○陳逢衡云：孟夏，夏令之四月。宗廟，武王廟。案《紀年》成王四年初朝於廟在正月，嘗麥在四月，蓋踵行夏礿之禮而薦新太廟也。董仲舒曰：「礿者，以四月食麥。」《御覽》八百三十八引作「王初祈禱於岱宗，乃嘗麥於廟」，誤。案王於是年初免喪，而蒲、姑、商、奄猶作不靖，焉得舉巡狩之典至岱宗而祈禱乎？《管子·輕重己》曰：「以春日至始數九十二日謂之夏至而麥熟，天子祀於太宗其盛以麥。麥者，穀之始也。宗者，族之始也。」據此，則《御覽》「岱宗」蓋以《管子》「祀於太宗」而誤，不知祈禱於廟是一事，祀於太宗以嘗麥又一事。太宗猶太祖也，故曰族之始。太祖，后稷廟。《禮·月令》：「孟夏農乃登麥，天子乃以彘嘗麥，先薦寢廟。」○唐大沛云：《竹書》與《周書》不合，成王於三年三月免喪，則夏四月朝於廟，禮也。何得遲至四年之正月乎？《竹書》之誤可知。○孫詒讓云：莊謂此即孟夏正雩之禮，甚塙，雩祀上帝於南郊之兆，故云天宗也。《詩·周頌·噫嘻·叙》云：「春夏祈穀於上帝。」雩祀在南郊，嘗麥則在大廟，二者皆於孟夏有事，自是常典。此因正刑書與彼同月，特首紀之耳。其實正刑書告廟社用少牢，無迎尸祼獻之節，其禮甚殺，與祈雩、嘗麥二事絶不相涉也。

是月，王命大正正刑書。

〔**集注**〕潘振云：言是月者，别嘗麥事也。大正，五官之長，二伯也。正刑書，定法律也。○莊述祖云：大正，司寇也。《王制》曰：「成獄，辭史以獄成告于正，正聽之。正以獄成告於大司寇，大司寇聽之棘木之下。」鄭氏云：「正，於周鄉師之屬，今漢有正平丞，秦所置。」孔穎達云：「鄉謂鄉士，師謂士師。云之屬者，謂遂士、縣士、方士之等。司寇爲諸正之長，故曰大正。」《正義》亦以爲殷法也。刑書九篇，即《左氏傳》所謂「九刑」也。正，定也，卜以定之。《大雅》云：「惟龜正之。」懼刑罰之不中而致旱，故即復雩禮而正九刑之書。○陳逢衡云：《書·冏命》大正是太僕正，此大正是刑官。惠氏《禮説》曰：「大正者，大司寇，凡秋官皆曰正。」衡案：《廣雅》：「刑，正也。」此大正非蘇公即康叔。正刑書，定律也。○朱右曾云：大正，蓋司寇也，春秋鄭有少正。是月爲薄刑、決小罪之時，故使正刑書。○孫詒讓云：莊云：「大正，司寇也。」（朱説同）《王制》曰：「成獄，辭史以獄成告于正，正聽之。正以獄成告于大司寇，大司寇聽之棘木之下。」鄭氏云：「正於周鄉師之屬，今漢有正平丞，秦所置。」孔穎達云：「鄉謂鄉士，師謂士師，云之屬者，謂遂士、縣士、方士之等。司寇爲諸正之長，故曰大正。」案莊説是也。凡鄉謂之大正。《周禮·大宰》「乃施灋於官府而建其正」，鄭注云：「正謂冢宰、司徒、宗伯、司馬、司寇、司空也。」對文則諸官之長謂之少正，六官卿謂之大正。《書·多方》云：「越惟有胥伯小大多正。」大司寇爲秋官之正，故亦謂之大正。《王制》之正，則少正也。《左·昭十五年傳》孫伯黶司晉之典籍以爲大政，《漢書·五行志》作大正。伯黶蓋嘗爲卿，故云大正。大正本爲六卿之通稱，此正刑書則宜爲大司寇矣。

爽明，僕告既駕，少祝導王，亞祝迎王降階。

〔集注〕潘振云：爽，昧爽。明，質明。僕，大馭也。告，奏白也。駕，以玉路駕種馬也。少祝，小祝也。導王，爲王前驅也。《周禮·小祝》中士八人，下士十有六人。亞，次也。亞祝，其下士與。迎王降階，將出路門以登車也。〇莊述祖云：爽明，旦明也。僕，太僕也。階，路寢階。是下有脱簡，或當爲廟耳。或曰：於郊大學也。王入廟門之位，當在阼階下西向羣臣如朝位。〇陳逢衡云：僕，馭僕也。〇孫詒讓云：案此當讀「少祝導」爲句，「王亞」爲句，言少祝前王爲導引，王則次少祝後而行也。《周禮·肆師》王引《尚書·大傳》云：「王升舟入水，鼓鍾亞，觀臺亞，將舟亞，宗廟亞。」黄榦《續儀禮》、《經傳通解》引《大傳》「亞」並作「惡」，鄭註云：「惡當爲亞，亞，次也。」此「王亞」文例及字義並與彼同。祝迎王降階，祝乃大祝也。《大戴禮·諸侯遷廟篇》云：「祝曰請，導君降立於階下，奉衣服者皆奉以從祝。」又云：「至於新廟，有司皆先入如朝位，祝導奉衣服者乃入，君從奉衣服者入門左。」此云少祝導、王亞，祝迎王降階，猶彼祝導君從入及君降立于階下也。

即假於大宗、小宗、少秘於社，各牡羊一、牡豕三。

〔彙校〕大宗，吴本、王本作「太宗」。小宗，諸本作「少宗」，盧俱從。〇莊述祖云：「牡豕」脱「一」字，「三」當爲祝辭也，簡脱耳，故其文不具。〇孫詒讓云：「即假於」下當有「太祖」二字，涉下太宗而脱。古史官無稱祕者，且使少祕果爲官名，與下於社文亦不相屬，竊謂「祕」上「少」字當是衍文，「祕」與祕祝之祕義同。《説文·示部》云：「祕，神也。」祕於社即告於社，此王自告廟，而命大宗伯、小宗伯告社也。「牡豕三」，「三」當爲「一」。

〔集注〕盧文弨云：惠半農曰：「太宗、少宗，即大宗伯、少宗伯也。少秘，疑即小史。」梁曜北云：「太宗，《顧命》有之。」○潘振云：假，召至也。○莊述祖云：假，至也。祈禱于社，宜承嘗麥於太祖，正雩禮也。董生書四時求雨，令民禱社。少秘，卜人。天子有二社，大宗、少宗分禱焉。少秘與者，《周官·肆師》「嘗之日涖卜來歲之芟，社之日涖卜來歲之稼」，或禱於大社之日少秘卜歲之媺惡而大宗涖之與。○陳逢衡云：少秘，秘祝之官，見《史記·漢文帝紀》。應劭曰：「國家諱之，故曰秘。」蓋祝史以神道設教，故曰祕祝，秘，密也。古者刑人於社，今將正刑書，故假於社。張惠言曰：「太宗，太祖廟。少宗，小祖廟。少秘，閟宮，姜源廟也。」此與篇中大宗、少宗爲宗伯者不同。羊、豕，少牢也。羊一豕三者，嘗麥以彘，故加二豕俎，不與常禮同。○丁宗洛云：此太宗、少宗、少秘謂昔之賢而歿已祭於社者，與下文所稱不同。「九州牧伯咸進」句便見無官不進，下文太祝、太宗、少宗、少秘俱包内。「執筴」、「遵中」二句，明大正前亦有一筴書副本。「筴告太宗」句緊跟「以王命」，語意自明。○唐大沛云：假與格同，至也。○朱右曾云：少祝，中士。亞祝，上士。階，路寢之階。假，音格，至也。太宗、少宗，大宗伯、小宗伯也。少秘，内史也，掌書王命。社主陰，陰主殺。將頒刑書，故假社而告焉。社與后土皆羊一豕三，不用大牢者，告祭殺禮。○孫詒讓云：朱以「各」爲指社與后土，失之。○于鬯云：案此太宗、少宗似與下文太宗、少宗不同。下文云「告太宗」、「乃命太宗」、「乃命少宗」，則太宗、少宗者官名也。此言「假於太宗、少宗」，則不得爲官名，蓋即上文之宗廟也。宗廟者，總言之也。太廟與昭穆之廟皆得爲宗廟，太宗、少宗者，分言之也。太宗，太廟也。少宗，昭穆之廟也。即假於太宗、少宗者，即上文所謂祈禱於宗廟也。盧文弨校云：「惠半農以太宗、少宗即大宗伯、小宗伯。」則誤以下文同之，並謂少秘疑即小史。然使曰即假於大宗伯、小宗伯、小史於社，其文豈可通乎？惟少秘二字實無義，小史之說固因以太宗、少宗爲官名而漫比之，非有據實。今既以太宗、少宗非官名，則少秘之説亦必當易。竊謂「少」字即涉「少宗」而衍也。秘于社者，若言祭於社也。《小戴·王制記》云：「天子將出類乎上帝，宜乎社，造乎禰。」秘於社者，猶宜乎社也。彼鄭注云：「類、宜、造，皆祭名，其禮亡。」然則祕亦祭名，而其禮亡者矣。讀即假于太宗、少宗爲句，秘於社爲句，不得如惠氏以兩句讀成一句。太宗也，少宗也，社也，祈禱之祭之不一處，故下文云「各牡羊一，牡豕三」，「各」字之義亦見。若如惠說讀作一句，不但句不成義，並下文「各」字亦没去矣。〇劉師培云：案盧校引惠士奇説云「少秘疑即小史」，陳注云「少秘，秘祝之官」，朱釋云「少秘，内史」。《尚書記》云「假於」下有脱簡，或當作「廟」，或曰於郊太學也。少秘，卜人。《斠補》云「假於」下當有「太祖」二字，「秘」上「少」字衍。秘，神也，秘於社即告於社；衆説不同。竊以「假於」下有脱文當從莊説，少秘當從陳説。《史記・文紀》有秘祝，《漢書・文紀、郊祀志》並同，此漢有秘官之證。《史記・封禪書》謂秦有秘祝，則秦代亦有此官，具詳王觀國《學林》。或秦制承周，即春官凡有神仕之一。下文王命□□秘作筴，尤秘爲官名之徵。至本文句讀衆説不同，今即詞義審之，蓋「假於□□」爲句，指王言；「太宗、少宗、少秘於社」爲句，於社者，代王假於社也。因上有假字，此遂省文，猶《禮記・曲禮下》「卿執羔大夫雁」，因上言執羔，雁上省執字也，古籍例多類是。又案《周禮・春官・序官》賈疏引孔晁《國語註》云：「大宗者，於周爲宗伯。」本篇註佚，當據斯誼補之。

史導王於北階，王涉階，在東序。

〔集注〕潘振云：史，小史也。導，啓也。序，牆也。小史於北階奏王升堂，王出小寢升北階，出東房户，在堂東牆阼階之上。〇莊述祖云：階，太廟階。《禮・大射儀》：「工人士與梓人升自北階，大射於太學。」太學有北階，則廟亦有北階矣。東西牆謂之序。升自北階者，陽，德也；陰，刑也，正刑書，故變禮。涉、陟古通。〇陳逢衡云：北階，北堂之階也。房中半以上曰北堂，有北階。陟，升也。堂之東西牆謂之序，東序，房中近東牆處也。〇唐大沛云：

單言史，非太史、小史等官，蓋府史之史，小臣也，故司引導之事。〇孫詒讓云：案王入廟必無於北階升之理，當爲「乍階」之誤，乍即阼之借字，阼階即東階。對下，自客階爲西階也。莊説不足據。

乃命太史尚太正，即居於户西南向。

【彙校】「太正」下，唐據文義補「書」字。〇孫詒讓云：乃命太史尚大正即居於户西南向，莊云「居，處也。處户西南面者，尊之」。案「居」當爲「位」，古文形相近。户西者，客位。《士冠禮》「筵于户西」，《記》云「醮於客位」是也。天子廟制，有東西房，室居中户東而牖西，以户牖之間爲堂之正中，户西之位當堂中微偏東，與户牖之間小異。大正亦臣也，而即客位者，以將受中，特尊禮之也。〇劉師培云：「尚」當作「向」，上有脱字。蓋「太史□向」與「大正南向」及下「西向」並文，或所脱即「東」字。

【集注】潘振云：尚，尊也。即居，謂就坐也。〇莊述祖云：乃命太史尚大正，揖之升階。不言執書者，下云受大正書乃降，知大正以書升階矣。即居於户西南向，居，處也。處户西南面者，尊之。〇陳逢衡云：尚，上也。以大正將正刑書，故特尚之。即，就也。居，位也。户西南向者，奥也。室中西南隅謂之奥，祭祀及尊者常處焉。〇唐大沛云：大正書者，大正承王命所正之刑書也。其書皆藏於太史，故使太史上之。〇朱右曾云：大史，下大夫。尚，上也。

九州□伯咸進，在中，西向。

【彙校】闕處莊、陳補「之」字，丁、朱補「牧」字。「在」，莊校改「廷」，云：古文相近而誤。〇孫詒讓云：九州□（朱依丁宗洛説補「牧」字未塙)伯咸進在中西向，莊校「在」改「廷」，云「古文相近而誤」，又云「如朝位」。《曲禮記》曰：「天子當宁而立，諸公東面，諸侯西面，曰朝。」《明堂位》曰：「諸侯之位，阼階之東，西面北上。」案：莊説是也，鐘鼎古文「廷」字與「在」形相近，因而致誤。○于鬯云：九州□伯咸進在中西向，于鬯案闕字丁本作「牧」，當從之。咸進在中者，進在中庭也。在中庭而西向，無此位置，「西」字必誤，蓋當作「北向」。九州牧伯在中庭北向，猶《明堂篇》言三公之位，中階之前北面也。(三當作上。説見前校。)又考上文云：「史導王於北階，王陟階在東序。」陟階而在東序，則其階必非北階。疑彼「北」字衍文。蓋既著在東序，則東階可知，故但言史導王於階。東階可不言東，而何可言北邪？北階則宜入東房，不可言在東序矣。由東房而在東序，何爲其取道之迂乎？然則彼「北」字豈本在此句而涉入彼。顧此未可執，而中庭無西向位置，必當作「北向」，無不可執也。

【集注】潘振云：九州伯，牧也。在，居也。○莊述祖云：如朝位。《曲禮》記曰：「天子當宁而立，諸公東面，諸侯西面，曰朝。」《明堂位》曰：「諸侯之位，阼階之東，西面北上。」

宰乃承王中，升自客階。作筴執筴從中，宰坐，尊中於大正之前。

【彙校】莊校「王中」改「玉龜」，「尊」改「奠」，又云：「執筴」之「筴」當作「筮」。○孫詒讓云：宰乃承王中升自客階，宰坐尊(莊校改奠，是也。)中於大正之前，朱云：「中本盛算器，此蓋盛作筴之具筆及鉛槧也。」莊校改「王中」爲「王龜」，云：「亦以古文而誤。」案朱、莊説並謬。此云「宰承王中」，又云「執筴從中，宰坐奠中」，又云「大正坐，舉書及中降」，「中」並謂獄訟成要之簿籍也。《周禮・小司寇》云：「以三刺斷庶民獄訟之中。」又云：「歲終則令羣士計獄弊訟，登中於天府。」鄭注云：「罪中所定。」《鄉士》云：「獄訟成士師受中」，鄭注云：「士師受獄訟之成。」此「中」

即彼獄訟之中,登於天府者也。(《國語·楚語》「余左執鬼中」,韋注云:「執謂把其録籍」。)刑書如今之律刑,中如今之成案,二者蓋同藏於大廟。(《周禮》天府掌祖廟之守藏,凡官府鄉州及都鄙之治中,並受而藏之。)此篇所記即前年登於天府之中,出而陳之,以與刑書相鉤攷也。

〔集注〕潘振云:宰,宰夫也。承,進也。中,藏刑書之櫝。作筴者起竹簡見刑書也。起筴則抽中,蓋執筴則捧中身,故曰從中。○莊述祖云:承,奉也。玉,圭璧也。以神事之宰奉玉,則奉龜者其大秘與。作筴者,太祝也。執策從龜升自客階,則奉龜者旅占者皆升可知矣。《士喪禮》曰卜人先奠龜於西塾,大卜不自奠之。宰奠之者,重其事也。於大正之前者,隸卜問刑書合天意否也。《記》曰:「《易》抱龜南面,天子袞冕北面,雖有明知之心,必進斷其志,示不敢專,以尊天也。」○陳逢衡云:宰乃承王中,謂奉王升中堂。客階,西階。筴,簡書也。執筴從中,從,由也,謂宰承,奉也。《魯語》「臧文仲聞柳下季之言,使書以爲三筴」,注:「簡書也。」此筴字作此解。○唐大沛云:中者,盛復以所作筴進於王也。宰坐,尊於大正之前,坐,止也。是時大正在户西南向,故特止尊中於其前。○丁宗洛云:承,奉也。《魯語》「臧文仲聞柳下季之言,使書以爲三筴」,注:「簡書也。」此筴字作此解。○唐大沛云:中者,盛策之器也,與上文「在中」字不同。○朱右曾云:作筴必於廟,示不敢專也。宰,宰夫。承,奉也。中本盛算器,此蓋盛作筴之具筆及鉛槧也。

太祝以王命作筴筴告太宗,王命□□祕,作筴許諾,

〔彙校〕祕,鍾本、王本作「秘」。○闕處莊述祖僅補一「大」字,丁宗洛補「少宗」,朱駿聲補「進少秘」。○「筴告太宗」下唐大沛據《玉海》補一「正」字。○莊述祖云:王命大秘作筴,本無「大」字,上言少祝、亞祝,下言大祝;上言少祕,此爲「大祕」無疑。○丁宗洛云:闕處爲「少宗」,據上文諸官由大及小次序補之,祕不稱少,省文也。○唐大沛云:

《玉海》所引是也。當作「告大宗正」，即大正也。「王命□□秘作筴」，「秘」當作「祝」。舊本闕文二疑只闕一字，當作「少祝」。又「作筴」疑當爲「執筴」。少祝即小祝，凡事佐大祝者也，故命小祝。許諾，當作「讀誥」，讀此誥詞也，即下文「王若曰」云云也。○孫詒讓云：案朱、莊説並非也。此當云「太祝以王命作筴，筴告（句），太宗以王命少宗秘」（句）。今本次句脱一「以」字，又闕「少宗」二字耳。作筴筴告，告、誥字通，猶《洛誥》云「作筴逸誥」。此二句各自爲一事，蓋太祝先以王命命内史作筴辭以告大正，而大宗又以王命告少宗使秘於社，上命作筴者乃告大正，非告大宗也。上文云大宗少宗秘於社，則宗伯自主秘社事，與正刑書事又不相冡，皆不可併爲一也。「作筴許諾」四字句，言大祝既命作筴，作筴則許諾也。（莊以爲大卜許諾，非。）○劉師培云：筴告大宗，案《玉海》一百二十五引作「筴告宗正」。今考《漢書・百官公卿表》顔注引應劭云：「周成王之時，彤伯入爲宗正也。」是周官固有宗正。《玉海》所引當係舊本，下言九宗正州伯，其證也。

〔**集注**〕潘振云：秘，即少秘。○莊述祖云：大祝以王命作筴筴告大宗，《周官》大祝作六辭，即下告宗尹大正之辭。不言大正及州伯者，省文。王命大秘作筴，大秘，大卜。秘，神也。重卜筮，以神名之。命大卜之辭，亦大祝所作辭。不載常事，故略也。許諾，大卜許諾也。《士冠禮》筮曰筮賓。《士喪禮》筮宅、卜葬，儀皆如此。○朱右曾云：大祝，下大夫。告大宗以王命作筴，大宗遂以王命命秘。

乃北向繇書於内楹之門。

〔**彙校**〕諸本「内楹」作「兩楹」，「門」作「間」，盧同。○盧文弨云：舊作「内楹之門」，從沈改。○唐大沛云：繇，當作「縣」，如月吉縣書之縣，繇與縣形近致誤也。北向縣書者，讀告畢，身北向縣北誥辭於内楹之門，使衆臣共覩也。

〔集注〕潘振云：繇，抽也。○莊述祖云：太卜既於户西南面，作龜乃退北面於兩楹之間。不言旅占者，略之。繇，《周官》所謂頌也。大卜以八命贊三兆三易三夢之占，以觀國家之吉凶，以詔救政是也。○陳逢衡云：繇，致也。書，刑書也。無字曰筴，有字曰書。楹，柱也。堂之上東西有楹。兩楹之間，謂堂東西之中也。○丁宗洛云：一作筴言王將欲作刑書也；次作筴則太祝以王命告諸臣也；三作筴則王命少宗、少秘書之於策也。其必俟宗秘許諾而後繇書者，示無私也。○朱右曾云：繇，用也。○孫詒讓云：案繇讀爲紬，古音相近。《史記・敘傳》云：「紬金匱石室之書。」○陳漢章云：乃北向繇書於兩楹之間，案此繇書與《世俘篇》史佚繇書同。《漢書・文帝紀》注：「繇，本作籀。」《説文》：「籀，讀書也。《春秋傳》曰卜籀。」云今《春秋傳》假「繇」爲之。服虔注《閔二年・左傳》云：「繇，抽也，抽出吉凶也。」抽即籀之擂聲或體字也。《史記・自序》又假「紬」爲之，云：「紬金匱石室之書。」本書《武儆篇》「細書」即「紬書」之誤。

王若曰：宗掩、大正，

〔彙校〕掩，諸本作「揜」，盧從；莊校作「尹」。○孫詒讓云：王若曰宗揜大正，朱云：「揜，大宗名，訓刑而告宗伯者，亦出禮入刑之意。」莊改「揜」爲「尹」，云：「古文近而誤。尹，正也、長也，謂大宗。」案此「宗揜」二字必是譌文，疑「宗」當爲「尒」，「揜」當爲「格」，並形近而譌。此當云「格尒大正」，言命大正升聽告辭，猶《書・湯誓》云「格爾衆庶也」。此篇前後所紀正刑書、即位、受書、降拜諸事並專屬大正，無與宗伯事，不當於此忽又以宗伯廁其間。若如朱説宗揜呼其名而大正獨不著名，於文例亦參差不合，不可通也。

〔集注〕潘振云：揜，太宗名。代大正授書，故總呼之也。○莊述祖云：尹，正也，長也，謂大宗。○陳逢衡云：宗即下文九宗。揜通掩，同也。王將以作刑書之意宣布同族，故特呼宗與大正而告之。○朱右曾云：揜，大宗名。訓刑而告宗伯者，亦出禮入刑之意。○朱駿聲連下「昔」字句，云：昔疑大正名。

昔天之初，□作二后，乃設建典，

【彙校】闕處莊校補作「生民」，丁、朱據《蔡仲郎集・胡黄二公贊》「誕育二后」補「誕」，唐大沛補「造」，朱駿聲補「爰」。二后，莊述祖、朱右曾均校「元后」。

【集注】潘振云：二后，伏羲、神農也。○莊述祖云：設，陳；建，立；典，常也。言天之始生民而作之君，即陳之常立之命，民之治亂、國之長短、年之永不永，皆視之。○陳逢衡云：二后，天皇、地皇也。○丁宗洛云：二后，即下文赤帝、黄帝。作，即「作之君」之作。○唐大沛云：作，興起也。二后，殆謂伏羲、神農歟？設，陳也。建，立也。典，常也。謂建立常法。

命赤帝分正二卿，命蚩尤于宇少昊，以臨四方，司□□上天末成之慶。

【彙校】闕處唐大沛依楊升庵補「明明」，朱駿聲補「承左」。○盧文弨引《路史》云：「命蚩尤宇于少顥。」○莊校刪方框，「四方」改「西方」。○陳逢衡「四方」亦改「西方」。○丁宗洛云：「于宇」當作「宇于」，舊倒。應本《路史》改作「命蚩尤宇于少灝」，昊、灝通用。○朱右曾從《路史》倒「于宇」。○劉師培云：命蚩尤于宇少昊以臨四方，案盧校云「《路史》云命蚩尤宇于小顥」，朱本改于「宇」爲「宇于」，陳本改「四」爲「西」。（《路史後紀》亦改爲「西」，注云《周書》作「四方」，黄庭堅云當作「西方」。）今考《越絶書・計倪内經》云：「臣聞炎帝有天下以傳黄帝，黄帝於是上事天下治地，故少昊治西方，蚩尤佐之。」此言蚩尤佐少昊也。據彼文，自以朱、陳所改爲確。命蚩尤宇少昊，「宇」當從陳注訓「隸」，斯與佐少昊義符。「于」亦衍文。惟《路史·國名紀一》以小顥爲地，謂參盧命蚩尤宇此，今安邑有蚩尤城，不足據。朱云少昊魯也，亦誤。

〔**集注**〕潘振云：赤帝，指神農九世孫帝榆罔也，居空桑，其臣蚩尤作亂，遜居涿鹿，有熊氏繼之，降封於潞，今山西潞安府。少昊名清，繼黄帝者。末，終也。○莊述祖云：政，正也。分政二卿，言失其政。宇，居也。司，望；末，終；慶，賜也。望終成之慶者，言炎德已衰，天將棄之不復，終成其所賜之命。○陳逢衡云：赤帝，炎帝神農氏也。分正二卿，如周、召分陝之謂。少昊主西，東方則黄帝氏之先主之。命蚩尤于宇少昊，于，往也。宇，謂隸其下以佐之。此蚩尤與神農同時，非榆罔時作亂之蚩尤。○丁宗洛云：二卿指重、黎，《吕刑》所謂「乃命重、黎」是也。○唐大沛云：司，主也。慶，美也。○朱右曾云：二卿，左右大監，監萬國者，猶周、召分陝也。蚩尤，古諸侯，即二卿之一。少昊，魯也。蚩尤冢在壽張，亦魯地也。《大戴記·用兵篇》云：「蚩尤，庶人之貪者。」蓋猶三苗本是諸侯，而《吕刑》謂之苗民也。馬融、孔傳並以蚩尤爲少昊之末九黎君名，時代隔遠，非也。

蚩尤乃逐帝，争于涿鹿之河，九隅無遺。

〔**彙校**〕河，鍾本作「阿」。○盧文弨云：「河」或當作「阿」。梁處素云：「據《史記·五帝紀》注，逐鹿，山名。阪泉，地名，一名黄帝泉，至涿鹿與涿水合，蓋所謂涿鹿之河，河字似不誤。」○王念孫云：盧説是也。涿鹿，山名。涿，水名。阪泉至涿鹿與涿水合，不得即謂之涿鹿之河也。《五帝紀》曰「黄帝邑于涿鹿之阿」，《正義》曰：「涿鹿故城在涿鹿山下，即黄帝所都之邑。」《水經·㶟水注》曰：「涿水東北流，逕涿鹿縣故城南。黄帝與蚩尤戰于涿鹿之野，遷其民於涿鹿之阿，即於是處也。」則「河」字明是「阿」字之誤。且諸書皆言戰於涿鹿之野，不言戰於河也。○陳逢衡云：盧文弨所引梁處素説可據。○劉師培云：《初學記》八引「河」作「野」。

〔集注〕潘振云：涿鹿山，在上府，今順天府涿州。阪泉與涿水合，故謂之河。隅，角也。○莊述祖云：九隅，九州，皆爲蚩尤所併。○陳逢衡云：九隅，九方也。無遺，言受其荼毒，靡有孑遺也。○朱右曾云：今宣化州保安州東南有涿水。見《水經注》。

赤帝大懾，乃説于黄帝，執蚩尤，殺之于中冀。

〔彙校〕冀，元刊本同，餘諸本作「異」。盧從「冀」。○劉師培云：乃説於黄帝，案《路史·國名紀一》述此事作「禮於熊」，又作「於是與諸侯委命於有熊氏」，是。羅以説帝即禪讓，竊以羅氏所據，「説」蓋作「税」。税誼同脱，（《方言》七郭注云：「税猶脱也。」《文選·招隱詩》李注云：「脱與税古字通。」）猶言以天下委與黄帝也。《儀禮·既夕記》鄭注云：「今文説皆作税。」是税、説古通。

〔集注〕潘振云：中冀，冀州中野也。○莊述祖云：懾，失氣也。説，舍息也。言黄帝代赤帝。中冀，猶言京師。冀，大也。天子所都曰夏、曰冀、曰京，皆大之辭也。下云「無類於冀州」，《穀梁傳》曰：「鄭同姓之國也，在乎冀州。」○陳逢衡云：赤帝，榆罔也。懾，懼也。《史記》：「蚩尤作亂不用帝命，於是黄帝乃徵師諸侯與蚩尤戰於涿鹿之野，遂禽殺蚩尤而諸侯咸尊軒轅爲天子。」中冀即冀州之野，見《山海經》郭注。冀州，中土也，故曰中冀。○唐大沛云：説，告也。黄帝，軒轅氏。

以甲兵釋怒，用大正順天思序，紀於大帝，用名之曰絶轡之野。

【彙校】盧文弨云：大帝，舊校疑是「太常」。○莊校「大帝」作「太常」。○丁宗洛本「大帝」作「天帝」，云：盧校疑是「太常」，訛。若作「太常」，則上下文氣全不相屬，當是「天帝」。○朱駿聲云：帝，當作「常」，僞《君牙》用此文，可據。○孫詒讓云：順天思叙，朱云：「致天討，故民畏法而思倫叙。」案思叙義難通，朱説亦迂曲，疑「思」當爲「卑」，篆文相近而誤。卑即「俾」之省，（金文俾字多作「卑」，詳《古籀拾遺》。）《爾雅·釋詁》云：「俾，從也。」從與順義亦相近，言順天命而從其尊卑之叙，不僭亂也。紀於大帝，盧云「舊校疑是太常」，惠校亦從《路史》作「太常」（莊同）。朱駿聲云：「當作常，僞《君牙》用此文，可據也。」案作「常」是也，當據正。○劉師培云：《路史·後紀一》作「用大政順天思叙」。

【集注】潘振云：紀，理治也。大帝，天也。絶轡，猶歸馬放牛之謂。○莊述祖云：大正，大政也。政失則廢，舉則興。序，緒；紀，載；名，銘也。《周官·司勳》：「凡有功者，銘書於王之太常。」言炎帝失其御，故蚩尤作亂，銘之太常，紀其功亦以垂戒後世。○陳逢衡云：用大正者，大刑用甲兵也。黄帝以土繼火，順五行之序於天，故曰順天思序。紀於大帝，謂昭告於天。絶轡之野，一曰凶黎之邱。○丁宗洛云：思序紀於天帝，猶言正天帝之四行五常也。○唐大沛云：大刑用甲兵。釋，消也。用大正，用，以也，天下于以大正。○朱右曾云：釋怒，釋民之怒。甲兵，刑之大者。黄帝始以兵定天下，故首溯之，順天思序，致天討使民畏法而思倫序。紀於大帝，言天紀其績。

乃命少昊請司馬鳥師，以正五帝之官，故名曰質。

【彙校】請，諸本作「清」，盧從。○盧文弨云：清，少昊名也，見《張衡集》。《路史》引此亦作「清」。舊作「請」，訛。○

莊校删「馬」字。○孫詒讓云： 乃命少昊清司馬鳥師以正五帝之官，朱云「清爲黄帝司馬」，莊云「馬字衍」，案「馬」疑當作「爲」，非衍文也。朱説尤謬。「司」疑當爲「始」，聲近叚借字。言少昊清始爲鳥師以鳥名官。五帝之官，即五官配五行者也。又疑「五帝」亦「五常」之誤，五常與五行義同。○劉師培云： 今考《後漢書·張衡傳》李注引《衡集》云：「《帝系》黄帝産青陽、昌意。《周書》『乃命少昊清』即清陽也。」是衡以此文之清即青陽。又《漢書·律曆志》述《世經》云「少昊帝考德曰清，清者黄帝之子青陽也。（是其子孫名摯，《家語·辨物篇》亦作「少皓摯」。）立土生金，天下號曰金天氏」。由此觀之，上文臨西方之少昊，與此文少昊清爲一人，即清陽也。（《史記》言青陽降居江水，《大戴·帝系》篇作「泜」。泜水在蜀，此即居西之事。）摯、質古通。（《孟子·滕文公下》「出疆必載質」，《音義》曰：「張音贄，云義與贄同。」是其例。）名質之少昊則青陽子孫，（陳引張惠言説云質、贄古通。朱云「青陽其後有名質者」，其説均是，惟解此語則非。）此文「司」當作「嗣」，（《尚書·高宗肜日》「王司敬民」，《史記·殷本紀》作嗣，是其例。）「馬」當從孫記作「爲」，（《列女傳·仁智篇·晉范氏母傳》云「將有馬爲也」，馬即爲字誤羨之文。此古籍「爲」恒訛「馬」之例。）嗣即《世經》所謂子孫也。（《御覽》七十九引曹植《少昊贊》曰：「祖自軒轅青陽之裔。」與此文及《世經》並合。）「爲鳥師」三字當屬下讀。爲鳥師以正五帝之官，即《左傳·昭十七年》所云爲鳥師而鳥名，分立五鳥五鳩諸官也。五帝之官即五官，與《左傳》合。（孫以五帝當作五常，尤誤。）

〔集注〕潘振云： 司馬，臣之氏； 鳥師，臣之名也。五帝，五行之帝也。名與命通。質，正也。○莊述祖云： 乃命少昊清，言以蚩尤所居命清。清，青陽也。司鳥師以正五帝之官，故名曰質，（「鳥師」上本有「馬」字，衍。）鳥師，《春秋内傳》備矣。以其能，正官師以成天事，故錫以嘉名。五帝，五行之帝，主四時者。○陳逢衡云： 前主西方之少昊當炎帝神農時，此少昊乃其後裔，當榆罔之世。清，其名也。司馬掌兵，亦刑官也。以有鳳鳥之瑞，故又爲鳥師而鳥名。五帝之官，水、火、木、金、土也。《左·昭二十九年傳》蔡墨曰：「少昊有四叔，曰重，曰脩，曰該，曰熙，實能金木及水，世不失職。」據此則金木水三官少昊氏一家掌之，而火則祝融氏掌之，土則句龍氏掌之，正謂順其序則五行治也，故名曰質，黄帝賜名也。〇丁宗洛云：司馬鳥師以正五帝之官，詳見《左·昭十年·郯子來朝傳》。質，清登帝位復名質，《左傳》、《世紀》作摯，義同。鄭環曰：「黄帝殺蚩尤時，清爲司馬，帥其屬居其地以正五行之官，少昊司馬本其初而言，鳥師要其後而言，正五行之官舉其職而言。」〇朱右曾云：此因蚩尤事終言之。清一名青陽，黄帝子，已姓，爲黄帝司馬，代蚩尤居少昊，其後有名質者，代軒轅氏有天下。以鳥師正五帝之官，具詳《春秋傳》。質，讀爲摯。知清非即質者，《禮·祭法疏》引《春秋命歷序》云：「黄帝傳十世，少昊傳八世，顓頊傳十二世，帝嚳傳十世。」《路史》稱黄帝之後有帝鴻、帝魁，又引《竹書》云黄帝至禹爲世三十。曹植《少昊贊》云：「祖自軒轅青陽之裔。」是金天氏不得親代黄帝明矣。

天用大成，至于今不亂。

〔彙校〕盧文弨云：成，本或作「戒」。

〔集注〕莊述祖云：言四方至今不亂。《路史·後紀》云：「丕釐景命，放準循繩，是故天命用大戒，久而不亂。」〇陳逢衡云：天用大成則天下一治矣，故至於今不亂。

其在殷之五子，忘伯禹之命，假國無正，用胥興作亂，遂凶厥國。

〔彙校〕盧文弨云：「殷」當作「夏」。《汲郡古文》：「帝啓十一年，放王季子武觀於西河。十五年，武觀以西河叛，彭伯壽帥師征西河，武觀來歸。」沈約曰：「武觀即五觀。」《國語》曰：「啓有五觀。」韋昭曰：「啓子，太康昆弟也。」○莊校「殷」作「啓」。○丁宗洛殷亦改「啓」，云：「啓」舊誤「殷」，盧氏改作「夏」，今按「啓」字尤形近。○唐、朱二家「殷」亦改「啓」。○劉師培云：假國無正用胥興作亂，案「假」讀《禮記·曲禮》上「假爾大龜有常」之假，孔疏：「假，因也。」正即古政字，言五觀因國失政相起倡亂也。《路史·後紀四》引作「假國亡政」，是其證。

【集注】潘振云：五子，啓子武觀。命，訓也。○莊述祖云：其假國政，故無政也。五子，五觀也。《楚語》曰：「啓有五觀。」

皇天哀禹，賜以彭壽，思正夏略。

【彙校】孫詒讓云：思正夏略，「思」當作「卑」，即「俾」之省。言命彭壽伐武觀使正夏之疆略也。

【集注】潘振云：略，界也。正略，正其疆界也。○莊述祖云：彭伯壽，夏諸侯。○朱右曾云：彭，大彭，夏之伯諸侯者。壽，其名也。

今予小子聞有古遺訓而不述，朕文考之言不易。

【彙校】而不述，諸本作「予亦述」，盧從。考，鍾本作「老」。莊校此句作「今予小子聞有古遺訓之言不易」，云：「遺訓」下本有「予亦述朕文考」六字，疑後人所加。○朱右曾云：文考，當作「文祖」。○孫詒讓云：朱云「文考」當作「文祖」，案：「易」讀爲「施」，施猶舍也。文考，謂文德之考，即指武王言之，朱誤以爲謚，遂欲改考爲祖，非也。

【集注】潘振云：免喪稱小子，不忘親也。亦，又也。○陳逢衡云：聞古遺訓，即指上二事。三叔之亂，與啓五子同。三叔者，文考之子也，故成王自謂述朕文考之言以儆之。不易，不變易也。○丁宗洛云：古遺訓，即謂文王之訓。朕文考之言，謂武王曾有此語也。蓋謂武王遵古遺訓亦惟述武考，此言不敢稍易云耳。○唐大沛云：述祖訓以儆衆。不易，難也，或曰不變易也。

予用皇威，不忘祗天之明典，令□我大治，用我九宗正州伯教告于我。

〔彙校〕莊校此句作「不忌祗天之明典，今我大治我周宗正州伯，教告於我」，云：我周，本作「我用九」，古文「周」從用，從及，故譌本又作「用我九」。○闕處陳逢衡補「底」，唐大沛從。○九宗正州伯，丁訂「九州伯宗正」，云：闕字疑是「昭」字。「州伯」舊誤在「宗正」下。

〔集注〕莊述祖云：皇，大也。大威謂五刑也。○陳逢衡云：皇，大也。威，武也。九宗，九族也。正，長也。《漢百官表》有宗正，應劭曰：「彤伯入爲宗正。」○唐大沛云：皇，大也。威，古與畏通，見《莊子·漁夫篇》。言予用是大畏懼。底，至也，令我國至于大治。用，以也。州伯，諸侯之長也。○孫詒讓云：皇，當讀爲「況」，詳後《祭公篇》。○朱右曾云：皇，大；威，畏；祗，敬也。九宗正，九族之長。

相在大國有殷之□辟，自其作□于古，是威厥邑，無類于冀州。

〔彙校〕兩闕文莊述祖分別補「末」、「亂」，陳逢衡補「多」、「虐」，丁宗洛補「哲」、「訓」。朱駿聲補「嗣」、「戾」，讀「有殷之嗣」句，「辟自其作」句、「戾于古」句。○王念孫云：是威厥邑無類于冀州，念孫案「威」字義不可通，疑是「烕」字之誤。烕即滅字，（《小雅·正月篇》「褒姒烕之」，《昭元年·左傳》烕作滅。《史記·周本紀》「不顯亦不賓滅」，《逸周書》

滅作戚。秦《詛楚文》「伐戚我百姓」，《漢成陽靈臺碑》「興戚繼絶」，並與滅同。）類，種也。言國都既滅，無有種類也。

〔**集注**〕莊述祖云：無類，言紂無後也。○陳逢衡云：相，視也。大國，謂殷。有殷之多辟，指紂與武庚。辟，如「辟則爲天下戮之」之辟。自其作虐于古，謂其得罪於古先哲王，實孽由自作也。是威厥邑，威即「予用皇威」之威。厥邑，朝歌也。無類于冀州，蓋警惕殷頑之語，恐其復有不靖，則當殄滅之無遺。○丁宗洛《外篇》云：無類于冀州，兼承上殺蚩尤及夏平五觀二層，蓋夏亦都於冀州者。○唐大沛云：威，嚴也。蓋謂紂之嚴刑，肆行威虐也。冀州，中土也，蓋指紂都。類，善也，言無一善政。○朱右曾云：相，視也。此言殷紂不善，所以殞命。大國謂殷。威，虐；類，種也。冀州，紂所都。

嘉我小國，小國其命余克長國王。

〔**彙校**〕莊校「小國」作「小邦」。陳逢衡删一「小國」。○盧文弨云：「趙曰：『國王』疑倒。」○按：莊、陳、丁、唐、朱諸家均倒。

〔**集注**〕莊述祖云：言不敢知天所立之命。《立政》曰：「司寇蘇公式敬爾由獄，以長我王國。」

嗚呼，敬之哉！如木既顛厥巢，其猶有枝葉作休。

〔**彙校**〕嗚呼敬，鍾本作「以永保」。○莊校「厥巢」作「厥本」，云：國之民爲本。○唐大沛云：「巢」字義不可通，疑是「窠」字之訛。○朱駿聲云：「巢」當作「巐」，字之誤也。○孫詒讓云：如木既顛厥巢其猶有枝葉，莊校「巢」改「本」，朱駿聲云「巢」當作「巐」。案：莊、朱説並非也，「巢」當爲「椔」之誤。《爾雅·釋木》云：「木立死椔。」（《毛詩

・大雅・皇矣》作「菑」。）椔或誤書變爲上聲下形，遂類巢字，故傳寫譌舛耳。

〔集注〕潘振云：顛，仆也。言天命之去，如木之顛也。王無國家可安，巢無枝葉可繫也。○陳逢衡云：休，美也。如木既顛厥巢，寓前。此三叔之亂，寓後。此綢繆牖户不可不謹也。○朱右曾云：休，讀爲茠，芘陰也。顛，覆也。

爾弗敬恤爾執以屏助予一人集天之顯，亦爾子孫其能常憂恤乃事？

〔彙校〕執，鍾本作「職」。○孫詒讓「爾弗」連上「作休」讀，云：作休爾弗（句），敬恤爾執。朱云「休讀爲茠，芘陰也」。案二句相對爲文，休，善也。弗，讀爲「佛時仔肩」之佛，謂輔助。言善女之輔弼大臣，念女之執事小臣。朱讀以「作休」屬上，「其猶有枝葉」爲句，非是。○劉師培讀同孫，云：作休爾弗敬恤爾執，案《斠補》云二句相對爲文，弗讀如佛，言善汝之輔弼大臣，念汝之執事小臣，其説近是，惟「執」乃「埶」訛，「埶」又「暬」省。《國語・楚語》云「居寢有暬御之臣」，韋注訓暬爲近，則暬即近臣，與《蔡邕集》所云暬御之族（《釋誨》）同。敬恤爾執，猶言恤爾之親近侍臣也。（《皇門解》「勢臣」孫既改「暬」，於此獨否，蓋偶失之。）亦爾子孫其能常憂恤乃事，案《玉海》六十七引無「憂」字，「憂」疑校者旁注之文。

〔集注〕莊述祖云：此誥州伯之辭。恤，憂也。執，亦事也。屏，蔽也。《康王之誥》曰：「建侯樹屏。」集，會；顯，明也。《酒誥》曰：「迪畏天顯。」○陳逢衡云：執，拘也。屏，除也。○丁宗洛云：敬恤爾執，謂敬念所執之事也。屏，輔也。集天之顯，謂成王上天眷顧之顯命也。○唐大沛云：恤，憂也。集，成也。顯，明也，謂天之明命。言爾當盡職輔予集成天之顯命，若不如此，是自拔其根本矣。事，職事也。

勿畏多寵，無愛乃嚚，亦無或刑于鰥寡罪罪。

【彙校】上「罪」字元刊本同，餘諸本作「辠」，盧訂「非」，莊訂「無」。

【集注】莊述祖云：寵，尊也。多寵，世卿執政也。口不道忠信之言爲嚚，謂嬖近習。○唐大沛云：多寵者勢盛，勿畏之也。言法有必伸。嚚者，言無實而長于口才，毋愛之而屈于法。鰥寡，窮民，所當矜恤。無辜之人尤當開釋，毋或悮刑之也。○朱右曾云：言用法者勿憚貴寵之臣，勿惜嚚言之姦。

惠乃其常，無別于民。

【集注】莊述祖云：惠，順也。用刑必順常法，無法外之法。別，分。慎刑自賤者始，以爲賤而分別之，則用刑者有輕心。○朱右曾云：順乎天討之典，貴賤無別。○孫詒讓云：惠乃其常無別於民，朱云：「順乎天討之典貴賤無別。」案別當讀爲「偏」，無別猶《書·洪範》云「無偏無黨」也。（《墨子·天志篇》云「天之愛百姓別矣」，別即徧字，此借別爲偏，猶彼借別爲徧也。）

衆臣咸興，受太正書，乃降。太史筴形書九篇，以升，授太正，乃左還自兩柱之間。

【彙校】形，諸本作「刑」，盧從。○太正，諸本作「大正」，盧從。○盧文弨云：左，沈疑「右」。○莊校「柱」作「楹」。○孫詒讓云：「柱」當從莊校改「楹」，與上文合。○陳漢章云：上言大史尚大正即居于户西南面，至此並無降階之文，此「升」字蓋衍文。

【集注】潘振云：衆臣，九宗州伯之類。○莊述祖云：衆，與也。臣，輿隸之等也。書，刑書。宰及大祝以書降。

筴，授大正刑書筴也。既得吉卜，授大正，使布之筴命之禮。史在君右，辭不載常事，略之。兩楹謂堂之中也。○陳逢衡云：衆臣，九宗及州伯也。咸興者，前此拜聽王命至語畢而咸起也。受大正書，書即刑書。乃降者，衆臣也。筴，挾也。刑書九篇，即所謂九刑也。○丁宗洛《外篇》云：大正以筴書命衆臣，故曰受大正書。太史將兩楹繇書者呈於王，王乃交大正，故又曰授大正。但太史宜作太宗，此處言左還，與下言太史乃降不相悖。○唐大沛云：兩柱即「兩楹」，謂堂之中也。○朱右曾云：刑書九篇，蓋即《春秋傳》之「九刑」，「毁則爲賊，掩賊爲藏。竊賄爲盜，盜器爲姦。主藏之名，賴姦之用，爲大凶德，有常無赦」，即其逸文。

□箴大正曰：欽之哉，諸正！敬功爾頌，審三節，無思民因順，爾臨獄無頗，正刑有掇。

〔彙校〕闕處莊校作「因」，陳逢衡從楊昇庵補「布」，丁宗洛補「史」，朱駿聲補「進」，朱右曾刪。掇，莊校作「綴」，丁宗洛、朱右曾並作「惙」。功，莊校作「聽」。無思民因，莊校作「閔民疾」。○丁宗洛云：浮山云「頌」疑「須」訛，「民」字衍，「因順」即「因循」。惙，舊作「掇」，訛。○朱駿聲讀「順爾臨獄無頗」句，云：「順」當讀爲「慎」。○孫詒讓云：箴大正曰，欽之哉，諸正敬功，爾頌審三節，（此箴上下文皆四字句，此句疑有脱字。）無思民因順，爾臨獄無頗，正刑有掇，（莊云：「掇讀曰畷，表也。刑者，所以明民使不陷如表畷然。」案莊説是也。「掇」亦與《詩·商頌·長發》「爲下國綴旒」之綴義同。朱從丁宗洛改「掇」爲「惙」，云「惙，憂也」，非是。）夫循乃德，（「夫」莊校改「矢」，云：「矢，陳循自也。」案莊校是也，循疑當釋爲順，莊釋爲自，未審。）朱云：「無思，思也。因依，順從也。」莊校改「無思民因」作「閔民疾」，云：「古文『閔』从思敏省聲，譌爲無思二字，順讀曰訓。」朱駿聲云：「順讀爲慎。」案朱、莊説非也。思，亦當爲「卑」，即「俾」之省。因，當爲「困」，並形近而誤。下文「無思民疾」，「思」亦「卑」之誤。疾、困義正相近。「順」莊讀爲訓，朱讀爲慎，並通。此箴皆協韻，惟「無頗」句止二字，又與韻不協，疑「無頗」下當有「無側」二字。《書·洪範》云：「無偏無陂，遵王之義。」又云：「無反無側，王道正直。」此箴蓋以節、側、德、國、服、若爲韻，其蹤迹可推校也。無卑民困，猶《詩·小雅·民勞》云「無俾民憂」。○陳漢章云：無思民因，案《三代文編·十二大正箴》嚴氏可均注：「無思二字轉寫誤，當作慁民困，慁即閔也。」莊氏葆琛《尚書記》亦云：「無思改閔，古文閔從思敏省聲，譌無思二字。」是二説同。但此箴四字爲句，若合無思二字爲一，非其體也。孫氏改「無思」爲「無卑」，云「無俾民困」，下亦云「無俾民疾」，較嚴、莊二説近是。

【集注】莊述祖云：諸正，謂司寇之屬。頌、訟古通。審，察也。三節，《周官·司寇》所謂三典也。宣布于四方以節達之。閔，病也。《康誥》曰：「若有其疾，維民其畢棄咎。」順，讀曰訓。頗，不正也。綴，讀曰畷，表也。刑者，所以明民使不陷如表畷然。○丁宗洛云：三節，當指上三作筴。謂天子如此慎重，諸臣當體此意。無思，仍是言思，猶《大匡解》以不尚爲尚也。下「無思民疾」同義。因順，順從也。惙，憂也。有惙，當即求其生而不得，則我與死者皆無憾意。○朱右曾云：箴，規戒也。諸正，司寇之屬官，主刑獄者。頌，誦也。三節，蚩尤、五觀、殷紂也。無思，思也。因，依；順，從也。頗，偏也。惙，憂也，慎之至也。

夫循乃德，式監不遠。以有此人，保寧爾國，克戒爾服，世世是其不殆。維公咸若。

【彙校】莊校「夫」改「矢」，「克戒爾服」下移增「遂享于富」四字。○丁宗洛云：浮山云「夫循之『夫』」，似是『天』之訛，言天因此德以益深」。

【集注】莊述祖云：矢，陳；循，自也。無訟之本在德。（式監不遠）言當以殷爲監，既有厥邦厥民，當監厥民之不易,《春秋傳》所謂官箴王闕也。服,九服之邦國也。遂,成也。民功曰庸。富,厚也。殆,危也。戒九服諸侯成民功于厚,則子孫世世無危殆。公,事;若,順也。○丁宗洛云:浮山云「監,觀也」。○朱右曾云:人,民。服,事也。敬戒爾事,慎用中罰,世世不危,維公之循理稱職也。

太史乃降。太正坐,舉書,乃中降,再拜稽首。

〔彙校〕太正,諸本作「大正」,盧從。○太正坐舉書乃中降,莊校作「大正坐舉書及龜降」。○孫詒讓云:大正坐舉書乃中降,莊校「乃」改「及」,朱云「由中階降尊刑憲」。案此「中」亦即獄訟之中,中階惟明堂有之,宗廟則無,朱說非也。乃,當從莊校改「及」爲是,謂兼舉刑書及獄訟之中以降也。○劉師培云:大正坐舉書乃中降,案《尚書記》改「乃」爲「及」,《斠補》云中即上文王中。其說固通,然本篇上文云「衆臣咸興受大正書乃降」,又云「太史乃降」,以彼相衡,「中」字疑衍。《玉海》六十七所引作「乃降」,是宋本或無「中」字也,疑涉上下文「史」字而訛。

〔集注〕莊述祖云:大正舉書則大卜舉龜矣,言及者,降拜者大正也。龜降則大卜降矣,略之。○陳逢衡云:太史述箴已畢,於是自兩楹而降。大正坐舉書,書,刑書也。乃中降者,謂由户西從中執筴而降也。再拜稽首,大正謝王命也。○朱右曾云:由中階降,尊刑憲。

王命太史正升,拜于上,王則退。

〔彙校〕丁宗洛「正」上增「大」字。○朱右曾删「史」字。

〔集注〕莊述祖云:拜者,大正也。太史,擯也。正,定也。《公食大夫禮》曰:「賓降拜,擯者辭。賓栗降升,不拜。

命之成拜，階上北面再拜稽首，定。」升拜上，猶言成拜也。○陳逢衡云：王命太正升拜於上以成禮而退。

是月，士師乃命太宗序于天時，祠大暑；

【彙校】士師，莊改「工師」，云：工，官；師，衆。工師，百官府也。○唐大沛云：「士師」二字衍，應刪。○孫詒讓云：是月士師乃命太宗序於天時祠大暑，案「序」疑當爲「享」，形近而誤。以下亦襍紀享祀之事，與正刑書事咸不相涉也。

【集注】莊述祖云：命，天之命也。《明堂月令》曰：「仲夏之月命有司爲命，祈祀山川百源大雩，帝用盛樂，乃命百縣雩祀百辟，卿士有益于民者以祈穀實。」序，順也、秩也。言序不言祠者，天時尊，大宗而秩之，以昭大號，大禮大暑。○陳逢衡云：此因作刑書而用祈禱之事，且以偏告國中也。士師，司寇之屬。序于天時，正時令也。是月爲孟夏四月，故祠大暑。○丁宗洛云：審刑即所以順天時，而嘗麥之時恰值大暑之將至，故因作刑書。帶言祀典，不必以《周禮》之祭祠屬春官，刑法屬秋官爲疑。○朱右曾云：士師，下大夫，掌邦之八成及憲令。刑書既頒，告于百神，以信法也。○孫詒讓云：祠大暑，蓋祀祝融於南郊之壇。《周禮·籥章》云：「中春，晝擊土鼓、龡豳詩，以逆暑。」《大戴禮記·夏小正》云：「夏有暑祭，祭也者用羔。」《禮記·祭法》：「相迎於坎壇，祭寒暑也。」鄭注云：「相迎當爲攘祈，聲之誤也。寒於坎，暑於壇。」並祀暑之見於經者。（詳《周禮正義》）

乃命少宗祠風雨百享。

【彙校】百享，莊校作「百辟」。孫詒讓云：乃命少宗祠風雨百享，莊改「享」爲「辟」，云：「《月令》曰：『仲夏之月，命有司爲民祈祀山川百源，大雩帝，用盛樂。乃命百縣雩祀百辟卿士有益於民者，以祈穀實。』」朱云：「百享，百神在祀典者。」案享與祀義同，百享猶言百祀也，似不必改字。

【集注】莊述祖云：大宗少宗主祭。《祭法》曰：「埋少牢于泰昭，祭時也。相近于坎壇，祭寒暑也。」《周官·大宗伯》以槱燎祠司中司命飌師雨師是已。○陳逢衡云：風雨，風師、雨師也。百享，從祀風雨之百神。○唐大沛云：少宗，小宗伯也。風師雨師及百神之享。○朱右曾云：百享，百神在祀典者。

士師用受其胾，以爲之資。

【彙校】莊校「胾」作「職」，「士師」作「工師」，云：資，讀曰質，質，成也。百官府受其職以爲之成。○唐大沛「士師」改「肆師」。○孫詒讓云：士師用受其胾以爲之資，莊本胾改「職」，云：「古文相近而誤，資讀曰質。質，成也。百官府受其職以爲之成。」朱云：「胾，肉也，謂胙肉也。」案莊校以「胾」爲「職」，是也。《鄉射禮》云：「古文職爲胾，今文或作植。」下文「宰用受其職胾」，胾即職之衍文。受，當爲授。職，謂祭祀之職事，士師命而授之。《周禮·封人》云「命社稷之職」，鄭注云：「將祭之時，令諸有職事於社稷者也。」此授其職與彼義正同。資讀爲粢，謂命共其粢盛。《郊特牲》云：「唯爲社事丘乘共粢盛。」爲資與授職即謂祭祠之職事。資，盛也。

【集注】陳逢衡云：胾，臠也，謂祭肉也。○朱右曾連下「邑」字句，云：胾，肉也，謂胙肉也。資邑，使都邑資以爲法也。

邑乃命百姓遂享于富，無思民疾，供百享歸祭，閭率里君以爲之資。

〔彙校〕莊校無「遂亨于富」,「無思民疾」移前,「百亨」作「百辟」,「里」下無「君」字。○丁宗洛「富」改「家」(朱從),引浮山云:「無思民疾」,宜是「思民無疾」。「閭率」應倒。○孫詒讓云:邑乃命百姓遂亨于富,莊云:「邑當爲鄉國中也。」朱本富改家。案朱校亦通,邑當從莊屬下讀,朱讀邑屬上句,誤。邑如雒邑、商邑、夏邑之邑,謂都城也,亦通鄉遂言之。莊讀爲鄉非是,而釋爲國中則不誤。無思民疾供百亨歸祭閭率里君以爲之資,莊云:「歸讀曰饋,閭率里君,鄉遂之有司也。」朱云:「率若連率之率,閭率里君,《周禮》謂之閭胥里宰。」案思亦卑之誤,詳前。供百亨歸祭句,亨饋皆通内外祭祀言之。閭率里君,當如莊説爲鄉遂之吏,君,尹之借字。《禮記・雜記》有里尹,鄭注引《王度記》云:「百户爲里,里一尹。」即此。下亦當有「用受其職」四字,今本誤脱,當據上下文補。○劉師培云:邑乃命百姓遂亨于富,案朱本改富爲家,實則作富是也。富即疈辜之祭,《周禮・大宗伯職》云「以疈辜祭四方百物」,後鄭云:「疈,疈牲胸也,疈而磔之,謂磔禳及蜡祭。」《説文》疈作副,注云:「判也。」《周禮》曰副辜祭,蓋疈由判牲得名。(《山海經・中山經》云:「皆一牡羊副」,郭注云:「謂破羊骨磔之以祭。」《禮記・曲禮上》「爲天子削爪者副之」,《釋文》云:「副,析也。」《韓非子・顯學篇》云:「不揊痤則寖益。」揊與判同,均其證。)即秦人所云伏祭。《史記・秦本紀》云:「德公二年初伏,以狗禦蠱。」《年表》云:「初作伏,祠社,磔狗邑四門。」是伏爲疈牲之祭,與古疈、辜略同。《秦紀》所云初伏,於秦爲始,於禮爲因,伏即副叚,猶《孟子》「匍匐」,《史記・淮陰侯傳》作「蒲伏」也。因伏祭在夏,故稱六月爲三伏,非伏祭之名由三伏起也。(《史記正義》云:「六月三伏之節起,秦德公始爲之」,誤甚。)此文之富亦副叚文。證以後世三伏之名,則古代此祭自行於夏,故與上文祠暑同時。又《年表》謂磔狗邑四門,則此祭行於邑中,與上文邑乃命百姓尤爲符合。(又《周禮》故書作「罷辜」,先鄭注云:「罷辜,披磔牲以祭,若今磔狗而止風。」是先鄭亦以磔狗擬古磔牲也。後鄭又以蜡祭當之,或未然也。)顔師古《匡謬正俗》六「副」字條云:「義訓剖劈，字或作副。」《詩》云：「不坼不副。」《周禮》有副辜，並其正義。洪興祖《楚辭·天問補注》云：「腷，判也，音副。」所說均碻。

【集注】潘振云：邑，六鄉之邑，其長乃命百姓雩祭。有餘爲富，貧乏爲無。〇陳逢衡云：此命百姓亦士師也。遂享于富，祭則受福也。無思民疾，言能無思疾苦之事而爲之祈禱乎。百享，百物之祭也。歸，讀如歸豚之歸。歸祭閭率里，皆社也。閭，里門也。〇莊述祖云：邑，當爲鄉，國中也。令民無不咸出其力也。歸，當讀曰「饋」。閭率里居，鄉遂之有司也，其職統于百官府，故略之。〇丁宗洛云：浮山云「閭率里君，疑即古所謂鄉先生祭于社者」。〇朱右曾云：百姓，百官。疾，疾苦也。率若連率之率。閭率里君，《周禮》謂之閭胥里宰。

野宰乃命家邑縣都祠于太祠，乃風雨也。宰用受其職戠，以爲之資。

【彙校】莊校此句作「野命家邑縣都祠于太祠，及風雨，采大夫用受其職，以爲之資」，云：言野者以別于邑，謂都鄙也。《周官》有都宗人、家宗人，國有大祀，故則令禱祠。既祭，反命于國。此正雩，亦當自天子命之。太祠，所食之地有益于民者。采大夫，大夫有采地者。〇朱右曾删「乃風雨也」。〇孫詒讓云：案野宰蓋治野之吏，若《周禮·縣師》之屬，（《周禮·縣士》云「掌野」，故縣吏謂之野宰。）朱讀野屬上句，誤。乃，當從莊校作「及」。也，當爲「野」，音近而誤。朱本删「乃風雨也」四字，亦非。上士師命太宗少宗祠，則士師受其職以爲之資，此野宰命家邑縣都祠，則亦野宰受其職以爲之資，其例正同。戠、職字通。上文云「受其戠」，此職、戠不當重出，疑校書所記誤兩存之，當删其一也。〇劉師培云：案此節之文，《斠補》詮釋已詳，「乃」當作「及」（莊說），惟孫以「也宰」爲「野宰」音誤，似未盡然。觀下云「采君乃命天御豐禱，享祠爲施」，語雖訛脱，以彼例此，亦當有「爲施」一語，「也」即「施」之壞字，惟上有脱文。

宰即野宰，不必增野字。

〔集注〕潘振云：野宰，六遂之里宰也。冢邑，大夫之采邑在稍地者。五鄙爲縣。都有二，小都，卿之采邑在縣地者；大都，公之采地、王子弟所食邑在畺地者。大祠，風伯雨師之廟也。

采君乃命天御豐穡，享祠爲施，大夫以爲資。

〔彙校〕莊校此句作「后宫乃命天御豐穡，享祠，宰爲施其職，以爲資」，云：天御，九御。豐穡享祠者，内禱祠之事及祭祀之齍，或豐或穡也。是正雩后亦有祈矣。不言受者，王宫之政，令宰受其職而施之。○孫詒讓云：莊云：「天御，九御。」朱云：「君，采邑之君，天御未審，或云太御之譌。穡、嗇同。」案朱云采邑之君得之，而讀「采」屬上句則誤，上野宰已命家邑，則此采君内唯有大小都即公卿王子弟之采邑也。莊校删「采」字又改「君」爲「后宫」，殊謬。天御，疑當作「内御」，内、天篆文相近而誤。莊釋爲九御，九御爲天子諸侯之制，采君不得命之，其説亦非是。「爲施」二字疑譌。大夫即采君，下亦當云「用受其職以爲之資」，今本脱「用受其職」四字及「之」字，當據上文補正。○朱右曾云：天御，未審，或「太御」之譌。

〔集注〕潘振云：采君，州牧，《明堂解》所謂九采也。○陳逢衡云：天御，御廩也。豐穡，美穀也。○朱右曾云：君，采邑之君。穡、嗇同。

威，太史乃藏之于盟府，以爲歲典。

〔彙校〕威，諸本作「箴」，盧從。○藏之于盟府，莊、朱均删「于」字。○孫詒讓云：莊本朱本並無「于」字。莊云：

「箴，太正箴也。」案上文雖有箴大正語，而此處唯出一箴字，上下文義殊不相貫，莊説非也。此疑當作「蒇」，形近而誤。《左·文十七年傳》云「以蒇陳事」，杜注云：「蒇，勑也，勑成前好。」《廣雅·釋詁》云：「蒇，備也。」此當讀蒇字句，謂上正刑書受中及命祭祀諸事咸備成，太史乃總藏其典於盟府也。莊讀箴如字，則似太史所藏者止是箴辭，與下以爲歲典文不合，非是。朱讀箴屬上資字爲句，尤誤。○劉師培云：箴太史乃藏之于盟府以爲歲典，案《玉海》六十七引作「太史乃箴之於明府」，注云：「一本作藏於盟府。」今本與王氏所云一本同，語首有箴字，即藏字異文之錯書者也，當據刪。（《玉海》一百二十五引作「太史乃藏之于盟府」。）

【集注】潘振云：凡祭祠，王用竹書告戒之，是爲箴也。太史藏之于盟書之府，以每歲之祀典也。○莊述祖云：箴，太王箴也。盟府，邦國都鄙及萬民約劑所藏，太史職之。自天子祈禱于廟，太宗、少宗、少秘于社，至宫府鄉遂都鄙諸享祠，以爲歲事之常。○朱右曾云：盟府，司盟之府。

逸周書彙校集注卷六

本典解第五十七

〔集注〕潘振云：本，根本；典，常也。言根本於心之常道也。成王既正刑書，乃思刑書之所以正者，非徒法也，問周公而得根本之常道，故次之以《本典》。

維四月既生魄，王在東宮，召公告周公曰：

〔彙校〕《史略》「既生魄」上衍「既望」，「東宮」下作「召周公旦」。○盧校删「召公」二字，朱從。○丁宗洛移「周」於「召」下，云：盧以「召公」爲衍，删。海山云：「是呼召之召，非燕召之召也。」今移「周」于上自明。○孫詒讓云：朱云「東宮」下舊有「召公」二字，（盧校云：二字衍。）疑當作「告召公周公」。案《史略》「東宮」下作「召周公旦」，與舊本又不同。「召周公旦」之文他篇常見，疑高本近是，「召」非衍文。○劉師培云：案序言周公爲太師，則此篇之作與《尚書·君奭》同時，在周公歸政後。《詩·大雅·靈臺》疏引袁準《正論》云：「尸子曰：『昔武王崩，成王少，周公踐東宮，祀明堂，假爲天子。』準申之曰：明堂在左，故謂之東宮。」《淮南·齊俗訓》亦云：「武王既殁，殷民叛之，周公踐東宮，履乘石，攝天子之位，負扆而朝諸侯。」是東宮即明堂也。此文東宮亦謂宗周明堂，蓋王在東宮即成王聽政時也,與太子所居東宫異。(此篇作於成王踐阼後,非以世子禮自居之時也,奚得仍居世子宫? 别有考。)

〔集注〕潘振云: 召公,召周公也。○陳逢衡云: 東宫,成王所居。王在東宫蓋猶在七年。

嗚呼! 朕聞武考不知乃問,不得乃學,俾資不肖,永無惑矣。

〔彙校〕惑,鍾本作「或」。

〔集注〕潘振云: 資,助也。不肖,成王自稱也。

命朕不知明德所則,政教所行,字民之道,禮樂所生。非不念而知,故問伯父。

〔彙校〕命,諸本作「今」,盧從。○王念孫云: 非不念而知,文義不明,當作「非不念念而不知」。前《大戒篇》曰「非不念念不知」,是其證。故問伯父,《文選·魏都賦》注、《新漏刻銘》注、《齊故安陸昭王碑》注並引作「敬問伯父」,是也。下文又云: 「幼愚敬守以爲本典」。○陳逢衡據《大戒解》「而知」改「不知」,唐從。○丁宗洛云: 浮山云《大戒篇》已有「非不念念不知」,此應作「非不念而不知」。案: 蓋言非不念此而求知之也,句意自明。伯父,應作「叔父」。○唐大沛云: 「故問伯父」之「故」當作「敬」。○朱右曾「非不念而知」從王念孫説訂「非不念念而不知」,「故」依《文選注》改「敬」。○劉師培云: 字民之道,案「之道」二字與上下文「所則」、「所行」、「所生」並文,疑亦「所道」之訛,(《文選·新漏刻銘》李注引作「字民道」,無之字。)猶言所由所循也,道與導同。(謹案李注、六臣注《文選》裕孚所見如宋贛州本、茶陵本、元張伯顔本、明晉藩本、袁本、洪本、冰玉堂本、汲古閣本、清海録軒本、胡本《新漏刻銘》注,俱作「字民之道」。)非不念而知,案《雜志》云當作「非不念念而不知」,朱本據改,今考《玉海》六十七所引與今本同,下語「故問伯父」亦作「故」不作「敬」。

〔集注〕潘振云：則，傚也。字，愛也。○朱右曾云：字，愛也。道民以政教，化民以禮樂，皆本于明德。念，慮也。督，正也。

周公再拜稽首，曰：臣聞之文考，能督民過者德也，爲民犯難者武也。

〔彙校〕案：諸本「臣聞之文考」下有「能求士□者智也，與民利者仁也，能收民獄者義也」二十字，盧從。○王念孫云：能求士□者智也，案能求士者智也，與民利者仁也，句法上下相同，則上句不當有闕文，下文「士有九等皆得其宜」，正所謂能求士者智也，其無闕文明矣。《玉海》六十七引此無闕文。○陳逢衡依楊昇庵本於闕處補「材」，丁、唐、朱從王念孫説刪方框。

〔集注〕潘振云：此五句文考之言，周公述之，爲明德陳其目也。○朱右曾云：收，如收威之收，謂收斂整齊之。

智能親智，仁能親仁，義能親義，德能親德，武能親武，五者昌于國曰明。

〔集注〕陳逢衡云：言王者有如是之德，則能以類召類矣。五者昌于國則賢哲在位能知人矣，故曰明。○朱右曾云：方以類聚，君有是德然後能用是人，賢能在位，是謂明主。

明能見物，高能致物，物備咸至曰帝。帝鄉在地曰本，本生萬物曰世，世可則□曰至。

〔彙校〕明能見物，「物」字鍾本作「福」。○闕處陳逢衡從楊昇庵本作「度」，朱右曾補「效」。○丁宗洛云：「帝鄉在地」之「鄉」疑是「饗」字。○孫詒讓云：朱云：「鄉音向。」案：「鄉」當爲「饗」，即「享」之借字，朱音非是。

【集注】潘振云：物，事物也。致，會也。○朱右曾云：識以别人，權以達識，物備咸至，則如天之無爲而四時行百物生。鄉音向，猶眷顧也，天所眷其本在德。

至德照天，百姓□驚。備有好醜，民無不戒。顯父登德，德降則信。信則民寧，爲畏爲極，民無淫慝。

【彙校】闕處朱駿聲補「震」。○丁宗洛《外篇》云：顯父登德，乃「顯允令德」之訛，蓋傳抄者因《成開》而誤也。今本《允文解》「教用顯允，若得父母」二句以訂此，上下文義均極融洽，與《成開解》亦不相混。又「顯父登德，德降則信，信則民寧」三句已見《成開》，惟「信則」彼倒。今按此處文氣上下絶不相蒙，究疑是重出而錯簡于此。○劉師培云：德降則信信則民寧，案此文似誤，當從《成開解》作「德降爲則，則信民寧」，冢上「明德所則」及「世可則□（疑當作「世世可則」」，與《武順解》「世世能極」同）曰至」言。《和寤解》云「德降爲則，振於四方」，《寤儆解》云「克明三德維則」，是其例。（惠半農據此改《成開》，似非。）

【集注】潘振云：備，具也。言五服、五刑具備也。好醜，猶言好惡。好用紼絻，惡用斧鉞，民皆戒惡而爲善矣。有顯德而副美稱者是謂顯父。○陳逢衡云：顯父，司徒也。登德，尚德也。德降則信，信則民寧，本諸身而信于民也。畏，威也。極，中也。淫慝，過差也。○朱右曾云：備，備示之也。民有所畏而協于中，自無淫慝矣。

生民知常利之道則國彊，序明好醜□必固其務。

〔**彙校**〕陳逢衡刪方框，云：楊本作「乃」字，此「乃」當衍。丁宗洛於闕處補「民」，朱右曾依陸麟書説補「先」。

〔**集注**〕陳逢衡云：常利之道，農桑是也。重農桑則民富，故國彊序明。好醜，旌别淑慝也。務，本務也。○朱右曾云：正德利用，厚生常利之道也。然教必先富，故宜先固其務也。

均分以利之則民安，□用以資之則民樂，明德以師之則民讓。

〔**彙校**〕闕處陳逢衡從楊昇庵本作「阜」，丁宗洛補「足」，朱右曾依陸麟書補「利」，朱駿聲補「日」。利，朱右曾據《説文》訂「祘」。

〔**集注**〕陳逢衡云：均分以利之，謂計口授田而豪强不得兼並，故民安。阜用以資之，謂材用相資以羨補不足，故民樂。明德以師之，興賢能也。賢能興則齒德崇，故民讓。○朱右曾云：「祘」讀若「算」，明示之也。示以等威則無覬覦，給以田里通其材用則無窮乏，教以禮樂則無争競。

生之樂之，則母之禮也；政之教之，遂以成之，則父之禮也。父母之禮以加于民，其慈□□。

〔**彙校**〕闕處陳逢衡據楊昇庵本補「惟博」，丁宗洛云應是「惠乎」，朱駿聲補「至矣」。

〔**集注**〕陳逢衡云：此則字民之道也。生之樂之，慈也；政之教之遂以成之，則慈而濟以嚴焉。禮，猶道也。如是則有父之尊，有母之親，而天下樂其顧復矣，故其慈惟博，博，廣也，普也。○朱右曾云：成，成其名也。

古之聖王，樂體其政。士有九等，皆得其宜曰材多；人有八政，皆得其則曰禮服。

〔彙校〕陳漢章云：案《常訓篇》：「八政不逆，九德純恪，九德：忠、信、敬、剛、柔、和、固、貞、順。八政：夫妻、父子、兄弟、君臣。」此云八政與《常訓》同，九等似非即九德，當詳在《九開篇》，而今亡矣。《意林》卷一、《御覽》二百七十三引《龍韜》言「人有九差」，或即此九等。

〔集注〕潘振云：體，形容也。九等，即宗伯之九命。八政，見《洪範》。服，行也。○陳逢衡云：樂體其政，謂作樂以象其功德。《左傳》：「人有十等：王、公、大夫、士、皂、輿、隸、僚、僕、臺。」今舉王以下言，故曰士有九等。皆得其宜位，得，當也。材多，師濟之義。八政：君、臣、父、子、夫、妻、兄、弟也。皆得其則，則倫紀正矣，故曰禮服，服，行也。○朱右曾云：九等，忠、信、敬、剛、柔、和、貞、固、順。用得其宜，故材多。八政：夫、婦、父、子、兄、弟、君、臣。其則，即禮也。

士樂其生而務其宜，是故奏鼓以章樂，奏舞以觀禮，奏歌以觀和。禮樂既和，其上乃不危。

〔集注〕陳逢衡云：樂有八器，獨舉鼓者，鼓人掌六鼓四金之音聲，樂以金鼓爲重，故奏鼓以章樂。舞有文舞武舞，奏舞以觀禮，如季札見舞韶舞之類。歌，人聲也。《書》曰：「詩言志，歌永言。」奏歌以觀和，禮樂既和，則治之盛也，故上乃不危。○朱右曾云：樂以鼓爲節。章，表也。舞有揖讓之容，故可觀禮。

王拜曰：允哉！幼愚敬守，以爲本典。

〔集注〕潘振云：幼以年言，愚以質言，謙辭也。敬而守之，以爲根本常行之道也。○朱右曾云：本典，治之本、國之典也。

逸周書彙校集注卷七

官人解第五十八

〔集注〕盧文弨云：此篇亦見《大戴禮》，名《文王官人》，通篇皆文王之言，與此不同。○潘振云：以職任人曰官人。明德親賢，必克知灼見而後官之，故次之以官人。○陳逢衡云：此與《大戴·文王官人》篇同。按其辭義與《六韜》相似，其原蓋出於太公而周公復録以進成王，如《職方》是周公所作，而穆王抄出觀覽，遂以爲穆王時書矣。○丁宗洛云：此篇在本書則爲傳習，在《大戴禮》則爲抄撮，然漢初與周末固有間矣。《大戴》以爲文王，此書則係成王，蓋傳聞異詞。而周先王取人其難其慎之心，不以是區别也明。○劉師培云：案此篇之文符於《大戴禮記·文王官人篇》。又《治要》所引《六韜》，内言八徵、六守，並與此篇多近，疑均上有所本。蓋此爲周家官人之法，始於文王，迄於武王，成王之時作輔之臣咸舉斯言相勗，惟所舉之詞互有詳略異同，此則周公述文王言以語成王也。自《大戴·曾子立事篇》以下，諸子多述其言，劉邵《人物志》亦本之。

王曰：嗚呼，大師！朕惟民務官，論用有徵：觀誠、考言、視聲、觀色、觀隱、揆德，可得聞乎？

〔**彙校**〕盧文弨云：論，《大戴》作「倫」字，本通用。《大戴》云：「倫有七屬，屬有九用，用有六徵：一曰觀誠，二曰考志，三曰視中，四曰觀色，五曰觀隱，六曰揆德。」盧辯注云：「倫，理次也。」〇王念孫云：考言，當作「考志」。下文自「方與之言，以觀其志」以下皆考志之事，非考言之事。又曰「弱志者也」、「志治者也」，則當作「考志」明矣。今作「言」者，蓋因篇内多「言」字而誤。《大戴記·文王官人篇》正作「考志」。

〔**集注**〕潘振云：揆，葵上聲。思民專力於官人，論定而用之，有明證也。真實爲誠，晤對爲言，出口爲聲，見面爲色，匿情爲隱，在心爲德，觀詳於視，揆密於觀。六者知人之法，聞之斯可以官人矣，故叩之也。〇陳逢衡云：王，成王也。《世紀》：「八年王始躬親政事，以周公爲太師。」案《洛誥》成王於周公稱公，未聞稱太師也。設官以牧民，故曰維民務官。官不當位，則民受其咎，故不可不慎。論，辯論也。用，謂授以爵而試之事。〇丁宗洛云：大通太。〇朱右曾云：論用，謂辯論官材而用之。徵，驗。〇孫詒讓云：案此大師即指周公。《本典篇》叙云「周公爲大師」，是也。依《大戴禮》王爲文王，則大師當爲太公。此書王爲成王。《御覽》八十四引《帝王世紀》云：「成王八年正月朔，王始躬親王事，以周公爲太師。」

周公曰：亦有六徵，嗚呼！乃齊以揆之。

〔**彙校**〕盧文弨云：《大戴》云：「王曰：於乎！女因方以觀之。」

〔**集注**〕潘振云：乃，語辭。觀、考、視，皆所以度其心也，故以揆概之，言當分辨以度之也。之，指六徵。〇陳逢衡云：唐太宗《帝範》曰：「古之明王用人必先六徵」，本此。齊，一也；揆，度也。〇朱右曾云：齊，辨也。齊如齊大小之齊，差其等列也。

一曰：富貴者，觀其有禮施；

〔彙校〕劉師培云：宋本《大戴》無「有」字，「有」字疑衍。○按：《羣書治要》有「有」字，與今本同。

〔集注〕潘振云：一者，六徵之一也。此於境遇觀其實也。施，惠也。禮以文，惠以物。○陳逢衡云：施，予也。富貴者能以禮施，則不驕不吝而能得衆矣。○朱右曾云：禮施，有禮而施惠。

貧賤者，觀其有德守；

〔集注〕潘振云：德守，以德自守也。○陳逢衡云：守，操守也。貧賤者能以德守，則不干進不辱身而動必以正矣。

嬖寵者，觀其不驕奢；

〔集注〕潘振云：爲君愛曰嬖，承君恩曰寵。接人倨傲曰驕，用物汰侈曰奢。○陳逢衡云：嬖寵，近倖之臣。不驕奢則不僨事。

隱約者，觀其不懾懼；

〔集注〕潘振云：隱，窮也；約，少也。不爲君愛，黜則身窮；不承君恩，退故財少。懾，失氣也；懼，無守貌。○陳逢衡云：隱約，高蹈之士。不懾懼則有以當大任而不疑。○朱右曾云：隱約，謂在下位者血氣衰，往往貪得自恣，故觀其所慎勉也。○按：王聘珍詁《大戴》曰：「隱，微也。約，猶貧困也。」

其少者，觀其恭敬好學而能悌；

〔彙校〕悌，《治要》作「弟」。

其壯者，觀其廉潔務行而勝私；

〔彙校〕《治要》「廉潔」作「潔廉」，「私」上有「其」字。

〔集注〕潘振云：廉，不貪；潔，不汙。勝私，克己也。務行而勝私，廉潔得其實矣。○陳逢衡云：廉潔則有守，務行則有爲，勝私則不以勇害義。

其老者，觀其思慎而□，彊其所不足者觀其不愉。

〔彙校〕《治要》上句無「而□」，下句作「彊其所不足而不踰」。《大戴》上句作「觀其意憲慎」，下句同《治要》。盧訂同《治要》，丁未從。愉，諸本作「踰」。○丁宗洛云：其老者觀其思慎而□，缺處宜是「益」字。

〔集注〕潘振云：思慎者，思慮謹慎，戒之在得也。彊，勉也。血氣既衰，身家之念重，常不足於心，彊之而不越乎法度，思慎得其實也。○陳逢衡云：思慎則慮事周，彊其所不足則不以氣血衰而自廢。○劉師培云：「思慎而□彊」與上「恭敬好學而能悌」並文，「其所不定」則與「其老」並文，或即《論語》「大德不踰，小德出入」之義也。故下云「觀其不踰」。○孫詒讓云：彊其所不足則不必慮其踰，此「踰」字依聲類當讀爲「偷」。《禮記·表記》鄭注云：「偷，苟且也」。不偷，正彊其不足之意。

父子之間，觀其和友；君臣之間，觀其忠惠；鄉黨之間，觀其誠信。

【彙校】「父子之間」下《治要》、《大戴》並有「觀其孝慈，兄弟之間」八字，盧據《大戴》補。各家從。誠信，諸本作「信誠」，盧從，云：「信誠，《大戴》作『信憚』，盧注云：『信而敬憚。』」

【集注】潘振云：此於人倫觀其實也。父慈子孝，兄和弟友，家之實也。君惠臣忠，朝之實也。鄉以誠相賓，黨以信相賙，交之實也。○陳逢衡云：父子、兄弟、君臣，人之大倫，三者不失，而後可爲人。人能取信於鄉黨，則大而天下國家均可托矣。

省其居處，觀其方□；

【彙校】方□，盧據《大戴》改「義方」。

【集注】潘振云：察其常居暫處之地，教子以義方，慈得其實也。○陳逢衡云：居處燕溺之候，觀其義方，則不至失於冥冥。

省其喪哀，觀其貞良；

【集注】潘振云：察其死喪哀痛之時，禮有常而處之善，孝弟得其實矣。○陳逢衡云：喪哀謂失位窮處，非謂居喪。哀，毀也。《大戴·曾子立事》曰：「居哀而觀其貞也。」去一喪字，其義自見。觀其貞良，則無失身苟賤之行。○朱右曾云：貞者精定不動惑，良者量力而動，不敢越限。《釋名》云：「貞，定也；良，量也。」○按：王詁《大戴》云：「貞，誠也；良，信也。」

省其出入，觀其交友；

〔集注〕潘振云：察其出入，觀其所交之友，得其往來之實。○陳逢衡云：出入，舉動也。

省其交友，觀其任廉。

〔集注〕盧文弨云：盧注云：「任，以恩相親信。」○潘振云：察其交友，以恩相親信之謂任，臨財毋苟得之謂廉，得其交友之實。○陳逢衡云：觀其交友者，不知其人，視其友也。

設之以謀，以觀其智；

〔彙校〕盧文弨云：《大戴》云：「考之以觀其信，絜之以觀其知。」○劉師培云：此句以上似脱「考之以□，以觀其信」語。《莊子．列御寇篇》引孔子述九徵云：「卒然問之，以觀其知；急與之期，以觀其信。」亦信智並言，是其證。

〔集注〕潘振云：設，陳也。○陳逢衡云：設之以謀以觀其智，明足以運籌也。○朱右曾云：設，假設也。

示之以難，以觀其勇；

〔集注〕陳逢衡云：示之以難以觀其勇，氣足以任事也。

煩之以事，以觀其治；

〔集注〕潘振云：煩，勞也。事有條理曰治。○陳逢衡云：煩之以事以觀其治，才足以勝劇也。○朱右曾云：治，謂倥傯之中處置得宜。○按：王詁《大戴》云：「煩，亂也。」

臨之以利，以觀其不貪；

〔彙校〕盧文弨云：《大戴》「臨」作「淹」。

〔集注〕潘振云：陳其前曰臨。○陳逢衡云：臨之以利以觀其不貪，廉足以自守也。

濫之以樂，以觀其不荒。

〔彙校〕盧文弨云：《大戴》「濫」作「藍」，「不荒」作「不寧」，盧注云：「『藍』猶『濫』也。」

〔集注〕潘振云：滿其志曰濫。樂過則荒。○陳逢衡云：濫之以樂以觀其不荒，義足以自正也。濫，漬也。○朱右曾云：荒，失也。

喜之，以觀其輕；□之，以觀其重；

〔彙校〕缺處《治要》作「怒」，盧從《大戴》亦補「怒」，各家從。

〔集注〕潘振云：喜之者，如八柄之予，致人之喜也。喜則氣盈，勢分必不能輕。怒之者，如八柄之奪，致人之怒也。怒則思逞，處身必不能重。能輕能重，實無私情可知矣。○陳逢衡云：輕佻則易犯，持重則難奪。喜怒皆不爲所奪，則中有主也。

醉之酒，以觀其恭；從之色，以觀其常；

【彙校】《治要》及《大戴》無「酒」、「色」二字，「從」作「縱」。元刊本同。恭，《治要》作「失」，《大戴》作「不失」。○王念孫云：酒、色二字，後人所加也。醉之以觀其恭，文義已明，無庸更加酒字。若縱之以觀其常，則非止一事，但言色則偏而不具矣。且喜之、怒之、醉之、縱之、遠之、昵之六者相對爲文，則原無酒、色二字可知。

【集注】潘振云：從、縱同。此於情欲觀其實也。恭，有令儀也。從，恣也。夫婦有别，五常之一也。曰恭曰常，實無私欲可知矣。○陳逢衡云：從音縱。《六韜·選將篇》言八證，語意與此合。又《莊子·列御寇》九徵本此。酒能亂德，故醉之以觀其恭；色能喪志，故從之以觀其常。○朱右曾云：常，常度也。

遠之，以觀其不二；昵之，以觀其不狎；

【彙校】遠，程本、吴本作「道」。昵，鍾本作「眤」。○盧文弨云：《大戴》「不二」作「不貳」，「不狎」作「不倦」。

【集注】潘振云：昵音匿。此於時地觀其實也。昵，近也；狎，侮也。時而遠之，其地遥矣；時而昵之，其地近矣。不二不狎，實能忠且敬也。○朱右曾云：二讀爲貳。昵，親也。狎則犯禮。

復徵其言，以觀其精；曲省其行，以觀其備。此之謂觀誠。

【彙校】盧文弨云：《大戴》作「探取其志，以觀其情」，此「精」當作「情」。又《大戴》「以觀其情」下有「考其陰陽，以觀其誠；覆其微言，以觀其信」兩句，「以觀其備」下多一「成」字。○陳逢衡云：盧紹弓謂「精」當作「情」，蓋以《大戴》「探取其志」二句抵《周書》「復徵其言」二句。孔顨軒《大戴注》則謂《周書》其「微」作「徵」，其「信」作「精」，蓋以《大戴》

「覆其微言」二句當《周書》「復徵其言」二句。案《大戴》與《周書》所記互有詳略，各傳其説可也。復與覆通。精，猶真也。曲省其行，曲折以察其行之邪正也。

〔**集注**〕潘振云：此於言行觀其實也。反覆明證其言，以觀其學之精。委曲省察其行，以觀其德之備。果精果備，是之謂實。○朱右曾云：精，微也。曲，委曲。備，細也。

二曰：方與之言，以觀其志，

〔**彙校**〕俞樾云：「方與之言，以觀其志」八字，當在上文「以觀其備」之下。原文蓋曰「復徵其言，以觀其精；曲省其行，以觀其備；方與之言，以觀其志，此之謂觀誠」，三句相對成文，皆觀誠之事也。今誤在「二曰」之下，則不類矣。

〔**集注**〕潘振云：方，並也，嚮也。言相並相嚮而與之言，以觀其志。○陳逢衡云：方與旁通，偏也。○朱右曾云：方，常。○劉師培云：案上文「乃齊以揆之」，《大戴》作「女因方以觀之」，此文之「方」即「因方」之方也。朱訓爲常，非也。

□以淵，其器寬以悌。

〔**彙校**〕《大戴》作「志殷如深，其氣寬以柔」。盧從《大戴》「深」改「淵」，云：「深」必「淵」之訛也。○劉師培云：盧本從《大戴》改「悌」爲「柔」，實則作悌亦通，悌即《謚法解》「愛民長弟」之弟。本篇下文云「寬順而恭儉」，悌、順義符。

〔**集注**〕潘振云：輕雷不發聲爲殷，隱也。淵，深也。志隱而不可見，深而不可測，但聞其言而可知矣。言其氣度寬裕而温柔。〇陳逢衡云：殷以淵，深也。寬，綽也，能容衆也。〇朱右曾云：殷，正。

其色儉而不諂，

〔**集注**〕潘振云：諂，卑屈也。其顔色儉約而不屈。〇陳逢衡云：不諂，不阿媚也。〇朱右曾云：儉，卑約也。

其禮先人，其言後人，

〔**集注**〕潘振云：其禮讓人居先，而言後於人。〇陳逢衡云：其禮先人，與人恭也；其言後人，不敢肆也。

見其所不足，曰益者也。

〔**彙校**〕「益」上盧據《大戴》增「曰」字。

〔**集注**〕〇潘振云：所不足，己之短也。著見己之短而不掩，此謙受益者也。〇陳逢衡云：見其所不足，則自知明而學業敏矣。

好臨人以色，高人以氣，賢人以言，

〔**集注**〕潘振云：臨人、高人，皆上人之意。好臨人以色，高人以氣，而其所以賢人之賢者，僅以言而已。〇陳逢衡云：臨人以色則不能儉矣，高人以氣則不能以禮先人矣，賢人以言則不能後人矣。〇朱右曾云：賢，勝也。

防其所不足，發其所能，曰損者也。

〔彙校〕「損」上盧據《大戴》增「曰」字。○郝懿行云：發，《戴記》作「伐」。

〔集注〕潘振云：所能，己之長也。己之短恐人知而防禦之，己之長欲人見而啓發之，此滿招損者也。○陳逢衡云：發，矜誇也。發其所能，則自滿而不復求進矣。

其貌直□□□，其言正而不私，

〔彙校〕缺處，元刊本字泐，餘諸本作「而不止」，盧從。○盧文弨云：《大戴》「不止」作「不侮」。○丁宗洛云：「不止」疑「不上」訛傳，所謂不欲多上人也。○朱駿聲云：當依《大戴禮》作「不侮」。○孫詒讓云：惠校作「不傷」，盧未采。案惠亦據宋本《大戴記》校也。劉廷幹本「傷」作「侮」，盧校據劉本而未及宋本，未晐。

〔集注〕潘振云：言其貌直率而不修容止，聞其言，則正言而不私語。○陳逢衡云：直而不止，無回曲也；正而不私，無暗昧也。○朱右曾云：止，留。○于鬯云：朱右曾《集訓》訓爲留，迂矣。夫論言有留而不直者，論貌無所謂留也。其貌直而不止，即其貌率直而無容止，蓋所謂質而不文者，故下文云有質者也。《大戴·文王官人記》作「直而不侮」。孔廣森補注引宋本「侮」作「傷」，王引之《述聞》謂「傷」當爲「偒」。鬯謂果爲「偒」字，當讀如《論語·八佾篇》「喪，與其易也」之易，亦與容止義相近。

不飾其美，不隱其惡，不防其過，曰有質者也。

〔集注〕潘振云：質，實也。不文飾其美，不隱藏其惡，人告之以有過，不防禦之，此言之有實者也。○陳逢衡云：

不飾其美，無伐善也；不隱其惡，不防其過，無匿情也。○朱右曾云：質，誠也。

其貌曲媚，其言工巧，

〔彙校〕盧文弨云：《大戴》「曲媚」作「固嘔」。○劉師培云：《書抄》三十引「貌」作「□」。

〔集注〕潘振云：媚，親順也。其貌曲而不直，親媚而修容止，聆其言，則工於巧好。○陳逢衡云：曲媚，善承順；工巧，謂有口才。○朱右曾云：曲媚，曲以媚人。

飾其見物，務其小證，以故自說，曰無質者也。

〔彙校〕盧文弨云：《大戴》「證」作「徵」。

〔集注〕潘振云：本無美也，著見區區之美事而飾之；本有惡也，專力小小之證據而隱之；人告之以有過，以他事故解説之，此言之無實者也。○陳逢衡云：飾其見物，耀於外也。務其小證，據以鳴也。以故自説，故，詐也；説，謂喜悦。《大戴》盧注言以事自解，説誤。○朱右曾云：見物，表見之事。小證，猶云小節。以故自説，以他故自解其過。《晉語》「多爲之故」，韋昭曰：「多作計謀。」《文選》注引賈逵云：「故，謀也。」然則謂以詐謀自解，亦通。

喜怒以物其色不變，煩亂以事而志不營，

〔彙校〕其色不變，盧從《大戴》改「而色不變」。

〔集注〕潘振云：言予物以喜之而不喜，奪物以怒之而不怒，其色不變。以人欲之事煩亂之，而志不惑。○陳逢衡云：喜怒以物而色不變，其神静也；煩亂以事而志不營，其識定也。○朱右曾云：營，惑亂也。

深導以利而心不移，臨懾以威而氣不卑，曰平心而固守者也。

【彙校】懾，朱右曾據《後漢書》注、《文選》注改「攝」。○陳逢衡云：深，疑作「探」。

【集注】潘振云：利者，人之所欲，深導之而心不移。威者，人之所畏，臨懾之而氣不卑。此平心而固守者，故其言不屈也。○陳逢衡云：深導以利而心不移，其欲淡也。臨懾以威而氣不卑，其節抗也。○朱右曾云：攝，迫也。攝如攝乎大國之攝。

喜怒以物而心變易，煩亂以事而志不治，

【彙校】朱駿聲云：不治，當依《禮》作「不裕」。

【集注】潘振云：物，如爵禄田宅之類。志不治者，謂志亂也。

導之以利而心遷移，臨攝以威而氣惵懼，

【彙校】李善注《東都賦》引惵懼作「悚悚」。○王念孫云：此文本作「導之以利而心移，臨攝以威而氣惵」。《玉篇》：「惵，徒頰切，恐懼也。」今本作氣惵懼者，閲者旁記懼字，而寫者因誤入正文，後人不知，又於上句加遷字，而以遷移對惵懼，斯爲謬矣。《後漢書·章德竇皇后紀》注引《周書》有懼字，亦後人依誤本加之。《班固傳》注引《周書》無懼字。案上文云「深導以利而心不移」，此云「導之以利而心移」，移與不移正相對，不當增入遷字。上文云臨攝以威而氣不卑，此云「臨攝以威而氣惵」，惵與不卑亦相對。凡人懼則其氣卑下，故《東都賦》言「惵惵然意下」也。若云臨攝以威而氣惵懼，則大爲不詞。《大戴記》作「示之以利而易移，臨攝以威而易懾」，懾與惵同義，而上句無遷字，下句亦無懼字。李善注《東都賦》云：「《周書》曰『臨攝以威而氣惵』，惵猶恐懼也。」則《周書》本無懼字明矣。盧引李注以「惵惵」連讀，失之。

〔集注〕潘振云：惵音牒。

曰鄙心而假氣者也。

〔集注〕潘振云：其心鄙陋而不平，其氣假守而不固。○陳逢衡云：鄙心，心粗而貪也。假氣，氣浮而僞也。○朱右曾云：鄙心假氣，言不學而假血氣以自强。

設之以物而數決，敬之以卒而度應，不文而辯，曰有慮者也。

〔彙校〕盧文弨云：《大戴》「數」作「遫」，與「速」同。「敬」當爲「儆」。《大戴》作「驚之以卒而度料」，下句作「不學而性辯」，近改「不學」作「不紊」。○朱右曾云：「敬」當依《禮》作「驚」。

〔集注〕盧文弨云：卒，倉卒也。○潘振云：度應，謀應敵也。言陳之以事物而速斷之，儆之以倉猝而度量應之，不拘一定之文法而有隨時之辯別，此有智慮之人，其言則哲言也。○陳逢衡云：不文而辯，謂不必繁稱文辭而自中典要。○朱右曾云：數之言速也。度應，以法度應之。辯，慧也。○朱駿聲云：文，讀爲紊。

難決以物，難悦以守，一而不可變，因而不知止，曰愚依人也。

〔**彙校**〕因，盧改「困」；丁從，又依經旨於「依人」下增「者」字。○盧文弨云：《大戴》作「難投以物，難説以言，知一如不可以解也，困而不知其止，無辯而自慎，曰愚戇者也」。案此亦當補「言」字，以「守一」屬下句。○王念孫云：「決」當爲「設」。難設以物，正與上文「設之以物」相應。上文「設之以物而數決」，言其智也。此云「難設以物，難説以言」者，設之以物而不能決，説之以言而不能喻，言其愚也。今本「設」作「決」，即涉上文「數決」而誤。《大戴記》作「難投以物」，「投」亦「設」之誤，則本作「設」明矣。○朱右曾云：「依」當爲「隱」，聲之誤也。隱，暗也。○俞樾云：「依」字義不可通，疑是「㐹」字之誤。「㐹」乃古旅字，《説文》曰：「古文以爲魯衛之魯。」然則「愚㐹」猶愚魯也。「㐹」誤作「衣」，因誤作「依」矣。《武稱篇》「冬寒其衣服」，衣亦㐹字之誤，説已見前。此文又加人旁作依，學者益無從是正矣。

〔**集注**〕盧文弨云：依，當讀爲薆，蔽也。○潘振云：依，斧依，取蔽翳之義。遇事物而不能斷，難決之以物；值倉猝而不能應，難説之以守；拘於文，則一而不知通變之方；昧於辯，則窮而不知當止之理，此愚蔽之人，其言則愚言也。○陳逢衡云：難決以物，事至而不能決也；難説以言，固執而不能以言諫也。○朱右曾云：《白虎通》、《廣雅》並云：「衣，隱也。」《禮·中庸》注云：「齊人言殷聲如衣。」殷、隱、衣、依古聲並同。○朱駿聲云：愚依人，猶言録録因人成事也。

營之以物而不誤，犯之以卒而不懼，

〔**彙校**〕盧文弨云：《大戴》「不誤」作「不虞」，盧注云：「虞，度也」。

【集注】潘振云：誉，治也。言以事物使治之，而其言不誤；以倉猝干犯之，而其言不懼。○陳逢衡云：誉，亂也。物，事也。煩而御之以簡，動而鎮之以静，故不誤，謂臨事不惑也。誤與虞通。《魯頌·閟宫》：「無貳無虞」，毛傳：「虞，誤也。」

置義而不可遷，臨之貨色而不過，曰果敢者也。

【彙校】盧文弨云：《大戴》「不過」作「不可誉」，誉猶亂也。末句作「曰絜廉而果敢者也」。(丁宗洛云：絜同潔。)

【集注】潘振云：立義，則其言一定而不遷。臨貨色，則其言辭卻而不失。此果敢之人，所謂敢言者也。○陳逢衡云：置義而不可遷，勇於赴義也。臨之貨色而不過，目不過心亦不過，拒之決絶也。○朱右曾云：置，立也。不過，猶云不顧。

移易以言，志不能固，已諾無決，曰弱志者也。

【彙校】盧文弨云：「移易」當從《大戴》倒轉。

【集注】潘振云：求而不應曰已，許而不辭曰諾。其言移易，内則志不能固，外則已諾無決。此弱志之人，所謂怯言者也。○陳逢衡云：移易以言，失其守者，其辭支也。志不能固，奪於外也。已諾無決，謂已應諾之事而又揺惑也。○于鬯云：已與諾反，已即不諾也。故《小戴·表記》云：「是故君子與其有諾責也，寧有已怨。」鄭注云：「已，謂不許也。」《荀子·富國篇》云：「已諾不信則兵弱。」又《王霸篇》云：「刑賞已諾，信乎天下矣。」是已諾連文，亦古人恒語。亦言諾已。《管子·形勢解》云：「聖人之諾已也，先論其理義，計其可否，義則諾，不義則已；可則諾，不可則已。」

《王霸篇》楊注亦云：「諾，許也；已，不許也。」然則已諾無決，謂許不許不能決斷，正合與上文言「易移以言，志不能固」者同爲一類弱志之人也。

順予之弗爲喜，非奪之弗爲怒，

〔集注〕潘振云：言出言而人順予之不作喜，非奪之不作怒。

沉静而寡言，多稽而險貌，曰質静者也。

〔彙校〕盧文弨云：《大戴》「險」作「儉」，古通用。○潘振云：「險」當作「儉」，收斂之義也。

〔集注〕潘振云：性不淺露曰沈，心不妄動曰静。性潛心静而少言，言多稽遲而收斂其貌，不以賢智先人，此質實以尚賢，寧静而善思者也。《易》曰：「吉人之辭寡。」此之謂矣。○朱右曾云：多稽，學之博；儉貌，心之廉。○劉師培云：險、儉均斂叚，即不形於色也。

屏言弗顧，自順而弗護，非是而彊之，曰始誣者也。

〔彙校〕此句盧從《大戴》「言」下增「而」字，「護」改「讓」，「始誣」改「妬誣」，云：今《大戴》作「始妬誣」，蓋本是「妬誣」，故盧注云：「謂妬賢誣善。」必是校者見《周書》誤，本因記一「始」字於「妬」字旁，遂致衍耳，今改正。○朱右曾云：「屏」當爲「辨」。

〔集注〕潘振云：妬，娼嫉也。誣，謗也。若夫非奪之而怒，屏棄衆言而不顧，人不順予而自順之，不讓於人，多言不斂其貌，非是者彊以爲是，此妬賢誣善者也。《易》曰：「誣善之人其辭游。」此之謂矣。○陳逢衡云：屏，辯通。屏言，便言也。弗顧者，言與行違也。妬，忌也。誣，謂輕佻失據。○朱右曾云：自順，恣意自遂。

微而能發，察而能深，寬順而恭儉，温柔而能斷，果敢而能屈，曰志治者也。

〔彙校〕盧文弨云：《大戴》作「徵清而能發，度察而能盡，曰治志者也」，少三句。

〔集注〕潘振云：微而能發，微顯而闡幽也。察而能深，研幾而極深也。觀其體象，性雖温和柔巽，而能斷其事，氣雖果決勇敢，而能屈於人，此志有條理而不亂者。○陳逢衡云：温柔而能斷，則非婦人之仁；果敢而能屈，則非匹夫之勇。

華廢而誣，巧言令色，皆以無爲有者也。此之謂考言。

〔彙校〕盧文弨云：《大戴》無「廢」字。「令色」下《大戴》衍「足恭一也」四字，又「言」作「志」。○朱駿聲云：「廢」當作「痑」，字之誤也。

〔集注〕盧文弨云：《詩》：「廢爲殘賊」，王肅云：「廢，大也。」張湛注《列子·楊朱篇》同此，亦當作大解。○陳逢衡云：華有虚義。後漢《馬融傳》注：「華譽，虚譽也。」○朱右曾云：誣，無實也。

三曰：誠在其中，必見諸外。以其聲，處其實。

〔彙校〕盧文弨云：《大戴》「實」作「氣」，此下亦作「氣」。○劉師培云：《大戴》「必」作「此」，盧注云：「此，上之諸志。」則所據之本亦作「此」。《五行大義・十四》引《大戴》作「必見」，蓋非盧本。

〔**集注**〕潘振云：處，分別也。言誠於中，必形於外，以其聲分別其心之實。心者，聲之所從出也。○陳逢衡云：實，情實也。○朱右曾云：處，定也。

氣初生物，物生有聲，

〔**彙校**〕盧文弨云：氣初生物，《大戴》作「初氣主物」。

聲有剛柔清濁好惡，咸發于聲。

〔**彙校**〕有剛柔清濁好惡，《大戴》作「有剛有柔，有清有濁，有好有惡」。○于鬯云：「聲」字當作「氣」，必涉上下文諸聲字而誤。不知言聲有剛柔、清濁、好惡，咸發于氣，故下文即云「心氣華誕者，其聲流散」云云。且若作「聲」，則既言「聲有」，又言「發于聲」，意義重複無理，此誤字之顯然者。或謂下文言心氣，則安知非「心」字之誤，而必知「氣」字者？下文又云：「信氣中易，義氣時舒，和氣簡備，勇氣壯力。」舍心而專言氣。若此作「心」，則彼諸氣字失所承矣。惟聲發於氣，故上文云「以其聲處其氣」，下文云「聽其聲處其氣」，此尤作「氣」之明證。《大戴・文王官人記》亦誤爲「聲」，宜放此訂正。

〔**集注**〕潘振云：「好惡」屬下讀。陽氣健，故剛；陰氣順，故柔。禀陽氣盛者聲清，禀陰氣盛者聲濁。言陰陽二氣化生萬物，物皆有聲，而人聲爲貴；聲有不同，性情之好惡皆從此發。氣者，聲之所由來也。○陳逢衡云：剛柔、清濁、好惡六者，察聲之大端。

心氣華設者，其聲流散；

〔彙校〕設，諸本作「誕」，《大戴》同，盧從。

〔集注〕潘振云：浮華故流，流者，如水之流也。妄誕故散，散，放也。○陳逢衡云：華，不實也；誕，妄也；流散，飄忽也。

心氣順信者，其聲順節；

〔集注〕潘振云：馴順則不浮，故聲順；誠信則不誕，故有節。○陳逢衡云：順，慎也；信，實也。順節，語有倫次也。

心氣鄙戾者，其聲醒醜；

〔彙校〕盧文弨云：「醒」字誤，《大戴》作「斯」，盧注云：「嘶當聲誤爲斯。」

〔集注〕潘振云：鄙，凡陋也。凡陋故醒，醒者，聲如醉解也。乖戾故醜，醜，惡也。○陳逢衡云：鄙，粗鄙；戾，乖戾也。《禮·内則》「烏皫色而沙鳴鬱」注：「沙猶嘶也。」《釋文》：「嘶音西，字又作斯，音同。」《正義》曰：「嘶謂酸嘶，古之嘶字單作斯耳。」《周禮·内饔》注：「沙，澌也。」《漢書·王莽傳》「莽爲人大聲而嘶」注：「嘶，聲破也。」《方言》：「㾷，破散也。東齊聲散曰㾷，秦晉聲變曰㾷。」《説文》：「㾷，散聲也。」「誓，悲聲也。」案斯、澌、㾷、誓俱通用。醜，愧恥也。

心氣寬柔者，其聲温和。

〔彙校〕温和，《大戴》作「温好」。

〔集注〕潘振云：寬洪則不鄙，故温。温者，其聲渾厚，非醉解也。柔巽則不戾，故和。和者，其聲不乖，非惡聲也。

信氣中易，義氣時舒，和氣簡備，勇氣壯力。

〔彙校〕《大戴》「和」作「智」，「力」作「直」。○王引之云：「和」當爲「知」，知與智同。智氣、勇氣對文。知、和字相似，又涉上文「温和」而誤。《大戴記》正作「智氣」。

〔集注〕潘振云：承上文推言之，適中而平易，應時而舒展，簡略而完備，壯盛而有力，聲各如其心氣而發也。

聽其聲，處其氣，考其所爲，觀其所由。

〔彙校〕《大戴》此下有「察其所安」一句。

以其前，觀其後；以其隱，觀其顯；以其小，占其大，此之謂視聲。

〔彙校〕盧文弨云：《大戴》「觀」皆作「占」，中間一句作「以其見，占其隱」。又「視聲」作「視中」。○王念孫云：此本作「以其顯，觀其隱」。人之聲顯而易見，其心氣則隱而不可見，故曰「以其顯，觀其隱」，即上文所云「聽其聲，處其氣」也。今本顯、隱二字互易，則義不可通。《大戴記》作「以其見，占其隱」，見亦顯也。

〔集注〕潘振云：凡人之情，每忽於前而勉於後，忽於隱而勉於顯，忽於小而勉於大。觀人不於其所勉，而於其所忽，然後可以見其所由之實也。占，視也。

四曰：民有五氣，喜、怒、欲、懼、憂。

〔彙校〕五氣，《大戴》作「五性」。

〔集注〕潘振云：五氣者，性附氣而動，其目有五也。喜，樂也。怒，恚也。欲，貪欲。悚然於事變之既至曰懼。戚然於事變之將來曰憂。

喜氣内蓄，雖欲隱之，陽喜必見；

〔彙校〕蓄，鍾本作「畜」，《大戴》同。又《大戴》「陽喜」作「陽欲」。○劉師培云：《文選·七發》云：「然陽氣見于眉宇之間」，李注云：「《周書》曰：民有五氣，喜氣内蓄，雖欲隱之，陽氣必見。」引「陽喜」作「陽氣」，與今本殊。

〔集注〕潘振云：五氣動於内，雖欲隱之，氣屬陽而必見也。

怒氣内蓄，雖欲隱之，陽怒必見；欲氣、懼氣、憂悲之氣皆隱之，陽氣必見。五氣誠於中，發形於外，民情不可隱也。

〔集注〕潘振云：誠於中，形於外，民情不可隱也。此色之所由形也。下文遂言色。

喜色猶然以出，怒色薦然以侮；

〔彙校〕盧文弨云：《大戴》「猶」作「由」，盧注云：「當爲『油』。」又「出」作「生」，「薦」作「拂」。○王引之云：薦字義不可通。「薦」當爲「茀」，字形相近而誤也。茀與艴同。《孟子·公孫丑篇》：「曾西艴然不悦。」趙注曰：「艴然，愠怒色也。」《楚策》曰：「王怫然作色。」怫與茀皆艴之借字也。《大戴記》作「怒色拂然以侮」，拂亦艴之借字，以是明之。○朱駿聲云：「出」當爲「由」，「薦」當爲「麤」。

〔集注〕潘振云：猶，身摇動也。猶然，喜貌。出，生也。薦，《大戴禮》作「拂」，拂然，怒貌。人怒則不敬，故曰侮也。○陳逢衡云：《爾雅·釋詁》：「鬱、陶、繇，喜也。」郭注《禮記》曰：「人喜則斯陶陶，斯詠詠，斯猶猶。」即繇也。薦，進也。《荀子·儒效》「以相薦樽」注：「薦、樽皆謂相陵駕也」。○朱右曾云：猶然，舒和貌。薦然，如廌之怒。廌，神獸也。《説文》：「薦，獸之所食草。古者神人以廌遺黄帝。」

欲色嫗然以愉，懼色薄然以下，憂悲之色瞿然以静。

〔彙校〕盧文弨云：《大戴》「愉」作「偷」。惠云：「愉」、「偷」通。又「瞿」作「纍」。○王念孫云：《玉藻》説喪之視容曰「瞿瞿梅梅」，則瞿然乃視容，非色容也。又案：經傳中凡言瞿然者皆是驚貌。《説文》作「䀠」，云：「舉目驚䀠然也。」則又不得言瞿然以静矣。《大戴記》作「纍然以静」，是也。《玉藻》「喪容纍然」，鄭注曰：「羸，憊貌也。」《家語·困誓篇》注曰：「纍然，不得意之貌。」故曰「憂悲之色，纍然以静」。纍字上半與瞿略相似，因誤而爲瞿矣。○朱駿聲云：「瞿」當爲「罄」。五句皆韻語。

〔集注〕潘振云：嫗然，欲貌。愉，悦也。薄，迫也。薄然，懼貌。凡人心壯則氣昂，心懼則氣下。下，降也。瞿然，驚變也。静，審也，謀也。○陳逢衡云：嫗然以愉，謂和悦也。嫗然，好色貌。薄然以下，厭然消阻之貌。瞿，瞪視也。

《漢書·惠帝贊》：「聞叔孫通之諫則懼然。」師古曰：「懼讀曰瞿。瞿然，失守貌。」又《東方朔傳》：「吴王懼然改容。」師古曰：「懼然，失守之貌也。」○朱右曾云：嫗然，欲得之貌，如雞將伏卵然。愉讀爲偷，苟且求悦人也。薄，懼也。瞿，《禮》作「纍」。《玉藻》云：「視容瞿瞿。」注云：「不審之貌。」

誠智必有難盡之色，誠仁必有可尊之色，

〔集注〕潘振云：誠智，謂實有是智也。智不可窮，故難盡。仁以長人，故可尊。○陳逢衡云：難盡之色，謂不與人以揣測也。誠智，言非假托之智。誠仁則安敦而高厚，故必有可尊之色。

誠勇必有可新之色，誠潔必有難汙之色，誠□必有可信之色。

〔彙校〕「誠勇」下盧據《大戴》補「必有難懾之色，誠忠」八字，云：《大戴》「新」作「親」。○潘振云：「新」當作「親」。忠於人，故可親。

〔集注〕潘振云：勇者不懼，故難懾。身心皆潔，是至白也，故難汙。表裏皆静，非色莊也，故可信。○陳逢衡云：誠忠則内外如一，故必有可親之色。誠潔則夷、齊是已，故必有難汙之色。誠静則坦率自然，故必有可信之色。

質浩然固以安，僞蔓然亂以煩，雖欲改之，中色弗聽。此之謂觀色。

〔彙校〕盧文弨云：質字、僞字下《大戴》皆有「色」字。「浩」作「皓」，「蔓」作「緩」，「改」作「故」。盧注云：「言雖欲故隱之於中，而無奈色見於外。」

〔集注〕潘振云：質，正也。浩然，盛大流行之貌。蔓，《大戴禮》作「縵」，縵然，雜貌。言正色浩然貞固以安恬，僞色縵然雜亂以煩擾也。○陳逢衡云：質色本乎天真，故無虚假。浩，皎通。固，堅固。安，舒也。僞色與質色相反。蔓然，轇葛紛紜之貌。亂以煩，内多欲而顛倒也。雖欲改之，中色弗聽，則人之視己如見其肺肝矣。○朱右曾云：浩然，浩浩然無所阻閡也。中色，誠中之色。

五曰：民生則有陰有陽。人多隱其情，飾其僞，以攻其名。

〔彙校〕盧文弨云：《大戴》此句上有「以賴於物」一句。

〔集注〕潘振云：陰主隱，陽主見，人多隱其情實，飾其詐僞，以取其名，陰之所爲也。此隱之所由來也。攻，取也。○陳逢衡云：内藏曰陰，外見曰陽。隱其情，陰也；飾其僞，陽也。攻，專治也。○朱右曾云：盧辯云：「人含陰陽之氣，生而有知，有知故生隱僞情實。」攻，取忠誠也。

有隱於仁賢者，有隱於智理者，有隱於文藝者，有隱於廉勇者，有隱於交友者：如此，不可不察也。

〔彙校〕仁賢，《大戴》作「仁質」。「廉勇者」下盧據《大戴》補「有隱於忠孝者」。

〔集注〕潘振云：此隱之目也。仁以德言，賢以行言，智以性言，理以道言。成章爲文，成技爲藝，不貪爲廉，敢行爲勇，移孝可以作忠，故亦連言之。○陳逢衡云：隱於仁賢，謂以此自掩，蓋博虚譽也。餘倣此。○丁宗洛云：隱是掩著意。掩其不仁不賢，令人見之竟似仁賢。

小施而好德，小讓而爭大，

【彙校】盧文弨云：好德、爭大，《大戴》作「好大得」、「好大爭」。

【集注】潘振云：德與得同，貪得也。言小惠施人而好之在得，小利讓人而爭之於大。○朱右曾云：好德，好人之德己。

言願以爲質，□愛以爲忠，尊其得以改其名：如此，隱於仁賢者也。

【彙校】缺處盧據《大戴》補「僞」。改，朱據《禮》訂「攻」。○盧文弨云：「願」當與「愿」同，盧注《大戴》以爲聲誤。此下《大戴》有「面寬而貌慈，假節以示之」二句。尊其得以改其名，《大戴》作「故其行以攻其名」，盧注云：「故爲是行。」○朱右曾云：「願」當爲「愿」，慤也。

【集注】潘振云：願，謹厚也。言托謹厚以爲本然之質，行僞慈愛以爲盡己之忠。世人不察，以其有得於身心也而尊之，以更其美名。如此者，僞爲仁賢而無情實者也。○陳逢衡云：言願，猶「願言」也。願，如不願乎？其外之願言，其人本無質行，而恒稱道於人，以自表白也。改其名，行違也。○朱右曾云：尊得攻名者，表暴其一德以取美名。

前總唱功，慮誠弗及，佯爲不言；內誠不足，色示有餘；自順而不讓，措辭而弗遂：此隱於智理者也。

【彙校】功，程本、趙本、吳本作「切」。陳據《大戴》刪「前總唱功」四字。○盧文弨云：《大戴》無此四字，有「推前惡忠府知物焉，首成功，少其所不足」十六字。「惡」一作「恃」，與此文義皆難曉。「色亦有餘」下《大戴》有「故知以動人」一句。「措辭而不遂」下《大戴》有「莫知其情」一句。○丁宗洛云：唱功之「唱」與「倡」通，慮誠之「誠」疑「識」訛。

〔集注〕潘振云：禾本全曰總，喻粗也。發歌句曰唱，喻發端也。措，舉也。遂，盡也。言前粗發其功，而後不精其理，智慮實不及於理，而佯爲不言；心内所慮之理，實不足於中，而色示有餘；自以爲順理而不讓於人，舉辭而故爲，不肯盡言於人，使人莫知其僞，皆以爲慮誠及，内誠足也。○陳逢衡云：慮誠不及，短於謀也。佯爲不言，奸深以文其固陋也。内誠不足，色示有餘，亡而爲有，虚而爲盈，約而爲泰也。自順而不讓，自順其非而不少遜也。措辭而不遂，謂不終竟其辭，而恒吞吐其言，各居是非之半也。○丁宗洛云：蓋自矜才智者，凡事皆欲專任之，倡始之。然慮其識有不及，又假作聰明内藴之狀，其實則内誠不足，色示有餘也。○朱右曾云：前，猶始也。唱，導也。始則總率而唱導其功。遂，直也，言留其不盡。

動人以言，竭而弗終；問則不對，佯爲不窮；□貌而有餘，

〔彙校〕盧文弨云：竭而弗終，《大戴》作「涉物而不終」。□貌而有餘，《大戴》作「色示有餘」。○王引之云：自「貌而有餘」以上五句皆四字爲句，「貌」上本無闕文，「而」讀爲「如」。貌如有餘，正承「佯爲不窮」而言。《大戴記》作「色示有餘」，則本無闕文明矣。

〔集注〕潘振云：言感動人以文藝之言。學淺易盡，而不終言之。人問而不對，佯爲不窮，貌示有餘。○陳逢衡云：謂以難喻之言動人，如臧三耳之類。竭，揭也。既揭其旨，而又弗終其説以啓人。

假道而自順，因之□初，窮則託深：如此者，隱於文藝者也。

【彙校】盧文弨云：□初窮則託深，《大戴》作「用之物窮則爲深」。

【集注】潘振云：假借其道，以自順其言，非真有道也。但依之而已，故其言有初而無終。及其窮也，託爲深不可測，故問而不對也。

□言以爲廉，矯厲以爲勇，

【彙校】盧文弨云：□言以爲廉，《大戴》作「廉言以爲氣」。○陳逢衡云：「□言」疑是「矯言」。

【集注】潘振云：言以爲廉，非真廉也，口説而已。揉曲爲矯，又託也，與橋通。矯勉以爲勇，非真勇也，託辭而已。○陳逢衡云：矯言以爲廉，廉於口而不廉於心也。矯勇以爲勇，勇於外而不勇於内也。○朱右曾云：矯厲，矯情厲色也。

内恐外誇，亟稱其説，以詐臨人：如此，隱於廉勇者也。

【彙校】盧文弨云：《大戴》作「内恐外悴，敬再其説」。王懷祖謂「敬再」乃「苟再」之譌，「苟」讀若「亟」，「再」古「稱」字。文弨案：「外悴」乃「外誇」之訛，或改「悴」爲「悻」，非。「敬」亦「亟」之訛，形相近。亟，欺冀反。苟，己力反。此「亟」不讀爲急，則「苟」字非也。

【集注】潘振云：内恐人知，外誇於人，亟稱舉其廉勇之説，以詐譎臨制其人，人不知其僞也。○陳逢衡云：内恐外誇，外彊中乾，色厲而内荏也。亟稱，猶《孟子》「亟稱於水」之意，蓋謂言之不已，欲以見信於人，而實則借以售其詐也。○朱右曾云：亟，數也。

自事其親，而好以告人；

〔彙校〕盧文弨云：《大戴》又有「乞言勞醉，而面於敬愛」二句。

〔集注〕陳逢衡云：自事其親而好以告人，欲以孝聞於人也。

飾其見物，不誠於内；發名以事親，自以名私其身；如此，隱於忠孝者也。

〔彙校〕盧文弨云：「飾其見物」下《大戴》又有「故得其名，名揚於外」二句。發名以事親，《大戴》作「伐名以事其親戚，以故取利，分白其名，以私其身」。案：「發」與「伐」同，此作「發」，《大戴》多作「伐」字。

〔集注〕潘振云：見物，謂著見之事，如定省溫清皆是。言自事其父母，於人何與，而好以告之。緣飾其著見之事，不誠於心，此非明善誠身以順乎親者。友或不察而信之，以獲乎上，於是宣發其忠孝之名以事父母，自以名爲身之私物也。○陳逢衡云：發與伐通，誇也。蓋以親弋名而求重於世也。○丁宗洛云：發名，猶《大學》發身、發財之發。○朱右曾云：見物，人所共見之事，若割股、廬墓之類。見音現，下同。

比周以相譽，知賢可徵，而左右不同；

〔彙校〕盧文弨云：此句上《大戴》有「陰行以取名」一句。

〔集注〕潘振云：比，黨也；周，徧也。《論語》：「比私而周公。」此取與人親厚之意爾。左右，助也。不同，不合也。言比黨周徧，彼此互相標榜，知賢人可徵信於民而故助之。○陳逢衡云：比周以相譽，朋黨也；知賢可徵，已知其人矣。而左右不同，故鑿枘以示之，蓋將招之使附己也。○朱右曾云：結黨相譽，知賢名之可求而相爲左右也。

不同而交，交必重□；心説而身弗近，□□而實不至，

〔彙校〕盧删「不同」二字，「而交」連上「而左右不同」爲句。陳未從。缺處盧據《大戴》分補「己」、「身近」三字。

〔集注〕潘振云：不合而故交之，使比周之交，以我交賢而重我，心悦借賢以自重，而其身未嘗近賢。即近賢，而好賢之誠不至。○陳逢衡云：不同而交，則其人必尊我，而不相背，故必重己。心説而身不近，使之遥聞聲而相思也。身近而實不至，不示人以璞也。○朱右曾云：實，實德也。能爲己重故心説，憚其嚴正故身弗近，即近焉實亦弗至。

懼不盡見於衆而貌克：如此，隱於交友也。此之謂觀隱。

〔彙校〕懼不，《大戴》作「懽忠」。「友」下盧據《大戴》補「者」字。○王念孫云：「懼不盡」三字義不可通，「懼」當爲「懽」，字之誤也。此言心説賢者而身不近之，雖近之亦徒有虚名而實不至，又不盡其懽也。《大戴記》作「身近之而實不至，而懽忠不盡」，是其證。○陳逢衡云：貌克，疑當作「貌充」。貌充心虚，見《列子》。○劉師培云：《雜志》云「懼」當作「懽」，王説是也。「不盡」與「不至」對文。

〔集注〕潘振云：其交賢之名，懼不盡著於衆而貌勝之，衆相傳爲能好賢矣，誰知其僞哉？○陳逢衡云：懼不盡見於衆而貌克者，惟恐知我之盡而畢露於顔面以求勝也。○朱右曾云：但懼衆不知其能交賢士，故貌爲親密耳。克，

能也。

六曰：言行不類，終始相悖，外内不合，雖有假節見行，曰非成質者也。

〔彙校〕成，朱右曾據《大戴》訂「誠」。○盧文弨云：《大戴》「假」作「隱」。○丁宗洛云：此段自「有仁」至「交友」凡十節，皆説好者，自「僞詐」至「竊名」凡四節，皆説不好者，而首節「非成質」先列一不好者在前，似不相類，或有錯簡。

〔集注〕潘振云：不類，或善、或惡也。悖，猶背也。相背者，或終善而背乎始之惡，或終惡而背乎始之善也。外指言行，内指性。言言行或善或惡，性本善而無惡，不合也。雖有假借之節操，著見之德行，非有一成之美質者也。質，地也。○陳逢衡云：類，善也。○朱右曾云：節非所安，故曰假；行皆緣飾，故曰見。

言忠行夷，争靡及私，□弗求及，情忠而寬，貌莊而安，曰有仁者也。

〔彙校〕□弗求及，丁據《大戴》補改爲「施弗求多」，朱右曾從。○盧文弨云：《大戴》云：「其言甚忠，其行甚平，其志無私。施不在多，静而寡類，莊而安人，曰有仁心者也。」○孫詒讓云：□弗求及（朱校從《大戴禮》作「施弗求多」），情忠而寬貌，盧云「《大戴》云『施不在多，静而寡類』」。案：此當作「情忠而寡貌」，《大戴》「寡」字不誤，當據以校正。彼情作静者，同聲叚借字。貌作類，則貇之形誤也。（詳王氏《經義述聞》。）情忠而寡貌者，忠、中古通，謂中誠信而外少文貌。《大戴禮記·主言篇》云「多信而寡貌」，與此文義略同，可以互證。（《大戴》亦當作「多静而寡貇」，王引之謂當作「静忠而寬貇」，未塙，詳《大戴禮記斠補》。）

〔集注〕潘振云：平易之謂夷。因事而曲直相形，故争。靡，無也。靡及私，則公矣。我所欲曰及。弗求及，非欲也。

忠，情厚也。寬，言有裕。莊，貌嚴也。安，則自然矣。有仁德，故其形外如此也。○陳逢衡云：忠，直也。夷，平也。争靡及私，急公也。情忠而寬，主乎内者，直而温也。貌莊而安，見於外者，敬而和也。○朱右曾云：言發于中，行歸于庸，所争必公。求多，求人之以己爲多。

事變而能治，效窮而能達，措身立方而能遂，曰有知者也。

〔彙校〕盧文弨云：此句上《大戴》有「物善而能説」一句，又「效」作「浚」，「有知」作「廣知」。

〔集注〕潘振云：效，驗也。措，委置也。措身，猶言致身。言事變而能理，效窮而能通，委身立義而能成，此有智德者也。○陳逢衡云：效窮而能達，屈而能信也。措身立方而能遂，謀無弗成功，無弗就也。○朱右曾云：效，功；遂，成也。不苟合于世而能保身以遂志。

少言以行，恭儉以讓，有知而言弗發，有施而□弗德，曰謙良者也。

〔彙校〕盧文弨云：《大戴》作「有知而不伐，有施而不置」，置與德同。○王念孫云：此文本作「有知而弗發，有施而弗德」，發讀曰伐。上文「發其所能」、「發名以事親」，《大戴記》作「伐」。「有知而弗伐」、「有施而弗德」，皆五字爲句。上句本無「言」字，下句亦無闕文，後人於「弗發」上加「言」字。後人不知「發」與「伐」同而誤，以爲「發言」之發，故加「言」字，則上句多一字矣。校書者不知「言」字爲後人所加，而以爲下句少一字，遂於下句内作空圍以對「言」字，此誤之又誤也。《大戴記》正作「有知而不伐，有施而不置」。

〔集注〕潘振云：言寡言以力行，恭儉以讓人。惟其力行，故有知而不發其言；惟其讓人，故有施而弗矜其德。此謙遜而易直者也。謙主讓，良主行。〇陳逢衡云：少言以行，慎於言而敏於事也。恭儉以讓，則能下人矣。

微忽之久而可復，幽閒之獨而弗克，其行亡如存，曰順信者也。

〔彙校〕盧據《大戴》「微忽之」下增「言」字，「幽閒之」下增「行」字。又云：其行亡如存，《大戴》作「行其亡，如其存」。〇朱駿聲云：「克」亦當作「充」。〇孫詒讓云：「克」當爲「兑」之誤。「兑」與隊通。獨而弗兑，言不爲獨處隊行也。〇劉師培云：《斠補》以「克」爲「兑」，是也。讀「兑」爲隊則非。《淮南・本經訓》云：「其行侻而順情。」高注：「侻，簡易也。」《玉篇・人部》「侻」字注云：「一曰輕也」。「弗兑」即「弗侻」之省，謂幽閒之行不以獨處而忽也。又戴望校語云：「克、怠艸書形近，克或怠訛。」今考《法苑珠林・六十一》載佛圖澄引先民之言曰：「不曰慎乎？獨而不怠。」是戴説亦通。

〔集注〕潘振云：微忽，微細而易忽者。久而可復，久要不忘平生之言也。幽，幽深。閒，閒雅。己之所獨，人弗之能。友人死亡，我行其事如友人存時，順情而信實也。〇陳逢衡云：微忽之言，久而可復，庸言必信也。幽閒之行，獨而弗克，庸行必謹也。行亡如存，能主敬也。〇朱右曾云：幽閒，幽室閒居。慎行于獨，非求勝人也。亡如存，所謂死者可作，生者不愧。

貴富恭儉而能施，嚴威有禮而不驕，曰有德者也。隱約而不懾，安樂而不奢，勤勞而不變，喜怒而有度，曰有守者也。

〔集注〕潘振云：隱約，如窮而未達，仕而見黜皆是。安樂，富貴也。易其心曰變，生怨懟也。有節制曰度，不太過也。此處境能守者。○陳逢衡云：窮不失志故不懾，富而好禮故不奢。○朱右曾云：變謂變易其忠勤之志。

直方而不毁，廉絜而不戾，彊立而無私，曰有經者也。

【彙校】盧文弨云：《大戴》「有經」作「經正」。

【集注】潘振云：直，其正也。方，其義也。毁即毁方之毁，謂去己之大圭角也。有經者，謂制行有常也。

虚以待命，不召不至，不問不言，言不過行，行不過道，曰沈静者也。

【彙校】待，程本、趙本、吴本作「侍」。○盧文弨云：《大戴》作「静以待命」。

【集注】潘振云：虚，空也，仕不受禄之謂。不過行，顧行也。不過道，合道也。沈静者，性沈潛而心寧静也。○陳逢衡云：虚以待命，不急仕也。不召不至，其品重也。不問不言，不越俎也。言顧行，行顧言，是爲不過。

忠愛以事親，驩以盡力而不回，敬以盡力而不□，曰忠孝者也。

【彙校】盧文弨云：《大戴》作「歡欣以敬之，盡力而不面，敬以安人，以故名不生焉」。《初學記》引《周書》亦作「歡以敬之，盡力而不固，敬以安之」。案「回」與「固」皆「面」之訛，即上文所云「面於敬愛」是也。缺處疑是「名」字，亦見上文。○「驩以盡力而不回，敬以盡力而不□」二句，朱右曾據《初學記》訂爲「驩以敬之，盡力而不固，敬以安之」，云：「固」當依《禮》作「面」。○劉師培云：據《初學記》所引，「敬以安之」似與「驩以敬之」對文，「盡力而不□」五字似未可删。

〔集注〕潘振云：言盡力於親。心驩而不僅色愉，内敬而不求外譽，事親之忠愛如此也。○陳逢衡云：忠愛，愛出於誠也。驩以盡力，勞而不怨也。驩，喜悦也。回，邪也。事親以道不衺邪也。

合志而同方，共其憂而任其難，行忠信而不疑，□隱遠而不舍，曰□友者也。

〔彙校〕下缺處程本、鍾本、吴本、王本作「交」。○盧文弨云：「隱」上□，《大戴》是「迷」字。○朱右曾「隐」上補「迹」，云：《禮》作「迷」，蓋「迹」字之訛。

〔集注〕潘振云：難，患難。迷，惑也。志皆在道而合，趨向之方自同，言講習也。講習相契，故知彼之所行。氣誼相投，故彼雖迷於隱遯遠去，而我不舍。○朱右曾云：方，嚮也，志之所嚮。任，擔持之也。隱遠不舍，言迹睽而心合。

志色亂氣，其人甚偷，進退多巧，就人甚數，辭不至，少其所不足，謀而不已，曰僞詐者也。

〔彙校〕所，丁從汪本作「聽」。○盧文弨云：此處脱落甚多。《大戴》云：「心色辭氣，其入人甚俞；進退工故，其與人甚巧；其就人甚速，其叛人甚易，曰位志者也。飲食以親，貨賄以交，接利以合，故得望譽，征利而依隱於物，曰貪鄙者也。」「辭不至」上有「質不斷」一句。○丁宗洛云：「至少」疑「主少」訛，言不以少爲主也。

〔集注〕潘振云：進退，指容貌而言。就，從也。○陳逢衡讀「辭不至少」句，云：偷，苟且也。進退多巧，虚而委蛇也。就人甚數，貌爲親暱也。辭不至少，多爲言説以悦人也。其所不足，謀而不已，患得之心甚也。○丁宗洛：數，煩數也。

言行亟變，從容克易，好惡無常，行身不篤，曰無誠者也。

【彙校】盧文弨云：《大戴》「克易」作「謬易」，「不篤」作「不類」，又「無誠」下有「志」字。〇王念孫云：「克易」二字義不可通，「克」當爲「交」。隸書交作㚇，克作克，二形相似，故交誤爲克。上文「言行不類，終始相悖，外内不合」，《大戴記》「外内不合」上有「陰陽交易」四字，今本交字亦誤作克。從容，舉動也。從容與言行對文。從容交易，言其舉動之變易無常也。《宣十二年·公羊傳》曰：「君之不令臣交易爲言」，義與此相近。「言行亟變」四句大意相同，皆謂其性行之無常也。《大戴記》作「從容謬易」，義亦與交易同。〇朱駿聲云：「克」當依《禮》作「謬」。

【集注】潘振云：易，治也，文飾之謂。行身，猶言行己。篤，猶純也。言其言無定，其行無恒，數變易而不可測。言其外則從容不迫，而能文飾之；言其内則好惡無常，而莫忖度之。行身不純，此無誠之人也。〇陳逢衡云：從容克易，舉動反覆也。行身不篤，後先易轍也。〇朱右曾云：從容克易，言安然變易無慙怍。

少知而不大決，少能而不大成，規小物而不知大倫，曰華誕者也。

【彙校】盧文弨云：《大戴》「少」俱作「小」。又「規」作「顧」，「倫」作「論」，古倫、論通用。下又有「亟變而多私」一句。

【集注】潘振云：少知、少能，謂稍有知、稍有能也。規，謀也。人惟真實無妄，故大決、大成知大倫。否則小知、小能謀小事而已。此華而不實，誕而多妄者也。〇陳逢衡云：規，猶規規也，小見之貌。〇朱右曾云：略有知能便自誇詡，故曰華誕。

規諫而不類，道行而不平，曰竊名者也。

〔彙校〕劉師培云：「類」疑「狠」誤，猶上文「寬貌」《大戴》作「寡類」也。不狠，猶言不摯。上文「行身不篤」《大戴》作「不類」，「類」亦「狠」訛。篤義符狠。若作類字，則與篤殊。

〔集注〕潘振云：正圜以規使依度，猶正君以禮使入德，故謂之規諫。言越職言事，規諫而不善，幸而諫行言聽，猶不平其心，此盜名之人也。圜、圓同。○陳逢衡云：類，善也。規諫而不類，謂諍人則是，而自治則非也。道，引導也。道行而不平，謂立訓則正，而率由則乖也。○朱右曾云：道行猶云行道，不平曰多詭異也。

故曰：事阻者不夷，時□者不回，果敢者也。飾貌者不靜，假節者不平，多私者不義，揚言者寡信。

〔彙校〕果敢者也，盧據《大戴》改「面譽者不忠」。又云：時□者不回，《大戴》作「畸鬼者不仁」。靜，《大戴》作「情」，古通用。《表記》「文而靜」，鄭云：「靜或爲情。」

〔集注〕潘振云：事險阻者不平易，指僞詐言也。隨時進退者，不自以爲邪曲，指位志言也。面譽則背毀矣，故不忠而失其大倫，指華誕言也。飾貌者，外從容而內不靜，指無誠者言也。假節非真，不自以爲平常，指非成質者言也。多財利之私者不義，指貪鄙言也。揚舉規諫之言而無其實，故曰寡信，指竊名言也。○陳逢衡云：應事齟齬者，其立心必險，故不夷。夷，平也。面譽者佞，故不忠。飾貌者僞，故不靜。靜通作情，無實也。○朱右曾云：事阻謂行險也。揚，振，張大也。

此之謂揆德。

〔彙校〕盧文弨云：此下《大戴》尚有數百字，《周書》闕文也。今録於此以備考。云：王曰：「太師！女推其往言，以揆其來行；聽其來言，以省往行；觀其陽以考其陰，察其内以揆其外，是故隱節者可知，僞飾無情者可辨，質誠居善者可得，忠惠守義者可見也。」王曰：「於乎，敬哉！女何慎乎非心，何慎乎非人？人有六徵，六徵既成，以觀九用，九用既立。一曰取平仁而有慮者，二曰取慈惠而有理者，三曰取直愍而忠正者，四曰取順直而察聽者，五曰取臨事而絜正者，六曰取慎察而絜廉者，七曰取好謀而知務者，八曰取接給而廣中者，九曰取猛毅而度斷者，此之謂九用也。平仁而有慮者，使是治國家而長百姓。慈惠而有理者，使是長鄉邑而治父子。直愍而忠正者，使是莅百官而察善否。慎直而察聽者，使是長民之獄訟，出納辭令。臨事而絜正者，使是守内藏而治出入。慎察而絜廉者，使是分財臨貨主賞賜。好謀而知務者，使是治壤地而長百工。接給而廣中者，使是治諸侯而待賓客。猛毅而度斷者，使是治軍事爲邊境。因方而用之，此之謂官能也。九用有徵，乃任七屬：一曰國則任貴，二曰鄉則任貞，三曰官則任長，四曰學則任師，五曰族則任宗，六曰家則任主，七曰先則任賢。正月，王親命七屬之人曰：『於乎！慎維深，内觀民務，本慎在人。女平心去私，慎用六證，論辨九用，以交一人，予亦不私。女廢朕命，亂我法，罪致不赦。』三戒然後及論，王親受而考之，然後論成。」

逸周書彙校集注卷七

王會解第五十九

〔集注〕王應麟云：周室既寧，八方會同，各以職來獻，欲垂法厥世，作《王會》。晉《輿服志》云：「成王之會。」唐顔師古云：「昔武王時遠國入朝，太史次爲《王會篇》。」愚謂成周之會在成王時，《詩序》「周公既成洛邑，朝諸侯」是也。八方，四方四維之國。○潘振云：王會，王合諸侯于明堂也。《竹書》：「七年，周公復政于王。三月，召康公如洛度邑。甲子，周文公誥多士于成周，遂城東都。王如東都，諸侯來朝。」事在《官人》之後，故次之于《王會》。○唐大沛云：此篇非作于成王之世，蓋後人追想盛事，繪爲王會之圖。今則圖已泯滅久矣，幸此篇未泯，正如《山海圖》失傳而《山海經》尚在。○何秋濤云：周王之業雖成于文武，然興禮樂致太平實在周公輔成王時。《詩·蓼蕭》序「澤及四海」，鄭箋以爲國在九州之外，而引《爾雅》所言四海及《虞書》「外薄四海」之文釋之。孔疏引「越裳來朝」事，以爲此詩之作當在周公攝政之六年，其事蓋約略可考。戴記《明堂位》篇亦有公侯伯子男及九夷八蠻六戎五狄之朝位，與此篇合觀，足見會同之盛矣。○劉師培云：劉賡《稽瑞》「黑狐尾蓬」注引《周書·王會》云：「成王時黑狐見。」又「卹卹封域」注引《周書·王會》云：「成王時封人獻卹卹，若龜而喙長。」「成王梧桐」注引《周書·王會》云：「成王時梧桐生于朝陽。」注曰：「生山東曰陽也。」均今本所無。蓋《稽瑞》所引與孔本異，所據注文亦非孔注,或唐以前別有注本也。又《路史·國名紀二》云:「《周書》有勾餘,蓋勾越也。」今本無勾餘,或亦脱文。

成周之會,

〔集注〕孔晁云:王城既成,大會諸侯及四夷也。〇王應麟云:成周者,洛邑之總名。成王命周公營成周,卜澗水東瀍水西爲朝會之地,謂之王城,是爲東都。《作雒篇》曰:「乃作大邑于土中,城方千七百二十丈,郛十七里,南繫于洛水,北因于郟山,以爲天下湊。」〇何秋濤云:此篇所言成周之會,則在西京盛時,甫營洛邑之後,故孔氏以爲王城,浚儀以爲成周者,洛邑之總名,説本不誤,但未及春秋時王城、成周之别。

墠上張赤弈陰羽。

〔彙校〕弈,盧校作「帟」。「赤弈」下王應麟本有「張」字。

〔集注〕孔晁云:除地曰墠。帟,帳也。陰,鶴也。以羽飾帳也。〇王應麟云:諸侯覲于天子,爲宫方三百步,四門壇十有二尋,深四尺。司儀將合諸侯,爲壇三成,公于上等,侯伯于中等,子男于下等。幕人,朝覲會同其帟。掌次,合諸侯設重帟。帟以芘下而承塵。《易》曰:「鳴鶴在陰。」《相鶴經》曰:「鶴,陽鳥也,而游于陰。」《禽經》曰:「鶴愛陰而惡陽,故以陰爲鶴。」《三禮圖》:「在上曰帟,四旁及上曰帷,上下四旁悉周曰幄。」〇王引之云:古無謂鶴爲陰者。鶴游於陰而謂鶴爲陰,雁爲隨陽之鳥,亦將謂雁爲陽乎?今案陰羽與赤帟對文,謂淺黑色之羽也。《説文》:「陰,闇也。」闇謂之陰,故淺黑色亦謂之陰。《爾雅·馬》:「陰白雜毛駰。」孫炎曰:「陰,淺黑也。」是其證。下文青陰羽亦謂青黑色之羽也,孔亦誤以爲鶴羽。〇洪頤煊云:陰讀爲翳。《山海經·海外西經》:「夏后啓左手操翳。」郭璞注：「翳，羽葆幢也。」《爾雅・釋言》：「纛，翳也。」翳羽謂以羽爲竿首，如羽葆幢之屬。陰、翳聲義皆相近。○潘振云：墠上，即堂上也。洛陽明堂之階，放方明壇三成，故謂堂爲墠也。○唐大沛云：墠當讀爲壇，墠與壇通，見《字典》。孔注：「除地曰墠。」沛案：封土爲壇，與除地異。壇上畫地爲堂，亦畫地爲階爲庭，其爲封土無疑。孔不知墠讀爲壇，故誤。壇上及内臺外臺則爲壇三成，可知四夷之國視子男，則荒服者立于外臺之東西南三方可知。孔云「以羽飾帳」亦誤，陰羽另是一物。王伯厚本作「張陰羽」，明是又一物也。○朱右曾云：此名爲會，其實殷同，故爲壇于國外。陰，淺黑色，以黑羽飾赤帟。陰，洪頤煊讀爲翳，羽葆幢也，如是則不須言羽。○何秋濤云：《説文》：「陰，侌聲。」而黑部「黔，黧也」，亦從今聲，蓋陰、黔古音相同，故可假借也。

天子南面立，

〔**集注**〕王應麟云：司儀詔王儀，南鄉見諸侯。古者受朝，立而不坐。《明堂位》：「天子負斧扆南鄉而立。」○唐大沛云：據下文有周公旦、太公望諸人，則天子謂成王也。其實此篇不知作于何時，篇首不紀成王年月及洛邑告成、大會諸侯于東都事，而概之曰成周之會，所列旦、望諸人又無倫次，殆因圖中所繪者任意臚舉耳。上篇《明堂位》，實録也。明堂既成，大朝諸侯于明堂之位，成王時有此盛舉，然亦不聞再舉也。此篇言王會，何不于明堂之位而仍于郊外設壇壝宫乎？且位次與明堂迥異，必非成王時事。

絻無繁露，

〔**彙校**〕孫詒讓云：此篇爲周初大會同之禮，而絻服與《儀禮・覲禮》、《周禮・司服》、《弁師》不合，爲此書一大疑案。

據《弁師》云：「掌王之五冕，五采繅十有二就，皆五采玉十有二。諸侯之繅斿九就，瑉玉三采。」鄭注以爲王衮冕十二斿，鷩冕九斿，毳冕七斿，希冕五斿，玄冕三斿。諸公九斿，侯伯七斿，子男五斿。又云大裘之冕蓋無斿。依鄭説，是惟王祀天，服大裘冕乃無斿，餘皆有斿。可知覲禮天子衮冕，則大朝覲會同當服衮冕十二斿，不當無繁露明矣。況依次下文大史魚、大行人、郭叔絻皆有繁露，而王與太公、周公乃無之，則似有繁露反殺於無繁露，揆之禮例，尤爲傎舛。竊以二禮參綜詳覈，以意推之，疑此文本有省段展轉譌舛，遂致差迕。絻無繁露，「無」疑當爲「璑」之省。《弁師》「瑉玉」注云：「故書瑉作璑。」鄭司農云：「璑，惡玉名。」《説文》玉部云：「璑，三采玉也。」璑繁露即《弁師》之瑉玉。王與諸侯冕或同用此玉矣。○陳漢章云：崔豹《古今注》云：「冕綴玉而下垂，如繁露。」「綴玉」二字當爲「垂珠」之誤。《釋名·釋首飾》云：「冕猶俛也。亦言文也，玄上纁下，前後垂珠，有文飾也。」古禮珠與玉異。《續漢書·輿服志》始云：「乘輿，冕係白玉珠。三公諸侯青玉爲珠，卿大夫黑玉爲珠。」是漢冕混珠玉爲一，又失五采三采之制，不足以證周冕服。周冕垂玉以爲繅斿，又垂珠以爲繁露。蓋玉以辨等威，必不可無。珠以備文飾，或不必有。孔注云：「所尊敬則有焉。」故堂上之絻皆無繁露，而堂下惟郭叔掌爲天子菉幣，無之，以無所尊敬故也。

【集注】孔晁云：繁露，冕之所垂也，所尊敬則有焉。○王應麟云：絻、冕同。崔豹《古今注》：「牛享問冕以繁露者何？答曰：綴玉而下垂，如繁露也。」冕之旒似露而垂。王衮冕五采繅十有二就，皆五采玉十有二，用玉二百八十八，前旒蔽明。無繁露，所以廣視也。○陳逢衡云：取俛以致敬之義，故字通作絻。今覲諸侯，以上臨下，故不用。○丁宗洛云：注言「所尊敬則有焉」，考經文繁露之有無，似非以尊敬不尊敬而別，注恐未確。○何秋濤云：孔氏謂所尊敬則有繁露，按朝諸侯雖非所尊而未嘗非所敬也，何以無繁露乎？浚儀以爲廣視之意，似是。然唐叔、荀叔、周公、太公在天子左右亦無繁露，堂下之殷公、夏公及相者太史魚、大行人與郭叔皆有繁露，則以浚儀説推之，亦未能盡合也。

朝服八十物，

〔**彙校**〕物，鍾本作「服」。〇孫詒讓云：舊讀「朝物八十物」句，義亦難通。竊疑當讀「朝服八十」句。「八十」以下文七十、五十校之，此王禮，當作「九十」。《禮經》説王侯以下禮等隆殺，率以二爲升降。《弁師》注説冕斿亦然。今作八十，非其差也。「十」當作「才」，鐘鼎古文「在」字皆省作「才」，與「十」形相近。此當爲「采」之叚借字。《書·咎繇謨》「在治忽」，「在」，《史記·夏本紀》索隱引今文《書》作「采」，《漢書·律曆志》引又作「七」。此「采」作「十」，猶《漢志》「采」或作「七」，皆形之誤也。九采，即九章，《司服》注所謂衮冕九章也。「物」當爲「曶」之叚借。曶，古「笏」字，言王之所搢之笏，則珽也。依次校定，則與《禮經》約略相應。

〔**集注**〕孔晁云：八十物，大小所服。〇潘振云：朝服，衮服也。衣五章：龍、山、華虫、火、宗彝；裳四章：藻、粉米、黼、黻。以龍爲首章，故云八也。《月令解》：「其虫鱗，其數八。」十，成數也。物，色也。八十物，言色備也。服衮服者，示王有尊祖之義也。〇唐大沛云：孔指佩服之物言，然爲數亦太多矣，他書無所見。

搢挺。

〔**彙校**〕挺，諸本作「珽」，盧校從。

〔**集注**〕孔晁云：搢，插（按「插」下他本有「也」字，盧校從）。挺，笏也。（盧文弨云：王伯厚本作「珽，似笏」。）〇王應麟云：珽，玉笏也。《玉藻》曰：「笏，天子以球玉。」天子搢珽，方正於天下也。《玉人》：「太圭長三尺，杼上，終葵首，天子服之。」大圭或謂之珽。○潘振云：珽，《考工記》謂之大圭。○陳逢衡云：謂之珽者，挺然直上，示方正于天下，無少屈也。《周禮·春官·典瑞》：「王晉大圭。」鄭衆曰：「『晉』讀爲搢紳之搢，謂臿于紳帶之間，若帶劍也。」惠士奇《禮説》曰：「大圭長三尺，珽長六寸，爲椎頭，故曰杼上終葵首。杼，長也。《方言》引《燕記》曰：『豐人杼首。』杼首，長首也。楚謂之伃，燕謂之杼。諸侯之笏詘前，故前短。天子之珽杼上，故上長。」惠氏此説明晰，故又于下特注曰：「珽比他圭最長也。」或謂珽非大圭，則是天子見諸侯僅搢此六寸之珽，褻矣。○唐大沛云：珽非大圭也。惠謂六寸爲是。天子衣帶間既綴八十物矣，又搢此三尺大圭，無乃太重乎？其必不然矣。若搢珽則孔云似笏，其非大圭可知。總之此篇所紀服飾、采章及人名、國名，皆非成王時實録，不足憑信者也。

唐叔、荀叔、周公在左，太公望在右，

〔**集注**〕孔晁云：唐、荀，國名，皆周成王弟，故曰叔。○王應麟云：唐叔虞，封于堯舊都，爲唐侯。《地理志》太原晉陽縣，《詩》唐國，在今太原府。《左氏傳》有荀侯，《世本》：「荀，姬姓。」杜預云：「河東長脩縣東北有荀城，在今絳州。」○陳逢衡云：高士奇《春秋地名考略》曰：「先儒皆謂荀即郇。考《詩》云：『郇伯勞之。』《竹書》：『昭王六年賜郇伯命。』則郇爲伯爵，自不同也。《逸周書·王會解》：『天子南面立，唐叔、荀叔、周公在左。』孔晁云：『唐、荀皆成王弟。』是郇爲文昭，荀爲武穆，又不同也。孔疏又止云『荀，姬姓』，其爲兩國無疑。」衡案：邘、晉、應、韓，武之穆也，無所謂荀者，疑孔晁注「皆成王弟」有誤。周道親親，故周公與唐叔、荀叔皆在左，太公異姓，故在右。○丁宗洛云：《左·桓九年》荀侯伐曲沃，注：「國名。」《水經注》：「汾水又西逕荀城東，古荀國也。」是先有荀國矣。經以荀叔與太公望並舉，亦斷非晉所封之荀叔。○唐大沛云：《詩》曰：「郇伯勞之。」或即荀叔之後。周公爲成

王叔父，當先周公，次荀、唐，今倒置之，殊不可解。在天子右，周人尚右。上文不稱唐叔虞、周公旦，此獨稱太公望，文不倫矣。且左三人右一人，亦寥寥不成體統。○何秋濤云：孔氏注以荀叔爲成王弟，故稱叔，其説非也。考《左傳・僖二十四年》載富辰之言曰：「管、蔡、郕、霍、魯、衛、毛、聃、郜、雍、曹、滕、畢、原、酆、郇，文之昭也。邘、晉、應、韓，武之穆也。」郇即荀字，是荀叔爲文王之子、武王之弟。惟唐叔則武王之子、成王之弟。凡武王之弟亦皆稱叔，如管叔、蔡叔、康叔、霍叔、曹叔之類，指不勝屈。豈得謂稱叔者皆成王弟乎？孔意蓋因荀叔列于唐叔之下，故誤解耳。然《周書》原文「荀」必列「唐」之上，今本或傳寫偶爾顛倒，不足致疑。《説文》云：「郇，周武王子所封國。」誤與孔氏同。今段氏本已考正，改武爲文矣。

皆絻，亦無繁露，

〔彙校〕孫詒讓云：「無」疑亦當作「璑」，此與《弁師》故書諸侯冕斿用璑玉正合。

〔集注〕孔晁云：近天子，故其冕亦無旒也。○唐大沛云：太公、周公當用衮冕九章，唐叔、荀叔當用鷩冕七章，禮也。今云亦無繁露，是何禮耶！據孔注前云所尊敬則有之，今天子垂衣裳南面而立，公卿皆侍臣，非當于所尊敬則有之乎？何以亦無繁露也？謂天子居上臨下故不用旒，理似可通，然未聞公卿侍立之臣亦居上而臨諸侯也。此理之大不可通者也，其必不然矣。○何秋濤云：《周官・弁師》：「諸侯之繅斿九就，瑉玉三采，其餘如王之事。繅斿皆就，玉瑱，玉笄。」鄭注：「侯當爲公字之誤也。三采，朱、白、蒼也。其餘謂延紐皆玄覆朱裏，與王同也，出此則異。繅斿皆就，皆三采也。每繅九成，則九旒也。公之冕用玉百六十二。」以上皆注文。詳此，絻無繁露則是不用繅斿，其餘皆如常制也。

朝服七十物，搢笏，

〔彙校〕孫詒讓云：「朝服七十」者，「七十」亦當爲「七采」，即七章也。依《周禮·典命》侯伯之服以七爲節，此與彼合。物搢笏，「物」亦「曶」之叚字。下「笏」字則疑當作「荼」。《玉藻》云：「天子搢珽，諸侯荼。」此上文王搢珽，則此當作搢荼，方足相配。漢人隸書從「竹」與從「艸」字多互易，故書「荼」蓋或作「筡」，校者不審，遂改爲「笏」矣。

〔集注〕王應麟云：《玉藻》：「笏，諸侯以象曰荼，前詘後直。」《五經要義》：「笏以記事，防忽忘。」《禮圖》云：「度二尺有六寸，中博三寸，其殺六分去一。」晉宋以來謂之手板。古者笏搢之以記事，不執之以爲儀。宇文周百官始執笏。○陳逢衡云：七十物者，降天子一等也。○唐大沛云：天子及公卿皆冕服而概稱朝服，于義何居？且七十物是所佩何物耶？二公何以與二叔同服耶？殊乖禮制。

旁天子而立於堂上。

〔集注〕孔晁云：旁，差在後也。（按：王應麟本「旁」下增「謂」字，盧校從）近天子，故其冕亦無旒也。○唐大沛云：旁謂差在後，是南面矣。侍于左右者，固東西面也。孔注誤。蓋圖中所繪公卿雁翅立，故正文曰旁天子，而孔誤解爲差在後也。堂上即壇上，畫地爲堂之所。《明堂位》：「天子之位負斧扆南面立，率公卿士侍于左右」，禮也。

堂下之右，唐公、虞公南面立焉。

〔集注〕孔晁云：唐、虞二公，堯、舜後也。○王應麟云：《樂記》：「武王克殷，未及下車，封帝堯之後於祝，帝舜之後於陳。」祝，東海祝其縣。陳，陳州宛縣。《史記》以祝爲薊，幽州薊縣。鄭康成謂黃帝、堯、舜後爲三恪。○陳逢衡云：此不言祝公、陳公者，從其朔也。○唐大沛云：大抵爲此篇者或不知堯之後封于祝，舜之後封于陳，故概之曰唐公、虞公。且不知堂下南面是背君而立，故舛謬至此。○朱右曾云：堂下謂中階之左右。○何秋濤云：祝，其故城在今江蘇贛榆縣西南五十里。陳，今陳州府，治淮寧縣是。薊縣在今順天府大興縣西南。古唐國，成王滅之以封叔虞。上既有唐叔，則此唐必别是一國，故浚儀引祝薊證之。然春秋時尚有唐國，宣十二年唐惠侯始見《左傳》，杜注云：「義陽安昌縣東南有上唐鄉。」今湖北德安府隨州西北八十五里有唐城鎮。顧氏棟高《春秋大事表》以唐侯爲祁姓，堯後，則《王會》之唐公或即其人。至武王封舜後胡公于陳，《王會》之虞公即陳國也，與仲雍之後封虞公者不同。

堂下之左，殷公、夏公立焉，皆南面。

〔**集注**〕王應麟云：《史記》：「武王克殷，求禹之後，得東樓公封於杞。」今開封府雍丘縣。《書序》：「成王命微子啓代殷後。」宋，今應天府。梅福曰：「封殷於宋，紹夏於杞，明著三統，示不獨有也。」○陳逢衡云：此不言杞公、宋公者，亦猶稱唐虞之義也。○唐大沛云：經傳無殷公、夏公之稱，且序殷公於夏公之上，亦倒置。曰皆南面，亦猶上文之謬也。○何秋濤云：杞故都，今爲河南開封府杞縣。宋故都，今河南歸德府，治商丘縣。杞，今説《春秋》者以爲伯爵，非也。王者禮二王後如一，宋既封公，則杞亦當爲公，史多闕略，當以此所載爲正。《春秋》桓二年杞侯來朝，十二年公會杞侯、莒子盟于曲池，皆稱侯。至莊二十七年杞伯來朝稱伯，杜預注《左傳》、范氏解《穀梁》並曰：「杞稱伯。」蓋時王所黜。

絻有繁露，朝物五十物，皆搢笏。

〔彙校〕孫詒讓云：有繁露之「有」亦當爲玉名。校者因璑繁露「璑」省作「無」，遂改此文以儷之。又疑或當爲「珛」之省。《説文・玉部》云：「珛，朽玉也。」與璑篆正相次，其字他書不經見，或即此玉，蓋亞於三采之璑。此四公冕斿用之，降於王也。「五十」亦當爲「五采」，謂毳冕五章也。依《典命》，子男之服以五爲節，唐虞夏殷四國爵爲上公，於周爲賓恪，而冕服乃下與子男同，亦與禮次未合。竊疑「五」當爲「九」之誤，「笏」亦當爲「荼」，與前同。

〔集注〕孔晁云：杞、宋二公冕有繁露，搢笏，則唐虞闕（按：盧改「同」）也。○陳逢衡云：王者之後稱公，其冕服俱當用衮冕九章。此皆外諸侯以臣見君，故冕有繁露，爲尊敬也。

爲諸侯之有疾病者，

〔彙校〕盧文弨云：「此句趙云下文有之，此處疑衍。」丁、唐二家從刪。

阼階之南，祝淮氏、榮氏次之，

〔集注〕孔晁云：淮、榮，二祝之氏也。○盧文弨云：惠云：「《大戴・公符》有祝雍，此淮字與相似。」文弨案：雍爲名，淮爲氏，不必一人。○陳逢衡云：惠士奇《禮説》曰：「《春官》太祝、小祝、男巫、女巫皆傳祝由之術。」此淮、榮二祝亦古祝由之類。○唐大沛云：二祝蓋即《春官》大祝、小祝也。祝，宗廟之官，次于阼階南，亦屬不倫，不知何所取也。○何秋濤云：按《元和姓纂・十四》皆淮夷。周有淮夷，小國，後世氏焉。《氏族略》云：「其地今淮甸。」此淮氏亦其比也。《書序》曰：「王俾榮伯作《賄肅慎之命》。」疏曰：「榮，國名，周同姓諸侯，爲王卿士。厲王時有榮夷公，春秋時有榮啓期，是榮亦以國爲氏者，皆名族也。」《楚語》云：「祝使先聖之後，宗使名姓之後。」其説蓋有所受之矣。

皆西南，彌宗旁之。

〔彙校〕此句上王應麟本有「珪瓚次之」四字，盧校及潘、陳二家從。西南，諸本作「西面」。○丁宗洛云：此段俱説人之方位，而參以珪瓚語，似不倫，王本蓋因注有「次珪瓚南」語而謬增耳。○唐大沛云：大會諸侯，無用珪瓚事王。珪瓚是物，亦不得云西面。舊本「皆西面」三字在「彌宗旁之」上，沛案當在下，蓋祝與彌宗同是西面，故云皆西面，不然何用皆字？○旁之，王應麟本作「之旁」。盧文弨云：當是誤倒。○陳逢衡從王本作「之旁」，連下「諸侯……居」讀，云：盧抱經以爲誤倒，非也。蓋上條所云乃巫用糈藉之事以禱祈去病，祝由掌之，此條「醫藥所居」當是針石之類，俾宗人之有職事者掌之，故曰「彌宗之旁爲諸侯有疾病者之醫藥所居」，此十六字當連爲一條。

〔集注〕孔晁云：彌宗，官名。○王應麟云：古以宗伯爲上宗，彌宗蓋宗人。○潘振云：彌，取彌縫闕失之義。彌宗，小宗伯。《周禮·小宗伯》：「凡祭祀、賓客，以時將瓚果。」果、祼通。○丁浮山云：彌宗之爲官，他無所見。考《左·哀二十三年傳》：「以肥之得備彌甥也。」注：「彌，遠也。」據此則彌宗當亦少宗之謂。（少宗見《嘗麥》。）跟上阼階之南而曰旁之，則頗遠於淮榮二氏，故爲此稱。下文有彌士，義應相同。○唐大沛云：宗人亦非朝會司儀之官，不知何所取。○朱右曾云：彌如招弭之弭。宗，尊也，弭祝之所也。旁之，謂次珪瓚南而少後。弭，止也。《士喪禮》注：「巫掌招弭以除疾病。」

爲諸侯有疾病者之醫藥所居。

〔彙校〕唐大沛云：此十二字與上下文義不相屬，當在下文「堂後東北爲赤帟焉」下，錯簡在此，今移于下文。○何秋濤云：此句上疑有奪文。

〔集注〕孔晁云：使儲左右，召則至也。○王應麟云：此見遇臣之厚，處事之周。

相者太史魚、大行人，

〔集注〕孔晁云：魚，太史名，及大（程本、鍾本、吴本作「太」）行人皆讚相賓客禮儀也。○王應麟云：《春官·太史》：下大夫「大朝覲會同，以書協禮事，及將幣之日，執書以詔王。」《秋官·大行人》：中大夫「掌大賓之禮，大客之儀。」○陳逢衡云：天子受諸侯朝覲，大宗伯爲上擯，小行人爲承擯，嗇夫爲末擯。此言相者太史魚，大行人者，蓋以太史掌策命諸侯之事，大行人掌侯國納貢之事，此殆舉其全節而言之也。○唐大沛云：陳説是朝覲禮。若大會諸侯，人數衆多，擯相之儀或從簡易，否則終日不能畢事矣。大史書名，大行人何以不書名？此亦殊無義例。

皆朝服，有繁露。

〔彙校〕唐大沛云：「有」字上疑脱「絻」字。○孫詒讓云：「有」亦當爲「珛」之省。

〔集注〕陳逢衡云：皆朝服有繁露者，卿大夫之服自元冕而下如孤之服，以其褁事于外不近天子，故有繁露。下郭叔同。○唐大沛云：有繁露爲不近天子故，其説亦曲。

堂下之東面，郭叔掌爲天子菉幣焉，絻有繁露。

〔彙校〕孫詒讓云：「有」亦當爲「珛」之省。

〔集注〕孔晁云：郭叔，虢叔，文王弟。菉，録諸侯之幣也。○王應麟云：《左氏傳》：「虢叔，王季之穆也，在畿内，謂之西虢。」《括地志》：「故城在岐州陳倉縣，今鳳翔府。虢文公，其後也。」《唐世系表》：「平王求虢叔裔孫，序封于陽曲，號曰郭公。虢謂之郭，聲之轉也。」○潘振云：堂下之東面，西階之南也。○陳逢衡云：虢叔爲文王卿士，此郭叔是其後。菉，通作録。箓，部也，以簡牘録其物也。《周官·職幣》：「皆辨其物而奠其録。」杜子春云：「定其録籍也。」此庭實之物，蓋郭叔掌之。○唐大沛云：此上皆言堂上堂下，當在第一成壇内。○何秋濤云：《左傳》虢國字，《公羊》皆作「郭」。《説文·虎部》：「虢，虎所攫畫明文也。」「郭」在邑部，云：「齊之郭氏墟。善善不能進，惡惡不能退，是以亡國也。从邑𦎧聲。」據此則國名之虢正當作「郭」，「虢」乃假借字耳。

内臺西面者正北方，

〔彙校〕王應麟本無「者」字，盧從删，潘、陳、丁、朱從。○唐大沛云：「正」當作「上」，蓋篆文上字中畫作曲筆，與正字混，故訛。今當改作「上」字。下文有「中臺之外」，故孔以内臺即中臺，其地當在第二成壇，與三壇爲中，故曰中臺，亦曰内臺。其東邊立者，西面上北方，「正」字是「上」字之訛，無可疑者。如《明堂位》所謂西面北上是也。若正北方則與堂上正對，何以言西面？下文「上」訛作「正」者三。

〔集注〕孔晁云：内臺，中臺也。○潘振云：内臺，明堂前殿也。西面，東方面西也。

應侯、曹叔、伯舅、中舅，

〔彙校〕唐大沛云：當先序同姓，後及異姓乃合。上條序伯舅中舅，又雜以同姓之應侯、曹叔，則不倫矣。竊疑「應侯曹叔」四字是妄人所增也。

〔集注〕孔晁云：應侯，成王弟（按：王應麟本此下尚有「曹叔，武王弟。皆國名，爲諸侯。二舅，成王之舅，姜兄弟也」二十一字，盧從增。何秋濤云：「姜」上當有「邑」字）。○王應麟云：《左氏傳》：「應，武之穆也。曹，文之昭也。」武王封其子於應，今汝州葉縣。封弟叔振鐸於曹，今廣濟軍定陶縣。《曲禮》：「異姓謂之伯舅、叔舅。」傳曰：「齊，甥舅之國。」○潘振云：中通仲。周之宗盟，異姓爲後，故先同姓而後外戚。○陳逢衡云：《傳》序應於邘、晉之下，年必弱於唐叔。據《紀年》，唐叔在成王十年始封，「十年」當作「七年」，則謂應侯封于武王時者，誤也。《漢志》「周武王弟」當作「周成王弟」。應爲武穆，載在魯僖二十四年傳，不聞武王有弟封應也。蓋應是古國名，商盤庚時已有應侯，至成王時始滅，以封其弟。今河南汝州寶豐縣西南有應城，即故應國也。伯舅中舅，指異姓侯國言。孔以姜兄弟釋此，誤。王應麟引左氏「齊，甥舅之國」爲解，亦誤。蓋皆泥于武王妃邑姜之説與《爾雅》「母之晜弟爲舅」也。不知《曲禮》明云：「同姓謂之伯父、叔父，異姓謂之伯舅、叔舅。」下文伯父中子泛指同姓，必求其人以實之，鑿矣。○唐大沛云：《左傳》：「邘、晉、應、韓，武之穆也。」故孔謂成王弟曹叔振鐸（按：成王乃武王之筆誤），則成王叔父也。今序于應侯下，亦倒置矣。○何秋濤云：今河南汝州魯山縣東三十里有應城，即故應國也。

比服次之，

〔集注〕王應麟云：服，言服王事也。比，近也。以《職方》九服約之，比服，其侯甸。○陳逢衡云：比服即《周禮》之采衛。比，猶親也。則此比服蓋謂去侯服不遠，有依比親密之義。○丁宗洛云：比，輔也，附近王畿之地也。○何秋濤云：《象傳》曰：「先王以建萬國親諸侯。」然則侯服、甸服固可稱比服矣。○孫詒讓云：以《國語》考之，「比」當爲「賓」，一聲之轉。《禹貢》「蠙珠」，《説文·玉部》作「玭」，是其例也。此比服、要服、荒服，即《周語》所謂侯衛賓服、蠻夷要服、戎翟荒服也。《周語》又有邦内甸服、邦外侯服，此侯服已包於賓服之中，而無甸服。依韋昭注，賓服即《周禮》之侯甸男采衛五服。若然，比服當在三千里之内。○陳漢章云：比服即邶服。《虞書》「弼成五服」，《説文》引作「邶成」。邶從𠂢比聲，故通作比服。鄭注《書》云：「去王城五百里曰甸服，于周爲王畿。」其邶當侯服，去王城千里，故此經下文云方千里之内爲比服。

要服次之，

〔集注〕孔晁云：此要服於比服轉遠。（按唐大沛云：「轉遠」疑當作「轉近」，蓋《周禮·大行人》要服在侯甸男采衛下，此以侯甸爲比服，即接以要服，是轉近而非轉遠也）。○王應麟云：要服，其男、采、衛。○陳逢衡云：要取要約之義。《大行人》在甸、男、采、衛之外，即指夷狄之近者。○孫詒讓云：要服當在四千里之内。

荒服次之。

〔集注〕王應麟云：荒服，其蠻夷鎮蕃。○孫詒讓云：荒服當在五千里之内。

西方東面正北方，

〔彙校〕陳逢衡云：「西方東面正北方，伯父、中子次之」十三字當在「比服次之」之上，與上條「伯舅仲舅」緊接爲是。蓋伯舅中舅、伯父中子即所謂侯甸男也。一在西面，一在東面，外則比服、要服、荒服，序次井然。○唐大沛云：「正」亦當作「上」。西方，内臺西邊立者也。亦以北方爲上，蓋由内而外，西面東面者皆以内爲上，其序應爾也。

伯父中子次之。

〔彙校〕唐大沛云：「中子」當作「仲父」，「子」字訛耳。

〔集注〕孔晁云：伯父，姬姓之國。中子，於王子中行者也。○王應麟云：同姓謂之伯父。中子，王之支子也。○盧文弨云：舉伯父可以包叔父，中子則仲叔季弟之倫也。○陳逢衡云：上文應侯、曹叔則同姓之親近者，此伯父中子則同姓之疏遠者。蓋異姓不必有昭穆之序，故統之以伯舅仲舅。若同姓則天潢之玉牒不可紊，故舉伯父以包叔父，舉中子以包季弟幼子。而昭與昭齒，穆與穆齒，即朝廷序爵而親親之義亦在其中矣。○何秋濤云：《書·吕刑》：「王曰：『伯父伯兄，仲叔季弟，幼子童孫，皆聽朕言。』」是指同姓諸侯而言。此篇所云中子，亦其比也。

方千里之外爲比服，方千里之内爲要服，三千里之内爲荒服。是皆朝於内者。

〔彙校〕按：王應麟本首句「外」作「内」，第二句「方」下有「二」字，「三」上有「方」字，盧校從。○劉師培云：此疑前人注釋之詞，猶《尚書·大誓》之有故，《禮經·喪服》之有傳，故舊本均入正文。

〔集注〕孔晁云：此服名因於殷，非周制也。○王應麟云：《職方》九服并王畿方五千五百里，此三服方六千里，王畿不與焉。其在《周官》未作之時乎？○潘振云：王畿千里而外，乃置九服。侯、甸、男、采，每服一面數之，各二百五十里，合爲千里，此比服也。衛、蠻二服，每服兩面數之，各五百里，合爲千里。聯比服爲二千里，此要服也。鎮、夷二服，每服兩面數之，各五百里，合爲千里。聯比服、要服爲三千里，此荒服也。是皆朝於明堂之内者。○陳逢衡云：惠氏《禮説》曰：「《王會篇》千里之内爲比服，比之言親，先王之所以親諸侯。《易》之比卦取名於此，注云：『此服名因於夏。』夏之比服，周之賓服也。」衡案：今本孔注是名因于殷，惠引作夏，不知何據。夏比服亦無考。《禹貢》要服之内是綏服，綏有安撫之義，其即比服之説乎？周賓服即比服。據《國語·祭公謀父諫穆王篇》次賓于甸侯之外、要荒之内，則比服即賓服，自是確切。比服當在侯甸男之外，約其地有千里之廣，故曰方千里之内。分之則爲采衛，合之則爲比服，故比亦訓合也。要服之地，與比服相等。案《禹貢》：「五百里要服。」《周禮·大行人》于衛服之下亦云：「又其外方五百里謂之要服。」則是要服指夷狄之近者。蓋自唐虞以迄殷周，總不過五百里，即兩面算亦不過千里，其曰二千里之内者，蓋蒙上比服千里，而共爲二千里也。方三千里之内爲荒服，則又蒙上二句而言。案荒服即《大行人》九州外之蕃國。《職方》則以蠻、夷二服當《大行人》之要服，以鎮、藩二服當《大行人》之蕃國。據《禹貢》，荒服亦不過五百里。《周禮·大行人》邦畿方千里，其外侯、甸、男、采、衛、要各五百里，合之王畿共得四千里，而蕃國又在其外。《職方》則王畿千里，侯服五百里，甸服五百里，男服五百里，采服五百里，衛服五百里。蓋與《大行人》同，而無要服五百里，另有蠻服五百里，夷服五百里，鎮服五百里，藩服五百里，總計有五千五百里。蓋《大行人》于蕃國統言之，而《職方》則蠻、夷、鎮、藩又遞界其疆于五百里。今以《王會》計之，王畿千里外，則侯、甸、男各五百里，其外爲比服，當《職方》之采、衛。又其外爲要服，當《職方》之蠻、夷。又其外爲荒服，當《職方》之鎮、藩。此與《大行人》並可互證。王應麟謂《職方》九服并王畿方五千五百里，此三服方六千里，王畿不與焉。則是以二千里盡屬要服，三千里盡屬荒服也。俟考。

堂後東北爲赤弈焉，浴盆在其中。

【彙校】弈，王應麟本作「帟」，盧校從。唐大沛移上文「爲諸侯有疾病者醫藥之所居」于「堂後東北爲赤帟焉」下，云：蓋醫藥所在之處，必設帷帳蔽之，此可以意度者也。

【集注】孔晁云：雖不用而設之，敬諸侯也。○王應麟云：浴盆，《禮記》謂之杅。○陳逢衡云：設此，非不用之物。《禮》云：「將適公所宿，齋戒，居外寢，沐浴。」則以諸侯遠來，恐其不潔，故令其沐浴而後朝所，以敬君，非敬諸侯也。○唐大沛云：壇壝宫内原非醫藥及澡浴之所，此或因諸侯有先期侍候者，故設之歟？浴盆疑即盥盤。

其西，天子車立馬乘，亦青陰羽鳧旌。

【彙校】亦，王應麟本作「六」，屬上讀。盧校從。陳逢衡謂是六青馬，連下文青字爲句。○唐大沛云：「車立馬乘」四字疑有顛倒誤字，或是「天子車乘馬匹六」。○孫詒讓云：古天子無乘六馬之制。（詳《詩·鄘風·干旄》孔疏引鄭康成《駁〈五經異義〉》説。）《五子之歌》乃僞古文書，不足取證。此疑當作「天子乘車立焉」。上文云堂下之右，唐公虞公立焉；堂下之左，殷公夏公立焉，文例正同。「六」舊本作「亦」，惠、盧、朱校並從王本作「六」。今考舊本不誤，「亦」即「帟」字之省。「亦青」當作「青帟」。此讀「青帟、陰羽」句，猶上文云「墠上張赤帟、陰羽」也。今本「焉」譌爲「馬」，「亦」譌爲「六」，「乘」字誤移箸「車立焉」下，「亦」字又到著「青」字上，遂不可通耳。王、何讀「青陰羽」句，甚不辭。朱讀爲「馬乘六青」，青非周之所尚，天子馬亦不宜純用此色也。○劉師培云：《隋書·禮儀志五》引作「張羽鳧旌」。

【集注】孔晁云：鶴鳧羽爲旌旄（按此下諸本多一「也」字）。○潘振云：西，堂後之西也。車，道車也。立，駐也，謂駐其所也。四馬曰乘。○王應麟云：《書·五子之歌》言六馬，漢世此經不傳，多言天子駕四。公羊説《王度記》云：「天子駕六，析羽爲旌。」鳧似鴨而小，長尾，背上有文。陸璣曰：「青色，卑脚，短喙。」《曲禮》：「前有水則載青旌。」注：「青，青雀，水鳥。」○陳逢衡云：此天子車旗之制，後世謂之鹵簿。六青指馬。○唐大沛云：青陰羽，據王伯申先生謂是青黑色之羽。蓋堂後西北隅爲天子維縶車馬處，有鳧旌建於此。○朱右曾云：其西，浴盆之西。立馬，不税駕。六馬皆青色。陰羽以飾，蓋鳧羽以爲旌，皆建于車上。○何秋濤云：陰，淺黑色也。青陰羽謂青黑色之羽，孔以爲鶴羽，非是。

中臺之外，其右泰士，臺右彌士。

〔彙校〕其右，朱右曾改「其左」。○盧文弨云：「右泰士」之「右」或疑「左」。謝云：「文云『中臺之外，其右泰士』，則在臺之前。下云『臺右』，側旁臺而立者。上『右』字不必疑是『左』字。」

〔集注〕孔晁云：外，謂臺之東西也。外臺右太士、右弥士，士言尊王。太、弥，相儀之事也。（諸本「太」作「泰」，「弥」作「彌」。太弥之「太」，鍾本、何本作「大」。按丁宗洛云：「右彌士」句上似應增一「又」字。並改末句爲「言尊，立泰彌爲相儀之事也」，云：「立」舊訛「王」，今按以士之微而得立于臺右，故曰尊。立、爲舊脱，今增。）○王應麟云：泰，大也。彌，終也。泰士蓋上士，彌士蓋中士、下士。○盧文弨云：惠云：「泰士，理官。」文弨案：彌如彌甥之彌，王説是也。○陳逢衡云：王應麟以大訓泰，以終訓彌，於義不合。又謂泰士是上士，彌士是中士、下士，則同是臺外之列，何得殊其職而異其分乎？惠棟謂「泰士，理官」，則惑於左氏「縈爲大士」之説。案是時會同，舉行嘉禮，焉用刑官？而所謂彌士者，又將何説以通之乎？盧氏謂彌如彌甥之彌，案彌甥之彌訓遠，與此亦不合。然則泰士、彌士當何解？曰：此權設，非常職也。且是入衛之士，非相儀之士也。相儀別有司儀、肆師等官，而此則吉士、庶士之流暫衛王所者。案是時各國既畢朝於内，而又率其屬以陳幣外臺，則於中臺之外，自不得不陳列虎賁之士，以少備非常。蓋不必躬環甲冑如營牆之守，故不曰虎賁而曰泰士、彌士。泰，安也。彌，讀如弭，亦安也。殆有取於安輯之義乎？○孫詒讓云：惠説是也。泰士即大士，亦即大司寇也。《禮記·月令》鄭注云：「有虞氏曰士，夏曰大理，周曰大司寇。」大士，即大理也。（士、理古字通。）《左·僖二十八年傳》云：「士榮爲大士。」《晏子春秋·諫上篇》有泰士子牛，正與此同。彌士，疑小司寇士師之屬。

受贄者八人，東面者四人。

〔**集注**〕孔晁云：受賓（王應麟作「贄」，何從）幣士也。四人東面，則西面四人也。○王應麟云：贄之言至，所執以自致。○陳逢衡云：受贄，受諸侯之貢也。九州之外各以所寶爲贄。○何秋濤云：《周官·大行人》云：「上公之禮，廟中將幣三享。侯伯，廟中將幣三享。子男，廟中將幣三享。」注：「鄭司農云：『三享，三獻也。』玄謂三享皆束帛加璧，庭實惟國所有。」《朝事義》曰：「奉國地所出重物而獻之，明臣職也。」又《小宗伯》云：「大賓客受其將幣之齎。」注：「謂所齎來貢獻之財物。」又《服不氏》云：「賓客之事則抗皮。」注：「鄭司農云：『謂賓客來朝聘，布皮帛者，服不氏主舉藏之。』玄謂抗者，若《聘禮》曰『有司二人，舉皮以東』。」又《校人》云：「受其幣馬。」注：「賓客之幣馬，來朝聘而享王者。」秋濤按：貢獻之物，小宗伯受其總數，皮則服不氏受之，馬則校人受之，其餘玉帛庭實各有司存，不言可知矣。

陳幣當外臺，天玄歜宗馬十二，

【彙校】歜，王應麟本作「毼」，盧校從。○陳逢衡云：「毼」當作「⿰葛毛」。「宗」當與「鬃」字通，或傳寫脱去上半耳。「陳幣當外臺」五字當爲一節，所謂庭實唯國所有也。「天玄毼宗馬十二」當另爲一節，與下三項皆王朝所設以備觀瞻者。○何秋濤云：「天玄毼」字一本誤作「歜」，後青馬黑毼亦誤作「歜」，疑本皆是「⿰葛毛」字。「歜」固不成字，然上「山」乃「廿」之譌，旁「欠」乃「毛」之譌，尚可推而知也。○孫詒讓云：疑「天」當爲「先」，言於四方爲最在前也。先、天形相似而誤。

【集注】孔晁云：陳束帛被馬於外臺。天玄，黑歜。宗，尊也。（束，王謨作「幣」。毼，王應麟本作「毼」，盧校從。）○王應麟云：《覲禮》：「奉束帛匹馬，卓上。」（卓，的也。）畫繢之事，天謂之玄。玄與黑別。黑者，北方之正色。六入爲玄，則有黑有赤。赤者陽之正，黑者陰之正，惟天體備陰陽之正色。《博雅》：「毼，鬣也。」（何葛切）《左氏傳》子服景伯曰：「周之王也，制禮上物不過十二，以爲天之大數也。」○潘振云：宗馬，馬爲羣馬所尊，蓋種馬也。毼六馬六，故十二也。○陳逢衡云：毼、鬛通，謂領毛也。《明堂位》所謂「夏后氏駱馬黑鬛」是也。宗亦不訓尊，當與鬃字通。蓋謂此所陳之馬，其毼與鬃皆天元（玄），而其數則十二也。王應麟引《博雅》「毼，鬣也」之説，則是天元（玄）毼爲一物，宗馬爲一物矣，不可據。○唐大沛云：陳幣即王朝自爲陳設者，非諸侯所陳之方物。○朱右曾云：宗猶先也。以毼先馬，猶以乘韋先牛。其下三者，皆以玉先之。○何秋濤云：又按《覲禮》：「馬用十四，不敢斥王之乘。」此篇馬以十二爲數者，蓋當時尚未定用十四之制故也。古人辨馬之色，多言其鬛。此十二馬合天數，故亦取天玄色鬛之馬以示敬也。若作鬣毼之毼，則於馬無所取義。且⿰葛毛字見《周禮》故書，實古字也。毼則《説文》未載，係後起之字。《明堂位》所舉夏馬黑鬛、殷馬黑首，則周馬亦黑鬛，不足爲異，蓋皆取其合於天玄之色耳。且玄色本兼赤黑，亦與周之尚赤不相悖也。以此益知髭字之當爲髦矣。

王玄繚碧基十二，

〔彙校〕王應麟本「王」作「玉」、「碧」作「璧」、「基」作「綦」，盧校從。○陳逢衡云：郭景純曰：「碧亦玉類也。」碧字不必改作圭璧之璧。基與璂通，璂讀如綦，蓋玉之小者，亦不必改作綦也。○何秋濤云：《周官·弁師》曰：「王之皮弁，會五采玉琪。」鄭注：「琪讀如綦，車轂之綦。」按《説文》：「璂，弁飾也。往往冒玉也。」是許謂以玉飾弁曰璂也。鄭則易琪爲綦，「綦，結也。皮弁之縫中，每貫結五采玉以爲飾，謂之綦。」蓋鄭意謂經文琪字乃玉名，故易爲綦字。今此篇綦字，淩儀易爲琪字，即用鄭君例也。○孫詒讓云：玉玄繚璧綦十二，玉與下璧文複。下文兩言玄繚璧，上並無玉字，「玉」疑當爲「二」之誤。下又脱「方」字。「二方」與「參方」、「四方」文亦正相儷也。孔説並失之。玄繚璧綦，玄繚璧琰，「璧」下並著璧名，惟「參方玄繚璧」下無之，亦疑有脱字也。

〔集注〕孔晁云：此下三碧皆玉，故自下以至王之玄繚，謂之黑組紐之。基，玉名。有十二基也。○王應麟云：《爾雅》：「肉倍好謂之璧。」（肉，邊也。好，孔也。）東方之美者有醫無閭之珣玗琪焉。」注：「玉屬。」綦，即琪也。《玉人》：「璧九寸，諸侯以享天子。」《郊特牲》：「束帛加璧往，德也。」《聘禮記》「絢組尺」，注云：「五采成文曰絢，用五采組，長尺爲以繫，所以束玉，使不墜。」絢組繫亦名繅藉。《聘禮》曰：「上介屈繅以授賓，其組上以玄爲天，下以絳爲地。」○潘振云：玄繚，玄組綬也。圓曰璧。雜文曰綦，亦組綬也。玉六璧六，故十二也。○陳逢衡云：王，古玉字。玄繚，黑組也，所以束玉，亦謂之繅藉，《聘禮》之絢組尺也。○朱右曾云：繚，繞也。綦，帛，蒼艾色，或云雜文帛也。○何秋濤云：孔氏以綦爲玉名，淩儀引珣玗琪證之者，考《説文》「珣」下注：「醫無閭之珣玗琪，《周書》所謂夷玉也。」《書·顧命》「夷玉」鄭注云：「東北之珣玗琪也。」按醫無閭山在今奉天錦州府廣甯縣，錦州出錦川石，美者瑩潤如玉，大者可作几，《爾雅》列於九府，《顧命》陳于東序，誠重之也。

參方玄繚璧豹虎皮十二，

〔彙校〕璧，元刊本、程本、吴本作「壁」，下同。○唐大沛云：「參」當作「東」，草書「參」與「東」相混而訛。

〔集注〕孔晁云：參方，陳幣三所也，璧皮兼陳也。○王應麟云：《郊特牲》：「虎豹之皮，示服猛也。」○潘振云：玉、璧、皮各四，三四則十二也。○朱右曾云：參方四方者，陳幣之次第方列之也。○何秋濤云：此篇言虎豹皮而不言璋者，鄭君云：「二王後尊，故享用圭璋而特之。」賈疏曰：「惟有皮馬，無束帛可加，故云特。」如是，皮馬不上堂，陳於庭，則皮馬外別有庭實可知。然則此篇所言皮馬皆陳於庭者，若圭璋，則不與皮馬並陳，故不言也。舉皮馬，則有皮馬可知矣。

四方玄繚璧琰十二。

〔彙校〕唐大沛云：「四」當作「西」，亦以形近而訛。蓋「東幣當外臺」，玩「當」字義是在南方，當外臺之中，此則言東西二方所陳也。南方陳馬、璧，東方陳璧、皮，西方陳璧、琰，皆各十二。若如孔説不改正文，則三方、四方在何處所耶？沛故謂孔三所、四所之説不可通。

〔集注〕孔晁云：琰，珪也。有鋒疾，陳之四方，所列之也（盧校「疾」作「鋭」，「方」、「所」互倒）。○王應麟云：《玉人》：「琰圭九寸。」判規，圭之鋭上者。○潘振云：玄繚之白玉及圓璧、琰圭，三者共一行，四行則十二也。○陳逢衡云：此圭鋭上而有鋒刃，其用銛利，以喻諸侯有不庭者則天討有加焉，故陳之四方，使知所警也。○何秋濤云：凡圭璋皆鋭上，浚儀謂琰珪獨爲圭之鋭上者，語未明晰。即孔氏謂琰爲圭有鋒鋭，亦與《説文》載琰之本義不合。且此篇本文皆言璧不言珪。《周官·小行人》注云：「用圭璋者，二王後也。二王後尊，故享用圭璋。」其公侯之禮，則《玉人》明言「璧琮九寸，諸侯以享天子。」言九寸，則上公之禮。上公享用璧琮，則侯伯以下享更不得用圭璋矣。是六幣以圭璋爲尊，當列於璧之前，今列於諸幣之末，非其次也。詳此節正文本無圭字，孔王二説皆因琰圭致誤，不知《玉人》自言琰圭，此篇自言璧琰，不必强合。按六幣之制，圭以馬，璋以皮，此篇前有天玄黑髦宗馬十二，又有參方玄繚璧虎豹皮十二，蓋舉皮馬以該圭璋也。然則此一節必不專指圭以爲言可知矣。若論六幣六玉之次，其琮琥璜之屬乎？考《説文·玉部》：「琰，璧上起美色也。」言璧而不言圭，言起美色而不言剡上。按鄭氏《玉人》注：「琰圭，琰半以上，又半爲瑑飾。」蓋琰之爲字，實兼剡上與起美色二義。鄭注琰圭，則兼言之，瑑飾即美色也。《説文》言璧琰則第舉起美色以括餘義，以璧爲圜玉，無取於鋒鋭之解也。琮之制八方而有駔牙，琥之制瑑虎爲文，璜之制爲半璧，蓋皆以玉之有美色者陳之，故曰璧琰，所以别於諸璧也。

外臺之四隅張赤弈，爲諸侯欲息者皆息焉，命之曰爻閭。

【彙校】弈，王應麟本作「帟」，盧校從。又王本「四隅」下有「每隅」二字。○陳逢衡云：沈赤然曰：「諸侯無『爻』字之稱，古文安字似爻，疑本是『安』字，爲諸侯安息之閭耳。」○唐大沛云：諸侯稱爻，文義不可通。「爻」蓋「友」字之誤也，以形似而訛。注殆謂諸侯稱友邦歟？《書》曰：「凡我友邦。」

【集注】孔晁云：每角張，息者隨所近也。侯稱爻也。（張，王應麟本作「帳」。其下盧校有「帟」字。「侯」上王應麟本有「諸」字，盧校從。「爻」，鍾本作「奕」。〇王應麟云：《説文》：「爻，交也。」《掌次》：「諸侯朝覲會同，張大次、小次。」〇潘振云：閭，侶也，相羣侶也。〇陳逢衡云：《丹鉛總録》曰：「《木經》云：『爻者，交疏之牕也。』其字象牕形，今之象眼牕也。」外臺之息則曰爻閭，所以聯上下之交也。〇丁宗洛云：爻者，大約是整齊排列之意。注云諸侯稱爻，其意蓋謂天子所居不曰爻，故特爲釋明。〇朱右曾云：閭者，聚也。設於臺之四隅，如卦爻，故曰爻閭。〇何秋濤云：爻取交共之義。

周公旦主東方所之。青馬黑歂，謂之母兒。

〔彙校〕歂，王應麟本作「髦」，盧及各家從。「主」下唐大沛增「之」字。〇陳逢衡云：上文郭叔掌爲天子菉幣，而爻閭之息諸侯則周公旦主之，當與上爻閭聯爲一節。其東方青馬黑髦謂之母兒，當與下文正北方稷慎大麈、正東高夷嗛羊一類，不應在守營牆之前。今以脱去國名，又復連爲一事，遂致訛錯。〇唐大沛云：孔以周公旦主東方，故云然。然東方之馬，周公主之，是周公竟爲管馬之人矣。如注説，是太公亦爲管馬之人矣。此事理所必無者。今以「周公旦主」四字屬上文，增「之」字以成句，而以此二句與下二句爲一節，以皆言東方也。舉東方則西方可知，並南北二方亦可知，故篇中不具載。孔注「東青馬則西白馬」之説不誤，而陳穆堂謂其説更迂贅，是陳之謬見也。東方青馬蓋守營牆之馬，與上文所陳之馬無涉。陳《補注》：「東方青馬黑髦謂之母兒，當與下文正北方稷慎大麈、正東高夷嗛羊一類，不應在守營牆之前。今以脱去國名，又復連爲一事，遂致訛錯。」沛案陳説謬甚。下文「其守營牆者」，其字指東方言之，此文法之顯相承接者也。

〔集注〕孔晁云：周公主東方則太公主西方，東青馬則西白馬矣。馬名未聞。〇王應麟云：髦即鬣字。（按：何秋濤云：段氏玉裁曰：「按《説文》鬣或作𣰽，髦者𣰽之譌也。舊籍皆譌巤爲葛。」秋濤按：巤字草書與葛字相似，此𣰽誤爲髦之由也。）○陳逢衡云：孔説太泥，此會以周公主其事，猶湯定獻令以伊尹主其事也。○丁宗洛云：皃即貌字，皃有倪音，母皃宜從皃。從皃他無可考，但馬有騄駬名，推其音似從皃較是，讀如猊。○劉師培云：王説是也。《爾雅·釋畜》云：「青驪繁鬣，騥。」青馬黑髦即《爾雅》之青驪繁鬣也。《禮記·明堂位》云：「周人黃馬繁鬣。」熊安生以繁爲黑，此其證也。若母皃之「母」字，殆即《爾雅》「騥」字之轉音歟？

其守營牆者衣青，操弓執矛。

〔彙校〕何秋濤云：此節之下必有奪文。蓋原文紀西南北各方守者所執之兵而別著異名，故孔氏以「戟也」釋之，又謂其各異方耳。○孫詒讓云：此守營牆之士衣及兵各依方色。東方執矛，與《管子·幼官篇》「東方兵尚矛」、《淮南子·時則訓》「春其兵矛」、《穀梁傳》楊士勛疏引徐邈説「五兵，矛在東」並合。但矛與戟迥異，孔不宜合爲一。竊疑此正文及注「矛」字並當爲「孑」。《左·莊四年傳》：「授師孑焉。」《方言》云：「戟，楚謂之釨。」釨、孑字同。蓋孑、戟古音近通用，故孔以戟釋孑也。孑與矛形近而誤。

〔集注〕孔晁云：戟也。各異方（王應麟本作「名異」，盧改爲「方各異」）。○王應麟云：營牆，壝宫之牆也。《司馬法》：「弓矢圍，殳矛守，戈戟助。」○盧文弨云：凡東方也，故衣青，操弓執矛，餘方則各異矣。注以戟爲矛，若依《淮南子》，則春矛夏戟有別也。○潘振云：營，謂回繞之。營牆，回繞明堂之牆也。○陳逢衡云：青衣，賤者之服，不必泥定上文東方二字。蓋此是守門之賤，故衣青。後世兵卒衣青本此。其操弓執矛，所以拱護王宫。孔注所云各異方者，謂餘方皆然也。《穀梁·莊公二十五年傳》：「天子救日陳五兵。」范注：「矛、戟、鉞、楯、弓矢。」徐邈云：「矛在東，戟在南，鉞在西，楯在北，弓矢在中央。」又《禮記・曾子問》：「如諸侯皆在而日食，則從天子救日，各與其方色，與其兵。」《正義》引《隱義》云：「東方用戟，南方用矛，西方用弩，北方用楯，中央用鼓。」據此，則操弓執矛不必盡在東也。高誘《淮南・時則訓》注：「矛有鋒鋭，似萬物鑽地；戟有枝榦，象陽布散。」則矛與戟爲二物。孔以戟訓矛亦誤。矛，𥍯𥎋之屬。〇何秋濤云：以東方推而言之，則守南方營牆者當衣赤，操弓執戟；守西方營牆者當衣白，操弓執戈；守北方營牆者當衣黑，操弓執殳。此不言者，舉一方以該其餘也。〇劉師培云：古字營通作環，故《毛詩・齊風》「子之還兮」，《齊詩》作「營」。又《說文》：「自營曰私。」《韓非子》或作「環」。均兩字相通之證。營牆者，即《左傳》所謂環列也。

西面者正北方，

【彙校】唐大沛云：「正」當作「上」。東邊西面立者以北方爲上。晉時本「上」字已誤作「正」字，故孔注指爲内臺北，豈知内臺北固非四夷陳貢之所。即以文義言之，西面者立東方，東夷之人也，與「正北方」三字不相承接也。惟西面者上北方，則《禮》有明文，「正」爲「上」字之訛無疑。

【集注】孔晁云：正比（諸本作北），内臺北也。〇潘振云：西面者，指内臺下東方所陳之物也。〇朱右曾云：稷慎至會稽二十國皆列於臺東西面，其序則自北而南也。

稷慎大麈。

【彙校】麈，諸本或作「麈」，注同。盧並從。

〔集注〕孔晁云：稷慎，肅慎也。貢麈似鹿。○王應麟云：《大行人》：「九州之外謂之蕃國，世一見，各以其所貴寶爲摯。」注：「《周書·王會》備焉。」《書序》：「成王既伐東夷，肅慎來賀。」(《史記》作息慎。)《山海經》：「大荒之中，有山曰不咸，有肅慎氏之國。在白民北。」注：「去遼東三千餘里。」《後漢書》：「挹婁，古肅慎，在夫餘東北千餘里，東濱大海。」《唐地理志》：「渤海王城，其西南三十里古肅慎城。」《説文》：「麈，麋屬。」《急就篇》注：「似鹿，尾大而一角，談説者飾其尾執之以爲儀。」司馬相如《上林賦》：「麈麋。」《漢書》：「粤地山多麈麖，麈似鹿而大，麖似鹿而小。」《山海經》：「風雨之山、即谷之山多麈。」《周書·世俘篇》：「武王狩，禽麈十有六。」《華陽國志》：「鄞縣宜君山出麈尾。」(之庾切。)○陳逢衡云：《左傳》：「肅慎、燕、亳，吾北土也。」《淮南·墬形訓》海外三十六國有肅慎民，高誘注：「肅，敬也。慎，畏也。」《竹書紀年》、《大戴禮》、《五帝德》、《史記·五帝紀》並作「息慎」。稷、息、肅古通用。肅慎之國見《海外西經》，又見《大荒北經》。不咸山，今之長白山也。《後魏書》：「勿吉國在高句驪北，舊肅慎國也，去洛五千里。」《北史》：「勿吉國一曰靺鞨，其部類凡有七種，自拂涅以東皆石鏃，即古肅慎氏也。」案《一統志》：「盛京奉天府承德縣，秦以前肅慎氏地。」又：「開厚縣、鐵嶺縣、寧古塔、黑龍江等處，俱肅慎氏地。」○孫詒讓云：《大戴禮記·少閒篇》盧注云：「周武王時(「武」當作「成」)肅慎貢文麈。」似即本此。盧所見本「大」或作「文」也。(下孔注「大麈」、「文」兩見，則孔本自作「大」。)○陳漢章云：《説文》：「麈，麋屬。」乾隆三十一年御園麈角於冬至皆解，而麋角不解，遂改時憲曆「十一月麋角解」爲「麈角解」。則麈雖屬麋，而實不同。

穢人前兒。前兒若彌猴，立行，聲似小兒。

〔集注〕孔晁云：穢，韓(鍾本、何本作「寒」)穢，東夷別種。○王應麟云：《後漢書·東夷傳》：「濊北與高句驪、沃沮，南與辰韓接，東窮大海，西至樂浪。」(《山海經》注：「今扶餘國即濊貊故地，在長城北，去玄菟千里。」)《爾雅》注：「鯢魚似鮎，四脚前似獼猴，後似狗，聲如小兒啼，大者長八九尺。」《水經注廣志》曰：「鯢魚聲如小兒，有四足，形如鱧，出伊水，《史記》謂之人魚。」(始皇葬，以膏爲燭。)司馬相如《上林賦》注：「鰨，鯢魚也，似鮎，有四足，聲如嬰兒。」宋祁《益部方物圖》：「魶魚出西山溪谷及雅江，狀如鯢，四足，能緣木，聲如兒啼。」○潘振云：《漢書·東夷傳》：「夫餘國，本濊地也。出豽。豽似貍，無前足，善捕鼠。」此即前兒與？前讀爲緇翦之翦，淺黑色。彌即嫛彌之彌，嫛兒也。無前足，故人立而行也。○陳逢衡云：穢即濊，一作獩，其地與三韓接壤。三韓者馬韓、辰韓、弁韓也。《後漢書》：「夫餘國在元菟北千里，南與高句驪，東與挹婁，西與鮮卑接，北有弱水，地方二千里，本穢地也。」《魏志》：「獩貊南與辰韓，北與高句麗、沃沮接，東窮大海。」案《一統志》：「扶餘今爲科爾沁六旗地。」又朝鮮國之江原道爲古濊貊國。前兒，即《山海經》之人魚，互見《北山經》、《中山經》，「其狀如鯑魚，四足，其音如嬰兒，食之無癡疾」。郭注：「即鯢也。」郝懿行曰：「鯢，古文省作兒。《周書·王會》：『穢人前兒。』兒从儿，即古文人字。又人、兒聲轉。經文古本作兒魚，闕脱其上即爲人魚。」衡案：《山海經·北山經》人魚僅一見於没没之水，而《中山經》浮濠之水、厭染之水、楊水、潕水、視水凡數見，又見於《西山經》之丹水焉。得處處皆闕脱其上而爲人魚乎？蓋此魚四足若彌猴，聲似小兒，又能立行，以其有似於人，故謂之人魚。郝氏又於《中山經》少室山休水鯑魚下引《周書》直云「兒若彌猴」，亦誤。案所謂形似彌猴者，實是魚，不是猴。○何秋濤云：《嶺表録異記·鯢魚》云：「今商州溪内亦有此魚，謂之魶魚。」《廣雅》云：「鯢，魶也。」是鯢、魶本一魚，非形似也。

良夷在子。在子□身人首，脂其腹炙之霍，則鳴曰「在子」。

〔**彙校**〕缺處王應麟本作「幣」，云疑。盧校仍空缺。霍，王應麟本作「藿」。○陳逢衡云：「幣」疑作「弊」。《玉篇》：「弊，獸名。」《格致鏡原》引《王會》「幣身」作「鼈身」，並附於鼈類之末。《通雅》亦云：「在子鼈身人首。」○唐大沛云：炙，當作針灸之「灸」，傳寫訛作炙。○朱右曾云：「幣」疑當爲「鼈」。○劉師培云：朱校云「幣」疑作「鼈」，其説是也。唐段成式《酉陽雜俎》十六云：「在子者，鼈身人首，炙之以藿則鳴曰在子。」是「身」上當補「鼈」字。「霍」當從王本作「藿」。《容齋續筆》十三引作「弊身」，「霍」亦作「藿」。弊、幣二字均係「鼈」訛。

〔**集注**〕孔晁云：良夷，樂狼之夷也。貢奇獸。（按：狼，盧校改「浪」。唐大沛云：「奇獸」當作「奇魚」，故下文云「亦奇魚也」，傳寫誤。）○王應麟云：《山海經》：「朝鮮在列陽東，海北山南。」注：「今樂浪縣。」《爾雅》疏：「九夷，二曰樂浪。漢樂浪郡，故朝鮮國。」藿，豆葉。○潘振云：塗脂於其腹，以藿炙之，獸自鳴曰在子也。○陳逢衡云：良夷濱於東北海，例以穢人前兒、揚州禺禺，則在子爲水族似可信。炙之霍者，霍即劆，《廣雅》：「裂也。」《釋名》「㲉，霍也，所中霍然即破裂。」王本改作藿，又訓爲豆葉，於文義不甚貫。《通雅》謂「炙之以藿」，「以」字添設。○何秋濤云：《北山經》「灌題之山有鳥焉，其狀如雌雉而人面，見人則躍，名曰竦斯，其名自呼也。」按竦斯與在子音近，疑亦其類也。或曰在子蓋陵魚也。《海内北經》載陵魚人面、手足、魚身，在海中，與朝鮮相近。《楚詞》云：「陵魚曷止。」王逸曰：「陵魚，陵鯉也。」按今陵鯉徧身皆鱗，不畏捶擊，惟腹無鱗甲，擊之則鳴，與《王會》所紀在子相類。畢尚書注《山海經》曰：「人面，謂略似人形耳，非必全肖人首也。」劉淵林《吴都賦》注：「陵鯉有四足，狀如獺，性好食蟻。」此「幣」字疑「獺」之譌，聲相近也。○陳漢章云：在子幣身，宋洪邁《容齋續筆》（十三）引作「弊身」，唐段成式《酉陽雜俎》（十六）引作「鼈身」，可知幣、弊皆「鼈」之假字。《説文》：「魶魚似鼈，無甲，有尾，無足，口在腹下。」即在子也，而非即《上林賦》之魶。《玉篇》、《廣韻》作「魶」，字訛。《集韻・二十七合部》「魶」引《説文》、二十八

《亼部》「魶」有重文「鰨」，云：「鯢也，似鮎，四足，聲似嬰兒。」是魶即穢人之前兒也。朱釋知前兒之爲魶，而不知在子之爲鰨。桂氏《說文義證》反改《說文》之鰨爲魶，以無足爲四足。何不考之是經乎？

揚州禺禺，魚名。解隃冠。

【彙校】潘振云：「隃」當作「揄」。○陳逢衡云：「魚名解隃冠」五字疑衍。○丁宗洛云：「解隃冠」句與上絶不連貫。考《左·昭二十二年傳》：「王師軍於解」，注云：「洛陽西南有大解、小解。」然則此句或是言解地獻隃冠之獸，特爲注「亦奇魚也」，語截屬本節，遂欠分明耳。隃冠又見下文。○何秋濤云：舊本作「揚州禺禺魚名」，按畢尚書云：「揚州禺，經也。禺，魚名，注也。經注不分，則習之或誤。」今按「魚名」二字與本文不類，其爲孔注溷入無疑。且解隃冠下孔注「亦奇魚也」，亦字承上而言，尤屬顯證。前人不察，每援引，輒連下解隃冠併爲一節讀之，非也。今從畢說訂正，惟魚名或云當是一字，或云二字，其說不一，以王氏《補注》推之，仍當以禺禺二字爲正名也。

【集注】孔晁云：亦奇魚也。○王應麟云：《說文》：「鰅，魚名，皮有文，出樂浪東暆。神爵四年初捕收輸考工。周成王時揚州獻鰅。」《上林賦》：「禺禺」，郭璞曰：「禺禺，魚，皮有毛，黄地黑文。」○潘振云：解獸似鹿，一角，一名神羊。揄獸似驢，亦一角，一名山驢。《山海經》：「縣雍之山，其獸多閭麋。」閭即揄也，二獸皆有冠角也。案下文閭似揄冠，則此解揄冠，專指解豸也。○陳逢衡云：下文蠻揚爲揚州之蠻，《漢書·南粤傳》所謂揚越是也，當在揚之南境。此揚州疑即《禹貢》所謂島夷，其國當在揚之東境。（《呂氏·恃君覽》有揚島。）禺禺即鰫鱅，見《山海經·東山經》，其狀如犂牛。《博物志》：「東海中有牛體魚，其形狀如牛。」即此禺禺。徐廣曰：「禺禺，魚牛也。」又《上林賦》：「鰅鰫鰬魠。」郭璞曰：「鰅，魚，有文彩。」《方言》：「齊宋之閒凡物盛多者謂之寇。」○唐大沛云：貢魚皮也。後代備考工之用，古亦可知。上文「前兒」想亦非臘即皮。〇何秋濤云：此揚州，孔氏、王氏俱無注，今以上下文推之，非淮海之揚州也，當是今朝鮮國京畿道所屬之揚州。所以知其然者，蓋上文肅愼、穢人、良夷，下文發人，皆在東北海濱，若以淮海揚州列此，則非其次矣。且彼揚州亦未聞有禺禺之魚也。今案《呂氏春秋·恃君覽》曰：「夷穢之鄉，大解、陵魚、其、鹿野、摇山、揚島。」此皆東北地名。大解即下文之解，則揚島蓋即此揚州矣。《東山經》云：「樕螽（速株二音）之山，食水出焉，而東北流注于海。其中多鱅鱅之魚，其狀如犂牛，其音如彘鳴。」是鱅鱅之魚産于東北陬近海之地。《説文》言鰅出樂浪東暆，案西漢東暆縣在今朝鮮國京畿道城西南，蓋《王會》揚州即在此處。今其附近亦有地名揚州，當是相沿古來舊名。《堯典》：「宅嵎夷，曰暘谷。」嵎夷地在朝鮮暘谷，與揚州聲轉字通，疑是一地。魚之名鰅，蓋亦取嵎夷之地以命名。以此互證，尤爲確鑿也。至單名之鰅與雙名之禺禺，段茂堂頗加區别，今考其形狀，實爲一物，則郝蘭皋已論之。解國地在東北陬，蓋即今之費雅喀部人，俗謂之魚皮島者也。在三姓以東，混同江口海口大島也。南北二千餘里，東西數百里，距西岸近處僅百里許。隃冠，孔注以爲奇魚，非也。下文北唐以閭閭似隃冠，按閭狀似驢而一角，與魚形不類。郭璞注《山海經》云：「閭即羭也。」今按隃冠之「隃」當爲「羭」字之通借，羭，羊也。言解國以羊皮冠爲獻也。按《海外東經》有玄股之國，其爲人衣魚食鷗。又有勞民國，爲人手足面目盡黑。郭注：「以魚皮爲衣。鷗，水鳥也。」郝氏懿行曰：「今東北邊有魚皮島人，正以魚爲衣也。其冠以羊、鹿皮，戴其角如羊、鹿。」然魚皮島之東北有勞國，其人與魚皮島人面目手足皆黑色也，以是驗知解國即古玄股之國，爲今之魚皮島。隃冠即其所冠之羊皮冠戴其角者也。惟其戴角，故閭獸之有角者似之矣。〇朱駿聲云：疑解隃地名。

發人鹿鹿者，若鹿迅走。

〔彙校〕二「鹿」字下王應麟本各有「人」字，盧校改「麃麃」。○陳逢衡云：竊疑此條當是「發人麂麂」，音麠，其字上從鹿，下从几。几與儿形相似，儿即古文人字，後世傳寫誤分爲二，故王伯厚所見本爲「鹿人」也。東原戴氏引《逸周書》曰：「發鹿者，若鹿迅走，謂北發之人貢似鹿獸耳。」亦誤。○孫詒讓云：《大戴禮記・少閒篇》盧注云：「北發，北狄地名。其地出迅足鹿。」即本此書。劉賡《稽瑞》引此云：「鹿若疾走。」疑古本作「發人以鹿若，鹿若迅走」，蓋以「鹿若」爲獸名。

〔集注〕孔晁云：發亦東夷。迅，疾。○王應麟云：《漢武帝詔》曰：「周成康刑錯不用，海外肅眘、北發、渠搜、氐羌徠服。」晉灼曰：「《王恢傳》『北發、月支可得而臣。』似國名也。」《大戴記・五帝德》曰：「北山戎、發、息慎。」《管子》曰：「發、朝鮮之文皮。」《博物志》：「江漢有貙人，能化爲虎。」鹿人蓋此類。○潘振云：《漢志》發干縣屬東郡，即發人地與？今山東東昌府堂邑縣也。麃，麠屬，牛尾，一角。○陳逢衡云：發國有二：一在，南《史記・五帝紀》「南撫交趾、北發」是也。此發人自是北狄。《大戴・少閒篇》盧注：「北發，北狄地名，其地出迅足鹿。」可據。《管子》、《大戴》、《漢詔》以發與朝鮮、息慎類舉，其國蓋在東北，故孔注謂之東夷。麃，牛尾而一角，其大者謂之麠。麠或作麖。麖與麢音相近，故楚人謂麢爲麃也。《爾雅》：「麠，大麢，旄毛，狗足。」又云：「猶如麂，善登木。」李時珍曰：「麂似麞而小，黑色，豹脚，脚矮而勁，善跳越。」其說與《王會》所謂迅走合。○何秋濤云：發在周時與朝鮮並著於東方也，其地當與肅慎、朝鮮相近。今吉林境内有二發河，一在城南四百七十里，北流入輝發河；一在城南六百六十餘里，北流入混同江。疑此二水即因發國得名。又輝發河旁明時有輝發國，或輝發即古發國舊壤未可知也。云鹿人者，考《夏小正・八月》云：「鹿人從。」傳曰：「鹿人從者，從羣也。鹿之養也離，羣而善之。或曰人從。

人從也者，大者於外，少者於內，率之也。」洪氏震煊曰：「或讀如人之相從也。」按此是《夏小正》傳本有二讀，依後讀則謂鹿如人之相從，依前讀則謂鹿人之從羣，是名鹿爲鹿人，古有此語。而發人所獻之鹿人則似鹿迅走，又鹿中別一種耳。

俞人雖馬。

【彙校】潘振云：「俞」當是「渝」。

【集注】孔晁云：俞，東北夷。雖馬，舊駕，一角，大者曰麟也。（王應麟本「舊駕」作「嶲如馬」，「大者曰麟」作「不角者曰騏」，盧校從。）○王應麟云：《漢書》「巴俞」注：「俞，水名，今渝州。」《爾雅》：「驨，如馬，一角。」注：「元康八年，九真郡獵得一獸，大如馬，一角，角如鹿茸，此即驨也。今深山中人時或見之，亦有無角者。」○潘振云：《說文》：「渝水在遼西臨渝，東出塞。」○陳逢衡云：今直隸永平府有渝河，在撫寧縣東。又山海關在撫寧縣東一百里，本古渝關地，此俞人當在其左近。《山海經·北山經》：「帶山有獸焉，其狀如馬，一角，有錯，其名曰䑏疏。」郝懿行曰：「嶲、雖、疏俱聲相近。」《廣雅》：「鑴，錐也。」王氏《疏證》曰：「《爾雅·釋獸》：『驨，如馬，一角。』亦以其角形如錐而名之，故《逸周書·王會篇》謂之雖馬，雖、錐聲相近也。」○何秋濤云：俞人次于發人、青邱之閒，則當爲東北方之國。淩儀引西南巴俞爲證，非也。俞與倭聲相近，疑即倭人也。《海內北經》：「倭，北倭，屬燕。」《魏志》云：「倭人在帶方，東南大海之中，依山島爲國邑。」孔氏注雖馬即嶲者，按《爾雅·釋畜》今本作「驨」。《子虛賦》云：「射游騏。」張揖注引《爾雅》亦作「嶲」，是張、孔所見魏晉《爾雅》古本俱作「嶲」。《釋文》：「驨，本又作嶲。」是也。嶲有髓音，故此篇借爲雖也。《玉篇》云：「驨，騏驥也。」《北山經》云：「敦頭之山旄水，其中多䮝馬，牛尾而白身，一角。」蓋亦嶲類。郝氏懿行曰：「《水經・河水注》云：『漢武帝聞大宛有天馬，遣李廣利伐之，始得此馬，有角爲奇。』然則天馬即嶲矣。」○ 劉師培云：《漢書・地理志》遼西郡臨渝縣下云：「渝水，首受白狼，東入塞外。」又交黎縣下云：「渝水，首受塞外，南入海。」此即今之大凌河，發源蒙古喀喇沁左翼北境，經盛京南入海。俞人當爲渝水附近之國，在今錦州旁。

青丘狐九尾。

〔彙校〕丘，陳逢衡、何秋濤二家作「邱」，以諱改。

〔集注〕孔晁云：青丘，海東地名。○ 王應麟云：服虔曰：「青丘國在海東三百里。」司馬相如《子虛賦》：「秋田乎青丘，彷徨乎海外。」（郭氏曰：「山名，上有國，在海外。」）《淮南子》：「堯繳大風於青丘之澤。」《瑞應圖》：「九尾狐六合一同則見，文王時東夷歸之。」《孝經援神契》：「德至鳥獸，則狐九尾。」《吕氏春秋》：「禹行塗山，有白狐九尾造於禹。」《山海經》：「青丘國在朝陽北，其狐九尾。青丘之山有獸如狐而九尾，其音如嬰兒，能食人。」注：「《竹書》曰：『伯杼征于東海，及三壽，得一狐九尾。』」○ 陳逢衡云：《一統志》：「青邱在高麗境。」高麗，今朝鮮也。唐討高麗，置青邱道行軍總管。○ 何秋濤云：據服説青邱在齊國海東三百里，則其地不遠，蓋今登萊海中島也。徐氏文靖《竹書統箋》曰：「按《魯頌》云：『三壽作朋。』又云：『遂荒大東，至于海邦。』今據《竹書》征于東海及三壽，則三壽疑東海古國名。近魯者也。」《大荒東經》：「青邱之國有狐，九尾。」注云：「太平則出而爲瑞也。」《南山經》「青邱之山」云云，赫氏懿行曰：「云能食人，則非瑞應獸也。且此但言狀如狐，非即真狐。郭云即九尾狐，似誤。」按：昔人多以九尾狐爲瑞獸，郝氏之説甚正，録之以破千古之惑。

周頭煇⿰羊玄，煇⿰羊玄去羊也。

【彙校】去，諸本作「者」，盧校從。⿰羊玄，王應麟本作「⿰羊瓦」，盧校從。朱、何二家作「羝」。煇⿰羊瓦，劉師培引《玉海》云：一作「抵煇」。

【集注】孔晁云：周頭亦海東名也。(名，王應麟本作「夷」，盧校從。)○王應麟云：⿰羊瓦，牡羊也。《説文》：「夷羊百斤左右爲⿰羊兆。」○盧文弨云：⿰羊瓦即羝字。○潘振云：周頭，當作驩頭，古文驩作鴅，鴅似鵃，故後人誤爲周頭也。《海外南經》：「驩頭國，人面有翼，鳥喙，方捕魚。」郭云：「驩兜，堯臣。有罪，自投南海而死。帝憐之，使其子居東海而祠之。」煇，赤色，吴羊牡三歲曰⿰羊瓦。○陳逢衡云：《山海經》有驩頭國、周饒國，不知誰是此國。或曰周乃雕字之誤，頭與題通，蓋即雕題國也。○唐大沛云：⿰羊玄同羝。○何秋濤云：周頭亦曰周饒，即焦僥國，以其人短小而有是名。其國有二，一在西南，一在海東。此次于青邱之後，故知爲海東之國也。畢尚書曰：「周饒即焦僥，音相近也。」郝懿行曰：「周饒又聲轉爲朱儒。」《魏志·東夷傳》：「女王國，又有朱儒國在其南，人長三四尺。」曰煇羝者，當是周頭方言，因而記之。今蒙古語猶呼羊爲煇，亦一證也。

黑齒白鹿、白馬。

【集注】孔晁云：黑齒，西遠之夷也，(唐大沛云：「當云東之遠夷也。」)貢白鹿白馬。○王應麟云：《山海經》黑齒國在青丘北，爲人黑齒。注：「齒如漆。」《吕氏春秋》：「禹東至鳥谷青丘之鄉，黑齒之國。」《東夷傳》：「裸國東南有黑齒國，船行一年始可至。」《吴都賦》注：「西屠以草染齒，染白作黑。」《伊尹朝獻·商書》：「正西漆齒。」《管子》：「雕題黑齒。」注：「南夷之國。」《南夷志》：「黑齒蠻在永昌關南，以漆漆其齒，見人以此爲飾，寢食則去之。」

《周語》：「穆王征犬戎，得四白狼四白鹿以歸。」宋《符瑞志》：「黄帝時南夷乘白鹿來獻鬯。」○陳逢衡云：黑齒國見《管子·小匡》，又見《吕氏春秋·求人篇》。高誘注：「東方其人黑齒，因曰黑齒之國也。」《山海經·大荒東經》：「有黑齒之國。帝俊生黑齒，姜姓」。郭注：「齒如漆也。聖人神化無方，故其後世所降育，多有殊類異狀之人，諸言生者，多謂其苗裔，未必是親所産。」黑齒國又見《海外東經》。《淮南·墬形訓》：「自東南至東北方有黑齒民。」注云：「東方國也。」又《脩務訓》：「東至黑齒。」注：「黑齒，東方之國。」《魏志·東夷傳》：「侏儒國去女王國四千餘里，又有裸國、黑齒國復在其東南。」案以上諸説俱謂黑齒在東南，故屈子《招魂》以雕題黑齒屬之南方。《吴都賦》亦以儋耳、黑齒類叙，而孔晁謂是西遠之夷者，蓋以《伊尹四方令》有「正西漆齒」之説，不知黑齒有二，一在東南，一在西南。《伊尹四方令》之黑齒在西南，即《異物志》所謂「西屠以草染齒，染白作黑」是也。而此黑齒則在東南，黑齒乃其水土使然。《南夷志》謂以漆漆其齒，不可信，當從郭氏齒如漆之説。○何秋濤云：《大荒東經》有黑齒之國，「帝俊生黑齒，姜姓，黍食，使四鳥」，此蓋東方黑齒之先也。《魏志》云：「倭國東南四千餘里有裸國。」裸國蓋即白民。東南有黑齒國，船行一年可至。今以地理度之，當在吕宋、爪哇之東。古人海道迂曲，故覺其遠耳。

白民乘黄。乘黄者似騏，背有兩角。

【彙校】此句王念孫校作「乘黄者似狐，其背有兩角」，云：傳寫脱去「狐」字，則「似其」二字相連，後人以乘黄是馬名，遂改「似其」爲「似騏」，而不知其謬以千里也。《山海經》注引此正作「似狐」。《文選·王融曲水詩序注》、《初學記·獸部》並引作「乘黄者似狐，其背有兩角」，今據以訂正。（唐、朱二家從。）○民，唐大沛作「氏」。何秋濤亦疑「民」乃「氏」字之譌。○盧文弨云：郭璞注《山海經》、李善注《文選》皆云「似狐」。○劉師培云：今考《史記·司馬相如傳》索隱亦引作「似狐，背上有兩角」。祝穆《事文類聚後集》三十八引《周書・王會》云：「乘黃，一名飛狐，有五肉角。」(「五」字衍，「肉」係「兩」訛。)是宋本「騏」仍作「狐」。又道藏本《軒轅黃帝傳》云：「又有騰黃之獸，其色黃，狀如狐，背上有兩角。」亦騏當作狐之證也。(又案今本《山海經》郭注引此作「背上有兩角」。《開元占經》一百十六引郭注云：「《周書》黃(上脱乘字)似狐，背有兩肉角也。」「肉」疑「兩」誤。)

〔集注〕孔晁云：白民亦南夷。(王應麟本作「東南夷」，諸家從。)〇王應麟云：《山海經》：「白民之國在龍魚北，白身被髮。有乘黃，其狀如狐，背上有角，乘之壽二千歲。」《東夷傳》「九夷」有白夷。漢《郊祀歌》「訾黃」注：「一名乘黃，龍翼而馬身，黃帝乘之而仙。」《淮南子》：「黃帝治天下，飛黃伏皁。」注：「飛黃，乘黃也，出西方，狀如狐，背上有角，乘之壽千歲。」宋《符瑞志》：「舜時地出乘黃之馬。」〇潘振云：白民，人白如玉也。國在日南。其君銷姓。騏，青驪文，如博棊，不角。〇陳逢衡云：白民非東南夷也。東九夷是白夷，非白民。白民在西，故《山海經》白氏之國列之《大荒西經》，而白民之國亦列之《海外西經》也。白氏即白民。《淮南・覽冥訓》注：「飛黃出西方。」則白民在西，信矣。《墬形訓》：「海外三十六國，自西北至西南方有白氏。」高誘注曰：「白民，白身民，被髮，髮亦白。」即此白民無疑。若《大荒東經》所云「有白民之國，帝俊生帝鴻，帝鴻生白民」等語，疑是《大荒西經》「有白民之國」下錯簡。《路史・帝鴻氏紀》：「白氏，銷姓，降居于夷，是爲白民之祖。」注云：「《汲冢周書》有白氏之國，出乘黃，孔晁云是東南夷，與白州相接。」又《國名紀》曰：「白民，《山海經》云銷姓國，而《汲冢書》言白民之國，今之白州。孔晁以爲東南夷，與白州接。」衡案：羅氏所引蓋合後文「白州比閭」孔注而言也，其說亦誤。〇何秋濤云：疑白民在東方。《太平御覽》白民國引《博物志》云：「日南有野女，羣行不見夫，其狀皛而白，裸袒無衣襦。」據此則白民蓋指無衣裸袒而言，當即裸國。《魏志・東夷傳》曰：「女王國東渡海千餘里，復有國，皆倭種。又有朱儒國在其南，人長三四尺，去女王國四千餘里。又有裸國、黑齒國復在其東南，船行一年可至。」（郭璞注《山海經》引作「倭國東四十餘里有裸國」。「千」之爲「十」，字形之譌也。）此裸國或即白民也。又按《唐書》載貞觀中，扶南來獻白頭國二人於洛陽，云：「其國在扶南之西，參半之西南，男女皆素首，身又凝白，居山洞之中，四面岩險，故人莫至。」此所謂白頭國者，亦與《山海經》白身被髮之説合，其或即白民歟？〇陳漢章云：何注謂即《魏志·東夷傳》裸國，又引《海外西經》白民，然《海外西經》之白民，或今白種，非《大荒東經》之白民也。又《水經注》以狼𦚢夷爲裸國，正與扶南地近。《唐書》扶南之西有白頭國，亦非東夷之裸國。《淮南子·説林訓》：「西方倮國。」《地形訓》：「自西南至東南方有裸國。」是裸國甚多。《原道訓》又與《吕覽·貴因篇》、《論衡·問孔篇》並稱禹之裸國。《論衡·書虚篇》更云吴爲裸國，斷髮文身。以下文東越揆之，似裸國之在東方者即吴民。而吴民究非白民，不如王注謂白民爲九夷之白夷。

東越海蛤。

〔彙校〕蛤，盧校作「龕」，注同。〇盧文弨云：李善注《文選》作「東越侮食」，形近而訛。〇劉師培云：盧説非也。《文選·王融三月三日曲水詩序》注云：「侮食來王。」李注引《漢書·匈奴傳》：「壯者食肥美，老者食其餘。」又云：「古本作『晦食』。」《周書》曰：「東越侮食。」」袁本「侮」作「海」。胡校云：「海字是也。詳注意，上句當云：『古本作海食』，而引此以解之。」據胡説，是《文選》有二本：一作「侮食」，李引《匈奴傳》爲釋；一作「海食」，李引此文爲證。説固近是，然王氏《補注》引《文選注》亦作「東越海龕」。王氏所據當係舊本，則李注所云古本作「晦食」，乃「海龕」之訛。所據《周書》，固與今本同也。

〔集注〕孔晁云：東越則海際。蛤，文蛤。○王應麟云：東越即閩川地。《本草經》：「文蛤，表（何秋濤校補「有」字）文，生東海。」○盧文弨云：畣即蛤字。○陳逢衡云：東越於周爲七閩地，《史記》有《東越傳》，乃越王勾踐之後，其地爲閩越，亦稱東越，仍沿舊名也。秦并天下，以其地爲閩中郡。徐廣曰：「今建安侯官是。」索隱曰：「小顔以爲即今之泉州建安也。」衡案：今福建福州府，周爲七閩地。後屬越，秦爲閩中郡地。漢五年爲閩越國，三國吴屬建安郡。隋平陳，郡廢改曰泉州。唐武德六年復置泉州，是爲古東越地也。海畣一名陸見。《爾雅》（？）：「其狀圓而厚，外有紋縱横，一名瓦屋子，即蚶子也。蚶之大者爲洪蚶。」《臨海水土記》：「蚶徑四尺，背似瓦，壟，有文。」即此。○何秋濤云：《元和郡縣志》：「福州貢海蛤。」《一統志》：「福州府産海蛤。」《説文》：「蛤，蜃屬，有三，皆生於海，千歲化爲蛤。秦謂之牡厲。」又云：「百歲燕所化。魁蛤，一名復累，老服翼所化。」《本草經・蟲魚部》上品有海蛤。陶隱居云：「以細如巨勝，潤澤光浄者好。」《圖經》云：「久爛者爲海蛤，未爛有文理者爲文蛤也。」

歐人蟬蛇。蟬蛇順，食之美。

〔彙校〕王應麟本「歐」作「甌」，「蟬蛇」不重。○劉師培云：《路史・國名紀四》亦引作「甌」，引注同。《玉海》百五十三仍引作「歐」，自注云：「一本作『甌』。」（鄧名世《古今姓氏辨證》甌姓引《元和姓纂》云：「東甌王之後。一作歐。」是甌、歐互用。）

〔集注〕孔晁云：東越歐人也，比交州蛇特多，爲上珍也。（丁宗洛云：「東越」乃緣上節誤衍也。王應麟本無「比」、「特多」、「也」四字。）○王應麟云：《山海經》：「甌居海中。」注：「今臨海永寧縣即東甌，在岐海中。」漢以東甌地立回浦縣，後漢以章安縣（即回浦）之東甌鄉置永寧縣。（今温州永嘉縣。《輿地廣記》：「温、台處皆東甌地。」）楊氏南裔《異物志》：「蚺唯大虵，既洪且長，采色駮犖，其文錦章，食灰吞鹿，腴成養創，賓享嘉宴，是豆是觴。」（交州蚺蛇長十丈，圍七八尺。）○潘振讀「順食之」句，云：珠崖儋耳，謂之甌人，屬南越。珠崖，今廣東瓊州府。儋耳，即瓊州府屬之儋州。廣東別號東粵。廣州貢蛇，見《唐志》。蟬蛇，蚺蛇也。尾圓無鱗，身有斑文，如故暗錦纈，似鼉行地，常俯其首。《説文》云：「大蛇可食。」順食者，從而鬻食之，甚美也。○陳逢衡云：竊疑東甌即東越，不得分爲二國。此歐人當是西甌，即《淮南·人間訓》所謂西嘔也。《漢書·南粵王傳》：「佗以兵威財物賂遺閩粵、西甌駱，役屬焉。」師古曰：「西甌即駱越也。言西者，以別東甌也。」《漢書·南粵傳》又云：「西有西甌，東有閩粵。」《寰宇記》：「永嘉爲東甌，鬱林爲西甌。」《郡國志》又謂：「鬱林是西越。」案永嘉在浙江温州，鬱林在廣東，是東越即東甌，歐人即西越，不當混合爲一。孔注以爲東越歐人，誤矣。《史記·南越傳》索隱引《廣州記》：「交趾、九真二郡即甌駱也。」《通典》：「貴州，古西甌駱越之地。」尋按諸説，歐人當在今廣東廣西境。蓋其土俗喜啖蛇，故《淮南子》云：「越人得蚺蛇以爲上品。」蓋指此也。王氏以此爲東歐，而以下文且甌爲西歐，失之。蟬蛇，《路史·國名紀》引作「鱓蛇」，蟬、鱓古通用。《倦遊雜録》云：「嶺南人好啖蛇，易其名曰茅鱓」，是也。○朱右曾云：《史記索隱》稱姚氏云：「甌，水名。」《永嘉記》：「水出寧山，行三十餘里入江。」今浙江温州府永嘉縣西南有東甌，故城北有甌水。《類篇》云：「蛇蟬，黄質黑文。」順謂縱切之。蟬，今字作「鱓」，生水岸泥窟中。○俞樾云：順讀爲馴。《易·坤·象傳》：「馴致其道。」九家注曰：「馴猶順也。」是馴與順音近而義通。蟬蛇順者，言其性馴善也。雖有蛇名而實非蛇，故曰「馴」，明其與蛇異也，下乃曰「食之美」。朱氏右曾《集訓》讀「順食之」爲句，釋曰：「順謂縱切之。」斯大誤矣。蟬即鱓之假字。《一切經音義》卷十六引《訓纂》曰：「鱓蛇，魚也。」《山海經》郭注曰：「鱓魚如蛇。」蓋以其似蛇而得蛇名，實非蛇也。孔氏竟以蛇釋之，謬矣。○何秋濤云：《山海經》所叙自東而西，首舉甌人，列閩之前，則甌人必是温州之東歐也。又《王會》此篇歐人次于東越、干越之閒，則其非珠崖交阯之甌尤灼然可見。注又云「交州蛇爲上珍」者，引以證食蛇之事耳，非謂此歐人即交州之甌也。云蟬蛇者，按蟬本訓爲蜩，此云蟬蛇，孔、王皆無注。按蟬當讀上演切，蜿蟬盤曲之貌。王逸《九思》：「乘六蛟之蜿蟬。」注：「羣蛟之形也。或作蟺。」然則蟬蛇云者，亦因其盤曲之狀而名之也。或謂蟬通作蟺。《韓子》曰「蟺似蛇」，「漁者持蟺」，皆借蟺爲蛇鱓之鱓。如此則蟬、蛇爲二物。且鱓本可食，何待別言，故知不然矣。

姑於越納。

【彙校】王應麟本無「姑」字，盧校從。陳逢衡於「納」下增一「□」，丁宗洛連下句作「於越納姑妹珍」。○盧文弨云：謝云：「『於越納』當連下文。」○何秋濤云：越都會稽，此云「於越納」，下云「會稽以鱓」，或疑其複出，不足爲據。不知下文會稽自是越國，此文「於越」本作「干越」，別爲一地，與會稽不同。干音干戈之干，干越見于周、秦、漢代之書者甚衆，大要有二説：《墨子·兼愛篇》曰：「禹南爲江漢，淮汝東流之。」注：「五湖之處以利荆楚、干越之民。」《莊子·刻意篇》曰：「夫有干越之劍者。」《釋文》引司馬云：「干，吴也。」《荀子·勸學篇》曰：「干越、夷貉之子。」楊倞曰：「干越，猶言吴越。」（宋本如是，近時嘉善謝氏刻本改「干」爲「于」，又改楊注「吴越」爲「于越」，非是。）《淮南·原道訓》曰：「干越生葛絺。」高注曰：「干，吴也。」（道藏本如是，俗本改「干」爲「于」，與高注不合。）是干越即吴越也。干、越爲二國，故《漢書·貨殖傳》云：「戎翟之與干越。」猶《墨子》之言「荆楚、干越」，《荀子》之言「干越、夷貉」也。此一説也。《漢書》孟康注云：「干越，南方越名也。」其意以干越爲越之一種，若漢時之有閩越、甌越、駱越也。《文選·吴都賦》「包括干越」（宋本如是，今本或與宋本同，或改「干」爲「于」），李善注引此文正作「干越」，又引

《音義》云：「干，南方越名也。」(此下有「《春秋》曰：『于越入吴』，杜預注曰：『于，越人發語聲』」十七字，乃後人所加，與李注不合。)《太平御覽·州郡部十六》引《漢書》亦作「干越」。又引韋昭注云：「干越，今餘干縣，越之別名。」此又一説也。此篇干越乃一國，非二國，自是越之別一種，當以孟康、李善、韋昭之説爲正。其地即今之江西饒州府餘干縣治是也，自漢以來二千年未嘗移治。考之此篇，則周初已爲建國，其來尚矣。自顔師古注《漢書》，不知詳考，改「干」爲「于」，而以《春秋》之「於越」釋之，實爲謬誤。王懷祖先生曰：「於、于古雖通用，而《春秋》之於越未有作于越者。學者多聞於越，寡聞于越，故子史諸書之干越或改爲于越，皆沿師古之誤。」秋濤按：《王會》之「干越」蓋既改爲「于越」之後，又依《春秋》改「于」爲「於」，輾轉變易，故其跡尤隱。自注家莫能悟其失，即懷祖先生亦未引據及之，因其字已改爲「於」故也。今以下文會稽證之，知「於越」的爲「干越」之譌。○孫詒讓云：《御覽》八百四十引作「於越獻舟」。疑「納」本作「内」，即「舟」之誤。

〔**集注**〕王應麟云：於越，越也。《春秋》定、哀時三書「於越」，《漢書》「于越」注：「于，發語聲，戎蠻之語。」則然于越猶句吴也。納，謂納貢。○陳逢衡讀□屬上，云：據《禹貢》「百里賦納總，二百里納銍，三百里納秸」，則此云納□者，當是粟米之類，故重其物，特云納以貴之也。不然下文直言長沙鼈，此何不可言於越黿，而乃特變文言納乎？○何秋濤云：今按「納」乃「魶」之假借字。《説文》：「魶魚似鼈無甲，有尾無足，口在腹下，从魚，納聲。」考其形狀，即今銅盆魚也。《廣韻》又作「魶」字，音訓並同。干越所貢，蓋即是魚。納與魶古字相通，或古人字少，止作納字，後乃加魚旁，以爲分別文耳。至《博雅》訓魶爲鯢，《益部方物圖》之「魶魚有足，能緣木，聲如兒啼」，皆指人魚而言，與此同字異訓，諸家字書不能分析，遂致相溷，是不可以無辨。又按《文選·江賦》注引《臨海水土物志》曰：「鱝魚如圓盤，口在腹下，尾端有毒。」鱝，扶粉切，亦魶之異名也。又明屠本畯《閩中海錯疏》有魟魚，亦即此物。魟爲今名，鮒、鰿爲古名，確是一物。○陳漢章云：何注「於越」本作「干越」，《漢書》韋昭注「今餘干縣」。今考辨正《漢書·貨殖傳》「于越委越」爲「干越」，始於高郵王氏《讀書雜志》，顧不取韋昭餘干之説而從《莊子·刻意》司馬注、《荀子·勸學》楊注、《淮南·原道》高注訓干爲吴，然干實非吴。《管子·内業篇》云：「昔者吴、干戰未，齔不得入國門。國子摘其齒，遂入爲干國。」多是吴、干初本爲敵國，其後屬吴。字作「邗」。《説文》：「邗，國也。今屬臨淮。一曰邗本屬吴。」《春秋·哀九年》：「吴城邗溝，通江淮。」吴有邗地，遂稱吴越爲干越。韋昭注《漢書》以漢嚴助曰越人欲爲變，必先田餘干界中，故取漢豫章郡之餘汗當干越，不知干地實在臨淮。《史記·貨殖傳》：「合肥受南北潮，與閩中干越雜俗。」各本亦譌作「于越」。而《集解》引徐廣曰：「在臨淮。」與《説文》「邗」注同。又《淮南子·道應訓》：「荆有佽非，得寶劍于干隊。」高誘注：「干國在今臨淮。」《吕覽·知分》則曰：「荆有佽非，得寶劍于干越。」（楊倞注《荀子》引同。）《適威篇》又曰：「夫差自殁于干隧。」干隧即干隊。（《戰國·秦策》、《史記·春申君傳》作「干隧」，《魏策》、《史記·蘇秦傳》作干隊。）亦即干越。其地非豫章之餘汗可知。

曰姑妹珍。

〔彙校〕曰，諸本作「□」，王應麟本無，盧校從。○俞樾云：「珍」字當爲一物，而説者皆未詳。今按乃「珧」字之誤。珧字篆書作⿰王火，與珍相似，因而致誤。《爾雅·釋魚》：「蜃小者珧。」《山海經·東山經》：「其中多蜃珧。」是珧與蜃同類。此云姑妹珧，下句云具區文蜃，正以類相從矣。

〔集注〕孔晁云：姑妹，國，後屬越。○王應麟云：《越語》：「句踐之地，西至於姑蔑。」注：「今大末。」《輿地廣記》：「衢州龍游縣本姑蔑，越西鄙。」《春秋》：「公及邾儀父盟于蔑。」《公羊》、《穀梁》作「昧」（亡結反）。妹亦蔑字也。珍謂珍物。○潘振云：珍即珍禽珍獸之珍，不得其名，則直謂之珍而已。○陳逢衡云：《路史·國名紀》云：「姑於見於《王會解》。」羅氏所云姑於，疑即姑妹。隱元年「盟于蔑」，杜注：「蔑，姑蔑，魯地。」魯國卞縣南有姑城，案其地在今兗州府，與定公十二年敗諸姑蔑是一地。此姑蔑屬越，在今浙江衢州府龍游縣，不得混合爲一。《呂氏春秋·本味篇》：「指姑之東。」高注：「指姑乃姑餘，山名也，在東南方。」《淮南記》曰『軼鶤雞於姑餘』是也。」又《山海經·南山經》有勾餘山，郭注：「今在會稽餘姚縣南，句章縣北。」案姑於、姑餘、句餘一聲之轉。○何秋濤云：《左傳》哀十三年越伐吳，「王孫彌庸見姑蔑之旗」。杜注：「東陽大末縣。」按大末，秦縣，晉改屬東陽郡，即今浙江衢州府龍游縣是也。亦曰姑末。《越絶書》云：「大越故界浙江至就李南姑末、寫干。」姑末，今大末。寫干，今屬豫章。《吳越春秋》亦云：「南至于姑末。」蔑、眛、末、妹，可相通借者。珍，孔氏無注，浚儀以爲珍物，與前後文體例不合，其說非也。今按珍與瑱通。《廣韻》：「瑱，玉名也。」《文選·江淹雜體詩》：「巡華過盈瑱。」注：「盈瑱，盈尺之玉也。」《後漢書·班固傳》：「雕玉瑱以居楹，裁金璧以飾璫。」瑱亦當爲玉名。注引《廣雅》訓爲礩，非也。凡從㐱之字，古多與從真之字通用。蓋姑妹國以玉爲貢也。今衢州府西有川曰球川，亦以玉爲名，是其地古嘗産玉，故以爲庭實矣。

且甌文蜃。

〔**彙校**〕甌，程本、王本作「歐」，注同。且甌，朱右曾據《御覽》九百四十一卷訂「具區」。○孫詒讓云：朱校是也。《稽瑞》引亦作「具區」，又釋之云：「吳之震澤也。蜃，蚌蛤之類，今海中小蛤，亦有文者，雕鏤彪炳，異常所見。」則唐本作「具區」無疑。○陳漢章云：朱釋依《御覽》（九百四十一）改「且甌」爲「具區」，孫氏從之。然具區本《職方》揚州澤藪，《漢書·地理志·會稽郡》：「吴，故國。具區澤在西。」古未聞吴國外有建國於具區者，自當作且甌，爲周七閩之一。

〔集注〕孔晁云：且甌在越。文蜃，大蛤也。（「越」下王應麟本多「間」，無「文」字，何從。孫詒讓云：孔注當云「具區在吴越閒」，蓋本《爾雅·釋地》説。吴越之閒有「具區」，傳寫因譌作「且甌」。校者疑東西甌皆屬越，不涉吴境，遂删「吴」字、「閒」字，今本又改作，文義更不可通矣。）○王應麟云：甌有二種，《伊尹朝獻·商書》正東漚，又正南甌。漢有東甌，又有西甌，駱閩越即西甌。《輿地志》：「周時駱越及甌駱皆芈姓。」《通典》：「貴州，古西甌駱越之地。」《淮南子》「西嘔」。《爾雅》：「蚌，含漿。」注：「蚌即蜃也。」《月令》：「孟冬雉入大水，爲蜃。」《山海經》：「嶧皋山，嶧皋水出焉。其中多蜃珧。」（蜃小者名珧。）○潘振云：且，語辭。甌，水名。《永嘉記》：「水出寧城十餘里，去郡城五里，入江。」《山海經》注：「今臨海永寧縣，即東甌，在岐海中。」晉隋之永嘉郡，三國吴之臨海郡，即今温、台二府地。温之永嘉縣，台之臨海縣，即古永寧縣地也。甌稱且甌，猶越稱於越爾。○陳逢衡云：此且甌乃東甌也。其地與東越近，故東越貢海畣，而且甌亦貢文蜃也。《國名紀》云「高陽氏後有且甌」，即此。文蜃，一名含漿。○朱右曾云：具區，今蘇州府西南太湖也。○何秋濤云：浚儀謂甌有二種，今考其地實有三焉。一曰東甌，一曰閩越之西甌，皆正東之甌也。一曰駱越之西甌，則正南之甌也。東甌即此篇甌人，已見前。此且甌次于越、姑妹之後，蓋閩越之西甌也。浚儀所引駱越貴州諸解，皆指駱越之西甌而言，宜删去。考《海内南經》郭璞注：「閩越即西甌，今建安郡是也。」晉之建安郡即今之建甯府。《一統志》：「古甌城在福建建甯府建安縣東南。」《太平寰宇記》「漢吴世子劉駒發兵圍東歐」，即此。《建安縣志》：「東甌城在縣東南百餘里南十里。」案此城實閩越之西甌。《寰宇記》及《建安志》以爲東甌，東字皆誤。又按且與查通。建甯府崇安縣有查源洞，查字從木且聲，地名查源，疑時崇安溪水本有且名，甌城在且水之旁，故曰「且甌」。此亦古地名之僅存可考者也。

共人玄貝。

〔**彙校**〕共，鍾本、程本、吴本、王本及王應麟本作「若」。注同。○何秋濤云：《太平御覽》九百四十一卷引作「共家玄貝」。○丁宗洛云：按玩此三段注語，可見「於越」字直貫下來，蓋云納姑妹之珍，納且甌之文蜃，納共人之元貝也。此以知王本悖謬。○孫詒讓云：《稽瑞》引作「羌人獻玄貝，貽貝也，一名貽。郭璞曰：『黑貝也。』」此上下文並南方國，不當云羌。劉引蓋譌，後文別有「氐羌以鸞鳥」。○劉師培云：《稽瑞》引作「羌人」，「若」形近「羌」，則作「若」之本較爲近。古若人於古無徵，疑正文本作「苦」，「苦」即《禹貢》之「枯」也。《莊子·人間世篇》云：「此以其能苦其身。」《釋文》云：「崔本作『枯』。」此苦、枯互通之例。○陳漢章云：王注本作「若人」，何注遂引《寰宇記》「若耶溪，古歐冶子鑄劍之所」，然古未聞有建國於若耶山溪閒者。《莊子·刻意篇》「干越之溪」，《釋文》引李云：「干谿，越山，出名劍。吴有谿名干，越有山名若耶，並出名劍。」則若耶仍是越國之山，如吴之干溪，非即邗國也。孔注「共人，吴越之蠻」，非即吴越可知。《御覽》引作「共家」，劉賡《稽瑞》又引作「羌人」。下有氐羌，「羌人」固誤。劉氏《補正》疑本作「苦人」，從鄒漢勛《讀書偶識》，謂即《禹貢》之「枯」，「枯」近雩都。今考鄒氏從馬融《書》注，以《禹貢》箘、簵、枯爲三國，謂枯即《考工記》「妢胡」之胡、《春秋傳》「芋尹」之芋、漢豫章郡「雩都」之雩。然漢雩都在今雩都縣東北，而妢胡在漢汝南郡汝陰，汝陰，今阜陽縣，初非江南地，不容併爲一談。此經「共人」非「苦人」，亦非「若人」，當是「其」誤爲「共」。《吕氏春秋·恃君覽》云：「夷穢之鄉，大解陵魚，其鹿野摇山揚島，大人之居，多無君。」注：「東方之夷多無君長。」然則「其鹿野」之「其」，或即此經之「其人」，而傳寫爲「共」歟？

〔集注〕孔晁云：共人，吴越之蠻。玄貝，照貝也。（照貝，王應麟本作「班貽貝」，盧校從。何秋濤云：此「班」字亦衍。）○王應麟云：《爾雅》：「玄貝，貽貝。」注：「黑色貝也。」《説文》：「貝，海介蟲也。古者貨貝，周而有泉，至秦廢貝行錢。」《山海經》：「陰山，濁浴水出焉，南流注蕃澤，其中多文貝。」《禹貢》：「揚川島夷卉服，厥篚織貝。」《鹽鐵論》：「幣與世易，夏后氏以玄貝。」○陳逢衡云：《路史·顓頊紀》：「百越之屬有供人。」即共人也。又《國名紀》：「高陽氏後有供人。」或云文朗民也，今之峯州。○何秋濤云：若人次于且歐之後，孔氏以爲吴越之蠻，蓋即越之若耶山也。《越絶書》云：「若耶大冢者，去縣二十五里。」（指會稽縣而言。）今若耶山在浙江紹興府會稽縣南四十四里，若耶溪出焉。《太平寰宇記》：「若耶溪，古歐冶子鑄劍之所。」按鑄劍事詳見《越絶書》、《吴越春秋》，咸云若耶之溪涸而出銅。漢武帝元鼎六年討東越，越侯爲戈船，下瀨將軍出若耶。古若人國蓋附近此山，而東漸於四明天台之海，故以玄貝爲貢爾。又按《爾雅》：「玄貝，貽貝。」《釋文》：「貽，顧餘之反，本又作胎，他來反」。《字林》作蚮，云：「黑貝也，大才反。」王懷祖先生曰：「《字林》作蚮，音大才反，則作胎者是也。胎，黑色也。」《吕氏春秋·任數篇》：「臺煤入甑中。」高注：「讀臺爲炱，云炱煤煙塵也。」《家語·在厄篇》「炱煤」作「炲墨」。《廣韻》：「黖黸，大黑之貌。」炱、黸並音大才反，義與《字林》蚮貝同。古無蚮字，借「胎」爲之。《藝文類聚》引《爾雅》正作「胎」。「胎」與「貽」字相似，故譌。○劉師培云：枯近雩都，詳鄒漢勛《讀書偶志》。《御覽》九百四十一引《六韜》云：「散宜生于九江之浦得大貝。」正與枯國地合。（據《山海經》謂蕃澤多文貝，濛水多黄貝，則文貝之屬不必定産海瀕。）

海陽大蠏。

〔彙校〕蠏，王應麟本作「蟹」，盧校從。注同。○孫詒讓云：《稽瑞》引作「揚州獻大解」，注云：「揚州，東海也。並出解。」解即蟹也。依孔注，則劉作「揚州」非是。但據劉引，則唐本「蟹」本叚「解」字爲之，今本疑後人所改。

【集注】孔晁云：海水之陽，一蟹盈車。○王應麟云：《史記》蘇秦曰：「楚東有海陽。」《山海經》：「大蟹在海中。」又：「女丑有大蟹。」注：「廣千里。」《玄中記》：「北海之蟹，舉一螯能加於山，身故在水中。」○陳逢衡云：楊慎《山海經補注》引《汲冢·王會篇》云：「海陽人貢大蟹，其殼專車。」蓋合正文與孔注言之。山南爲陽，水北爲陽，此蓋國於海水之北者。《國名紀》：「海陽見《王會解》。漢之揭揚，今潮之海陽縣。」案《漢志》揭陽在南海郡，今爲廣東嘉應州地。又潮州府海陽縣本漢南海郡揭陽縣地，有海陽山，其海陽故城在海陽縣東。《元和志》：「本漢揭陽縣地，晉於此立海陽縣，屬義安郡。南濱大海，故曰海陽。」《寰宇記》引《南越志》：「縣南十二里即大海。」衡謂《王會篇》所云海陽當是《漢志》遼西郡之海陽。案《呂氏春秋·恃君覽》：「夷穢之鄉，大解陵魚。」大解即大蟹也。穢即濊貊。合之《元中記》北海之説，則此國蓋在東北，故《山海經》「女丑有大蟹」，列之《大荒東經》，而《海内北經》類叙大蟹在海中，於朝鮮，列姑射之次也。若在廣東潮州府，則南海而非北海矣。郭氏注《山海經》謂「大蟹廣千里」，不足信。○何秋濤云：海陽後爲楚地，諸家地志不知其處，以管見考之，當在今江蘇蘇州府常熟縣北。蕭齊嘗於此置海陽縣，屬南徐州晉陵郡。所以知其然者，考《史記》蘇秦説楚威王曰：「楚東有夏州海陽。」劉伯莊曰：「楚并吴越地，東至海，海陽蓋謂楚之東南境。」是劉氏亦未能確指其所在。今按《吴越春秋》云：「越王追奔攻吴，兵入于江陽松陵。欲入胥門，望吴南城，見伍子胥頭」云云，「子胥乃與種蠡夢曰：『越如欲入，更從東門，我爲汝開道，貫城以通汝路。』於是越軍明日更從江出，入海陽於三道之翟水，乃穿東南隅以達，越軍遂圍吴。」按此蓋種蠡設爲子胥之辭以安衆耳。其事雖近奇異，然《吴越春秋》漢人所作，其時近古，於古地名當不舛錯。所云海陽在吴之東，正常熟之海陽也，與楚東之形勢正合。凡蘇秦所言列國地名，皆舉其最顯著者，《王會篇》之海陽即此無疑矣。若晉徐州廣陵郡有海陽縣，當在今江蘇揚州府境；劉宋廣州義安郡有海陽縣，即今廣東潮州府海陽縣治。此三海陽雖在楚東南，然未見於周秦之書，蓋名起於後世，非其地矣。又漢遼西郡有海陽縣，故城在今直隸永平府灤州西北，其地在東北陬，非楚之東南境，或以爲此篇之海陽，果爾，則不應列於甌越之間矣，其説非是。又按《海内北經》所載大蟹，郭注以爲千里之蟹，與《玄中記》所言皆物之最鉅，非可以爲貢者也。此所記海陽大蟹，蓋亦尋常巨蟹耳。孔注謂盈車之蟹，較是。○陳漢章云：今考《戰國·楚策》吴禮部《補注》引盧藏用云：「海陽在廣陵東。」又《史記·高祖功臣侯表》有海陽侯，索隱引劉伯莊云：「楚之東南境。」則與《晉志》徐州廣陵郡之海陽縣相近，非《齊志》南徐州晉陵郡之海陽縣也。但與大蟹不合。《海内北經》：「大蟹在海中。」注：「蓋千里之蟹也。」又《大荒東經》：「女丑有大蟹。」注：「廣千里。」是大蟹爲中國所無，而海陽獻之也。

自深桂。

〔彙校〕自，何秋濤校作「目」。盧文弨云：謝云自深當即「鼻深」。○陳逢衡云：「自」當作「目」。○陳漢章云：自深，謝氏謂爲鼻深，以鼻、自字同也。何注謂爲目深，以自、目字近也。

〔集注〕孔晁云：自深亦南蠻（元刊本作「蛮」）也。○王應麟云：《山海經》：「招摇之山多桂。」注：「葉似枇杷花，叢生，冬夏常青，間無雜木。」《楚辭》：「嘉南州之炎德兮，麗桂樹之冬榮。」○陳逢衡云：《路史·國名紀》：「高陽氏後有目深國。」即《山海經》深目之國是也。互見《海外北經》、《大荒北經》。《尸子》亦云：「四夷之民有深目者。」然則深目、目深，互文耳。蓋其地近南，故産桂，即交趾肉桂之類。○朱右曾云：《埤雅》云：「桂有三：一曰菌桂，葉似柿；二曰牡桂，葉如枇杷而大，《爾雅》所謂梫木桂也；三曰桂，葉如柏，皆生南海山谷間。」○何秋濤云：《説文》：「深水出桂陽南平，西入營道。」按漢桂陽郡在今湖南直隸郴州，其所屬南平縣在今湖南直隸桂陽州藍山縣東五里，其水名深而地産桂，蓋即古目深國矣。《伊尹四方令》云「正東漚、深」，是漚與深相近。今郴桂之地距閩越駱越之甌皆不甚遠，疑周之目深即商之深也。《海外北經》有深目國，「爲人舉一手一目，在共工臺東」。《大荒北經》云：「有人方食魚，名曰深目民之國。」郭璞注曰：「亦胡類，但眼絶深。」按《山海經》之深目自是北方之國，與此南方目深迥不相涉。畢尚書引此以釋《山海經》，非也。《本草别録》云：「桂生桂陽，牡桂生南海山谷。」陶弘景曰：「南海即是廣州，此桂廣州出者好，交州、桂州者形段小而多脂肉，亦好。湘州始興桂陽縣者即是小桂，不如廣州者。」據此是漢魏以前皆重桂陽之桂，自陶（弘景）以後始謂桂陽不如交廣矣。〇陳漢章云：《漢書・西域傳》云：「自宛以西至安息國，其人多深目。」明與此經在東方者不合。《唐書》：「羣蠻有穿鼻種。」《桂海虞衡志》：「舊傳僚有鼻飲之屬。」是二説與孔注南蠻爲近。

會稽以鼉。皆西嚮。

〔**彙校**〕皆西嚮，王應麟本作「皆面西嚮」，盧本誤「皆面嚮」。孫詒讓云：惠校作「皆面西嚮」（盧未采）。案後東南北三方並無面字，此不當有。

〔**集注**〕孔晁云：其皮可以爲鼓。首自塵以下至此嚮西也。（「自塵」鍾本、王本作「似塵」。此句王應麟本作「其皮可以冒鼓，自大塵已下至此嚮西面也」，盧校從。）〇王應麟云：《越絶書》：「禹封大越上苗山，會計更名會稽」。《山海經》：「江水多鼉」，注：「似蜥蜴，長二丈，有鱗彩，皮可以冒鼓。」《詩》：「鼉鼓逢逢。」疏云：「四足，長丈餘，甲如鎧，皮堅厚，宜冒鼓。」〇盧文弨云：鼉即鼍字。〇潘振云：以上六節皆於越之貢物。會稽，其本都也。〇陳逢衡云：會稽之山已見《山海經》，此蓋因山以立國者。山在今浙江紹興府會稽縣東南三十里，秦漢皆爲會稽郡地。《國名紀》：「《王會解》有會稽。或云即越，蓋自一國。」〇何秋濤云：《王會篇》所言會稽之國蓋即越地，舉其都地以爲名也。鼉字亦作鱓。《夏小正》：「二月剥鱓」，傳云：「以冒鼓也」。

正北方義渠以兹白。兹白者若白馬，鋸牙，食虎豹。

【彙校】唐大沛以「正北方」三字屬上，云：「正」當作「上」。舊本皆以「正北方」三字屬下文，自晉時本已誤，故孔注云：「亦在臺北，與大塵相對。」不知東西嚮者皆北上也。若臺之正北與堂對，何由東西嚮乎？今審文義更正。〇俞樾云：「若白馬」當作「若馬」。此言獸形如馬，非必白馬，乃相似也。孔注曰：「兹白，一名駮。」今考諸書言駮者，《爾雅·釋獸》曰：「駮如馬，倨牙，食虎豹。」《詩·晨風篇》毛傳文與《爾雅》同。《説文·馬部》曰：「駮獸如馬，倨牙，食虎豹。」其文蓋即本此。而皆言如馬，不言如白馬。然則「白」爲衍文無疑矣。《文選·王元長曲水詩序》李善注引此文曰：「兹白者，若馬。」馬上正無「白」字，可據以訂正。

【集注】孔晁云：亦在臺北，與大塵相對。義渠，西戎國。兹白，一名駮者也。（塵，鍾本、王本及王應麟本作「麈」。唐大沛云：「班次以北方爲上，則當云義渠與稷慎相對，亦不當云大塵也。」「駮」字諸本或作「駁」。王應麟本無「者也」二字，盧校從。）〇王應麟云：《西羌傳》：「涇北有義渠之戎。」《地理志》：「北地郡義渠道，秦縣也。」《括地志》：「寧、原、慶三州，秦北地郡，戰國爲義渠戎國之地。」《爾雅》：「駮如馬，倨牙，食虎豹。」《山海經》：「中曲山有獸如馬而白身黑尾，一角，虎牙爪，音如鼓，名曰駮。食虎豹，可以禦兵。」《博物志》：「兹白，狀如酋耳，尾長參其身，食虎豹。」（《説苑》：「師曠曰：『駮之狀有似駮馬。』」）〇潘振云：此節無「東面者」三字，省文爾。内臺下西方所陳之物，正北方惟茲白耳，餘皆列其下也。○陳逢衡云：《漢匈奴傳》：「岐、梁、涇、漆之北有義渠之戎。」《一統志》：「甘肅慶陽府，春秋戰國義渠戎地。」又：「郁郅故城，今安化縣治，本義渠戎地。」又：「義渠故城在寧州西北。」《元和志》：「寧州，故公劉邑，周爲義渠戎國，秦爲北地郡地。」駮馬，鋸牙，食虎豹，見《爾雅》與《海外北經》。而《西山經》中曲之山所載形狀稍異。《博物志》所云，蓋以下文央林酋耳混入，誤矣。○唐大沛云：如此獰惡之狀，必非可馴畜之物，安能檻之數千里而入貢耶？○何秋濤云：義渠，西北之國，列於其首，故言正北方以明之。若其所轄之地則是甚廣遠，今慶陽府及平涼府所屬之固原州皆義渠舊壤。義渠之亡蓋在周成王以後、穆王以前。厥後春秋戰國時又有義渠者，蓋亡後復興，若陳蔡之比也。

史林以尊耳。尊耳者身若虎豹，尾長三尺其身，食虎豹。

〔彙校〕王應麟本「史」作「央」，「尊」作「酋」（注同），無「尺」字，盧校從。盧本「三」作「參」。○王應麟云：央，一作英。○盧文弨云：郭璞注《海内北經》引此作「夾林」，夾字恐誤。○何秋濤云：「央林」亦作「英林」，與鄭康成所見本合，即「於陵」也。或本作「夾林」、「史林」，皆字形之譌耳。莊氏葆琛曰：「『耳』當爲『牙』，『牙』即『吾』字。」秋濤按：「耳」與「牙」隸字極相似，因而致誤，毛、鄭所見本必皆作「酋牙」。今大傳注作「酋耳」，蓋後人轉依誤本《周書》改之，非其舊也。又按：今本《王會》多誤衍之文，以諸書參校，應作「酋牙者，若白虎，黑文，尾參於身，食虎豹」爲是。毛傳「白虎」上疑奪「若」字。蓋既云「騶虞，義獸也」，而復云「白虎」，如無「若」字，則文意煩複矣。《王會》紀茲白云「若白馬」，句法正與此同。又今本《王會》無「黑文」，盧抱經學士以爲脱此二字，是也。又按《周官·鍾師》鄭康成注：「鄭司農云：『騶虞，聖獸。』」賈疏曰：「按《異義》：『今《詩》韓、魯説，騶虞，天子掌鳥獸官。《古毛詩》説，騶虞，義獸，白虎黑文，食自死之肉，不食生物，人君有至信之德，則應之。《周南》終《麟趾》，《召南》終《騶虞》，俱稱嗟歎之。是麟與騶虞皆獸名。』謹按：《古山海經·鄒書》云：『騶虞，獸。』説與《毛詩》同，是其聖獸也。」秋濤按：《鄒書》即《周書》，鄒、周音近而誤。許君蓋引《王會篇》爲説，鄭無駁且引以注《周禮》，則義與許同也。其作《鄭志·答張逸問》，直引《周史·王會》爲説，尤顯然可證。疑古本《王會》「食虎豹」下當有「不食生物」之文，今本奪去也。或云既食自死之肉，則「食虎豹」三字當因上文「茲白鋸牙，食虎豹」而誤衍。（此臧氏庸之説。）不知騶虞性仁惡殺，故于虎豹之嗜殺者則食之，合乎殺以止殺之義，故謂之義獸。考郭景純所引已有此三字，其非誤衍甚明矣。○于鬯云：據畢沅所校《山海經》本郭注引「酋耳」作「尊耳」。「尊」即從「酋」，字形易亂，當屬誤文，然尊、騶亦正雙聲字也。又或疑此「耳」字爲「牙」字之誤。《呂氏春秋·本味覽》「續耳」，《御覽·帝舜覽》引《尸子》及陶潛《聖賢羣輔録》並作「續牙」。《漢書·古今人表》作「續身」，「身」亦「牙」文誤。《孔叢子·公孫龍篇》「臧三耳」，《呂氏·淫辭覽》作「藏三牙」，並其證。牙、吾又雙聲而且疊韻矣，亦可備參。○劉師培云：「酋耳者」以下，莊、何二氏據《大傳》鄭志、《山海經》郭注參訂，謂當作「酋牙者若白虎，黑文，尾參於身，食虎豹，不食生物」，其説近是。惟考《詩·召南·騶虞》毛傳曰：「騶虞，義獸也，白虎黑文，不食生物，有至信之德則至。」《周書·王會》、《艸木疏》並同。」又云：「尾長於身，不食生艸。」是《王會》所脱之文不僅如莊、何所補，竊以此文當作「酋牙者，（「耳」當作「牙」是也。汗簡載古文「牙」作「瓦」，故訛爲「耳」。下「身」字亦「牙」誤文。漢《孔君墓碣》「身」字作「身」，故「牙」下復衍「身」字。）若虎豹，（《山海經》郭注引無「豹」字，《稽瑞》所引有之。）白質黑文，（案《毛傳》、《鄭志》、《説文》、《五經異義》均云「白虎黑文」，今知「虎」當作「質」者，唐《李勣碑》、《開業寺碑》「虎」並作「贙」，與「質」相近。漢碑「虎」恒作「虒」，《景君碑》作「虒」，又與「質」字俗書相肖，因以致訛。考司馬相如《封禪文》述騶虞云：「白質黑章。」所云「白質黑章」即本《周書》之「白質黑文」。又班固《典引》述騶虞云：「擾緇文皓質於郊。」「緇文皓質」亦與「白質黑文」同。《毛傳》「白虎黑文」義不可通，其本文必作「白質」。此外他書因以白虎即騶虞，如《類聚》九十九所引《薛綜頌》及孫氏《瑞應圖》是也。蓋三國六朝之時傳本已誤。又如《詩疏》所引《艸木疏》僅云：「白虎黑文。」《御覽》八百九十所引則曰「騶虞即白虎」，此尤後人肊改古籍之證也。夫本書既別白虎於酋牙，《淮南・道應訓》備述散宜生獻殷之物，亦先舉騶虞，復舉白虎，白虎即《說文》之䖑，（《龍龕手鑑・虎部》引《說文》作「䖑」，《晉書音義》引《說文》作「虎」。）與騶虞別。惟《禮運》疏引《左傳》服注謂思睿信立白虎擾，與《毛傳》騶虞應信說符。然彼云白虎，未嘗碻指爲騶虞，若合爲一，則與《淮南》不合。）尾參於身，（郭璞《山海經圖讚》亦作「參」。）食虎豹，（此三字疑涉「若虎豹」及上節「食虎豹」而衍，惟郭注已引之，故不復刪。）不食生物，不履生艸（此四字據《詩釋文》所引補）。今本文多脱誤。（聶氏《三禮圖》十一引作「若虎豹，尾長叁倍其身」。）

〔**集注**〕孔晁云：史林，戎之在西南者。○王應麟云：《山海經》：「林氏國有珍獸，大若虎，五彩畢具，尾長於身，名曰騶吾，乘之日行千里。」注：「《六韜》云：『紂囚文王，閎夭之徒詣林氏國求得此獸，獻之，紂大說，乃釋之。』吾宜作虞。」（劉芳《詩義疏》：「騶虞或作吾。」）《書大傳》：「散宜生之於陵氏取怪獸，大不辟虎狼，間尾倍其長，名曰虞。」注：「間，大也。虞蓋騶虞也。」《周書》曰：「英林酋耳。」於陵、英林音相邇，其是乎？○陳逢衡云：《書大傳》「於陵氏」，《六韜》作「林氏國」，蓋陵、林古通用也。郝懿行《海內北經》注謂即《王會篇》之央林，以林氏國所產之騶虞與酋耳形狀相類。○何秋濤云：《海內北經》、《六韜》皆作「林氏國」，《周書・史記解》云：「昔有林氏，召離戎之君而朝之，至而不禮，留而弗親，離戎逃而去之。林氏誅之，天下叛林氏。」即此國也。（薛綜注《文選・左思賦》以林氏爲山名，非是。）諸書不言其國所在，秋濤按央林當即春秋時之棫林。央與於，於與棫，皆一聲之轉。蓋央林國滅後地入于秦，爲棫林地也。《左傳・襄十四年》諸侯之大夫伐秦濟涇。涇陽縣西境，揆之當日行軍道里，正爲密合。《王會》央林與義渠相次，涇陽地北距甯州亦不甚遠。《周書》所稱林氏、離戎，蓋亦壤接之國。離戎即春秋之驪戎，在今臨潼縣東二十四里，與涇陽相距尤近，皆可互證。是央林、於陵、棫林、林氏皆爲一地矣。○于鬯云：酋耳蓋即騶吾之聲轉。

北唐戎以閭。閭以隃冠。

〔彙校〕閭以，王應麟本作「閭似」，盧校從。○盧文弨云：郭注《北山經》引無「戎」字。○陳逢衡云：「隃」即「羭」字之誤，蓋謂閭似羭也。「寇」字當衍。○何秋濤云：或曰此文「閭似羭」下本無「冠」字，涉上文「解羭冠」而誤衍，彼言解國獻羊皮冠，當有冠字，此言閭有角似羭，義無取於冠，不當言羭冠也。考郭注《山海經》「閭即羭也」，「即」字乃「似」字之譌。蓋郭引《王會》以説《山海經》之「閭」，其時《王會》之「羭」尚未譌爲「隃」，「羭」下亦無「冠」字，足證今本之舛誤矣。

〔集注〕孔晁云：北唐戎，在西北者也。射禮以閭象爲射器。（王應麟本「戎」下有「之」字，無「也」字，盧校從。）○王應麟云：《山海經》「縣雍（音甕）之山，（今在晉陽縣西。）其上多玉，其獸多閭」，注：「閭即羭也，似驢而歧蹄，角如靈羊，一名山驢。」煇諸之山，其獸多閭。荆山多閭，女几之山多閭，風雨之山多閭。《鄉射禮》：「於郊則閭中。」注：「閭，獸名，如驢一角。或曰如驢，歧蹄。」北唐即晉陽也。《詩》：「晉謂之唐。」傳曰：「晉居深山，戎狄之與鄰。」○潘振云：北唐，中山地，故堯國。有唐水，即鮮虞也。詳《春秋・昭十二年》杜註。閭，閭麋也，如解豸然，故曰似隃冠。○陳逢衡云：鄧立誠曰：「案北唐者，《漢書・地理志》『中山國唐縣』注：『堯山在南。』應劭曰：『故堯國也，唐水在西。』張晏曰：『堯爲唐侯，國於此。堯山在唐東北望都界。』孟康曰：『晉荀吴伐鮮虞及中人，今中人亭。』據此數説，斯則北唐之的解也。必加北者，所以别于晉陽之唐及當陽春陵之上唐鄉也。」衡案：《山海經》綸山、美山、即谷之山皆多閭，並見《中山經》。案是物似羊非羊，似驢非驢，故《廣志》直謂之驢羊也。《廣志》引見《初學記》。《南史》「滑國野驢有角」，即閭。又《西山經》「錢來之山有獸，其狀如羊而馬尾，名曰羬羊」，郭注：「今大月氏國有大羊，如驢而馬尾。」〇朱右曾云：《穆天子傳》注引《竹書紀年》云：「北唐之君來見，獻一驪馬，是生騄耳。」即此戎也。〇何秋濤云：前已有唐叔而此復云北唐，或疑非晉陽地。按《左傳·定四年》子魚曰：「命以《唐誥》而封于夏虚，啓以夏政，疆以戎索。」是唐之封本在戎境。叔虞既因故國爲唐侯，其北之戎國亦自名爲北唐。如今之哈密既有鎮守大臣，又自有哈密國王，正其比也。下文樓煩之戎，其地亦與晉陽相近，可爲互證。蓋此戎地在唐國之北，故命曰「北唐」爾。今山西太原府所屬之太原縣治，在府西南四十里，即古唐國。北唐當在其北，與樓煩相接矣。北唐地出良馬，所謂冀之北土，馬所生者也。成王時貢閭者，閭亦馬屬也。《儀禮》鄭注引《周書》「北唐」作「北堂」，堂、唐古字通用。《山海經》所載諸山多閭者甚衆，按「閭」即「驢」之異文。《説文》：「驢似馬，長耳。」「騾，驢子也。」〇劉師培云：北唐爲西北之國，固無可疑。惟以爲晉之北鄙，則説近附會。疑此地在今陝西北境，在山西之西。

渠叟以鼩犬。鼩犬者，露犬也，能飛，食虎豹。

〔彙校〕鼩，元刊本、趙本、吴本作「鼣」；王應麟本作「鼩」，何秋濤從。〇盧文弨云：王本從李善注《文選》作「鼩」，案鼩乃小鼠，李注或字訛，不可從。〇王念孫云：作「鼩」者是也。《海内北經》曰：「蜪犬如犬而青，食人從首始。」注曰：「音陶。或作蚼，音鉤」。亦以作「蚼」者爲是。《説文》「蚼」字解曰：「北方有蚼犬，食人，從虫，句聲。」(徐鉉音古厚切。)即本於《海内北經》也。彼言海内西北陬以東，此言渠叜，彼言食人，此言食虎豹，地與事皆相近。彼作「蚼犬」，是本字，此作「鼩犬」，是假借字。故李善引作鼩犬，而盧以爲字譌，則未達假借之旨也。鼩、䶂字形相似，故誤而爲䶂，䶂是鼠屬與蚼犬無涉。《説文》：「䶂，胡地風鼠，從鼠，勺聲。」不云風犬。《廣韻》：「䶂，鼠屬，能飛，食虎豹，出胡地。」其云「鼠屬，出胡地」，是也。而又云「能飛，食虎豹」，則惑於俗本《周書》之䶂犬而誤。盧引《廣韻》「能飛，食虎豹」，而删去「鼠屬」二字，又改《説文》之風鼠爲風犬，以牽合䶂犬，其失也誣矣。○陳逢衡云：《大戴禮·少間篇》注：「渠搜貢虛犬。」「虛」蓋「盧」字之誤。今孔本、汪本《大戴禮》並據《王會》改作「露」字。○劉師培云：案《白帖》九十八引《瑞應》云：「周成王時渠被(搜字之誤)國獻⿱髟多犬，能飛，食虎。」(裕孚謹案：此據《白孔六帖》本，宋本《白氏六帖》入卷二十九。)是孫氏《瑞應圖》引「䶂」作「⿱髟多」也。又寫本《唐韻·三十六效》「䶂」字注引《玉篇》云：「䶂，鼠屬，能飛，食虎豹，出胡。」所引《玉篇》當係顧氏舊本。(宋《玉篇》祇有「鼠屬」二字。)《容齋續筆》十三亦引作「䶂」，並與今本同。

〔集注〕孔晁云：渠叟，西戎之别名也。○王應麟云：《禹貢》「渠搜」，《地理志》朔方(今夏州)有渠搜縣。《水經》：「河自朔方東轉，經渠搜縣故城北。」《西城圖記》：「鉢汙國在葱嶺之西五百餘里，古之渠搜國。」《山海經》：「馬成之山有獸，如白犬而黑頭，見人則飛。」露犬蓋此類。○潘振云：《涼土異物志》：「古渠搜國，在大宛北界。」《隋書·西域傳》：「鏺汗國，都葱嶺之西五百餘里，古渠搜國。」䶂，鼠屬，能飛，食虎豹之物，犬似之，故名。露降無聲，喻飛之輕捷也。○何秋濤云：漢朔方之渠搜非此所謂渠搜。後世種落遷徙，故漢有居朔方者。渠搜與交阯對舉，則不在朔方可知。渠搜之在西域有明徵矣：據《漢書》，大宛北與康居接，並在葱嶺西，而《異物志》言渠搜在大宛北界，豈漢時康居部落即古渠搜之地歟？今伊犂西北哈薩克諸部落即古渠叟地，歲時朝貢，比於侯甸。《大戴記》孔子對哀公稱虞舜、夏禹、成湯、文王之德，皆云「通於四海，海之外肅慎、北發、渠搜、氐羌來服」。蓋渠搜爲西方甚遠之國，故舉以明德化之極致也。

樓煩以星施。星施者珥旄。

【彙校】按盧文弨云：李善注《甘泉賦》「流星旄以電爥」，引「樓煩星旄」。丁宗洛從改兩「施」字皆爲「旄」。○盧文弨云：《北堂書鈔》百二十引作「樓煩黑旌皃羽旗也」，恐訛。○孫詒讓云：惠校「旄」改「羽」。案惠疑據宋本，亦通。○劉師培云：盧校云：《北堂書鈔》引作「樓煩黑旌皃羽旌也」，所引《書鈔》係據陳禹謨本。今考舊本《書鈔》旌部引作「樓煩黑旌者乃旄也，常四張，羽皃，旗也」，雖字有訛脱，然所據之本作「旌」不作「施」，「星」復作「黑」，注文亦與孔殊，（繹注意，蓋以上陰羽皃旌釋黑旌。）蓋非孔本。《玉海》一百五十四引「珥」作「羽」。

【集注】孔晁云：樓煩，北狄。珥旄，所以爲旄羽耳。（此注王應麟本作「樓煩，北煩地。施所以爲旄羽珥」，潘振作「北狄地」，陳逢衡作「北狄也」。何秋濤謂「煩」當作「戎」字。）○王應麟云：《匈奴傳》：「晉北有樓煩之戎。」《伊尹朝獻·商書》：「正北樓煩。」《地理志》：「鴈門樓煩縣，故樓煩胡也。」（故城在代州崞縣東。《趙世家》：「主父出代，西遇樓煩王於西河。」）旄以旄牛尾。《山海經》：「潘侯山有獸狀如牛，而四節生毛，名曰旄牛。」注：「背膝及胡尾皆有長毛。」《爾雅》：「犣牛，旄牛也。」顔師古曰：「今謂偏牛。」揚雄《甘泉賦》：「流星旄以電爥。」《荀子》：「西海文旄。」○盧文弨云：星旄者，羽旄也。○潘振云：樓煩，今岢嵐州，屬山西太原府。星施，戚施也。珠玉飾耳謂之珥。珥，飾也。旄，旄牛尾，注於旗干之首者也。珥旄者，謂其形可爲干旄飾與？○陳逢衡云：施者，旗也。《一統志》：「山西寧武府，春秋樓煩地。」又炘州有樓煩故城，在静樂縣南七十里。又代州樓煩故城，在崞縣東，古樓煩國。又保德州，戰國爲樓煩地。星施蓋即熊旗，五游以象伐星之類。珥旄，謂以氂牛尾析而着旗之兩旁也。○何秋濤云：蓋樓煩本戎國，戰國時特爲强盛，故地形寥闊若是。西漢鴈門郡樓煩縣，在今山西直隸代州崞縣東北，（宋崞縣，與今治同。）此當爲樓煩之都。《史記正義》引《括地志》云：「嵐州，樓煩，胡地也。」按唐嵐州又爲樓煩郡，在今山西太原府嵐縣北，亦古樓煩境内也。古以犛牛尾注竿首，如斗童童然，望之若星，故曰星施。星旄其懸若珥，故曰珥旄也。徐星伯先生曰：「今蘭州、青海多旄牛，大與常牛等，色多青，染其毛爲兩纓。」○劉師培云：樓煩係於渠叟之下，則此樓煩當在中國西北，與在正北之樓煩種同而地異。

卜盧以羊。羊者，牛之小者也。

【**彙校**】兩「羊」字諸本並作「牛」，王應麟本並作「紈牛」。盧文弨校作「紈牛」，云：《初學記》有之，又見李善注。

【**集注**】孔晁云：卜盧，盧人，西北戎也，今盧水是。（今，鍾本、程本、何本、吴本作「合」，王應麟本同。「西」字上王應麟本多一「面」字。）○王應麟云：《牧誓》「微、盧、彭、濮人」，注：「盧在西北。」《立政》：「夷微盧烝。」《括地志》：「房州竹山縣及金州，古盧國。」《左氏傳》有盧戎。紈與絿同。《詩》：「有捄其角。」捄，曲貌。《穀梁傳》「斛角」注：「球球然角貌。」○潘振云：卜盧，盧戎，漢中廬縣，今南彰縣，屬湖廣襄陽府。○陳逢衡云：卜與濮通。此必在百濮左右，故曰卜盧。然亦東南蠻，非戎也。若必從孔氏西北戎之説，則《漢書·西域傳》戎盧國可以當之。（今新疆巴爾呼都克爲漢戎盧國。）紈同絿。《爾雅》：「絿，戴也。」《考工記》：「角長二尺有五寸，三色不失理，謂之牛戴牛。」蓋謂此牛之角復有一牛之直，故曰戴。然則《王會》紈牛當亦指其角而言也。《寰宇記》九德出果下牛。此云牛之小者，當類是。○何秋濤云：考《漢書・西域傳》：「戎盧國，王治卑品城，去長安八千三百里，户二百四十，口千六百一十，勝兵三百人。東北至都護治所二千八百五十八里，東與小宛，南與婼羌，西與渠勒接，辟（今之僻字）南不當道。」又曰：「精絶國，南至戎盧國四日行。」按戎盧國地當在今土魯蕃之南、和闐之東。以戎盧爲名，其即古西戎舊國可知。地在中國之西北陬，故孔氏云西北戎。《牧誓》之盧，注以爲在西北，核其地勢，俱密合也。甘州有合黎水，疑即孔注所云合盧水。黎訓爲黑，盧亦訓爲黑，音義俱相近也。紌字從九，與從丸之紈不同。《廣韻》、《集韻》並云「紌同絿。」按紌有曲義，亦有小義，曲義取與句、丩同音。《説文》：「句，曲也。」「丩，相糾繚也。」故凡從句從丩之字多以曲爲訓，浚儀所引諸説是也。紌與絿同。竊考凡從九從求之字多取小義。如《爾雅》：「茮樧醜莍。」茮樧者，木實之絶小者也。又：「朹，檕梅。」《本草》云：「即今山查。」其實亦甚小。又：「櫟，其實梂。」即橡子，亦似栗而小。以是推之，疑《周官・牛人》所謂求牛，亦指牛之小者而言也。○劉師培云：何説迂曲。此節所陳之國均在西方，且下文又有巴蜀，則卜盧即《書・牧誓》之濮盧。濮盧之盧非《左傳》盧戎之盧，蓋在今四川南界，即古瀘水附近之地也。今四川瀘州亦因近瀘水得名。若卜讀爲濮，則下文卜人，何氏注之已詳。卜盧者，蓋盧國之近於百濮者也，故下文別言卜人，猶方揚之別於方人也。

區陽以鼈封者，若彘，前後有首。

〔彙校〕王應麟本「鼈封」重。盧校同王，云：今從洪容齋及王本補。○潘振云：「區」當作「歐」。○孫詒讓云：案《稽瑞》引「陽」作「易」，蓋「易」之譌。末有「黑文」二字。《山海經・海外西經》：「并封在巫咸東，其狀如彘，前後皆有黑首。」畢沅云：「并、鼈，音之緩急。」劉引與《山海經》黑首文合，疑古本實有「黑文」二字。

〔集注〕孔晁云：區陽亦戎之名也。○王應麟云：盛弘之《荆州記》：「武陵郡西有陽山，山有獸如鹿，前後有頭，常以一頭食，一頭行。山中有時見之者」。○潘振云：區，水名。在唐惠州，今磁州，屬山西廣平府。○陳逢衡云：《山海經》第七卷「并封在巫咸東，其狀如彘，前後皆有首」，蓋即此物也。衡案：并封見《海外西經》。又《大荒西經》：「大荒之中有山名曰鏖鏊，有獸，左右有首，名曰屏篷。」郭注：「即并封也。語有輕重耳。」郝懿行以左右有首與《海外西經》前後有首之文不同，遂謂「似非一物」，不知準以一頭食、一頭行之説，此物實是左右有首，横布之，則若前後有首也。故《山海經》又云：「赤水之西、流沙之東有獸，左右有首，名曰跊踢。」又延維，左右有首，亦見《山海經》。吴任臣《山海經廣注》引《游氏臆見》云：「西區陽有鼈封，謂之兩頭鹿。」衡案：「區陽」上不應添「西」字，又以爲兩頭鹿，俱誤。又引《史訇》云：「神功元年，安國獻兩首犬。」亦并封類。○何秋濤云：鼈封即《山海經》之并封，經言并封在巫咸東，欲知并封之所在，當先求巫咸之所在。《地理志》云：「安邑巫咸山在東漢安邑縣，在今山西直隸解州夏縣北。」畢尚書云「巫咸山在夏縣」，是也。巫咸既地屬河東，并封當與相近。今陝西延安府有區水，延安正與河東爲鄰壤。然則産鼈封之區陽，當即區水之陽也。疑《山海經》本作「并封在巫咸西」，輾轉傳寫，偶誤西爲東耳。《西山經》云：「申山，區水出焉，而東流注于河。」《水經注》：「區水，世謂之清水。」《隋書·地理志》：「金明有清水。」《元和郡縣志》云：「清水俗名去斤水。」《太平寰宇記》謂之「濯斤川」，《金史·地理志》謂之「濯巾川」。水出今陝西安塞縣西北一百五十里蘆關嶺，南逕膚施、延長、宜川三縣，入於河。按區水所經郡邑皆在西戎地，與孔氏所云區陽亦戎之名正爲密合。是區陽即爲今延安府地灼然無疑矣。又《大荒西經》：「大荒之中有山名曰鏖鏊鉅，日月所入者，有獸，左右有首，名曰屏蓬。」郭注：「鏊音如敖，屏蓬即并封也。語有輕重耳。」秋濤按：鏖、鏊、鉅與區字俱一聲之轉，區當讀若歐也。日月所入，即西方也。鼈、并、屏皆聲轉字異耳。○于鬯云：林寶

《元和姓纂·侯韻》云：「越王句踐之後支孫封烏程歐陽亭，因氏焉。」是歐陽氏本越王句踐之後，而歐陽亭初不自越王句踐之後起也。蓋古有歐陽戎地，而亭即以地名耳。然則區陽在《周書》家自來無考，而不知其即今浙江湖州府烏程縣也。○劉師培云：區陽當從浚儀之説，區陽當即古西陽。西陽以酉水得名，故湘黔蜀交界之所均可名爲西陽。又黔湘之交漢有鼈水，蓋以産鼈封得名。證以《荆州記》之説，尤與《王會》之文合。不必泥於《山海經》巫咸山産并封之説也。

規矩以鱗者，獸也。

〔彙校〕此句王應麟本作「規規以鱗，鱗者，仁獸也」，盧校從。

〔集注〕孔晁云：規矩亦戎也。鱗似麞，牛尾，一角，馬蹄也。（王應麟本「規矩」作「規規」，「麞」作「鹿」。）○王應麟云：《爾雅》：「麐，麕身，牛尾，一角，角端有肉。」陸璣《疏》云：「音中鍾吕，行中規矩，不履生蟲，不踐生草，王者至仁則出。」宋《符瑞志》：「成王時麒麟游苑。」○何秋濤云：規與邽古字通。《史記·秦本紀》云：「武公十年伐邽冀戎，初縣之。」漢《地理志》：「隴西有上邽縣。」應劭曰：「故邽戎邑也。」《西山經》有邽山，郭音圭。畢尚書曰：「山在今甘肅秦州西北三十里，秦有邽戎，漢有上邽縣。其爲字從邑，山以邑名也。邽戎其在上古乎？」或曰《山經》邽山不聞出麟，恐非此也，不知麟鳳本非常有之物，爲聖人而出。邽戎得而獻之，即爲周之瑞矣。即如海水不波，越裳氏知中國有聖人，亦此義也。下文西申之貢鳳鳥亦然。《説文》以麟爲大牝鹿，則麐是本字，麟乃假借字也。○劉師培云：《史記·西南夷列傳》「嶲昆明」，《索隱》引崔浩云：「嶲、昆明，二國也。」嶲、規古通。《爾雅·釋鳥》「嶲周」，郭注云：「子規鳥。」《史記·曆書》作「秭鳺」。（或本作「鳺」，是猶《類篇·衣部》注誤「袪襓」爲「袂襓」也。《離騷經》「鶗鴂」，羅願《爾雅翼》引同，則「鴂」亦「鴂」訛，別有考。)《集解》引徐廣曰：「即子規鳥也。」此嶲、規通用之徵。

此文規規疑即嶲國，故與西方諸邦並列。

西申以鳳鳥。鳳鳥者，戴仁、抱義、掖信，歸有德。

【彙校】王應麟本無「歸有德」三字，盧校從。

【集注】孔晁云：其形似雞，蛇首魚尾。戴仁，向仁國。抱義，懷有義。掖信，歸有德之君也。(王應麟本「雞」作「鶴」，「歸有德之君也」作「歸有信也」。)○王應麟云：《爾雅》：「鳳，一名鷗。」注：「雞頭，蛇頸，燕頷，龜背，魚尾，五彩色，高足，六尺許。」《山海經》：「丹穴之山有鳥，其狀如雞，五采而文，名曰鳳皇。首文曰德，翼文曰義，背文曰禮，膺文曰仁，腹文曰信，自歌自舞，見則天下安寧。」《説文》：「神鳥也，天老曰鳳，五色備舉，出於東方君子之國，見則天下大安寧。」《禽經》：「青鳳謂之鶡，赤鳳謂之鶉，黃鳳謂之鸞，白鳳謂之鸛，紫鳳謂之鷟」。蔡邕《琴操》：「成王時天下大治，鳳凰來舞於庭，成王乃援琴而歌曰：『鳳皇翔兮於紫庭，余何德兮以感靈？』」《淮南子》曰：「三皇鳳至於庭，三代鳳至於澤，德彌滂所至彌遠，德彌精所至彌近。」○盧文弨云：郭注《山海經》亦云其狀如雞。○陳逢衡云：《後漢·西羌傳》宣王征申戎，疑即此西申也。《抱朴子》曰：「木行爲仁爲青。」鳳頭上青，故曰戴仁也。「金行爲義爲白。」鳳纓白，故曰纓義也。「火行爲禮爲赤。」鳳背赤，故曰負禮也。「水行爲智爲黑。」鳳胸黑，故曰向智也。「土行爲信爲黃。」鳳足下黃，故曰蹈信也。○何秋濤云：《西山經》有申山，「區水出焉」，畢尚書注：「疑即陝西安塞縣北蘆關嶺，區水所出也。」又有「上申之山」，畢注曰：「疑即米脂縣北諸山也。」又有申首之山，「申水出于其上，潛于其下」，畢注曰：「按其道里，當在榆林府北塞外。今有海子山，是歟？」按榆林在北，米脂在東，安塞在西，相距皆在數百里之內，其山皆以申名，惟安塞之申山最在于西，殆即西申也。此山以南既爲古區陽國地，則西申國當在山北，爲今鄂爾多斯右翼前旗境，即古夏州也。地與岐山相近。周初鳳集岐山，疑亦集于西申，故其國得而獻之。考其地域，亦屬西戎。上文規規，下文氐羌，皆西戎國，比類觀之，可見矣。《山海經》言鳳「其狀如雞」，而《史記正義》、《文選注》、《藝文類聚》、《初學記》引《山海經》並作「其狀如鶴」。薛綜注《東京賦》引作「鵠」，鵠亦鶴也。此《王會》孔晁注所本。通觀諸説，似以作鶴爲是。〇陳漢章云：《史記·秦本紀》云：「申侯之女爲大駱妻，申駱重婚，西戎皆服。」大駱爲秦非子父，其先世保西垂，在中國之西，故曰西申，猶上文北唐在唐國之北爾。

丘羌鸞鳥。

〔彙校〕丘，王應麟本作「氐」，盧校從，云：「氐」舊作「𠫔」，易與互混，故改從今字。注同。

〔集注〕孔晁云：丘地之羌不同，故謂之丘羌，今謂之丘戻。鸞大於鳳，亦歸仁義也。（丘地之羌，王應麟本作「氐羌地羌」，盧校從。戻，元刊本作「矣」，王應麟本無，餘諸本作「戾」。大，王應麟本作「文」。「歸」下王應麟本有「於」字，盧校從。「仁義」下王應麟本有「者」字，盧校從。）〇王應麟云：《商頌》：「自彼氐羌。」《牧誓》：「羌、髳。」《説文》：「西方羌，從羊。」《地理志》：「隴西有氐道、羌道，氐夷種名。羌即西域婼羌之屬。」《括地志》：「隴右岷、洮、叢等州，西羌也」。黄氏曰：「羌，古姜姓，三苗之後，居三危。」《爾雅疏》：「戎類曰耆羌。」《山海經》：「氐羌，乞姓。」賈捐之曰：「成王地西不過氐羌。」《山海經》：「女牀之山有鳥，狀如翟而五彩文，名曰鸞鳥，見則天下安寧。」《説文》：「鸞，赤色，五采，雞形，鳴中五音，頌聲作則至，成王時氐羌獻焉。」（漢蔡衡曰：「凡象鳳者五，多青色者鸞。」徐鍇曰：「鸞似鳳而青。」與《説文》異。）《瑞應圖》：「鸞鳥，赤神之精，鳳皇之佐。」《尚書中候》：「周公歸政於成王，太平制禮，鸞鳥見。」○潘振云：岐隴而南，漢川以西，有青、白、蚒三氏。○陳逢衡云：《一統志》：「四川龍安府松潘衛，古氐羌地。」又：「甘肅階州陰平故城，在文縣西北，古氐羌地。」○何秋濤云：《説文》以鸞爲神靈之精，其形似雞，疑世所傳陳倉寶雞蓋即鸞也。岐山以西迫近西戎，故女牀之鸞，氐羌得以爲獻。

巴人以比翼鳥。

〔**集注**〕孔晁云：巴人，在南者。不比不飛，其名曰鶼鶼。(「不比不飛」上王應麟本有「比翼鳥」三字，盧校從。又王應麟本無「曰」字。鶼鶼，吳本作「鶼鶼」。)○王應麟云：《左傳》注：「巴國在巴郡江州縣。」(今渝州巴縣。)《郡縣志》：「渝州，古巴國也。閬、白二水東南流，曲折如巴字，故謂之巴。武王伐殷，巴人助焉。其人勇鋭，歌舞以凌殷郊。後封爲巴子。其地東至魚復，西連僰道，北接漢中，南極牂柯。」(巴子城在合州石鏡縣南五里。)《山海經》：「後照始爲巴人。」《爾雅》：「南方有比翼鳥焉，不比不飛，其名謂之鶼鶼。」注：「似鳧，青赤色。」《山海經》：「崇吾之山有鳥，其狀如鳧，而一翼一目，相得乃飛，名曰蠻蠻，見則天下大水。」注：「比翼鳥也。」南山在結匈東南，比翼鳥在其東，其爲鳥青赤，兩鳥比翼。管仲曰：「西海致比翼之鳥。」《瑞應圖》：「王者德及高遠則至。」王嘉《拾遺記》：「成王時燃丘國獻之，狀如鵲而多力。」張華以爲一青一赤，在參嵎山。○何秋濤云：武王既克殷，封其宗姬于巴，爵之以子。《西山經》言崇吾山有蠻蠻之鳥，郝氏懿行曰：「《博物志》云：『崇邱山有鳥，一足，一翼，一目，相得而飛，名曰寅。』又云：『比翼鳥一青一赤，在參隅山。』今案寅、蠻聲之轉，參隅、崇邱亦聲之轉也。」秋濤按：崇吾之山《博物志》及《史記索隱》俱引作崇邱，昔人未詳所在。今按《西山經》載崇吾山「西北三百里曰長沙之山，泚水出焉，北流注于泑水」，泑水即泑澤也。「又西北三百七十里，曰不周之山」，在今新疆之地。以此考之，則崇吾之山亦當在新疆與泑澤附近。管仲所云西海，當據《山經》而言，固不誤也。《王會》巴人所獻，則又産於蜀地者。巴在西南，故《爾雅》又以爲南方有比翼鳥也。至王嘉《拾遺記》則皆荒誕之説耳，不足徵信。

方揚以皇鳥。

〔彙校〕揚，趙本、王應麟本作「煬」，盧校從。注同。

〔集注〕孔晁云：方揚亦戎別名也。皇鳥，配於鳳者也。（王應麟本無前「也」字，盧校從。皇，王應麟本作「黄」。）○王應麟云：《爾雅》：「鳳，其雌皇。」《符瑞志》：「其鳴雄曰節節，雌曰足足。」○潘振云：方煬，南夷也。○陳逢衡云：方揚疑亦揚越之別種。孔謂是戎別名，當與下文方人爲一類。皇鳥，鳳之匹。郝懿行以《北山經》軒轅山黄鳥當之，與邵氏《爾雅正義》同。予案《大荒北經》附禺之山有皇鳥，又有黄鳥，明是二鳥，不得據《爾雅》「皇，黄鳥」之説謂即一物也。再考《大荒西經》「北狄之國有五采鳥，一曰皇鳥，一曰鸞鳥，一曰鳳鳥」，是方揚所貢皇鳥與上西申之鳳、氐羌之鸞同爲太平之應。《爾雅》所謂「鶠鳳其雌皇」，是也。孔注所謂皇配於鳳者，解釋確切。王應麟《補注》從同。邵氏、郝氏之説不足據。○唐大沛云：竊疑麟、鳳、鸞、皇四物並屬粉飾其辭而又杜傳數國名以實之，大抵後人所增益也。○何秋濤云：孔氏知方揚亦戎別名者，蓋以方揚爲揚戎也。《左傳·僖十一年》：「揚拒、泉皋、伊雒之戎同伐王城。」江氏曰：「揚拒、泉皋在今河南府境。」按文八年公子遂及雒戎盟于暴。《國語》：「北有洛泉、徐蒲。」知此戎種類不一，然其始當在西方，非居于伊雒也。考秦晉遷陸渾之戎于伊川，其戎始居瓜州，即漢燉煌郡，今甘肅直隸安西州地。自瓜州遷于伊川，計道途數千餘里。以是推之，揚拒、泉皋之戎蓋亦自西方遷至者。成王時入貢，當是戎居西方未遷時也。《隋書·地理志》有符陽縣，屬梁州清化郡，在今四川保寧府通江縣北七十里。

按符與方一聲之轉，疑符陽或即古方揚地，未可知也。又按《大荒西經》「芒山有五彩鳥，三名：一曰皇鳥，一曰鸞鳥，一曰鳳鳥。」按芒與方揚音近，疑即一地。或曰《大荒西經》：「西有王母之山，有沃之國，沃民是處。沃之野，鳳鳥之卵是食，甘露是飲。凡其所欲，其味盡存。爰有甘華、甘柤、白柳、視肉、三騅、琁瑰、瑤碧、白木、琅玕、白丹、青丹，多銀鐵。鸞鳥自歌，鳳鳥自舞。」按王母與方揚聲亦相近，又疑方揚即王母山，故有皇鳥也。○劉師培云：下文「方人以孔鳥」(《御覽》九百二十四引作「西方獻孔雀」)，《斠補》疑「方」即「彭」，其說是也。(《易·大有》「匪其彭」，子夏《傳》作「旁」，亦其例。)此文方煬似亦近彭之國。《續漢書·郡國志》武陽有彭亡聚，劉注引《南中記》云：「縣南二十里有彭望山。」又引《益州記》云：「縣有彭祖冢、彭祖祠。」據劉說，周初彭國當亦彭祖後裔所封。

蜀人以文翰。文翰者，若皋雞。

〔**彙校**〕陳逢衡云：臧玉林《經義雜記》曰：「案『皋雞』當爲『翬雉』之誤。《說文·羽部》：『翰，天雞，赤羽也。從羽，倝聲。《逸周書》曰：文翰若翬雉，一名鷐風。周成王時蜀人獻之。』」是許氏所見《周書》本作「翬雉」，而不作「皋雞」。《爾雅·釋鳥》：「鶾，天鷄。」郭注：「鶾，鷄，赤羽。《逸周書》曰：『文鶾若采鷄，成王時蜀人獻之。』」疏曰：「文鶾若采鷄者，《王會篇》文也。彼云蜀人以文鶾，文鶾者，若翬雉。」是邢氏所見《周書》亦作翬雉而不作皋雞，而徵引原文，稱彼以別乎郭注，郭注又引作采雞者。案《釋鳥》：「伊洛而南，素質五采皆備成章曰翬。」疏引李巡曰：「素質五采備具，文章鮮明曰翬。」孫炎曰：「翬雉，白質五色爲文也。」是采雞爲翬雉之訓。郭注蓋以詁訓代經，須人易曉故耳。觀邢疏所引，知北宋《周書》不誤，以王氏《補注》考之，則南宋本已誤矣。後之校刊此書者，宜據《說文》、《爾雅疏》正之。○劉師培云：案《玉海》一百五十二引作「皋雉」，注云：「一作鷄。」《容齋續筆》十三亦引作

「鷄」。（又案《易林·小畜之咸》云：「晨風，天翰大舉就温。」「天翰」當亦「文翰」異文。宋本《説文》作「大翰」，《集韻》同。）慧琳《音義》十八引作「文乾若彩鷄」，下云：「言文章綺焕也。」

【集注】孔晁云：鳥有文彩者。皐雞似鳧，翼州謂之澤特也。（王應麟云：「皐」一作「皇」。陳逢衡云：《説文·鳥部》云：「鶾，雉肥鶾音者也。从鳥，倝聲。魯郊以丹雞祝曰：『以斯鶾音赤羽去魯侯之咎。』」又見《風俗通·祀典》。此亦翬雉之類。審諸家所解，知孔注似鳧之言爲誤矣。翼州，王應麟本作「冀州」，盧校從。）○王應麟云：蜀見于《牧誓》、《華陽國志》。蜀之先肇於人皇之際。黄帝爲子昌意娶蜀山氏，後子孫因封焉。《寰宇記》：「蠶叢始稱王，次曰柏灌，次曰魚鳧。其後杜宇號望帝，以褒斜爲前門，熊耳、靈關爲後户，玉壘、峨眉爲池澤，禪位於開明。自開明而上至蠶叢，凡歷千歲。秦以其地爲蜀郡（今成都府）。」《爾雅》：「鶾，天雞。」注：「鶾，彩赤羽。」○何秋濤云：《王會》文翰即天雞是也。《爾雅》今本作鶾，乃假借字耳。《釋文》：「鶾本又作翰。樊云一名山雞。」按山雞雖赤羽，復無天雞之名。山雞即鵕鸃、鷩雉，《釋名》所説是也。郝氏懿行曰：「今所謂天雞出蜀中者，背文揚赤，膺文五彩，爛如舒錦，一名錦雞，未知即《爾雅》所釋否也。」秋濤按此雞既蜀産，又有文彩，與《爾雅》、《王會》俱合，其爲文翰無疑。

方人以孔鳥。

【集注】孔晁云：亦戎别名。孔與鸞相配也（王應麟本作「者」，盧校從）。○王應麟云：《東夷傳》九夷有方夷。《竹書紀年》：「少康即位，方夷來賓。」孔雀生南海，蓋鸞鳳之亞。《藝文類聚》引《周書》曰：「成王時西方人獻孔雀。」《山海經》：「南方多孔鳥。」《春秋元命苞》：「火離爲孔雀。」《異物志》：「大如鴈而足高細頸，龍背似鳳，自背及尾皆珠文,五彩光耀,長短相次,羽毛末皆員文,五色相繞,頭戴三毛,長寸以爲冠,足有距,迎晨則鳴相和,人指其尾則儛。」《交州記》:「色青,尾長六七尺,能舒,舞足爲節。漢南粤獻孔雀二雙。」○潘振云:方,南方地名。南越以孔雀珥門户。孔氏謂爲鸞之配,非也。鸞之雌曰和,豈以孔雀作配乎?○陳逢衡云:《山海經》孔鳥見《海内經》,叙於南方贛巨人之末。《西域傳》:「罽賓國出孔雀。」《續漢書·西南夷》:「滇池出孔雀。」又:「西域條支國出孔雀。」然則此鳥多産于西南,王氏引《東夷傳》似不甚合。《藝文類聚》引《周書》以爲西方人,據此則方夷在東,方人在西,亦猶東屠西屠云爾。○何秋濤云:《詩·小雅》:「往城于方。」毛傳曰:「方,朔方,近玁狁之國也。」朱子曰:「今靈夏等州之地。」又「侵鎬及方」,鄭箋曰:「鎬也,方也,皆北方地名。」朱子曰:「方疑即朔方也。」按朔方之方地在西北,與巴蜀絶遠,又孔雀爲炎方之禽,其性畏寒,未聞朔方曾有是鳥,則南仲所城之方與《王會》之方蓋同名異地矣。以今參考諸書,方人當即鬼方。《易》:「高宗伐鬼方。」《詩·大雅》:「内奰於中國,覃及鬼方。」毛傳曰:「鬼方,遠方也。」《大戴禮·帝繫》曰:「陸終娶於鬼方氏。」《漢書·匡衡傳》曰:「成湯化異俗,懷鬼方。」又《五行志》注曰:「鬼方,絶遠之地,一曰國名。」《文選》注引《世本》注曰:「鬼方於漢則先零戎是也。」《後漢·西羌傳》曰:「武丁伐西戎鬼方。」要之武丁既伐鬼方,則鬼方自是國名,不得以遠方概之。《世本》注、《西羌傳》皆以鬼方爲西戎,即孔氏晁所稱方人爲戎别名者也。然所云先零即氐羌。《王會》上文已有氐羌,則鬼方自别是一種。《竹書紀年》云:「武丁三十二年,伐鬼方,次于荆。三十四年,王師克鬼方。」以此推之,鬼方當在荆之外徼,故伐鬼方必先次於荆矣。《一統志》云:「貴州布政使司《禹貢》荆、梁二州外徼,商周爲鬼方地」,是也。今貴州貴陽府屬有方番長官司,在定番州南八里,元置方番河中府安撫司,爲八番之一,是方番之名其來已久。方人或即其地,未可知也。又按劉逵注《蜀都賦》云:「孔雀特出永昌南涪縣。」又注《吴都賦》云:「孔雀尾長六七尺,緑色,有華彩。朱崖、交阯皆有之，在山草中。」秋濤按：永昌即今雲南永昌府，爲古濮人地。朱崖，今廣東瓊州府崖州。交阯，今越南。方人在貴州，與此諸地皆近，故得孔雀以爲貢。《楚辭》云：「實孔鸞之所居。」又云：「鸞皇孔鳳，日以遠兮。」又云：「孔雀盈園畜鸞皇。」衹是古人多以鸞孔並稱，故孔氏云與鸞相配也。○孫詒讓云：以聲類求之，疑「方」當爲「彭」，古字通用。（《説文·示部》：「𥛱从示，彭聲。或作祊，从方。」是其例。）《書·牧誓》云：「及庸、蜀、羌、髳、微、盧、彭、濮人。」此上文之卜盧即盧，氐羌即羌，蜀人即蜀，下文卜人即濮，（詳王、盧、朱、何説。）諸國與彭並相近。孔安國云盧、彭在西北，其同列，宜也。

卜人以丹沙。

〔彙校〕沙，王應麟本作「砂」，注同。按此句至「鐘牛」，趙本、程本、吴本並脱。

〔集注〕孔晁云：卜人，西南之蛮，丹沙所出。（「蛮」王應麟本作「蠻」，盧校從。）○王應麟云：《太平御覽》：「卜人，蓋今之濮人也。」《伊尹爲四方獻令》：「正南百濮。」《牧誓》注：「濮在江漢之南。」《爾雅》：「南至於濮鈆。」《郡國志》：「越嶲會無縣，《華陽國志》曰：『故濮人邑。』」《左氏傳》：「巴濮，吾南土也。」劉伯莊曰：「濮在楚西南。」《鄭語》：「楚蚡冒始啓濮。」《永昌郡傳》曰：「雲南郡多夷濮。」《禹貢》：「荆州貢丹。」《山海經》：「柜山多丹粟。」注：「細丹砂如粟。」《荀子》：「南海有丹干。」《本草》：「丹砂生符陵山谷。」《職方氏》：「荆州其利丹銀。」○何秋濤云：杜佑《通典》引《王會》「卜人」而釋之曰：「卜人蓋濮人也。」《御覽》之説本此。考劉伯莊謂濮在楚西南而不指言其所在，惟杜元凱《春秋釋例·土地名》言之爲詳。其説曰：「建甯郡南有濮夷，無君長總統，各以邑落自聚，故稱百濮。」又稱叟濮，《後漢·李恢傳》「賦出叟濮」是也。近儒江氏永以百濮當在湖北石首縣南，蓋因杜説建甯郡而誤解。王氏鳴盛以濮人當在湖南辰州府，則又因其貢丹砂而誤釋。其實濮在雲南，自魏晉以來諸家無異說。其種類至今猶存，灼然可證，不必疑也。或因《左傳》載麇人率百濮伐楚，是濮近楚又近麇，當在楚西北。張平子賦所謂巴中之濮，稍爲近之。（張平子《蜀都賦》云：「於東則左緜巴中，百濮所充。」注：「今巴中七姓有濮。」）江氏曰：「此又別一濮，蓋百濮之散處者。」）遂有疑雲南之濮非古濮人者。不知濮之本國實在雲南，而其境土之廣則東至曲靖，西逾永昌，北極會理，凡數千里。自會理之東北抵巴之東、楚之西，山谷之閒蓋往往有濮之種類。以其多不可紀，謂之百濮。猶越封東南，本國實在會稽，而春秋時西境至江西之鄱陽，秦漢閒百越之地直包閩廣，不得執一以相疑也。當商之初，百濮散處，故《伊尹四方令》稱百濮。及商末周初之時，雲南之濮蓋嘗會合于一，爲强盛之國，是以武王誓師特舉以布告多方。而成王時又修職貢，皆言濮人而不稱百濮，則其合爲一國明矣。此猶唐時六詔之合爲一詔也。《南山經》：「雞山，其上多金，其下多丹雘。黑水出焉，而南流注于海。」郝氏懿行曰：「雞山今在雲南。《郡國志》云：『永昌郡博南界出金。』劉昭注引《華陽國志》云：『西山高三十里，越得蘭滄水，有金沙。』今按博南西山疑即雞山，蘭滄水即黑水矣。」案雞山出丹，正永昌即古濮人之堅證。惟永昌有濮人有丹砂，則《王會》之濮人即今永昌府地無疑。

夷用闒采。

〔彙校〕闒采，王應麟本作「闒木」，盧校從。○劉師培云：「夷」疑「矛」誤。古文矛或作[illegible]，見于《汗簡》。又或作[illegible]，如蝨，篆所從。是與夷形近，因以致訛。

〔集注〕孔晁云：夷，東比夷也。采生火中，色黑面光，其堅若鐵也。（比，鍾本、二王本作「北」，盧校從。王應麟本

「采」作「木」，「火」作「水」，「面」作「而」，無「也」字。盧校從。）〇王應麟云：《山海經》：「夷人在東胡東。」崔豹《古今注》：「烏文木出波斯國。」《集韻》：「䦪，木名。」（兹消切。）《南方草木狀》：「文木，樹高七八丈，色正黑，如水牛角。」〇潘振云：夷，南越也。漢交州出毉木，今烏文木也，見《古今注》。毉同翳。〇陳逢衡云：王氏如孔晁之說，故引《山海經》之夷人，然烏文木不出於東北也。《春秋・隱公元年》：「紀伐夷。」夷，妘姓，今山東膠州即墨縣西廢北武城，即古夷國。或曰夷用䦪木與肅慎大麈、穢人前兒文法一例，「用」字不作以字解。《路史》：「《風俗通》云：『古用國見《毛詩》，在高唐。』」說見《國名紀・周世侯伯》。案高唐亦齊地。舊本「䦪木」作「䦪采」。采謂采石，即《禹貢》青州怪石之類。《山海經》：「槐江之山，其陰多采黃金銀。」漢《地理志》：「豫章郡有黃金采。」則采是黃色。又《說文・四篇》：「今䦪，鳥名，似雒鴒而黃。」然則䦪采之爲黃，猶翡翠之爲緑也。〇何秋濤云：此夷當即波斯二字，音與夷字近也。方以智《通雅》曰：「䦪木即烏木也。」《古今注》云：「烏文木出波斯，舶上將來烏文䦪，然温、括、婺等州亦出之。」《吳都賦》「文欀楨橿」，注：「文，文木也。材密緻無理，色黑如水牛角，日南有之。」《本草綱目》曰：「烏木一名烏樠木，一名烏文木，出海南、雲南、南番。葉似椶櫚，其木漆黑，體重堅緻，可爲筯及器物。」今按《說文》：「黟，黑木也。」疑䦪木即黟木矣。〇劉師培云：矛即《牧誓》之髳也。《史記・周本紀正義》、王應麟《詩地理考》三引《括地志》云：「姚府以南，古髳國之地。」是髳爲西南古國。此列巴、蜀、卜、方之後，猶《牧誓》列髳於蜀、盧、彭、濮（即方卜）間也。（《箋釋》據《古今注》「烏文木出波斯」一語，謂夷即波斯，然中土南方匪無此木，說較孔、王尤誤。）〇陳漢章云：今考「䦪木」一本作「䦪采」，孔注：「采生水中，色黑而光，其堅若鐵」，則非木也，蓋即金剛鑽石。《抱朴子》云：「扶南出金剛，生水底石上，如鍾乳狀，可以刻玉。雖鐵椎擊之，亦不能傷。」其時猶未知鑽石爲石炭之精也。

康民以稃苡者，其實如李，食之宜子。

〔**彙校**〕王應麟本「民」作「人」，「稃」作「桴」，「桴苡」重，盧校從。○唐大沛云：疑「民」爲「居」字之訛。○孫詒讓云：此「康」與方、卜諸國相次，疑當爲「庸」之譌。○劉師培云：《詩·周南·芣苢釋文》云：「《山海經》及《周書·王會》皆云：『芣苢，木也，實似李，食之宜子，出於西戎。』衛氏傳及許慎並同此。王肅亦同，王基已有駁難也。」又案《本艸經·上》「車前」，陶弘景注云：「人家及路邊甚多。《韓詩》言芣苡是木，似李，食其實宜子孫，誤矣。」是《韓詩》别説同王肅。據陸所引，似「桴苡者」三字下舊本當有「木也」二字，爲今本所無。《詩疏》引王基駁王肅云：「是芣苢爲馬舄之艸，非西戎之木也。」基以《周南》芣苢爲艸名，以《周書》桴苡爲西戎之木，則《周書》固有稃苡爲木之語矣。

〔**集注**〕孔晁云：康亦西戎之别名也。食稃苡即有身。（王應麟本無「之」字，盧校從。）○王應麟云：《隋書》：「康國，康居之後也。」唐以其地爲康居都督府。漢《西域傳》：「康居去長安萬二千三百里。」《説文》：「芣苢，一名馬舄，其實如李，令人宜子，《周書》所説。」或從「以」。《山海經》：「芣苢，木也。」王肅引《周書》云：「芣苢如李，出於西戎。」王基駁云：「《王會》所記雜物、奇獸，皆四夷遠國各齎土地異物以爲貢贄，非《周南》婦人所得采。芣苢爲馬舄之草，非西戎之木也。」○潘振云：桴苡即芣苢，車前也。大葉長穗，好生道旁，其子治産難。○陳逢衡云：康人，康居之先也。今新疆左哈薩克、右哈薩克爲漢魏康居國地，在準爾噶部之西北。《晉書》：「康居在大宛西北二千里。」《魏書》：「者舌國，故康居國也。」《唐書》：「康在密那水南。」《詩釋文》云：「《山海經》及《周書·王會》皆云：『芣苡，木也，實似李，食之宜子，出於西戎。』」案《山海經·西山經》：「崇吾之山有木焉，員葉而白柎，赤華而黑理，其實如枳，食之宜子孫。」説與《周書》相似，然未明言是芣苡。蓋康人所獻者自是芣苡木，《周南》所詠者自是茈苡草，以其食之均能宜子，故異物而同名。《藝文類聚》引郭氏《圖贊》曰：「車前之草，別名芣苢。《王會》之云『其實如李』，名之相亂，在乎疑似。」此贊分疏，確切不易。○丁宗洛云：《吴越春秋》：「有莘氏女得薏苡而吞之，遂生禹。」當即此物。○孫詒讓云：庸蓋即《牧誓》之庸。《左・文十六年傳》：「庸、濮伐楚」，又云：「楚滅庸」，杜注云：「庸，今上庸縣也。」

州靡費費，其形人身，技踵，自笑，笑則上脣翕其目，食人，北方謂之吐嘍。

〔彙校〕技，元刊本作「枝」，王應麟本作「反」，盧校從。○盧文弨云：《説文》吐嘍作「土螻」。○王念孫云：「翕」當爲「弇」，字之誤也。翕與弇不同義，翕，合也；弇，蔽也。此謂上脣蔽其目，非合其目之謂也。費費，《説文》作「䰚䰚」，云：「周成王時州靡國獻䰚䰚，人身反踵，自笑，笑即上脣弇其目，食人。」（又云：「一名梟陽。」）全用此篇之文，而其字正作「弇」。《海内南經》注引《周書》曰：「州靡髴髴者，人身反踵，自笑，笑則上脣掩其面。」掩、弇古字通，則「翕」爲「弇」之誤益明矣。又《海内經》曰：「南方有贛巨人，（郭注：即梟陽也。）人面，長脣，黑身，有毛，反踵，見人則笑，脣蔽其面。」蔽亦弇也。吐嘍，本作「土螻」，此「螻」誤爲「嘍」，而「土」因誤爲「吐」也。《爾雅疏》引此已誤。《説文》、《廣韻》、《爾雅釋文》及《太平御覽・獸部二十》皆作「土螻」。《西山經》云：「昆侖之邱有獸焉，其狀如羊而四角，名曰土螻。」此與費費同名而異物，然其字亦作「土螻」。○陳逢衡云：《山海經・西山經》：「崐崘之山有獸焉，其狀如羊而四角，名曰土嘍，是食人。」《廣韻》亦云：「土䍱似羊，四角，其鋭難當，觸物則斃，食人。」蓋即下文「高夷嗛羊，羊而四角」也。此「食人，北方謂之吐嘍」八字，定屬高夷下錯簡。○何秋濤云：費費，《爾雅》作「狒狒」，《説文》引《王會》作「䰚䰚」，郭注引作「髴髴」，《吴都賦》作「𡿺𡿺」，皆同音互轉。以象形字言之，當以《説文》爲正。疑此篇費字蓋後人改之，或記其音，《說文》云：「讀若費。」）遂誤爲正字也。○孫詒讓云：「費費」上惠校有「以」字。

〔集注〕孔晁云：州靡，北狄也。費費曰梟羊，好行立，行如人，被髮，前足稍長者也。（好行立，王應麟本作「好立」，盧校從。稍長者也，王應麟本作「指長」。）○王應麟云：《漢書》注：「嘄陽，費費也。人面，黑身有毛，反踵，見人則笑，脣蔽其目。」（《淮南子》：「山出嘄陽。」）《山海經》：「梟陽國在北朐之西，其爲人，人面長脣，黑身有毛，反踵，見人笑亦笑，左手操管。」注：「《海內經》謂之贛（音感）巨人。今交州南康郡深山中皆有此物也。長丈許，脚跟反向，健走，被髮，好笑；雌者能作汁，灑中人即病，土俗呼爲山都。南康今有贛水，以有此人，因以名水。」（昆侖之丘有獸，其狀如羊而四角，名曰土螻，是食人。）《爾雅》：「狒狒如人，被髮，迅走，食人。」（梟羊也。）《說文》：「成王時州靡國獻𥝻，或作狒（父沸切）。」左思《吴都賦》：「⿱巛禺⿱巛禺笑而就格。」○潘振云：水中可居者曰州。靡，邊也。州靡，贛上與章貢二水，合稱贛。《海內經》以梟羊爲贛巨人，南康有此人，因以名水，蓋南夷也。費費，《爾雅》作「狒狒」。反踵者，脚跟反向也。上脣，脣向上也。翕，合也。謂上吻插額，蔽其目也。曰北人，推言之也。吐嘍者，言其聲如人之吐歐、烏之嘍唳也。○陳逢衡云：《山海經·大荒西經》有壽麻之國，壽麻即州靡。《吕氏春秋·任數篇》：「南服壽靡。」高誘注云：「西極之國。」即此。又漢《地理志》益州郡有收靡，李奇云：「靡音麻。」然則此國當在西南，不當云北狄也。故《山海經》梟陽國列之《海內南經》，蓋以地出梟陽，即以此名其國。梟陽即梟羊。《淮南·氾論訓》：「山出嘄陽」，高誘注：「嘄陽，山精也。人形，長大而黑色，身有毛，反踵，見人則笑，脣蔽其目。」俱與《王會》所説費費同。《御覽》九百八「⿱巛禺⿱巛禺音翠」。其引《爾雅》、《説文》、《山海經》及《圖贊》並作⿱巛禺⿱巛禺。案《爾雅》本作狒狒。《説文》作𥝻，讀若費，符味切。其引《周書》、《爾雅》竝作𥝻𥝻。《海内南經》注引《周書》、《爾雅》竝作髴髴。

《爾雅疏》引《圖讚》作狒狒，《集韻·八·未》：「𩱻，或作狒、𡿺、𦦕、禺、𧍲。」《廣韻》引《説文》作「𩱻」，扶涕切。禺、狒並同。案以上諸書所引字形各異，其實一也。○朱右曾云：《史記·西南夷傳》「靡莫之屬」《正義》云：「在姚州北。」《索隱》云：「與滇同姓。」姚州，今隸雲南楚雄府。然則州靡，西南夷也。○何秋濤云：姚州地處西南，與巴濮壤接，故以費費爲貢。覈諸事理，斯爲近之。李時珍曰：按《方輿志》云：「狒狒，西蜀及處州山中亦有之，呼爲人熊。人亦食其掌，剥其皮。閩中沙縣幼山有之，長丈餘，逢人則笑，呼爲山丈人，或曰野人及山魈也。」又鄧顯明《南康記》云：「山都，峴崙人，通身生毛，見人輒閉目，開口如笑，好在深澗中，翻石覓蟹食之珍。」按鄧氏所説與《北山經》之山{獌}、《述異記》之山都、《永嘉記》之山鬼、《神異經》之山㺐、《玄中記》之山精、《海録雜事》之山丈、《文字指歸》之旱魃、《搜神記》之治鳥，俱相類，乃山怪也。是費費本有山精之名，《瀕湖本草》以諸奇物附之，固其所也。○孫詒讓云：「靡」疑即《牧誓》之「微」，微、靡古音近字通。《神農本艸經》「嗇實一名牆微」，《别録》「一名薔蘼」，是其證也。《書》僞孔傳云：「髳、微在巴蜀。」《史記正義》引《括地志》：「唐有微州，與姚州地相近。」○劉師培云：漢有收靡縣，爲臘涂水所出，屬益州郡，在今雲南嵩明州，蓋即古靡國地。收靡者，殆即州靡二字異讀之音歟？古代從「丩」從「九」之字聲義均同，故「尻」從「九」聲，通作「州」，如《爾雅》白州驠是也。亦州、收古通之旁證。○陳漢章云：《吕覽·恃君篇》又云「餘靡之地」，高注：「南越之夷。」《漢書·地理志》益州郡有收靡，李奇注：「靡音麻。」《華陽國志》作「升麻」。升麻與收靡、餘靡皆一聲之轉，並即此州靡國。

都郭生生若黄狗，人面，能言。

〔彙校〕王應麟本「生生」作「狌狌」且重，下有「欺羽」二字。盧本作「都郭生生欺羽，生生若黄狗，人面能言」，云：《山海經》注「都郭」作「鄭郭」。○丁宗洛云：「欺羽」二字不可解，注亦缺，恐是衍文。○唐大沛云：原注及孔注皆不言「欺羽」，則舊本近是，似不必從王本補。○俞樾云：欺羽似别爲一物。然下文止曰「生生若黄狗，人面能言」，不及欺羽，未詳其義。疑「欺羽」二字當在下文「奇幹善芳」之上。其文曰：「欺羽奇幹善芳，奇幹善芳者，頭若雄雞，佩之令人不昧。」蓋欺羽爲國名，奇幹善芳爲鳥名。

〔集注〕孔晁云：都郭，北狄。生生，一名也。（王應麟本「狄」作「夷」，「生生」作「狌狌」，無「也」字。二，王應麟本作「獸」，盧校從。）○王應麟云：《山海經》：「汜林方三百里，在狌狌東。狌狌知人名，其爲獸，如豕而人面。」《爾雅》：「猩猩，小而好啼。」注：「《山海經》：『人面豕身，能言語。』今交阯封谿縣出猩猩，狀如貛㹠，聲似小兒啼。」《荀子》曰：「猩猩，形笑，亦二足毛也。」《博物志》：「若黄狗。」與《周書》同。○潘振云：都郭，即葉榆與？在雲中，今山西大同府。欺，《集韻》作「倛」，方相也。四目方相，兩目爲倛。其首蒙茸，是謂蒙倛。羽，羽民，爲人長頭長頰，見《海外南經》。生生兼此二象，故曰生生欺羽也。《水經注》：「葉榆有猩猩獸，形若黄狗，又狀貆㹠，人面，頭顔端正，善與人言，音聲麗妙，如婦人好女。」○陳逢衡云：生生，《山海經》作「狌狌」，《爾雅》作「猩猩」。《淮南・汜論訓》注：「猩猩，北方獸名，人面獸身，黄色。」則都郭爲北狄信矣。然《蜀志》謂封溪縣有獸曰猩猩，《南方草木狀》亦云：「猩猩之獸生在野中，狀如㹠子，交阯、武平、興古有之。」則是物蓋出西南，不當在北方。○朱右曾云：欺羽當是鳥名。《靈光殿賦》云：「仡欺偲以鵰眖」，欺蓋鵰類。○俞樾云：《山海經・西山經》曰：「翼望之山有鳥焉，名曰鵸鵌。」欺羽之國或即所謂翼望歟？○何秋濤云：孔氏以都郭爲北夷，非也。按諸書記猩猩産于交阯、哀牢、邛都等境，皆在西南徼，無出北地者。（惟高誘《淮南子注》以爲北方獸名。郝氏懿行曰：「猩猩，南方獸。作北方，誤也。」）況《王會》都郭國次於西南夷巴濮之後，其非北方之國甚明。以今考之，當即交州西南之都昆國也。杜佑《通典·邊防部》叙南蠻曰：「邊斗國、都昆國、拘利國、比嵩國，並隋時聞焉。扶南度金鄰大灣南行三千里，有此四國。其農作與金鄰相同，其人多白色。都昆出好棧香、藿香及流黄」云云。按昆與郭一聲之轉。扶南地近交阯，故有猩猩可以充貢也。《爾雅》但云猩猩如小兒啼，不云其能言，蓋舉其初而言之。《王會》所紀能言，則人教之言。既能言，方以充貢，如鸚鵡、鸜鵒、秦吉了之類，非謂其生而能言也。他書神奇之説均出傅會，流爲丹青，不足據。

奇幹善芳。善芳者，頭若雄雞，佩之令人不昧。皆東嚮。

〔彙校〕盧文弨云：郭注《山海經》引「昧」作「眯」。○陳逢衡云：上文「欺羽」二字當在此條，今本誤刻入上文耳，故孔注亦謂善芳是鳥名也。余意古本當是「都郭生生欺羽，生生若黄狗，人面，能言。鵸鵌善笑，頭若雄雞，佩之令人不昧」。蓋一國貢二物，故連叙而及。郭氏引注《山海經》截去「欺羽」二字，遂連「生生」爲一條，而以「頭若雄雞」二語續之，則似爲一物矣。故《水經·葉榆河注》亦云：「生生甘美，可以斷穀，窮年不厭。」案不厭二字與生生無著，則以《王會》此條古來脱誤已久，故引用者承襲而不知其誤也。余謂「欺羽」轉爲「鵸鵌」，「鵸鵌」誤爲「奇幹」，而「善笑」又誤爲「善芳」，自是定論。《通雅》據《太平御覽》謂鵸鵌即獻茅鳥，亦誤。王融《曲水詩序》「奇幹、善芳之賦」，李善注引《周書》曰：「成王時貢奇幹善芳者，頭若雄雞，佩之令人不昧。」竟以「奇幹善芳」四字聯名，失之。○朱右曾云：《西山經》云：「翼望之山有鳥焉，其狀如烏，三首六尾而善笑，名曰鵸鵌，服之令人不厭。」注引《周書》曰：「獻芳不眯。」疑幹或餘字之譌。《太平御覽》亦作「獻芳」。○孫詒讓云：《稽瑞》「淮茅三脊」下引《王會》云：「奇幹獻善茅，皆鄉善者。」則劉所見本亦有「獻」字，但説善茅，與今本絶異，未詳。

〔集注〕孔晁云：奇幹亦北狄。善芳，鳥名。不昧，不□也。皆東，東向列次也。（王應麟本闕處作「忘」，「皆」作

「此」，無「東向」之「東」字，盧校並從。）〇王應麟云：《山海經》：「翼望之山有鳥，其狀如烏，三首六尾而善笑，名曰鵸鵌（音猗餘），服之使人不厭。」注：「不厭夢也。《周書》云：『服者不眛。』或曰眯，眯目也。」善芳，《太平御覽》作「獻茅」。〇潘振云：幹，脅也。奇幹，奇肱，西夷也。《海外西經》：「奇肱之國，一臂三目。有鳥焉，兩頭，赤黃色，在其旁。」郭云：「其人善爲機巧，以取百禽。能作飛車，從風遠行。湯時得之於豫州界中，後十年東風至，遣之。」〇陳逢衡云：鵸鵌，見《山海經·西山經》，即是《王會》之欺羽。鵸鵌音猗餘，與欺羽音相近。又即《春秋繁露·郊語篇》所云「鴟羽去昧」是也。鴟羽亦欺羽之轉，去昧即不昧。高誘《淮南·注》：「楚人謂厭爲昧。」然則「服之使人不厭」，即所謂「佩之令人不昧」也。〇何秋濤云：奇幹，不知所在，當在西方。孔氏以爲北狄，非也。自「夷用闟木」以下至此，凡五國者，附近西南邊塞，以北方之國雜廁其間，斯爲乖矣。今以諸書考之，疑即奇肱國。《海外西經》：「奇肱之國，其人一臂三目，有陰有陽，乘文馬。有鳥焉，兩頭，赤黃色，在其旁。」按此鳥兩頭與下鵸鵌三首之説相近，赤黃色與頭若雄雞之説相近，疑即《王會》之善芳也。郭注「肱」或作「厶」，「奇」音羈。畢尚書曰：「舊本傳云或作『宏』，非也。」《説文》云：「厶，肱字。」《淮南子·墬形訓》作「奇股」，高誘注云：「奇，隻也。股，脚也。」奇肱，又作「奇恒」。《太平御覽》七百九十七卷「西戎」六引《括地圖》曰：「奇恒民，善爲機巧，設百禽爲飛車，從風遠行。湯時西風多，奇恒車至於豫州，湯破其車。十年，西（當作「東」）風到，乃令復作遣歸，去玉門四萬里。」按奇恒乘西風而至豫州，又云去玉門四萬里，則在西方可知。《楚詞·招魂》云：「去君之恒幹。」注：「恒，常也。幹，體也。」奇幹猶言奇體，即奇肱之謂也。肱與恒則聲近借字耳。又案《西山經》所載翼望山之鵸鵌鳥，郭注引《周書》「服者不昧」，似郭所見《王會》本與《山經》鳥名相同，故直引爲説也。畢注釋鵸鵌曰：「《王會》奇榦善芳」云云。畢注以鵸鵌即善芳，其所出之山名翼望，翼望在今甘肅西南徼外青海之地。（《西山經》云：「凡西次三經之首，自崇吾之山至于翼望之山。」畢注曰：「此經之山，皆在甘肅。今以地勢推之，則翼望山當在徼外青海之地。」）正西方也。自義渠以下至此國皆在西方，故列于西而東向。

北方臺正東：高夷嗛羊；嗛羊者，羊而四角。

〔彙校〕陳逢衡云：嗛羊形狀與《山海經》吐嘍同。上文費費下「食人，北方謂之吐嘍」八字當在此。○唐大沛改「正」爲「上」，移于「北方」上，以「上北方」三字屬上，云：「正」當作「上」。舊本皆作「北方臺正東」，五字屬下文讀，晉時孔所據本已如此，訛誤久矣。究竟此五字於下文無所施，且北方將謂臺之北耶？將謂堂之北耶？臺正東是西嚮者所立之地，與北嚮者何涉耶？沛案正文原是「皆東嚮上北方」，因「上」字訛作「正」字，校者遂移「正」字於「東」字上，則愈誤矣。不知東面者北上猶西面者北上，其班次當如此。今據文義定正，而以「上北方」三字屬上文，以「臺東」二字屬下文。

〔集注〕孔晁云：高夷，東北夷高麗句（王應麟本作「高句麗」）。○王應麟云：《爾雅疏》：「九夷，三曰高驪。」《東夷傳》：「高句驪在遼東之東千里，南與朝鮮、濊貊，東與沃沮，北與夫餘接。」（東夷相傳以爲夫餘別種，故言語法則多同。）《述異記》：「成王時東夷進六角羊。」亦嗛羊之類。（嗛乎監切。）《後漢書》：「冉駹夷有五角羊。」○潘振云：北方臺，在明堂後，亦殿也。正東，面西也。《爾雅·齸屬》「牛曰齝，羊曰齥，寓鼠曰嗛」，皆嚼食之名。齝者，食之已久，復出嚼之。江東呼齝爲齥。嗛者，頰裏貯食處也，寓木之獸及鼠皆有之。齥而如嗛，故謂之嗛羊也。○陳逢衡云：《西山經》「錢來之山有獸焉，其狀如羊而馬尾，名曰羬羊」，畢氏沅曰：「《周書·王會》云：『高夷嗛羊，嗛羊者，羊而四角』，則亦或當爲嗛，聲相近。」衡案：羬羊並不云四角，疑非。若《北山經》「歸山有獸狀如麢羊，四角，馬尾而有距，其名曰騂」，當與嗛羊相似。○唐大沛云：臺東，外臺之東也。以下諸國皆北嚮者，北面東上，禮也。班次從東起逶迤而西也。○朱右曾云：北方臺正東者，在臺北之東也。○何秋濤云：古高句驪國，今朝鮮咸興府東北之高句驪城，即其地。見《一統志》。嗛與羬聲相近。《爾雅》曰：「羊六尺爲羬。」謂此羊也。羬音鍼，以音求之，嗛羊殆即羬羊歟？自高夷以下至山戎凡七國，皆東北方之國也，故列於北方臺正東。

獨鹿邛邛距虛，善走也。

〔彙校〕距虛，朱訂「邛邛」。何秋濤刪「距虛，善走也」五字。○盧文弨云：此正文似本無「距虛」二字。《爾雅》邛邛、岠虛是一獸，今此下文別出「狐竹距虛」，注於邛邛則云「似距虛」，於距虛則云「野獸」，則知「邛邛」下「距虛」二字乃後人以所習聞妄增入耳。且於注中「獸似」下又增一「鼠」字，則下「距虛」二字反賸矣。故知此不與《爾雅》及《呂氏春秋》所説同也。○丁宗洛云：邛邛、距虛果是一獸，則經文不應分屬於獨鹿、孤竹矣。注以似距虛釋邛邛，本無可疑，而下距虛則指定爲驢騾之屬，似二物又不是二物。蓋孔氏亦知有《爾雅》，然不敢違忤經文，故爲互文見義之説。愚惟據此以爲二獸，安知《爾雅》非以同類而並舉乎？待參。浮山云：「此言邛邛距虛，下言距虛，分見，必係兩物。獨鹿貢此二獸，亦如黑齒貢白鹿、白馬，都郭貢欺羽、生生，不必改距虛爲邛邛也。」○唐大沛云：以爲二物者是也。邛邛似距虛，二獸皆資蟨爲齧甘草，蟨有時與邛邛比肩，有時與距虛比肩，故謂之比肩獸。即《爾雅》亦當如此解，非邛邛、距虛爲一獸也。蓋本文原是「獨鹿邛邛」，猶上文云「州靡費費」，後人妄增「距虛」二字耳。○何秋濤云：各本此下有「距虛善走也」五字，係衍文，當刪。按下文「孤竹距虛」，孔注云：「距虛，野獸，驢騾之屬。」如此文已有距虛，則孔當注于此下，不當注于孤竹下也。況此五字又不成文，其爲涉注誤衍無疑，今刪。○劉師培云：竊以據孔注觀之，似正文當作「邛邛若距虛，善走也」。故孔以似距虛爲釋。《穆天子傳》一云：「邛邛，距虛，走百里。」則「善走」一語尤不當删。（《新論·審名篇》云：「蛩蛩、巨虛，其實一獸，因其詞煩，分而爲二。」與本書不合。）

〔集注〕孔晁云：獨鹿，西方之戎也。邛邛，獸似距虛，負厥而走也。（似距虛，王應麟本作「似鼠，距虛」。厥，王應麟本作「蟨」，盧校從。）○王應麟云：《周書·史記篇》阪泉氏「徙居至于獨鹿」，注：「西戎地名。」《爾雅》：「西方有比肩獸焉，與邛邛岠虛比，爲邛邛岠虛齧甘草，即有難，邛邛岠虛負而走，其名謂之蟨。」注：「《呂氏春秋》曰北方有獸，其名爲蟨，鼠前而兔後，趨則頓，走則顛，然則邛邛岠虛亦宜鼠後而兔前，前高不能取甘草，故須蟨食之。今鴈門廣武縣夏屋山中有獸形如兔而大，相負共行，土俗謂之蟨鼠（音厥）。」《穆天子傳》：「邛邛岠虛日走五百里。」《符端志》：「比肩獸，王者德及矜寡則至。」《説文》作蛩蛩。《爾雅翼》云：「沈括使遼，稱契丹北境慶州之地大漠中有跳兔，形皆兔也，但前足才寸許，後則幾一尺。行則用後足跳，一躍數尺，止則蹶然仆地。」此則蟨也。邛邛、岠虛蓋二獸。《子虛賦》曰：「蹵蛩蛩，轔距虛。」張揖以爲邛邛青獸，其狀如馬，距虛似鸁而小。《説苑》：「孔子曰：『蛩蛩距虛，見人將來，必負蟨以走，二獸者非性愛蟨也，爲得甘草而貴之故也。』」然則負蟨者或邛邛或距虛，二物不相須（?）也。《周書·王會》注以爲邛邛似鼠，距虛負而走，則是以邛邛爲蟨也，與《爾雅》、《説苑》異，今不取。○孫詒讓云：上下文六國皆東北夷，則獨鹿亦東北夷，非西方之戎也。獨與涿古聲相近，獨鹿即涿鹿也。《漢書·武帝紀》：「行幸歷獨鹿、鳴澤。」服虔曰：「獨鹿，山名，在涿郡。」《史記·五帝紀》：「黄帝與蚩尤戰于涿鹿之野。」《集解》亦引服虔曰：「涿鹿，山名，在涿郡。」（《索隱》曰：「案《地理志》上谷有涿鹿縣，然則服虔云在涿郡者，誤也。」）是獨鹿即涿鹿，其地在今宣化府保安州南，非西方之戎明矣。○陳逢衡云：邛邛距虛爲馬屬，信矣，故《山海經》以蛩蛩與騊駼、駮並言也。○何秋濤云：《史記解》之獨鹿與阪泉氏相近，亦獨鹿在東北之證也。

孤竹距虛。

〔**集注**〕孔晁云：孤竹，東北狄。距虛，獸也，驢騾之屬。（王應麟本「狄」作「夷」，「獸也」作「野獸」，盧校從。驢，元刊本作「馿」。）○王應麟云：《爾雅》觚竹在北荒。《地理志》遼西令支有孤竹城。《括地志》：「孤竹故城在平州盧龍縣南十二里，殷時諸侯國，姓墨胎氏。」《史記正義》：「孤竹君是殷湯正月三日丙寅封，相傳至夷、齊之父。」《山海經》：「北海有素獸，狀如馬，名曰蛩蛩。」注：「蛩蛩，距虛也。一走百里。」《穆天子傳》「距虛」注：「亦馬屬。《尸子》曰：『距虛不擇地而遠。』」《玉篇》：「駏驉，獸，似騾。」○潘振云：孤竹國，虞之營州，周之幽州，秦之遼西郡，即今直隸永平府。○陳逢衡云：《尸子》：「距虛不擇地而遠。」蓋以此物善走，與邛邛距虛同，故俱有距虛之號。一則如馬而大，一則似騾而小，以爲類鼠免者，并非。《玉篇》：「駏驉獸似騾。」崔豹曰：「驢爲牡，馬爲牝，即生騾。馬爲牡，驢爲牝，生駏驉。」○何秋濤云：合之《尸子》、《廣雅》、《玉篇》諸書，皆專舉距虛，不言邛邛。又《上林賦》「蛩蛩驒騱」，郭璞注云：「驒騱，駏驉類也。」是距虛與邛邛大異，不可强同。郝氏懿行作《爾雅義疏》，臚舉各家以言二物者爲是，可稱定論。《王會》分列二國所貢，孔注亦剖析極明，足爲《爾雅》訂此疑義矣。

不令支玄模。

〔**彙校**〕模，王應麟本作「獏」，盧校從。注同。

〔**集注**〕孔晁云：不令支，皆東北夷。模，白狐。玄模，則黑狐也。（皆，陳逢衡改「亦」，盧文弨疑衍。王應麟本無

「也」字，盧校從。何秋濤云：《王會篇》孔注曰：「貘，白豹。玄貘則黑豹。」今本「豹」字皆誤作「狐」。《玉海》引此已誤。）○王應麟云：《齊語》：「北伐山戎，刜令支（史記離枝），斬孤竹。」注：「二國，山戎之與也。令支，今爲縣，屬遼西，孤竹之城存焉。」《括地志》：「令支故城在平州盧龍縣西七十里。」（《管子》「泠支」）《爾雅》：「貘，白豹。」注：「似熊，小頭，庳脚，黑白駮，能舐食銅鐵及竹骨。骨節强直，中實少髓，皮辟濕，或曰豹。白色者別名貘。」《説文》：「似熊而黄黑色，出蜀中。」（莫白切。）《南中志》曰：「貊，大如驢，狀頗似熊，多力，食鐵，所觸無不拉。」《廣志》曰：「貊，色蒼白，其皮温煖。」○潘振云：不，發語辭。○陳逢衡云：「令支」一曰「離支」，見《史記·齊世家》。一曰「泠支」，見《管子·小匡》。一曰「離枝」，見《管子·輕重甲》。一曰「零支」，見《路史·後紀注》。一曰「令疵」，見《吕氏春秋·有始覽》與《淮南·墬形訓》，注云：「令疵在遼西。」一曰「令止」，見《淮南·時則訓》。本作「令正」，《太平御覽》作「令止」，案即「令支」也。《漢志》遼西郡「令支」，應劭曰：「令音鈴。」孟康曰：「支音秪。」師古曰：「令又音郎定反。」《一統志》直隸永平府，令支故城在遷安縣，爲春秋時山戎屬國，漢置縣。《魏書·地形志》肥如縣有令支城，《通典》盧龍有漢令支縣城。楊慎曰：「古地名多有不字，如《春秋》之不羹、華不注，《史》之不周、不姜、不耐，《山海經》之不津、不庭、不其。或曰不讀作丕。古無丕字，不即丕也。」據此，則不令支及下文不屠何之不俱當讀如丕。然華不注之不音柎，以爲盡作丕字讀，亦非。《通雅》載不字有十四音，則《王會》二不字係助語辭，如句吴、于越之類。○何秋濤云：《爾雅》白狐乃貔，非貘也。《爾雅》：「貘，白豹。」郭注有二説，前説謂獸似熊，黑白駮，能舐食銅鐵；後説則謂豹白色者，別名貘。豹與熊殊類，似熊者不得謂之豹，當以後説爲長。

不屠何青能。

【彙校】能，王應麟本作「熊」，盧校從。

【集注】孔晁云：不屠何亦東北夷也。〇王應麟云：《管子》曰：「桓公敗胡貉，破屠何。」注：「屠何，東胡之先也。」《説文》：「熊似豕，山居，冬蟄。」《上林賦》注：「犬身人足。」（《禹貢》梁州貢熊、羆。）〇陳逢衡云：鄧立誠曰：「《漢書・地理志》遼西郡有令支縣，又有徒河縣，徒河即屠何也。晉時有段務勿塵者，徒何種也。」衡案：《王會》屠何與東胡並稱，是周初現有此二國。《管子・小匡》注以爲東胡之先，誤矣。漢徒河縣在今直隸永平府大寧衛東百九十里，錦縣西北。段長基《歷代疆域表》曰：「相傳虞舜時已有此城。」劉恕《外紀》周惠王三十三年齊桓公救燕，破屠河，即徒河。〇何秋濤云：猪熊色黑，其即所謂青熊歟？

東胡黄羆。

【彙校】孫詒讓云：《稽瑞》引「羆」作「熊」。《白帖》九十七「熊」下引作「東胡獻黄熊」，則唐本正如是。

【集注】孔晁云：東胡，東北西卑。（盧訂作「東北夷」。孫詒讓云：「西卑」當即「鮮卑」，西、鮮一聲之轉。）〇王應麟云：《伊尹朝獻・商書》：「正北東胡。」《山海經》：「大澤在雁門北，東胡在大澤東。」《匈奴傳》：「燕北有東胡。」服虔曰：「烏桓之先也，後爲鮮卑。」《爾雅》：「羆如熊，黄白文，似熊而長頭，高脚，猛憨多力，能拔樹木。關西呼曰猳羆。」《詩・韓侯》：「其追其貊，奄受北國，獻其黄羆。」陸璣疏：「羆大於熊。」《淮南子》：「散宜生得玄豹黄羆，以獻於紂。」〇陳逢衡云：《一統志》：「鮮卑，今爲敖漢奈曼、喀爾喀、蘇尼特諸旗地。」孫炎曰：「羆如熊而力大於熊，有赤黄二種，而古者以黄爲貴。」〇何秋濤云：《後漢書・郡國志》令支縣有孤竹城。今支及孤竹，今盧龍縣遷安縣地。自此以東北皆山戎境。齊師至此而山戎遁走，故遂自孤竹而還。今永平府北邊外，即承德府屬之東南境，知爲春秋時山戎地也。東胡與匈奴接壤，當在山戎西，今順天府北邊外，即承德府屬之西南境，知爲春秋時東胡地也。柳宗元謂羆之狀被髮人立而甚害人，是以人熊爲羆矣。蓋熊羆同類，俗人不識羆，故呼爲人熊耳。

山戎菽。

〔彙校〕王應麟本重「戎」字，盧校從。

〔集注〕孔晁云：山戎亦東北夷。戎菽，荳藥也。（荳藥，王應麟本作「巨豆」，盧校從。）〇王應麟云：《匈奴傳》：「燕北有山戎，山戎越燕而伐齊。」《史記正義》：「今奚國。杜預曰：『山戎、北狄、無終，三名一也。』」《括地志》：『幽州漁陽縣，本山戎無終子國。』」《漢書》「戎叔」注：「胡豆也。」《管子》：「桓公北伐山戎，以戎菽徧布於天下。」〇陳逢衡云：《一統志》：「山戎，今爲喀喇沁三旗地。」段長基《歷代沿革表》曰：「直隸承德府，即雍正元年熱河廳舊境，古爲山戎，北齊庫莫奚地，隋唐併爲奚地。」《爾雅》：「戎菽謂之荏菽。」郭注：「即胡豆也。」《大雅·生民》：「蓺之荏菽。」毛傳：「荏菽，戎菽也。」鄭箋：「戎菽，大豆也。」〇何秋濤云：杜注：「無終，山戎國名。」今順天府玉田縣西有無終城，即無終故國。蠶豆亦一名胡豆，與豌豆同時種，而形性迥別，其大倍于豌豆。《農政全書》云：「蠶豆之利，比于豌豆十倍。」或桓公所得即此物，以其異常而布之天下歟？

其西般吾白虎。

〔彙校〕王應麟云：《鄭志》張逸問《詩傳》「白虎黑文」，答曰：「周史《王會》云。」文闕「黑文」二字。（盧文弨云：《鄭志》引《王會》白虎黑文，今本皆闕二字。陳逢衡從補。）〇何秋濤云：浚儀《補注》引《鄭志》、《詩釋文》、《淮南子》，意以此白虎即騶虞也，故云「下闕黑文二字」。然參考諸書，騶虞乃前央林酋耳，非此也。所云「尾長於身」，正見前説。酋耳文内近閩縣，陳編修壽祺亦以此「白虎」下闕「黑文」字，非也。

〔集注〕孔晁云：次西。般吾，北狄，近西也。（「西」下王應麟本有「也」字，盧校從。）○王應麟云：《詩釋文》：「騶虞，義獸也。白虎黑文，不食生物，（《淮南子》注：「食自死之獸。」）有至信之德則至。」《周書·王會》、《草木疏》並同。又云：「尾長於身，不履生草。」《説文》：「䖘，白虎也。」（䖘，莫狄切。）《爾雅》：「甝，白虎。」（甝，胡甘切。）《瑞應圖》：「白虎者，仁而不殺，王者不暴虐，恩及行葦，則見。」《淮南子》：「散宜生得白虎，獻紂。」○潘振云：般吾，即番吾，（《釋文》番音盤，與般同音。）漢常山郡縣名，故趙地。《括地志》作蒲吾，今直隸正定府平山縣也。○陳逢衡云：王引《淮南子》「散宜生得白虎，獻紂」，參以《詩·騶虞釋文》，則與上文央林酋耳相似。《釋文》又有「尾長于身，不履生草」之説，則是既以酋耳爲騶虞，又以白虎爲騶虞，必有一誤。余謂上文酋耳蓋另一獸，但以尾長參其身，與《山海經》騶虞同，後人遂誤以爲即騶虞也。此白虎黑文乃真騶虞。若散宜生所得以獻之紂者，乃是騶吾馬，故曰得騶虞、雞斯之乘。案《太平御覽》八百九十「騶虞」引《説文》、《詩·國風·騶虞》、《草木蟲魚疏》、《山海經》，並以白虎爲騶虞也。又引《宋書》曰：「元嘉二十六年，琅邪有白騶虞。」據此，則般吾即般虞。蓋以地出騶虞，即以是名其國，如《山海經》梟陽國。《楊雄傳》「後陶塗」，師古曰：「國名出駒駼是已。」般音班。《周禮·天官·内饔》：「馬黑脊而般臂螻。」注：「般臂，臂毛有文。」楊雄《羽獵賦》：「履般首。」如淳曰：「般音斑。斑首，虎之頭也。」張衡《西京賦》：「奮鬣被般。」李善注：「毛葨曰鬣。般，虎皮也。」《上林賦》曰：「被斑文。」般與斑古字通。又《史記·司馬相如傳》：「般般之獸，樂我君王。」注：「謂騶虞也。」則般吾即騶虞之轉，洵爲定論矣。或以《宋書》琅邪出騶虞證之，則般吾國當在周青州左近。漢《地理志》濟南郡有搬陽縣。搬即般，蓋以其地在般水之陽也。○何秋濤云：自此下至匈奴皆西北之國，般吾疑即昆吾。昆、般古聲同部也。地在今哈密境内。

屠州黑豹。

〔集注〕孔晁云：屠州，狄之别也。（也，王應麟本作「名」。盧文弨云：王本「也」作「名」，非。）○王應麟云：《晉史》北狄有屠各。《山海經》：「幽都山多玄虎、玄豹。散宜生得玄豹。」《列女傳》：「南山有玄豹，霧雨七日而不下食，欲以澤其毛而成文章也。」《爾雅》「黑虎」注：「晉建平秭歸縣檻得之，狀如小虎而黑，毛深者爲斑。」○潘振云：振謂北海夷也。《南齊書》王融疏云：「秦屠越海。」○陳逢衡云：《異物志》有西屠，《爾雅疏》有東屠。又《路史》黄帝戮蚩尤，遷其善者於鄒屠，高陽氏取於鄒屠。此屠州未知孰是。○何秋濤云：屠州蓋即休屠也。《匈奴傳》有休屠王，後地入於漢，今甘肅涼州府，《一統志》以爲即休屠王地。《通典》：「匈奴祭天處在雲陽甘泉山下。秦擊奪其地，後徙之休屠王右地，故休屠有祭天金人像。」按涼州府鎮番縣之東北有休屠澤，休屠國即取是澤以爲名。《漢書·地理志》：「武威縣休屠澤在東北，古文以爲豬壄澤。」此澤俗名漁海子，即今涼州府武威縣東之三岔河下流，自鎮番東北出邊又三百餘里瀦爲澤，方廣數十里，去涼州殆五百里。《括地志》云一百八十里，未合也。按豬、都、屠、魚俱一聲之轉，休與州聲又相近，然則休屠之即屠州，可參互而得矣。又按《海内經》：「北海之内有山名曰幽都之山，黑水出焉。其上有玄鳥、玄蛇、玄豹、玄虎、玄狐。蓬尾有大玄之山，有玄邱之民。」郭注曰：「言邱上人物盡黑也。」又《淮南子》云：「堯北撫幽都。」高誘注曰：「陰氣所聚故曰都，今雁門以北是。」秋濤按此黑水以地理證之，當即黑龍江也。其水所出即幽都山，今謂之肯特山。《莊子》云「流共工于幽都」，蓋即其地。屠州强盛之時必兼有幽都之地，故以玄豹爲貢。屠與都，州與幽音亦皆相近，歲久而語音轉移也。

禺氏騊駼。

〔彙校〕孫詒讓云:《稽瑞》引「禺」作「愚」。

〔集注〕孔晁云:禺氏,西北戎夷。騊駼,馬之屬也。(盧校無「之」字。王應麟本無「也」字,盧校從)。○王應麟云:《管子》曰:「堯舜之王,北用禺氏之玉」。注:「西北戎名。」又曰:「玉幣有七筴,禺氏邊山之玉一筴也。」《伊尹朝獻・商書》:「正北以騊駼爲獻。」《山海經》:「北海内有獸,狀如馬,名騊駼,色青。」《字林》:「北狄良馬也,一曰野馬」。《瑞應圖》云:「幽隱之獸也,有明王在位即至。」《說文》:「野馬之良也。」《史記》:「匈奴奇畜則騊駼。」(音陶塗)顏師古曰:「出北海中,其狀如馬,非野馬也。」○潘振云:禺氏,陶塗國與?騊駼出北海上,國産此馬,後世因名陶塗,北方國也。○何秋濤云:禺氏在西北,月氏亦在西北,漢以後禺氏無聞,而月氏詳於史,禺、月一聲之轉,禺氏蓋即月氏也。氏音支。《伊尹四方令》云:「正北月氏。」又云:「請令以騊駼爲獻。」與此正合。月氏本行國,不恒厥居,疑當夏商周時,本在正北方流沙之外,迨周秦之際,乃度漠而南居敦煌、祁連閒。後爲匈奴所破,又復西徙,不足異矣。畢尚書注《海外北經》曰:「騊駼疑即橐駝也。聲皆相近。而古今注《爾雅》者皆未之及,不敢定之。」秋濤按:《伊尹四方令》正北「以橐駝、騊駼爲獻」,其爲二物明矣,畢注誤也。

大夏茲白牛。

〔彙校〕此句下盧校增「茲白牛,野獸也,牛形而象齒」十一字,云:舊本正文止「大夏茲白牛」五字,下十一字誤入注中,惠據洪本增入正文,與《初學記》正同,今從之。○丁宗洛云:上言「義渠以茲白」,此言「大夏茲白牛」,茲白牛與茲白注各不同,然一馬一牛,而上文却無馬字,似亦可疑。

〔集注〕孔晁云：大夏，西北戎。兹白牛，野獸也，似白牛形也。（盧校無上「也」字。王應麟本無下「也」字，盧校從。）○王應麟云：《伊尹朝獻·商書》：「正北大夏。」《山海經》：「國在流沙外者大夏。」《史記》：「大夏在大宛西南二千餘里。」《管子》：「桓公西伐大夏，涉流沙。」○潘振云：大夏在流沙外，城方二三百里，分爲數十國。地和温，宜五谷。見《海内東經》。○陳逢衡云：《三國志》注引《魏略》曰：「西王母西有修流沙，修流沙西有大夏。」兹白牛即駮牛。案：前有兹白馬，是駮馬，白、駮音相近。《説文》：「犖，駮牛也。」○朱右曾云：《史記》云：「禹鑿龍門，通大夏。」《括地志》云：「大夏，今并州晉陽及汾、絳等州地。」○劉師培云：兹讀《左傳·哀八年》「何故使吾水滋」之滋，滋與淄同，均爲黑誼，猶鷲爲黑色之鳥也。上文「義渠以兹白」，（《唐文粹·楊炯少室山少姨廟碑》云：「考其《周書》，有諸白、乘黄之效力。」兹、諸音轉。《盈川集》及《英華》八百七十八並作兹。）兹白即駁。《山海經·西山經》謂駁白身黑尾，是駁名兹白，由色雜黑白得名，猶鳥名鸝鶘，以色雜黑黄得名也。（《方言》八「鸝黄」，郭注云：「其色黧黑而黄，因名之。」是鸝與黧同。）兹白牛者，以色似駁馬得名，亦猶與驪鶘同色者稱犂牛也。○陳漢章云：朱釋引《史記》禹鑿龍門通大夏，以大夏爲晉陽、汾、絳等地，此猶未考《左傳·昭元年》已言遷實沈於大夏。然以晉陽等地充之，不與上文北唐複出乎？此大夏自當從王、何二注，在漢大宛西南，即唐吐火羅國。

犬戎文馬而赤鬣縞身，目若黄金，名古黄之乘。

〔彙校〕盧校重「文、馬」，無「而」字，潘、丁、朱從。古黄，王應麟本作「吉皇」，何秋濤從。○盧文弨云：文馬、《説文》作「媽」，「古黄」作「吉皇」。《海内北經》注引作「吉黄」。此從舊本作「古黄」，與《初學記》所引亦合。○王念孫云：作「吉黄」者是也。王本作「吉黄」，與《説文》、《山海經》注合。《山海經圖讚》亦作「吉黄」。《文選·東京賦》注引《瑞應圖》云：「騰黄，神馬，一名吉光。」光、黄古同聲，吉光即吉黄也。《海内北經》作「吉量」，下字雖不同而上字亦作「吉」，則作「吉黄」者是也。《藝文類聚・祥瑞部下》、《初學記・獸部》引此竝作「古黄」，乃類書相沿之誤，不可從。

【集注】孔晁云：犬戎，西戎之遠者也（鍾本、王本無「也」字，盧校從）。○王應麟云：《山海經》曰：「大有牝牡，是爲犬戎。」《書傳》：「文王伐犬夷。」《匈奴傳》：「西伯伐畎夷。」（即畎戎也。）隴以西有畎戎。《山海經》：「犬封國曰犬戎國，狀如犬。有文馬，縞身，朱鬣，目若黄金，名曰吉量。（或作良，一作彊。）乘之壽千歲。」注：「《六韜》曰：『文身朱鬣，眼若黄金，項若雞尾，名曰雞斯之乘。』」《書大傳》：「散宜生之犬戎氏，取美馬，駮身朱鬣。」《瑞應圖》：「騰黄，神馬，一名吉光。」《説文》：「馬赤鬣，縞身，目若黄金，名曰媽，吉皇之乘。周文王時犬戎獻之。」○潘振云：雞斯、吉黄、騰黄、吉光、吉良、吉駺、吉彊，皆其別名也。○何秋濤云：犬戎在周爲肘腋之患，以地勢最近豐鎬故也。孔氏以爲遠戎，（蓋因《山海經》有犬戎國，狀如犬，及人面獸身之説，故疑之爾。不知古書簡略，所云狀如犬云者，不過謂其睢盱似獸，非真四足而毛也。）非是。顧氏棟高云：「犬戎，西戎之別在中國者，在今陝西鳳翔府境，其本國則今西甯府西北樹敦城是也。」《史記・匈奴傳》：「周西伯昌伐畎夷氏。」《索隱》曰：「韋昭云：『《春秋》以爲犬戎。』按畎音犬。大顏云：『即昆夷也。』《山海經》云：『黄帝生苗龍，苗龍生融吾，融吾生弄明，弄明生白犬。白犬有牝牡，是爲犬戎。』又《山海經》：『有人面獸身，名曰犬夷。』賈逵曰：『犬夷，戎之別種也。』」《史記》又曰：「周道衰，而穆王伐犬戎，得四白狼四白鹿以歸。自是之後，荒服不至。周幽王用寵姬戎姒之故，與申侯有卻。申侯怒而與犬戎共攻殺周幽王于驪山之下。」又曰：「秦穆公得由余，西戎八國服于秦。故自隴以西有緄戎。」《正義》曰：「音昆，字當作『混』。顏師古云：『混，犬夷也。』」是名異實同，皆即《王會》之犬戎也。方以智《通雅》曰：「飛黄、訾黄、翠黄、乘黄、吉量、古皇、吉光、吉黄，一物也。」按《漢書・郊祀志》「訾黄」、《封禪書》「翠黄」注，皆以爲「乘黄」。《淮南子》「飛黃」服虔注：「乘飛黃者，壽三千歲。」亦似指乘黃而言。惟白民之乘黃與犬戎之吉黃並載《王會》，形狀迥殊，歷考載籍，無指爲一物者。密之概合爲一，未敢以爲然也。○劉師培云：緄戎即混夷，亦即昆夷，乃《王會篇》前文之般吾也，不得以爲即犬戎。○陳漢章云：王注兩引《山海經》，一見《大荒北經》，一見《海内北經》。《海内北經》云：「有犬封國曰犬戎國，狀如犬，有文馬。」又云：「環狗其爲人，獸首人身。」郭注以狗封國爲盤瓠後，而《説文》言狄本犬種。此犬戎在匈奴上，必非《大荒》中人面獸身之犬戎。

數楚每牛。每牛者，牛之小者也。

〔**集注**〕孔晁云：數楚亦北戎也。○王應麟云：《爾雅》注：「擺牛庳小，今之㹀牛也。又呼果下牛。」○盧文弨云：《西山經》「黃山有獸如牛，而蒼黑大目，其名曰𤛑」，郭音敏。畢云：「《廣韻》音切同美，與此每牛正合。」○潘振云：數楚，猶言激楚。楚地風氣急數激疾，北方之國有此名，其風氣不異與？《西山經》：「有獸如牛，而蒼黑大目，其名曰𤛑，出黃山。」郭云：「始平槐里縣，今陝西西安府興平縣，即周犬丘也。」或因《廣韻》𤛑音美，引以證每牛，獨不思西安即周王畿地乎？○陳逢衡云：數楚疑亦荆楚之別，如《國名紀》所載西楚、南楚、東楚以及鬻郢諸國是已。郭注「犤牛」，謂「果下牛，出廣州高涼郡」。又《寰宇記》謂「九德出果下牛」。則數楚當是南蠻。孔謂是北戎，不可考。邵晉涵曰：「犤牛即每牛也。犤、每聲之轉。」《廣韻》以㹀爲牛名，即犤牛之別名。○何秋濤云：數楚蓋西戎，非北戎也。《西山經》：「數歷之山，楚水出焉，而南流注于渭。」《水經注》：「楚水出汧縣之數歷山，南流注于渭。闞駰以是水爲汧水焉。」畢尚書曰：「《金史·地理志》鳳翔路號有楚山。數歷與楚聲相近，故水亦曰楚水也。」山當在今陝西隴州，疑俗稱西泰山，在州東南百里者是也。楚水今出隴州西南，東流逕西泰山南，又東至寶雞縣，西入于渭，俗亦稱陸川。」秋濤按：據此，則數歷山、楚水蓋即數楚故壤矣。每、犛一聲之轉。此篇云牛之小者，《山經》所云亦牛之蒼黑者耳，蓋即一物也。郭注云今始平槐里縣有黄山，上故有宫，漢惠帝所起，疑非此。畢注曰：「山未詳也，或説即今陝西興平黄山，斯錯簡耳。」秋濤按：每牛既在黄山，數歷山又在黄山附近之地，則黄山在興平無疑，數歷之即爲數楚亦無疑。《王會》列數楚與犬戎相次，犬戎在西，則數楚亦在西，是皆炳然可據者。

匈戎狡犬。狡犬者，巨身，四尺果。皆北嚮。

〔彙校〕王應麟本「匈戎」作「匈奴」，「尺」作「足」，盧校從。○潘振云：「身」當作「口」。《説文》云：「巨口而黑身。」○唐大沛云：「皆北嚮」三字應在「倉吾翡翠」下，誤重在此，當作衍文删。○何秋濤云：「皆北嚮」當作「皆南嚮」，以下文南方諸國皆北嚮推之可知。若均北嚮，則此句不必復出矣。○朱駿聲云：故書「足」爲「尺」，按當從之。○孫詒讓云：《稽瑞》云：「豹犬口鉅。」注引作「匈奴獻豹犬」。又云：「豹犬，鉅口，赤身四足，擁秣三日也。」則此文「巨」下脱「口赤」二字。《説文》云：「巨口，黑身。」劉引與許正合。○劉師培云：「果」當作「踝」。《斠補》引《稽瑞》作「匈奴獻豹犬，豹犬，鉅口，赤身四足」。今考《白帖》九十八引《瑞應》亦作「匈奴獻豹犬，錐（鉅字之訛）口，赤身四尺」，是《瑞應圖》所據用書與劉賡同，並足證「足」當作「尺」。

〔集注〕孔晁云：匈奴者，北戎也。（奴，王本作「戎」。者，王應麟本作「醎」，盧校從。）○王應麟云：《伊尹朝獻·商書》：「正北匈奴。」晉灼曰：「堯時曰葷粥，周曰獫狁，秦曰匈奴。」《通典》云：「《山海經》已有匈奴。」《爾雅疏》：「五狄，三曰匈奴。」《説文》：「狡，少狗也。匈奴有狡犬，巨口而黑身。」○盧文弨云：梁云：「四足果蓋足短之稱，若果下牛、果下馬矣。」醎字當謂斥鹵也。○王念孫云：古無謂短爲果者。果下馬，謂馬高三尺，乘之可於果樹下行耳。（見《魏志·東夷傳》注。）非謂短爲果也。而以四足果爲四足短可乎？予謂「果」疑即「裸」字。《周官·龜人》：「東龜曰果屬。」《釋文》：「果，魯火反。」魯火正切裸字，是果與裸同音，故祖裼裸裎之裸亦通作果。范望注《大元·元數》曰：「裸謂無鱗甲毛羽。」然則四足果者，四足無毛之謂與？○潘振云：狡，猾也。果獸似猴也。言東方、西方之物，皆面北也。○陳逢衡云：顔注《急就篇》：「狡犬，匈奴中大犬也。鉅口而赤身。」《瑞應圖》云：「匈奴獻豹犬，鉅口赤身，四足。」二説俱云赤身，與《説文》異。案《羅山記》云：「羅山有獸，小似猿猴，名果下豹。」與《瑞應圖》豹犬之説合。然師古謂是匈奴中大犬，則又非小似猿猴之謂。或曰果與倮通，謂竊毛也，蓋如虎豹之屬。《山海經·西山經》：「玉山有獸焉，其狀如犬而豹文，其角如牛（一作羊），其名曰狡，其音如吠犬，見則其國大穰。」郝懿行曰：「此經狡無犬名，《周書》狡犬又不道有角，疑未敢定。」衡案：《山海經》明云其名曰狡，又云其狀如犬，其音如吠犬，尚有何疑？○朱右曾云：果讀爲倮。胡犬深毛，惟狡犬四足無毛也。○何秋濤云：葷粥、獫狁、匈奴三名並一聲之轉。今按《伊尹四方令》，匈奴在商初早爲建國，又《山海經》已有匈奴，則夏以前匈奴久著于北方矣。或古有匈奴部落，湻維奔其國，因爲君長，若箕子之於朝鮮，未可知也。《西山經》：「玉山，西王母所居，有獸狀如犬而豹文，其角如牛，其名曰狡，其音如吠犬，見則其國大穰。」按《王會》所稱狡犬形狀略同，疑即一物。「其角如牛」似當作「其大如牛」，即巨身之謂也。○劉師培云：《説文》：「踝，足踝也。从足，果聲」。《釋名》：「踝，確也，居足兩旁，磽確然也。」蓋踝者，足之隆然圜起者也。

權扶三目。

【彙校】三，王應麟本作「玉」，盧校從。○劉師培云：權扶即讙朱。《稽瑞》引上文「匈奴獻豹犬」下有「讙秼三日」之詞，即此文之誤，尤舊文本作「讙朱」之證。或「朱」字別本作「株」（猶「朱離」作「株離」），因訛爲「秫」，嗣復由「秫」誤「扶」，其誼益晦。（《路史·國名紀》作「攉扶」，尤誤。）扶字古文作「枎」，古旁作「攴」，與「殳」形近。蓋古本另作「藿殳」，復由「藿」作「權」，由「殳」作「支」，復由「支」誤爲「扶」。

〔集注〕孔晁云：權扶，南蠻也。玉之有光明也，形甚小也。（「玉」上盧校增「玉目」二字，王應麟本「也」作「者」，無「甚」字，盧校從。陳逢衡疑「形小也」三字衍。）○王應麟云：《周禮》注：「《相玉書》曰：『珽玉六寸，明自照。』」○潘振云：權扶，即春秋權與，今湖廣陸安府當陽縣，漢臨沮縣也。漢兼今南漳縣地，權、盧同壤與。南漳東北有荆山，出玉。玉目，玉之有光明者，形小也。○陳逢衡云：《左傳·莊公十八年》：「楚武王克權，遷權於那處。」注：「南郡當陽縣東南有權城」，「南郡編縣東南有那口城。」《水經注》：「權水東南流，逕權城北，古之權國也。東南有那口城。」權國疑即權扶。昌黎《權德輿墓碑》云：「武丁之子降封於權。權，江漢國也。」《國名紀》云：「高陽氏後有攉扶。」案高陽氏後多封於楚，攉扶即權扶之誤。今湖北安陸府，古蹟有權城，在鍾祥縣西南。○何秋濤云：權扶蓋山名，在今漳州府海澄縣北，與泉州府同安縣接界，世謂之文圃山。權與文、扶與圃，均一聲之轉也。其山四面圓秀，一名十八面山。權扶國蓋以山爲名。玉目即今之所謂水晶。漳郡所產，故以爲貢。方以智《通雅》曰：「水晶，閩中極多，有五色。」《一統志》云：「漳州之梁山、大帽山俱出水晶，有地名水晶坪。」按水晶本名水精，取其瑩澈晶光，猶人之目中瞳，人謂之目精也。其質乃玉類，又有黑白二色，故有玉目之名。○劉師培云：權扶即驩兜。《虞書》：「放驩兜于崇山。」《古文尚書》作鴅吺。讙、權均從雚聲，古字通用耳。《山海經·海外南經》云：「驩頭國，又名驩朱國。」注：「讙兜，堯臣，有罪，自投南海死，帝使其子居南海祠之。」則古有讙頭國，爲讙兜後裔所封，在今廣東海側。讙頭即此文之權扶也。○陳漢章云：今考《南山經》云：「堂庭之山多水玉。」郭注：「今水精也。相如《上林賦》曰：『水玉磊砢。』」《上林賦》張揖注亦云：「水玉，水精也。」《廣雅・釋器》：「水精謂之石英。」是水晶不足以當玉目之名。孔注「玉目，玉之有光明者，形小也」，此唯貓精石似之。《格致鏡原》（卷三十三）：「貓睛出南蕃，性堅，黄如酒，色晴活者，中間有一道白横搭，轉側分明，與貓兒眼睛一般，驗十二時無誤，一名貓兒眼。」

白州北閭。北閭者，其革若於，伐其木以爲車，終行不敗。

【彙校】北，王應麟本作「比」，盧校從。其革若於，「於」字鍾本、王本作「于」。王應麟本作「其華若羽」，盧校從。○陳逢衡云：「其華」當作「其葉」。比閭即花櫚，「比」則「花」字形近而誤也。舊作「北閭」，誤。○劉師培云：《類聚》七十一引作「終日行」，今本脱「日」字。（《稽瑞》亦作「終日行不盈」。）

【集注】孔晁云：白州，東南蠻也，與白民接也。水中可居者洲，洲中出此珍也。（王應麟本「蠻」下無「也」字，「者」字作「曰」，句末「也」字作「木」，盧校並從。兩「洲」字盧校並作「州」。）○王應麟云：《爾雅疏》戎類有老白。《廣志》：「椶，一名并閭，葉似車輪。」比閭疑亦并閭之類。○潘振云：白州，今廣西鬱林州之博白縣，南越地也。樹比并閭，車常行不敝也。○陳逢衡云：白州既是東南蠻，則不得與白民接，以白民在西故也。《國名紀》：「三皇之世有白皐國。」此白州不知即其後否也。比閭即并閭。《史記・司馬相如傳》：「仁頻并閭。」或曰比閭即花櫚，櫚與閭通。○朱右曾云：《本草拾遺》云：「櫚木出安南，性堅，紫紅色，有花紋者名曰花櫚。」○何秋濤云：福建延平府有栟櫚山，栟櫚極多，疑其地即白州也。延平在諸水之間，本有洲名，其水又有白水之名，故古謂之白州。比閭即并閭，比、并一聲之轉。《西山經》：「石脃之山（《本草》引作「石翠之山」）其木多椶柟。」郭璞注：「椶樹高三丈許，無枝條，葉大而圓，枝生梢頭，實皮相裹，上行一皮者爲一節，可以爲繩，一名栟櫚。」《文選・西京賦》注引郭注作「并閭」。

《説文》云：「椶，栟櫚也。可作萆。」萆，雨衣也。按：此木今所在園林中有之，鄉人剥取椶皮以覆屋，雨水漸漬不爲損壞，故可以作雨衣。《本草拾遺》云：「其皮作繩，入水千年不爛。」皆與《王會》所紀「爲車終行不敗」之説合。又宋嘉祐《本草》云：「椶櫚木高一二丈，無枝條，葉大而圓，有如車輪，萃于樹杪。」此即《王會》所云「其葉若羽」，如鳥羽之在樹杪也。○陳漢章云：比閭即平慮，亦作平露。《宋書·符瑞志》：「平露如蓋。」《玉海》（百九十七）引《白虎通》亦云「平露，一名平慮」。今本《白虎通》作「平路」。並與比閭聲轉字通。此與西申之鳳鳥、方煬之皇鳥、青邱之九尾狐、般吾之白虎，後世並以爲瑞物。

禽人管。

【彙校】管，二王本均作「菅」，盧校從。

【集注】孔晁云：亦東南蠻。菅草堅忍。（按陳逢衡云：《御覽》九百九十六菅類引《周書》注：「菅草堅韌。」何秋濤云：《太平御覽》引作「堅刃」，刃即韌字。）○王應麟云：《爾雅》：「白華野菅。」注：「茅屬。」陸璣疏：「菅似茅，其根下有白粉，柔韌宜爲索。」○盧文弨云：忍讀爲韌。○潘振云：禽，《字彙補》讀離。楚離水出湘南，今湖廣永州府，南蠻也。○陳逢衡云：《國名紀》：「高陽氏後有禽人。」或謂即《山海經·海外南經》之羽民，亦見《淮南·地形訓》。《吕氏春秋·求人篇》作「羽人」。○何秋濤云：今湖南寶慶府新甯縣爲漢零陵郡地，新甯舊治在今縣東二里金城村。金、禽聲相近，疑即古禽人國也。菅蓋即《異物志》之香菅，《吴録》謂之香茅者也。實零陵所産，故禽人以爲貢焉。《異物志》曰：「香菅似茅而葉長大於茅，不生洿下之地，邱陵山岡。凡所蒸享，必得此菅苞裹，助調五味，益其芬菲。」吴録《地理志》曰：「零陵、泉陵有香茅，古貢之縮酒。」○劉師培云：《漢書·古今人表》「禽敖」，顏注云：「即黔敖。」是古「黔」字或作「禽」。（《易·序卦》：「爲黔喙之屬。」《釋文》亦云：「徐音禽。」）此文禽人疑即楚黔中地之舊國也。《史記·秦紀》正義引《括地志》云：「黔中故城在辰州沅陵縣西二十里，辰沅之際，菁茅所生。」（《史記·夏本紀》「包匭菁茅」，《正義》引《括地志》云：「辰州盧溪縣西南三百五十里有包茅山。」《武陽記》云：「山際出包茅，有刺而三脊，因名包茅山。」祝穆《方輿勝覽》三十一同。）菅即香茅，（詳《箋釋》。）故黔人以之致貢。

路人大竹。

〔彙校〕潘振云：「路」當作「潞」。〇劉師培云：簬地產竹，自以從竹之字爲正。

〔集注〕孔晁云：路人，東方之蠻。貢大竹。（東方之蠻，王應麟本作「東南蠻」，盧校同。）〇王應麟云：《鄭語》：「北有路洛泉。」徐蒲注：「皆赤翟，隗姓，春秋赤狄潞氏。」《山海經》：「長石山之西有共谷，其中多竹。」「衛邱之山，竹林在焉，大可爲舟。」「岳山尋竹生焉。」〇潘振云：潞江出雲南永昌府保山縣西。《禹貢》梁州，西南徼外地也。《華陽國志》云：「哀牢夷有竹，其節相去一丈，名僕竹。」〇陳逢衡云：或謂四川順慶府有大竹，故城在渠縣北，以邑界多產大竹爲名。據此則路人亦當是西南夷。〇朱右曾云：路音近駱，疑即駱越。劉昫曰：「广鬱縣，古駱越所居，今廣西南寧府地。」《荊州記》云：「臨賀東山中有大竹數十圍。」〇何秋濤云：路、露、駱古字並通，夏殷露伯即周初路人，蓋越之支而封於閩地者也。路人在東南，閩地亦在東南，考其方域，正爲密合。史言閩越東甌姓駱氏，後子孫又姓露氏，皆原於此。露氏譜不能言其初，故第及露余侯耳。今福建汀州府武平縣東北有露溪，一溪七灣，俗呼露溪七渡。引流而東，亦曰大順嶺溪。又北入長汀縣界，下流入汀水，至廣東潮州府入海。汀潮皆古閩越露溪，當即故路人國地也。大竹者，其竹之大異於常竹也。《一統志》載汀郡土産如竹鎖、竹絲器及紙之類皆竹所爲，故成王時以大竹充貢。《異物志》云：「篔簹竹生水邊，長數丈，圍一尺五六寸，一節相去六七尺，或相去一丈，廬陵界有之。」（今江西吉安府。）又《異苑》云：「建安有篔簹竹。」（今福建建甯府。）又《南越志》云：「羅浮山第三十一嶺半是巨竹，皆七八圍，長一二丈，有三十九節，葉若芭蕉，謂之龍鍾竹，常有鸞鳳棲宿其上。」（羅浮山在今廣東惠州府。）此三處大竹與路人相近，任土作貢有由然矣。○劉師培云：《禹貢》：「惟箘簬楛三邦厎貢厥名。」《史記·夏本紀》集解引馬注云：「箘、簬、楛三國所致貢其名善。」鄒漢勛《讀書偶識》謂簬國即此路人。竊以彼文三國均以所産之物爲名。（與碭山以産文石得名同。）簬地産竹，自以從竹之字爲正。（路、駱古通，《呂氏春秋·本味篇》云：「駱越之箘。」箘亦竹屬，則簬地亦兼産箘。）《説文》云：「古文簬从輅聲。」○陳漢章云：此即駱越之西甌，爲周職方七閩之一。路亦作雒。《史記·南越傳》「西甌駱」，索隱引《廣州記》云：「交趾有駱田、駱侯，諸縣自名爲駱將。」《水經·葉榆水注》引《交州外域記》有雒田、雒民設、雒王、雒侯、雒將。《舊唐書·地理志》引《南越志》雒俱誤爲雄，不知即雒也。

長沙鼈。

【**集注**】孔晁云：特大而美，故貢也。○王應麟云：《湘川記》：「秦分黔中，以南長沙鄉爲長沙郡。」○潘振云：長沙屬楚，在湖廣。○陳逢衡云：《國名紀》：「陶唐氏後有長沙。」○何秋濤云：《王會》所紀則成周之初長沙自爲一國，厥後乃地入于楚。《摭言》云：「沅江鼈甲九肋者稀。」沅江下流入洞庭，與長沙相近，蓋其鼈之種類有異，故以爲獻矣。

其西魚復鼓鐘鐘牛。

〔彙校〕復，鍾本作「復」。鐘，元刊本作「鍾」，注同。劉師培云：《王會》所舉各邦之獻品未有一國兼兩物者，鼓鐘鐘牛二「鐘」字一爲衍文，「鼓」即「獻」字之訛。魚復獻橦牛，與前文央林以酋耳、夷用闟木一律。自「獻」訛爲「鼓」，陋儒以鼓鐘二字古多聯文，遂于鐘牛之上又妄增一「鐘」字，可謂無知妄作矣。又云：「鼓」疑「致」字之訛，猶下云南人至衆（即致象，詳下）也。

〔集注〕孔晁云：次西列也。魚復，南蠻國也。貢鼓及鐘而似牛形者，美遠致也。（王應麟本「國」下無「也」字，盧校從。按唐大沛云：前「權扶玉目」下孔注「形小也」三字於義無所施，疑是此條孔注末句脱悮在彼，謂似牛形者形小也。如今之鑄銅器者獅形、象形、馬形、牛形之類，皆不大也。若云美遠致，則以上皆美致遠物，何獨於此條明之注美遠致也？疑是後人所增。○劉師培云：孔注云：「美遠致也。」疑所據之本亦作「致鐘牛」。孔注舊文蓋作「貢鼓及鐘而似牛形者，美遠致也」，「及」亦後人據誤本所增。（鐘似牛形，語亦不可曉。）○王應麟云：《左傳》「魚人」注：「魚復，音腹，今巴東永安縣。」今夔州奉節縣。《十道志》：「夔州，春秋時魚國，漢爲巴郡魚復縣。」○潘振云：貢鼓及鐘，其鐘牛形也。○陳逢衡云：《國名紀》：「魚，魚人逐楚者，長楊之魚城也。」《一統志》：「四川夔州府奉節縣，春秋時庸國之魚邑。」《山海經·中山經》有鼓鐘山，《水經·河水注》有鼓鐘城。此鼓鐘是國名，蓋依山以立國者。其地産銅，故鑄鐘以獻，而刻牛形于上以爲飾，故謂之鐘牛。蓋謂鼓鐘貢鐘牛，而魚復所貢疑闕。或謂當是「魚復牛、鼓鐘鐘」，其文法蓋如「禽人菅」、「長沙鼈」一例。○何秋濤云：據《王會》則周初魚復本目爲國，春秋時地始屬庸也。○劉師培云：鐘牛者，即橦牛也。《爾雅·釋畜》「橦牛」，《字林》云：「橦，牛名。」《後漢書·西南夷傳》云：「有旄牛無角，一名童牛，肉重千斤。」童牛即橦牛。所産之地近巴蜀，故魚復以爲貢品。其名曰橦者，山無艸木曰童，故牛無角亦曰犝。此即旄牛之别種也。

蠻揚之翟。

〔彙校〕蠻揚，丁據孔注訂作「揚蠻」，朱從丁。○王念孫云：「蠻楊」本作「楊蠻」，故孔注曰「楊州之蠻貢翟鳥」。今本「楊蠻」二字倒轉，則義不可通，且與注不合。上文之「良夷山戎」，若倒言之曰「夷良戎山」，其可乎？楊蠻之誤爲蠻楊，猶《詩》荆蠻之誤爲蠻荆。（段氏《詩經小學》已辯之。）○俞樾云：此篇之例，皆於國名之下即繫以所貢之物，如稷慎大麈、穢人前兒、良夷在子之類，皆是也。又或加「以」字，如會稽以鼉、義渠以兹白之類，從未有於國名下加「之」字以足句者。此云楊蠻之翟，與通篇句法不倫。疑本作「楊之蠻翟」，故孔注曰「楊州之蠻貢翟鳥」也。

〔集注〕孔晁云：揚州之蠻貢翟鳥。○王應麟云：《禹貢》揚州有島夷。翟，雉名，徐州「羽畎夏翟」。《左傳》注：「南方曰翟雉。」《爾雅》：「鷂，山雉。」注：「長尾者。」疏云：「今俗呼山雞。」○何秋濤云：此蠻揚與蒼梧相次，地當相近。以其地屬揚州而國名蠻揚，猶徐州之境有徐夷之國，荆州之境有荆楚之國，皆以州名國，亦其例也。《史記》：「秦并天下，略定揚越。」張晏曰：「揚州之南越也。」《索隱》曰：「案《戰國策》云：『吴起爲楚收揚越。』」《正義》曰：「夏禹九州本屬揚州，故云揚越。」案史所云揚越乃百越之總名，今廣東、廣西及交阯、占城之地皆是。揚、越本一聲之轉，故交廣爲越地，即爲揚地。漢魏諸儒皆以交廣屬揚州，據此也。然揚越指全粵而言，其地廣，《王會》之蠻揚則指一國而言，其地隘。考《史記·南越傳》載趙佗移檄告横浦、陽山、湟谿關，姚氏注云：「《地理志》桂陽有陽山縣。今此縣上流百餘里有騎田嶺，當是陽山關。」按此是秦已有陽山，蓋沿周時舊名。蠻揚疑即陽山也。西漢亦以陽山爲侯國，在今廣東連州陽山縣東，即其地矣。或曰成王時越裳貢白雉，見于典籍不一而足，而《王會》不載，以音類求之，疑蠻揚即越裳也。蓋越裳在交阯西南，故謂之蠻越。揚、越聲轉字通，故亦書爲蠻揚。翟即白雉也。按此説恐未確，姑存以備考。王先生説非是，此蠻揚猶言蠻越，是國名非州名，猶於越及干越、東越，皆當以越字在下也，與良夷、山戎命名之義本殊。〇陳漢章云：今考《吕覽·恃君篇》百越之際有縛婁、陽禺之國，縛婁爲《伊尹朝獻令》符婁，而陽禺即此楊越矣。

倉吾翡翠。翡翠者，所以取羽。

〔集注〕孔晁云：倉吾亦蠻也。翠羽，其色青而有黄也。〇王應麟云：《山海經》：「南方蒼梧之丘。」《禮記注》：「蒼梧於周南越之地，楚吴起南并蠻越，遂有蒼梧。漢有蒼梧王趙光，後平南粤，以其地爲蒼梧郡。」《爾雅》「翠鷸」注：「似燕，紺色，生鬱林。」《伊尹朝獻·商書》：「正南翠羽。」《異物志》曰：「翠鳥似鷰，翡赤而翠青，其羽可以爲飾。」《交州記》：「翡翠出九真，頭黑，腹下赤青縹色，似鵁鶄。」〇潘振云：古倉吾，今廣西梧州府。翡翠出鬱林，今廣西鬱林州，蒼梧之接壤也。雄曰翡，雌曰翠。翡身通黑，惟胸前、背上、翼後有赤羽。翠身通青黄，惟六翮上毛長寸餘青。其飛則羽鳴翠翡翠翡然，因以爲名。〇何秋濤云：倉與蒼、吾與梧古字通用。其地古多梧樹。

其餘皆可知自古之政

〔彙校〕此句丁本移至「皆北嚮」下，何秋濤從。〇唐大沛云：自「翡翠者」至「南人至衆」，各本皆列入正文，予以篇中多訓詁語，故概目爲原注。不然則「倉吾翡翠」句下當直接「皆北嚮」句，何必間此四語？「其餘皆可知」當屬上文讀，「自古之政」、「南人至衆」當二句連讀。

〔**集注**〕孔晁云：餘謂衆諸貢物也。言政化之所至也。（王應麟本「諸」下有「侯」字，「至」作「致」，盧校從。）○王應麟云：《書·旅獒》曰：「明王慎德，四夷咸賓，無有遠邇，畢獻方物，惟服食器用。」而此篇諸方致貢無所不有，蓋遠人來慕，以其寶摯而不寶遠物，以庶邦惟正之供，乃成王之心也。○唐大沛云：蓋謂翡翠之用所以取羽，其餘鳥屬羽毛各有所取，即獸屬或取皮取筋角之類，皆可推此而知也。政謂朝貢之政令，如下文伊尹爲四方令是也。○何秋濤云：《王會》止記要荒諸國所貢之物，而於侯甸采衛所貢皆未及焉，故舉其大凡，言衆諸侯貢物皆不異於古也。按《禹貢》荆州貢菁茅，而周亦責苞茅於楚，以此推之，是九州方物任土作貢。周因于殷，殷因于夏，無所更革，故云可知自古之政也。

南人至衆。皆北嚮。

〔**彙校**〕王應麟本「至」作「致」，「衆」下有「者」字，何秋濤從。○何秋濤云：「衆」當作「象」，字形相近故譌。○孫詒讓云：《稽瑞》引作「成王時南人獻白象」，則「象」上當有「白」字。○劉師培云：何氏曰：「衆當作象，此言南越之國以象爲貢也。」其説最確。惟此語增「者」字，于句末與前數節之例不合。蓋「者」字乃「箸」字之脱文，言南人以象箸爲貢也。《史記·宋世家》言「紂爲象箸」，則象箸爲古代貴器，以之爲貢，猶前文樓煩貢星旄，僅以旄牛尾爲貢也。

〔**集注**〕孔晁云：南人，南越。○王應麟云：歷代史皆云五嶺之南至于海並《禹貢》揚州之地，故云揚粤。○唐大沛云：言自古號令四夷朝貢各有位次，惟南邊所立各國之君人數至衆。蓋東夷入貢者立東方面西嚮，西戎入貢者立西方面東嚮，北狄與南蠻入貢者皆立南方面北嚮，故南方所立之人兼北狄南蠻，其人數爲至衆，不然四夷來賓何獨南越人至衆乎？況篇中所紀南蠻僅八國，亦不得言至衆，惟總計北嚮者二十二國，則較東西嚮者人數爲衆矣。

○何秋濤云：此言南越之國以象爲貢也。南越地最廣遠，其都會則今廣東廣州府番禺縣是。《説文》：「象，長鼻牙，南越大獸，三年一乳。」《南州異物志》曰：「象之爲獸，形體特詭，身倍數牛，目不踰豕，鼻爲口役，望頭若尾，馴良承教，聽言則跪，素牙玉潔，載籍所美，服重致遠，行如邱徙。」《嶺表録異》曰：「廣之屬郡潮、（今潮州府）循（今嘉州府）州多野象，牙小而紅。」此文南人致象與上魚復、蠻揚、倉吾相接，並南方之國也，故云皆北嚮。○陳漢章云：《呂覽·古樂篇》：「周公以師逐象至于江南。」宋莘《視聽鈔言》：「宋時廣、潮、循等州尚苦象爲害。」可知南方多象，而《詩·魯頌》以象齒與南金爲琛賂。《禹貢》荆揚二州貢齒亦皆象齒，則此南人自當致象牙，但不必爲象箸。周之象邸、象弭皆以象齒飾也。劉又以南人爲越裳，更非。越裳之國尚在南越之西南，其獻白雉，爲此篇所未及。○按：以上與下「伊尹朝獻商書」之間，王應麟本有題爲《禹四海異物》者一節，並標明「鄭氏玄注」。何秋濤《箋釋》亦有之，今一並附録於左。

夏成五服，外薄四海。

【集注】鄭玄云：言德廣之所及。○王應麟云：五服，甸、侯、綏、要、荒。薄，迫也。九州之外迫於四海。○何秋濤云：九州之外謂之四海，此通義也。禹時東南二海皆在版圖之内，其西北二海雖九州之外，而聲教洋溢，凡有血氣莫不尊親，故云外薄四海。

東海魚須魚目。

【彙校】何秋濤云：《禮記》笏，「大夫以魚須文竹」。鄭注曰：「文猶飾也。大夫士飾竹以爲笏。」《釋文》曰：「崔云用文竹及魚班也。」《隱義》曰：「以魚須飾文竹之邊。須音班。」《正義》曰：「庾氏云以鮫魚須飾竹以成文，盧云以魚須及文竹爲笏，非鄭義也。」王懷祖先生曰：「須與班聲不相近，此節經文及《釋文》、《正義》内須字皆頒字之誤，頒與班古字通，故《釋文》音班。《説文》：『鮫，海魚也，皮可飾刀。』郭璞注《中山經》曰：『鮫魚皮有珠文而堅，可飾刀劍口。』然則鮫魚皮有班可以爲飾，故大夫用之以飾笏也。若魚須非所以飾笏，且不聞有文彩，不得言以魚須文竹矣。自唐石經始誤『頒』爲『須』，而《集韻》二十七『刪』内遂收入『須』字，音逋還切，引《禮記》『大夫以魚須文竹』，而《類篇》以下諸書並沿其誤矣。應鏞、吴澄、陳澔『須』字皆如字讀，謂大夫以魚須飾竹，皆由不知『頒』之誤爲『須』，故不得其解而妄爲之辭。」秋濤按：《禮記》之魚須，《羣經音辨》云「音班」，用崔氏、庾氏及《隱義》之説；云「又如字」，則用盧氏之説。蓋崔、庾以「須」爲班，則魚須即《大傳》南海之魚革也。盧分魚須與文竹爲二，則魚須即《大傳》東海之魚須也。二説不同，未可執一。且魚須既可以飾旃柄，（張揖注《子虛賦》曰：「以魚須爲旃柄。」）何不可以飾笏？既以爲飾，則必有文采矣。鄭注《禮記》未嘗破「須」爲「頒」，則仍是言以魚須飾竹，與應、吴諸家説合，必謂元本作「頒」，而强鄭以從崔、庾，未敢以爲然也。

〔**集注**〕鄭玄云：所貢物魚須今以爲替。又魚目今以雜珠。〇王應麟云：《子虛賦》「靡魚須之橈旃」，注：「大魚之須出東海，見《尚書大傳》。」《雒書》曰：「秦失金鏡，魚目入珠。」〇何秋濤云：《魏武四時食制》云：「東海有大魚如山，長五六里，謂之鯨鯢。次有如屋者，時死海上，膏流九頃，其鬚長一丈，廣三尺，厚六寸，瞳子如三升椀。」《唐書》：「開元七年，大拂涅靺鞨獻鯨鯢睛。」《述異記》曰：「南海有明珠即鯨魚目，瞳可以鑒，俗謂之夜光。」《博物要覽》云：「日本國産如意寶珠，青色，大如雞卵，光彩四射，云是鯨魚目睛」。

南海魚革、珠璣、大貝。

〔集注〕鄭玄云：魚革，今以飾小車、纏兵室之口。貝，古以爲貨，王莽時亦然。〇王應麟云：璣，珠不圓也。《禹貢》荆州厥篚璣。《大傳》曰：「散宜生得大貝如車渠。」《爾雅》：「大貝曰蚢。」《説文》：「魧，大貝也。」《詩》「象弭魚服」注：「魚服，魚皮也。」《草木疏》：「魚獸似豬，東海有之，其皮背上斑文，腹下純青，爲弓鞬矢服。海潮及天將雨，其毛皆起。」〇何秋濤云：《左傳》楚子曰：「寡人處南海。」時楚地未至南海，特侈言之爾。《詩》言「至于南海」，吕氏以爲極其遠而言之。按《王會》載「南人致象」，注以爲南越，則周成王時南海之國固已服屬矣。《禹貢》：「導黑水入于南海。」此則實指南海而言，大禹固親歷其地也。南海後世謂之漲海，秦置南海郡，治番禺。蓋自揭揚以西南至象郡，皆南海也。《博物要覽》云：「車渠，海中大貝也。背上壟文如車輪之渠，故名。」

西海魚骨、魚幹、魚脅。

〔集注〕鄭玄云：魚幹、魚脅未聞。〇何秋濤云：《漢書·西域傳》：「罽賓西南與烏弋山離接，烏弋山離西與犂軒條支接。行可百餘日，乃至條支。國臨西海，渡海乃通大秦，即犂軒也。」《後漢書》言甘英抵條支而歷安息，臨西海以望大秦，距玉門陽關四萬餘里，西海之遠如此。考《爾雅·釋畜》「在幹茀方」，郭璞注：「幹，脅也。」《公羊傳·莊元年》注亦云「幹，脅也」。《儀禮·少牢篇》注以幹爲正脅，《特牲篇》注以幹爲長脅，然則魚幹即魚之正脅或長脅耳。蓋三者皆可爲器用，故致之也。

北海魚劍、魚石、出瑱、擊閭。

〔集注〕鄭玄云：魚劍，魚兵如劍也。魚石，頭中石也。出瑱，狀如凝膏，在水上。擊閭，狀如鮐魚，大五六尺，今海家謂之（闕二字）。○王應麟云：鰺魚，石首也。出南海，頭中有石。《集韻》：「劍俗作釖，非是。」《南州異物志》：「鰐齒如刀鋸。」○何秋濤云：《漢書》言匈奴乃徙蘇武北海上，蓋即鄂羅斯之白哈兒湖，非真海也。《唐書》言骨利幹國處瀚海北，其地北距海。又北度海則晝長夜短。又流鬼國去京師萬五千里濱于北海，是北海視西海較近也。《一統志》曰：「鄂羅斯在喀爾喀楚庫河以北，東南至格爾必齊河，北岸自大興安嶺之陰以東至海，與黑龍江所轄北境接界，西接西洋，西南至土爾古特國及準噶爾界，北至海，去中國二萬餘里。」此則北海之境確有可考者也。任昉《述異記》曰：「海魚千歲爲劍魚。」《臨海異物志》曰：「海内有大魚，長十餘丈，背負鋸，船觸之皆斷。」《坤輿外紀》曰：「劍魚嘴長丈餘，鋙刻如鋸，能與把勒亞魚戰而勝。」此皆所謂魚兵如劍者也。《魏武四時食制》曰：「班魚頭中有石如珠，出北海。」《廣志》曰：「班魚頭中有玉石如珠璣。」《雨航雜録》曰：「石首魚腦中有白石如碁子，取其石以爲器。」此皆所謂魚石也。鄭云：「出瑱狀如凝膏，在水上。」據形求之，當即後世所稱水母。郭璞《江賦》云：「水母目蝦。」《博物志》曰：「東海有物，狀如凝血，縱廣數尺，名曰鮓魚，無頭目，無腹臟，所處則衆蝦附之，越人煮食之。」案鮓與鮀同。《嶺表録異》曰：「水母，廣州謂之水母，閩謂之鮀（癡駕切）。」擊閭，鄭云似鮐魚，大五六尺。鮐乃河豚之别名，以形推之，當是江豚，一名鱄䱐，一名䰶魚，一名奔䱐，又一名海豚，蓋此物本出于海也。《酉陽雜俎》云：「奔䱐非魚非蛟，大如船，長二三丈，項上有孔通頭，氣出嚇嚇作聲，必大風行者以爲候。」《臨海水土記》曰：「海豨魚，豕頭，身長九尺。」按水母以鹽漬之可致遠，擊閭殆亦乾而致之，故北海之物可入中國也。

河魧。

〔彙校〕鄭玄云：「魭」當作「黿」。○王應麟云：《集韻》：「黿」或作「魭」。○何秋濤云：《左傳》「鄭公子染指黿羹」，《孟子》趙岐注引作「魭羹」，是漢人多作魭也。

〔集注〕鄭玄云：黿狀如鼈而大。《月令》：「季夏命漁人伐鮫、取鼉、登龜、取黿也」。○何秋濤云：《六書故》曰：「黿似鼈而橢長，大者幾丈。」

江鱓大龜。

〔彙校〕鄭玄云：鱓，或作「鼉」，或爲「鱣」。

〔集注〕鄭玄云：鼉狀如蜥蜴，長六七尺。鱣，鯉魚也。○王應麟云：《說文》：「鱓，魚名，皮可爲鼓。」《禹貢》：「九江納錫大龜。」漢《食貨志》：「大龜，距髯，長尺二寸。」○何秋濤云：鱓即《王會篇》會稽所貢之鼉也。《詩·大雅·靈臺》毛傳曰：「鼉，魚屬。」《說文》謂鼉爲鼉魚，故古書多從魚作鱓。《爾雅·釋魚》云鯉、鱣、鰋、鮎、鱧、鯇，《爾雅》舍人、孫炎注皆以鯉一名鱣，鰋一名鮎，鱧一名鯇。毛傳及《說文》皆同其義。至陸璣疏，言鱣、鯉形狀迴殊。郭景純注《爾雅》始分爲六魚。《詩疏》引郭氏《音義》云：「先儒及《毛詩訓傳》皆謂此魚有兩名，今此魚種類形狀有殊，無緣强合之爲一物。」是郭不從舊說也。以魚之形類考之，自當以郭說爲正。

五湖元唐。

〔彙校〕何秋濤云：「元」當作「亢」。元唐，當即魧(居郎切)䲢(徒郎切)也。《博雅》「䱇、魧、䲢，魠也。」王伯申《疏證》不解魧䲢之義。蒙按《類篇》引《博雅》：「河䱇，魠也。」又引：「魧䲢，魠也。」《集韻》亦引：「河䱇，魠也。」是「䱇」

上當有「河」字。蓋此魚複名，一曰河魠，一曰魧䲊。古字本無偏旁，故《大傳》作亢唐。亢、元字形相似，傳寫譌爲元唐耳。古者蟲魚多以疊韻爲名，以是知元唐誤，亢唐不誤也。

〔集注〕鄭玄云：五湖，揚州浸也，今屬吳。元唐未聞。○王應麟云：《國語》韋昭注：「太湖即五湖。」○何秋濤云：《周官·職方氏》：「揚州其澤藪曰具區，其浸五湖。」鄭注曰：「具區、五湖在吳南。」《周官義疏》曰：「按張勃、陸龜蒙輩皆謂五湖即太湖，或云以周行五百里故名，或云上稟咸池五車之氣，或云環湖隨地異稱，有菱湖、莫湖、游湖、貢湖、胥湖之別。若然，則經既言澤藪具區，不必更言其浸五湖矣。且揚州地域遼闊，湖浸繁多，何爲捨其可紀者而必複舉具區之一以當二乎？是則具區縱有五湖之名，而必非《職方》之五湖也。」虞翻曰：「滆湖、洮湖、射湖、貴湖及太湖爲五。」韋昭曰：「胥湖、蠡湖、洮湖、滆湖，就太湖而五。」李圖以彭蠡、巢湖、鑑湖、洞庭並太湖而五，柯山以射陽湖、丹陽湖、彭蠡湖、青草湖並太湖而五。洞庭、青草當屬荆州，非揚域也。大抵楚州之射陽、洪州之彭蠡、巢縣之巢湖暨洮、滆、鑑等皆爲南方之浸，或當數其尤大之五者，而具區既列澤藪，則不復數之歟？《説文》以魠爲哆口魚，《玉篇》以爲黄頰魚。《史記·司馬相如傳》「鰅鰫鰬魠」，《漢書》注載郭璞注云：「魠，鱤也。一云黄頰」。《東山經》：「番條之山，減水其中多鱤魚。」注亦云：「一名黄頰。」按伯申《疏證》及郝蘭皋《山海經箋疏》並謂黄頰又名鱨，即《詩·小雅》鱨魦之鱨，陸璣疏以爲黄頰魚者也。考《本草綱目》，魚名黄頰有二：一則鱤魚，在魚類；一則黄顙魚，即黄鱨，在無鱗魚類。是此二種魚皆名黄頰，而一有鱗，一無鱗，不可溷爲一也。考郭景純但云鱤魚一名黄頰，不云即《詩》之鱨，則二魚本非一物。伯申引《詩》鱨魚，又引《本草》之鱤魚爲證，恐讀者疑惑，故詳辨之。《本草》云：「鱤生江湖中，體似鯼而腹平，頭似鯇而口大，頰似鮎而色黄，鱗似鱒而稍細。大者三四十斤，啖魚甚毒，池中有此不能畜魚。其性獨行，故曰鰥。《詩》云『其魚魴鰥』，是矣。」此即魠之形狀，所謂亢唐者也。

鉅野蔆。

〔**集注**〕鄭玄云：鉅，大也。野（按「野」字上何秋濤有「鉅」字），魯藪，今屬山陽。蔆，芰。〇王應麟云：鉅野在濟州鉅野縣，一名大野，《職方》兖州藪。《廣志》曰：「鉅野（按：何本依《太平御覽》九百七十五卷所引增「大蔆」二字）大於常蔆。」〇何秋濤云：宋鉅野縣在今山東曹州府鉅野縣南。《禹貢》徐州「大野既豬」。《地理志》：「山陽郡鉅壄，大壄澤在北。」《水經·濟水注》引何承天曰：「鉅野湖澤廣大，南通洙泗，北連清濟，舊縣故城正在澤中。」《左傳·哀十四年》「西狩于大野，獲麟」，即此。《爾雅·釋草》：「蔆，蕨攈。」《周官·籩人》：「加籩之實蔆。」《説文》：「蔆，芰也。從艸淩聲。」

鉅定蠃。

〔**集注**〕鄭玄云：鉅定，澤也。今屬樂安，有故縣屬齊。蠃，蝸牛。〇王應麟云：《漢志》：「齊郡鉅定縣。」《水經注》：「淄水自利縣東北流逕東安平城北，又東逕巨淀縣故城南，縣東南則巨澱湖，蓋以水受名也。」《河渠書》「東海引鉅定。」《國語》注：「蠃，蚌蛤屬，亦作螺。」〇何秋濤云：樂安，在今山東青州府博興縣北。西漢鉅定縣故城在今青州府壽光縣西北八十里。東漢無此縣，故鄭君言故縣也。今青州府樂安縣東北四十里有清水泊，即古鉅定澤矣。又案《易》「離爲蠃」，即今之螺字，蚌蛤之屬也。《爾雅》：「蚹蠃，螔蝓。」郭璞注云：「即蝸牛也。」是蝸牛名蚹蠃。《説文》：「蝸，蠃也。」《廣韻》：「蝸牛，小螺也。」《廣雅》：「蠡蠃，蝸牛，螔蝓也。」是蝸牛古亦單言蠃也。《儀禮·士冠篇》：「葵菹蠃醢。」鄭注云：「今文蠃爲蝸。」《内則》「蝸醢」以下二十六物，鄭以爲皆人君燕所食也。

濟中瞻諸。

〔彙校〕瞻，盧本作「詹」。注同。

〔集注〕鄭玄云：瞻諸，鼁黽（按何秋濤云：盧本作「䵷黿」）也。〇王應麟云：沇水出河南府王屋山，東流至孟州濟源縣而名濟水，字本作泲。《淮南子》「詹諸」注：「蝦蟇。」〇何秋濤云：濟，四瀆之一，字本作泲，其從齊之字乃別一水。（《説文》「濟水出常山房子贊皇山，東入泜」是也。）經典相承，借濟爲泲。而應劭《風俗通》遂誤以常山房子之水，列入四瀆，宜爲酈大使所譏也。《爾雅》：「鼁䵷，蟾諸。」郭璞注云：「似蝦蟇，居陸地。」《淮南》謂之去蚥。《説文》鼁字注用《爾雅》之文，曰：「圥鼁，詹諸也。」按瞻諸、詹諸、蟾諸並聲同字通，實一物也。《玉篇》䵷字注又作蟾蠩，又圥䵷或轉爲鼓造。以轉語求之，圥與鼓音相近，䵷在幽部而造字古音亦在幽部，二字同聲，故《淮南·説林篇》「鼓造辟兵」，《文子·上德篇》「鼓造」作「蟾蜍」是也。蟾蜍，即此瞻諸也。今通作蟾蜍，而瞻諸等字罕用矣。

孟諸靈龜。

〔集注〕鄭玄云：孟諸，宋藪也。龜俯（何秋濤云：盧本俯下有「首」字）者靈。《周禮》：「天龜曰靈屬。」〇王應麟云：孟諸在應天府虞城縣，一作盟豬，《職方》青州藪。《左傳》：「孟諸之麋。」〇何秋濤云：《禹貢》豫州「導菏澤，被孟豬」。《史記》作明都，《漢書》作盟諸，《職方》作望諸。鄭注：「望諸，明都也。」《爾雅》：「宋有孟諸。」始作孟諸二字，與《大傳》及《左傳》同。豬、諸、都同韻。孟、望、明、盟，古聲近也。《漢書·地理志》以孟豬在梁國睢陽縣東北。（睢陽故城在今河南歸德府商邱縣南二里。）《元和郡縣志》云：「孟諸澤在虞城縣西北十里，周迴五十里。」胡氏渭曰：「今在商邱東北，接虞城界也。」郝氏懿行曰：「睢陽自宋末以來屢遭河決，藪澤厓岸，不可復識。」鄭云：「龜俯者靈。」《爾雅・釋魚》：「文也。」郭璞注《爾雅》云：「行頭低。」《周官・卜師》：「凡卜，辨龜之上下、左右、陰陽，以授命龜者。」鄭注云：「下，俯者也。」又《周官・龜人》：「天龜曰靈屬。」鄭注云：「色謂天龜，玄俯者靈。」天龜俯是靈龜，即天龜矣。

隆谷玄玉。

〔彙校〕隆，何秋濤本作「隆」，云：一作「陞」，非也。

〔集注〕鄭玄云：隆，讀如厖降之降，或作「函谷」，今河南穀城西關山也。○王應麟云：鄭注《立政》云：「三亳者，東成皋、南轘轅、西降谷。」秦函谷關在陝州靈寶縣西南，漢弘農縣。《淮南子》：「散宜生得玄玉、百工，以獻於紂。」○何秋濤云：《續志》：「河南穀城縣有函谷關。」志又稱弘農郡弘農亦有函谷關者，以山谷深邃介連兩地，故分載之耳。意者穀城之函谷即降谷，降古讀若洪，聲轉而相亂歟？」秋濤按：鄭注《大傳》明言降谷即函谷，且確指其在穀城矣。《西山經》：「峚(音密)山，丹水出焉，西流注于稷澤，其中多白玉，是有玉膏，其原沸沸湯湯，黄帝是食是饗，是生玄玉。」郭注曰：「言玉膏中又生黑玉也。」按峚山地在今新疆，疑即産玉之密爾岱山也。又于窴産玉之川有白玉河、緑玉河、烏玉河，皆在今和闐地。烏玉，即玄玉也。《禮・玉藻篇》云：「公侯佩山玄玉。」《文選注》引王逸言黑如醋漆，玉之符彩也。

大都鮆魚、刀魚。

〔集注〕鄭玄云：大都，明都。鮆魚，今江南以爲鮑魚。刀魚，兵如刀者也。○王應麟云：《史記》：「道菏澤，被明都。」《索隱》：「音孟豬。」《説文》：「鮆，魚名。」《漢書》注：「鮆，刀魚也。」○何秋濤云：《史記》明都，即《禹貢》孟豬。鄭注《職方》云：「望諸，明都也。」《大傳》前已有孟諸，此大都鄭復云明都，或疑有誤。今按《太平御覽》九百三十九卷引《魏武四時食制》曰：「望魚側如刀，可以刈草，出豫章明都澤。」（一云金澤。）按此則鄭注所云明都乃豫章之澤，非孟豬之明都也。望魚即此魚刀矣。《爾雅》謂之「鮤鱴刀」，鱴、望一聲之轉。《爾雅》郭注云：「今之鮆魚也，亦呼爲魛魚。」《南山經》「苕水北流注於具區，其中多鮆魚」，郭璞注：「鮆魚狹薄而長頭，大者尺餘，一名刀魚。鮆音祚啓反。」郝氏懿行曰：「今海中亦有刀魚，登萊閒人呼林刀魚，蓋林即鮤聲之轉矣。」楊慎《異魚圖贊》云：「明都滏澤，望魚之沼，形側如刀，可以刈草。」即本《四時食制》爲説。《説文》云：「鮆，飲而不食，刀魚也，九江有之。」秋濤按：九江、豫章相近，此亦《大傳》魚刀出大都之一證矣。邵氏晉涵曰：「鮆魚即今鱭魚也，細鱗，白色吻，有二鬣，腹下有角刺，利若刀，肉多細刺，人炙食之。南方謂之江鱭。」鮆，《廣韻》又胡頂切，不言其狀。《埤雅廣要》云：「魭，一名鮆。」未知其審。

咸會於中國。

【集注】鄭玄云：言德能及之，異物來至也。

《伊尹朝獻·商書》不《周書》，録中以事類來附。

【彙校】唐大沛於「獻」字下斷句，云：《伊尹朝獻》四字是商書之名，故原注曰「商書名」，本自明白。○王應麟本以「不周書録中以事類來附」爲注文，盧校從。潘振、朱右曾删去，陳逢衡入注，移「録」字於「不」字下。丁宗洛入注，訂爲「言別有此書也，不應入周書録中，以事類來附」。○唐大沛「不周書」連上「商書」讀，云：「不」字蓋「名」字之誤，草書「名」字與「不」字相似而訛也。舊正文爲是。蓋正文原有訓詁在内，故今目爲原注，而此原注下孔氏本無注也。後人取王注爲孔注，則誠失之。○孫詒讓云：「不」下當脱「在」字。此十字疑劉向校書時所加。若《晏子》、《春秋》、《韓非子》常有此例，恐未必是孔注也。考《漢書·藝文志》無《商書》而小説家有《伊尹》二十七篇，疑《朝獻》即《伊尹》書之一篇。秦漢人録附《周書》，而劉向校定，遂因而存之耳。

〔集注〕孔晁云：言別有此書也。《王會》期朝貢事，故令附合。（王應麟本「期」作「俱」，盧校從。）○潘振云：此以下釋古政也。伊，姓；尹，字。伊尹名摯，黄帝相力牧之後，生於空桑，後居伊水，故氏曰伊。朝獻者，諸侯來朝貢獻也。云商書者，明非周書也。○陳逢衡云：自此以下蓋另一篇，乃商書也。如《周祝解》前另有《殷祝解》，蓋各自爲篇，序書者以其事相類，遂附入焉。○丁宗洛云：周有周公與商有伊尹，皆開國所倚賴者。商事何與於周，而篇終詳言之？便見周之獻令亦周公所定，與伊尹同也。○唐大沛云：古《商書》中有此篇，今《周書》簿録中以事與《王會》相類，故取來附録之。

湯問伊尹曰：諸侯來獻，或無馬牛之所生而獻遠方之物，事實相反，不利。

〔彙校〕馬牛，王應麟本作「牛馬」。

〔集注〕孔晁云：非其所有，而當遠求於（王應麟本作「其」）民，故不利也。○潘振云：言馬牛爲軍國之需，而諸侯來貢獻者，彼地或無馬牛之所生，必求遠方之馬牛以獻之，是貢獻者本國之事，而所獻者他國之實，是相反也，不宜孰甚焉？○唐大沛云：馬牛駕車以引重致遠，無馬牛，須人力致之，則難。而欲以遠方之國獻遠方難致之物，則重勞民力矣。以事勢度之，實則相反，而不利於其國也。

今吾欲因其地勢所有獻之，必易得而不貴，其爲四方獻令。

〔彙校〕王應麟本無上「必」字，「不貴」作「必貴」。盧云：「似訛。」丁以「勢」字似衍。

〔集注〕孔晁云：制其品服（唐大沛云：似當作品物或品節）之令。○潘振云：地勢高下，出産不同，吾欲因其所有而使獻之。在我必易得，而彼又不求貴物於遠方，其作四方貢獻之令，使各得其宜也。○陳逢衡云：《竹書紀年》「湯二十五年定獻令」，即此事。○唐大沛云：觀下文所列條目皆各國土産地勢所有者也，並無珍禽怪獸，亦無重大難致之物，所謂易得而不貴者，是利遠方之政也。四方貢獻著爲政令，命伊尹定之。

伊尹受命，於是爲四方令曰：臣請正東符婁、仇州、伊慮、漚深、九夷、十蠻、越漚，鬋文身，

〔彙校〕王應麟本無「於是」二字。又「鬋」下有「髮」字，盧校從。○潘振云：「漚」當作「甌」。

〔集注〕孔晁云：十者，東夷、蠻越之別稱。剪髮文身，因其事以名也。（「十者」王應麟本作「九夷十蠻」，盧校作「九十者」。剪，鍾本、王應麟本作「鬋」，盧校從。劉師培云：今考《大戴禮記·甲兵篇》盧注云：「殷之夷國東方十，南方六，西方九，北方十有三。」即據此文爲説，則盧本孔注衍九字昭然甚明。鍾本無「別」字。○何秋濤云：孔注蓋當依別本爲是。孔意以文身以上十國爲東夷，故云十者東夷之別稱也。與下文六者南蠻之別稱，九者西戎之別稱，十二者北狄之別稱文法正同。此本蓋後人所改，非孔之舊也。惟九夷十蠻蓋總括之詞，似非國名，諸國依下所詮釋亦不合十數，孔之斯注爲不協矣。）○王應麟云：符婁，《後漢·東夷傳》有夫餘國，在玄兔北。挹婁，古肅慎之國。

仇州，伊慮，未詳。仇州，海中洲。漢遼東郡有無慮縣，顔氏注：「即所謂醫無閭。」伊慮，即醫閭也。漚深，即甌也（見上）。九夷，《東夷傳》：「夷有九種，曰畎夷、于夷、方夷、黄夷、白夷、赤夷、玄夷、風夷、陽夷。」《竹書紀年》：「后芬三年，九夷來御。」孔子欲居九夷。（《爾雅》疏：「九夷：一曰玄菟，二樂浪，三高驪，四滿飾，五鳧更，六索家，七東屠，八倭人，九天鄙。」）十蠻，《書》：「武王通道于九夷八蠻。」《職方》：「四夷八蠻。」蠻類有八：天竺（？）、咳首、僬僥、跛踵、穿胸、儋耳、狗軹、旁脊。《爾雅》六蠻，此云十蠻，言其非一而已。越，禹之苗裔，封會稽。《世本》：「芈姓，東越閩君皆其後。」又交趾之南有越裳國。漚，亦甌也。鬋，髮垂。《史記》：「越文身斷髮。」《趙世家》云：「翦髮文身，甌越之民也。」《吴世家》注：「常在水中，故斷其髮，文其身，以象龍子，故不見傷害。」（《地理志》：「以避蛟龍之害。」《王制》：「東方曰夷，被髮文身。」《通典》：「文身國，梁時聞焉。在倭東北，人體有文，如獸，額上有三文。」）〇潘振云：符婁，雩婁與？《水經注》雩婁縣屬廬江，今江南廬州府，《禹貢》揚州之域。伊慮，昌慮與？《漢書》注：「縣屬東海郡，故城在徐州滕縣東南。」今滕縣，屬山東兖州府。〇陳逢衡云：《吕氏春秋·恃君覽》有縛婁國。《拾遺記》：「成王時有扶婁之國。」縛婁、扶婁、符婁一也。仇州，或云浙江杭州府有仇山，在餘杭縣北十五里，下有仇溪，不知即仇州故址否也。伊慮，郝懿行謂即《海内南經》之伯慮國。漚深，疑即目深。九夷，則《東夷傳》所載是已。十蠻，蓋夏末殷初之際，其類有十，與周八蠻不同。且此是東十蠻，錯處九夷者，與《爾雅》六蠻專指南方者又别。越漚，即東越漚人。郭注《山海經》所謂今臨海永寧縣，即東甌，在歧海中是也。《淮南·原道訓》：「九疑之南，陸事寡而水事衆，於是民人被髮文身。」〇朱右曾云：九夷，即《禹貢》嵎夷之地。〇何秋濤云：符即夫餘，《王會》之濊人也。疾言曰符，徐言曰夫餘，濊即夫餘二字之合音。《通典》載夫餘國後漢時始通，順帝永和初，其王來朝，其印文言濊王之印，蓋本濊貊之地。其國在長城之北，去玄菟千里，南與高句麗，東與挹婁，西與鮮卑接。

婁即挹婁，《王會》之稷慎也。《盛京通志》：「漢挹婁即古之肅慎，在夫餘東北千餘里，濱大海，南與北沃沮接。」詳前稷慎下。仇州，浚儀云海中洲。按《通典》列琉球于東夷，仇州與琉球音相近，仇、求古字通用，疑即其地，今閩東之琉球國也。伊慮即醫閭。《楚詞・遠遊篇》云：「夕始臨乎於微閭。」王逸注：「東方之玉山也。」引《爾雅》醫無閭爲釋。醫無閭作於微閭，亦聲之轉也。《海内南經》伯慮國，郭注未詳。郝氏懿行曰：「《伊尹四方令》正東伊慮，疑即此。」秋濤按：伯、伊字形相近，疑其譌也。浚儀意以漚深爲一國，按漚當即温州之東甌也，詳前歐人蟬蛇下。鬋髮，蓋謂垂髮也。《通典》倭國婦女被髮屈紒，即其類矣。或以鬋爲翦之假借，蓋斷髮也。引《曲禮》蚤鬋爲證，其説亦通。○陳漢章云：符婁即漢南海郡之博羅，正即《吕覽注》南越之夷，博亦專聲，婁與羅雙聲。九夷即《吕覽・知度篇》九陽，亦即《求人篇》九陽之山。陽與夷一聲之轉。《戰國・魏策》：「禹攻三苗，東夷之民不赴。」《墨子・節葬下篇》：「禹東教乎九夷。」《説苑・權謀篇》：「桀起九夷之師，九夷之師不起。」蓋九夷之著於夏商間久矣。

請令以魚支之鞞、□鰂之醬、鮫盾、利劍爲獻。

【彙校】「支」，王應麟本作「皮」，盧校從。方圍王應麟本無，陳本作「烏」，唐本作「鯸」。瞂，王應麟本作「瞂」，盧校從。○盧文弨云：王本「□」疑是「烏」。○王念孫云：《北堂書鈔・酒食部五》引作「鯸鰂之醬」。又引注云：「鯸鰂，魚名。」《玉篇》：「鯸，午胡切，魚名。」（《廣韻》作鰞。）未知其審。

【集注】孔晁云：鞞，刀削（鍾本作「鞘」）。鰂，魚名。瞂，盾也，以（王應麟本無「以」字）鮫皮作之。鮫，文魚也。○王應麟云：《左傳注》：「鞞，佩刀削上飾。」《詩》：「鞞琫有珌。」《正義》：「鞞，今刀鞘。」《説文》：「烏鰂，魚名。」《荀子》：「楚人鮫革爲甲。」《方言》：「盾或謂之瞂。」（音伐，或作瞂。）《後漢志》：「佩刀乘輿，半鮫魚鱗。」《山海經注》：「鮫皮可飾刀劍口。」《本草注》：「沙魚一名鮫。」○陳逢衡云：烏鰂魚一名烏賊，一名墨魚。醬蓋以烏鰂骨爲之。利劍，干將莫邪之類。○何秋濤云：魚皮，即《尚書大傳》之魚革也。鮫，《説文》：「海魚也，皮可飾刀。」《中山經・荆山》：「漳水其中多鮫魚。」郭注：「鮫，鮒魚類也。皮有珠文而堅，尾長三四尺，末有毒，螫人。皮可飾刀劍口，錯治材角，今臨海郡亦有之。」

正南甌鄧、桂國、損子、産里、百濮、九菌，

【彙校】王應麟云：里，一作「重」。

【集注】孔晁云：六者，南蠻之別名。○王應麟云：百濮見《左傳》。鄧，曼姓。甌，即甌駱。《山海經》：「桂林八樹在番隅東。」秦南取百粵之地爲桂林郡，漢曰鬱林。餘未詳。《後漢注》：「里，蠻之別號，今呼爲俚人。」○潘振云：桂國，見《路史》，蓋桂陽也，今湖廣桂陽州。産與滻同。滻水出沔東，産里即漢陽地與？南海之内有菌山，以山名國與？曰九，猶濮之稱百也。○陳逢衡云：《爾雅》六蠻本殷制，或即此，與上文東十蠻異。《左傳》：「巴、濮、楚、鄧，吾南土。」此歐鄧，疑即鄧國之先。《姓纂》四十八嶝：「鄧氏，殷時侯國。」即此。《漢書・地理志》：「南陽郡鄧，都尉治。」注：「應劭曰：『鄧，侯國。』」案《一統志》：「湖北襄陽府有鄧縣，故城在襄陽縣北，春秋時鄧國。」《路史・國名紀》：「桂國，見《伊尹四方令》。」經云：「八桂在賁禺東，蓋桂陽也。」衡案：桂林八樹，見《海内南經》，郭注：「賁禺，今番禺縣，蓋以縣以有番山、禺山得名。」山今在廣東廣州府。損子無考。案《墨子・節葬》云：「越東有⿰車㕣沐之國，其長子生則解而食之，謂之宜弟。」此損子國當似之。⿰車㕣，《太平廣記》引作輆，《博物志》作駭，《後漢書・南蠻傳》謂之噉人國，其實一也。《國名紀》曰：「産里，一云語兒也。或作陸童，誤。」衡案：《後漢

書》建武十三年，九真徼外蠻里張游率種人慕化内屬，封爲歸漢俚君，王氏所引「里蠻之別號」二語即此處注。據《南州・異物志》謂俚在廣州之南蒼梧、鬱林、合浦、寧浦、高涼五郡中央，地方數千里，則俚在廣東廣西境内。檢《一統志》廣東瓊州府有「黎峒」，黎爲蠻之別號，後漢謂之俚人，俗訛俚爲黎，此即王所據以爲里人者也，然又係一種。據《一統志》「雲南普洱府，《禹貢》梁州荒裔，本古產里地」，又「古蹟舊車里軍民宣慰司，在府城南七百四十五里，古產里地」。段長基《歷代沿革表》曰：「普洱府，古產里也。一名車里。《國名紀》曰九菌，《四方令》在正南，今九江之菌江。」衡案：《海内南經》有菌山，有桂山，疑桂國與九菌皆在其左近。今廣東桂山所在多有。或曰九菌即九真，菌、真一聲之轉。○何秋濤云：浚儀以甌爲甌駱，蓋指西甌駱也。今廣西潯州府貴縣及越南占城等國，皆其地。説互詳前路人下。損子，《太平御覽》引此作「指子」。考《海外南經》云：「三苗國，臷國在其東，其爲人黄，能操弓射蛇。」郭注：「音秩，亦音替。」《大荒南經》有臷民之國，臷字從至得聲，音與指相近，當即商初之指子國也。產里，《太平御覽》引此作陸童，或曰陸童蓋陸終之後，楚之先也。按《商頌》云：「維彼荆楚，居國南鄉。」《竹書紀年》：「夏癸二十一年，商師征荆，荆降。」是夏商時已有荆楚之國，其即爲陸終之後與否，未知其審。九菌者，《大荒南經》有小人名曰菌人，郭注：「音如朝菌之菌。」畢尚書曰：「此即《大荒東經》靖人也。」按菌與靖古音不同部，蓋非一國。疑菌人即此九菌。○劉師培云：損子疑即鄖國。《説文》云：「鄖，漢南之國也。」鄖、損並從員聲。菌即《禹貢》之箘，詳鄒漢勛《讀書雜識》。字以從竹爲正。（春秋麇國疑箘異文。《御覽》一百六十七引潁容《春秋釋例》云：「麇在當陽。」）○陳漢章云：《列子・湯問篇》言鄧林彌廣數千里，必非止曼姓一國地。此經鄧非鄧林，亦非鄧國也。《御覽》七百九十一引此鄧字作隑。《史記・司馬相如傳》：「臨曲江之隑州。」此曲江雖在宜春苑，亦必以漢桂陽郡有曲江縣而擬議及之，則隑之地蓋本在桂陽。

請令以珠璣、瑇瑁、象齒、文犀、翠羽、菌鶴、短狗爲獻。

【彙校】瑇，王應麟本作「璹」，盧校從。短，王應麟本作「矩」。注同。○盧文弨云：「短狗」王本作「矩狗」，蓋因注云「狗之善者」，故以爲當作矩耳。考唐豳州《昭仁寺碑》有云：「豈止菌鶴、短狗、西鰜、東鰈之貢而已哉！」正用此文，則作「短狗」爲是。○何秋濤云：菌與鶴非一物，此下蓋有奪字。

【集注】孔晁云：璣似珠而小。菌鶴可用爲旌翳。短狗，狗之善者也。○潘振云：珠，蚌之陰精。璣，珠不圓者。《禹貢》荆州以璣穿結爲組也。瑇瑁，生南海，介屬，狀龜黿，殼稍長，背有甲十二片，黑白斑文，邊缺如鋸齒，無足，有四鬣，前長後短。煑其甲，柔如皮，因以作器。其雌，觜蠵也。翠，鷸也，似燕，紺色，出鬱林，青色者出漢交阯以南之交州。鶴，水鳥名，似鵠，長頸，高脚丹頂，白身，頸翅有黑，故曰菌。菌，地蕈，其色黑也。菌鶴可用爲旌翳。○陳逢衡云：蓋菌鶴是九菌所産之鶴，故曰菌鶴。短狗或亦九菌所出，故菌狗在《海内經》，而菌山亦列其次也。蓋菌人短小，其所産之物亦可類推，故在《山海經》本其所出則曰崮狗，而在《獻令》象其形狀則謂之短狗歟？《山海經》曰：「青獸如菟。」可以證矣。案《一統志》雲南順寧府土産有矮犬，毛深足短，即《竹書》所謂短狗。○何秋濤云：瑇瑁，亦作玳瑁。《吴語》云：「奉文犀之渠。」韋昭注：「文犀，犀角之有文理者也。」

正西崐崘、狗國、鬼親、枳已、闟耳、貫胸、雕題、離丘、漆齒，

【彙校】已，鍾本作「己」。崑崘，王應麟本作「昆侖」，盧校從。闟，王應麟本作「闒」。注同。丘，陳作「邱」，朱右曾作「身」。○盧文弨云：《後漢書》注引「狗國」作「狗骨」，又引「離丘」作「雕丘」。李善注作「離身染齒」。○陳逢衡云：「枳已」或「枳巴」之誤。○俞樾云：《文選・曲水詩序》李善注引此文作「離身染齒」，且引《爾雅》北方有比肩

人爲證，疑《周書》原文作「離軀」，軀即身也。因軀字俗書作「躯」，《玉篇·身部》「軀」下有「躯」字，曰「同上俗」，是也。「躯」字闕壞，止存右旁，遂作「離丘」矣。李善所見本作「離身」，蓋傳寫之異文，猶漆齒之作染齒也。或竟從《選注》改「丘」爲「身」，失之矣。〇劉師培云：《後漢書·西南夷傳》李注引作「闒茸」。

〔集注〕孔晁云：九者，西戎之別名也。闒耳、貫胷、雕題、漆齒等，亦因其事以名之也。（王應麟本無「等」字，盧校從；又無句末「也」字。）〇王應麟云：《禹貢》：「織皮昆侖。」王肅曰：「昆侖在臨羌西。」（今蘭州之地。）狗國，犬戎也。唐《天文志》：「聲教所不曁皆係于狗國。」鬼親，鬼方也。《通典》：「流鬼在北海之地，鬼國在駮馬國西。」枳已未詳。《左傳》衛侯入于戎州，已氏在楚丘縣。《爾雅疏》蠻類有狗軹、闒耳。《山海經》有聶耳、離耳國。《吕氏春秋》：「比懷、闒耳、貫胸。」《山海經》：「其爲人，匈有竅。」《尸子》曰：「貫匈者，黃帝之德嘗致之。」《爾雅疏》蠻類有穿胸、雕題。《王制》曰：「南方曰蠻，雕題。」雕，刻鏤也，題，額也，刻其肌以丹青涅之。」《山海經》有雕題國。《通典》：「百越古謂之雕題。」離身，《山海經》有三身國，一首三身。漆齒，《山海經》有黑齒國，齒如漆。《後漢·東夷傳》：「自朱儒東南至黑齒國。」唐黑齒常之，百濟西部人。〇潘振云：昆侖，河源所出，在肅州西南。狗國，即《山海經》犬封國也。《海内北經廣註》：「鬼國在駮馬國西。」又云：「羅施鬼國，今貴州。」即今大定府治也。枳，屬巴郡，漢枳爲縣，今長壽縣。巴郡爲江州，今重慶府。已，卒事辭，猶妻爲語餘辭也。枳曰枳已，猶郲稱郲妻爾。闒户曰闒，斂也。闒耳，聶耳也。《海外北經》：「聶耳之國，在無腸國東，爲人兩手聶其耳。」貫胸，穿胸也。《海外南經》：「貫匈國，爲人匈有竅，在臷國東。」《海内南經》：「雕題在鬱水南。」離丘，僵離國與？《易林》云：「穿胸狗邦，僵離旁脊。」計其道里，似別爲一種。漆齒，黑齒也。《南土志》：「黑齒蠻在永昌闕南，以漆漆其齒，見人以此爲飾，寢食則去之。」〇陳逢衡云：湖北襄陽府有邔縣，故城在宜城縣東北，本楚邑。《水經注》：「沔水南過邔縣東。」

縣，故楚邑也。」據此則枳已疑即枳邔，在殷初爲西南夷小國，至戰國時入於楚，亦通。闟耳，即《海外北經》之聶耳，《大荒北經》之儋耳。《淮南・墬形》有耽耳，《博物志》有檐耳，皆謂是也。漢《地理志》犍爲郡漢陽有闟谷。《匈奴傳》有闟敦，師古曰：「闟音蹋，敦音頓。」闟頓又見《後漢・馮異傳》附録，俟考。《淮南・墬形訓》有穿胸民，高誘注：「穿胸，胸前穿孔達背。」《博物志》：「穿胸人去會稽萬五千里。」《後漢書》：「東離國治莎奇城，在天竺東南三千餘里。」《御覽》列於西戎。又《吕氏春秋・恃君覽》「離水之西」注：「西方之戎。」未知即離邱故址否也？○何秋濤云：枳已疑即所謂南己之市也。《墨子》云：「舜西教乎七戎，道死，葬南己之市。」《後漢書・王符傳》注引作南巴。畢尚書以作巴者爲是。舜葬九疑，九疑，古巴地也。王懷祖先生曰：「按《北堂書鈔》及《初學記・禮部下》引《墨子》並作南己，《後漢書・趙咨傳》注及《太平御覽》並引作南紀，《吕氏春秋・安死篇》『舜葬于紀市』，即所謂南紀之市，則己非誤字也。若是巴字，則不得與紀通矣。《墨子》稱舜葬地本不與諸書同，不必牽合舜葬九疑之文也。」按《墨子》所言舜事雖不足信，然所稱七戎之地必據戰國時輿地而言，則紀市爲戎灼然可據，紀市與枳已聲近，蓋即一地也。高誘注《吕覽》云「九疑山下亦有紀邑」，當有所受之矣。闟耳或疑即聶耳，按《海外北經》聶耳國「爲人兩手聶其耳」，郭注：「言耳長，行則聶持之也。」按孔氏注云闟耳爲飾，則與耳長攝持義別。《説文》云：「闟，樓上户也。」當取耳孔洞達爲義。今四川省金川之地夷人，幼時穿耳即用樺皮卷塞，日漸增添，後遂可貫拇指，當銜巨環，大於跳脱，蓋即闟耳之俗矣。穿胸者亦不過雕鏤其胸以爲飾，非真胸背穿透也。沈佺期《泛海詩》云：「嘗聞交趾郡南與貫胸連。」似貫胸在交阯南矣。雕題國亦見《海内南經》，郭注：「鯨涅其面，畫體爲鱗采，即鮫人也。」按《桂海虞衡志》云：「黎人女及笄即黥頰爲細花紋，謂之繡面女。」亦其類也。郭云即鮫人，非是。《海内南經》又有離耳國，與雕題相屬，蓋離邱即離耳。郭注：「鏤離其耳，分令下垂以爲飾，即儋耳也。」在朱崖海渚中。不食五穀，但噉蚌及藷萸也。」秋濤按：郭注以儋耳爲離耳，蓋以其皆在南也。注聶耳不引儋耳者，以在《海外北經》，方隅不協故也。《水經注》亦云儋耳即離耳也，可爲互證。若離身，則諸書無所見，蓋身即耳字之譌。浚儀引三身證之，非也。○劉師培云：案鬼、親、枳、已爲四國，鬼國即夔。《左傳》「楚子滅夔」，《公羊傳》作隗。《漢書地志》以秭歸縣即古歸子國。夔、隗、歸、鬼古字通用。夔雖由楚分封，然《大戴禮》言陸終娶鬼方之妹。夔爲古鬼方之邊境，夔字即沿古鬼方之名，則鬼國即今夔州附近之地矣。親國即𡝩，古字新、親通用。《漢書人表》云：「女志鯀妃，有𡝩氏女。」《大戴禮》作莘。又《詩·大雅》之言文王納妃也，曰「纘女惟莘」。莘與𡝩同，在今郃陽。商代西境甚狹，故𡝩處邊陲。親即𡝩字之省文也。若枳即《國策》楚得枳而國亡之枳。已則巴字之訛文。○陳漢章云：劉《補正》分鬼親爲二國，謂鬼即夔，親即《海内西經》流黄辛氏，則與《大戴禮·用兵篇》注「殷之夷國，南方六」不合。《周易·序卦傳》：「離者，麗也。」《曲禮》「離坐離立」注：「離，兩也。」《説文》麗訓旅行，古文作麗，即象兩相比附形。是此離身即《爾雅·釋地》之比肩民，故王融《曲水詩序》離身之君，李善注引比肩人以證。

請令以丹青、白旄、紕罽、江歷、龍角、神龜爲獻。

〔彙校〕罽，王應麟本作「罽」，盧校從。○陳逢衡云：《後漢書·西南夷傳》注引無「江歷」二字。

〔集注〕孔晁云：江歷，珠名。龍解角（王應麟本「角」下有「故」字，盧校從。）得也。○王應麟云：《荀子》：「南海有曾青丹干，西海有文旄。」何承天《纂文》曰：「紕，氐罽也，卑疑反。」○盧文弨云：《後漢書·西南夷傳》：「冄駹夷，其人能作毞毲。」毞即紕也。○潘振云：丹，丹砂；青，青雘，所以畫繪者。白旄，白色旄牛尾也。紕，織也。罽，氊類，織毛爲之。「明月珠子，的皪江靡」，故稱玉爲江歷也。龍，讀爲厖，雜色也。角，牛羊麋鹿皆有之也。神龜，龜之最神明者。○何秋濤云：丹，《説文》云：「巴蜀之赤石也。」詳前「卜人以丹砂」下。青者，《藝文類聚》引范子計然曰：「空青出巴郡，白青、曾青出弘農豫章，白青出新淦。青色者善。」《本草經》曰：「空青能化銅、鐵、鉛、錫作金。」《别録》云：「銅精熏則生空青。」又云：「緑青生山之陰穴中，色青白是也。」白旄即旄牛尾之白者，説詳前珥旄下。《爾雅》云：「紕，飾也。」《玉篇》以紕爲冠緣邊飾。按《雜記下》云：「紕以爵韋。」鄭注：「在旁曰紕。」《既夕記》注：「飾裳在幅曰紕。」按在幅即裳之邊側，綼即紕也，是衣裳緣邊俱曰紕。《爾雅》又云：「氂，罽也。」罽者，䌌之假借。《説文》云：「䌌，西胡毳布也。」《書·禹貢》正義引舍人注《爾雅》曰：「氂謂毛罽也，胡人績羊毛作衣。」又孫炎曰：「毛氂爲罽。」按紕、罽疑是一物，蓋罽而緣其邊者也。《詞林海錯》云：「江歷，珠名，即江驪也。」《通典》云：「哀牢出光珠。」《博物志》曰：「光珠即江珠也。」

正北空同、大夏、莎車、姑他、旦略、貌胡、戎翟、匈奴、樓煩、月氏、孅犁、其龍、東胡，

【彙校】旦，鍾本作「且」。翟，鍾本作「狄」。氏，諸本作「氏」。貌，王應麟本作「豹」，盧校從。「戎」，王應麟本作「代」，盧校從。○王念孫云：《玉海》六十五、百五十二「代翟」並作「戎翟」。《補注》本作「代翟」，云：「代」一作「戎」。○王念孫案：作「戎翟」者是也。孔注云：「在西北界戎狄之間，國名也。」則正文之作戎翟甚明。若古代翟之國在今宣化府蔚縣東，則不得言在西北，又不得言界戎狄之間矣。然則正文注文皆作「戎翟」，作「代翟」者誤也。○陳逢衡云：或曰「略」蓋「貉」字之誤，「豹」當作「貊」。○何秋濤云：仍當以「代翟」爲是。《伊尹四方令》明言正北，非西北。蔚州在山戎、北翟之間，則亦可云界戎翟也。

【集注】孔晁云：十二（盧校作「十三」）者，北狄之别名也。戎狄（王應麟本作「戎翟」，盧校作「代翟」）在西北界，戎狄

之間國名也。○王應麟云：《爾雅》：「北戴斗極爲空桐，黄帝西至于空桐。」(山，在隴右。)《史記》趙襄子娶空同氏。大夏在西域，月氏擊而臣之。《淮南子》：「空同、大夏。」《楊子》：「大夏之西莎車國，治莎車城。」姑他未詳。《趙世家》：「北滅黑姑。」旦略未詳。豹胡，北胡也。代，北狄之别，秦漢代縣，今蔚州。翟與狄同。《晉語》：「翟柤，又赤翟、隗姓。」匈奴見《山海經》，殷曰獯粥，周曰獫狁。樓煩在晉北。趙武靈王北破樓煩。月氏居敦煌、祁連間，與匈奴同俗。孅犂、其龍，未詳。漢《匈奴傳》有昆龍、新藜國。東胡在燕北，見《山海經》。燕秦開襲破東胡。秦時東胡彊，月氏盛。漢鮮卑，東胡之支也。烏桓本東胡。唐契丹奚本東胡種。《爾雅疏》：「狄類有五，月支、穢貊、匈奴、單于、白屋。」○潘振云：《爾雅》作空桐，一名翁同，山在薊州東北，州屬直隸順天府。姑他聲近虖池，或并州川與？西域稱中國爲震旦，國名旦略，取中國經略之義與？《地理志》代郡亳丘有五原關，古代國也，今山西代州。月氏，西域國名，在大宛西。其别爲小月氏，今甘肅西寧、甘州二府等處。又赤斥蒙古，古月支地。孅犂，即蒲犂與？見《西域傳》。○陳逢衡云：崆峒山在今甘肅平涼府平涼縣西，一名笄頭山，一名薄落山。此空同國當在其左近。又《史記·殷本紀》殷後有空桐氏。《左·哀二十六年》杜注：「梁國虞縣東南有地名空桐。」亦見《路史·國名紀》。此商湯後國，非《四方令》所謂空同也。《史記·大宛傳》：「樓蘭，姑師邑。」姑師、姑他，疑一地也。或曰：姑他、虖沱，一聲之轉耳。《山海經·海内西經》：「貊國在漢水東北，地近于燕。」《詩·大雅·韓奕》：「其追其貊。」傳：「貊，國名。」代翟，戰國時趙地，趙襄子滅代以封伯魯子周爲代成君。漢《地理志》「代郡」，應劭曰：「古代國。」孅犂，或謂即薪犂國。漢《西域傳》有蒲犂，又有渠犂，未知誰是也。龍城見《匈奴傳》，《漢書》作龍城。崔浩云：「西方胡皆事龍，故名大會處爲龍城。」此其龍當在其左近。○朱右曾云：莎車國，今葉爾羌地。○何秋濤云：空同，當在今蒙古地。《漢書·匈奴傳》：「姑夕王即與烏禪幕及左地貴人共立呼韓邪單于，發左地兵四五萬人，西擊握衍朐鞮單于至姑且水北。」姑且疑即姑他矣。且略不知所在，或曰當從別本作且略。《史記・匈奴傳》且居，《漢書》作且渠，匈奴官號。又匈奴有且鞮侯，疑因古地名命之也。云豹胡即北胡者，朔漠地多虎豹，故以所産物爲國名。龍城即東方之龍城也。《史記》云：「將軍衛青出上谷至龍城。」是龍城地南直上谷，其即慕容氏龍城無疑。東胡已見前。○孫詒讓云：「且」蓋「柤」之省。《國語・晉語》：「獻公田，見翟柤之氛。」韋注云：「翟柤，國名。」是也。豹胡，即上云不屠何青熊。孔云：「不屠何亦東北夷也。」豹、不一聲之轉。《墨子・非攻中篇》云：「雖北者且一、不著何，其所以亡於燕代胡貉之間者，亦以攻戰也。」不著何即此豹胡，且一疑亦即此且略也。（詳《墨子閒詁》）二國方域與聲讀並合，可以互證。○陳漢章云：今考晉慕容皝所築龍城在漢遼西塞外，並不南直上谷，與匈奴龍城名同地異，何氏誤證。

請令以橐駝、白玉、野馬、騊駼、駃騠、良弓爲獻。

〔彙校〕盧文弨云：《博物志》引《周書》「西域獻火浣布，昆吾氏獻玉刀」，亦當在此篇中，今缺。

〔集注〕王應麟云：漢《西域傳》：「大月氏出一封橐駝。」唐吐蕃獨峯駝日馳千里。《爾雅》：「野馬如馬而小，出塞外。」鮮卑有野馬。駃騠，駿馬也，生七日而超其母。《後漢・東夷傳》：「何驪別種名小水貊，出好弓，所謂貊弓。」○潘振云：橐駝，駱駝也，脊上肉鞍隆高若封土，俗呼封牛。西域鄯善國多驝駝。白玉出玉河，在于闐城外，源出昆山。○何秋濤云：《史記》匈奴奇畜有橐他。《索隱》云：「韋昭曰：『背肉似橐，故云橐也。』包愷音橐。他，或作駞。」《說文》以騊駼爲北野之良馬。《爾雅・釋文》引《字林》云：「騊駼，一曰野馬也。」高誘《淮南子・主術篇》注：「騊駼，野馬也。」是皆以野馬即騊駼。然此篇以野馬、騊駼並稱，《子虛賦》云「軼野馬而轊騊駼」，其爲二物甚明也。《説文》云：「駃騠，馬父驘子也。」

湯曰：善。

〔集注〕潘振云：善其能因地勢也。○唐大沛云：《伊尹朝獻》一書文不過二百餘字，簡古可愛，其爲商時古書無疑。因作《王會》者附録之，以傳至今數千年，當與商之鼎彝并寶矣。

逸周書彙校集注卷八

祭公解第六十

〔集注〕潘振云：祭，邑名也。祭城在河南，上有敖倉，見《釋義》。敖山之倉，秦時敖氏築，在今開封府河陰縣西。祭國，伯爵，周公第五子所封。祭公，周公之後，字謀父，與周公同謚文，見《竹書》。周公歿而王道衰，非復王會之盛矣。穆王訪祭公，以謀守位，故次之以《祭公》。○莊述祖云：祭公者，《祭公之顧命》也。周自后稷始基，文王受命，武王、周公繼之，成、康致刑措，《詩》、《書》所稱備矣。昭王之時，王道微缺，南征唏焉。及穆王即位，益衰，然猶能正百官、敬天命，周室復寧。祭公謀父是師保之，觀兵荒服，矢《時邁》之頌，肆心靡止，誋《祈招》之詩。穆王之享國克壽，豈無故哉！越數世而厲、宣、幽、平，王室大壞。始未嘗不勖于教戒，而後乃怠以貪禍，遂至淩遲，不能復興。故《周書》之正經迄于《君牙》、《臩命》，以爲大戒。觀祭公爲王陳后稷、文、武所受天命，及夏商之既敗，而其勤勤致戒者，自嬖御始。夫德必由于積累，而禍恒起于細微，其可忽與？復戒三公以厚顔忍醜，人莫自見其醜，以爲美而居之不疑，顔斯厚矣。其醜滋甚焉，誠不可忍。卒之榮、虢，如出一轍。故嗣王之宅天命也，宜思是言；公卿大夫保其世祀，亦宜思是言。《禮·緇衣》記以爲「葉公」，字之誤也。抑其所由來舊矣，謹定爲逸書。○丁宗洛云：《竹書紀年》：「穆王十一年，王命卿士祭公謀父。二十一年，祭文公薨。」此篇具見主上乾惕、老臣憂危，直與成王、周公當日比烈，而奇崛之氣，奥峭之語，令人讀之不厭。因是知今文《尚書》之所以勝古文也。○唐大沛云：此篇序穆王敬問祭公與祭公告王及三公之辭也。穆王時，祭公以老臣當國，如成王之倚周公若柱石。然今病不瘳，故穆王懃懃懇懇，願公告以懿德。史序穆王之辭儼是詔書一道，祭公稽首嘉之，宜哉！其序祭公顧命之辭，首言文、武之功德，願王法文、武以守緒業，復以王所不足者切實戒之。其戒三公，凛然正色，以規其過。古大臣侃侃之風，裁千載猶可想見也。西周真古書淵懿質摯，必出於當時良史之筆。若以此篇列于《洛誥》、《無逸》、《立政》諸篇之後，可以知周公之道脈相傳，歷康、昭而未替也。祭公爲周公之孫，信能繩其祖武者矣。

王若曰：「祖祭公！

〔**集注**〕孔晁云：祭公，周公之後，昭穆於穆王在祖列。○潘振云：昭穆之序，祭公在祖列，王尊呼之。○唐大沛云：祭公與康王爲從堂兄弟，周公之孫也。○朱右曾云：祭公食邑在河南管城，今鄭州地。○孫詒讓云：祭公同姓，年齒又長，故王尊禮之曰「祖」，不必校論世次也。《國語·晉語》：「年過七十者，公親見之，稱曰王父。王父不敢不承命。」韋注云：「稱曰王父，尊而親之，所以盡其心也。」此與彼義略同。

次予小子，虔虔在位。

〔**彙校**〕「次」字朱右曾删。劉師培云：「次」疑「欥」訛。《説文》：「欥，詮詞也。」引《詩》「欥求厥寧」，則欥、聿古通。欥予小子，猶《尚書·大誥》「越予小子」、《詩·周頌》「維予小子」也。或曰「次」當作「汶」，汶、閔同。○陳漢章云：魏氏源《書古微》云：「次字未詳，疑爲譌。」朱釋删去次字，大謬。劉《補正》引或説云：「次當作汶，汶、閔同。」或説是也。《詩・周頌》：「閔予小子，遭家不造，嬛嬛在疚。」《書・文侯之命》：「閔予小子嗣，造天丕愆。」與此經「閔予小子，虔虔在位，昊天疾威，予多時溥愆」語意略同。蓋閔、汶聲近，汶、次形近，故譌。下祭公曰「汝無泯泯芬芬」，泯之本字作潣，亦閔聲字。《史記・屈原傳》「汶汶」即泯泯，亦一證。

〔**集注**〕孔晁云：虔，敬。○潘振云：次，通佽，助也。言助予小子，敬在天子之位。○莊述祖云：次讀曰咨，蹉也。虔虔，猶躳畏也。○于鬯云：次，當讀爲咨。咨諧次聲，例得通借。《爾雅・釋詁》云：「咨，謀也」。《說文・口部》云：「謀事曰咨。」蓋穆王在位而詢祭公謀之，故曰「祖祭公，咨予小子虔虔在位」，猶云謀予小子，虔虔在位也。咨字借「次」爲之。或誤作次第解，則無義矣。觀《序》云「穆王因祭祖不豫，詢某守位，作《祭公》」，盧文弨校云「某當與謀同」，蓋詢謀守位，即本此「次予小子，虔虔在位」而言，則「次」字之當讀「咨」恍然矣。今案「次」字乙在「祖」字上，讀爲「咨」尤順，不免輕移古書耳。

昊天疾威，予多時溥愆。

〔**集注**〕孔晁云：溥，大也。言昊天疾威於我，故多是過失。○潘振云：溥愆，大過也。昊天疾急威怒，降除夷之亂，是西遊之大過，較他過爲多矣。○唐大沛云：疾威，猶言甚怒。時，是也。

我聞祖不豫有加，予惟敬省。不弔天降疾病，予畏之威，公其告予懿德。」

〔**彙校**〕之威，趙本作「天威」，盧校從。惟，莊校作「維」。

〔**集注**〕孔晁云：弔，至也。言己道不至，故天下疾，王畏守不美。懿，美也。〔「下疾」，諸本作「下病」，盧從。丁改

「降病」。「守不美」，盧疑訛。「畏守不美」，丁校作「思公告以美德」。孫詒讓云：當作「王畏將不差」。）〇潘振云：豫，悦也。不豫，指疾言，有加，則病矣。省，視也。〇陳逢衡云：言予敬省天心不至，故天降疾病於我股肱師保之臣。予畏天威，恐有不測，諱言祭公將死也。公其告予懿德，蓋求遺言訓己之意。〇唐大沛云：言敬謹省察己所行不至於道者。予畏天怒于我，恐無以保天位，冀公以嘉德之説告之，使知儆惕。〇朱右曾云：《禮》：「天子有疾稱不豫，諸侯曰負茲。」今言不豫，尊之也。省，省問。弔，淑也。〇孫詒讓云：不差，謂病不瘉也。

祭公拜手稽首曰：「天子！謀父疾維不瘳。朕身尚在茲，朕魂在于天。

【**集注**】孔晁云：拜手，頭至手。稽首，頭俯地。（「地」下吴本有「也」字。按此注原在「祭公拜手稽首曰天子」下。）謀父，祭公名。我魂在於天，言必死也。〇盧文弨云：梁云：「朕魂在于天昭王之所」九字當連作一句讀，注似非是。〇莊述祖云：《禮·郊特牲》曰：「魂氣歸于天，形魄歸于地。」〇唐大沛云：瘳，愈也。朕，我也。茲，此也。

昭王之所勗，宅天命。」

【**集注**】孔晁云：言雖魂在天，猶明王之所勉，君天下之士也。（「君」，陳訂「居」。「士」，諸本作「事」，盧從。）〇潘振云：宅，定也。雖魂已在天，猶明曉王之所勉，安宅天命也。〇莊述祖云：宅，居也。惟有明德者能居天命。〇陳逢衡云：勖即冒，懋也。昭王之所勖，猶《君奭》言「乃惟時昭文王迪見冒」、「昭武王惟冒」耳。昭讀爲《釋詁》「詔亮左右」之「詔」。〇朱右曾云：昭王，穆王之父。魂在先王左右，言必死也。勉王安保天命。

王曰：「嗚呼！公，朕皇祖文王、烈祖武王，度下國，作陳周，維皇皇上帝度其心，寘之明德。

〔彙校〕國，莊述祖作「邑」。莊又云：「陳周」當爲「成周」。

〔集注〕孔晁云：下國，謂諸侯也。天度其心所能，寘明德於其身也。（身，趙本作「心」。）○潘振云：皇祖，大德之祖。烈祖，有功之祖。度，謀也。作，興，起也。周地在岐山之陽，太王所居，至文、武而邦已舊，故曰陳周。上帝，天也。度，能度物制義也。寘，置也，猶言安著也。謂大大上帝，制文、武之心，使有尺寸，能度義而安著於明德也。○莊述祖云：度，謀也。周公始營成周。言文、武者，文王受命，武王度邑，至周公而成之。周公之事，文、武之事也。○陳逢衡云：下國，猶言小國，即小邦周之謂。對上帝言，故曰下國。作陳周者，猶云陳錫哉周也。陳，布也，即肇造區夏之謂。皇皇，美大也。寘，示也。帝度其心，故有明德之示，以佑啓我後人也。○丁宗洛云：語意當是言文、武所制作者陳布周密也。○唐大沛云：注意蓋謂周本諸侯之國。作，造作也。若訓陳爲布，則「作陳」二字無連文。寘，置也，納之也。明德，光顯之德也，猶云懿德、常德。即《詩》所謂「帝度其心，貊其德音」之意。○朱右曾云：度如「爰究爰度」之度，居也。言文、武之安定下國，制作陳布周密。○俞樾云：「作陳周」三字義不可曉。孔氏無注，朱氏右曾《集訓》曰：「制作陳布周密」，則失之迂曲矣。今按作者，始也。《詩·駉篇》毛傳曰：「作，始也。」是其義也。陳與甸通。《信南山篇》「維禹甸之」，《周禮·稍人》注引作「維禹敶之」，敶即陳也。作陳周者，始甸周也。《國語·周語》曰：「邦内甸服。」《說文·田部》：「甸，天子五百里地。」此言文王、武王規度下國，始定成周之地，以爲甸服也。讀者不知陳爲甸之假字，故不得其解耳。陳與甸古同聲，甸之爲陳，猶齊陳氏之爲田氏。○孫詒讓云：「作」疑當與「作雒」義同，謂作邦甸於周也。俞訓爲始，似未得其義。○劉師培云：陳當訓久。《素問·

鍼解篇》「蕘陳則除之」，王注：「陳，久也。」《漢書·食貨志》「陳陳相因」，顔注：「久，舊也。」《詩·大雅·文王篇》：「周雖舊邦，其命維新。」序云：「文王受命作周也。」即此「作陳周」之誼，謂振新久故之邦也，故與「度下邑」對文。

付俾於四方，用應受天命，敷文在下。

〔彙校〕俾，丁改「畀」。應，陳改「膺」。○盧文弨云：沈云「俾」當作「畀」。○唐大沛云：「應」古字通作「膺」。陳《補注》本直改作「膺」，亦不必。

〔集注〕孔晁云：付與四方受命於天，而敷其文德在下土也。○潘振云：付，授也。俾，予也。應，當也。敷，布也。○莊述祖云：俾，職。經緯天地曰「文」。

我亦維有若文祖周公暨列祖召公，兹申予小子追學於文、武之蔑。

〔彙校〕列，陳改「烈」，唐從。○丁宗洛云：「申」字玩注宜作「由」。○于鬯云：「蔑」疑本作「茂」，字形相近而誤。「茂用」二字蓋連讀。此穆王言追學文、武之茂功，故下文祭公言「維文王受之，維武王大克之，咸茂厥功」，問對之語正相照應。○劉師培云：「列祖召公」以上語屬上節，「兹申予小子」以下別爲一節，與上對文。考《尚書·君奭》舉商臣以例周臣，《文侯之命》舉先正以例晉文，與此篇文例正同。此文「我」字確係衍文。「亦維有若」云云，冡上文文武言，與下「我亦維有若祖祭公」云云對詞，猶《君奭篇》所謂「惟文王尚克修和我有夏，亦惟有若虢叔」云云也。《文侯之命》篇「亦惟先正」，與此亦同。「召公」以下當有脱語。「兹申予小子」以下，猶《文侯之命》篇「閔予小子」下，別爲節也。明己身亦賴召公爲輔，自今本衍「我」字而其義不可通。朱本以「召公」以上屬上節，較盧本爲長。未删「我」字，其失則同。

〔集注〕孔晁云：言己追學文、武之徵德，此由周、召分治之化也。（徵德，盧校改「微德」，云：「微德釋蔑字義。」丁宗洛云：不如作「徽德」。）○王念孫云：正文但言蔑，不言蔑德，與《君奭》之「文王蔑德」不同，注不當加德字以釋之。予謂「蔑」與「末」同，穆王在武王後四世，故曰追學於文武之末。《小爾雅》曰：「蔑，末也。」《顧命》曰「眇眇予末小子」，《漢書·韋元成傳》曰「於蔑小子」，蔑即末也。《大雅·板篇》「喪亂蔑資」，《潛夫論·叙録》「蔑」作「末」。《論語·子罕篇》「末由也已」，《史記·孔子世家》「末」作「蔑」。○潘振云：有若，言有如此人也。周公制作多文，故曰「文祖」。召公宣布有功，故曰「烈祖」。步趨前人曰追。蔑，無也，謂德之微者。○莊述祖云：申，重。○陳逢衡云：文、武之化得周、召而益彰，故予小子得以追學於前人也。施彦士曰：此承上，言我亦惟望有若周公、召公其人者，引伸予小子仰文、武之末光而不廢家學也。○丁宗洛云：《尚書》「旦以前人之徽言」，漢石經作「微言」，是二字通用，亦與經以「蔑」通「茂」合。○于鬯云：茂有盛大之義。茂功者，大功也。故下文又云「喪時二王大功」。孔解云：「二王，文、武。」然則二王大功即文、武茂用矣，尤可取證。孔於此誤以蔑字斷句，而訓蔑爲微，言「追學文武之微德」，既增設德字成義，文武之德，亦不可謂微也。王念孫《雜志》云「蔑」與「末」同，朱右曾《集訓》從之，亦難信。《書·君奭篇》云：「文王蔑德降于國人。」彼蔑實亦茂之誤。傳釋爲精微之意，亦失之。惟茂德，故曰「降于國人」。民可使由，不可使知，精微之德非所以降于國人也。

周克龕紹成康之業，以將天命，用夷居之大商之衆。

〔彙校〕周，盧校作「用」，莊校作「害」。天，朱右曾訂「大」。丁宗洛删「夷居」下「之」字。○潘振云：「之」字衍。○丁宗洛云：「龕」疑「龕」訛，首從「令」不從「合」。

〔集注〕孔晁云：將，行；夷，平也。言大商，本其初也。○潘振云：龕，受也。《方言》：「揚越曰龕。」衆，指頑民。承上文，言追學微德，以能受繼成康之王業，以奉天命，以平安大商之衆也。○莊述祖云：害，何。龕，勝。紹，繼。將，猶奉也。夷，易也。○陳逢衡云：龕，受也。紹，述也。成、康之業，在於覲光揚烈。將，請也。用夷居之大商之衆，「之」猶是也，言克撫有殷遺也。《爾雅·釋言》：「洵，龕也。」邵晉涵曰：《釋詁》云：「洵，信也。」洵又爲龕。《逸周書·祭公解》云「周克龕紹成康之業」，言能信繼也。○丁宗洛云：龕，古龗字，借龗爲靈。龕紹，猶《書》言靈承也。○唐大沛云：夷居，言平定安居也。

我亦維有若祖祭公之執和周國，保乂王家。」

〔集注〕孔晁云：執，謂執其政也。○潘振云：國，指畿内。乂，治也。家，指朝内。承上文，言我所以平安商衆者，豈小子所自能哉？總維有如此祖祭公之執政綏和周國，愛護乂治王家，如文、武之有周、召也。○莊述祖云，執讀曰埶，治也。周國，成周。祭公蓋以三公治東都，嗣周公之事。○朱右曾云：執，執持。和，和燮。保，安。

王曰：「公稱丕顯之德，以予小子揚文、武大勳，弘成、康、昭考之烈。」

〔彙校〕昭，元刊本、吳本作「照」。弘，陳逢衡作「宏」。

〔集注〕孔晁云：稱，謂；舉，行也。昭考，昭王，穆王之父也。○潘振云：宏，擴而大之也。烈，業也。○莊述祖云：文略同《洛誥》。○陳逢衡云：丕，大也。顯，明也。○唐大沛云：揚，表揚也。烈，功烈也。○朱右曾云：揚，續也。

王曰：「公無困我哉！俾百僚乃心率輔弼予一人。」

【集注】孔晁云：言公當使百官相率和輔弼我，不然則困我。○潘振云：困，窮也。文見《洛誥》。彼以周公歸老爲困，此以祭公告病爲困也。乃心，一心也。率，皆也。相道爲輔，矯過爲弼。言公無以告病困我，使百官心皆輔弼予一人也。○朱右曾云：乃心，猶言盡心。率，用也。

祭公拜手稽首曰：「允乃詔，畢桓于黎民般。」

【彙校】王念孫云：「桓」疑「相」字之誤，「般」疑「服」字之誤。「服」本作「𦨈」，與「般」相似而誤。《荀子·賦篇》「讒人服矣」，「服」本或作「般」。《廣雅》：「懾，服也。」「服」今本作「般」。《爾雅》「服，事也」，《釋文》：「『服』又作『般』字。」今本「𦨈」作「般」，皆其證。相，治也。據注云「盡治民樂政也」，則孔所見本尚作「相」，唯「服」字已誤作「般」，故訓爲樂耳。○丁宗洛云：「桓」疑「恒」訛。

【集注】孔晁云：般，樂也。言信如王告，盡治民樂政也。乃，汝；汝，王也。○潘振云：畢，盡也。桓，柱也。宫室得桓楹乃安。○莊述祖云：允，信也。桓，憂也。盡心一人之憂，斯以致兆民之樂。○朱右曾云：言信如王言，君臣當悉心以憂民，使民和樂。○于鬯云：「允」當一字爲句。「畢桓」者，人氏名，疑畢公高之後。畢公高爲文王第十五子，則桓實周之族姓而沈在下位者，故曰黎民般，般之言班也。班、般字通，不勝枚證。畢桓在黎民班中而詔之,若云舉畢桓於儔類之中耳。上文云:「王曰:公無困我哉!俾百僚乃心率輔弼予一人。」意似欲祭公於百僚中舉賢以輔我,故公曰允,允者,諾王也。於是舉畢桓以自代,故曰「乃詔畢桓于黎民班」。此句實著書者叙事之辭,非祭公之語也。○陳漢章云:「桓」即和也。《史記·孝文帝紀》索隱:「桓聲近和。」《漢書·酷吏傳》如淳注:「桓聲如和。」故《書·禹貢》「和夷」鄭注:「和讀桓。」此經桓讀爲和。上文王曰「我亦惟有若祖祭公之執和周國」,祭公不敢自以爲功,故答以「畢桓于黎民般」,俾百寮如《無逸》之「用咸和于萬民」也。

公曰:「天子!謀父疾維不瘳,敢告天子:皇天改大殷之命,維文王受之,維武王大尅之,咸茂厥功。

〔彙校〕「大」下莊校有「邦」字,云:本無邦字,漢避諱去之。○「維文王」之「維」,唐大沛作「惟」;「維武王」之「維」,朱右曾作「惟」。

〔集注〕孔晁云:茂,美也。文王以受命爲美,武王以尅(程本作「克」)殷爲美,故曰咸也。○潘振云:茂、懋通。言皆勉其功也。○丁宗洛云:惟茂厥功,方受之尅之。既受之尅之,仍茂厥功,則茂功是積德累仁意。注以美訓茂,已誤。其曰「文以受命爲美,武以尅殷爲美」,尤謬。○朱右曾云:茂,豐也。

維天貞文王之重用威,亦尚寬壯厥心,康受乂之,式用休。

〔彙校〕重,盧校從卜本作「董」,注同。○俞樾云:此本作「維天貞文王,董之用威」,故孔注曰「董之用威,伐崇黎也」。今本「董之」二字誤倒,當據注乙正。

〔集注〕孔晁云：貞，正也。重之用威，伐崇、黎也。既剋之而安受治之，其治用美也。○潘振讀「亦尚寬」爲句，云：此言文王之茂功也。董，督也。威，古文作「畏」。心直則壯，曲則餒。式，語辭。先王，太王、王季也。言文王督責有罪而使之畏，亦赦宥無罪而尚其寬，壯大其心，不爲私餒，故天以爲正而予之命。文王安受方國而治之，移風易俗，治用休美。○陳逢衡云：亦尚寬壯厥心，威而不猛也。○俞樾云：貞當訓定。《釋名·釋言語》曰：「貞，定也。」文王之時天命已定矣，故曰「貞」。

亦先王茂綏厥心，敬恭承之。維武王申大命，戡厥敵。」

〔集注〕孔晁云：言武王申文王受命之意而勝殷也。○莊述祖云：茂，勉；綏，安；承，奉也。○陳逢衡云：戡，克也。○唐大沛云：申，重也。

公曰：「天子，自三公上下，辟于文、武，文、武之子孫，大開方封于下土。

〔彙校〕莊校「自」在「三公」下，「下」作「帝」，「辟」作「享」，「大開方封」作「大启邦方敷」，云：古文「帝」作「二」，誤以爲古文「下」。《逸周書》「享」多作「辟」。○王引之云：當作「大開封方于下土」。孔注言我上法文、武，大開國旁布於下土，「國」字是釋「封」字，「旁」字是釋「方」字，以是明之。

〔集注〕孔晁云：辟，法也。言我上法文、武，方大開國旁布於下土。○王引之云：封、邦古字通，方、旁古字通。旁者，溥也，徧也。言大開我國之疆界，徧於下土也。○潘振云：上文周公、召公皆三公也。三公盡道則百僚稱職，而一人可輔弼矣，故特重之。此言三公宜法文、武也。開方屬少廣，法具九數中。○莊述祖云：享猶饗也。启，開。敷,敂也。言天饗文、武之明德,故子孫皆大開國,溥敂治功于下土。○陳逢衡云:辟如徵辟之辟。自三公上下辟于文、武,指四友十亂。謂有此疏附先後之盛,故周之子孫得以大開厥國,列土分封也。○孫詒讓云:辟亦當訓爲助。謂是時三公上下能助文、武以成大功也。

天之所錫武王時疆土,丕維周之□□□后稷之受命,是永宅之。

〔彙校〕闕處盧從趙補「基丕維」。莊依注補「肇基自」。○孫詒讓云:「基丕維」三字惠校作「開基」二字,疑據宋本。然以注義推之,趙校爲長。

〔集注〕孔晁云:錫與,言天予武王是疆,所受是大維周之開基,大維后稷所受命,是長居此也。(莊校「予」作「與」,「疆」下有「土」字,無「所受是」三字。)○莊述祖云:錫,與;時,是;肇,始,開也。言文、武之功始于后稷。是,則。永,長。○唐大沛云:篇中屢用「丕維」二字,「維」是語詞,書中所習見者;「丕」與「不」通,亦是發聲詞,然則「丕維」二字皆發聲詞。孔訓大維,大亦發聲詞也,見朱彬《經傳攷證》釋文。上言惟能法文、武,故後嗣昌大,開國徧于天下,此言今日撫有疆土,是天之所興武王者,維我周之基業,亦惟我后稷功在萬世,所由受命于天也。祖宗積德累仁,千有餘載,始膺受此疆土,子孫是當長久居之,慎守勿失也。此承上天子言。

維我後嗣,旁建宗子,丕維周之始并。

〔彙校〕旁,莊校作「方」。

〔集注〕孔晁云:旁建宗子,立爲諸侯。言皆始并天子之故也。(「并」,莊校作「屏」。)盧文弨云:「天子」本一作「大子」。非。陳逢衡云：「故」疑作「政」。）〇盧文弨云：惠云「并」即「屏」，古字通。郭注《山海經》曰：「并即屏。」語有輕重耳。〇潘振云：并，即屏，樹也，所以爲蔽也。《詩》云：「大邦維屏。」〇莊述祖云：方猶並。建，立。宗子，適子。〇陳逢衡云：後嗣，指武王以後。旁建，分封也。

嗚呼！天子、三公：監于夏商之既敗，丕則無遺後難，至于萬億年，守序終之。

〔集注〕孔晁云：言當夏商以爲戒，大無後難之道，守其序而終也。（「當夏商以」，鍾本、吴本、王本作「當以夏商」，盧從。）朱右曾刪「大」字。陳逢衡云：「道」疑作「遺」。丁宗洛「道」作「遺」，云：「遺」舊訛「道」，本經文改。〇潘振云：遺，留也。序，相傳之次第也。言三公監戒夏商之敗，大無留後患。自今至于萬億年，守相傳之序，而享國皆能有終。〇莊述祖云：序，緒也。〇陳逢衡云：此戒君而兼及臣，故既呼天子而又呼三公，以警之。〇唐大沛云：監，視也。丕則，則也。難，患難也。十萬曰億。守序，猶言繼序。終，永終也，長久之意，猶言勿替引之也。終之，非始終之終，如《詩》言「終風」，非謂終一日之風，乃謂久有風霜也。

既畢，丕乃有利宗，丕維文王由之。」

〔彙校〕唐大沛云：「既畢」二字上下疑有脱誤。〇俞樾云：「丕維文王由之」本作「丕維文武由之」，故注曰「皆由文武之德」，若如今本，則注不當增出「武」字矣。上文曰「以予小子揚文武大勳」，又曰「自三公上下辟于文武，文武之子孫大開方封于下土」，並以「文武」連文，此亦當然，宜據注訂正。

〔集注〕孔晁云：既終之則有利于宗，皆由文武之德也。（陳逢衡云：「武」疑作「王」。）〇潘振云：子孫繼位者爲宗。由，用也。既各能有終，大有利於宗，大維文王用此監也。○陳逢衡云：畢者，終事之辭，言能於我周之積功累仁，克承其業而無不盡也。利宗，謂有益周室。言我周承先啓後，總萃於文王一人，尤當敬守其法也。○唐大沛云：畢，盡也，既盡守序之道也。言文王以該武王，此申上辟于文、武意。

公曰：「嗚呼！天子，我不則寅哉寅哉！」

〔彙校〕不，朱右曾改「丕」。○潘振云：「不」字衍。○丁宗洛云：陳星垣云：「不則疑丕則訛。」洛按卷二《大匡》有「不尚，尚也」之注，此亦一類。

〔集注〕孔晁云：寅，敬也。不則，言則也。○莊述祖云：「不」讀曰「丕」。○陳逢衡云：「不」亦「丕」字。○唐大沛云：注以「不」作發聲詞，不誤。

汝無以戾□罪疾，喪時二王大功。

〔彙校〕闕處盧校作「反」。莊校闕處作「遘」，「罪」作「自」，「汝」作「女」。注同。○莊述祖云：「自」作「辠」。依注宜爲「自」，注「自疾」本亦作「辠」。

〔集注〕孔晁云：戾反罪疾，謂己所行也。是二王，文、武。（盧校「也」改「時」，讀「時，是。二王，文、武」。）○潘振云：此一節以敬責王也。與道相乖曰戾，與道相背曰反。反乎道，無以免乎天地之間，故曰罪。戾乎道，無以去其氣質之偏，故曰疾。喪，失也。失此文、武之大功，不能茂厥功也。○莊述祖云：《洛誥》曰：「無有遘自疾。」○唐大沛云：無、毋通，下同。或曰「無」亦語詞，猶云無乃，似亦可通。蓋謂己之戾反于正，加人以罪，及疾人之罪，未能深察詳審，有違文、武之道，是喪失其功業也。穆王好勤遠略，將征犬戎，祭公嘗諫之，不從，故首以此戒之。

汝無以嬖御固莊后，

〔彙校〕莊校「汝」作「女」，「御」下據《禮記·緇衣》增「人」字。○盧文弨云：固，《禮記·緇衣》作「疾」。

〔集注〕孔晁云：嬖御，寵妾也。固，戾也。（「固，戾也」，程本、趙本、鍾本、吴本、王本作「莊，正也」，盧從。）○王念孫云：固讀爲婟，音護。《説文》：「婟，嫪也。」《廣雅》作「嫭」，云：「嫉、嫪、嫭，妬也。」是婟與嫉妬同義。言汝毋以寵妾嫉正后也。婟之通作「固」，猶嫉之通作「疾」。下文曰「女無以嬖御士疾莊士大夫卿士」，疾亦固也。《緇衣》引此作「毋以嬖御人疾莊后」，是其證。○潘振云：固與錮通。以嬖寵之御妾禁錮正后。○莊述祖云：固，塞。○唐大沛云：《文選》注引古文《周書》載穆王越姬竊育姜后子事，雖不經，亦容或有之。又《穆天子傳》載盛姬喪禮最詳，天子命盛姬之喪視王后之葬法。是時祭公贊喪儀，想必以爲非禮。蓋穆王多寵妾，故祭公顧命戒之。○朱右曾云：固，陋也。

汝無以小謀敗大作，

〔彙校〕汝，莊校作「女」。

〔集注〕孔晁云：小謀，不法先王也。大作，大事也。（「小謀」下盧校有「謂」字。）○潘振云：以小臣之謀敗大臣所作之事。

汝無以嬖御士疾大夫卿士，

〔彙校〕莊校「汝」作「女」，「疾」下據《禮記・緇衣》增「莊士」二字。○王念孫云：上文注曰：「莊，正也。」上文之莊后對嬖御而言，此文之莊士對嬖御士而言，大夫卿士又尊於莊士，故并及之。若無「莊士」二字，則失其本旨矣。

〔集注〕孔晁云：言無親小人疾君子。○潘振云：以嬖寵之御士疾惡大夫卿士。○莊述祖云：疾，价。莊士惟德是用，德尊者。大夫卿士位尊。○陳逢衡云：《緇衣》注云：「嬖御士，愛臣也。」莊士，亦謂士之齊莊得禮者，今爲大夫卿士。

汝無以家相亂王室而莫恤其外。

〔彙校〕汝，莊校作「女」。

〔集注〕孔晁云：言倍臣執國命。恤，憂也。外，謂王室之外也。（倍，程本、鍾本、吴本、王本作「陪」，盧從。）○潘振云：陪臣執國命，內脅其君而外不憂其國，亦王戾反之所致也。○莊述祖云：家相，私人，《皇門》所謂以相厥室者也。外，所謂王國、王家。○陳逢衡云：家相謂同姓，外謂異姓。此恐同姓恃親蔽賢，故以爲戒。孔注誤。○唐大沛云：亂，治也。家相，內臣也。內臣執政柄而不恤外庭之衆論，則蔽于私者多矣，故戒之。陳《補注》謂「家相爲同姓，外爲異姓」，而謂「孔注誤」，豈知周之三公卿士多係同姓，即祭公亦同姓，不應戒其不用同姓也。陳說非。○朱右曾云：家相，嗜利營私者。○陳漢章云：魏氏源曰：「家相句《緇衣》所無，孔注謂陪臣執國政也。然春秋末年始有陪臣執國政，穆王時未必遂有此弊政。」《緇衣》雖無此句，《韓非子・說疑》引《周記》曰：「無尊妾而卑妻，無孽適子而尊小枝，無尊嬖臣而匹上卿，無尊大臣以擬其主。」皆本此經。是此經家相與《皇門》同。《皇門》曰：「以家相厥室，弗卹王國王家，維德是用。」孔注：「不憂王家之用德。」是彼文「弗卹王國王家」即此文「亂王室」。《書·洪範》曰：「臣之有作福作威玉食，其害于而家，凶于而國。」《詩·十月之交》曰：「抑此皇父，豈曰不時？」「皇父孔聖，作都于向。擇三有事，亶侯多藏。不慭遺一老，俾守我王。」然則此言家相，有如作福作威之皇父者，故下文即戒三公。

尚皆以時中乂萬國。

【彙校】「國」字莊校改「邦」。

【集注】孔晁云：言當盡用是中道治天下也。○潘振云：隨時而處中，無時而不中。○莊述祖云：《洛誥》曰：「其自時中乂，萬邦咸休。」

嗚呼三公，汝念哉！汝無泯泯芬芬，厚顔忍醜，時維大不弔哉。

【彙校】上「芬」字程本、趙本、吴本作「棼」。莊校「嗚」作「烏」，「汝」作「女」。

【集注】孔晁云：戒三公使念我與王也。泯芬，亂也。忍行亂則厚顔忍醜也，如是則大不善者也。（「者」諸本作「之」，盧從。）○盧文弨云：芬芬，與《吕刑》「棼棼」同。○潘振云：敬主於心，故戒其念之也。泯泯，昏也。芬芬，亂也。昏亂則惡，而忍爲之，是謂忍醜，是維大不善哉。○莊述祖云：泯泯芬芬，相蒙蔽也。厚顔忍醜，貪榮禄也。

○陳逢衡云：厚顔忍醜，泄泄沓沓之貌。

昔在先王，我亦維丕以我辟險于難，不失于正，我亦以免没我世。

〔彙校〕維，唐大沛作「惟」。莊校「丕」作「不」，「于」作「干」。○盧文弨云：「維丕」疑亦是「丕維」。又「險于難」疑是「于險難」。○王念孫云：「免没我世」義不可通，「免」當爲「克」，字之誤也。孔注云「能以善没世」，「能」字正釋「克」字。○陳逢衡云：當作「昔在先王，以我不失于正，我亦丕維辟于險難」方合。○唐大沛云：「我亦惟」三字疊見上文，「丕維」二字是發聲語詞，似不應上有「我亦」二字。竊疑「丕」字非衍即訛，似當作「我亦惟以我辟險于難，不失于正」，去丕字則文義順。

〔集注〕孔晁云：先王，穆公，祭公所事也。辟，君也。言我事先王，遇大難險而不失，故能以善没世，言善終。（穆王，諸本作「穆父」，盧校作「穆王父」。「險」，程本、趙本、鍾本、王本作「正」，盧從。）○潘振云：先王，昭王也。亦維，語辭。丕，大也，指難而言。《竹書》：「昭王十九年，祭公辛伯從王伐楚。天大曀，雉兔皆震，喪六師于漢，王陟。」險于難，我身徇之而不失其正道，惟其如是，我亦以免於死，善没我世。○莊述祖云：辟，徐。干讀曰敃，止也。○丁宗洛云：免没我世，猶言死無愧也。○朱右曾云：險于難，言遠于難也。免，免于罪。○孫詒讓云：險，當讀爲陷，古音近通用。《鐘鼎款識・寇敢》云：「女弗以乃辟臽于囏。」與此文義略同。

嗚呼，三公！予維不起朕疾，汝其皇敬哉！兹皆保之，

〔彙校〕汝，莊校作「女」。○潘振云：「不起朕疾」，當作「朕疾不起」。

〔集注〕孔晁云：皇，大也。言當式敬我言，如此則天下皆安之。○潘振云：朕疾不起，謂不能愈也。皇敬，大敬也。○莊述祖云：皇，讀曰況，兹也，益也。兹，此也。保，猶任也。所言皆宜任以爲己責。○陳逢衡云：施彥士

曰：「茲皆保之，言當共保天命也。」○丁宗洛云：保兼保國保家，故曰皆保。○孫詒讓云：莊讀是也。《無逸》云：「則皇自敬德。」漢石經「皇」作「兄」，兄、況古通。

曰：康子之攸保，勗教誨之，世祀無絶。不，我周有常刑。」

〔彙校〕「我」字陳逢衡改「則」。

〔集注〕孔晁云：康，安也。子之所宜安，以善道勉教之，則子孫有福。不然，則犯常刑也。○唐大沛云：康子之康，似當作樂字解，言以保勗教誨爲樂也。

王拜手稽首黨言。

〔彙校〕「手」字陳逢衡作「首」。

〔集注〕孔晁云：王拜受祭公之黨言也。三拜則三公拜可知也。（三拜，鍾本、王本作「王拜」，盧從。）○盧文弨云：黨、讜古字通。《荀子·非相篇》：「博而黨正。」注：「謂直言也。」又見張平子及劉寬二碑。○莊述祖云：黨言，善言。

逸周書彙校集注卷八

史記解第六十一

〔集注〕潘振云：史，掌文書。記，録也。《竹書》：「穆王二十一年，祭文公薨。」「二十四年，王命左氏戎夫作《記》。」蓋不忘祭公之黨言也，故次之以《史記》。○陳逢衡云：當與韓非《亡徵》參看。《路史·國名紀》載古之亡國，多采此篇。○丁宗洛云：《史記》歷考敗亡之迹，以爲炯戒也；《職方》周知廣輪之數與物産之宜，以識民依也。爲治有要於此者乎？觀此二篇，知穆王非耄荒之主矣。特是方策所載，莫非政典，作者何獨取此二篇？毋亦以東遷後僅稱共主，不但丕顯丕承不可復見，第如穆王如此，已當世之所稱賢君，而重有感耶？作者洵乃心王室矣。○唐大沛云：此篇據後序則作于穆王時，爲左史戎夫之筆也。果爾，穆王誠賢主哉！思保位維艱欲自警悟，非賢主不能。左氏載穆王將欲肆其侈心云云，或失之誣歟？篇中所舉亡國者二十有八，皆在唐虞夏商之世。其所以致亡者不一，類而總之，曰國君無道以危亡。自周秦以來數千載，似此者多矣。何古今無道之君如出一轍也？可勝嘆哉！○劉師培云：《書鈔》百十三引《六韜》所述頌厚氏事與本篇所述阪泉氏略同。《斠補》據之，謂《六韜》亦《周書陰符》之遺，或與此書相出入。今考《路史·國名紀六》云：「有鄶，《六韜》作會氏。」又云：「縣宗，《六韜》作懸原。」又云：「洛氏，《六韜》作有熊，誤。」又云：曲集，《六韜》作「西譙州氏伐之」。《後紀二》「青陽」注云：「《六韜》作續陽，誤。」案今本《周書》作「績陽」，詳下。《國名紀六》「華氏」注云：「《六韜》作辛氏。」由羅所引觀之，則舊本《六韜》悉録此篇，惟亦間有增損。《説文繫傳》十二釋齊之郭氏虚云：「太公《六韜》有郭氏也。」此兩書不盡從同之證。《路史・國名紀六》又云：「古亡國見《周書・史記解》及《六韜・周志》，凡國三十，皆叙所以致亡之道，以詔徠世者。」是羅氏所據即《六韜・周志》，與《書鈔》所據本同。

維正月，王在成周。昧爽，召三公、左史戎夫。

〔彙校〕左，吳本作「在」。○盧文弨云：「『左』舊訛『在』，案《竹書紀年》『穆王二十四年，王命左史戎夫作《記》』，則當作『左』，《古今人表》作『右史』，訛。」○王念孫云：鈔本《北堂書鈔・設官部七》出「右史朔望以聞」六字，注引《周書》「召三公右史戎夫」云云。陳禹謨本删去注文，而正文尚未删。《太平御覽・職官部三十二》同是。《周書》本作右史戎夫，而《漢書》即本於《周書》也。左、右字形相近，傳寫易譌，何必左史之是而右史之非乎？○孫詒讓云：《唐六典》李林甫注亦云：「《周書》穆王有左史戎夫，掌前代存亡之誡。」則唐本亦作「左史」也。《禮記・玉藻篇》云：「動則左史書之，言則右史書之。」《公羊疏一》引《六藝論》云：「《春秋》者，國史所記人君動作之事。左史所記爲《春秋》，右史所記爲《尚書》。」《玉藻》疏引《六藝論》左右二字互移，蓋誤引。《文心雕龍・史傳篇》亦云：「左史記事。」是《春秋》屬左史，而《尚書》則屬右史也。雖《漢書・藝文志》作「右史記事」，《申鑒・時事篇》、《周書・蕭圓肅傳》、《少傅箴》、《史通・史官篇》並同，與《玉藻》異。《元和姓纂》三十三「哿」亦云：「左史記言。」然《大戴禮記・盛德篇》云：「内史，太史左右手也。」盧注云：「太史爲左史，内史爲右史。」又何晏《論語集解》引孔注云：「左丘明，魯太史。」近俞氏正燮作《左丘明子孫姓氏論》，據《廣韻》所引《風俗通》謂丘明姓丘，書稱《左氏傳》，以居左史之官言。據俞説記事既屬左史,則記言之職自屬右史。此篇所記雖前代存亡之跡,然其文既列《周書》,則戎夫當爲右史昭然甚明。《玉燭寶典序》云:「周穆右史陳朔望以官箴。」所據之本正作「右」,其碻證也。乃《玉海》卷四十六、卷一百二十五、《困學紀聞》二所引并作「左史」,與盧本同,則宋本已誤。又案《文選·思玄賦》李注引古文《周書》有越姬竊孕,穆王問左史氏史豹(或作灼)史良事,是穆王别置左史,與戎夫靡涉。

〔集注〕孔晁云:王是穆王也。戎夫,左史名也。○潘振云:昧,晦也。爽,明也。欲明未明之時。三公,太師、太傅、太保也。左史,記言之官也。

曰:「今夕朕寤,遂事驚予。」

〔彙校〕盧文弨云:「遂事」下《御覽》有「其」字。○劉師培云:《書鈔》五十五所引無「夕」字,「驚予」作「驚奏余」。

〔集注〕孔晁云:遂,成也。行成事言驚夢宿,欲知之也。(「行成事言」,丁宗洛訂「言有成事」。)○潘振云:日入爲夕。天未明,猶夕也,故曰今夕。寤有二義,一與寐對,覺寤也。一與悟通,曉寤也。言今夕既寐而覺悟,已往之成事驚駭予也。

乃取遂事之要戒,俾戎夫言之,朔望以聞。

〔彙校〕言,《御覽》作「主」,盧校從。○唐大沛云:孔所據本多因草書致誤,如《小開篇》「逆日食」訛作「拜望食」,是「日」字訛作「望」字也。疑此文望字亦是日字之訛,或是旦字。蓋草書日字、旦字與望字相似,只少起筆一點耳,故「日」訛作「望」。旦字末筆拖,尤似望字末筆,易于相混。古書無「朔望」二字連文。朔旦是聽政之期,望日則否,故疑之。〇劉師培云：《書鈔》「俾」字作「畀」，義亦較長。

〔集注〕孔晁云：集取要戒之言，月朔、日望於王前讀之。（月朔，元刊本作「月旦」，鍾本作「月初」，程本、趙本、吴本、王本作「月巳」。「日望」盧校作「望日」，云：「月朔望日」舊作「月巳日望」，訛。孫詒讓云：惠校作「月旦月望」，盧未采。案惠校近是。前《大聚篇》注亦云「朔月旦」，可以互證。）〇盧文弨云：「朔望」之稱蓋始於此。《禮記》云：「朔月，月半。」亦指朔望也。〇潘振云：主，宰也，守也。下文皆要戒之言，左史所讀者也。〇陳逢衡云：要戒，取其不煩言，謂解説其事。鄭環曰：「此記歷序炎黄以至周初二十八國滅亡之由，俾戎夫朔望以聞，蓋至此而王之悔悟切矣。」〇朱右曾云：遂，往也。夢人以往事相驚。

信不行，義不立，則哲士凌君政。

〔彙校〕劉師培云：《路史·國名紀六》引「凌」作「陵」。

〔集注〕孔晁云：言君不行信義，信義由智立，故哲士凌君之政也。（「智立」，盧校作「智正」，王引之作「智生」，丁宗洛訂「哲士」。）〇王引之讀「哲士凌君政禁而生亂」爲一句，云：《曲禮》「入竟而問禁」，鄭注曰：「禁謂政教。」《王制》「齊其政」，注曰：「政謂刑禁。」是政與禁義相因，故以政禁連文。下文「邪人專國政禁而生亂」，讀與此同。孔亦誤以政字上屬，禁字下屬。〇潘振云：信者，言之瑞也，惟智乃能行之。義者，事之宜也，惟智乃能立之。此所以政出而不犯也。不信不義，故政出而智士不從，是犯君政也。凌與陵通，犯也。〇陳逢衡云：哲士，猶言智士。〇按于鬯於「君」字讀斷，「政」連下「禁而生亂」爲一句。

禁而生亂，皮氏以亡。

〔彙校〕劉師培云：《路史·國名紀六》引「而」作「之」。

〔集注〕孔晁云：禁信義則亂生。皮氏，古諸侯也。（「信義」二字諸本倒。）○盧文弨云：《紀年》云：「帝不降三十五年，殷滅皮氏。」○潘振云：前漢《地理志》有皮氏縣，未知即其地與？縣屬河東郡，郡爲今山西平陽府。○陳逢衡云：胡應麟曰：「孔氏注云『禁信義則亂生』，非也。言信義不立則奸雄之士得乘間以操國柄，君不忿而欲禁之，奸雄必起而爲亂，國之所由亡也。禁而生亂，乃禁其凌君政，非禁信義也。」○于鬯云：禁蓋當讀爲婪，婪、禁並諧林聲，例得通借。《說文·女部》云：「婪，貪也。」政貪，故生亂也。若如孔解，謂禁義信則亂生，增設上文義信二字，見義殊無當。而即「政禁」連文，如王《志》所引《曲禮》鄭注「禁謂政教」，《王制》注「政謂刑禁」，又何生亂之有？此王氏所以有十字一句讀之説，要不成句法。如其讀，則「君」字亦在可省之例矣。由不明禁爲婪字之借也。下文云「邪人專國，政禁而生亂」，亦於國字讀斷，政禁亦政婪也。

諂諛日近，方正日遠，則邪人專國政。

〔集注〕孔晁云：好順人意爲諂諛。○潘振云：諂爲佞言，諛惟面從。方，其義也。正，其直也。方則不諂，正則不諛。

禁而生亂，華氏以亡。

〔集注〕孔晁云：華，聚也，亦古諸侯也。（「華，聚也」，盧校作「華氏」。）○潘振云：專國政而禁止之，邪人叛矣，故生亂。○陳逢衡云：《路史·國名紀》注：「華氏，《六韜》作辛氏。」衡案：古華、辛二字多混。《山海經》有流黃辛氏之國。施彥士曰：「華與莘形尤相近。莘有三：衛有莘之墟，在今曹州府曹縣(？)十八里；又開封府陳留縣東北有莘城；同州府合陽縣東南有莘國城，太姒母家也，未知孰是。」戴清曰：「案《左·莊十年》荆敗蔡師于莘，今在河南汝陽縣境。三十二年『神降于莘』，在河南陝州東南。桓十六年『衛公子伋使于齊，使盜待諸莘』，成二年『晉師從齊陳師于莘』，今東昌府莘縣。」莘音同姺，亦見《左·昭傳》。○丁宗洛云：《潛夫論》：「華氏，子姓也。」○朱右曾云：《國語》云「依、⿰山柔、歷、華」，韋昭云：「俱國名。」今河南開封府鄭州東南有華城。○陳漢章云：朱釋引《國語》「依、⿰山柔、歷、華」，此國在穆王以前，非即《鄭語》之華也。《路史·國名紀》引《六韜·周志》作莘氏。今考《廣韻》十七真「辛」字注云：「夏啓封支子于莘。莘、辛聲相近，遂爲辛氏。」故《路史》以爲文王妃太姒母國。然商湯亦娶于有莘，莘非止爲太姒母國也。此莘即辛氏。《海內經》云：「有國名曰流黃辛氏，其域中方三百里，其出是塵土。」蓋辛、莘以聲近通，莘、華以形近譌。《國語》之華，宋公序《補音》本亦作「莘」，是二字之沿譌久矣。

好貨財珍怪，則邪人進。邪人進，則賢良日蔽而遠。

【集注】孔晁云：賢良不行貨，故蔽遠。○潘振云：貨，金玉之類，以其可變化，故謂之貨。財，泉穀之類，以其可入用，故謂之財。珍，世希有者。怪，物異常者。賢，有善行也。良，量也，量力而行，不敢越限也。蔽，遮隔。遠，遯去。

賞罰無位，隨財而行。夏后氏以亡。

【彙校】丁宗洛云：「位」疑「信」訛。○劉師培云：《路史·後紀四》作「刑賞無信，隨財而行」，似所據之本作「無信」，「位」係衍文。《路史》或本「信」下亦衍「位」字。

【集注】孔晁云：桀由好財亡也。○潘振云：賞者，賞之以位。罰者，罰之出財。無位有二：一微賤之人，一放黜之臣。微賤者能進其財則賞之，放黜者欲復其位則罰之。○陳逢衡云：無位，猶無主也。○朱右曾云：《管子》曰：「女華者，桀之所愛也；曲逆者，桀之所善也，湯皆事之以千金。」《呂氏春秋》云：「夏桀染于羊辛、跂踵戎，皆邪人也。」位，正也。政以賄成，故無正。○俞樾云：「位」與「立」古字通。無，猶不也。説詳王氏引之《經傳釋詞》。賞罰無位，即賞罰不立也。

嚴兵而不□者，其臣懾。其臣懾而不敢忠，不敢忠則民不親其吏。

【彙校】空圍處王本作「仁」，丁宗洛據注亦補「仁」。○唐大沛云：空圍疑是「恤」字，「嚴兵」疑當作「嚴刑」。

【集注】孔晁云：不敢忠乃不仁，下效其上，故不親。（「不仁」下丁宗洛據文義增「所致」二字。）○潘振云：嚴，酷也。兵，刃也。謂多殺戮也。懾，怖也。吏，長民者。○陳逢衡云：紂九年伐有蘇，十年畋于西郊，二十二年大蒐于渭，此紂嚴兵之證。○唐大沛云：不敢忠，謂不敢進忠言也。爲吏者忠言不進于上，則民間之疾苦無由上達，故民怨之，不親其吏。○朱右曾云：嚴兵，猶嚴刑也。《淮南子》云：「殷紂燔生人，辜諫者，爲炮烙，鑄銅柱。」《史記》云：「紂以百姓怨望諸侯有叛者，乃重辟刑。」

刑始於親，遠者寒心，殷商以亡。

【集注】孔晁云：紂以暴虐亡也。○潘振云：刑始於親，如殺比干是已。寒心，戰栗心也。○陳逢衡云：囚箕子、剖比干，而八百國皆畔，此刑始於親，遠者寒心之證。

樂專於君者，權專於臣。權專於臣，則刑專於民。

〔集注〕孔晁云：君荒於樂則權臣專斷，用刑濫矣。○唐大沛云：恣耳目之欲，不親政，政柄下移。

君娛於樂，臣爭於權，民盡於刑，有虞氏以亡。

〔集注〕孔晁云：專則致爭而刑殺之，盡被刑也。有虞，商均之後。（「盡」上丁宗洛增「民」字。）○陳逢衡云：《路史·國名紀》：「虞，公爵，虞思國，宋之虞城，漢虞縣，伯禹所封。」○朱右曾云：《史記·陳杞世家》云：「舜傳禹天下，而舜子商均爲封國。夏后之時，或失或續。」《索隱》云：「梁國虞城是也」。據此，則虞氏之亡當在夏季。商封舜後于遂，胡公其後也，故云遂世守之，及胡公不淫。

奉孤以專命者，謀主必畏其威而疑其前事。

〔彙校〕俞樾云：「謀主」二字不可曉，疑當作「其主」。言其主必畏而疑之也。「其」誤作「某」，又誤作「謀」耳。《周書序》曰：「穆王因祭祖不豫，詢某守位，作《祭公》。」詢某即詢謀。或古本《周書》謀字多省作某，後人概加言旁，遂并此文，其誤作「某」者一律加之而爲「謀主」矣。

〔集注〕孔晁云：謀主，謂孤長大也。前事，謂專命。（俞樾云：「謀主」亦「其主」之誤。孔意蓋以經文所謂其主者乃就其孤長大之日言之，故曰「其主謂孤長大也」。若如今本作「謀主」，則孤長大之後何以謂之謀主乎？）○劉師培云：疑「謀」與「膴」同。《詩・小雅・小旻》「民雖靡膴」，《韓詩》作「腜」。《大雅・緜篇》：「周原膴膴。」《韓詩》亦作「腜」，是其例。《儀禮・公食大夫禮》鄭注云：「膴，大也。」《詩・小旻》孔疏同。是膴有大訓。○陳逢衡云：奉孤以專命，輔幼主也。謀主，謂所奉之孤長大有謀略也。畏其威，嫌逼己也。疑其前事，疑其專命也。

挾德而責數日疏，位均而争，平林以亡。

〔彙校〕孫詒讓云：「日疏」上疑脱「大臣」二字。大臣即指奉孤之臣，位均而争亦冢此而言。下平州亦云「諂臣日貴」，可證。○劉師培云：《路史・國名紀六》作「挾德責數，賢能日疏」，是今本脱「賢能」二字。

〔集注〕孔晁云：挾其見奉之德而責其前專命事，此與周公反矣。位於勢敵。（於，鍾本作「于」，四庫本作「與」，盧訂「均」，云：「均」舊作「於」，一作「與」，皆訛。）○潘振云：挾，兼有而恃之之稱。挾德，謂奉孤者恃有輔幼君之德也。責，誅責也。數，煩數也。謂謀主誅責其專命而不已也。日疏，謂日疏遠奉孤之人也。位均而争，勢敵而與君争。孟子所謂無伊尹之志則篡也。平林，古諸侯也。○陳逢衡云：《一統志》：「湖北德安府隨州東北有平林故城。」《後漢書・劉聖公傳》：「地皇三年，平林人陳收、廖湛等聚衆千餘人，號平林兵。」《隋書・地理志》：「漢東郡平林，梁置上明郡。」《元和志》：「平林故城在隨縣東北八十里。」《寰宇記》：「隨縣東北有平林鄉。」當是古平林國也。○丁宗洛云：按經似言人臣挾其奉孤之德而責報無已，遂致與上日疏，猶所謂有如此負心門生天子也。如此則宜「數」字斷句。

大臣有錮職，譁誅者危。昔者質沙三卿，朝而無禮，君怒而久拘之，譁而弗加，

〔**彙校**〕丁宗洛云：「諱」疑「謀」訛。「弗加」似應作「弗已」。○唐大沛云：「三」疑「之」字訛。草書之字、三字相似，故訛，本文「質沙之卿」與下文「平州之臣」、「曲集之君」句同一例，可證也。

〔**集注**〕孔晁云：錮職，謂事專權也。（盧文弨云：元本注無「事」字。）○潘振云：錮，堅久也。諱，讙譁也。言大臣有堅久之職分，因讙譁而見誅責，其君必危。○陳逢衡云：質沙，炎帝時諸侯。質一作夙，又作宿。《路史・後紀》：「炎帝魁之立，祇修自勤，質沙民始叛。其大臣錮職而諱誅，臨之以罪而弗服。其臣箕文諫之，不聽，殺之。三卿朝而無禮，怒而拘焉。諱而弗加，諱卿貳。質沙之民自攻其主以歸。」即謂此也。錮，謂禁固。諱與諠義同，當訓作忘，言有專柄之大臣，君以一時之怒囚係累月，忘而弗加誅戮，故謀變也。○唐大沛云：言禁錮其職，使不得仕也。諱，證讓也。蓋聲言欲誅之也，僅聲言欲誅之而不加之罪。○朱右曾云：錮，猶廢也。諱誅，不服罪也。質沙，即宿沙。宿，《説文》作「𡖋」，而質字古文作「𧶠」，形相近。○孫詒讓云：「加」疑當爲「訶」之叚字，古音可、加聲相近。《左・成十七年傳》「柯陵」，《風俗通義・山澤篇》謂即《爾雅・釋地》之「加陵」，是其證也。諱而弗加，謂三卿諱譟而君不訶止也。○陳漢章云：夙沙、宿沙之作質沙，猶肅慎之作稷慎也。

諱卿謀變，質沙以亡。

〔**彙校**〕諱卿，王本作「諸卿」。盧云：卜本作「三卿」。陳逢衡、丁宗洛、朱右曾三家從。

〔**集注**〕孔晁云：有三卿，諸侯可知也。

外内相間，下撓其民，民無所附，三苗以亡。弱小在彊大之間，存亡將由之，則無天命矣。

不知命者死。

〔**彙校**〕劉師培云：《路史·國名紀六》作「三饒」，其釋詞云：「美言聞於內，惡言聞於外，內外不相聞，或云三苗。」是羅所據本「苗」作「饒」。「美言聞於內」三語，似亦均襲本書，或宋本較今本多二語也。此條今本僅四語，以他節相例，確有脱詞。「內外不相聞」即「外內相間」之訛，自以今本爲長。

〔**集注**〕孔晁云：無天命，命在彊壯者也。知命則大，不知命則足以亡矣。（盧校「彊壯」作「彊大」，「則大」作「則存」。）○潘振云：外而臣，內而君，相間隔也。下擾其民，民無所依，而臣不諫止，上下不交，所以亡也。三苗，國名，在江南荆揚之間。○陳逢衡云：三苗一曰三毛，見《山海經》。《淮南·修務訓》注以渾敦、窮奇、饕餮當之，非也。《國名紀》：「三饒美名聞於內，惡言聞於外，內外不相聞而亡。」三饒即三苗。案所説與《周書》不同。戴清曰：「案《通典》三苗在潭州，岳州，衡州，皆古三苗地。」潭州，今長沙府，衡州、岳州，今仍之。○陳漢章云：《海外南經》：「三苗國在赤水東，其爲人相隨，一曰三毛國。」郭注：「昔堯以天下讓舜，三苗之君非之，帝殺之，有苗之民叛，入南海爲國。」是此三苗，非即《史記》吴起所謂左洞庭而右彭蠡之三苗也。其國亦曰三毛，毛與苗亦聲近。《路史》改作三饒，無稽之説，不可從。

有夏之方興也，扈氏弱而不恭，身死國亡。

〔**集注**〕孔晁云：有夏，啓也。戰於甘，威扈也。（威，盧校作「滅」。）○潘振云：有扈，夏同姓，見《世本》，即鄠縣，漢屬扶風郡，今陜西西安府屬，地有扈谷甘亭也。○陳逢衡云：《尚書》：「大戰于甘。」則有扈亦彊大之國。此云弱而不恭，弱字不可過泥，蓋謂比諸有夏之全盛，則有扈爲弱矣。《楚語》「觀射父謂其恃親而不恭」，可爲不恭切據。

《淮南·齊俗訓》乃謂有扈爲義而亡，蓋不知有扈包藏禍心，假託堯舜與賢之説而陰以安干神器也。《甘誓》謂有扈氏威侮五行，怠棄三正，是其罪。案此云弱而不恭，是其亡國之由。《帝王世紀》：「扈至秦改爲鄠。」《通典》：「鄠亦謂之扈。」姚察《訓纂》云：「户、扈、鄠，三字一也。」○陳漢章云：《吕氏春秋·召類篇》：「禹攻曹魏，屈驁有扈，以行其教。」有扈即此扈氏，爲禹所攻，故曰夏之方興，非即《夏書·甘誓》之有扈氏。

嬖子兩重者亡。昔者義渠氏有兩子，異母，皆重。

〔集注〕孔晁云：王不别長庶而寵秩同。（諸本無「而」字，「同」下有「也」字，盧從。）○潘振云：兩重，謂不别長庶，寵秩同也。義渠，國名，即邠州地，見《九域志》。邠州，後魏置，今寧州，屬甘肅慶陽府，古豳邑。○唐大沛云：嬖，愛也。

君疾，大臣分黨而争，義渠以亡。

〔集注〕孔晁云：各有所事而争力也。（力，盧校作「立」。）○盧文弨云：《紀年》云：「武乙三十年，周師伐義渠，乃獲其君以歸。」○陳漢章云：此義渠非即《王會》之義渠。若《王會》之義渠則秦滅之，見《秦本紀》。

功大不賞者危。昔平州之功大而不賞，諂臣日賞貴，功日怒而生變，平州之君以走出。

〔彙校〕按盧據李善《文選》注「平州之」下增「臣」字，删「貴」上「賞」字，「日」上增「臣」字。○唐大沛云：「怒」疑當作「恐」。○朱駿聲云：「日」即「臣」之誤，日字當删。○孫詒讓云：朱校是也。後有巢氏亦云「臣怒而生變」，文例正與此同。日字蓋涉上諂臣日貴而誤。正文「走出」依注當作「出走」，《史記・孔子世家》云：「彼婦之口，可以出走。」

〔集注〕孔晁云：有功不賞而貴諂臣，有德不官而任姦佞，宜其□走也。（闕處諸本作「出」，盧從。）○潘振云：有功不賞而貴諂臣，功臣日怒不已而生變，平州之君見逐於臣，走他邑而出奔異國也。《春秋・宣元年傳》註：「平州，齊地，在泰山牟縣西。」泰山郡，今山東濟南府。《隋書・地理志》：「北平郡，舊置平州。」今直隸永平府。未知孰是。○陳逢衡云：《國名紀》：「平州在汾州介休西。」○朱右曾云：今山東泰安府萊蕪縣西有平州城。○陳漢章云：《大荒北經》有緜攻程州之山，程、平聲相近。郝氏箋云：「程州蓋亦國名。」

召遠不親者危。昔有林氏召離戎之君而朝之，至而不禮，留而弗親，離戎逃而去之，林氏誅之，天下叛林氏。

〔集注〕孔晁云：林氏，諸侯。（按此注原在「昔有林氏召離戎之君而朝之」下。）天下見其遇戎不以禮，遂叛林氏，林氏孤危也。○潘振云：林氏見《山海北經》，其國出騶虞者。離，國名。《西域傳》有東離，《拾遺記》有泥離，不可確指矣。至則無郊迎廷見之禮，留則無適館授粲之情，不辭而去，是逃歸也。無禮誅人，宜天下叛也。○陳逢衡云：《竹書紀年》：「成王三十年，離戎來賓。」沈約注云：「離戎，驪山之戎也，爲林氏所伐，告於成王。」即此離戎是矣。《水經注》：「戲水出驪山馮公谷，又北逕麗戎城東。麗戎，男國也。」《索隱》曰：「驪山在新豐縣西南，故離戎，男國也。」施彥士曰：「案舊鄭咸林在今同州府西南一百八十里華州境，驪戎城在今西安府東少北六十里臨潼縣東，恰在咸林西南，則林氏即咸林是矣。」○丁宗洛云：此林氏疑即下文與上衡争權之林氏。○孫詒讓云：林氏即英林也。《王會篇》云：「英林以酋耳。」耳當作「牙」，從莊述祖説。《山海經・海内北經》云：「林氏國有珍獸大若虎，五彩畢具，尾長於身，名曰騶吾。」郭注引《六韜》云：「紂囚文王，閎天之徒詣林氏國，求得此獸獻之。」○何秋濤云：英林當即春秋時之棫林。《左傳・襄十四年》杜注云：「棫林，秦地。」當在今涇陽縣西境。驪戎在今臨潼縣東二十四里，與涇陽相距尤近。○陳漢章云：此林氏與上衡氏俱身死國亡，《王會》之央林當是續立之國。何氏《王會篇補注》又謂央林即《左傳》襄十四年之棫林。今考《史記・鄭世家》索隱引《世本》「桓公居棫林」，《毛詩鄭譜》「宣王封母弟友於咸林之地，爲鄭桓公」，蓋咸林之封鄭又在央林之國亡後矣。

昔者曲集之君伐智而專事，彊力而不賤其臣，□良皆伏，

〔彙校〕闕處程本、趙本、鍾本、吴本、王本作「忠」，盧從。賤，盧校從卜本作「信」。○丁宗洛云：浮山云：「『信』原作『賤』，謂貴用强力之臣也。賤字可通。」○劉師培云：《書鈔》舊本四十二引作「典焦之君」。

〔集注〕孔晁云：伐智，自足也。謂不爲之用。（盧校「謂」上有「伏」字。）○潘振云：伐，誇也，自誇其智也。專事，自專國事，不任賢也。彊力，以土地甲兵之力爲彊也。不信，詐也。伏，匿藏也。○陳逢衡云：《國名紀》：「曲集自伐其智，廢仁義，事彊力，賢良伏匿，君孤無使，榆州伐之而亡。」今符陽縣有集山，萬山所集。○唐大沛云：伏，隱處也。

愉州氏伐之，君孤而無使，曲集以亡。

〔彙校〕盧文弨云：《博物志》作「榆炯氏之君孤而無使，曲沃進伐之以亡」，與此差互，當是彼誤。○陳逢衡云：《六

韜》作「西譙州氏伐之」。《國名紀》又云：「榆州孤而無使，曲沃進伐之而亡。」下注云：「見《博物志》，當亦《周書》文，今不見。」據此，則榆州伐曲集是一事，曲沃伐榆州又一事。羅謂「當亦《周書》文，今不見」，蓋傳寫者失之。

〔集注〕孔晁云：曲集、愉州，皆古諸侯。○潘振云：孤，猶云獨夫也。無使，無忠良可使也。○陳漢章云：愉州氏必非《王會篇》之俞人。《水經·漆水篇》：「漆水出扶風杜陽縣俞山東北，入於渭。」注引《山海經》曰：「羭次之山，漆水出焉，北流注于渭。」許慎《說文》稱「漆水，出右扶風杜陽縣岐山，東入渭」。闞駰《十三州志》又云：「漆水出漆縣西北，至岐山東入渭。」(以上酈注)據此，俞山即岐山，亦即《西山經》羭次之山。古字羭、俞與愉通，州與周通，則愉州國即岐周，其立國在古公亶父未自邠遷岐之前。而《西山經·西次四經》又有中曲之山，當即愉州所伐曲集之國，故孔云皆古諸侯。《北堂書鈔》(四二)引「曲集」作「典焦」，《路史》引《六韜·周志》又作「西譙」，皆形近字訛。

昔者有巢氏有亂臣而貴，任之以國，假之以權，擅國而主斷。

〔集注〕孔晁云：委之政也。○潘振云：《周書序》「巢伯來朝」，傳稱「殷之諸侯有巢」是與？任國則擅國，假權則主斷，君委之政也。○陳逢衡云：《路史·有巢氏紀》：「有禮臣而貴任之，專而不孪，欲削之權，有巢氏遂亡。」下注云：「見《汲冢書》。」正指此也。案「禮臣」當作「亂臣」。有巢氏蓋夏商時侯國。施彥士曰：「疑即南巢。周爲巢伯國，今廬州府東一百八十里巢縣是。」

君已而奪之，臣怒而生變，有巢以亡。

〔彙校〕盧文弨云：「怒」依注當本是「恐」字。劉師培云：《博物志九》作「已而奪之」，無「君」字。此已字似當作

「忌」，謂忌其擅國主斷而取其政也。「已」即「忌」省。

【集注】孔晁云：秉正則專立殺則多恐，雖君奪其政，懼禍見及，故作亂也。（正，程本、趙本、鍾本、吴本、王本作「政」。盧校「正」作「政」，「立」作「生」，云：「專」、「生」、「殺」三字當重，下當云「則多怨讎」，各本作「恐雖」，係字誤。）○潘振云：已而，猶云既而也。○陳漢章云：《殷祝篇》「桀與其屬五百人去，居南巢」，是有巢立國之始。《書序》「巢伯來朝，芮伯作《旅巢命》」。傳：「殷之諸侯，南方遠國，武王克商，慕義來朝。」蓋其國傳至周初，其後亡在成、康之後。至《春秋·文十二年》楚人圍巢，始見於經，注云：「吴楚間小國。」則其國亡後復封者。

斧小不勝柯者亡。昔有鄶君嗇儉，減爵損禄，羣臣卑讓，上下不臨。

【彙校】減，盧校作「滅」。○唐大沛云：正文疑當作「柯小不勝斧者亡」，柯斧字誤倒耳。○劉師培云：據《潛夫論》所云，此文「嗇儉」以上似亦有「驕貪」二字。又《路史·國名紀》云：「有鄶蔑爵損禄，後君少弱，禁伐不行。」是「減爵」之「減」宋本或作「蔑」。

【集注】孔晁云：柯秉所以喻君。斧所以用，喻臣。臣無爵禄，君所以任。不臨，言不相承奉也。（盧校「秉」字在「所以」下。「君所以任」句諸本無「以」字，盧從，云：「有脱字。」丁宗洛作「君所亡人」。唐大沛云：當作「不爲君所任」，脱「不爲」二字。）○潘振云：斧小，喻臣職分小也。不勝柯，喻不勝君任也。鄶，國名。《説文》：「祝融之後，妘姓所封。」《春秋·僖三十三年傳》註：「故鄶國，在滎陽密縣東北。」今滎陽爲縣，屬河南開封府，未知是否。上下，指臣位言。以尊莅卑曰臨。○陳逢衡云：《路史·帝顓頊紀》「來言邧姓，封於儈，是爲會人，介於河伊。貪嗇滅爵，上下不臨，重氏伐而亡之」，即指此也。鄶，《六韜》作「會」。王符《潛夫論》曰：「會在河雒之間，其君驕貪嗇儉，減爵損禄，君臣卑讓，上下不臨。詩人憂之，故作《羔裘》，閔其痛悼也。會仲不晤，重氏伐之，上下不能相使，遂以亡。」何楷曰：「案《逸周書·史記解》與《潛夫》之語相合，然《史記解》乃周穆王所作，以命左史戎夫者，其非《詩》之鄶國明甚。」○ 唐大沛云：柯小不能勝斧則易損折，難以運斧，猶君褊小微弱不能任用羣臣也。玩注意謂柯喻君，執政柄者也，斧喻臣，爲君用者也。鄶通作會。《詩》之檜國，武王時所封檜子之國也。若古之鄶國，不知實在何地。○ 于鬯云：柯詁斧柄，固見於《詩·伐柯篇》毛傳，然是未著斧柄之柯，非已著斧柄之柯也，故云「伐柯如何，匪斧不克」，又云「伐柯伐柯，其則不遠」，皆是未著斧柄之柯，方在伐也。惟《小戴·中庸記》引《詩》而申之曰：「執柯以伐柯。」執柯之柯，乃是已著斧柄之柯，而伐柯之柯，仍是未著斧柄之柯也。周穆王時，爲書者固但讀《豳風》之詩，焉識《中庸》之記？則固用伐柯之柯，不得用執柯之柯矣，故曰斧小不勝柯者亡。蓋斧小柯大，斧不任伐也。是明以斧喻朝廷之君相，柯喻通國之人民。故下文云：「昔有鄶君嗇儉，減爵損禄，羣臣卑讓，上下不臨，重民伐之，鄶君以亡。」則斧小不勝柯之象也。孔誤以柯爲已著斧柄之柯，故解云：柯所以秉。既謂所以秉，則由秉義推之，不得不以柯喻君、斧喻臣，則是臣不勝君，於句義既强，於下文之義尤不可合矣。

後□小弱，禁罰不行，重氏伐之，鄶君以亡。

〔彙校〕闕處丁宗洛補「鄶」，朱從。唐大沛從陳補「君」。禁，丁宗洛改「賞」。○ 陳逢衡云：據《國名紀》「後君少弱，禁伐不行」，則此處空方當作「君」，「伐」字誤，當作「罰」。○ 孫詒讓云：朱肊補鄶字，殊不足據。以文義推之，似言鄶君後嗣孤弱也。

〔集注〕孔晁云：兩弱不能行令。（「兩」，丁宗洛訂「小」。）○ 盧文弨云：《紀年》云：「帝高辛十六年，帝使重帥師滅有鄶。」鄶亦作會。○潘振云：言臣職小不勝君任者，國必亡。後君年少力弱，又以臣弱而不能輔，禁罰不行於國，孔氏所謂兩弱不能令也。重，少皞之子，木正句芒也。○陳逢衡云：及考《竹書》載帝嚳十六年使重帥師滅有鄶，則《史記》所述鄶亡政，帝嚳時事。施彦士曰：「鄶在今開封府西二百八十里密縣縣東北五十里，鄶城是矣。」衡案此《詩》之鄶國，爲鄭所滅者。若帝堯時儈國，不知即此地否也。○唐大沛云：《竹書紀年》載帝嚳使重帥師滅有會，恐亦依託《史記篇》爲之。至于春秋檜國，《詩》有《檜風》，則爲鄭桓公所滅者也。又案南正重司天以屬神，在高陽氏時，《紀年》謂高辛氏時，帝使重滅鄶，時代亦不合，故知《紀年》不足據也。重南正名重氏，或其後人歟？○朱右曾云：言鄶君以亡，則國未滅也。其後鄭桓公滅鄶在幽王時，《潛夫論》以《羔裘》之詩證儉嗇，非也。

久空重位者危。昔有共工自賢，自以無臣，久空大官，

〔**集注**〕孔晁云：言無任己臣者，故空官也。○潘振云：共工有三：《左傳》共工氏，以諸侯霸九州者，在神農前，太皞後也；《堯典》共工，少皞氏之子，共工其名爾；《舜典》共工，炎帝之裔，垂也，共工其職爾。此共工，必太皞時之侯國，傳世至堯時者，故云唐氏伐之。孔氏以流幽州者釋之，恐誤。○陳逢衡云：《山海經·大荒西經》：「有禹攻共工山國。」郭注：「言攻其國，殺其臣相柳於此山。」郝懿行曰：「《周書·史記篇》云唐氏伐之，共工以亡，案唐氏即帝堯也。堯蓋命禹攻其國而亡之，遂流其君於幽州也。」衡案此説與孔晁注俱以流幽州之共工當此，非是。案流幽州之共工在《堯典》，所謂「共工方鳩孱工」者，乃堯臣名，而此所謂共工，乃黑龍氏之後。據《淮南子》有怒觸不周之説，則其世爲水患，有害民生，故雜見女媧、顓頊、帝嚳、堯、舜之世。迨舜承堯命，命禹攻其國，並殺其臣相柳而水害遂平。《路史·共工氏傳》謂「共工氏，乃伏羲氏之代侯者也，是曰康回。爰以浮游爲卿，自謂水德，故爲

水紀,官師制度皆以水名,蓋乘時詭起而失其紀,是以後世不得議其世也。」此論最允至。云自聖其智以爲亡可臣者,故官曠而國日亂,民亡所附,賢亡所從,則本此解爲言。乃又云女媧氏戮之,共工氏以亡,豈未見「唐氏伐之」四字乎? 蓋羅氏之誤。

下官交亂,民無所附,唐氏伐之,共工以亡。

〔集注〕孔晁云: 無大臣,故小臣亂也。君凶於上,臣亂於下,民無所依,堯遂流之。○陳漢章云:《淮南·原道訓》則云:「昔共工之力怒觸不周之山,使地東南傾,與高辛争爲帝,遂潛於淵,宗族殘滅,繼嗣絶祀。」斯爲共工與高辛争王而後爲高辛滅之明證。《三國志·胡綜傳》亦云「高辛誅共」,而《史記·楚世家》又云:「重黎爲高辛居火正,帝嚳命曰祝融。(此「祝融」官名,與《海内經》之「祝融」人名異。)共工氏作亂,帝嚳使重黎誅之而不盡,帝乃以庚寅日誅重黎,而以其弟吴回爲重黎後,復居火正,爲祝融。」蓋重黎誅之不盡,故此經言唐氏伐之。唐氏,唐侯也。《紀年》:「高辛四十五年,錫唐侯命。」《帝王世紀》:「堯佐帝,受封於唐,爲諸侯。」近本《紀年》「辛侯」乃「唐侯」之誤也。

犯難争權,疑者死。昔有林氏、上衡氏争權,林氏再戰弗勝,上衡氏僞義弗克,俱身死國亡。

〔彙校〕弗勝,盧校作「而勝」,云: 舊「弗勝」訛。

〔集注〕孔晁云: 争爲犯難,不果爲疑。林氏恃勝,上衡氏怠義,所以俱亡。○王念孫云: 僞,讀曰「爲」,説見《史記·淮南衡山傳》。爲義而弗克,故注云怠義,非詐僞之僞。○潘振云: 犯難,冒犯險難也。疑,不果也。義弗克,義不敵也。因此而退，《春秋》之所善也，而出於僞，是宋襄公泓之戰也。○陳逢衡云：《管子·輕重戊》有衡山之君，疑即上衡國。施彦士曰：「衡山，南嶽也，在今衡州府北一百里衡山縣西。」○唐大沛云：兵凶戰危，故云犯難。陰疑于陽必戰，疑者，勢均力敵之謂也。辟如兩虎相鬥，勢不能相下，是以兩敗俱傷也。林氏弗勝，上衡氏亦弗克，豈非兩敗乎？身死國亡，豈非俱傷乎？○劉師培云：戴望校語云：「『疑』當讀『擬』，謂二國勢鈞力敵，終則兩傷也。」

知能均而不親，並重事君者危。昔有南氏有二臣，貴寵，力鈞勢敵，竟進争權，下争朋黨，君弗禁，南氏以分。

〔彙校〕盧校「竟」作「競」，「弗」下有「能」字，云：「『競』舊訛『竟』，脱『能』字。《水經注》作『競』，下云：『君弗能制，南氏用分。』」○孫詒讓云：此書「競」字多作「竟」，皆古文叚借。《度訓篇》云：「揚舉力竟。」是其證也。《水經注》作「競」，蓋酈道元所改，不必據校。

〔集注〕孔晁云：二臣勢鈞而不親，權重養徒黨，所以分國也。（鈞，唐大沛作「均」，「養」上丁宗洛增「各」字。）○盧文弨云：有南之國，《水經注》以爲在南郡。○潘振云：知，智通。知能，才也。知者，才之體；能者，才之用也。均，同也。貴指爵，寵指禄。競進，上往也。言才同而不相親，竝見重於朝以事君者，國必危。南郡，指江陵也。秦拔郢，置南郡，今湖廣荆州府。隋唐曰江陵，今江陵爲縣，屬荆州府。○陳逢衡云：《路史·夏后紀》：「禹後有南氏，以二臣勢均争權而分。」《國名紀》、《世本》之「有男氏」，《潛夫》作「南」，《周書》之「有南」也。二臣勢均，争權而分。《楚地紀》云：「漢江之北爲南陽，漢江之南爲南郡者是。」衡案：鄧名世《姓氏辨正》以有南氏爲盤庚之後。○孫詒讓云：韓嬰《叙詩》云：「其地在南郡南陽之間。《吕氏春秋》所謂禹自塗山巡省南土者也。」《史記・殷本紀》説殷後有有男氏，《索隱》引《世本》「男」作「南」。《潛夫論・五德志篇》云：「南、男字通。」《昭十三年・左傳》：「鄭伯，男也。」《國語・周語》「男」作「南」。

昔有果氏好以新易故，故者疾怨，新故不和，内争朋黨，陰事外權，有果氏以亡。

〔彙校〕劉師培云：疾怨，《路史・國名紀六》作「興怨」。

〔集注〕孔晁云：有果，亦國名也。外權，謂外大國。○潘振云：在故者因其易而懼及，内結朋黨以自防，私事大國以自便。在新者恐其易而謀身，内樹朋黨之勢，外資大國之援。○陳逢衡云：《國名紀》「有果」，今果州。衡案宋順慶府初曰果州，南充郡屬梓州路。《太平寰宇記》劍南東道有果州。《禹貢》梁州之域，春秋及戰國時爲巴子國。唐武德初置果州，以郡南八里果山爲名。○劉師培云：事，與植同。(《漢書・蒯通傳》「皆欲事刃於公之腹」，事刃之事與此文同，具詳李奇説及顔注。又《禮記・郊特牲》鄭注云：「事，猶立也。」亦讀事爲植。)謂陰樹外邦之權也。

爵重禄輕，比□不成者亡。昔有畢程氏，損禄增爵，羣臣貌匱，比而戻民，畢程氏以亡。

〔彙校〕闕處王本作「巳」。○丁宗洛云：闕處玩注似是「民」字。○朱右曾云：闕處疑是「名」字。

〔集注〕孔晁云：有位無禄，取名自成，民不堪求，比而罪之。(丁宗洛云：「取名」應是「取民」。浮山云：「取名」是「取多」訛。)○潘振云：比，輔也，從也。畢程，即今陝西西安府咸陽縣地。《世紀》云：「王季徙於程。」在今咸陽，南與畢陌接。所謂畢程，蓋畢程亡而王季徙都之也。戻，罪也。言爵加重，禄減輕，比輔不成者，國必亡。昔畢程氏損祿增爵，羣臣外有體貌，内實窮匱，從而横徵厚斂，以罪其民，民散，故國亡也。○陳逢衡云：損祿則俸不足以自給，增爵則徒擁虚位而已，羣臣貌匱則莫矢公忠，比而戾民則民脂民膏盡矣，故亡。《吕覽·俱備篇》作「畢裎」，「裎」與「程」同。《孟子》作「畢郢」，《通雅》云：「古郢字有程音，故相通。」《竹書紀年》：「殷武乙二十四年，周師伐程，戰于畢，克之。」疑即此時也。《漢志》右扶風安陵縣，闞駰以爲本周之程邑也。○唐大沛云：戾民蓋與厲民同，言相與苛刻於民以自奉也。損祿則祿薄，非無祿也。注無祿，未合。○朱右曾云：責臣之廉而祿不贍用，故貌爲窮匱以罔上，實則比黨虐民，爲君斂怨也。

好變故易常者亡。昔陽氏之君自伐而好變，事無故業，官無定位，民運於下，陽氏以亡。

〔**集注**〕孔晁云：運，亂移也。○潘振云：故，舊政。常，久任也。自伐，自誇其才智也。業，事業也。政事無舊業，任官無常位，變一政，有一政之條例，易一官，有一官之設施。民奉政役官，亦轉移於下。運，轉也。朝更夕改，是滋亂也，故陽氏以亡。案《淮南子》「武王伐紂，渡于孟津，陽侯之波，逆流而擊，陽侯溺水，其神能爲大波」。孟津，今河南懷慶府孟縣。陽氏即陽侯與？其國在孟津與？○陳逢衡云：《國名紀》國以陽名者多矣。上陽、下陽、東陽、南陽，難以悉數。衡案伏羲六佐陽侯爲江海，此陽氏蓋其後也。○唐大沛云：《春秋》「閔二年齊人遷陽」，杜注：「陽，國名。」疏謂《世本》無陽國，姓氏土地不傳。此陽氏之國未知在春秋陽國之地否。○朱右曾云：《地理志》城陽有陽都縣，故城在山東沂州府沂水縣南。運，移徙也。○陳漢章云：陽氏即有易。《大荒東經》：「有困民國，有人曰王亥，兩手操鳥，方食其頭。王亥託于有易、河伯僕牛。有易殺王亥，取僕牛。河念有易，有易潛出，爲國于獸，方食之，名曰摇民。」郭注引《汲郡竹書》曰：「殷王子亥賓于有易而淫焉，有易之君綿臣殺而放之。是故殷上甲微假師于河伯以伐有易，滅之，遂殺其君緜臣也。」有易本與河伯友善，上甲微，殷之賢王，假師以義伐罪，故河伯不得不助滅之。既而哀念有易，使得潛化而出，化爲搖民國。近本《竹書紀年》夏帝泄十二年及十六年同，但殷王子亥作殷侯，上甲微作殷侯微耳。海寧王君國維曰：「《殷本紀》及《三代世表》商先祖中無王亥，惟云：『冥卒，子振立，振卒，子微立。』《索隱》振，《系世》作核，《漢書人表》作垓。《殷虚書契》王亥，亥乃正字，垓、核皆其通假字，振則核或垓形近而譌。」（説詳《觀堂集林》）其説是也。此經「陽」字本作「易」，與「易」字形近，二字聲亦相轉。其國滅於上甲微。舊説或謂此陽氏即《坊記》陽侯，其殺王亥、取僕牛，即殺繆侯而取其夫人，蓋不知王亥之爲殷上世爾。

業形而愎者危。昔谷平之君愎類無親，破國弗克，業形用國，外内相援，谷平以亡。

〔彙校〕諸本「谷」作「穀」，「克」作「尅」，盧從。「外内」劉師培作「内外」。〇盧文弨云：趙云：「『類』當作『纇』。」〇潘振云：「形」當作「刑」。〇孫詒讓云：類、戾聲相近，不必改「纇」。《春秋繁露·王道篇》云「食類惡之獸」，義與此同。〇劉師培云：「援」疑「擾」訛。《路史·國名紀》亦作「援」，則宋本已然。

〔集注〕孔晁云：愎，很；類，戾也。國不勝彼，以形爲業也。（「很」丁宗洛作「佷」。盧校「彼」作「破」，「形」作「刑」。）唐大沛云：「國不勝破」當作「破國不勝」。〇盧文弨云：形、刑通。〇潘振云：剛愎自用，則忿纇臨人，故曰愎類也。親，族黨也。尅，勝也。外，指黨。内，指族。援，牽引也。言事刑而愎者國必危。〇陳逢衡云：《國名紀》：「穀平慢類無親。」慢與愎相近，未知孰是。戴清曰：「《春秋》桓公七年『穀伯來朝』，杜注：『穀國在南郡築陽縣北。』今襄陽府穀城縣東有穀城，不知即穀平故地否也。」〇朱駿聲云：類，讀爲盭。

武不止者亡。昔阪泉氏用兵無已，誅戰不休，并兼無親，文無所立，智士寒心。徙居至于獨鹿，諸侯畔之，阪泉以亡。

〔彙校〕「武」上丁宗洛增「黷」字。○劉師培云：《玉海》四十六引「阪泉」作「阪原」。（《書鈔》引《六韜》作「熉厚」，厚即原訛，與此合。）

〔集注〕孔晁云：無親，謂并兼之也。無文德，故智士寒心也。獨鹿，西戎地名。徙都失處，故亡也。○盧文弨云：惠云：「阪泉氏蓋蚩尤也。」趙疑是炎帝之後。《嘗麥解》云：「蚩尤逐赤帝，争于涿鹿之河。赤帝説黄帝執蚩尤殺之。」獨鹿，即涿鹿也，亦名濁鹿。○陳逢衡云：阪泉氏，姜姓，蚩尤氏也。以其都于阪泉，故又謂之阪泉氏。獨鹿，即濁鹿。《路史後紀・蚩尤傳》謂「阪泉氏好兵而無禮，頓戟一怒，并吞亡親，九隅無遺，文亡所立，智士寒心」，蓋本於此。又《國名紀》：「阪泉，姜姓，其後蚩尤彊霸。」《周書》云：「阪泉氏用兵無已而亡。」今懷戎涿鹿城東一里阪泉是。戴清曰：「今昌化府保安州東南有蚩尤城，蓋即阪泉氏故地。據《括地志》阪泉亦在保安州涿鹿。《史記》服虔注以爲山名，當在今保安州南。」衡案：《北堂書鈔》一百三十一引《六韜》云：「昔熉厚氏用兵無已，誅戰不休，至于涿鹿之野，諸侯叛之，熉厚氏因以亡也。」熉厚當是阪泉之誤。○唐大沛云：文事無用，故智士無位而寒心。○朱右曾云：《史記》云：「炎帝欲侵陵諸侯，諸侯咸歸軒轅。軒轅乃修德振兵，與炎帝戰于阪泉之野。」此炎帝即班固所謂參盧，皇甫謐所謂帝榆罔也。神農本都陳，又都曲阜。榆罔徙于獨鹿，在阪泉之側，因又稱阪泉氏。或以爲即蚩尤，非也。○陳漢章云：阪泉氏即蚩尤也。《史記・五帝本紀》稱黄帝與炎帝戰于阪泉之野，與蚩尤戰于涿鹿之野分爲二戰，然晉太康《地理志》云：「涿鹿城東一里有阪泉。」《括地志》云：「阪泉出五里至涿鹿東北，與涿水合。」並引見《史記正義》。果爲二事，何以戰地若是之近歟？此經《嘗麥篇》曰：「昔天之初誕，作二后，赤帝分正二卿，命蚩尤宇于少昊，以臨四方。蚩尤乃逐帝争于涿鹿之阿。赤帝大懾，乃説于黄帝，執蚩尤殺之于中冀，以甲兵釋怒，用大正順天，思序紀于大帝，用名之曰絶轡之野。」《殷本紀》引《湯誥》曰：「昔蚩尤與其大夫作亂百姓，帝乃弗予，有狀。」《大荒北經》又曰：「蚩尤作兵伐黄帝，黄帝乃令應龍攻之冀州之野。」諸書並詳蚩尤戰事。所謂冀州之野、涿鹿之阿，並即阪泉之野耳。《春秋》魯僖廿五年，晉文公將納王，「卜偃卜，遇黄帝戰於阪泉之兆，曰：戰克而王饗，今之王，古之帝也。」然則黄帝阪泉之戰，正如晉文公之勤王，戰克而炎帝榆罔饗之。當春秋時必有古書傳之者，蓋蚩尤既逐炎帝，或即假號赤帝，故《大戴禮・五帝德篇》黄帝「與赤帝戰於版泉之野，三戰，然後得其志」。既曰三戰，其一戰或即在與阪泉相近之涿鹿矣。此經獨鹿即涿鹿。其曰「徙居至于獨鹿」，即所謂「蚩尤乃逐赤帝争于涿鹿之阿」也。其曰諸侯叛之，即《五帝紀》所謂「炎帝欲侵陵諸侯，諸侯咸歸軒轅」也。故曰阪泉氏即蚩尤也。（前人自羅泌《路史》後，梁玉繩、汪照、林春溥等亦有見及此者，但引證未甚切，故約之。）

佷而無親者亡。昔者縣宗之君佷而無聽，執事不從，宗職者疑，發大事，羣臣解體，國無立功，縣宗以亡。

〔**彙校**〕佷，程本、王本作「狠」，丁宗洛作「很」。丁云：宗職者，浮山云三字似「執事」注語。〇劉師培云：《書鈔》四十二引「無聽」作「不聽」。〇陳逢衡云：縣宗，《六韜》作「懸原」。宗職，《國名紀》作「守職」。

〔**集注**〕孔晁云：不納忠言，皆有違心。〇潘振云：佷，愎也。無親，無輔也。執事，秉政之大臣。不從，不順也。宗職，主職之衆臣也。疑，二心也。發，興舉也。大事，戎事也。解體，解散支體，喻離心也。功兼戰守，國無立功，衆潰，故亡也。〇唐大沛云：解，蓋與懈通，怠緩不前之貌也。〇朱右曾云：很，盭也，知過不更，聞諫愈甚。執事，猶作事也。宗職，猶言盡職。

昔者玄都賢鬼道，廢人事天，謀臣不用，龜策是從，神巫用國，哲士在外，玄都以亡。

〔彙校〕盧文弨云：賢鬼道，《博物志》作「賢鬼神道」。○潘振云：廢人事天，「天」字當衍。○丁宗洛云：本段「昔者元都」之上，以上下各段例之，似脱領綱一句。浮山云：「《酆保篇》有『神巫靈寵以惑之』語，與此相同，應補云『神巫寵惑者亡』。」○劉師培云：《博物志》作「忠臣無禄，神巫用國」，《路史·國名紀六》引《周書》同，或今本脱「忠臣無禄」語。

〔集注〕孔晁云：求祥神也。棄賢任巫，所以亡也。（盧校「祥」作「禱」。）○盧文弨云：玄都氏見《紀年》，「帝舜四十二年來朝，獻寶玉。」○潘振云：惑於鬼神之不可知，而廢人道之所宜行。卜用龜，筮用策。在外，在野也。《國名記》：「玄都，少昊時諸侯。」《外傳》：「玄都氏，黎國。」黎在上黨壺關之間，見《西伯戡黎》註。上黨，即今山西潞安府，其屬有壺關縣。○陳逢衡云：《路史·帝顓頊紀》：「小昊氏衰，玄都氏黎實亂天德，賢鬼而廢人，惟龜策之從，謀臣不用，喆士在外，家爲巫史，無有要質，方不類聚，物不羣分，民匱於祀，神褻民狎。」蓋謂此也。又《國名紀》引《周書》云：「昔玄都氏謀臣不用，龜策是從，忠臣無禄，神巫用國而亡。」蓋當少昊氏之衰，玄都氏黎實亂天德，自潰而亡。○唐大沛云：巫以交鬼神，故曰神巫。《路史·帝顓頊紀》「小昊氏衰，玄都氏黎實亂天德」云云及《國名紀》所載皆本之《周書·史記篇》，《紀年》亦然，不須引彼以證此。○劉師培云：玄都似即《楚語》所云九黎。○陳漢章云：《書·呂刑》曰：「蚩尤惟始作亂，延及於平民，罔不寇賊。」鄭注云：「蚩尤霸天下，黄帝所伐者。學蚩尤爲此者，九黎之君，在少昊之代也。」《楚語》觀射父曰：「及少皞之衰也，九黎亂德，民神雜糅，不可方物，夫人作享，家爲巫史，無有要質。」正與此經「賢鬼道、廢人事」符合。其謂之玄都者，即《大戴禮·少閒篇》幽都玄羌。《海內經》：「北海之內有山名曰幽都之山，有大玄之山，有玄丘之民，有大幽之國。」注：「即幽民也。」《大荒北經》有牛黎之國。牛黎即九黎，其民曰大幽、曰玄丘，其山曰大玄、曰幽都，故其國別名曰玄都。《竹書》「帝舜四十二年，玄都氏來朝，貢寶玉」，則玄都之復立國者。

文武不行者亡。昔者西夏性仁非兵，城郭不脩，武士無位，惠而好賞，屈而無以賞。唐氏伐之，城郭不守，武士不用，西夏以亡。

【彙校】「屈」上朱右曾從王說增「財」字。○王念孫云：「屈」上當有「財」字，故孔注曰「無財可用」。○俞樾云：「文」字，衍文也。其下曰「昔者西夏性仁非兵，城郭不脩，武士無位」云云，是西夏之亡以武不行，非以文不行也。「武不行者亡」與上文「武不止者亡」義正相對。阪泉氏用兵無已而亡謂之武不止，然則西夏性仁非兵而亡當謂之武不行矣。今衍「文」字，義不可通。○孫詒讓云：孔注下云「性仁而無文德」，則似所見本實有「文」字。○劉師培云：田普實《校語》云：「『文』字疑當作『汶』，即『泯』之叚，猶言廢兵弗用。」其說是也。孔氏所據本蓋已作「文」，故注下文性仁非兵云：「性仁而無文德，非兵而無武備。」雖據《武紀解》「內無文道，外無武道」立說，然與本節旨乖。性仁非兵，《博物志（九）》作「仁而去兵」，《路史·國名紀（六）》引《周書》同。

【集注】孔晁云：性仁而無文德，非兵而無武備。無功盡賞，財無可用。唐氏，堯帝。（盧校倒「財無」）○王念孫云：屈者，竭也。見《呂氏春秋·慎勢篇》注、《淮南·原道篇》注。○潘振云：西夏，即大夏與？《左傳》：「遷實沈于大夏，唐人是因。」註云：「大夏，晉陽縣。」今山西太原府太原縣也。非，詆毀也。城郭二句，申非兵也。屈，竭也。慈惠而好賞，至財竭無以爲賞而後已，此二句申性仁也。〇陳逢衡云：《路史·前紀》：「西夏非兵而廢祀於陶唐。」蓋謂此也。又《帝堯紀》：「西夏廢志，惠而非兵，隳城守，棄武德，好貪以求於民，於是伐而亡之。」又《國名紀》：「西夏，今鄂，故大夏，有夏水。《周書》云：『西夏仁而去兵，城郭不修，武士無位，堯伐亡之』。」衡案：羅氏謂「好貪以求於民」，與《周書》「屈而無以賞」不合。戴清曰：「今甘肅寧夏府，漢爲北地都尉治，晉爲赫連勃勃所據，稱夏，不知即西夏故地否也。羅氏所云鄂州在今武昌府，地有夏水，即江水，故漢屬江夏郡，然在南非在西也。」衡案：此蓋立國于夏水之西，故云西夏。〇唐大沛云：唐氏，注謂帝堯，與前共工條同，竊以唐氏皆非謂帝堯，前條共工非堯時共工也。蓋堯時共工是官名，命垂曰女共工是也。方鳩僝功之共工，是先垂而職在共工者，後得罪而流之幽州，舜流之也。《尚書》、《左傳》、《國策》皆屬之舜，不屬之堯也。《禮記·祭法》云：「共工氏之霸九州也，其子曰柱，能平九土，故祀以爲社。」是共工氏父子皆賢，在神農前、太皞後。及其後世，乃有久空重位之君，恃才而召亂，故亡其國。其云唐氏伐之，不知在何代。帝嚳時始封堯爲唐侯，堯以前唐之爲地必有諸侯國于此者，其即此篇所謂唐氏歟？不可考矣。堯爲唐侯，時號陶唐氏，加陶字殆以別於古之唐氏歟？周成王時封叔虞于唐，號曰唐叔，即帝堯之舊都也。其在夏商之時，亦必有受封于唐者，焉知爲誰何也？

美女破國。昔者績陽彊力四征，重丘遺之美女，績陽之君悦之，熒惑不治，大臣争權，遠近不相聽，國分爲二。

〔彙校〕丘，陳逢衡作「邱」。注同。

〔集注〕孔晁云：重丘之君畏其并己，惑之以女。（按此注原在「重丘遺之美女」下。）君昏於上，權分於下，所爲二也。

○潘振云：重丘，國名，在春秋爲齊地。襄公二十五年，諸侯同盟于重丘。今山東東昌府之茌平縣，即古重丘也。○陳逢衡云：《路史·小昊紀》：「帝之入立也，其屬有更於青陽者，厥後彊力侵尋四伐，重氏苦之而遺之妹。或而不治，大臣争棟，遠近相襲，而青陽遂分。」下注云：「《六韜》作績陽，非。重氏，一作重邱氏。」又《國名紀》：「重邱以美女遺青陽者，《括地志》云：『曹州武城有重邱，故城今在濟陰東。《左傳》孫蒯飲馬重邱，遂伐曹，取重邱者，與德之重邱異。』」據此則「績陽」當作「青陽」。然予案《一統志》：「湖南長沙府臨湘故城在府城南，今善化故界，楚青陽也。」《史記·秦始皇紀》：「荆王獻青陽以西。」注：「青陽，長沙縣是也。」是青陽在湖南，重邱在山東，遠不相及，羅氏之説疑誤。○丁宗洛云：《莊子·人間世》：「而目將熒之。」注：「使人眼眩也。」又《齊物論》：「是黄帝之所聽熒也。」註：「疑惑也。」○唐大沛云：溺于色，怠于政，政柄下移，大臣争競，遠近之民不聽命。

宫室破國。昔者有洛氏宫室無常，池囿廣大，工功日進，以後更前，民不得休，農失其時，飢饉無食，成商伐之，有洛以亡。

【彙校】飢，程本、王本作「饑」。○孫詒讓云：「工功」疑當作「巧工」，注同。今本「巧」作「功」，形近而誤，傳寫又倒其文，遂不可通。○劉師培云：今考《路史·國名紀六》引作「巧工」，即「工巧」倒文，孫説是。「洛」當作「雒」。《路史》謂《六韜》作有熊，「熊」即「雒」訛，其證也。

【集注】孔晁云：工功進則民困矣。以工取官，賢材退矣。湯號曰成，故曰成湯。（盧校「成湯」作「成商」。）○潘振云：有洛，近洛水也。無常，不久而改作也。池，停水也。囿者，蓄育鳥獸之所，其地廣大。匠工之功，民日進而執之。前已成之宫室，後更改之，民不得休息。農失其春耕夏耘秋收之時，穀不熟而饑，菜不熟而饉，民無食矣，熊無亡乎？《竹書》：「帝癸二十一年，商帥師征有洛，克之。」《白虎通》：「成湯以兩言爲謚，成，其謚也。」解取之以冠商爾。〇陳逢衡云：《國名紀》「有洛」即有雒。《六韜》作「有熊」，誤。〇丁宗洛云：成商，猶周之稱成周耳，非必以湯號成也。〇朱右曾云：《國語》云：「當成周者北有潞洛。」《左傳》云：「晉侯略狄土還，及雒。」其地在山西潞安府竟。工功，土木之功。〇陳漢章云：古有洛國。《楚辭·天問》：「帝降夷羿，革孽夏民，胡䠶夫河伯，而妻彼洛嬪？」王逸注：「以洛水神宓妃説之，非也，蓋夷羿奪洛伯之妻耳。」《水經·洛水注》引《紀年》：「洛伯用與河伯馮夷鬭。」(今本夏帝芬十六年)今本《紀年》：「夏帝癸二十一年，商師征有洛，克之。」或有洛之亡即在是時。鄭氏環謂有洛即葛國。葛與洛聲類隔，其亡國之狀亦異，鄭説亦非。若河伯之國，自殷上甲微假其師伐有易後(引見前)，至《穆天子傳》有河宗伯夭，故不見於《史記解》中。

逸周書彙校集注卷八

職方解第六十二

〔集注〕潘振云：職，主也。方，四方也。穆王既聞《史記》之要戒，天下之形勢民物，不可以不知也。此《周禮·夏官》下篇，亦命史録之，以時考覽，故次之以《職方》。○陳逢衡云：章潢《九州嶽鎮川澤辨古》言：九州者，《禹貢》之冀、兖、青、徐、揚、荆、豫、梁、雍，夏制也；《爾雅》之冀、幽、營、兖、徐、揚、荆、豫、雍，商制也；《職方》之揚、荆、豫、青、兖、雍、幽、冀、并，周制也。商有幽、營，而無《禹貢》之青、梁，周有幽、并，而無《禹貢》之徐、梁，此三代九州之不同也。《爾雅》何以知其爲商制？以郭璞注云也。賈氏乃謂之夏置，蓋以《詩譜》所謂梁、雍、荆、豫、徐、揚之民，被文王之化。文王當商之末，有雍、梁之民，《爾雅》無梁州，則不可爲商制。鄭譜但言文王三分天下有其二，州名不足憑也。若以《爾雅》爲夏制，則《禹貢》當爲何制乎？然《爾雅》有九州之名，無九州之界，而《禹貢》、《職方》之界有相侵者。《職方》冀州視《禹貢》爲小，以分冀爲幽、并，如舜時制，是一分而爲三也。雖無徐州，而青、兖之間是已；雖無梁州，而雍、豫之間是已。《禹貢》曰：「海、岱及淮惟徐州。」又曰：「大野既瀦。」今《職方》青州之川淮泗、兖州之澤大野，是以徐而入於青、兖可知矣。《禹貢》曰：「華陽、黑水惟梁州。」又曰：「厥貢璆、鐵、銀、鏤、砮、磬。」今《職方》豫州之山華山，雍州之利玉石，是以梁而入於雍、豫可知矣。《職方》既以青、兖而包徐，故青州多入《禹貢》之豫，兖州多入《禹貢》之青。《禹貢》豫州曰「被荷澤、導孟豬」，而《職方》青州曰「其澤望諸」，豈非青之入豫乎？《禹貢》青州曰「鹽絺」、「海物」，而《職方》兖州其利蒲魚，豈非兖之入青乎？《職方》既分冀而入幽、并，故幽州多入《禹貢》之青、徐，冀州多入《禹貢》之雍。《職方》曰幽州「其山醫無閭」，醫無閭在遼東，漢光武以遼東屬青州，後又屬幽州，茲非幽之入青乎？《職方》曰幽州「其澤貕養，其浸菑時」，貕養在長廣，菑出萊蕪，《地理志》以長廣屬徐州，琅琊有萊山，茲非幽之入徐乎？《職方》曰冀州「其澤楊紆」，《爾雅》謂秦有楊紆。李淳風謂在扶風，茲非冀之入雍乎？大抵周以禹之一冀州分而爲三，以禹之八州合而爲六，其勢必不能如禹之舊。杜氏與二鄭不本此説，不改《職方》之字則改《職方》之意。後鄭以潁宜屬豫，湛宜屬荆，不知幽、青、雍、梁、兖、豫尚多侵入，況荆、豫相去之州乎？改其意而釋者，此也。先鄭以青之淮字當爲睢，沭當爲洙，直謂宋有次睢，魯有洙泗，曾不謂青之包徐也。先鄭謂雍之弦當爲汧，蒲當爲浦，直謂雍有汧水，曾不謂吴山在汧而有弦蒲之藪。杜氏以荆之湛當爲淮，後鄭以兖之盧維爲雷雍，直以湛與盧維無所經，曾不謂地名變易不一，不可一一知也。改其字而釋者，此也。至如山鎮、藪澤又有可得而辨者：九州山鎮分言之則曰四鎮五嶽，總言之皆曰山鎮。揚之會稽、青之沂山、幽之醫無閭、冀之霍山，固爲四鎮矣。而五嶽在虞、夏、商、周，世有不同。《舜典》南岳，孔安國以爲衡山。《職方》荆州曰「山鎮曰衡山」，是衡爲南嶽明矣。而《爾雅》有二説，河南衡山爲南嶽，又以霍山爲南嶽。蓋漢武帝元封五年巡南郡，禮天柱山號曰「南嶽」，是以衡山之神遼遠，又移其神於霍山也。説者謂一山兩名，則失之。此漢嶽之與虞、周不同也。《王制》有恒山、衡山，而不言太華、嵩山，《舜典》有四嶽，而不言中嶽。蓋《王制》南北以山爲至，東西以水爲至，故五嶽言其二，《舜典》言四方巡狩所至之地，故五嶽言其四，泰山爲東嶽，華山爲西嶽，恒山爲北嶽，衡山爲南嶽，嵩山爲中嶽。嵩，大也，即《禹貢》之外方也，初無嶽山之名。《職方》山鎮有恒、有岱、有華、有衡，不言嵩高而有嶽山，蓋周都在五嶽之外，故以雍之吴山爲嶽山。此周嶽之與虞、夏不同也。故曰山鎮之可辨者，此也。九州澤藪在《職方》爲九，在《爾雅》爲十，蓋《職方》以州言，《爾雅》以國言也。《爾雅》以吴越有具區，即此揚也。楚有雲夢，即此荆也。鄭有甫田，即此豫也。宋有孟豬，即此青也。魯有大野，即此兖也。秦有楊紆，即此冀也。燕有昭余祁，即此并也。此澤藪之名同也。獨晉之大陸、齊之海隅、周之焦穫，《爾雅》與《職方》不同。然《爾雅》之齊即《職方》之幽，以其幽之澤藪豯養，而豯養在徐也。《爾雅》之燕爲《職方》之并，以其并之昭余祁，而燕爲幽州也。《爾雅》之周，爲《職方》之雍，《爾雅》之秦，亦爲《職方》之雍。《職方》既以弦蒲爲雍，所以不受焦穫。《爾雅》之晉，爲《職方》之冀。《職方》既以冀之界入於秦，以楊紆爲冀，所以不受大陸。此藪澤之名異也。故曰澤藪之可辨者，此也。然嘗考之《禹貢》之别九州隨山濬川，而終之曰「庶土交正，底慎財賦，咸則三壤，成賦中邦」，故《夏書》謂之《禹貢》。今《職方》之辨九州制畿封國，而終之曰「制其職，各以其所能，制其貢，各以其所有」，故《周官》謂之《職方氏》。鄭氏曰：「職，主也，主四方之職貢者。」其知成周設官之意乎？周人設官以《職方》爲名，而制貢又曰「各以其所有」，此正《禹貢》「任土作貢」之意也。衡案顧氏《日知録》曰：「夏商以後，沿上世九州之名，各就其疆理所及而分之，故每代小有不同。」《周禮》：量人「掌建國之法，以分國爲九州。」曰分，則不循於其舊可知矣。○丁宗洛云：一部《周禮》，穆王特採此篇，原是考輿圖書，又復全抄一通，何也？毋亦因王室日卑之意，而作者既自著，以爲使一旦操得爲之權，則山川之夷險、物産之豐嗇，直可取懷而予，無須求諸故府耶？是亦留心世道者矣。○孫詒讓云：孔云：「此在《周官·大司馬》下篇，穆王使有司抄出之，欲時省焉。」案孔因此篇次《史記篇》後，故有此説。然今本書非必先秦舊次，不足爲穆王鈔出之證。此蓋六國時人摭《周官》入此書，故其文悉同。孔安國《尚書敘》則云：「孔子述《職方》，以除九丘。」蓋因此書爲孔子所删之餘，遂以爲孔子所述，尤不足據也。○陳漢章云：此篇實周之官職方氏者抄出别行，如魏文侯之樂人竇公抄出大司樂職，以爲《樂書》也。（此經如《謚法》、《月令》，皆有别行本。）

職方氏掌天下之圖，辯其邦國、都鄙、四夷、八蠻、七閩、九貉、五戎、六狄之人民，

〔彙校〕辯，朱右曾從《周禮》作「辨」。

〔集注〕孔晁云：此在《周官·大司馬》下篇，穆王使有司抄出之，欲時省焉。國邑曰鄙。東方曰夷，南方曰蠻，皆狄蠻之别。貉，夷之别。八、七、九、五、六，見非一之言也。（盧校「國邑曰鄙」爲「國曰都，邑曰鄙」，「南方曰蠻」下有「西方曰戎，北方曰狄」八字，「皆狄蠻之别」作「閩蠻之别」，貉下「夷」作「狄」字。）○盧文弨云：四夷，其大名也，故不言四。○潘振云：職方稱氏，世官也。天下之圖，如漢司空輿地圖也。邦國，諸侯之國也。都鄙，邦國之采地也。四、八、七、九、五、六，周之所服國數也。辯其人民，廣谷大川異制，民生其閒異俗也。○陳逢衡云：《周官》職方氏中大夫四人，下大夫八人，中士十有六人，府四人，史十有六人，胥十有六人，徒百有六十人。鄭康成曰：「職方氏，主四方官之長。」賈疏曰：「司馬主九畿，職方制其貢，官尊而人多，以主天下人民貢賦之事繁。」○孫詒讓云：辯，《周禮》作辨，字通。

與其財用九谷六蓄之數。

〔彙校〕谷，諸本作「穀」，盧從。蓄，盧校作「畜」，云：《周官》「數」下有「要」字。

〔集注〕潘振云：財用，泉穀貨賄也。九穀，黍、稷、稻、麻、粱、苽、大小豆、小麥也。○陳逢衡云：財用，金玉刀幣之類，《爾雅》所謂九府是也。九穀，先鄭以黍、稷、秫、稻、大小豆、大小麥當之，後鄭謂有粱、苽，無秫、大麥。

周知其利害，乃辨九州之國，使同貫利。

〔彙校〕貫利，吴本作「其利」。辨，諸本作「辯」，盧從。

〔集注〕孔晁云：貫，事。○潘振云：利，如開道通津，疆圉之利；除惡革汙，禮俗之利也。害，謂惡物汙俗之害，如地慝、方慝是已。貫，通也。九州之國，人民好惡不同，財用有無不等，貫而通之，使有無相易，善惡相濟，俾同享其利焉。○朱右曾云：賈公彦曰：「使同其事，利不失其所。」

東南曰揚州。其山鎮曰會稽，其藪澤曰具區，其川三江，其浸五湖，其利金、錫、竹、箭，其民二男五女，其畜宜雞犬鳥獸，其穀宜□。

〔彙校〕具區，元刊本、程本、吴本、王本作「具區」，盧從。犬，諸本作「狗」，盧從。闕處吴本、王本作「稻」，盧從。「藪澤」二字盧校倒。○于鬯云：此或衍「鳥獸」二字。蓋《周書》作「其畜宜雞狗」，《周禮·職方氏》作「其畜宜鳥獸」。後人據《周禮》以校《周書》，因於雞狗下著「鳥獸」二字，遂衍入正文也。下文「荆州其畜宜鳥獸」、「青州其畜宜雞犬」、「雍州其畜宜牛馬」、「冀州其畜宜牛羊」，皆舉兩字爲文例，故如幽州不曰「其畜宜牛馬羊豕」，而變文曰「四擾」，尤可徵也。且雞狗即鳥獸之類，古人文簡，言鷄狗自不必言鳥獸，言鳥獸自不必言雞狗，猶之雍州言牛馬不必言羊，冀州言牛羊不必言馬，豈果不宜者乎？故《周書》與《周禮》一言雞狗，一言鳥獸，論其畜宜，初不害也。盧文弨校此，以「雞狗」二字爲後人妄增，亦無不可。惟如此，則《周書》同於《周禮》，轉不應無端衍入「雞狗」二字，故疑「鳥獸」二字爲衍也。○劉師培云：《説文》云：「楢，木也。從木，晉聲。《書》曰：『竹箭如楢。』」《玉篇·木部》同。所引疑即此文。「書」上當有「周」字，「如」上亦當有「讀」字。知者，《周官·職方》後鄭注云：「故書箭爲晉。」是《周官》故書不作「箭」也。許君所據《周官》當即作「晉」之本，欲以箭字況榗音，故特引《周書》以明箭、榗同讀，此即《周書》舊本作「箭」之徵也。段玉裁《説文注》謂「當作《周禮》曰竹榗讀如箭」，蓋臆説。（《吴越春秋・勾踐歸國外傳》云：「晉竹十廋。」晉與榗同，均箭字古文，即《竹譜》之箭竹也。）

〔集注〕孔晁云：竹箭，篠篠也。（諸本無「篠」字，盧從。盧又云：「竹」字衍。）九州土氣、生民男女各不同。鳥獸，山澤所育之屬。○盧文弨云：《周官》無「雞狗」，此亦後人妄增也。○潘振云：東南氣燥勁，厥性輕揚，故曰揚。揚，飛舉也。《禹貢》揚州之域，東距海，北據淮，殷人以淮入徐，故揚州止謂之江南，周人復以淮入揚，循禹之舊。山能出雲雨以生萬物，鎮安於一州者曰鎮。會稽山，《漢志》屬山陰，今在會稽縣東南。水豬不流以生鱗蠹者曰澤，水涸不耕而生草木者曰藪。具區，太湖也，在蘇州西南四十五里，廣三萬六千頃，中有七十二山，一名震澤。水常流而趨海者曰川。三江，岷江、松江、浙江，即揚子江、吴松江、錢塘江也。水可陂而灌溉者曰浸。五湖之説不一：或謂太湖周行五百里，且上稟咸池五車之氣，故名五湖。或以菱、莫、游、貢、胥爲五湖者，太湖之別也。虞翻所云滆洮二湖，俱在陽羨，即今宜興。射貴一湖，在晉陵，即今無錫，誤分爲二湖。韋昭所云胥湖，即太湖別支。蠡湖在晉陵，洮滆與虞説同，皆非有太湖之大也。李圖之説彭蠡、巢湖、鑑湖爲近是，洞庭屬荆州。柯山之説射陽、丹陽、彭蠡爲近是，青草屬荆州。四儒皆以他湖合太湖爲五。舍具區而酌定之，五湖者，射陽、丹陽、巢湖、鑑湖、彭蠡也。射陽在今淮安府阜寧縣北，丹陽在太平府東南，巢湖在廬州府東，俱隸江南。鑑湖在浙江紹興府南，彭蠡即鄱陽，在江西饒州府鄱陽縣西，皆揚域也。民資之以生者曰利。金，三品金也。錫，鑞也。竹箭，竹之小者。○陳逢衡云：《釋名》謂揚州州界多水，水波揚也。《太康地記》則以爲揚州漸太陽位，天氣奮揚，故取名焉。據《呂氏春秋・有始覽》東南曰陽天，《淮南・墬形訓》正東陽州曰申土。又云「扶木在陽州，日之所曊」，高誘注：「揚州，東方也。」又「東南方曰波母之山，曰陽門」，亦見《墬形訓》。古揚、陽通用。《禹貢》首冀州者，尊帝都也。周都豐鎬，例以尊京師之文當首雍州。而《職方》獨首揚州者，蓋以《職方》掌財用九穀六畜之數，揚州地廣人衆，水土鍾育，較他州爲盛也。會稽山見《山海經》，蓋禹以會計至此得名也。漢《地理志》：「會稽郡山陰縣，會稽山在南，揚州山。」《水經・江水注》：「會稽之山，古防山也。亦謂之茅山，又曰棟山。」《越絶》云：「棟，猶鎮也。」蓋《周禮》所謂揚州之鎮也。太湖一名震澤，震，動也，極言水勢動摇，坤維皆爲之震撼也。一名具區，具，俱也，言四方之水俱來匯於此也，故又謂之太湖，以其較五湖更大也。則太湖不在五湖内可知。郝懿行《山海經注》又以太湖爲五湖之總名。案三江、九江、九河俱不聞另有總名，何獨五湖有總名？蓋别乎五湖而爲太湖，猶别乎四岳而爲太岳也。然則太湖者具區也，五湖者太湖之支分派别而另爲五水者也。金三品者，黄金謂之金，白金謂之銀，赤金謂之銅也。錫，白鑞也，在銀鉛之間。《淮南・地形訓》：「山氣多男，澤氣多女。」揚州澤國，故女多於男。〇孫詒讓云：盧校據《周禮》鄭注也。鄭意蓋以竹爲大竹。箭爲篠，乃竹之小者。《説文》：「筱，箭屬，小竹也。」然竹、箭亦可通稱。《書・禹貢》：「篠簜既敷。」孔傳云：「篠，竹箭。」《爾雅・釋地》云：「東南之美者，有會稽之竹箭焉。」郭璞注亦同。孔意或與孔、郭同，則此注竹字似不當删。

正南曰荊州。其山鎮曰衡山，其澤藪曰雲夢，其川江、漢，其浸穎、湛，其利丹、銀、齒、革，其民一男二女，其畜宜鳥獸，其穀宜稻。

〔**彙校**〕穎湛，盧校作「潁湛」，朱右曾據《説文》訂作「波溠」。

〔**集注**〕潘振云：正南氣燥剛，稟性强梁，故曰荊，荊，强也。《禹貢》：「荊及衡陽惟荊州。」殷之荊州，其北境曰漢南。以《地理志》考之，荆山在南郡臨沮縣，漢水又在北，正屬襄陽。言漢南，則跨荆山之北。至周復以荆門之北屬豫州，復禹封域。衡山，南嶽也。《地志》在長沙國湘南縣，今衡州府衡山縣。雲夢在華容，跨江南北，江北爲雲，江南爲夢。漢華容縣，今荆州府監利、石首二縣地，非今岳州府之華容縣也。江水出今四川松潘衛北西蕃界，源有三支，正支自浪架嶺南流。浪架嶺，岷山之隨地異名者。東支自弓槓口，至樟臘營合正支。西支自殺虎塘，至黄勝關合正支，南經茂州汶川縣，以至灌縣離堆，岐爲數十股，滂沱南下，左抱成都府，右環崇慶州，衆流以次會於新津縣南。又南行，逕眉州嘉定府，至敘州府東南，合金沙江，折而東北流，至重慶府。嘉陵江、涪江自北來合流入之。又東北經夔州府巫山縣，入湖廣界。東流至夷陵州，今宜昌府。東南流至枝江縣，又東流至荆州府折而南流，至石首縣。又東流至監利縣，又南流至岳州府折而東北流，至武昌府，與漢水合。又東流至黄州府，又東南流入江西界，至九江府湖口縣，鄱陽水合之。又東北流入江南界，經江寧府、鎮江府，至通州入海。漢水出今陝西漢中府寧羌州北嶓冢山，初名漾水，東至南鄭縣南，爲漢水。東流至興安府白河縣，入湖廣界。又東流經鄖陽府鄖縣，至襄陽府均州。又東南流，歷光化、穀城二縣，至襄陽縣東津灣。折而南流，經安陸府鍾祥縣，至潛江縣大漢口。復東流，經漢陽府漢川縣，至漢陽縣漢口，合岷江。江自宜昌府至武昌府，漢自均州至漢陽縣，皆一千四百餘里，江漢分流於其間，至是合流。《詩》曰：「滔滔江漢，南國之紀。」是也。《水經》：「潁水出潁川陽城縣西北少室山。」「湛水出犨縣魚齒山西北。」陽城今登封縣，屬河南府。犨縣今魯山縣，屬汝州，皆豫州地也。大抵周荆州界，自隨、巴、唐、鄧，東北至汝、潁，與豫州分界與？丹，朱砂也。銀，白金也。齒，象齒也。革，犀兕革也。○陳逢衡云：《釋名》：「荆州取名於荆山也。必取荆爲名者，荆，警也。南蠻數爲寇逆，其民有道後服，無道先畔，常警備之也。」施彦士曰：「荆，木名。山多荆，故曰荆山，而州亦被以荆名矣。」《寰宇記》：「宿當翼、軫，度應璣、衡，故曰衡山。」《爾雅》：「楚有雲夢。」郭注：「今南郡華容縣東南巴邱湖是也。」邵晉涵曰：「此釋荆州之藪也。」《禹貢》荆州云「雲夢土作乂」，《職方》荆州云「其澤藪曰雲夢」，雲夢本一澤也。《左氏·昭三年傳》：「王以田於江南之夢。」《定四年傳》：「楚子涉睢濟江，入於雲中。」後儒遂謂夢在江南，雲在江北。唐人改《禹貢》爲「雲土夢作乂」，以爲從古本《尚書》。於是雲與夢分爲二地，轉有致疑於《職方》、《爾雅》者矣。然《史記·夏本紀》述《禹貢》云：「雲夢土爲治。」《漢書·地理志》引《禹貢》云：「雲夢土作乂。」俱連舉雲夢，則唐人所云《尚書》古本，未足據也。《左傳》雲夢分舉，不過偶從省文耳。傳文謂之江南之夢，則江北有夢地可知，故杜注云：「楚之雲夢跨江南北。」後儒謂夢在江南者，非也。吴師五戰及郢，昭王自郢西走，涉沮水，渡江而南，東行入雲中，故杜注云：「入雲夢澤中，所謂江南之夢。」是雲中即江南之夢。後儒謂雲在江北者，非也。雲夢跨江南北，統爲一藪，故《吕覽》、《淮南》並連稱雲夢，與《爾雅》同。《漢書·地理志》：「南郡華容縣，雲夢澤在南，荆州藪。」鄭康成《職方注》、應劭《風俗通義》、高誘《吕覽》、《淮南》注、韋昭《國語》注俱本《漢志》之文。《晉書·地理志》因於《漢志》，無所改革，故郭注亦作在華容。欽定《周官義疏》曰：「《漢書·地理志》雲夢澤在南郡華容縣南（漢華容，今荆州府監利、石首二縣地），《水經注》雲杜縣（今安陸府京山縣）東北有雲夢城。又夏水東逕監利縣南，縣土卑下，澤多陂陁，西南自州陵（今安陸府沔陽縣）東界逕於雲杜沌陽（今漢陽府漢陽縣），爲雲夢之藪。杜預云：「枝江縣（今屬荆州府）、安陸縣（今屬德安府）有雲夢。」《元和志》雲夢澤在安陸縣南五十里。又雲夢在雲夢縣西七里（今屬德安府）。然則東抵蘄州，西抵枝江京山以南、青山以北，皆爲古之雲夢。所謂雲、夢一澤，而每處有名者也。潁之别爲濦，濦有大小。小濦出汝南濦强，與潁水合，故潁或謂之濦。潁水又東，大濦水注之，東南流逕召陵縣故城南，而上承汝水枝津，世亦謂之大濦水，南逕慎城西而入於潁。慎，故楚邑，白公所居以拒吴者。潁水從此會於淮，故《左傳》謂之「潁尾」。蓋潁首陽城而尾下蔡。下蔡，故州來。班固獨指此爲荆州浸，則其地古屬荆州矣。召陵及慎漢屬汝南，爲豫州，在春秋則皆楚地。楚曰荆人，則皆古荆州之域也。湛水北枕山，山有長阪水流其下，故有湛阪之名。京相璠曰：「昆陽縣北有蒲城，蒲北有湛水，東流入汝。」昆陽在犨縣北，而湛出犨北魚陵西北而東南流歷魚陵下，其地接方城，方城即葉縣。漢昆陽屬潁川，爲豫；犨屬南陽，爲荆。然則湛合汝從豫入荆也。汝有濆，酈道元謂濆、㶏聲相近，故世謂濆爲大㶏水，亦或下合㶏、潁之稱，則似潁、湛、汝、濆合爲一水矣。正南曰荆州，江、漢、汝、濆皆南土，《國風》列於《周南》，故江、漢爲川，湛、潁合汝、濆爲浸。古荆州北接陳、汝，控帶許、洛。《齊語》：「桓公南伐楚，濟汝踰方城，望汶山，荆州諸侯莫不來服。」《鄭語》：「南有荆蠻、申、吕、應、鄧、陳、蔡、隨、唐。」所謂荆州諸侯也。《楚語》：「靈王城陳、蔡、不羹。」案父城有應鄉，故應國。新蔡，故蔡徙，有大吕、小吕亭，故吕國。定陵襄城有東西兩不羹，在漢或屬潁川，或屬汝南。陳，故陳國，屬淮揚，皆古荆州。《淮南子》曰：「昔者楚地南卷沅湘，北繞潁泗，西包巴蜀，東裹郯淮，潁汝以爲洫，江漢以爲池，亘之以鄧林，綿之以方城。」然則潁湛即潁汝也。康成以爲宜屬豫州，豈其然乎？《春秋傳》：「楚令尹子瑕城郟。」《水經注》：「潁川郟縣，汝水逕其故城南。即子瑕之所居也。」則潁汝宜屬荆州益信。○朱右曾云：《水經注》曰：「波水出霍陽西川大嶺東谷，即應劭所謂孤山，波水所出也。南入滍，滍水自下兼波水之通稱，故闞駰有東北至定陵入汝之文。」以今輿地言之，波水出河南汝州西南，南至魯山縣西，合滍水，東北至許州襄城縣東南入汝。波在南，湛在北。荆豫二州界別于斯，合汝以後則以汝爲界，可知矣。《説文》曰：「溠水在漢東，荆州浸也。」《春秋傳》曰：「除道梁溠。」今溠水出湖北德安府隨州西北栲栳山南，至州西入溳，入溳以後溳即溠矣。

河南曰豫州。其山鎮曰華山，其澤藪曰圃田，其川熒、雒，其浸陂、溠，其利林、漆、絲、枲，其民二男三女，其畜宜六擾，其穀宜五種。

〔彙校〕陂溠，朱右曾據《説文》與前「潁湛」易。盧文弨云：「陂」當從《周官》作「波」，讀爲播。

〔集注〕孔晁云：華山，西岳。家所畜曰擾。五種，謂黍、稷、菽、麥、稻也。〇盧文弨云：熒，即滎也。《春秋傳》：「戰于熒澤。」亦作「滎」。〇潘振云：河南氣著密，厥性安舒。豫，舒也。《禹貢》：「荆、河惟豫州。」其封在大河之南，南條荆山之北。殷之豫州，南境距漢，北境接河，故曰河南。周人於豫州，亦曰河南，而南境則仍禹之舊。《漢志》：「華山在京兆華陰縣南。」京兆爲今陝西西安府，縣屬今同州府。以華山爲鎮，則《禹貢》雍州東南之境亦入豫。圃田，一名原圃，在河南郡中牟縣。今郡爲河南府，縣屬開封府。熒，沇水也。沇水出河東郡垣縣王屋山，今山西絳州垣曲縣山也。東流爲濟，入于河，溢爲滎。滎在今河南開封府滎陽縣南三里古城村。厥後濟不溢河，滎澤遂枯。雒水出宏農郡上雒縣冢嶺山，今陝西商州雒南縣山也。至河南府鞏縣入河。竹木生平地曰林。漆，木汁可髹物者。六擾，即六畜也。〇陳逢衡云：《爾雅》：「鄭有圃田。」邵晉涵曰：「西周時圃田在東都畿内，故《小雅·車攻》云『東有甫草』。鄭箋以爲圃田之草也。東遷後屬於鄭，故《左氏·僖三十二年傳》云『鄭之有原圃』，杜注以爲圃田澤是也。」當云周有圃田，今云鄭有圃田者，《爾雅》不成于一人，或七十子之徒據東周疆域改「周」作「鄭」。《穆天子傳》云：「祭父自圃鄭來謁。」又云：「乃遣祭父如圃鄭。」是此地在西周時已名。《漢志》：「河南郡中牟縣，圃田澤在西，豫州藪。」《水經注》：「圃田澤多麻黄草，《詩》所謂東有甫草也。西限長城，東極官渡，北佩渠水，東西四十餘里，南北二百餘里許。中有沙岡，上下二十四浦，津流逕通，淵潭相接，各有名焉。水盛則北注渠，溢則南播，故《竹書紀年》梁惠成王十年，入河水於甫田，又爲大溝而引甫水者也。斯圃乃水澤之所鍾，爲鄭隰之淵藪。」

正東曰青州。其山鎮曰沂山，其澤藪曰望諸，其川淮、泗，其浸沂、沭，其利蒲、魚，其民二男三女，其畜宜雞、犬，其穀宜稻、麥。

〔彙校〕沐，鍾本作「沭」，盧校同。○盧文弨云：《周官》「犬」作「狗」。○潘振云：三女，《周禮》作「二女」。

〔集注〕潘振云：東方少陽，其色青，其氣清，歲之首，事之始，故以青爲名焉。《禹貢》有青有徐，殷并青於徐，而徐兼揚之淮，故江南曰揚州。周復以淮歸揚，而并徐於青，正在畿東，故曰正東。沂山，沂水所出也，在唐沂州沂水縣北百二十四里，在今青州府臨朐縣南百五十里。鄭云：「沂山在蓋。」《地志》云：「泰山郡蓋縣，故城在沂水西北。」其東莞縣，即今沂州府之沂水縣也。望諸，宋藪。漢屬沛郡睢陽縣，宋屬南京應天府。今河南歸德府商丘、虞城二縣界有孟諸臺，臺在澤中，俗呼爲湄臺。漢睢陽，今商丘。宋應天，今歸德。青州西南侵豫界也。淮出桐柏，其支峯名胎簪，又名大復。《漢志》：「南陽郡平氏縣，桐柏大復山，在其東南。」今河南南陽府桐柏縣桐柏山，山下有淮井，泉源所出也。東流至光州東北，會汝水。汝水出汝寧府遂平縣西六十里洪山。既會汝水，又東由光州之固始縣，入江南潁州府界。又東流至潁上縣東南，淠水入之。又東北至鳳陽府懷遠縣，合渦河。又東經長淮衛，至泗州五河縣，合澮河。又東經泗州城南，盱眙城北，漫衍入洪澤湖。東北出淮安府清河縣之清口，與黃河會。東則刷黃河以入海，南則入運河以濟漕。歷揚州府之寶應縣、高郵州，抵江都縣，入揚子江。江、淮本未通。春秋時，吴伐齊，於廣陵城東南築邗城，城下掘深溝，謂之邗江。東北通射陽湖，而北至宋口入淮，此通江淮之始也。泗水，《漢志》所載有二：一在濟陰郡乘氏縣東南，至睢陵入淮。濟陰，今東昌府。乘氏，今曹州府，俱屬山東。睢陵，今江南泗州盱眙縣也。一出魯國卞縣西南，至方與入沛，自沛入淮。魯國卞縣，今泗水縣。方與，今魚臺縣，俱屬山東兖州府。沛，即今沛縣，屬江南徐州府。今山東兖州府泗水縣東五十里陪尾山，四源並發，故名泗。西南流至兖州府城東金口壩，分爲二派，一越壩西南流至濟寧州界爲泗河，又西南至魯橋入運河。一從壩上西流至兖州府城西爲府河，又西南至濟寧州東合洸水，又西南至天井牐入運河。沂水，《漢志》：「出泰山郡蓋縣艾山。」艾山一名臨樂，今山東沂州府沂水縣西北一百七十里雕崖山。一山三名，沂山之支阜也。按入蒙陰縣界，南流至江南淮安府宿遷縣北，匯爲駱馬湖，又南入運河。沭水，《漢志》在琅邪東莞縣，今沂州府沂水縣。源出大弁山，東南流逕沂州府莒州，及蘭山、郯城二縣界，至江南沭陽縣，逕桑漚湖爲漣水。沂、沭二水，皆南至下邳入泗。下邳，即今江南泗州也。《禹貢》淮沂屬徐州，此在青州者，周以《禹貢》徐州地爲青故也。蒲，水草，可以爲席。《禹貢》：「徐州淮夷貢魚。」周并徐於青，故其利蒲、魚。〇陳逢衡云：《禹貢》豫州曰「被孟諸」，《史記·夏本紀》作「明都」，鄭注《職方》云：「望諸，明都也。」《詩譜》作「明豬」。《左傳》作「孟諸」，與《爾雅》同。《元和郡縣志》：「孟諸澤在宋州虞城縣西十里，周回五十里，俗號盟諸澤。」孟、望，明、盟，諸、豬，皆聲之轉。《漢志》「術水」，師古曰：「即沭水也。」

河東曰兖州。其山鎮曰岱山，其澤藪曰大野，其川河、沛，其浸盧、維，其利蒲、魚，其民二男三女，其畜宜六擾，其穀宜四種。

【**彙校**】沛，諸本作「泲」，盧從。盧維，陳逢衡作「廬濰」。潘振云：「盧維」，當爲「雷雍」。

【**集注**】孔晁云：四種，黍、稷、稻、麥。〇潘振云：河東氣專質，厥性信謙，故曰兖。兖，信也。夏殷皆言「濟、河惟兖州」，謂東河之東、濟水之北也。周人以青兼徐，而兖州又越濟之東南，故徐之岱山，《職方》以爲兖之鎮山，徐之大野，《職方》以爲兖之澤藪也，故曰河東。岱山，《漢志》在泰山郡博縣西北。博在唐爲乾封，屬兖州，宋後襲慶府奉符縣。襲慶，今兖州府。奉符，今泰安府之泰安縣也。大野，《漢志》在泰山郡鉅野縣北，唐以縣屬鄆州。或云：鄆州中都西南有大野陂。鄆州，今東平州，屬泰安府，而中都則兗州府汶上縣也。今南旺湖，實在汶上縣西南，縈迴百五十餘里。西湖廣衍，倍於東湖。東湖北接馬踏伍莊坡湖，以及安山，南接蜀山馬場坡湖，以及昭陽諸湖，連亘數百里，即古大野無疑。泲，《禹貢》作「濟」。考之《説文》，從水從齊者「水出常山郡房子縣贊皇山」，今直隸正定府贊皇縣贊皇山，別一水名。後世雖例以從水從齊者爲兗州之川，其實乃字之誤，當以解文爲正。泲水即沇水，沇即泲之上流，發源爲沇，既東爲泲。水出今河南懷慶府濟源縣王屋山，既見而伏，至濟源縣西北五里，重源顯發，有東西二池，合流至温縣東南入河。復出河之南，溢而爲滎，又東至于陶丘北。陶丘，地名，在今曹州府定陶縣。又東北至菏澤，澤在今曹州府荷澤縣。自河至此，凡七百餘里，皆古濟所經之地。又東北至于兗州府壽張縣安民亭，合北汶，至青州府博興縣入海。自汶至博興，皆古濟之地，實古兗州之域也。泲凡三伏而四見，一見於王屋而遂伏，再見而爲泲，再伏而入河，三見而爲滎，三伏而穴地，四見而出陶丘之北，自此不復伏矣。《禹貢》：「雷夏既澤，雍沮會同。」雷夏在城陽，今山東曹州府濮州東南有雷澤，即舜所漁也。灉、沮二水，源俱出雷夏澤。〇陳逢衡云：《漢書·地理志》琅琊郡横縣故山，久台水所出。《水經·清水注》：「盧水，即久台水也。」據《一統志》，盧水在今山東青州府諸城縣東，維水出今沂州府莒州西北九十里，自箕屋山東流入諸城縣界。《水經注》謂久台水逕東武縣故城東，又北入維，濰水逕東武縣西北，流合扶淇水，又北合盧水，蓋二水交會，匯而爲浸也。案東武縣即今諸城縣地，漢《地理志》琅琊郡箕縣。《禹貢》維水，北至昌都入海，過郡三，行五百二十里，兗州浸也。

正西曰雍州。其山鎮曰嶽山，其澤藪曰彊蒲，其川涇、汭，其浸渭、洛，其利玉石，其民三男二女，其畜牛、馬，其穀宜黍、稷。

【彙校】涇納，諸本作「涇納」，盧從《周禮》改「涇汭」。彊蒲，朱右曾從《周禮》改「弦蒲」。〇王念孫云：彊蒲，《周官》及羣書皆作「弦蒲」，蓋弦與强字形相似，弦誤爲强，又誤爲彊耳，當改正。〇王引之云：「嶽」下本無「山」字，故孔注曰「嶽，吴嶽也」。後人依俗本《周官》加「山」字，辯見《經義述聞·周官》。〇俞樾云：《周官·職方氏》作「涇汭」，然汭非水名。《説文·水部》：「汭，水相入也。」並無水名之訓。《尚書》之嬀汭、渭汭、洛汭，《左傳》之漢汭、渭汭、雒汭、滑汭、豫章之汭，無作水名解者。惟《職方氏》涇汭爲水名，即《漢書·地理志》右扶風汧縣之芮也。蓋既非本義，故亦無定字。《周禮》作「汭」，《漢書》作「芮」，此經作「納」，皆從内聲之字也。《説文》於「湛」篆下曰：「没也。」又云：「一曰湛水，豫州侵。」蓋既著其本義，又著其別義，水部諸篆如此者多矣，而汭篆下並無一曰「汭水，雍州川」之文，疑許君所見《周官》未必作「汭」也。盧本據《周官》訂正作「涇汭」，恐轉非古書之舊。下文「河内曰冀州，其侵汾露」，亦與《周官》作「汾潞」不同。盧謂露、潞古通用，露可爲潞，安在納不可爲汭乎？

【集注】孔晁云：嶽，異嶽也。（盧校「異」作「吴」）〇潘振云：正西氣蔽壅，厥性急凶，故曰雍。雍，壅也。兼得梁州之地，西北之位，陽所不及，陰壅也。《禹貢》有雍有梁，故梁爲正西，而雍爲西北。殷周皆省梁入雍，故雍州爲正西。《地志》扶風汧縣西吴山，古文以爲岍山，宋隴州吴山縣吴嶽山也。吴山縣，今隴州，屬陝西鳳翔府。《漢志》扶風汧縣北有蒲谷鄉，弦中谷，宋屬隴州汧源縣。汧源，即今汧陽縣，與隴州俱屬鳳翔府。涇水，出甘肅平涼府平涼縣西南笄頭山，亦名崆峒山，東至陝西西安府高陵縣西南入渭。汭水，出平涼府華亭縣，有二源，北源出湫頭山之朝那湫，南源出齊山，至縣東，與北河合。又東至涇州西北入涇。渭水，《地志》出隴西郡首陽縣西南，宋渭州渭源縣鳥鼠山西北南谷山也。東至京兆船司空縣入河，宋華州華陰縣也。渭源縣，今屬甘肅蘭州府。華陰縣，今屬陝西同州府。洛水爲雍州浸，有二源，其一亦即豫州川之源也。《唐志》慶州洛源縣，本漢歸德縣，屬北地郡，有於向山，在縣北三十里，洛水所出。歸德，即今甘肅慶陽府之合水縣也。《漢志》左馮翊懷德縣之彊梁源，即洛水，東南入渭。懷德，即今西安府之富平縣也。歸德其源，懷德其委耳。藍田見有玉山，出玉石。雍州并宜麥，此不言者，以黍稷爲主也。○陳逢衡云：《釋名》：「雍州在四山之内。雍，翳也。」《史記·封禪書》：「自華以西名山曰嶽山。」吴山，《國語》所謂虞也。《寰宇記》郭璞曰：「吴嶽，别名開山。」《一統志》案：《兩漢志》皆謂吴山即汧山，《通典》、《元和志》、《寰宇記》俱别有汧山，與吴山不相蒙。近志皆因之，然脈絡相連，在古只是一山也。弦蒲，《水經·渭水注》又謂之魚龍川，蓋汧、渭二水交匯之處也。鄭康成曰：「涇出涇陽，汭在豳地。」《詩·大雅·公劉篇》「汭泦之即」，漢《地理志》定安郡涇陽縣。開頭山在其西，涇水所出，東南至陽陵入渭，過郡三，行千六十里。雍州川，右扶風汧縣芮水，出汧山西北，東入涇。《詩》汭泦雍州川。惠士奇曰：「雍之川莫大於汧渭。班固言芮出汧東入涇，是汧水入涇謂之汭也。《地理志》汧縣，汧水出西北，芮水亦出西北。明汭即汧也。」衡案：《漢志》明云汧水、芮水，不得謂汭即汧也。且經以「弦蒲」爲藪，則汧是澤，渭是川，不得相混。大都汧、涇、渭、汭四水互相出入，而源流各别。

東北曰幽州。其山鎮曰醫無閭，其澤藪曰貕養，其川河、泲，其浸菑、時，其利魚、鹽，其民一男三女，其畜宜四擾，其穀宜三種。

〔彙校〕泲，諸本作「沛」，盧從。

〔集注〕孔晁云：四擾，牛、馬、羊、豕。三種，黍、稻、稷也。（「稷稻」二字諸本倒，盧從。）○潘振云：東北氣深要，厥性剽疾，故曰幽，幽，要也。醫無閭，《漢志》在遼東郡無慮縣，在今盛京錦州府廣寧縣北。貕養，《漢志》在琅邪郡長廣縣西。唐萊州昌陽縣，本漢縣，屬東萊郡，宋爲萊陽縣。貕養澤在縣東北四十里，蓋澤介乎東萊、琅邪兩郡之間，在今山東登州府萊陽縣，在《禹貢》宜屬青州。川與兗州同者，幽州雖跨有遼水爲東北，而實西南越海，兼有青州之東北境。王璜、張楫云：「九河陷海中。」是九河未陷之前，凡登萊海岸，及濱、滄二州之東境，皆在幽州之地，與兗州東西分界，故其川同列河、泲。菑水，《地志》出泰山郡萊蕪縣原山，宋淄州淄川縣東南七十里原山也。東至博昌縣入濟。博昌，宋青州壽光縣也。今青州府益都縣西南，顔神鎮東南二十五里岳陽山，即原山。淄水出於山之東谷，東北流，至青州府壽光縣北，由清水泊入海。時水，《地志》出濟南郡般陽縣，今濟南府淄川縣，東北至千乘縣入淄。千乘，今青州府樂安縣。《山東通志》：「時水即烏河，出青州府臨淄縣西南槐樹村，北流，受澅水、系水，逕新城縣之索鎮口，東南入博興縣界，下注麻大泊。」新城屬濟南府，博興屬青州府。幽州跨海，故有魚鹽之利。○陳逢衡云：《釋名》云：「幽州在北，幽昧之地也。」《太康地記》以爲因於幽都爲名，是矣。案幽都山在今順天府昌平州三十里，相傳古幽州以此名。邵晉涵曰：「《禹貢》以幽州之地合於冀州，《爾雅》無并州，幽州兼有并州之地，故云燕有昭余祁，昭余祁爲《周禮》并地之藪。殷以昭余祁屬燕，是爲并合於幽之證。周時幽州偏於東北，其正北則爲并州。」

河内曰冀州。其山鎮曰霍山，其澤藪曰楊紆，其川漳，其浸汾、露，其利松、柏，其民五男二女，其畜宜牛、羊，其穀宜黍、稷。

【彙校】盧校「楊」作「揚」、「二女」作「三女」，又云：揚紆，《周官》作「楊紆」，《爾雅》作「楊陓」。露，《周官》作「潞」。○朱右曾云：冀藪當云「鉅鹿」，或傳鈔者誤耳。

【集注】孔晁云：所謂河内者。（盧文弨云：注似有脱訛，「者」疑當作「郡」。）○盧文弨云：梁云：「《呂氏春秋·

不屈篇》『士民罷潞』注：『潞，羸也。』與《左氏・昭元年傳》『以露其體』訓同，是露、潞古亦通用也。」〇潘振云：河内氣清，厥性相近，故曰冀，冀，近也。舜時十有二州，有幽有并有冀。《禹貢》省幽、并，以冀爲帝都。東西南三面距河，而北境則越乎常山。如秦上谷、漁陽二郡，今順天府；秦遼西、右北平二郡，今永平府，俱隸直隸，皆其地也。殷人以北境復舜之幽州，而東西南皆禹跡之舊，故曰兩河間。周人乃分冀而復舜之并州，故曰河内而已。霍山，《漢志》在河東郡彘縣東。唐及宋晉州霍邑，本漢彘縣。霍山一名霍太山，亦名太岳，今爲中鎮，在山西平陽府霍州東三十里。楊紆澤在河宗。《水經注》：「自宗周涯水以西，北至于河宗之邦，楊紆之山。」《穆天子傳》：「天子獵于滲澤，得白狐玄貉，以祭于河宗。河宗伯夭，逆天子燕然之山。」山在今直隸宣化府東南。楊紆即滲澤與？漳水有二：清漳出上黨沾縣大黽谷，宋平定軍樂平縣少山也，今山西平定州樂平縣西南三十里沾嶺。濁漳出上黨長子縣鹿谷山，宋潞州長子縣發鳩山也。山在今山西潞安府長子縣西五十里。二漳俱東南流，會於鄴，東北至阜城入北河。鄴，宋潞州涉縣也。涉縣，今屬河南彰德府。阜城，宋定遠軍東光縣也。東光縣，今阜城縣屬直隸河間府。汾水，《漢志》出太原郡汾陽縣北山，西南至汾陰入河。考唐嵐州静樂縣，宋屬澤州，即漢汾陽地，今屬忻州。管涔山在縣北，汾水出焉。汾陰縣，今榮河縣，屬蒲州府。漳水一名潞水，在潞城縣北。唐潞州潞城縣，本漢潞縣，屬上黨郡，今潞安府潞城縣也。蓋周以清漳爲漳，濁漳爲潞與？〇陳逢衡云：《穆天子傳》：「天子西征，騖行至於陽紆之山，河伯無夷之所都居。」《竹書紀年》：「穆王征犬戎，祭公帥師從王西征，次于楊紆。」然則楊紆蓋山也，其下衍而爲藪，故亦以楊紆名。《淮南・修務訓》曰：「禹之爲水，以身解於陽盱之河。」陽盱即揚紆也。其謂之河者，蓋河衍而爲藪，兩名兼可通稱。《山海經・海内北經》曰：「從極之淵，深三百仞，維冰夷恒都焉。」從極之淵即所謂揚紆也。故下文又云「陽汙之山，河出其中。淩門之山，河出其中。」陽汙即陽紆也。《水經・河水注》云：「河水又出於陽紆、陵門之山，而注于馮逸之山。」斯藪實在其中，信不易矣。《中山經》曰：「陽華之山，楊水出焉，而西南流注于洛。門水出焉，而東北流注于河。緒姑之水出于其陰，而東流注于門水。門水出于河，七百九十里入雒水。」案陽華之山即陽汙之山，楊水即陽紆藪，一曰陽盱之河，一曰從極之淵，其地在周初屬冀，在春秋戰國屬秦，自當分别觀之，不得執一説以自隘也。蓋潞之以水氏國也，可無疑也。近舍赤狄而遠求諸北地義渠，所出道梗絶不相接之水，可謂瞶瞶，而潞子之都，適在濁漳水之發軔。自壺關水一帶皆屬潞水之上流，其下流則直接蒼溪水一帶而止。其在春秋，則自黎、邪二國故封，以至甲氏、留吁之屬，接乎銅鞮之沁水，皆屬潞水之所浸也。然則衡、漳二水，清者爲川，濁者爲浸。《禹貢》之不及潞水也，其在衡、漳中已包舉之矣。賈公彦曰：「其利松柏，霍山見有松柏焉。」

正北曰并州。其山鎮曰恒山，其澤藪曰昭餘祁，其川虖池、嘔夷，其浸淶、易，其利布帛，其民二男三女，其畜宜五擾，其穀宜五種。

〔集注〕孔晁云：五擾，牛馬羊豕犬。五種，黍稷菽麥麻。（盧文弨云：《周官》注「麻」作「稻」。）〇潘振云：正北氣剛勁，厥性好勝，故曰并。并，兼也。兼訓勝，見《論語》「兼人」注。舜時有并州，《禹貢》以并入冀，殷因之。周復分冀，立并州。以天下之勢言之，冀州在西河之東，雍州在西河之西，而并州在冀州之北，故曰正北。恒山，一名常山。《漢志》恒山郡上曲陽縣，恒山北谷在西北。在今直隸定州曲陽縣西北百四十里。又一在渾源州。渾源州，屬山西大同府。或云：并州之鎮，當主在渾源者。昭餘祁在鄔，今山西汾州介休縣也。《水經注》：「汾水於大陵縣左迤爲鄔澤。」大陵，今文水縣，屬太原府。又：「侯甲水逕大谷，謂之太谷水。逕祁縣故城南，自縣連延，西接鄔澤，是謂祁藪。」昭餘祁，俗名鄔城泊。《呂氏春秋》謂之大昭，在今山西太原府祁縣東七里。虖池，《漢志》在代郡鹵城縣，至文安入海。文安縣，屬今直隸順天府，在今山西代州繁時縣東北泰戲山。至直隸天津府静海縣小直沽入海。嘔夷，鄭注疑即祁夷。考《漢志》代郡平舒縣有祁夷水，北至桑乾入沽。平舒，今渾源州。桑乾，河名，漢縣，今馬邑縣，屬朔平府，俱在山西。沽水出漁陽塞外。嘔夷即滱水，出唐蔚州興唐縣西北高氏山，今大同府靈丘縣山，至直隸保定府安州北，合於易水。祁夷之流，短於滱，不足概一州之川，似當以滱爲是。洓水，即拒馬河也。《漢志》出代郡廣昌縣，東南至容城入河。容城縣，屬今保定府。出今直隸保定府廣昌縣飛狐口，流入紫荆關，過易州西北界，至順天府房山縣境，分爲二支。一東流順天府涿州，經固安縣，入桑乾河。南流保定府洓水縣，經定興新城，入白溝河。易水，《漢志》出涿郡故安縣閻鄉，東至范陽入濡。濡，即洓也，在今保定府易州南三十里。發源寬中谷，流至定興縣北河村，合拒馬河，入白溝河。麻曰布，絲曰帛。○陳逢衡云：滹池、嘔夷本一水相連。滹沱河一名徒駭河，一名子牙河，其上流曰瓠瓤河，又轉而爲胡盧河，蓋即嘔夷也。其下流即《禹貢》之衛水。據《北山經》「滱水東流注於河」，河即指虖沱。《漢志》謂滱水「東至文安入大河」，虖池河亦從河東至文安入海，是則滱水至文安入虖池，即由虖池入海，尤爲二水合一之明證。○劉師培云：《周官》後鄭注「麻」作「稻」，孔作「麻」者，蓋以北方非宜稻之土，故據《月令》五穀爲説也。《周官·疾醫》後鄭注亦以五穀爲麻黍稷麥豆，與孔合。

乃辯九服之國：方千里曰王圻。

〔彙校〕辯，朱右曾作「辨」。潘振云：「圻」當作「畿」。

〔集注〕孔晁云：圻，界也。○盧文弨云：「圻」與「畿」同。○潘振云：畿，疆也。

其外方五百里爲侯服，

【集注】孔晁云：爲王者斥候也。□言服正事也。（盧校空圍作「服」，「正」作「王」。）○潘振云：侯之言候，爲王斥候。服，服事天子也。

又其外方五百里爲甸服，

【集注】孔晁云：甸，田也，治田又入穀也。（盧校「入」上無「又」字。）○潘振云：甸之言田，爲王治田出税。

又其外方五百里曰男服，

【彙校】曰，盧校作「爲」。

【集注】孔晁云：男，任也，任王事。○潘振云：男之言任也，爲王任其職理。○按：此句下盧校據《周禮》補「又其外方五百里爲采服」，云：「采，事也，爲王事民以供上。」○陳逢衡云：《文選·劉越石勸進表》「九服崩離」，李善注引《周書》：「乃辨九服之國，方千里曰王圻，其外曰侯服、甸服、男服、采服、衛服、蠻服、夷服、鎮服。」是古本有采服、夷服二句切證。○劉師培云：《唐律疏議·進律表》舊注云：「《周書》辨九服之國，方千里（下有脱），乃其外曰侯服、甸服、采服、衛服、蠻服、夷服、鎮服、蕃服，是名九服。」後注出自宋人，則宋本未脱。

又其外方五百里爲衛服，

【集注】孔晁云：爲王扞衛也。

又其外方五百里曰蠻服，

〔彙校〕曰，盧校作「爲」。

〔集注〕孔晁云：用事差簡慢。○潘振云：蠻近夷狄，蠻之言縻，以政教縻來之。○陳逢衡云：蠻服，《大司馬》謂之要服，亦是要束爲義。○按：此句下盧校據《周禮》補「又其外方五百里爲夷服」，潘振解云：「夷者，以其在夷狄中，故以夷言之。」

又其外方五百里爲鎮服，

〔集注〕孔晁云：□□□□□□。（盧文弨云：「注脱六字。案：鎮者，言鎮守之。」丁宗洛從盧補。）○潘振云：鎮者以其入夷狄深，故須鎮守之。

又其外方五百里爲藩服。

〔集注〕孔晁云：藩服，屏四境也。（「屏」下丁宗洛增「藩」字。）○潘振云：藩者，以其最在外爲藩籬，故以藩爲稱也。

凡國，公侯伯子男，以周知天下。

〔彙校〕潘振以「凡國公侯伯子男」七字衍，另依《周禮》補「凡邦國千里，封公以方五百里則四公，方四百里則六侯，方三百里則七伯，方二百里則二十五子，方百里則百男」四十四字，云：「方千里者爲方百里者百，以方三百里之積以九約之，得十一有奇，云七伯者，字之誤也。」

〔集注〕孔晁云：周，徧。○潘振云：邦國，五等之國也。上言王畿九服，除藩服，則九州之内，地方五千里。此但言千里，計封建也。凡建邦國，以千里封公，則可四，蓋方五百里者四，縱横千里也。若封侯則可六，封伯則可十一，封子則可二十五，封男則可百，千里之所能容者如此。以此率，徧知四海九州邦國多少之數也。大凡邦國有正封之地，有廣封之地。《孟子》所言，正封也；《職方》所載，兼附庸之地言之，廣封也。以千里計之，方四百里則六侯，餘四百里；方三百里則十一伯，餘百里。《職方》舉其大數，餘里無所計焉。鄭氏謂「周九州之界，方七千里，七七四十九，方千里者四十九，其一爲畿内，餘四十八，八州各有方千里者六」，不知此但明封建之法，非實有此國也，特計其地之廣狹所能容耳。○丁宗洛云：《周官》此段似有可疑，公侯太優，子男太減，即開方之整數亦不合。

凡拜國，大小相維，王設其教。

〔彙校〕教，諸本作「牧」，盧從。拜，盧校作「邦」。

〔集注〕孔晁云：維，持也。牧，謂牧御天下之政教。○潘振云：相維，謂大國比小國，小國事大國，相維聯也。設其牧者，選諸侯之賢者爲牧，使牧理之，《禮記》所謂九州之牧也，所謂八州八伯也。○陳逢衡云：賈公彦曰：「王制五國以爲屬，屬有長；十國以爲連，連有帥；三十國以爲率，率有正；二百一十國以爲州，州有伯。」亦相維之義。

制其職，名以其所能；制其貢，各以其所有。

〔彙校〕名，盧校作「各」。

〔集注〕孔晁云：連率、牧監各任能也。土地所有乃貢之。○潘振云：牧有官屬，州有常貢。王制參伍殷輔之職，各用其所能稱職者，牧稟命於王，而以次禄秩之。王制九州之歲貢，各用其國所有之物。牧布王命於州，而使以土宜供奉之也。

王將巡狩，則戒于四方曰：「各脩平乃守，考乃職事，無敢不敬戒，國有大刑。」

〔集注〕孔晁云：考，成也。不敬，則犯大刑也。職方所。（盧校「所」下增一空圍，云：注末或是脱一「莅」字。丁宗洛從補。陳逢衡云：空方疑是「司」字。劉師培云：闕文疑是戒字。）○潘振云：王巡守，諸侯各朝於方嶽，職方氏告戒四方。下四句，告戒之辭。脩，治也。平，均也。守，謂國竟之内。職事，所當共具。敬戒，敬慎而戒備之。大刑，如削地、絀爵、流討皆是。○陳逢衡云：鄭康成曰：「乃，猶汝也。」

及王者之所行道，率其屬而巡戒命，王殷國亦如之。

〔彙校〕潘振從《周禮》於「道」上補「先」字，「命」改「令」，又云：「者」字衍。

〔集注〕孔晁云：王十二歲一巡狩，職方自所戒之命。其不巡狩，六服盡朝，朝謂之殷國也。述命亦如巡狩也。（自，趙本、吳本、王本作「白」，盧從。又盧校「其不巡狩」下增「元年」二字，删下「朝」字，「述命」作「巡戒命」。陳逢衡「元年」作「三年」。）○潘振云：先道，先由王所從道，率其徒屬，而巡察其前日所告戒之令，攷其不法也。殷，猶衆也。十二歲王若不巡守，則六服盡朝，謂之殷國。其戒四方諸侯，與巡守同。○陳逢衡云：賈公彦曰：「王殷國所在無常，或在畿内國城外即爲之，或向畿外諸侯之國行之，故有戒令之事也。」黄度曰：「《大宗伯之職》殷見曰同，《大行人職》殷同以施天下之政。此經曰殷國，正謂時巡朝諸侯於方岳，考制度，大明黜陟也。言殷國則巡狩可知，注謂十二年王若不巡狩，則六服盡朝謂之殷國，非也。此年有故不出，則次年亦當出矣。」欽定《周官義疏》曰：「殷國或在王城之外，或在侯國，皆有之。」王巡狩亦因而舉此禮，然究不可與巡狩併作一事也。此經上言巡狩，而下云王殷國亦如之，則巡狩與殷國爲二事明矣。但殷國不必於十二年王不巡狩之期乃舉之，蓋朝覲之隆禮，非因不巡狩故也。〇孫詒讓云：殷國當爲王巡守在侯國而會諸侯，詳《周禮正義》。

逸周書彙校集注卷九

芮良夫解第六十三

〔集注〕潘振云：芮，國名，在漢馮翊臨晉縣。《地志》：「臨晉縣芮鄉，故芮國。」臨晉，今朝邑縣，屬陝西同州府。芮伯，周同姓。良夫，其名也。周自穆王之後，歷共、懿、孝、夷四王，周道寖衰，至厲王而肆爲暴虐，禍亂將至矣。榮夷公好利，王任之，諫不聽，卒以爲卿士，後使衛巫監謗，芮伯戒百官于朝，此解爲王及卿士作也。王如寤此解而驚，庶幾如穆王之録《職方》乎，故次之以《芮良夫》。○莊述祖云：《芮良夫》者，芮伯諫厲王及戒執政也。《尚書》百篇録《文侯之命》，恭、懿以降無聞焉。文、武、成、康之澤，至懿而衰，詩人于是作諫。逮乎幽、厲大敗矣，王室遂東。《十月之交》、《民勞》、《板》、《蕩》，降及十五國之風，作者非一人，諫者非一事，要皆疾其始亂，悼其既衰，猶賴先王之澤未泯，相扶相救，復數百年。蓋東遷而政在諸侯，吕命作刑，其端已肇，卒之豐鎬，變爲西戎。《蔡仲之命》及《粊誓》，猶《詩》之有《豳風》也，故斷自《君牙》、《臩命》以上爲《周書》。正經《詩》、《書》之文，互有詳略。《大雅·桑柔》，芮伯諫厲王。是篇義與相應，簡頗空焉。《吕不韋書》引《周書》有云：「民善之則畜也，不善則讎也，有讎而衆，不若無有。」《淮南王安書》尹佚對成王曰：「天地之間，四海之内，善之則吾畜也，不善即吾讎也。」是爲尹佚之言。而《吕不韋書》又謂：「厲王，天子也。有讎而衆，故流于彘，禍及子孫，微召公虎而絶無後嗣，其爲諫厲王明白。」蓋述尹佚之言爾。百篇書中無言厲王者，而《周書》記厲王事惟是篇。復證以孔晁注，補其闕文，定以爲逸書。〇陳逢衡云：胡應麟《三墳補逸》曰：「《芮良夫解》通章俱格言軌論，而辭氣絶類成、宣間，非戰國時人筆也。」序稱芮伯「納王於善，暨執政小臣咸省厥躬」，作爲此書。按《紀年》：「厲王八年初監謗，芮良夫戒百官於朝。」書辭所云「民至億兆，后一而已，寡不敵衆，后其危哉」，又云「賢智箝口，爲王之患，其惟國人」，皆與監謗意合。所謂「爾執政小子惟以貪諛爲事，不勤德以備難，偷生苟安，爵以賄成，下民胥怨，手足靡措」，正指榮夷公輩。至「贖禍翫災，未知王之所定」等語，隱然若預知流彘之事者。《國語》但稱良夫諫厲王用榮夷公，而監謗獨載召公之語，非《竹書》紀此，幾不知所謂矣。〇丁宗洛云：按此篇詞意極其刻露，較《祭公解》悱惻處似稍遜矣。毋亦告君者與戒同官者有不同歟？然求之《國語》中，尚未及也，何況後來作者？〇唐大沛云：此篇芮伯告王及執政之書也，必出芮伯之手。厲王無道，任用小人，政亂國危，芮伯以老臣憂國，披肝瀝血而言之，惜乎君臣皆不悟也。篇中分兩大段讀，前段告王及執政之臣，後段專責執政諸臣，詞尤峻厲。而當日君若臣泯泯棼棼，卒不知改悔。信乎，下愚之不可移也！其後遂有流王于彘之禍。

芮伯若曰：予小臣良夫，稽道謀告。

〔彙校〕稽道謀告，《羣書治要》作「稽首謹誥」，朱右曾從。又此句上《治要》本有「厲王失道，芮伯陳誥，作《芮良夫》」十二字，王念孫從補，唐大沛、朱右曾從。〇王念孫云：或曰：「《後叙》云：『芮伯稽古作訓，納王于善，暨執政小臣咸省厥躬，作《芮良夫》。』則本篇不當更有此數語。」予謂《大匡篇》曰：「維周王宅程三年，遭天之大荒，作《大匡》以詔牧其方。」《程典篇》曰：「維三月既生魄，文王合六州之侯，奉勤于商。商王用宗讒，震怒無疆。諸侯不娱，逆諸文王。文王弗忍，乃作《程典》，以命三忠。」《謚法篇》曰：「維周公旦、大公望開嗣王業，建功于牧之野。終將葬，乃制謚，遂叙《謚法》。」以上三篇與本篇文同一例，則本篇亦當有此數語，不得以後有總叙而謂此數語爲重出也。今從《治要》補。「謀」當爲「謹」字之誤也。《羣書治要》正作「稽首謹告」。若作「謀告」，則義不可通。○孫詒讓云：《史略》引「道」亦作「首」，則宋本與唐本同。○陳漢章云：魏氏源《書古微》取此篇謂芮伯自作，不當稱「若」，此後人仿《尚書》「王若曰」妄增之。今攷《書・召誥》曰：「稽謀自天。」又曰：「面稽天若。」此謀若與之同義，非以「王若曰」之文而增「若」字也。

〔**集注**〕孔晁云：伯，爵；若，順也。順其事而告之也。（按唐大沛云：古慎、順字通，孔注釋「謹告」二字曰：「謹，慎也，慎其事而告之也。」慎，孔注作順，與慎通。後人見正文無「謹」字而首句有「若」字，故改云「若，順也」，當正之。）○王念孫云：稽道即稽首也。道從首聲，故與首字通用。《史記・秦始皇紀》會稽刻石文「追首高明」，《索隱》曰：「今碑文首字作道。」是《史記》借「首」爲「道」也。前《周月篇》「周正歲道」即「歲首」，是《逸周書》借道爲首也。○潘振云：伯，爵也。道者，所由適于治之路也。稽道，一篇之大旨。咨難慮患曰謀。○莊述祖云：鄭氏曰：「芮伯，畿内諸侯，王卿士也。」良夫，芮伯名。鄭以爲字，非也。稽，考也。○陳逢衡云：芮良夫，《書・顧命》芮伯之後。道，猶事也。謀，嘉謀。告，入告也。案「芮伯若曰」者，猶《書・大誥》、《康誥》、《酒誥》之「王若曰」，《君奭》、《立政》之「周公若曰」也。乃秉筆者推原語意而代爲文之辭。孔解「若，順也」，誤。

子惟民父母。致厥道，無遠不服；無道，左右臣妾乃違。

〔**彙校**〕「子」上盧校補「天」字，各家從。

【集注】孔晁云：無道，無德政（《治要》作「道謂德」）。違，畔（《治要》作「叛」，諸本作「戾」）也。○潘振云：此言道之得失，所係甚大，不可以不稽也。致，謂推極也。左右，言近也。言天子爲民父母，推極其道，無遠不服；不致，則無道矣，至近臣妾乃畔也。○唐大沛云：致、至古字通，至，盡也。言盡爲民父母之道。服，順從也。

民歸于德。「德則民戴，否則民讎」，兹言允效于前不遠。

【彙校】《治要》無「言」字。效，諸本作「効」，盧校從。否則，朱右曾作「否德」。○王念孫云：下句本作「否德民讎」。否德，不德也，《堯典》「否德忝帝位」是也。（《正義》曰：「否」、「不」，古今字。《説文》：「否，不也。」）「否德」與「德」正相對。今本作「否則」者，涉上句則字而誤。《羣書治要》正作「否德民讎」。晚出《古文尚書·伊訓篇》：「德惟治，否德亂。」即本於《逸周書》。○按：《四部叢刊》本《治要》作「否則」，或王所見本異。

【集注】孔晁云：言驗於前世。不遠，言近。○潘振云：戴，奉也。効，效驗。行道而有得於心謂之德，民之所歸者此爾。德則民奉以爲君，否則民視以爲讎，猶云「撫我則后，虐我則讎」也。此二句，古人之言。信驗于前世，所鑒不遠。○唐大沛云：戴，感戴也。允，信也。

商紂不道夏桀之虐，肆我有家。

【彙校】《治要》「不道」作「弗改」，「我」下有「有周」二字。○王念孫云：「不道」本作「弗改」，此後人不曉文義而改之也。桀以虐失天下，是紂之所聞也，而其虐仍與桀同，故曰「弗改夏桀之虐」。下文云「爾聞爾知，弗改厥度」，正與此「弗改」相應。（見下脱文十二條內。）《大戴記·少閒篇》曰：「紂不率先王之明德，乃上祖夏桀行，以爲民虐。」即此所謂弗改夏桀之虐也。若云「商紂不道」，則與「夏桀之虐」四字了不相涉矣。《羣書治要》正作「商紂弗改夏桀之虐」。（朱從改。）

〔集注〕孔晁云：舉桀紂惡滅亡爲戒也。（《治要》「紂」作「行」，「爲」上有「以」字。）○王念孫云：肆，故也。有家，有國家也。（《般庚》曰：「亂越我家。」《金縢》曰：「昔公勤勞王家。」《周頌·桓》曰：「克定厥家。」）言唯商紂弗改夏桀之虐，故我有周得有此國家也。○潘振云：商紂之不道，即夏桀之暴虐，故我周有天下也。○莊述祖云：道，猶蹈也。言紂不鑒夏桀之亡而蹈其虐，故亦亡也。肆，故今也。○陳逢衡云：周厲無道與桀紂同，良夫不敢斥言王，故曰「肆我有家」，我有家非王而何？

嗚呼！惟爾天子，嗣文武業。惟爾執政小子，同先王之臣，昏行□顧，道王不若。

〔彙校〕「業」上《治要》有「之」字。闕處《治要》作「内」，丁從王引之説補「罔」，朱從。○王念孫云：「顧」上今本闕一字，《羣書治要》作「昏行内顧」，「内顧」二字與上下文義不合。引之曰：「内」疑當作「罔」，昏亂也。（見《昭十四年·左傳》注、《楚語》注、《吕氏春秋·貴直篇》注、《楚辭·九章》注。）下文「專利作威，佐亂進禍」，正所謂「昏行罔顧」也。「罔」字本作「网」，隸省作「冈」，俗作「冂」，與「内」字相似，因誤而爲「内」矣。前《皇門篇》「罔不茂揚肅德」，今本「罔」誤作「内」，即其證。○陳逢衡云：空圍疑是「弗」字。○劉師培云：《書鈔》三十引「子」作「人」。

〔集注〕孔晁云：同爲昏闇，言教王爲不順。（「同爲昏闇」，《治要》作「同謂同位也。昏，闇也」。）○王念孫云：注本作「同，謂位同也。昏，闇。言教王爲不順」。案同謂位同也，是釋同先王之臣。昏闇，是釋昏字。言教王爲不順，是釋道王不若。各本「同謂」誤作「同爲」，又脱「位同也」三字，今據《治要》訂正。）○王引之云：罔，無也。言爾執政小子既亂行而無所顧忌，又導王爲不順之事也。○潘振云：此言天子及執政當稽道也。爾者，親之之辭。芮伯齒、德、位俱尊，故可稱執政爲小子也。承上文，言我所以有家者，文、武及其臣皆能稽道故也。惟爾天子繼文武之業，惟爾執政小子同先王之臣。乃天子昬亂其德行，不顧其舊業，執政導王於不順，不同於先臣。○莊述祖云：當思媲美于先王之臣。○唐大沛云：昏行，昏昧之行。

專利作威，佐亂進禍，民將弗堪。

〔**彙校**〕堪，《治要》作「龕」。

〔**集注**〕孔晁云：專利侵民，佐亂進於禍也。（《治要》作「專利侵亂，進不善也」）○潘振云：君專利於上，而作威於下，臣助王以亂，而進民以禍，民將弗任此荼毒，所以讎也。堪，任也。○陳逢衡云：《周語》：「厲王説榮夷公，榮公好專利而不知大難。」是其專利之證。又云：「得衛巫，使監謗者，以告，則殺之，國人莫敢言。」是其作威之證。《左·昭二十六年傳》曰：「至於厲王，王心厲虐，萬民弗忍，居王于彘。」是其佐亂進禍，民將弗堪之證。○唐大沛云：佐，助也。進禍，猶召禍。

治亂信乎其行，惟王暨爾執政小子攸聞。

〔**集注**〕孔晁云：行善則治，行惡則亂，皆所聞知。○潘振云：民之治亂，於君相所行之善惡信之。此一句亦古語，惟王及執政所聞。

古人求多聞以監戒；不聞，是惟弗知。

【彙校】不聞，《治要》作「弗聞」。此句下《治要》有「爾聞爾知，弗改厥度，亦唯艱哉」十二字及注「知而不改，無可如何，故曰難也」，王念孫云：上文言「不聞是惟弗知」，此文言既聞既知而不改，則末如之何也。若無此三句，則上文皆成不了語矣。下文云「其惟洗爾心，改爾行」，又云「爾乃蹟禍翫烖，遂非弗悛」，並與此弗改厥度相應。今據《羣書治要》補。（唐、朱從。）

【集注】孔晁云：言古人患不聞，故有所不知也。○潘振云：承上文，言所聞之言，由治亂信行一語推之，有允劾者不少，古人先有求之者矣。不僅有聞，而且多聞，以監視前事之失，而儆戒後事之非。王若不聞，則不知監戒也。○丁宗洛云：若不求多聞，凡事惟諉以不知，是臣所未聞也。注欠明。

后除民害，不惟民害。害民，乃非后，惟其讎。

【彙校】句首《治要》有「夫」字。惟，莊述祖改「維」，下並同。

【集注】孔晁云：害民是與民爲怨讎。（《治要》無「害民」二字。元刊本、趙本、吳本「與」作「興」，朱從，「爲害」改「之害」。）○潘振云：專利之臣，是謂民害，君當除之，不可自專利以爲民害。害民，則非民之君，而爲民之讎矣。

后作類。后弗類，民不知后，惟其怨。

【集注】孔晁云：言民不從上命，從其所行。類，善也。不知君，則怨深矣。○潘振云：君遠利爲善。君如不善，民不知君，惟怨而已。

民至億兆，后一而已，寡不敵衆，后其危哉！

【彙校】危，《治要》作「殆」。

【集注】孔晁云：言下上(《治要》及元刊本、趙本、吳本作「上下」，盧校從)無義，對共相怨(丁訂「共相怨懟」，朱從)，則寡者危也。○潘振云：民之數，十萬爲億，十億爲兆。君止一人，衆皆怨之，寡不能敵，君其殆哉。

嗚呼！□□□如之。

【彙校】嗚呼，《治要》作「烏虖」。闕處《治要》作「野禽馴服于人，家畜見人而奔，非禽畜之性，實惟人民亦」，朱從增。○王念孫云：正文當作「家畜馴服于人，野禽見人而奔」。蓋家畜爲人所養，則馴服于人，野禽非人所養，則見人而奔，故曰「非禽畜之性，實惟人也」。民之於君也，善之則如家畜，不善之則如野禽，故曰「民亦如之」也。《呂氏春秋·適威篇》引《周書》曰：「民善之則畜也，不善則讎也。」語意正與此同。《治要》本「家畜」與「野禽」互誤，則義不可通，而孔本已如此，故不得其解而曲爲之詞。(人未有不養家畜者，家畜亦未有見人而奔者，故知注爲曲說。)○莊述祖「嗚呼」下補「史佚有言曰：民善之則畜，不善則讎，有讎而衆，不若無有」二十二字，云：「如之」二字，蓋校書者以注有「治民亦然」而增入也。

【集注】孔晁云：人養食之則擾服，雖家畜，不養則畏人，治民亦然也。(《治要》無「食」字，前「則」字作「故」。按此注上盧增兩空圍，謂或是「禽獸」二字，朱從補。王念孫云：「注首脱去『雖野禽』三字。」後「養」字唐訂「擾」。)○潘振云：民撫則后，虐則讎；禽獸養則擾服，不養則畏人。靈蠢雖殊，離叛一也，故曰禽獸亦如之。○莊述祖云：高誘曰：「畜，好也。」

今爾執政小子，惟以貪諛爲事，不勸德以備難。

〔彙校〕爲事，《治要》作「事王」，莊、朱從。○王念孫云：「爲事」本作「事王」。貪謂聚斂也，諛謂諂言也，小人非此二者則無以事君，故曰「惟以貪諛事王」。下文曰：「惟爾小子飾言事王」，是其證。今本「事王」作「爲事」，則非其旨矣。《羣書治要》及《太平御覽·人事部三十三》並作「惟以貪諛事王」。

〔集注〕孔晁云：專利爲貪，曲從爲諛。（按《治要》此注在「事王」下，「曲」作「面」。劉師培云：慧琳《音義》廿五及六十六兩引《周書》「面從爲諛」，似即此文孔注，則「曲」乃「面」訛。）○潘振云：此言執政不稽道之禍也。愛財爲貪，諂上爲諛。承上文，言專利宜戒，而執政惟以愛財諂上爲事，不勤德政以備患難。○莊述祖云：《周語》曰：「榮公好專利而不知大難。」○朱右曾云：勸者，盡心盡力之謂。備，豫防也。

下民胥怨，財單竭，手足靡措，弗堪戴上，不其亂而？

〔彙校〕「竭」上《治要》有「力」字。莊述祖「財」下增「用」字，盧校從趙本「財」下增「力」字。堪，《治要》作「龕」。

〔集注〕孔晁云：言民相與怨上，上加之罪，民不堪命而作亂（「亂」下《治要》有「也」字）。○潘振云：下民皆怨執政之專利，財單而縣罄已形，力竭而稱貸已盡，束手無策，蹇足不前，不能奉上，能無亂乎？而，語辭。執政不稽道，其禍有如此者。○陳逢衡云：《詩·小雅·桑柔》序云：「芮伯刺厲王也。」其首章曰：「捋采其劉，瘼此下民。」其次章曰：「民靡有黎，具禍以燼。」其十一章曰：「民之貪亂，寧爲荼毒。」芮伯一詩一書，真苦口藥石也。其如小子蹻蹻何哉？不其亂而，言必亂也。○唐大沛云：單、竭，皆盡也。措，置也。

以予小臣良夫觀，天下有土之君，厥德不遠，罔有代德。

〔**集注**〕孔晁云：有土，謂之諸侯也。（陳逢衡云：「謂」字當在「有土」上。盧文弨云：「之」字疑衍。丁從删。按此注原在「天下有土之君」下。）言無遠德，罔有天下也。○潘振云：湯之代夏，武之代商，積德由於稷（契，可謂遠矣，故能代勝國而位乎天德也。○莊述祖云：其德不遠，猶言德齊也。《春秋左傳》曰：「未有代德。」言德不足代周。○朱右曾云：不遠，言莫能相尚。

時爲王之患，其惟國人。

〔**集注**〕孔晁云：是國人爲患也。○盧文弨云：言今諸侯無有若湯武者，故患不在諸侯而在國人。言内潰也。

嗚呼！惟爾執政朋友小子，其惟洗爾心，改爾行，克憂往愆，以保爾居。

〔**集注**〕孔晁云：洗心改行憂往過，則安爾之居位。○潘振云：朋友，執政之黨也。物聚於所好，有其心，宜洗之。好利有成迹，謂之行，宜改之。此指見在而言。往愆，前日之所未洗未改者。

爾乃瞶禍翫烖，遂弗悛，余未知王之所定，矧乃□□。

〔**彙校**〕闕處莊述祖補「小子」二字，陳逢衡補「攸居」二字。盧文弨亦云：缺處疑是「小子」二字。「遂」下朱右曾從王念孫增「非」字。○王念孫云：「遂」下有「非」字，而今本脱之。「瞶禍翫烖，遂非弗悛」，皆四字爲句，若無「非」字，則文義不明，而句法亦不協矣。《北堂書鈔·政術部四》引此正作「遂非弗悛」。○陳逢衡云：案孔注，當是「謏臣」

二字。○唐大沛云：以上文「保爾居」及注中「得其所」互證之，似當作「攸居」也，姑以意補。

〔集注〕孔晁云：瞶，陽不聞。翫，心不惕。悛，改；矧，況也。尚不知王定，況貪諛之臣能得其所也？○潘振云：禍，人禍。《竹書》：「三年，淮夷侵洛。」「十一年，西戎入于犬丘。」烖，天烖。如《大雅·桑柔篇》：「降此蟊賊，稼穡卒痒。」○陳逢衡云：《詩·大雅·板》，凡伯刺厲王也。詩曰：「天之方難，無然憲憲；天之方蹶，無然泄泄。」是其瞶禍翫烖之證。予未知王之所定，蓋不敢斥言奔竄也。

惟禍發於人之攸忽，於人之攸輕。□不存焉，變之攸伏。

〔彙校〕《治要》「於人之攸輕」上有「咎起」二字。闕處《治要》作「心」，莊、唐、朱從。○王念孫云：《羣書治要》作「心不存焉」，是也。心所不存，即上文所謂「人之攸忽，人之攸輕」。○潘振云：脱文當是「德」字。○陳逢衡云：空方疑是「罔」字。○丁宗洛云：闕處疑是「戒」字。

〔集注〕孔晁云：言人所輕忽則禍之所起，謂不（元刊本作「下」，盧校從）民也。○潘振云：從來下民之賤，人之所輕所忽者，而禍常發於此。蓋德不在民，則無道矣，民變即伏於中。○陳逢衡云：謂大命之傾，罔不存於變之所伏也。

爾執政小子不圖善，偷生苟安，爵賄成。

〔彙校〕善，《治要》作「大囏」，朱從。「爵」下諸本有「以」字，盧從。○王念孫云：不圖善，本作「不圖大囏」。囏，籀文艱字。大囏，即上所云國人爲患也。不圖大囏，則偷生苟安而已。若云不圖善，則與下句義不相屬矣。上文云爾執政小子不勤德以備難,正所謂不圖大囍也。今本作「不圖善」者,囍字闕其半而爲「喜」,「喜」與「善」相似而誤,又脱去「大」字耳。

〔集注〕孔晁云:苟安,無遠慮。賄成,不任德也。(苟安,程本、趙本、吴本作「苟且」,盧校從。賄成,趙本、鍾本、吴本、王本作「賄賂」,盧校從。諸本無「也」字,盧校從。)○潘振云:偷生,幸生也。苟安,不可安而安之也。承上文,言執政不洗心改行,圖謀善政,遇禍而幸生,遇裁而苟安。其所以不能稽道者,因爵以賄賂而成,惟知專利而已。

賢智箝口,小人鼓舌,逃害要利,並得厥求,唯曰哀哉!

〔彙校〕《治要》「箝」作「拑」,「厥」作「其」。逃害,莊述祖據《北堂書鈔》所引訂「曲躬」。○孫詒讓云:莊校是也。注「佞諂」即兼指「曲躬」言之。○劉師培云:案莊《記》云:「《書鈔》引作『曲躬要利』,本皆作『逃害要利』,校書者誤會注義也。」所云《書鈔》乃陳禹謨本,今考舊本《書鈔》卷三十作「匪宫要利,並得取水」,「取水」爲「厥求」之誤,「匪宫」爲「逃害」之誤,昭然甚明。是唐本《周書》亦作「逃害要利」也。陳氏未考《周書》,因改「匪宫」爲「曲躬」,莊氏據之,《斠補》亦據之,未足從。

〔集注〕孔晁云:賢者得默以逃害,小人佞諂以要利,各得其求,君子爲之哀。(「得」,《治要》作「隱」,盧校作「靖」。《治要》無「者」字,朱從。)○潘振云:維時君子願退,小人競進,各得其所求。無仁賢則國空虚,執政方溺於利而不反,舍其道而不稽,豈不大可哀也哉?○莊述祖云:箝,籥也。

我聞曰:「以言取人,人飾其言;以行取人,人竭其行。飾言無庸,竭行有成。」

〔**集注**〕孔晁云：君子不以言舉人，無功故也，欲行有成故也。（丁宗洛云：「欲行有成」句上疑脱「以行取人」句。）○潘振云：此咎執政薦用專利之人，使王不能稽道以致禍也。飾者，致飾於外而無實也。竭者，竭盡於内而無僞也。民功曰庸。成，成功也。○莊述祖云：竭，舉；庸，用也。

惟爾小子，飾言事王，寔蕃有徒。王貌受之，終弗獲用。面相誣蒙，及爾顛覆。

〔**彙校**〕寔，莊述祖作「實」。

〔**集注**〕孔晁云：蕃，多。徒，衆。言非一也。貌，謂外相悦而無實也。君臣之相誣蒙，必相及共顛覆之也。（「之也」二字盧疑衍，莊述祖删「之」字。）○潘振云：誣，枉也。蒙，欺也。承上文，言我聞古語如此。惟爾朋友小子飾言事王者，寔蕃多有徒衆也。執政薦之，王禮貌而受之，終弗得其實用。君臣面相誣枉欺蒙，禍將至矣，及爾執政顛沛覆亡也。利可以專乎？道可不稽乎？

爾自謂有餘，予謂爾弗足。敬思以德，備乃禍難。

〔**彙校**〕《治要》「弗」作「不」，莊從。《治要》「以」下有「明」字。

〔**集注**〕孔晁云：言其不足於道義也。以，用也。乃，汝也。○潘振云：有餘，知足之意也。弗足，無厭足也。承上文，言爾專利無厭，雖自謂有餘，予謂爾無厭足也。欲稽道者，庶幾遠利乎？稽道在敬，敬本於心，故曰敬思。用德於民，備汝禍難。○陳逢衡云：有餘，寬裕之貌。不足，竭蹷之象。

難至而悔，悔將安及？無曰予爲，惟爾之禍。

【**集注**】孔晁云：爲，不言也。（唐大沛云：注「不言」與「爲」字義不合，疑當作「造言」。《爾雅·釋言》作「造，爲也」，造言與爲字義合。正文蓋謂爾毋謂予造爲無實之言，予惟慮爾之不勤德以及于禍難也。或曰注「不言」當作「不信」，不信者虚僞之言，義亦合。）○潘振云：難至而悔，悔而無及。無曰利可爲也，爲之則速禍矣。○莊述祖云：爲，猶作也。○陳逢衡云：無曰予爲，言無以予爲此過激之言也。惟爾之禍，故不憚苦口。與「予豈不知而作」同義。○唐大沛云：爲、僞古字通。《論語》「子爲恭也」，「爲」讀作「僞」；《荀子·性惡篇》「其善者僞也」，「僞」讀作「爲」。是爲、僞二字互通也。○朱右曾云：無謂予僞以禍害相恐喝，予實見爾有必然者也。其後國人果叛，流王于彘。

逸周書彙校集注卷九

太子晉解第六十四

〔集注〕盧文弨云：謝云：「此篇誕而陋，與諸篇絶不類，孔氏爲注之，甚矣！其無識也。」〇潘振云：太子，儲貳也；晉，其名也，周靈王之適長子也。賢而有才，年十七而卒。孔子聞之，曰：「惜夫！殺吾君也。」使其繼顗王而立，必能稽道以嗣文、武業。厲王不能稽道而亡天下，晉能稽道而不有天下，甚矣！周之衰也。故次之以《太子晉》。〇陳逢衡云：世以太子晉爲王子喬，非也。太子晉，亦稱王子晉。王子即太子，王、子二字聯，子、晉二字不聯，世單呼子晉，亦非也。其誤始於《列仙傳》「王子喬，周靈王太子晉」之説。《後漢書・王喬傳》，或云此古仙人王子喬也。按王喬或可稱王子喬，斷不可稱王子晉。以王子晉之王子是太子之稱號，而王喬之王則其姓也。王符《潛夫論・志氏姓篇》：「周靈王之太子晉，幼有成德，聰明博達，温恭敦敏。穀、雒水鬭，將毁王宫，欲壅之。太子諫，以爲不順天心，不若脩政。晉平公使叔譽聘于周，見太子，與之言，五稱而三窮，逡巡而退。歸告平公曰：『太子晉行年十五，而譽弗能與言，君請事之。』平公遺（當是遣字）師曠見太子晉。太子晉與言，師曠服德，深相結也。乃問曠曰：『吾聞太師能知人年之長短？』師曠對曰：『女色赤白，女聲清汗，火色不壽。』晉曰：『然。吾後三年，將上賓於帝。女慎無言，殃將及女。』其後三年而太子死。孔子聞之，曰：『惜夫！殺吾君也。』世人以其豫自去期（「自去」疑是「知亡」），故傳稱「王子喬仙。仙之後，其嗣避周難於晉，家於平陽，因氏王氏。其後子孫，世喜養性神仙之術。」案《潛夫論》所云王子喬仙者，喬，高也，喬仙謂昇仙也。唐則天后封王子晉號爲昇仙太子，事載《舊唐書·禮儀志》。然則喬與仙字聯，不與王子聯，而其作《昇仙太子碑》，乃曰「字子喬」，亦誤。至葉令之王喬在東漢，應劭《風俗通》曾於葉令祠辯之，以爲葉令是春秋時楚令尹葉公子高，葉人追思而立祠。後又引《周書·太子晉》一段文，與《潛夫論》彷彿，則在應氏方且以葉令與王喬無涉，而曾以爲即王子晉乎？《路史·高辛紀》：「靈王之太子超古，幼有成德，以諫廢，年十八而賓，是爲晉。子宗敬爲司徒，號王子，家平陽，爲王子氏、田氏、緱氏、王人氏、王氏、李氏、拓至氏、可頻氏、乙速孤氏。」此謂王姓出自王子晉後頗得，則非晉及身之姓可知。羅氏又註云：「字子晉，或云名晉，亦云謚。或云字子喬，坤監云字開山，俱妄。」夫知子喬、開山諸名之妄，而不知超古之妄，此羅氏之惑也。此篇世人頗疑爲淺陋，然較之《殷祝解》猶爲典雅，而《殷祝解》之文，伏氏《尚書大傳》已述之，則其並爲戰國時文無疑。蓋其事與諫壅穀洛同載周策，《國語》得其精，而《逸周書》拾其粗也。故《潛夫》述之，《風俗通》亦述之。〇丁宗洛云：此篇於體近蕪，爲格似弱。特是周室既衰，天下莫不望有中興之主，王子生而賢慧，朝野方共傾心，無如不永于年，致使人人飲泣。作者殆亦默悲王室之不復振，故特記此篇歟？不然，太子晉可紀者尚多，何爲獨詳此事耶？〇唐大沛云：謝說非也。謝所謂誕者，以太子晉預知死期耳。不知古來神聖之人類能先知，即武王亦云惟二聖告朕靈期，何誕之有？所謂陋者，祇太師「何舉足驟」及「天寒足跔」一二戲言耳。不審篇中論古帝王皆有讓，即欹詞詩亦屬雅音，何陋之有？竊疑此篇即師曠所自作，故通篇韻語，妙絕古今，誠一種佳文也。謝金圃先生殆草草閱過耳，故既謂之誕陋，又於序中謂之荒誕，且云體格亦卑弱不振，皆非確論也。盧抱經先生積數年之力校定《逸周書》，藉金圃先生之力刻成，故以謝序冠首，篇中凡謝說具載之。其實謝說得失參半，即抱經先生亦未必以謝說爲盡是也。〇孫詒讓云：《風俗通義・正失篇》云：「《周書》稱『靈王太子晉幼有盛德，聰明博達』」，《潛夫論・志氏姓篇》亦云：「周靈王之太子晉，幼有成德，聰明博達，温恭敦敏。」今書無此文，蓋有佚脱。《御覽》三百七十四引《風俗通》云：「謹案《周書》：靈王生而有髭，王甚神聖，亦克修其職，諸侯服享，二世休和。」疑此篇佚文。〇陳漢章云：王氏《經義述聞・尚書》下注云：「晉爲周靈王大子。靈王二十二年，晉嘗諫王。（案見《周語》。）是年魯襄公之二十四年也，而《大子晉篇》有告晉死事，則在晉既没之後。篇末又有『孔子聞之，曰：惜夫！殺吾君也』之語，見於《風俗通》（案《正失篇》）、《潛夫論》（《志氏姓篇》），則又在孔子後矣。《左傳・襄公二十五年》太叔儀引《書》『慎始而敬終，終以不困』，其時《周書》尚未出，不得謂所引出《逸周書》」。此王氏謂《左傳》所引《書》，非《周書・常訓篇》之「慎微以始而敬終，終以不困」也。然《周書》非出於汲冢，不得謂春秋時《周書》未出。且襄公二十六年齊國子賦《轡之柔矣》，杜注：「逸詩，見《周書》。」謂見於此書此篇也。又《藝文類聚》十六《儲宫部》引此篇曰《春秋外傳》，可知春秋時人已有傳此篇者矣。（孔疏不知文二年之《周志》，故襄廿五年疏謂大叔儀所引《書》爲《蔡仲之命》。）蓋齊衛大夫所引逸詩、逸書雖非如今所見，惟見於《周書》，而《周書》皆有其文。王氏乃取宋陳振孫説以爲戰國時人所爲，不幾如何休之疑周禮哉？

晉平公使叔譽于周，見太子晉而與之言。

〔彙校〕孫詒讓云：《潛夫論》作「聘于周」。《白帖》三十七引《帝王世紀》亦云「聘周」，此疑脱一字。

〔集注〕孔晁云：叔譽者，大夫叔向也。周靈王太子名晉也。（此注朱訂作「叔譽，晉大夫叔向也。太子晉，周靈王太子名晉」。）〇潘振云：平公名彪，悼公子也。竊案《春秋》襄公元年，靈王立。《左傳》襄十六年春，平公即位，羊舌肸爲傅，無使周事。《傳》二十六年韓宣子聘于周，《經》二十八年十有二月甲寅天王崩。師曠歸未三年而太子晉卒，與韓起歸晉三年而靈王崩，其數相符。使周者或當是韓起，解誤爲叔向，未可知也。叔向曾爲平公傅，未必爲韓起之介也。〇陳逢衡云：《周語》「羊舌肸聘於周」，即次於穀、洛鬬之後，蓋即靈王二十二年事也。

五稱而五窮，逡巡而退，其不遂。

〔彙校〕五窮，盧校作「三窮」。「其」下陳、丁、唐三家增「言」字。〇盧文弨云：《潛夫論》引作「三窮」，《御覽》百四十六同。又「其」下有「言」字。〇陳逢衡云：唐武皇后《昇仙太子碑》亦云「屈叔譽于三窮」。〇孫詒讓云：《白帖》三十七引《帝王世紀》云：「晉平公使叔譽聘周，見太子晉，與之言，五勝之，叔譽三窮。」

〔集注〕孔晁云：五稱，説五事。遂，終也。〇潘振云：窮，辭屈也。逡巡，卻退之貌。其言不遂，謂叔向之言不終也。

歸告□曰：「太子晉行年十五，而臣弗能與言。

〔彙校〕「告」下闕處諸本作「公」，盧校從。〇劉師培云：《文選·齊故安陸昭王碑》李注引「弗」作「不」，《圖讚》同。

〔集注〕孔晁云：告平公，稱其賢才也。〇潘振云：行，人之步趨也。年，齒也，進也，進而前也。步趨進而前，故謂人之齒爲行年也。弗能與言，謂太子有才，臣不能與之問答也。

君請歸聲就、復與田。若不反，及有天下，將以爲誅。」

〔彙校〕劉師培云：「復與」疑「陽樊」之訛。陽訛爲復，與《克殷解》「乃出場於厥軍」場當作復例同。樊、與亦字形相近。（晉圍陽樊出其民，見《左傳》。）此塚上語請歸周田言。「反」疑「及」字誤羨之文。若不，即若否也，故下文陳其害。

〔集注〕孔晁云：聲就、復與，周之二邑，周衰，晉取之也。（「邑」下盧校增「名」字。）〇潘振云：歸、反，皆還也。誅，責也。〇陳逢衡云：晉取周聲就、復與田不見經傳，孔以爲二邑，俟考。

平公將歸之，師曠不可，曰：「請使瞑臣往與之言，若能幪予，反而復之。」

〔集注〕孔晁云：師曠，晉大夫。無目，故稱瞑。幪，復也。度謀還與否也。〇潘振云：師曠，晉樂師名曠也。曠知音，能辨言，故請往也。幪，即帲幪之幪。在旁曰帲，在上曰幪，覆也。謂其言若能覆幪乎我，不能出其範圍，斯其才可以君天下矣，我反晉而後復其田，可也。〇朱右曾云：復，還也。

師曠見太子，稱曰：「吾聞王子之語高於泰山，夜寢不寐，晝居不安，不遠長道，而求一言。」

〔集注〕孔晁云：言高於太山，言無上也。不安，至飢渴也。（「言」丁宗洛作「語」。「太」諸本作「泰」，盧校從。「至」丁宗洛作「言」。）〇潘振云：稱，言也。泰山至高而語又高過之，高無極也。寐，眛也，目閉神藏。居，坐也。寢不寐、坐不安，愛慕之至也。不遠長道，不憚長道之遠也。

王子應之曰：「吾聞太師將來，甚喜而又懼。吾年甚少，見子而懾，盡忘吾其度。」

【彙校】朱右曾從王念孫説删「其」字。○王念孫云：「其」字疑衍。《太平御覽・人事部十三》及百八引此皆無「其」字。○陳逢衡云：《御覽》引作「吾聞太師將來，吾心甚喜。既見子，喜而又懼」。楊本作「吾心甚喜，既已見子，喜而又懼」。○孫詒讓云：《御覽》三百七十二引作「既以見君子，喜而又懼」。

【集注】孔晁云：懾而忘度，所以爲謙。（「忘」，元刊本、趙本、吴本、王本作「亡」。）○王念孫云：忘與亡同，説見《經義述聞》「曷維其亡」下。亡度，失度也。○唐大沛云：度，禮儀之度。其，猶之也。

師曠曰：「吾聞王子，古之君子，甚成不驕，自晉始如周，行不知勞。」

【彙校】朱右曾從王念孫説删「始」字。○盧文弨云：「始」字疑衍。○王念孫云：「自晉如周」句中不當有「始」字，蓋即「如」字之誤而衍者。○丁宗洛云：「始」移於「自晉」上却妥。

【集注】孔晁云：有成德，不以驕易也。○潘振云：此君子，泛指有德位者而言，曠稱之以儗王子也。甚成，甚有成德，猶云甚盛德也。晉，曠本國。始如周，初來周也。愛慕之至，行道雖勞而不知也。

王子應之曰：「古之君子，其行至慎；委積施關，道路無限。百姓悅之，相將而遠；遠人來驩，視道如尺。」

【彙校】委積，程本、趙本、鍾本、吴本、王本作「天下」，盧校作「委積」，云：「委積」舊作「天下」，依惠改。尺，盧校作「咫」，注同。

〔集注〕孔晁云：言己不及古君子。尺踰近。（踰，元刊本、吳本作「喻」，盧校從。）○潘振云：此君子專指成王、周公而言。委積，説見《大聚》。限，阻也。將，扶持也。八寸曰咫，喻近也。言古之君子，其待行旅爲至慎，遺人掌郊野之委積，施之於關，掌節授旌節於道路，行而無阻，百姓聞而悦之，相扶持而遠來。及其來也，無不驩娱，視道如咫尺之近，不知勞也。成周制禮如此，而已成爲古道矣。曠非聘使，接待之禮殺，故王子謙讓不遑也。○唐大沛云：「委積」見《周官·小宰》及《大司徒》，鄭注云：「委積，謂牢米薪芻，給賓客道用也。」又云：「少曰委，多曰積，皆所以給賓客。」施、弛同，謂弛關禁。○俞樾云：驩，讀爲「觀」。下文曰：「國誠寧矣，遠人來觀。」即其證也。○劉師培云：咫與慎、限、遠協韻，亦古韻支、真通轉例。

師曠告善。又稱曰：「古之君子，其行可則。由舜而下，其孰有廣德？」

〔彙校〕陳逢衡云：下文「師曠罄然又稱曰：温恭敦敏」與「王子應之曰：穆穆虞舜」二節當在此條前。蓋先以舜德爲問，次則問舜以下可法則之君子，故曰「由舜而下，其孰有廣德」，尋文按義，的係錯簡。○唐大沛云：文律不稱，陳説非是。

〔集注〕孔晁云：問舜以（盧校作「已」）下可法則之君子也。○潘振云：告，語也。告善者，曠語王子，而嘉其謙讓之善也。古之君子，指有天下者而言。廣德，廣大之德也。

王子應之曰：「如舜者天。舜居其所，以利天下，奉翼遠人，皆得已仁。此之謂天。」

〔集注〕孔晁云：言其仁合天道。○潘振云：居，處也，謂區處之。所以利天下，謂六府三事，萬世永賴也。奉，承也。遠人，四方賢人也。承進四方之人而敬之，爲天下得人，恩惠廣大，教化無窮，皆得大舜自己之仁德。仁爲善長，可以統天，此之謂天德也。○唐大沛云：舜無爲而治，其德如天。《論語》「恭己正南面而已矣」，即此旨。德及於遠也，如鳥之羽翼，有覆育之意。「己」與「其」通。《詩》「彼其之子」，一作「彼己之子」。言天下皆德其仁澤。或疑「仁」與「人」通，言舜得人而治，五臣等是也，似亦可通。○朱右曾云：居其所恭己，無爲也。奉，養；翼，字也。○孫詒讓云：「得」與《周禮·太宰》「九兩牧，以地得民」義同。「已」與「以」同，言以仁得民也。（亦詳前《作雒篇》。）

如禹者聖。勞而不居，以利天下，好取不好與，必度其正，是之謂聖。

【彙校】之謂，程本、趙本、鍾本、吴本、王本作「謂之」，盧校從，云：當如前後文作「之謂」。○陳逢衡云：好取不好與，當作「好與不好取」。○劉師培云：今考《路史後紀·夏后紀》正作「好與而不取」，是宋本未訛。

【集注】孔晁云：盡力溝洫，勞也。貪財利，與其功，合聖道也。（「與」，元刊本作「与」，程本、鍾本、吴本、王本作「篤」，盧校從。按「貪財利」句丁訂作「天下受利，不居其功」，云：「好取不好與」當是言禹凡事皆引爲己任，不肯推諉於人。孔氏以貪利解之，何其謬也？今依經文訂正。浮山云：「貪財利」上當是脱一「不」字耳。洛按經文亦無不貪財利意。○潘振云：民功曰勞。不居，謙也，《大禹謨》所謂「不矜不伐」也。以利天下，惟知荒度土功而已。好取，指貢賦言也。不好與者，因民之所利而利之，惠而不費也。度，揆也。正，正道，指什一言也。聖，通明也。通天下之利，明天下之道，此之謂聖德也。○唐大沛云：勞於治水，不遑寧居，以利天下之民，取與必合正道。○朱右曾云：好取謂取人之善，不好與謂率以政而不務小惠。

如文王者，其大道仁，其小道惠。三分天下而有其二，敬人無方，服事於商。既有其衆，而返失其身。此之謂仁。

〔**彙校**〕盧文弨云：趙云：「返」當作「反」。注同。○唐大沛云：「返」當爲「遑」字之訛。惟正文原是「遑佚其身」，故孔注以「勞謙恭儉，日夜不息」解之，是孔所據之本原不誤也。

〔**集注**〕孔晁云：以其仁德，人惠懷之。行無常，唯賢所在。勞謙恭儉，日夜不息，返失之勤。（陳逢衡云：「行無常」上疑脱一字。唐大沛云：「行」疑當作「敬」。「勤」，盧校作「也」，引趙曦明云：「舊作勤，訛。」唐大沛云：當作「遑佚勤也」。）○盧文弨云：返失其身，似指囚于羑里。○潘振云：仁者，心之全德，惠則仁道之一端耳。三分有二，説見《程典》。敬賢無方，惟賢人則敬之，不問其類也，如舉膠鬲於魚鹽而薦之於紂是已。服事於商，事紂也。既有六州之衆，而反受屈辱於商，是失身矣。人臣如文王之盛，而當商之季世，無一毫覬覦之私，此之謂仁德也。○丁宗洛云：返失其身，當是言既已有衆而猶勤勞不顧其身也。注末句「返失之勤」，言其過于勤也。○唐大沛云：失，古與「佚」通。《史記·韓非傳》：「非吾敢横失能盡之難也。」前漢《五行志》：「魯夫人淫失於齊，卒殺桓公。」並與「佚」同。又《荀子·哀公篇》：「其馬將失。」與「逸」同。《書》曰：「文王卑服，即康功田功。」又曰：「自朝至于日中昃，不遑暇食，用咸和萬民。」即遑佚其身之謂也。○朱右曾云：大道言其全體，小道言其散見。

如武王者義。殺一人而以利天下，異姓、同姓各得之謂義。」

〔**彙校**〕「各得」下盧本從沈增「其所是」三字。義，盧校作「儀」。○盧文弨云：上云「如武王者義」，則「儀」當從舊本作「義」。而注乃云：「儀，善。」故今從注作「儀」。豈以古「義」與「儀」本可通用故耶？○陳逢衡云：楊本作「各得其儀，此之謂義」，故孔氏有「儀，善」二字注。○唐大沛云：楊用修本作「各得其儀」，「儀」固與「義」協，然本文用韻下與「所」協，兩「義」字相協，自屬古人用韻之法。楊本好改字，殆因注訓「儀，善」，故改「所」爲「儀」，改「儀」爲「義」歟？不足據。

〔**集注**〕孔晁云：一人，紂也。義，善。（「義」，元刊本、程本、趙本、吴本作「儀」，盧校從。）○潘振云：義者，宜也。裁制事物，使各宜也。殺一人，誅獨夫也。利天下，大賚于四海也。異姓，姚、姒、子之類。同姓，姬也。所，處所，謂分封之地也。伐暴弔民，封建諸侯，仗正道也。此之謂義德。○唐大沛云：《釋名》：「儀，宜也，得事宜也。」《由儀笙詩疏》：「萬物之生，各得其宜也。」據此，則「儀」與「義」並訓爲宜，是古字本可通用也。義者，宜也。宜者，善也。故注以「儀」爲善，是輾轉相訓也。下文孔注「問其事儀」，則「儀」與「義」通可知。

師曠告善，又稱曰：「宣辦各命，異姓惡方，王侯君公，何以爲尊，何以爲上？」

〔**彙校**〕各，諸本作「名」，盧校從。告，陳逢衡作「稱」。辦，盧校作「辨」。○陳逢衡云：惡方，疑作「異方」。○劉師培云：《圖讚》「上」作「下」，與「尊」對文，是也。

〔**集注**〕孔晁云：問其事儀（丁訂作「義」）。○潘振云：宣，徧也。辨，别也。名，文字也。命，指義也。言徧别文字之命義，反其所生，則文作姓，義不能從同也，故異。隨其所向，則文有方，義不能皆善也，故惡。惟王侯君公四者之文，尊且上矣。而其所以爲尊爲上者，命義果何如哉。尊以爵言，上以位言。○陳逢衡云：《董子·深察名號》曰：「古之聖人謞而效天地謂之號，鳴而命施謂之名。名之爲言鳴與命也，號之爲言謞而效也。謞而效天地者爲號，鳴而命者爲名。」《晉語》曰：「異姓則異德，異德則異類。」方，猶《董子》所謂方科也。○唐大沛云：名之命必有義。宣辨，明辨也。注「儀」讀爲「義」。○朱右曾云：宣，顯。辨，別。命，以名命之。姓，生也。方，義也。

王子應之曰：「人生而重丈夫，謂之胄子。胄子成人能治上官謂之士。

【彙校】盧文弨云：「謂之士」下本注「胄□」二字，疑兩「士」字上或本有「胄」字。（按另一士字指下文「士率衆時作」之「士」。）○丁宗洛云：古無胄士之稱，故定下「胄」字爲衍。○唐大沛云：「胄」下闕字疑當作「嗣」。

【集注】孔晁云：胄，□。（盧校删此注。）○唐大沛云：胄，嗣也。成人，謂才德成就，非既冠稱成人之謂。治上官則非有司之事，士蓋謂王朝之元士。○朱右曾云：丈者，長也。夫者，扶也。胄子，國子也。上官，居民上而任職。士之爲言能任事也。

士率衆時作謂之曰伯。伯能移善於衆，與百姓同謂之公。

【彙校】盧文弨云：《北堂書鈔》四十六「率衆」作「齊衆」。○王念孫云：「曰」字涉下文而衍。「曰」與「謂之」同義。此文謂之胄子、謂之士、謂之伯、謂之公、謂之侯、謂之君，言「謂之」則不言「曰」，下文曰予一人、曰天子、曰天王，言「曰」則不言「謂之」，故知「曰」爲衍字也。《北堂書鈔・封爵部》上《太平御覽・封建部二》引此皆無「曰」字。

【集注】孔晁云：作謂農功，同謂好義。○潘振云：此解公之命義也。天下無生而貴者，故由士而伯，然後至公也。胄，長也，自天子至卿大夫之適子也。伯，長也，即上官也。言人生而重丈夫，謂之胄子。胄子既冠成人，能佐治上官，是孳孳無已者，故謂之士。周家重農，士能領率民衆務其三時，作其農功，以介我稷黍，以穀我士女，富民而民必善，是明白於德者，故謂之伯。伯能移善於衆，百姓皆善，是與之同善矣。教民而公正無私，故謂之公，公之命義如此也。公，三公，指畿内王臣而言也。○陳逢衡云：率衆則能教，時作則能富，伯者明白其德也。《謚法解》：「立制及衆曰公。」○丁宗洛云：「率衆時作」當即臯陶言「率作興事」之意。注言作謂農功，反不該括。○唐大沛云：率衆職因時舉政是謂百官之長。伯，長也。大公無私之人故謂之公。○朱右曾云：同者，同其好惡。

公能樹名與物天道俱謂之侯，侯能成羣謂之君。

〔彙校〕首句盧本據《御覽》作「公能樹名生物，與天道俱」，各家從。

〔集注〕孔晁云：立民生物，謂化施於民也。成謂成物，羣謂之爲長也。（「立民」，元刊本、程本、趙本、鍾本、王本作「立名」，盧校從。）○潘振云：此解侯與君之命義也。言君能立道德之名，使人知父子之親、君臣之義、夫婦之別、長幼之序、朋友之信。生其心，即生其身。五典五惇，五禮有庸，教化與天道偕矣。逆理者不逆，順理者益順，是能候逆順者，故謂之侯，侯之命義如此也。侯能成教一方，近悦而遠自來，羣衆歸心，故謂之君，君之命義如此也。此指畿外諸侯而言也。○丁宗洛云：侯能成羣，似是「二年成邑，三年成都」之謂，注訓成曰成物，而羣字屬下句，誤。○唐大沛云：樹立聲名，生養萬物，以大公之心與天道同其運用。

君有廣德，分任諸侯而敦信，曰予一人。

〔集注〕孔晁云：敦，厚也。○潘振云：言君有廣大之德，分地任諸侯，敦厚其禮以御之，誠信其心以親之。蓋謂己之材能當一人耳，不敢兼也，故曰予一人。○陳逢衡云：《白虎通》曰：「臣下謂之一人，所以尊王者也。以天下之大，四海之内所共尊者一人耳。」○唐大沛云：予一人，天子自稱。

善至于四海曰天子，達於四荒曰天王。

〔彙校〕達於，盧校作「達于」。

〔集注〕孔晁云：四海，四夷。四荒，四表。（孫詒讓云：《玉燭寶典》引注作「四荒其表」，蓋即承上四夷而言，較今本義長。）○潘振云：此解王之命義也。《爾雅》：「九夷、八狄、七戎、六蠻，謂之四海。」疏云：「海之言晦，晦闇於義理也。」《爾雅》：「觚竹、北户、西王母、日下，謂之四荒。」疏云：「荒者，言聲教不及，無禮義文章，是四方昏荒之國也。」善至于四海，是父天母地，而凡兄弟之顛連者，皆有以立之達之也，故曰天子。善達于四荒，是天之所覆莫不歸往，故曰天王。○陳逢衡云：天王者，即《書》所謂天子，作民父母，以爲天下王也。四海、四荒見《爾雅·釋地》。據《山海經》大荒諸經次海外諸經之外，則四荒固遠於四海也。○劉師培云：《禮記·曲禮下》孔疏引《五經異義》云：「許慎謹案：《春秋左氏》云：『施於夷狄稱天子，施於諸夏稱天王，施於京師稱王。』」《穀梁·成八年》疏引賈逵云：「畿内稱王，諸夏稱天王，夷狄稱天子。」此爲左氏古説，所云夷狄稱天子與此文合。惟彼以天王之稱邇於天子，此則天子之稱邇於天王，説各不同。又《爾雅·釋地》云：「觚竹、北户、西王母、日下，謂之四荒。」「九夷、八狄、七戎、六蠻，謂之四海。」此即孔注四海、四夷所本，惟彼以四海遠於四荒，此則四荒更遠於四表，説又不同。

四荒至，莫有怨訾，乃登爲帝。

〔彙校〕孫詒讓云：《玉燭寶典》引作「四荒皆至」，今本脱「皆」字，當據補。

〔集注〕孔晁云：訾，嘆恨也。合五等之尊卑而論事義，以爲之名者也。（「嘆」盧校作「歎」。）○潘振云：王之命義如此也。四荒來王，莫有怨恨訾歎，是德合天地，乃升爲帝矣。以上三節，解王侯君公之名命，連類而互發之，所以見尊上之有積漸，有極至也。○陳逢衡云：四荒莫有怨訾，《書》所謂「協和萬邦，黎民於變時雍也」。登，升也。帝則無以加矣。

師曠罄然，又稱曰：「温恭敦敏，方德不改，聞物□□，下學以起，尚登帝臣，乃參天子，自古誰？」

【彙校】「自古誰」下盧云卜本有「能」字。陳、丁從。闕文下字丁補「初」。○潘振云：如孔注，脱文中應有「初」字。○陳逢衡云：此與下「王子應之曰」二節當在前「古之君子其何可則」前，説見上。○孫詒讓云：「方」疑當作「成」，即《潛夫論》所云「幼有成德」也。○劉師培云：《圖讚》作「聞物於初，下學以起」，當據補。《圖讚》「臣」作「晨」，「誰」下有「也」字，當據補。

【集注】孔晁云：罄然，自嚴整也。方，道；初，本也。起其物義也，問最賢之人也。（嚴整，程本、王本作「嚴肅」。）○潘振云：温，和粹也。敦，厚也。敏，達也。方，向也。尚，與上通。參，閒厠也。言性體和粹而恭敬，敦厚而敏達，心向懿德，不因事變而改易。聞物理於天下，而庶物以明，行本事於一家，而人倫以察，惟知下學而已。以之興起於畎畝之中，上進爲帝臣，乃以異姓而閒厠乎天子之位，自古以來誰則能之？○陳逢衡云：罄然，當如罄折之義，蓋心服王子之言而不覺其身之俯也。温恭敦敏，言其質。方德，即《董子》「王者，方也」之方。師曠蓋隱以舜德爲問，故有「上登帝臣，乃參天子」云云。○丁宗洛云：此言「聞物溯初，下學以起」，亦足見其不廢學力矣。起，疑是精進不已意。注「起其物義也」，語未甚明晰。或曰：起猶「起予者商」之起。○唐大沛云：參，承也。○朱右曾云：方德，常德也。○孫詒讓云：成德，《風俗通義》作「盛德」。

王子應之曰：「穆穆虞舜，明明赫赫，立義治律，萬物皆作，分均天財，萬物熙熙，非舜而誰能？」

〔彙校〕陳、丁、朱三家從盧、王説刪「能」字。○盧文弨云：「能」字疑衍。「誰」字與上「財」、「熙」韻協。○王念孫云：師曠問曰「自古誰」，王子答曰「非舜而誰」，兩「誰」字正相應，則「誰」下不當有「能」字。《文選·封禪文》注引此無「能」字。盧以「能」爲衍字，是也。而謂「誰」與「財」、「熙」爲韻，則非。「誰」於古音屬脂部，「財」、「熙」於古音屬之部，兩部絶不相通。則「誰」與「財」、「熙」非韻也。（説見《六書音均表》）此文以赫、作爲一韻，財、熙爲一韻，而末句不入韻。上文云「温恭敦敏，方德不改，聞物□□，下學以起，尚登帝臣，乃參天子，自古誰」，「誰」字亦不入韻也。○丁宗洛云：「自古誰能」句舊無「能」字，蓋彼脱而誤增於此耳。

〔集注〕孔晁云：律，法也。謂致其物也。熙熙，和盛。言舜臣堯功德如此也。○潘振云：穆穆，深遠之意。明明，言甚明也。赫赫，顯盛也。律，十二月之律也。熙熙，廣也。言穆穆虞舜之德，甚明於上，顯盛於下，五典各有宜而舜立之，四時各有律而舜治之。萬物之心皆興起於五禮，萬物之功皆興起於五辰。六府所以養人，五倫之叙，叙以此也。六府所以播時，六律之應，應以此也。分水、火、金、木、土、穀之天財而平治之，萬物皆廣也。臣堯而功德如此，所以升爲天子也。非舜，其孰能之？○丁宗洛云：皆作，猶言受其裁成，入其範圍。注「謂致其物也」，當是解「萬物皆作」句，但意欠分曉。財與材通，非謂財利也。分均天財是因物付物意，熙熙是各得其所意。○唐大沛云：立道義，治法律，天生財利，上下均如，其分有之。○朱右曾云：穆穆，美也。明明，察也。赫赫，明也。

師曠東躅其足曰：「善哉！善哉！」

〔**彙校**〕東，丁、朱二家從王念孫説改「束」。注同。○王念孫云：「東躅」二字義不可通，「東」當爲「束」字之誤也。束、躅疊韻字，謂數以足踏地而稱善也，故王子曰大師何舉足驟。《北堂書鈔·政術部四》、《太平御覽·人事部十三》、《樂部十四》引此並作「束躅其足」。○丁宗洛云：《御覽》卷五百七十六引此文「踧躅」，古字通。○孫詒讓云：王校是也。《釋名·釋衣服》云：「鞾韈猶速獨，足直前之言也。」又《釋兵》云：「松櫝、速獨，前刺之言也。」（今本訛舛，此從吴志忠校本。）速獨與束躅義並同。○劉師培云：今考《圖讚》正作「束躅」。

〔**集注**〕孔晁云：束（王念孫云：亦「束」之誤）躅，踏也。○潘振云：古者，飲食燕享，則賓位在室外牖前，列席南向，不相對。相對者，惟講説之客。席之制，三尺三寸三分寸之一，則兩席并中間空地共一丈也。故《曲禮》曰：「席間函丈。」斯時師曠東面，王子西面，曠聞言而喜，不知足之蹈之也，故「束躅其足」云。躅，以足擊地也。

王子曰：「大師何舉足驟？」師曠曰：「天寒足躅，是以數也。」

〔**彙校**〕躅，盧校作「跔」，諸家從。○盧文弨云：「足跔」舊作「足躅」，案《説文》曰：「跔，天寒足跔也。從足，句聲。」陸氏《莊子釋文》亦引作「跔」。李登《聲類》曰：「偏舉一足曰跔。」今定作「跔」，紀于、求于二反。

〔**集注**〕孔晁云：驟亦數也。王子戲問，故師曠戲答。（諸本無「師」字，盧校從。）○潘振云：跔，不伸也。數，頻數也。

王子曰：「請入坐。」遂敷席，注瑟。師曠歌《無射》曰：「國誠寧矣，遠人來觀。修義經矣，好樂無荒。」

〔**彙校**〕孫詒讓云：下云「乃注瑟于王子，王子歌《嶠》曰」，則此文「師曠」上疑當有「於」字，下亦當重「師曠」二字。○劉師培云：《御覽》三百七十二引作「遂席弦琴」。《書鈔》一百六引「誠」作「城」，引「矣」作「兮」，「修義經矣」亦作「兮」。

〔**集注**〕孔晁云：交言於堂，故更入燕室坐，歌此辭而音合於《無射》之律。○潘振云：意所嚮曰注。以瑟向人，故曰注瑟。無射，九月戌律也。曲以無射爲宫，故調即名《無射》與？以下皆歌辭也。國誠寧者，自魯襄公元年靈王即位，至師曠如晉，當襄公二十六年，王室安也。遠人，曠自謂也。義經，合宜之常經，指周禮也。好樂而無廢時，君子所其無逸也。曠作新曲美王子也。○陳逢衡云：敷，布也。注，如挹彼注兹之注。王子乃手取瑟以授之，故曰注。「國誠寧矣，遠人來觀」，贊美之辭也。「脩義經矣，好樂無荒」，戒勉之辭也。

乃注瑟於王子。王子歌《嶠》曰：「何自南極，至于北極，絶境越國，弗愁道遠？」

〔**彙校**〕丁宗洛云：下二句似應倒换，以歌辭須叶韻也。○劉師培云：《書鈔》一百六引作「瑟」作「琴」。《説文》云：「趫，善緣木之士也。讀若王子蹻。」所據似即此文。段玉裁云：「王子蹻，蓋即王子喬，周靈王太子晉也。」據彼説，似許君所據本當作「王子蹻歌」。《列仙傳》云：「王子喬，周靈王太子晉也。」《潛夫論·志氏姓篇》述子晉事與《周書》同，下言後人以其豫自知去期，故傳稱王子喬仙，則喬爲子晉異名。語似有本。喬見《周書》，未足疑也。喬、晉互稱，與本篇王子、太子互稱例同。孔本作「歌嶠」，所據與許君見本異。

〔**集注**〕孔晁云：嶠，曲名也。師曠作新曲美王子也，王子述舊曲諫也。（陳逢衡云：「諫」字誤，當作「謙」。）○潘振云：何之云者，詰之之辭。自，從也。南極入地三十六度，北極出地三十六度，自南極至北極，一百二十一度餘。

一度，二千九百三十二里四百六十一分里之三百四十八。絶境者，殊方别區，界絶而不鄰也。越國者，踰越人國，重譯而來也。四句舊曲之辭，王子歌之以諷師曠，若有以詰之，蓋諭其來意矣，故曠請去也。○陳逢衡云：《爾雅·釋山》：「山鋭而高曰嶠。」王子蓋謙言無德致此，故言「何自南極，至於北極」云云也。南極北極，極遠之度。○唐大沛云：極謂極星，言南北極，以喻相去至遠也。絶，截也。越，過也。

師曠蹶然起曰：「瞑臣請歸！」

〔彙校〕劉師培云：《圖讚》作「蹷然而起」。

〔集注〕孔晁云：蹶然，疾貌。

王子賜乘車四馬，曰：「太師亦善御之？」

〔彙校〕「賜」下元刊本有一墨釘，程本、鍾本、吴本、王本作「之」，盧校從。○劉師培云：《書鈔》一百三十九引作「四兩」，疑誤。

〔集注〕孔晁云：《禮》：「爲天子，三賜不及者馬。」此賜則自王然後行可知也。（「天」，盧校作「人」，「者」作「車」，「自」作「白」。）○潘振云：父在，子不得自專，禮當禀命而行之。孔引三賜之文，恐誤。一乘之車，四馬駕之。善御，喻御世也。○陳逢衡云：爲人子者不敢以車馬予人。《坊記》曰：「父母在，饋獻不及車馬，示民不敢專也。」○唐大沛云：此賜自出于王子，不出于王，豈必白于王哉？孔説太迂，可删。

師曠對曰：「御，吾未之學也。」王子曰：「汝不爲夫《詩》？《詩》云：『馬之剛矣，轡之柔矣。馬亦不剛，轡亦不柔。志氣塵塵，取予不疑。』以是御之。」

〔彙校〕志氣，程本、盧本作「志之」。塵塵，盧校作「麃麃」。注同。○盧文弨云：「志氣麃麃」，舊訛「志之塵塵」，今依《左氏·襄廿六年正義》改。謝云：「因《左傳》有國子賦《轡之柔矣》，乃足數語以飾之。讀者勿爲所欺。」唐大沛云：謝説非也。此詩辭妙絶古今，豈後人所能足成之者。《左正義》引此詩六句，末句「以是御之」非詩辭。《左傳》「轡之柔矣」，杜注：「逸詩，見《周書》，義取寬政以安諸侯，若柔轡之御剛馬。」王子引此詩，意亦當如此。

〔集注〕孔晁云：馬不剛，轡不柔，言和擾也。塵塵，亦和貌也。不疑，和之心也。（「擾也」，鍾本作「擾之」。「和貌」，程本、鍾本、吴本、王本作「和擾」，盧校從。）○潘振云：師曠瞽，不能御，故曰吾未之學也。爲，猶治也。馬剛難制，轡柔易絶，馬不剛，轡不柔，可謂和矣。人之志如轡，人之氣如馬，麃麃而和，當取則取，當予則予，和義也。不疑於心，和之至也。逸詩之言，興而比也。以和御之，無乎不宜。蓋隱指歸田之事矣。○陳逢衡云：麃麃，武貌，見《詩·鄭風》「駟介麃麃」傳。取予不疑，六轡在手也。○朱右曾云：麃麃，盛也。取予，猶磬控也。言馬志氣之盛，由磬控不疑于心也。

師曠對曰：「瞑臣無見，爲人辯也，唯耳之恃，而耳又寡聞而易窮。王子，汝將爲天下宗乎！」

〔集注〕孔晁云：辯，别也。爲人有所别，唯恃耳也。宗，尊也。天下所尊則有（盧文弨云：「則有」二字疑衍）明王者也。○潘振云：少聞而辯，易困屈也。將爲天下宗，言將有天下也。○朱右曾云：宗，主也。

王子曰：「太師，何汝戲我乎？自太皞以下至于堯舜禹，未有一姓而再有天下者。夫大當時而不伐，天何可得？

〔**彙校**〕戲，諸本作「賤」。丁訂「大當時」爲「木當時」，「天何可得」爲「夫何可得」，朱並從。○陳逢衡云：大約一姓不能再興之意，未有脱誤。○丁宗洛云：按周室雖衰，猶稱共主，王子晉安得爲此言？恐有訛字。其意當是謂子孫未有少年聰慧而中興者。

〔**集注**〕孔晁云：言自庖犧至禹，其子孫未有期運當時，斯不立矣。言周衰未盡，已不必立也。（「期」，程本、趙本、吴本作「明」。丁於「當時」下增「者」字，「周衰」下增「雖」字。「不必」，盧校作「必不」。）○潘振云：太皞，風姓。伐，功也。言太師以我爲將有天下，得毋戲乎？自太皞以下，至于堯舜禹，中閒如神農姜姓，傳臨魁、承、明、宜、來、裏、榆罔七帝。黄帝姬姓，傳少皞、顓頊、嚳、堯四帝。少皞雖姬姓，而實黄帝之子玄囂也。堯禪舜而虞姓姚，舜禪禹而夏姓姒，湯放桀而商姓子，周姬姓而有天下，是一姓而再有天下也，此自古未有者。蓋其功積自后稷，非一世矣。五百年必有王者興。使大當時，而不有積久之功，天命何可得哉！言此，以折晉不臣之心，蓋諭師曠之謀也。

且吾聞汝之人年長短，告吾。」

〔**彙校**〕聞，元刊本同，餘諸本作「問」。盧校從「聞」，云：「聞」舊訛「問」，今從章本。之，盧校作「知」。○劉師培云：今考《御覽》三百八十八正引作「聞」。惟《潛夫論·志氏姓篇》、《風俗通·正失篇》均無「告吾」二字。（「汝」字均作「太師」。）《類聚》十六引《春秋外傳》作「汝知人年長短吉凶也」，《御覽》一百四十六引《周語》同。今《國語》弗誌此事，當係《周書》之誤。據彼引，似「告吾」二字均係「吉」字之訛，下脱「凶」字。然《御覽》三百八十八又引作「幸以告我」，《圖讚》作「聞女知人年長短，希我告也」，則「告吾」二字弗訛。

〔集注〕潘振云：承上文，言天命之得與不得，不惟在有功與否也。且以齒年而論，有長有短，吾聞汝知人之壽夭，告吾可也。以上二節，見天命不可倖，天數不可知，隱以示王室之當尊，而周田之當復也。

師曠對曰：「汝聲清汗，汝色赤白。火色不壽。」

〔彙校〕汗，諸本作「汙」，盧從。注同。○丁宗洛云：《太平御覽》卷一百四十六節引此篇稱爲《周語》。「汝聲」三語無「汗」字，「白」字較明晰，則此書恐係誤衍。若《御覽》卷七百二十九、卷七百三十一引此並稱《周書》，而一作「汝聲清浮，汝色赤，火色不壽」，一作「汝聲清浮，汝赤色，火主不壽」，皆與《潛夫論·志氏姓篇》汝聲三句不同。雖「浮」字可通，然「汗」字已久，「汗」乃「沉」訛。○劉師培云：《圖讚》與今本同。《潛夫論·志氏姓篇》作「汝色赤白，汝聲清汗，火色不壽」。（《相列篇》又云：「故師曠曰：赤色不壽。火家性易滅也。」）《風俗通·正失篇》作「汝色赤白，汝聲清（脱汗字），汝色不壽」。《類聚》十六引《春秋外傳》亦作「君色赤，君聲清，火色不壽」。似「汝色赤白」四字當在「汝聲清汗」上。又《御覽》三百八十八引《周書》云：「汝色赤白，聲清，火色不壽。」亦其證也。

〔集注〕孔晁云：清，角也。言音汗沈木（丁宗洛云：此宜作「清角音也，音清沉木」。蓋「音」訛爲「言」，又誤倒耳。經有清汗，注有汗沉，互求之；注之「汗」乃「清」訛也）。木生火，色赤。知聲者則色亦然。○潘振云：清，徵也。汗，人液，出而不反，喻聲無回音也。聲宜清，不宜汗，清而汗，氣浮也。赤屬火，白屬金，人生不足於腎水，不能養木，故肝木王而生火。火尅金，肺氣上浮，故色赤白。火爲主，故謂之火色。此不壽之徵也。曠不能觀色，辨聲而知之。○陳逢衡云：此以五行休咎推人之壽命也。清汗謂清而渙散，在五行屬木。色赤白，火刑金也，且尅木，故不壽。《潛夫論·相列篇》曰：「人身體形貌皆有相類，骨法角肉各有分部，以著性命之期，顯貴賤之表，一人之身而五行八卦之氣具焉。」

王子曰：「吾後三年上賓于帝所，汝慎無言，□將及汝。」

【彙校】闕處王本作「言」，盧從王符《潛夫論》作「殃」，云：《風俗通》「殃」作「禍」。「曰」下、「年」下，盧從《潛夫論》各增「然」字、「將」字。○劉師培云：吾後三年，《類聚》十六引《春秋外傳》作「卻後三年」。《御覽》三百八十八「吾」作「余」。今考《御覽》三百八十八所引正作「汝慎無言，殃將及汝」，《圖讚》亦同。

【集注】孔晁云：言死必爲賓于天帝之所，鬼神之，則王子之事不欲令人知也。（盧校「鬼神之」下增兩方圍，云：或脱「事秘」二字。丁宗洛從補。「不欲令人知」下諸本有「之」字，盧校從。）○潘振云：言後三年必爲賓于天帝之所。鬼神事秘，不可令人知之，恐天將殃汝也。○陳逢衡云：上賓，猶登遐也。賓於帝所，言在帝左右也。後世以王子晉爲仙人，本此。

師曠歸，未及三年，告死者至。

【彙校】盧文弨云：《風俗通》此下有云：「孔子聞之，曰：『惜夫！殺吾君也。』」《潛夫論》同。○唐大沛云：孔子生于靈王二十一年，師曠適周，據《國語》推之，當即二十二年，事後二年王子死，若如此，孔子生方四歲，安得有此嘆？思是附會之語。○劉師培云：《御覽》三百八十八引作「三年而死」，《圖讚》作「未三年而卒」，均約引。

【集注】孔晁云：未及三年，並歸之年爲三年，則王子年十七而卒也。（陳逢衡云：《路史》謂王子年十八而賓，《御覽》引《東鄉序》謂解化時年十五六，俱誤，當從孔注作十七。）〇 陳逢衡云：師曠與太子語事即在羊舌肸聘周之年，蓋靈王之二十二年，未及三年，則靈王二十四年也。告死者至，至晉也。《風俗通》及《潛夫論》末尾俱有「孔子聞之曰惜夫殺吾君也」十一字，亦見《路史·前紀》。據此，則晉人其以謀去太子乎？

逸周書彙校集注卷九

玉佩解第六十五

〔彙校〕「玉佩」，盧校作「王佩」。○丁宗洛云：「王」或作「玉」，「佩」或作「珮」。但《經》起語曰「王者所佩在德」，自以「王佩」爲是，「玉」、「珮」皆訛誤。

〔集注〕陳逢衡云：通體皆格言，視丹書十七章猶爲警切。解蓋取首句「王者所佩」爲篇題。○丁宗洛云：此篇多粹精語，家、國、天下之道莫不具備。讀《尚書》者徒尊信古文之《畢命》、《冏命》、《君牙》、《君陳》等篇，何不尋繹乎此？○唐大沛云：此篇百七十五字，而修己治人之道，治亂興衰之故備于此矣，當録之爲座右銘。

玉者所佩在德。德在利民，民在順上。

〔彙校〕玉者，《史略》作「王者」，盧校同。

〔集注〕孔晁云：言以利民爲德也。天子事天，所以威下使事上。○陳逢衡云：佩，服也。○唐大沛云：以德爲佩，服膺不忘也。順上，謂率上之政令。○朱右曾云：佩德以利民，猶之佩物以利用。

合爲在因時，應事則易成。

〔彙校〕陳逢衡云：「則易」當作「在有」。○俞樾云：此篇自「王者所佩在德，德在利民，民在順上」至「危亡在不知時」，凡二十九句，皆有「在」字，獨此句作「則」字，與上下文不一律，疑當作「應事在易成」。

〔集注〕孔晁云：得時所爲合，應爲其機。（丁宗洛訂「得時而爲則合爲，應其機則易成」。）○潘振云：當爲而爲之，謂之合爲。○唐大沛云：爲所當爲，在因時致宜也。因時應事，事則易成。○朱右曾云：不先不後謂之因，迎其機而導之故易成。○俞樾云：易之言速也。《史記·天官書》：「填星其居久，其國福厚；易，福薄。」徐廣曰：「易猶輕速也。」《漢書·天文志》：「大白所居久，其國利；易，其鄉凶。」蘇林曰：「易，疾過也。」是易有疾速之義，故與久爲對文。事機之來，閒不容髮，故曰「應事在易成」。易成，猶速成也。

謀成在周長，有功在力多。

〔彙校〕愈樾云：「周長」二字義不可通，注以忠信爲解，要亦曲説也。「周」疑「用」字之誤。

〔集注〕孔晁云：周，忠信也。力多則功多也。○陳逢衡云：長，如《盤庚》「汝不謀長」之長。得民助，故力多。○唐大沛云：周徧長久，其謀乃成。輔以羣力，事則有功。

昌大在自克，不過在數懲。

〔集注〕孔晁云：以義勝欲得昌大，數有懲艾則無過也。（盧文弨云：「『數有』趙疑『數自』。」丁宗洛從改。）○潘振云：昌，善也。克者，去已往之愆。懲者，創將來之失。○陳逢衡云：克，能也。自克則能自强，故昌大。不過，不貳過也。懲，謂懲戒。○唐大沛云：數有懲儆，庶無過矣。

不困在豫慎，見禍在未形。

〔彙校〕形，唐大沛改「然」。

〔集注〕孔晁云：事未成而豫慎，則不困也。○陳逢衡云：凡事豫則立也。○唐大沛云：召禍必有因，當審其萌，至于既然則無救矣。

除害在脆斷，安民在知過，用兵在知時。

〔彙校〕脆，元刊本、程本、趙本、吴本作「胞」；鍾本、王本作「能」，盧校從。

〔集注〕孔晁云：能斷所不思也。知過輒改，民將安生。時，謂可戈時也。（戈，元刊本、程本、鍾本、王本作「伐」，盧從。「思」，陳逢衡從楊本改「忍」。丁宗洛删「不」字，「將」改「得」。）○陳逢衡云：除害在能斷，不以游移留後悔也。上無過舉則民有效法，故安民。知時，知天時也。時不可，動則勞而無功，故用兵在知時。○唐大沛云：政不利民者，過也，當知之。

勝大患在合人心，殃毒在信疑。

〔集注〕孔晁云：舉合民心，何患之有哉？○唐大沛云：協衆情則大患可解，故曰勝。殃毒，猶言禍害。可疑者信之，不能明決，故釀成殃毒。○朱右曾云：信所可疑，謂聽讒閒。

孽子在聽内，化行在知和。

〔彙校〕劉師培云：似正文當有「災」字，與上「殃毒」對文。存以俟考。

〔集注〕孔晁云：内聽於孽孽而吐於中言，宜其生災也。可否相濟曰和。（盧文弨云：「『孽孽』似『孽子』之誤。」陳逢衡云：「當作『嬖寵』。」丁宗洛「吐」改「出」，「中言」改「室中」。劉師培云：「於孽」二字當作「於嬖孽」。）○盧文弨云：趙云：「聽内，似謂聽信婦人偏愛之言。」文弨案：此「孽子」當謂災害其子。○丁宗洛云：上「孽」與「孼」通。凡婢妾皆謂之孽。下「孽」則禍孽之孽也。○唐大沛云：孽害其子，在聽信内寵之言。知和則協于羣情，故化行。○孫詒讓云：「子」疑「孳」之借字，孳言災孽之蕃孳也。

施舍在平心，不幸在不聞其過。

〔集注〕孔晁云：施謂施惠，舍謂赦罪。聖人以聞己過爲幸，貴速改也。○陳逢衡云：舍當如開塞禁舍之舍，不指赦罪説。不聞其過則終身無改過之日，故曰不幸。

福在受諫，基在愛民，固在親賢。

〔集注〕孔晁云：受諫則無非，故福。以愛民爲基，親賢人則固，明君之義也。○陳逢衡云：《書》曰：「民爲邦本，本固邦寧。」故基在愛民。賢者，國之寶也，資以爲助則外有長城之倚，内有金湯之恃，故固在親賢。

禍福在所密，利害在所近，存亡在所用。

〔集注〕孔晁云：所與密皆親近，所利用皆忠良，則福利至，反是則禍害至。（「福利至」，元刊本同，餘諸本作「福利生」，盧從。又盧校「皆親近」作「所親近」，「利用」作「任用」。）〇潘振云：所密指婦侍，所近指左右，所用指諸臣。

離合在出命，尊在慎威，安在恭己，危亡在不知時。

〔彙校〕盧文弨云：《漢書·主父偃傳》引作「安危在出令」。〇陳逢衡云：主父偃諫伐匈奴，引《周書》曰：「安危在出令，存亡在所用。」（師古曰：「此《周書》本《尚書》之餘。」）據下文「安在恭己，危亡在不知時」，則當作「離合」爲是，偃蓋鈔變其辭，故以「存亡」句反屬此句之下。古人引書多如此，不可泥爲古本如是也。

〔集注〕孔晁云：教命善則事合，否則離矣。威得其宜則尊，恭己不妄則安。時謂天時，得其時也。（「恭」，元刊本同，餘諸本作「樂」。「天時」下丁宗洛本經旨增「貴」字。「得」字劉師培疑誤。）〇潘振云：慎威者，不敢作威，德之謙也，故人尊之。恭己者，不敢自侮，德之敬也，故心安焉。〇陳逢衡云：離合，從違也。謂出命當則民從，出命不當則民違也。〇朱右曾云：背時則逆天，逆天者亡。

見善而怠，時至而疑，亡正處邪，是弗能居。此得失之方也，不可不察。

〔集注〕孔晁云：怠，懈墮不能行也。疑，由豫不果也。邪，奸術也。慮奸術是不居大之道也，乃是得失之道也。（盧校「慮」改「處」，「奸」改「姦」，又云：「由」與「猶」通，卜本作「猶」。「大」上當有「正」字。）〇潘振云：方，類也。察，詳審也。

逸周書彙校集注卷九

殷祝解第六十六

〔彙校〕祝，《史略》作「説」。○孫詒讓云：《史略》「祝」作「説」，此與下《周祝》二篇與祝義全不相蒙，疑並當作「説」。《叙》云：「夏多罪，湯將放之，徵前事以戒後王也，作《殷祝》。」徵前戒後之義與「説」亦頗相近。今本篇名及叙似皆傳寫之譌。

〔集注〕潘振云：契始封商，今陝西商州，湯以爲有天下之號。後盤庚遷都殷墟，改號曰殷，殷則西亳之别名也。祝，祭主贊辭者。臣下作此解，借殷以戒王。祝官讀之，見佩德如湯者王，不佩德如桀者亡也，故次之以《殷祝》。○陳逢衡云：此殷祝而係周祝之前，亦猶《殷獻令》係於《王會》之後，蓋皆以事類來附，故入之《周書》中也。此篇所傳，人咸以爲不經，然細繹其義，則征誅而猶寓禪讓之風焉。設桀不去居南巢，則所以安而全之者，湯必有道矣。故伏生《大傳》亦傳之。「商祝」見《儀禮·士喪禮》，又見《既夕》，蓋是周祝仰習商禮，則曰商祝也。今案祝辭止陰勝陽數語，前則備録其事，如《詩》之有序也。○陳漢章云：春秋之季，如《尸子》云：「桀放於歷山。」（引見《御覽》八十二）又云：「湯以革車三百乘伐桀於南巢，收之夏宫。」（引見《御覽》八十一）《吕氏春秋·慎大》云：「湯發師，未接刃而桀走，逐之至大沙，身體離散，爲天下戮。」所言與此篇大異，安見此篇爲周季人所作？（《淮南子》、《史記》所説更異。）伏生傳《書・湯誓》與此篇同，蓋見古文《周書》矣。○丁宗洛云：此篇似乖體裁，然而武之心即湯之心也。湯之心因迹可見，武之心卻易因迹而掩。作者懼武之心愈久愈没也，直述商事于《周書》，以爲湯、武迹雖殊而心則一，不顧體裁之混淆，不計言詞之瑣屑，而使人求己之意于語言之外，自得武之心于簡牘之中，於是遂成一篇大有關係文字。

湯將放桀于中野。

〔彙校〕于，《史略》作「居」，鍾本作「於」。○陳逢衡云：《廣博物志》卷十引作「成湯將放桀自處於中野」，又以《逸周書》訛爲《竹書紀年》。○孫詒讓云：《太平御覽》八十三皇王部引《尚書大傳》作「湯放桀居中野，士民皆奔湯」。此于「中野」上當脱「居」字，下云「士民聞湯在野」，又云「不齊士民往奔湯于中野」，明「中野」是湯所居。若如今本，則似桀被放居中野，與下文不相貫矣。○劉師培云：《斠補》據《大傳》謂「于」上當補「居」字，是也。《路史・後紀》十四注引《世紀》云：「湯退居中野，老幼虚國奔之。」《世紀》此文當採本書，此今本脱「居」字之證也。

〔集注〕孔晁云：此事不然矣，或者欲解之。（「者」，鍾本作「耇」。）○潘振云：中野，《書序》鳴條野與？《括地志》：「高涯源在蒲州安邑縣北三十里南坂口，即古鳴條陌。戰地在安邑西。」今蒲州爲府，安邑縣屬解州，俱在山西。安邑，夏都，蓋將放桀于安邑之北也。○陳逢衡云：放者，安置之謂。

士民聞湯在野，皆委貨扶老攜幼奔，國中虚。

〔彙校〕陳逢衡云：「湯」疑作「桀」。○孫詒讓云：奔下當增「湯」字。○劉師培云：奔下亦當補「之」字。

〔集注〕孔晁云：言桀國中空無人，又不然矣（鍾本作「也」）。○盧文弨云：謝云：「湯之放桀，亦如舜之封象。蓋湯雖放桀，猶躬至中野而安定其人民，中野之民咸去桀歸湯。」國中虚者，中野之地虚也，故湯復爲明之，而士民致於桀之詞，皆願歸亳，桀乃與其屬五百人屢徙而至南巢也。○潘振云：委貨者，委致其貨，所謂棄而違之也。奔者，從湯欲歸薄也。國中虚者，中野空，非安邑空也。○朱右曾云：國中，中野之都也。

桀請湯曰：「國所以爲國者以有家，家所以爲家者以有人也。今國無家、無人矣。君有人，請致國，君之有也。」

〔彙校〕「請致國，君之有也」，丁宗洛作「請致國，國，君之有也」，增一「國」字。○陳逢衡云：《廣博物志》引無「請致國」三字。

〔集注〕孔晁云：此國爲天下也。（盧文弨云：「爲」當作「謂」。）○潘振云：有人則有家，即有國。請致國者，請致還中野也。○唐大沛云：國謂王畿之國，據此則桀欲以王位讓湯也。

湯曰：「否！昔大帝作道，明教士民，今君王滅道殘政，士民惑矣。吾爲王明之。」

〔集注〕孔晁云：大帝謂禹，明禹之事於士民也。○潘振云：否，不許其致國也。○陳逢衡云：湯知桀有悔心，故猶望民之奉桀也。○唐大沛云：作，爲也，爲聖王之道。

士民復致於桀，曰：「以薄之居，濟民之賤，何必君更？」

〔彙校〕薄，元刊本、程本、鍾本、吴本、王本作「薄」，盧從。濟，陳逢衡據文義改「齊」。丁宗洛「復」字移句末，「居」改「君」，「賤」改「殘」，云：「士民」下舊有「復」字，此乃初次致桀之詞，不宜言復，今移于「君更」下自妥。〇陳逢衡云：《廣博物志》引無「以薄之居」十字，蓋不得其解，故删截也。

〔集注〕孔晁云：此士民辭也。薄，湯所居也。言與君更與桀徙避湯。（避湯，鍾本作「避也」。與君，丁宗洛改「不肯」。丁云：「更」字似衍。）〇潘振云：薄、亳同。復者，復歸於中野也。致，詣也。詣桀而請曰：以薄之居，成民之賤，歸薄之志決矣，何必君更改乎？〇唐大沛云：齊民，謂平民也。何必君更，猶言君何必更，蓋謂民既歸湯則聽之而已，君何必更之也。

桀與其屬五百人南徙千里，止於不齊，民往奔湯於中野。

〔彙校〕盧文弨云：「不齊」下疑當有「不齊士」三字。（丁從增）〇陳逢衡云：《尚書大傳》曰：「湯放桀居中野，士民皆奔湯，桀與屬五百人南徙千里止於不齊，不齊士民往奔湯。桀與屬五百人徙於魯，魯士民復奔湯。桀曰：『國，君之有也，吾聞海外有人。』與五百人俱去。」據此則「千里」誤，當作「十里」，而「不齊」下有「不齊士」三字，謹如盧説無疑。〇唐大沛云：作「十里」是也。惟與中野相去不遠，故士民可奔湯。

〔集注〕孔晁云：不齊，地名。〇潘振云：不，語辭。齊，即周封太公之地，今青州也。齊曰不齊，猶《王會解》不令支、不屠何云爾。民奔中野，湯巡不齊撫安之。〇丁宗洛云：「不齊」疑即「不其」。《前漢·武帝紀》「四月幸不其」，注：「不其，山名，在琅邪。」又《左傳》夾谷亦名祝其，音亦相近。

桀復請湯，言君之有也。湯曰：「否！我爲君王明之。」士民復，重請之。桀與其屬五百人徙於魯，魯士民復奔湯。

〔彙校〕盧文弨云：「言」下亦當有「國」字。（丁從增）○陳逢衡云：《古微書》引無「國」字。

〔集注〕孔晁云：魯，地名也。（諸本作「魯亦地名」，盧從。）○潘振云：復者，復歸不齊也。重請之者，又如中野之士民請於桀也。魯，少皞摯之墟，今曲阜也。魯士民奔不齊，湯巡魯撫安之。○陳逢衡云：《路史後紀》曰：「桀與屬五百人南徙千里至於不齊，不齊之民去之，轉之郕，遂放之南巢氏。」案此解云「徙於魯」，而羅氏謂「轉之郕」，俟考。○丁宗洛云：士民重請皆歸湯不歸桀，意非請桀復位也。

桀又曰：「國，君之有也，吾則外人。有言，彼以吾道是邪，我將爲之。」

〔彙校〕按：此句上諸本有「桀又曰國君明之士民復奔湯」及注「魯亦地名」，衍。邪，諸本作「耶」。○潘振云：「爲」當作「去」。○陳逢衡云：《廣博物志》引作：「吾則外人，我將去之。」不知所據何本，恐是以己意改更。案當作「吾聞海外有人，我將去之。」○丁宗洛云：浮山云：「爲之」是「委之」訛，玩下文自見。

〔集注〕孔晁云：言桀以此辭勸勉湯者也。（丁宗洛删「者」字。）○潘振云：國，指魯。天子無外，失天下，則爲外人矣。彼，指士民。言魯國，君之有也，我則外人，君雖有言明之，士民肯以吾道爲是耶？我將去之。○陳逢衡云：據《大傳》「吾聞海外有人，與五百人俱去」，蓋桀以中國無地自容，故欲遠去也。

湯曰：「此君王之士也，君王之民也，委之何？」湯不能止桀。

〔彙校〕「何」下丁宗洛增「往」字。

〔集注〕孔晁云：必欲去也。

湯曰：「欲從者從君！」桀與其屬五百人去。

〔彙校〕「去」下盧校增「居南巢」三字，云：舊本正文「去」字下注云「居南巢之地名」，訛。○陳逢衡云：盧本「五百人」下添「居南巢」三字，考《大傳》、《古微書》引俱無。○劉師培云：此文各本悉同，似無訛脱。盧本以「居南巢」三字爲正文，又改孔注爲「南巢，地名」，臆説無據。《御覽》八十三引《大傳》作「乃與屬五百人俱去」，與此文同。

〔集注〕孔晁云：居南巢之地名。（盧校改「南巢，地名」。）○潘振云：漢有居巢縣，今無爲州，古巢國地。又有巢縣，古巢伯國，俱屬江南廬州府，即放桀處也。○陳逢衡云：去者，去之南巢也。

湯放桀而復薄，三千諸侯大會。

〔彙校〕盧文弨云：復薄，李善注《文選》引作「歸于亳」。

〔集注〕孔晁云：大會于薄。（「于」，諸本作「民」，盧校作「於」。）○潘振云：河南有三亳。考《括地志》南亳在隋宋州穀熟縣西南三十五里，即湯之王都。宋州，漢梁國，今歸德府。穀熟，今歸德府之考城縣也。北亳，在隋宋州北五十里大蒙城，即景亳，湯所受命地。大蒙，漢蒙縣，今并入考城。西亳，在偃師，即湯之舊都，今河南府偃師縣。復薄者，復西亳。大會於北亳以受命，後乃都南亳也。○丁宗洛云：從來解「放」字皆以爲禁錮鈐制之意，此篇曲折叙來，至此始曰「湯放桀而復薄」，一「放」字有許多安慰妥置之意在内。

湯退再拜，從諸侯之位。湯曰：「此天子位，有道者可以處之！

〔彙校〕王念孫云：此文本作「湯取天子之璽，置之天子之坐左，退而再拜，從諸侯之位。」上言置璽於天子之坐左，故下言退從諸侯之位。今本脱去「取天子之璽，置之天子之坐左」十二字，謹存「湯退」二字，（退下又脱「而」字。）則叙事不明。又案蔡邕《獨斷》曰：「璽者，印也，古者尊卑共之。《月令》曰：『固封璽。』《春秋左氏傳》曰：『魯襄公在楚，季武子使公冶問璽書，追而與之。』此諸侯大夫印稱璽者也。衛宏曰：『秦以來天子獨以印稱璽。』」（以上《獨斷》）然則自周以前璽爲上下通稱，故特別言之曰天子之璽，而今本無此文，則後人不知古義而删之也。鈔本《北堂書鈔·儀飾部一》璽下出「置天子坐」四字，注引《周書》曰：「湯取天子之璽，置之天子之坐左，復（古退字）而再拜，從諸侯之位。」《藝文類聚·帝王部二、人部五》《太平御覽·皇王部八、人事部六十四》所引並與《書鈔》同。〇陳逢衡云：《路史後紀》亦有「乃取璽書」云云，並注曰：「置座左，見《周書》。」則古本有置璽一事明矣，今本脱去。惠氏《左傳補注》云：「《唐六典》引《周書》『湯放桀，大會諸侯，取天子之璽置天子之座』云云，據此則商以前已有璽名矣。」〇朱右曾從王説據《書鈔》、《類聚》增補。

〔集注〕孔晁云：讓諸侯之有道者。〇潘振云：大會必爲壇，壇上除地爲墠，湯虚天子之位，退降墠下而再拜，讓諸侯之有道者。

天子非一家之有也，有道者之有也，故天下者唯有道者理之，唯有道者紀之，唯有道者宜久處之。」

〔彙校〕天子，盧校作「天下」。〇劉師培云：賈子《新書·修政語下》述師尚父語云：「故天下非一家之有也，有道者之有也，故夫天下者唯有道者理之，唯有道者紀之，唯有道者使之，唯有道者宜處（譚本脱「處」字）而久之。」理、紀、使、久與有協韻，本文疑當與同。今作「久處」，失其韻矣。（孔所注之本已誤，故以久居釋久處。）

〔集注〕孔晁云：久處，久居天子之位。〇潘振云：理者，亂之反。理之，指定天下而言也。紀者，綱之目。紀之，指治天下而言也。可以處之，信其德也。宜久處之，必於理也。

湯以此讓，三千諸侯莫敢即位，然後湯即天子之位。

〔彙校〕「讓」上朱右曾從王念孫説增「三」字。王念孫云：《類聚》、《御覽》並引作「湯以此三讓三千諸侯，諸侯莫敢即位」。今本「讓」上無「三」字，「諸侯」二字又不疊，皆寫者脱之。

〔集注〕孔晁云：三千諸侯勸之也。

與諸侯誓曰：「陰勝陽即謂之變而天弗施，雌勝雄即謂之亂而人弗行。」

〔集注〕孔晁云：逆天道，故不施。雌勝雄，女淩男之異。逆人道，故不行焉。〇潘振云：誓，戒謹也。〇陳逢衡云：人弗行則不從，此以夫婦寓君臣之義。《京房易》載成湯嫁妹之辭曰：「無以天子之尊而乘諸侯，無以天子之富而驕諸侯。陰之從陽，女之順夫，本天地之義也。往事爾夫，必以義理，陰從陽，女順夫。」與此語意彷彿。

故諸侯之治政，在諸侯之大夫治與從。

〔彙校〕盧文弨云：「與從」本一作「於從」。〇孫詒讓云：此文有脱誤，疑當作「故諸侯之治在政，大夫之治與從」。

○劉師培云：賈子《新書·大政下》云：「故古聖王君子不素距人，以此爲明察也。己國之治政，在諸侯大夫士察之理，在其與徒。君必擇其臣，臣必擇其所與。」即本此文，惟亦有訛脱。竊以本書之文當作：「故諸侯之治在政，大夫士之治在與徒。」謂國之治否係於政，而治身與否係於所用之人也。「從」、「徒」形近致訛。彼書之文當作「國之治在政（句），諸侯士大夫之理（句），在其與徒（句）」。理即治也。（唐人改「治」爲「理」，此語又衍「察」字，宋人昧其旨，遂不復改。）其大意悉與本書符，惟此以諸侯代國，彼以諸侯之身與國别言耳。孔氏所據已爲誤本，故望文生訓。

【集注】孔晁云：言下必順上，所以教治也。○潘振云：事無不順之謂治，心無不順之謂從。○唐大沛云：言大夫當從諸侯之治，則諸侯之當從天子可知矣。

逸周書彙校集注卷九

周祝解第六十七

〔彙校〕孫詒讓云：「祝」疑當作「説」，詳前。

〔集注〕潘振云：周國在《禹貢》雍州岐山之陽，漢屬扶風美陽縣，今陝西乾州武功縣五丈原，古邰國，后稷所封地，所謂「周原膴膴」者也。有夏棄稷弗務，不窋失官，公劉都邠，至太王遷岐，復后稷之舊都，國號爲周。後武王遂以爲有天下之號。臣下作解，設爲王訓民之辭，祝官讀之以諷王也。殷，勝國；周，本朝。周繼殷，故次之以《周祝》。○陳逢衡云：此周祝垂戒之語，義與《史記解》同。讀其書者，可與涉世，可與存身，可與遠害，可與盡年。通篇悉爲韻語，似銘、似箴，蓋直開老氏《道德》之先，匪特作荀子《成相》之祖。○丁宗洛云：此篇縱横恣肆，頗近戰國風尚矣。然荀卿無其排奡，莊周無其暢茂，又何論於爲堅白異同之説者？○唐大沛云：此篇作于周祝，故以名篇。祝即春官太祝，掌王誥命者也。古人垂戒之文不一體，此篇似箴似銘，尤爲奇絶。予反覆讀之，竊嘆作者其有憂患乎？其當厲、幽無道之世乎？不然，憂國憂民之心何若是之愷切纏綿而無已也？文筆古奥瑰奇，陸離斑駁，似《詩》之比興，似《易》之彖象，其義則若斷若續，若合若離，驟讀之莫辨其端倪，莫窮其歸宿，有望洋而嘆已耳。予讀之再四，略以己意測其旨趣，雖于作者之心未必盡合，然愚者千慮，必有一得，殆差勝于鹵莽讀過者耳。孔氏注隨文解義，未著大旨，是以脈絡不甚分明。後來考據諸家亦不過定正誤字而已，於此書之旨無所發明。近有爲之補注者，支離處甚多，不足取焉。

曰：維哉！其時告汝：□□道，恐爲身災。

〔彙校〕闕處程本、鍾本、吳本、王本作「不聞」，潘、丁從；唐補「不善」。○盧文弨云：空圍二字俗本作「不聞」，非。○丁宗洛云：「不聞」二字盧以爲非，今按照注不誤。○唐大沛云：盧以俗本爲非者，蓋謂俗本見注有「不聞道」三字，故取以補正文缺字。但孔注必無直寫正文，去一「恐」字添一「也」字便算注文之理，是以知「不聞」二字非正文也。然則正文缺字將何以補之？予謂下節孔注曰「告以善道是生之」，明是承上文言，則缺字疑當作「以善」二字，今姑據下注補之。蓋得道則福，失道則災，此自然之理，予所以告汝以善道者，恐汝失道而召禍也。孔注之意言所以告汝者欲其行道，不聞行道而反爲身災者也。注意是轉一層說。

〔集注〕孔晁云：言所以告汝不聞道，爲身災也。（丁宗洛「汝」字下增「者」字，「不」上增「以汝」二字。）○潘振云：曰，祝官開讀也。以下解文。維，繫也。汝，指民。言所繫甚大，是以告汝也。道，理也，一篇之大旨也。身具天地萬物之理，不聞道，不明理之當然。不悟理之所以然，故受災也。○陳逢衡云：維哉，助語辭。時，是也。○唐大沛云：維、惟、唯，經傳通作語詞者多矣，但此「維哉」二字與下「謹哉」相對，似不應以「維」字作語詞。考《說文》於「惟」字訓思。維、惟古字通，維哉者，殆欲其深思之也。他篇有以「敬之哉」發端者，亦此例也。○朱右曾云：維，念也。言所以告汝者，恐汝不聞道而災其身也。○于鬯讀至「告」字句，云：宋本及明章蘗本脱去二字，盧文弨校遂稱俗本作「不聞」，非。實由誤以時字絶句，告汝二字連讀耳。告汝不聞道，則文不成義，宜其誚非矣。朱右曾《集訓》妄解告汝不聞道，謂告汝者恐汝不聞道，更不然也。孔解云：「言所以告汝不聞道，爲身災也。」似孔亦誤讀。然即讀注文告字句，要亦自無害。抑此題爲《周祝》，則所謂時告者，恐並非告王，乃祝告也。如《左・桓六年傳》言「奉牲以告」、「奉盛以告」、「奉酒醴以告」者。汝不聞道恐爲身災，亦即彼所云「君雖獨豐，其何福之有」矣。

讙哉民乎！朕則生汝，朕則刑汝，朕則經汝，朕則亡汝，朕則壽汝，朕則名汝。

〔彙校〕讙，趙本作「讓」。刑，程本、鍾本作「形」。《史略》作「攘哉民心哉。民，朕則生汝，朕則刑汝」。「朕則經汝」下朱右曾本有「朕則阜汝」四字。汝，王念孫作「女」。〇盧文弨云：惠云：「刑」一作「形」。一本云：「案注似脱『朕則阜汝』四字。」〇陳逢衡云：當添「朕則昌汝」於「經汝」下，則陽、庚、青三韻通轉，中間不必間阜、壽二韻也。〇唐大沛云：正文非脱一句，乃「阜」字誤爲「亡」字也。阜古文作「𨸏」，俗省作「自」，稍殘缺似「亡」字，故誤作「亡」。〇孫詒讓云：《史略》作「攘哉民心」，「哉民」文似有誤衍。「讙」疑當從高本作「攘」。攘譌作「讓」，傳寫又譌作「讙」耳。

〔集注〕孔晁云：告以善道是生之，是以教之以法也。經記汝，昌阜汝，殺亡汝，爲汝請命，名汝善惡也。（「記」，程本、趙本、鍾本、吴本、王本作「紀」，盧從。丁宗洛「是以」上增「刑」字，「是」下删「以」字。唐大沛云：後人見正文有「朕則亡汝」句，遂于注中妄加「殺亡汝」三字，不知於義既不倫，且多一句矣。正文六句生、刑、經、名韻協，阜與壽協，注亦依六句解之，不應多一句也。故知「殺亡汝」三字是妄人所加也。今據注改「亡」爲「阜」，以復其舊，則正文不訛，而注中「殺亡汝」三字則删之。）〇盧文弨云：惠云：「形與刑通。」王念孫云：「名者，成也。《廣韻》引《春秋説題辭》曰：『名，成也。』（《廣雅》同。）《法言・五百篇》：『或性或彊，及其名，一也。』猶《中庸》言『及其成功，一也』。（李軌注以名爲名譽之名，失之。）」始言生女，終言名女，是名爲成也。孔云「名汝善惡」，失之。〇潘振云：

讙，喜説也。人知道，則戒謹恐懼。不知道，故讙也。以生道告之，以法度示之，理其事而經之，豐其財而阜之，威之以死亡，嚮之以壽考，名之以善惡，無非道也。使之聞之，以免災也。○陳逢衡云：讙，讙虞也。汝指民。生汝，富之也。刑汝，教之也。《周禮》以九職任萬民，經汝也。司馬九伐，司寇八辟，亡汝也。民不犯法，不中絶命，壽汝也。賢則有吉人之稱，不賢則有凶人之目，名汝也。○唐大沛云：告以善道，使汝遠害全身，所以生汝也。則，語助詞。刑，法也，即儀刑之刑。既生之則當教之，故示之以法。經紀汝，謂經其恒業。阜，謂阜其財求也。注言請命，似膚廓。蓋導其妻子使養其老，所以引年也，故曰壽汝。○朱右曾云：讙，讙譁，衆盛之意。善者生之，惡者刑之，經紀其禮法，昌阜其貨財，放逐其讒賊，布和氣以登其壽，予爵禄以成其名，人君之職蓋如是，其重大也。

故曰文之美而以身剥，自謂智也者故不足。

〔彙校〕「美」下朱右曾增「也」字，「智」下「也」字王念孫删，唐大沛從。○唐大沛云：「故曰」二字疑是衍文，蓋「故曰」是引證之詞，此二句義不與上文緊接，非引證詞也。而與下四句義相應，是以疑「故曰」二字爲衍文也。或曰「故曰」上有缺文脱簡，此二句乃引證之詞耳。予謂若如此説，是傳寫者有脱誤，非脱一簡也。何以知之？蓋自篇首至「朕則名汝」四十二字，以每簡十四字計之，當爲三簡，此二句去「故曰」二字亦十四字爲一簡，下文「石有玉」以下十四字爲一簡，今錯在「凡彼濟者」以下十四字之後，是以知此篇蓋每簡十四字，錯亦十四字也。劉向以中古文校歐陽、夏侯經文，《酒誥》脱簡一，《召誥》脱簡二，率簡二十五字者脱亦二十五字，簡二十二字者脱亦二十二字。荀勗稱古文《穆天子傳》皆竹簡素絲編，簡長二尺四寸，以墨書每簡四十字。鄭玄稱《論語》八寸簡。古人書簡長短不同，故每簡字數多寡亦異。

〔**集注**〕孔晁云：狐貉俱以文受害，人自賢則愚惡返見。（盧校「返」作「反」，句末諸本有「也」字。）〇潘振云：此言生汝也。故者，承上起下之辭。文，指獸皮。剥，割也。言我之所以生汝者，善而已矣。獸以皮美而見剥，故行宜善，不可自賢也。〇陳逢衡云：揚子《太玄》曰：「翡翠于飛離其翼，貉狐之毛躬之賊。」此文之美而以身剥也。仲虺曰：「能自得師者王，謂人莫已若者亡，好問則裕，自用則小。」彼自謂智也者則拒人於千里之外矣，故不足。〇唐大沛云：才美外露反以剥，喪其身。〇陳漢章云：此文「故曰」非承上之詞。《史記·魏世家》索隱云：「古人之言及俗語，故云『故曰』。」蓋古字「故」與「古」通，「古」從十口相傳。此「故曰」猶古人有言曰，下文「故曰肥豕必烹，甘泉必竭，直木必伐」同。

角之美殺其牛，榮華之言後有茅。

〔**彙校**〕劉師培云：《文子·符言篇》「茅」作「慾」，徐注云：「後招身禍。」

〔**集注**〕孔晁云：言牛以角死，虚言致穢也。〇盧文弨云：惠半農云：「『茅』讀作『矛』。」文弨案：注云「致穢」，正釋「茅」字。惠以矛與牛韻，故讀從之，非改字也。〇陳逢衡云：惠讀作矛，其義當作戈矛解。〇于鬯云：茅諧矛聲，例得通借。《小戴·曲禮記》陸釋云：「矛，兵器。」《詩·節南山篇》釋云：「矛，戈矛也。」此言榮華之言，兵戈即在其後耳。孔解謂「虚言致穢」，以穢釋茅，似作草茅解，未得其義。上文云「角之美者殺其牛」，後有矛，亦殺象也。《左·宣十二年傳》：「前矛慮無疑。」彼茅字亦讀爲矛，可以例此。〇潘振云：榮華，皆夸也。草有榮而木有華，以喻言之無實也。茅，菅屬，以況言之病也。牛以角美而見殺，故言宜善，不可虚夸也。

凡彼濟者必不怠，觀彼聖人必趣時。

〔彙校〕盧文弨云：《潛夫論》引云：「凡彼聖人必趨時。」

〔集注〕孔晁云：必不怠故濟，必趣時故聖。（〔二〕「必」字元刊本、趙本、鍾本、吴本俱作「以」。）〇潘振云：趣時，向時也。向時則言行無不善矣，聖人所以時中也。〇陳逢衡云：執斧必伐，操刀必割，是趨時也。〇唐大沛云：不怠，勤敏也。敏則有功，故事濟。

石有玉而傷其山，萬民之患在口言。

〔彙校〕口，盧校作□，各家從。〇王念孫云：此闕文本在「在」字上，今在「在」字下，誤也。考其原文本作「石有玉而傷其山，萬民之患故在言」，言山之所以受傷者以其有玉，人之所以致患者故在言也。（「故」今通作「固」。）上文云「文之美而以身剥，自謂智者故不足」，文義正與此同。《文子·符言篇》：「石有玉傷其山，黔首之患固在言。」即用《周書》之文。〇唐大沛、朱右曾從王説補改爲「故在言」。〇潘振云：脱文疑是「有」字。〇唐大沛移此二句於「凡彼濟者」上，云：案文義是錯簡在下，今移正。

〔集注〕孔晁云：山以有玉故傷，人以口言受患（口，盧校以爲空圍而補「有」字。）〇潘振云：山以有玉而致傷，人以有言而受患，虚夸故也。

時之行也勤以徙，不知道者福爲禍。

〔彙校〕王念孫云：「勤」當爲「動」字之誤也。言時之行也變動而遷徙，人不知變動以從時，則歸之爲福者今反爲禍也。今本「動」作「勤」，則非其旨矣。《文子》作「動以從」，是其證。下文「時之徙也勤以行」，勤亦動之誤。〇唐大沛云：王《雜志》據《文子》作「動以從」遂改「勤」爲「動」，誤矣。「勤」字正承不怠言之，「行」字、「徙」字皆「動」字義，何須又加「動」字，其説不可從。〇劉師培云：徙、禍古韻不協，或舊本「徙」作「移」。

〔集注〕孔晁云：不從以及時，人故失其福也。〇潘振云：徙，遷善也。從，從善也。當勤於遷善，善既可從矣。

時之徙也勤以行，不知道者以福亡。

〔彙校〕徙，元刊本、程本、趙本作「從」，盧從。〇丁宗洛云：時行、時從兩段，一「徙」一「從」必有一訛。玩上段注中有「徙」字，下段注云「與時偕行」，亦於徙義爲近，則時從「從」字疑「徙」訛。〇唐大沛云：「從」當作「徙」，與上文字相轉换耳。

〔集注〕孔晁云：行謂與時偕行。〇潘振云：當勤而行之，善受福也。不知道者自賢，故禍且亡也。〇朱右曾云：因時在敏，不知道則怠以棄福。

故曰：肥豕必烹，甘泉必竭，直木必伐。

〔彙校〕劉師培云：《文子·符言篇》同，《墨子·親士篇》作「甘井近竭，招木近伐」。（《意林》引「近」作「先」。）《莊子·山木篇》作「直木先伐，甘井先竭」。「必」字疑亦「先」訛。

〔集注〕孔晁云：以其供人用，自然理。〇潘振云：物供人用，理有自然。〇陳逢衡云：肥豕必烹，肉香美也。甘泉必竭，味芬潔也。直木必伐，中材用也。故聖人處乎材與不材之間。〇唐大沛云：此三句，古語也。引以證福亡之義。豕肥、泉甘、木直，如人之逸樂，似是福，然必烹、必竭、必伐，則是以福爲禍矣，是以福亡矣。天道虧盈，自然之理。《墨子·親士篇》「甘泉近竭，招木近伐」，亦此義。然則勤能有功，怠則罔濟，亦自然之理也。自篇首至此皆爲民言之。兩道字承篇首道字，禍亡承篇首災字，蓋望民遵善道、斂才就實、勤事乘時，于以弭禍而召福。所謂生汝、刑汝、經汝、皁汝、壽汝、名汝者，不外是矣。告民之辭止此，下文乃推廣言之，以明治國家之道。○朱右曾云：理即時也。

地出物而聖人是時，雞鳴而人爲時，觀彼萬且何爲求。

〔彙校〕「萬」下盧校增「物」字。盧云：「是時」，卜本作「趨時」，或疑當作「是則」。舊本多脫「物」字，卜本有。○盧文弨覆校云：依注則正文「求」字乃「來」之誤。來與時爲韻，上文「是時」亦不當作「是則」，又「且」字亦似誤衍。○唐大沛從盧說「求」改「來」。○陳逢衡云：孔注「聖人則之」，「是時」當作「是則」無疑。蓋物與則當句協也。末句「求」字疑衍，爲與時協。○丁宗洛「是時」改「是則」，云：「則」舊訛「時」，按《易》「河出圖，洛出書，聖人則之」，是也。○孫詒讓云：「時」當爲「財」，涉下句「雞鳴而人爲時」而誤。○劉師培云：《斠補》云「時當爲財」，其說是也。孔注「聖人則之」，則即財誤文。傳解云：「故凡土地之間者，聖人裁之，並爲民利。」裁、財古通。（《文選·豪士賦序》注引《尸子》云：「天生萬物，聖人財之。」語本此。）

〔集注〕孔晁云：萬物自然不爲人來（鍾本作「求」），聖人則之，如因雞鳴以識時也。○潘振云：聖人以時取之，如因雞鳴而識時，所謂法者，在此矣。若無其法，觀彼萬物，若者宜舍，若者宜取，不知其時，且何以爲求之之道乎？○陳逢衡云：雞鳴由靜而動之，候人爲時者。人謂衆人。爲善爲利，皆雞鳴而起也。

故天有時，人以爲正，地出利而民是争。

〔集注〕孔晁云：正謂敬授民時也。争謂争其斂之也。（「其」，鍾本作「共」，盧校從。）○潘振云：正，朔也。今時憲書也。○陳逢衡云：人以爲正，成歲功也。争，趨也。趨事赴功，各務所穫，是爲争。○唐大沛云：正、政同。天有四時，人因之以爲政，《月令》一書備矣。○朱右曾云：正如正鵠，以爲候也。

人出謀，聖人是經。陳五刑，民乃敬。

〔彙校〕唐大沛云：「刑」當作「行」，以聲誤。或原本作「行」，後人妄改作「刑」也。蓋下文皆言治民之政，不應先言用刑，且下文有「被之以刑，民始聽」句，不應重複，則作「五行」爲是也。

〔集注〕孔晁云：經，經度之也。敬上命也。（盧校重「敬」字。）○潘振云：聖人知民之争由於無法，而經之以時。不時者，有五刑陳而示之，民乃敬上命也。○陳逢衡云：人出謀，百姓與能也。聖人是經，聖人成能也。明刑所以弼教，故民敬。○唐大沛云：人出謀以治國家，聖人罔時經紀其政。行，德行之行也。廣言之曰百行，約言之曰五行。五行者，本五德以爲五倫之行也。《周禮·師氏》：「敏德以爲行本。」鄭注：「德行内外，在心爲德，施之爲行。」《大司徒》亦言三物六行。《荀子·非十二子篇》：「案往舊造説謂之五行。」楊倞注：「五行，五常，仁、義、禮、智、信是也。」蓋治民必先道之以德，故陳布五常之行以訓之，民乃知敬德也。○劉師培云：敬即儆字，孔説蓋非。

教之以禮，民不争，被之以刑，民始聽，因其能，民乃静。

〔集注〕孔晁云：有禮則讓，故不争。聽，順；静，服，謂不爲亂也。○潘振云：禮以時爲大，教之而民不争刑。創其不時，加之而民敬聽，法之驗有如此者。我周以九職任萬民，因其能而任之，民乃静服，總之不外乎時而已。○陳逢衡云：教之以禮則有等，被之以刑則知恥，因其能器使也。○唐大沛云：能謂才能。因其所能，使各務其業，各安其分，故静。

故狐有牙而不敢以噬，獂有蚤而不敢以撅，

〔彙校〕獂，盧校作「豲」，云：《説文》引作「豲有爪」。覆校又云：「蚤」當作「叉」。《説文》於豲字下雖引作爪，但爪爲覆手，叉爲手足甲，似作叉爲是。○劉師培云：《書鈔（三十）》引作「貔有爪」。

〔集注〕孔晁云：喻人以小能不敢望大官，亦求自盡而已也。○盧文弨云：蚤與爪同。○潘振云：撅、掘同。獂，豕屬。○陳逢衡云：狐牙、獂蚤，猶云鼠牙、雀角也。言聖王在上，雖有宵小，不敢放肆。狐獂喻小人，牙蚤喻小人之機智。不敢噬、不敢撅，則静聽之驗也。噬，齧也，食也。獂，豪彘也。○唐大沛云：狐獂二喻承上文言小人不敢逞欲，以上之政教有以服之也。孔注合下文言之，故云「小能不敢望大官」，似未得取喻之旨。

勢居小者不能爲大。

〔彙校〕唐大沛云：「勢」疑當作「埶」，「埶」與「藝」通，亦與「勢」通。埶，才能也。故孔注云「材埶」，上文注亦云「小能」，是孔以才能訓埶字也。正當作「埶」，傳寫誤耳。

〔集注〕孔晁云：雖有其材，勢不便故。（其，程本、吴本作「英」。）○潘振云：其勢居農工商賈之小者，不能爲大人之事。○唐大沛云：凡埶居小者，細民也，不能爲大事。或曰勢以勢位言，存參。○朱右曾云：勢，力也。局于識

量，不勝大任。

特欲正中，不貪其害。凡勢道者，不可以不大。

〔彙校〕特，陳逢衡改「持」。勢，丁宗洛改「執」。○唐大沛云：「欲」字誤。玩孔注「中正不立」，則知正文本作「特立中正」，傳寫者誤作「欲」字，又「中正」字倒也。「勢」疑原本是「埶」字，「勢道」疑當作「執道」，「執」與「埶」相似，故誤。

〔集注〕孔晁云：不貪害也，中正不立。不大其度，至道不行也。（唐大沛云：「不貪害也」疑當作「不貪欲也」。丁宗洛「也」作「則」，「不立」作「可立」，云：「立」即持意，本經旨改正。）○潘振云：但欲其不邪而正，不偏而中，不取禍害，足矣。凡勢居乎道學者，士也。士備大人之事，不可以不大也。既經理之，小與大皆宜慎害也。○丁宗洛云：執道蓋與執德意同。○唐大沛云：特立者，特然自立，中正不偏也。嗜欲之害，無所貪求。執，守也，持也。謂執持治國之道者識量不可以不大也。大則量無不周，識無不到，吉凶禍福燎然于先幾之見矣。

故木之伐也而木爲斧，賊難而起者自近者。

〔彙校〕盧校「而起」改「之起」，刪「起」下「者」字。○丁宗洛云：此「者」字乃「首」字訛。

〔集注〕孔晁云：因木以伐木，因近以成賊。○潘振云：伐木不外乎木，害患即起乎近，同學者争名，同利者争利。○陳逢衡云：伐木爲柯，是助斧伐木也。賊難之起自近者，則宦官宫妾不可不防。○朱右曾云：聲色、臭味、安佚皆性之賊。

二人同術，誰昭誰暝？二虎同穴，誰死誰生？

〔集注〕孔晁云：成者能昭，猛者能生。〇陳逢衡云：二人同術，心專者昭；二虎同穴，力弱者死。〇唐大沛云：不能遽辨也。不能遽辨則害隨之矣。

故虎之猛也而陷於獲，人之智也而陷於詐。

〔彙校〕獲，盧校改「擭」，云：舊作「獲」，訛。

〔集注〕孔晁云：虎以食陷穽，人以欲陷詐。詐，罔也。〇陳逢衡云：此戒猛不可恃，智不可倚也。是故聖人以德不以力，以誠不以僞。〇唐大沛云：虎雖猛而不辨擭之害，故陷擭。擭，機檻也。人雖智而不辨詐之害，故陷于詐。是以明者見禍于未然，而于至近之地預有以防之也。

葉之美也解柯，柯之美也離其枝，枝之美也拔其本。儼矢將至，不可以無盾。

〔彙校〕「解」下盧校從趙增「其」字。朱右曾云：「葉」當爲「華」。孫詒讓云：儼矢無義，「儼」當爲「𠊱」，即「鍭」之借字。

〔集注〕孔晁云：此言飾木業，覆本質也。盾，喻爲人當有所備護。（木，元刊本、程本、吴本作「末」，盧校從；鍾本、王本作「未」。）〇盧文弨云：儼矢即嚴矢。〇潘振云：擭，柞鄂也。堅地阱淺，則設柞鄂於其中，捕獸之機檻也。儼、嚴通。嚴矢，可畏之矢也。盾，干也。所以扞身蔽目。〇陳逢衡云：「葉之美也」三句言德爲才累也。盾，所以蔽身，此思患預防之意。〇朱右曾云：言有大美必有大患，禍患之幾伏于衽席，故見微慮遠者儼乎若矢之將至也。

○孫詒讓云：《爾雅·釋器》云：「金鏃翦羽謂之鍭。」郭注云：「今之錍箭是也。」《周禮·司弓矢》云：「鍭矢用諸近射、田獵。」《既夕記》云：「猴矢一乘。」鄭注云：「猴猶候也。候物而射之，矢也。」猴、鍭字亦通。（《説文·金部》云：「矢金鏃翦羽謂之鍭。」）《淮南子·兵略訓》云：「疾如鍭矢。」○劉師培云：《國策·秦策三》范雎云：「《詩》曰：木實煩者披其枝，披其枝者傷其心。」與此文相似。（《三國志·吴孫權傳》裴注引《魏略》所載《魏三公奏》亦有「枝大者披心」之語。又《韓非子·揚權篇》曰：「數披其本，無使枝大本小，枝大本小將不勝春風，不勝春風枝將害心。」亦約此文之旨。）

故澤有獸而焚其草木，大威將至不可爲巧；焚其草木則無種，大威將至不可以爲勇。

【彙校】陳逢衡從盧、王説删首句「木」字，「不可爲巧」改「不可以爲巧」。○盧文弨云：故澤有獸而焚其草木，案下文焚其草木似承此句，但此與下句巧字爲韻，則「木」字衍也。兩喻意各别，正不妨多一字少一字。○王引之云：「木」字後人所加。（下文「焚其草木」同。）獸依草而居，故曰澤。有獸而焚其草，不當兼言木也。且草與巧爲韻，加一木字則失其韻矣。上下文皆用韻，則此二句無不韻之理。○于鬯云：此「巧」字疑本作「扑」，或作「圤」，並與「巧」字形略相類。「扑」即撲字正字也，「圤」即墣字借字也。巧，誤字也。《説文·手部》云：「撲，挨也。」《左·文十八年傳》杜解云：「扑，箠也。」《史記·刺客傳》司馬索隱云：「扑，擊也。」蓋扑者小威耳，不可以禦大威，故曰「大威將至，不可以扑」，其義至明。誤爲巧字，遂不可解。扑與木亦韻也。且下文亦言「焚其草木」，則上文「木」字實必不可去。上文「木」字必不可去，必此文以「巧」相叶有誤可知矣。（《王志》並以下文木字亦後人所加，一發武斷。朱本依删上木字，存下木字，五十步之於百步耳。）

〔集注〕孔晁云：言亦貨以危身，禍至不可救也。（盧文弨云：「『言亦』疑倒。」丁宗洛從倒。）○潘振云：澤有貪殘之獸而草木焚，人有貪殘之罪而殺伐至，雖有巧計，不能避也。草木焚則獸無遺種，殺伐至則人無遺種，雖有勇力，不能敵也。○陳逢衡云：焚其草，以澤有獸也。無種，謂盡族而殲。言大威將至，順命則生，巧與勇兩無足恃。大威，如禹驅龍蛇、益烈山澤、周公驅虎豹犀象之類，蓋爲民除害，不得不然也。

故天之生也固有度，國家之患離之以故；

〔集注〕孔晁云：以言患因事而起。故，事也。（丁宗洛删「以」字。）○盧文弨云：離，罹也。○潘振云：天生時而行有度。國家之所以罹患者，行事無度。○陳逢衡云：故，謂故常。離，義如「畔宫、離次」之離。○朱右曾云：離，遠也，絶也。○劉師培云：下云「離之以謀」，故亦謀也。《文選·景福殿賦》李注引賈逵《國語》注云：「故，謀也。」是其證。

地之生也固有植，國家之患離之以謀。

〔集注〕孔晁云：植，立也。有生則立也。○潘振云：地生財而利可立。○陳逢衡云：名山大川並爲民利。植，生植也。離之以謀，謂棄而不理，則生財日匱而患亦隨之矣。

故時之還也無私貌，日之出也無私照。

〔彙校〕王念孫云：諸書無訓還爲至者，「還」當爲「遝」，遝與逮同。《爾雅》：「逮，及也。」及亦至也，故孔云「遝謂至也」，又云「時至並應，日出普照」。以日出比時至，則當言時之逮，不當言時之還也。古字多以「逮」爲逮，與「還」字相似，故諸書逮字多誤作還。説見《漢書·天文志》「大白還之」下。

〔集注〕孔晁云：還謂至也。貌謂無實。時至並應，日出普照也。○潘振云：還，轉也。貌，容也。四時之容不同，有貌之者矣。○陳逢衡云：還，如循環之環。貌，儀也，轉訓作來。無私，謂寒暑迭來不有偏曲也。○丁宗洛云：還，如還相爲宫之還。無私貌，謂榮枯之狀適應四時之氣耳。○朱右曾云：還音旋，謂周而復始也。○陳漢章云：貌通懇。《説文》貌本作皃，或作頦，豹省聲字。有懇，美也。《廣雅·釋詁》：「貌，巧也。」貌爲懇之假字。孔注以貌爲無實，失之。王氏《雜志》謂還當爲逮，而未讀貌爲懇，亦失之。

時之行也順至無逆，爲天下者用大略。

〔彙校〕盧文弨云：「至」字疑衍。（丁宗洛從删。）○陳逢衡云：「順」字疑衍。

〔集注〕孔晁云：言當以大略順時也。○潘振云：四時之行，順序而至，無所違逆，其財必阜，此治天下之大略也。○陳逢衡云：略，道也。○朱右曾云：略，要也。以簡御繁也。

火之煇也固定上，爲天下者用牧。

〔彙校〕盧文弨云：「定」疑「走」之訛。○陳逢衡云：末二字當作「利用放」，放、上協。○朱右曾云：「定上」或「炎上」之譌。

〔集注〕孔晁云：煇，燃也。火曰炎上。牧，謂法也。（諸本「燃」作「然」、「爲」作「謂」，盧從。陳逢衡云：「牧訓法無據，當『作』放。」唐大沛云：「『法』字蓋『治』字之訛。」）〇潘振云：火之然也，其性炎上。治天下者，用之以養人。〇陳逢衡云：放，分兩切，音昉，與倣同，效也。謂效法火之炎上，以照四方也。〇丁宗洛云：牧，即「卑以自牧」之牧。用牧，猶言不欲多上人也，與「走上」相反。〇唐大沛云：《小爾雅》：「牧，臨也。」《廣韻》訓治，作治民解亦通。

水之流也固走下，不善故有桴。

〔集注〕孔晁云：桴，所擊鼓也。言惡政由於發者也。（「所」下丁宗洛補「以」字，又云：「者」疑「著」訛。）〇盧文弨云：陳云：「桴當訓栰，注非。」〇潘振云：水之流也，其性潤下。水溺人，故不善，有栰以濟之。〇丁宗洛云：《爾雅·釋地》疏：「桴，栰，編木爲之。大曰栰，小曰桴。」

故福之起也惡別之，禍之起也惡別之？

〔集注〕孔晁云：惡，於何也。言其微也。〇潘振云：有財則多賴，故福。無財則多暴，故禍。禍福之起，於何別之，別之於財之有無而已。〇唐大沛云：凡禍福之起，始于至微，當于端倪，甫兆而別之，《中庸》所謂「禍福將至，善必先知之，不善必先知之」。

故平國若之何，須國、覆國、事國、孤國屠皆若之何。

〔彙校〕王念孫云：「須」字義不可通，疑「頃」字之誤。（《荀子·性惡篇》：「天下之悖亂而相亡，不待頃矣。」楊注：「頃本或爲須。」）「頃」與「傾」同。傾國與覆國義相近。「屠」下亦當有「國」字。〇丁宗洛云：「事」與覆，孤、屠不類，疑有訛。或云「事」字直畫不透頭，乃「争」字，但注語卻無争意。

〔集注〕孔晁云：覆，滅也。事，謂事無便也。孤，謂無謂。屠，爲人分裂也。（便，諸本作「役」，盧從。又盧校從卜本「孤謂無」下增「人」字，倒「謂屠」。丁宗洛删「謂」下「事」字。唐大沛云：事者見役于人，注當作「事謂爲人役也」，「事」、「無」二字訛。）〇潘振云：平治其國若之何？非財不平也。國覆亡，國多事，國無人助，國爲人分裂，其所須若之何？惟財是須也。〇陳逢衡於「須」下斷句，云：須、覆、孤、屠、何協。平國見《周禮·秋官》，謂治不甚治，亂亦非亂者也。須，需也。何須，猶云何所作爲也。國覆，將傾覆之國。國事疑國夷之誤。夷，傷也，謂凋殘也。國孤，君孤立也。國屠，民被荼毒也。《廣雅》：「屠，壞也。」皆若之何，言處此危亡之際，將何以治之而圖存乎？〇唐大沛云：平國見《周禮·大司寇》「平國用中典」，鄭注：「平國，承平守成之國也。」傾，欹傾也，其勢危。覆，顛覆也，如人顛仆于地也。顛尚可扶，猶未至滅，注不當訓滅也。孤國，謂無與國相助，又無良臣爲輔。屠國，謂土地爲人所割，日見削小，此皆將亡之國。上文言「平國若之何」，蓋謂平國能守成，其所以守成者，果若之何也。此言傾國、覆國、事國、孤國、屠國皆若之何，言若之何其至此也。陵夷至此，則國幾不國矣。

故日之中也仄，月之望也食，威之失也陰食陽，善爲國者使之有行。

〔集注〕孔晁云：食謂毁明而生魄也。仄，跌也。以日蔽於陰，喻君行失道。（鍾本「毁」作「晦」，「蔽」作「入」。盧校「仄，跌也」在注首。丁宗洛云：跌宜作昳。）〇潘振云：陰指月，陽指日。日中必仄，月盈必食，天道如此，國家亦然。泰極必否，盛極必衰，故君威有時而失，臣脅君，月揜日也。善治國者使君臣有列而不亂，所以存也。〇丁宗洛云：仄與昃通。《書》：「自朝至于日中昃。」疏云：「昃亦名昳。」言日蹉跌。而下謂未時也，似跌亦可通。二「食」

字不同，上是闕義，故注曰「毁明生魄」，下是侵削意，故曰「日蔽于陰」。

定彼萬物必有常，國君而無道以微亡。

〔彙校〕定，元刊本同；餘諸本作「是」，盧校從。

〔集注〕孔晁云：微，以積小以致滅亡者也。（「微以」丁宗洛作「微亡」。）〇潘振云：萬物之理，善者久存，必有常也。國君而無道，不德罔大，墜厥宗，以微亡也。〇陳逢衡云：國君無道則失常矣。微亡，言漸滅也。

故天爲蓋，地爲軫，善用道者終無盡；地爲軫，天爲蓋，善用道者終無害。

〔集注〕孔晁云：言用道動静法天地。（「用」，程本作「困」，吴本作「因」，盧校同。盧云：「言因」卜本作「善用」。）〇潘振云：天圓象蓋，地方象軫，對待而運行不窮，交易而生成相得。善用道者法天尊地卑之義，故君臣各行其道而無盡。法天地交泰之義，故君臣相得於道而無害。〇陳逢衡云：治天下如御車。然天以爲蓋，地以爲軫，則無馬逸輪，敗之患矣。善用道者法自然也。〇唐大沛云：天覆地載譬之于車，覆以蓋，載以軫，道之所以運行于無窮也。善用道以治天下者亦如之。黄帝有曰：「大圓在上，大矩在下，汝能法之，爲民父母。」亦此旨也。

天地之間有滄熱，善用道者終不竭。

〔彙校〕滄，盧校作「滄」。注同。〇孫詒讓云：《列子·湯問》殷敬順《釋文》引「不竭」作「無竭」，宋本。

〔集注〕孔晁云：滄、寒。竭，盡。〇盧文弨云：惠云：「《説文》滄从仌，倉聲，寒也。《列子》：『日初出，滄滄涼涼。』」〇潘振云：天地之間有寒有熱，其道循環而不竭，善用道者法之。〇朱右曾云：滄熱喻張弛寬猛也。

陳彼五行必有勝，天之所覆盡可稱。

〔集注〕孔晁云：言五行相勝以生成萬物，盡可稱名之也。〇潘振云：兩間陳列五行，相剋而生物。天之所覆，萬物盡可稱名，皆道之所在也。

故萬物之所生也性於從，萬物之所及也性於同。

〔彙校〕及，盧校依注改「反」。

〔集注〕孔晁云：從謂立也。始異終，故曰反也。（「終」下盧校依文義補「同」字。劉師培云：孔以「始異終」釋「反」，不當有「同」字。）〇潘振云：故萬物之生，得其道而性順也。萬物之亡，失其道而性仍同也。〇丁宗洛云：從是隨物散給之義。〇唐大沛云：萬物稟陰陽五行之氣以生，所謂性也。性有偏有全，有美有惡，各從其性，故曰性於從。及氣盡而反，其始受于天者莫不歸于天，故曰性於同。始則有終，終則復始，陰陽五行之氣所變化也。

故惡姑幽？惡姑明？惡姑陰陽？惡姑短長？惡姑剛柔？

〔彙校〕剛柔，陳逢衡、唐大沛、朱右曾三家從王説倒。〇王念孫云：「剛柔」當爲「柔剛」，此倒文以協韻也。正文用韻，故言「柔剛」。注文不用韻，故言「剛柔」。而後人遂以注文改正文矣。不知《説卦傳》之迭用柔剛，《西山經》之「五色發作，以和柔剛」，皆倒文協韻也。凡古書之倒文協韻者後人多改之，説見《荀子》「有鳳有皇」下。

〔集注〕孔晁云：姑者，且也。言幽明之相伐，陰陽之變易，短長之相形，剛柔之相生，始終之道也。（盧校「伐」改「代」。「始」上、「終」上丁宗洛按經旨各增一「無」字。唐大沛云：此節「姑」字不應訓且，或孔注本作「姑，語助也」，後人校書者祇知姑訓且，遂疑注「助」爲「且」字之誤而改之，亦未可知。）○潘振云：道原於天，天且有幽明之象，且有陰陽之氣，且有長短之數，且有剛柔之質。惡乎如此？皆道之所爲也。○陳逢衡云：惡，於何也。姑，語辭。幽者，神其事而隱之也。明者，表其迹而章之也。立天之道曰陰與陽，立地之道曰柔與剛，言於何而從效卑法也。短長，猶屈伸也。

故海之大也而魚何爲可得？山之深也虎豹貔貅何爲可服？

〔集注〕孔晁云：言皆以貪餌自中鈎檻也。○潘振云：貔貅，摯獸。曰何爲，設問辭以起其思也。○陳逢衡云：海大而魚可得，以有罝網也。山深而猛獸可服，以有機械也。○朱右曾云：《爾雅》曰：「貔，白狐。」注云：「一名執夷。」陸璣云：「似虎，或云似熊，遼東人謂之白羆。」貅亦鷙獸，一名貙。

人智之邃也奚爲可測？跂動噦息而奚爲可牧？

〔彙校〕陳逢衡云：《一切經音義》卷三引《周書》「跂行喘息」。又卷四、卷十六引《周書》並同。○朱右曾云：《文選注》引作「跂行喙息」。○劉師培云：「喘」即「噦」訛。又十二引《周書》有「翾飛蝡動」一語，或亦此下脱文。《新語·道基篇》云：「跂行喘息，蜎飛蠕動之類。」《淮南·俶真訓》曰：「蠉飛蠕動，蚑行噲息。」《文選·頭陀寺碑》李注引《春秋元命苞》曰：「蚑行喙息，蠕動蜎蜚。」均二語並文，其證也，惟「蝡」當作「蠕」。（漢《唐扶頌》、《嚴訢碑》並作「蠕動」，是其證。）

〔集注〕孔晁云：誠於事故可測，牽於事故可牧。○潘振云：智指機變。邃，深也。機變深，故能害人。跂與蚑同，蟲行也。凡有足而行者曰跂行。動，即行也。噦，頤下毛，一曰頰也。息，喘也。跂動噦息，指馬牛羊也。曰奚爲，設問辭以起其思也。人智深邃，知道者能測之，避其害也。馬牛羊爲人所牧，以其蠢也。○陳逢衡云：凡以口出氣者曰噦息。可牧，爲牛可使之耕，馬可使之走，貪於食也。○丁宗洛云：牧當是馭制意。蓋言跂動噦息本屬微忽，然必有所爲而，然則人得而馭制之，注故曰牽於事故可牧。

玉石之堅也奚可刻？

〔彙校〕「奚」下朱右曾從王念孫説增「爲」字。○王念孫云：故海之大也而魚何爲可得，山之深也虎豹貔貅何爲可服，人智之邃也奚爲可測，跂動噦息而奚爲可牧，玉石之堅也奚可刻。念孫案：末句亦當有「爲」字，而今本脱之，則文義不明，且與上文不協。

〔集注〕孔晁云：言服飾之窮物也。○潘振云：玉石之堅爲人所刻，以其頑也。○陳逢衡云：有切磋、琢磨之功，故可刻。○丁宗洛云：經旨蓋言剛者必折，雖以玉石之堅人究能雕刻之。注似未得其解。

陰陽之號也孰使之？牝牡之合也孰交之？君子不察福不來。

〔集注〕孔晁云：言陰陽之稱號、牝牡之交合，皆自然也。君子察自然之理，則福來也。○潘振云：曰孰，設疑辭以發其省也。○陳逢衡云：號讀平聲，謂怒號也。蓋陰陽二氣之激盪，《易》所謂「鼓之以雷霆」，《莊子》所謂「萬竅發而爲聲」是矣。孔作稱號解，誤。〇丁宗洛云：《元命苞》曰：「陰陽怒而爲風，和而爲雨。」《埤雅》曰：「陰陽以回薄爲雷，以申洩爲電。」蓋皆有莫知其所以然者，故曰孰使之。若如注作名號説，則「孰使」難通。

故忌而不得是生事，故欲而不得是生詐。

【彙校】王念孫云：此文本作「故忌而不得是生故（句），欲而不得是生詐。」後人誤以「故欲而」不得連讀，遂於上句加「事」字，並改注文之「生故」爲「生事」矣。不知「生故」與「生詐」對文，而下句内本無「故」字也。此篇之文皆以一「故」字統領下文，未有連用兩「故」字者，且故與詐爲韻。詐古音莊助反，説見《唐韻正》。若增入「事」字，而以「故」字屬下讀，則既失其句，而又失其韻矣。

【集注】孔晁云：生事，謂變也。生詐，謂詐爲求之。〇陳逢衡云：忌者，忌其能、忌其有也。詐，謂誣以無實之事。〇唐大沛云：詐爲即詐僞，爲、僞通。

欲伐而不得生斧柯，欲鳥而不得生網羅，欲彼天下是生爲。

【集注】孔晁云：所以生成所欲也，謂云爲之事也。（丁宗洛移「生」字於句首，「謂」上增「爲」字。唐大沛云：「成」疑當作「誠」。）〇潘振云：欲伐木而不得，生斧柯。欲取鳥而不得，生網羅。欲奪天下之名利而不得，生作爲以害之。〇朱右曾云：爲，取也。〇孫詒讓云：爲當讀僞，經典多通用。

維彼幽心是生包，維彼大心是生雄，維彼忌心是生勝。

【集注】孔晁云：包謂包藏陰謀，雄謂雄桀於人也，勝謂勝所忌，皆惡忌事也。（盧文弨云：注末二「忌」字疑衍。）〇潘振云：害人者心不可明，是謂幽心，故包藏；心不自小，是謂大心，故雄桀；心有所嫉，是謂忌心，故好勝。測此三心，害斯遠矣。遠害則壽，汝其察哉！

故天爲高，地爲下，察汝躬奚爲喜怒？天爲古，地久，察彼萬物名於始。

【彙校】地久，程本、鍾本、王本作「地爲久」，盧從。

【集注】孔晁云：言法天地則喜怒無錯，推古久則萬始可知也。〇潘振云：溯前爲古，推後爲久。天地有高下之名。陽舒，喜也。陰慘，怒也。汝躬之所以爲喜怒者，道也。是道則有善名，非道則有惡名也。天地有古久之名，其中萬物或善或惡，莫不有名。察其名，自開闢之始已然矣。〇陳逢衡云：《堯典》「曰若稽古」鄭注：「古，天也。」《詩·元鳥》正義引《商書緯》同。虞翻述八卦逸象亦云：「天爲古。」蓋本此。地爲久者，《御覽》引《六韜》「地之爲地久矣」，又《老子》「天長地久」，俱本此。名於始者，物生則有名也。《老子》：「無名天地之始，有名萬物之母。」

左名左，右名右，視彼萬物數爲紀。紀之行也利而無方，行而無止，以觀人情。

【集注】孔晁云：名以左右則物以數爲紀，紀則生利，利以利情也。〇王念孫「以觀人情」與下句「利有等」連讀，並與「維彼大道，成而弗改」爲一節，云：「此文以久、始、右、紀、止、等、改爲韻，久、改二字古並讀若紀，右字古讀若以，等字古讀若宫商角徵羽之徵，並見《唐韻正》。」〇潘振云：上「左右」，指人之於道而言。逆行曰左，順行曰右。下「左右」，指名言，惡者左之，善者右之也。紀，理也。萬物之善惡，以數爲條理，若者善，若者惡，自可數也。條理既行，使人遷善去惡，求善名，疾惡名，其利於人也無方所，其行於世也無終止，以此觀人之情實，不使惡人被善名也。○陳逢衡云：左名左，右名右，名有一定，不可移也。視彼萬物數爲紀，一生二，二生三，三生萬物也。紀，經紀也。一引其紀，萬目皆理，故紀之行也利而無方，言澤及萬物，不可擬議也。行而無止，不中輟也。

利有等。維彼大道，成而弗改。用彼大道知其極，加諸事則萬物服。

〔彙校〕用彼大道，趙本、吴本作「用攸夫道」。

〔集注〕孔晁云：差，等也。大道，天道也。極，中也。事，業也。（盧校倒「差等」二字。）○潘振云：情實既得，從而利之，錫以五福。有等差焉，善名之鉅細不同也。其閒有大道成而弗改變者，斯有善而無惡矣。用彼大道以爲民極，使之以大道加諸事，則萬物皆服也。○陳逢衡云：極，皇極也。○唐大沛云：用大道者知其極至之理，則加諸政事而萬物服從矣。萬物猶言萬民。蓋極爲中道，堯之允執其中，舜之用中於民。《洪範》言「建極」，《大學》言「止至善」，又言「無所不用其極」，皆此旨也。○朱右曾云：人情無不嗜利，聖人制其等。天子一圻，列國一同，卿大夫采不過百乘，士農工商各有差等，其宫室、車旗、衣服、器用罔不明章别威。蓋欲其以道制欲，故其紀一成而弗改也。

用其則，必有羣；加諸物，則爲之君。舉其脩，則有理；加諸物，則爲天子。

〔彙校〕唐大沛云：次「爲」字下似亦當有「之」字，與上文同。

〔集注〕孔晁云：羣，類；修，長也。謂綱列也。（盧校「修」作「脩」。）○王念孫云：「修」即「條」字也。條必有理，故曰舉其條，則有理。《漢書·高惠高后文功臣表》「修侯周亞夫」，師古曰：「修讀曰條。」是條、修古字通。孔以修爲綱列，義與條亦相近，而又訓爲長，則與綱列之義不合，此注疑經後人竄改也。〇潘振云：合而論之，自生汝以及名汝。發乎言，則七者之誥令皆有準則於邦家。見諸行，則七者之設施皆有久長之綱列。脩之爲言長也，故用其則。言合乎道而人皆從，是謂有羣。以道而加諸一國之人，則爲君也。舉其脩，則行合乎道而條不紊，是謂有理。以道而加諸天下之人，則爲天子。〇唐大沛云：王云「脩」當讀作「條」，據此則條者繩也。見《禮·雜記》喪冠條屬注。蓋爲繩以舉綱也，故注云「謂綱列」，亦統領大要之意也。

逸周書彙校集注卷十

武紀解第六十八

〔彙校〕孫詒讓云：《史略》作「武經」，疑誤。

〔集注〕潘振云：武，武事；紀，條理也。此下三解，疑敬王時作。武事無紀，不善於兵也；百官黨惡，銓選無法，不得其人也；典籍奔楚，器服禮莫考其制也。當時識權宜者，推其紀，原其法，考其禮，論武於景王之後，故《周祝》次之以《武紀》。○陳逢衡云：此疑《太公》之逸，較之《武稱》諸篇，尤爲正大。篇中於危急存亡之際，設謀盡守，與《孟子》策滕彷彿，蓋武略不恃，人之不來，伐而恃己，人不可亡也。

幣帛之間有巧言令色，事不成。

〔集注〕潘振云：幣帛，所以聘問者。巧言令色，好其言善其色，立心不直之人。如齊有犂彌，亂夾谷之盟是已。○陳逢衡云：幣帛之間有巧言令色，則禮義愆而與國疑，故不成。○唐大沛云：幣帛之間，如聘問之類。巧、令，作僞之人。事不成，不能成其好。

車甲之間有巧言令色，事不捷。

〔集注〕潘振云：車甲，所以征伐者。捷，勝也。如隨有少師，致速杞之敗是已。○陳逢衡云：車甲之間有巧言令色，則賞罰亂而軍心慢，故不捷。○唐大沛云：車甲之間，武事。報勝曰捷，如齊侯獻戎捷是也。

克□事而有武色，必失其德。

〔彙校〕闕處朱駿聲補「畺」，唐大沛補「戎」。

〔集注〕潘振云：有武色者，得勝而驕，如虢公是已。德，謙德。《大禹謨》：禹徂征，「益贊于禹曰：『謙受益。』」○陳逢衡云：克事而有武色，則震而矜之矣，故必失其德。德猶功也。○唐大沛云：戎事捷而色震矜，非大勇也。德謂勇德。

臨權而疑，必離其災。

〔集注〕潘振云：權，機變也。疑，不決也。離其災，受其害也。○陳逢衡云：離與罹同。《六韜·軍勢》所謂「用兵之害，猶豫最大；三軍之災，莫過狐疑」是也。○唐大沛云：臨權而疑，當權發令之時狐疑未定。○朱右曾云：臨權者貴審時而斷。離，罹也。

□□不捷，智不可□。

〔彙校〕按：二句丁宗洛補作「不成不捷，智不可恃」，朱駿聲補作「戎事不捷，智不可逞」。潘振讀「可」字絶句，「□」

屬下。

〔集注〕潘振云：不捷者，小人之智不可當大事也。

□於不足，並於不幾，則始而施；幾而弗克，無功。

〔彙校〕克，程本、鍾本、吴本、王本作「免」，盧校從。闕處丁宗洛補「强」，朱駿聲補「謀」。幾，丁宗洛改「機」，連上讀。○孫詒讓云：「始」當作「殆」，即「怠」之假字。「施」當爲「弛」，「免」與「勉」通，「無功」上當有「則」字。

〔集注〕潘振云：以敵爲不足與戰，並不識事機，則始張大而終弛也。當幾而疑，不免於災，則無功也。○丁宗洛云：蓋恃智之人，力不足者欲强之，勢不及者欲并之，則始雖有可施之機，而終不免於無功也。○唐大沛云：幾而，疑與「既而」同。不克敵，故無功。○孫詒讓云：不幾，即後文「舉而不幾其成」義。謂舉事而志不求其成，則事必怠惰而廢弛；求其成而不奮勉，則亦無功。

國有三守：卑辭重幣以服之，弱國之守也；修備以待戰，敵國之守也；循山川之險而國之，僻國之守也。

〔彙校〕盧校「修」作「脩」，「國之」作「固之」，各家從。孫詒讓云：「循」當作「脩」，形近而誤。

〔集注〕潘振云：服之，臣服於强國也。脩備，脩治城郭甲兵，豫爲防備也。循，順也。僻國，僻陋之國也。○陳逢衡云：卑辭重幣以服之，則有以事大；脩備以待戰，則有以禦敵；循山川之險而固之，則有以自守。○唐大沛云：服之，謂服事之。善事强大，所以守國。脩備，脩戎備也。勢鈞力敵者以禦侮，是善守也。設險堅固以守，邊僻之國闗隘宜防。○朱右曾云：循山川之形勢而固守之。僻，險僻也。

伐服不祥，伐戰危，伐險難，故善伐者不伐三守。

〔集注〕潘振云：祥，福也。伐服，殺降也。干天怒，故不祥。伐待戰之國，彼以逸待勞，故我兵必危也。伐守險之國，彼得地之利，故我攻難勝也。三守所以不伐也。○陳逢衡云：伐服與殺降同，故不祥。伐戰則未知孰勝，故危。伐險則既慮有襲我之師，而並防有截我之後者，故曰難。○唐大沛云：不祥，謂必有殃。山川險阻不敢遽入，故難。○朱右曾云：伐服不爲神所佑，戰不正勝，攻險多傷。

伐國有六時、五動、四順。

〔集注〕潘振云：時，謂因時而處之。動，謂摇動而試之。順，謂乘順而爲之。六、五、四，其數也。

間其疏、薄其疑、推其危、扶其弱、乘其衰、暴其約，此謂六時。

〔集注〕潘振云：薄音博。間，俔也，即《左傳》之諜，後世之細作。蓋詐爲敵國之人，入其軍中，伺候間隙，以反報其主，兵書所謂反間也。疏，忽略也。間其疏者，出其不意，攻其無備也。薄，迫也，謂迫擊之。薄其疑者，敵有虞心，莫有鬬志也。推危者，侮亡也。扶弱者，兼弱也。乘衰者，取亂也。暴約者，攻昧也。約，窮約，昏庸不能自立也。○陳逢衡云：間其疏，謂間彼疏遠之臣，使爲我用。薄其疑，薄，迫也，敵有所疑，則多方以誤之。推其危，推如推亡固存之推，危謂國亂。扶其弱，扶猶助也，因其饑饉喪亂而助之，所以服其心也。乘其衰，則兵革不煩。暴其約，謂當窮約之時出不意以犯之。時，謂可伐之時。○唐大沛云：彼疏遠之臣則離間之；彼所疑者則多方以迫之，彼國危亂，從而摧之；彼國微弱，從而扶之，示惠也；彼國勢衰，因而伐之，乘時也；彼國窮約，暴然伐之，亦乘時也。○朱右曾云：間，謂設事以離間之。薄，迫也，及其謀未定而迫之。推，去也。《荀子》曰：「孤獨而晻謂之危。」弱者，綱紀存而人民寡。衰者，志氣衰而政事亂。暴，伐之也。約，貧困也。

扶之而不讓，振之而不動，數之而不服，暴之而不革，威之而不恐，未可伐也：此謂五動。

〔集注〕潘振云：弱小之國宜扶持之，而敵國不責讓於我，能知仁也。見伐之國宜振救之，而敵國不動兵於我，能反義也。數之以罪而不服，是無貳也。縱掠以暴之而不變，能禦寇也。觀兵以威之而不懼，能備敵也。皆未可伐也。○陳逢衡云：扶之而不讓，是彼尚彊而不恃有助也。讓如割地請盟之謂。振，振驚之也。振之以先聲而不動，是彼有成謀而不我懼也。數其罪而不服，則彼必有備。暴，突犯之也。革，改革也。暴之而不革，則彼力猶足以相抗也。威之而不恐，則非但能守而並能戰矣。故俱未可伐。動者，撓而亂之以覘其强，而暗爲進退之義。○丁宗洛云：振讀如震。○唐大沛云：扶助之而彼猶不知退讓，是彼未甚弱也。振恐之而國勢不動摇，數其罪過而彼不服從，暴突犯之而彼不知改革，加以威而彼猶不恐懼，此五者彼尚有所恃，未可遽伐也。○朱右曾云：革，讀如疾革之革，急也。數，悉主反。革，紀力反。○劉師培云：革與諽同。《説文》：「諽，飭也。讀若戒。」《原本玉篇·言部》引《倉頡篇》云：「諽，一曰戒也。」又云：「字書或爲悈字。」則暴之不革，謂馮凌其國，仍弗戒懼也，與下無恐對文。

立之害，毁之利，克之易，并之能，以時伐之：此謂四順。

〔集注〕潘振云：如湯之於葛伯是已。以時伐之，謂之四順也。○陳逢衡云：立之則彼害，毀之則我利。克之不難，并之可得，則成功如反掌矣，故曰順。○唐大沛云：植立之則終爲外患。毀者，摧挫之也。摧挫之利于我。克，勝之也，其勢易。并其土地，力亦能。如此，則伐必有功，順時勢也。○朱右曾云：壤地同而有欲于我，則國有相疑之勢，故不利于扶植而利于毀賊。

立之不害，毀之不利，唯克之易，并之不能，可伐也？立之害，毀之未利，克之難，并之不能，可動也？

〔彙校〕陳逢衡云：此申上文四順之義，而明可伐、可動、可毀之次序，「唯克之易」疑在「并之不能」句下。

〔集注〕潘振云：此舉不順以形四順也。如楚莊王之於陳，可伐而非順也。如齊宣王之於燕，立之則不利於齊，毀之則諸侯不服。萬乘之國，克之難，并之不能。若此者，可動而不可伐，非順也。由此觀之，必四者兼而後謂之順也。○陳逢衡云：蓋立、毀、并三者俱未能如願，而唯必勝之勢在我，則舉師以伐之可也。若毀、克、并三者俱未能如願，而出一慮發一謀彼俱應受其害，我則不難相其機宜以謀之，故可動。○唐大沛云：（立之害句）言立之未免有害，而毀、克、并三者又不能，可動而未可伐也。動蓋震恐之意。○朱右曾云：越國鄙遠，得之而不能居，故立之不害，毀之不利。壤地雖同，而彼之戰守有餘，故立之害，毀之不利。凡六時、五動、四順，皆戰國之陰謀，非聖人除亂救民之道。○陳漢章云：此文二「也」字並與「邪」通，作反詰語氣，始可貫通上下。其言「并之不能」，即《荀子·議兵篇》所云「不能并之，又不能凝其有，則必亡」意。

静以待衆，力不與争，權弗果據，德不肆國：若是，而可毁也？

【集注】潘振云：言既伐而入其國，安静以待敵國之衆，雖有兵力，不與之争，所以觀其順與否也。如其權不果據於上而昏，德不肆陳於國而暴，若是則可毁也。毁之利，則立之害，不待言矣。○陳逢衡讀「静以待衆力不與」句，「争權弗果」句，「據德不肆」句，云：静以待衆力不與，人不和也；争權弗果，臨武不能斷也；據德不肆，賞功而疑也。毁者，摧挫之義。○朱右曾讀「也」爲「邪」，云：與我争力，使我雖有威權而無所用，徒以兵甲亟作，德不布於國人，若是而可毁乎？言不可毁也。○于鬯云：此蓋讀「静以待」爲句，「衆力不與争」爲句，「權弗果」爲句，「據德不肆國」爲句。謂静以有待，不與衆力相争。權不必勇決而惟德是據，不放縱於國也。故曰「若是而可毁也」，也讀爲乎。舊讀此四句各四字句，則其義不明，不知毁者毁敵也。云若是而可毁乎，必指敵而言，不必涉我而言也。

地荒而不振，德衰而失與，無苦而危矣。

【彙校】唐大沛云：「苦」字疑是「告」字之訛。惟無與，故無告也。

【集注】潘振云：權不據，則地荒而不能振治；德不肆，則德衰而且失與國，不必以兵力苦之，而彼之國自危矣。克之易，并之能也。四順之實如此。○陳逢衡云：地荒而不振則國貧，德衰而失與則民散。國貧民散，不亡何待？無苦而危，謂不必有師旅之苦，而危已立見矣。○丁宗洛云：振，如《禮・月令》振乏絶之振。無苦而危，無字與下無爲愛死、無爲定亡一例。○唐大沛云：土地荒蕪，不能振作；君不脩德，内失良臣之輔，外失鄰國之好。○朱右曾云：振，奮也。民有離心，不奮力以耕種。失與，失所與之人。無苦而危，言不待侵伐也。○劉師培云：振讀如振旅之振。地荒不振，猶《禮記・曲禮下》所云不治。

求之以其道，□□無不得；爲之以其事，而時無不成。

【彙校】闕處陳疑「而事」，丁據下「事時至」句亦補「而事」，唐補「而志」，朱駿聲補「而謀」。劉師培云：當即「而道」二字。○朱右曾云：「時」當爲「事」。

【集注】潘振云：言伐國者求武功，用五動之道，必進退無失，而其動無有不得；爲武事，用六時之事，必功績不敗，而其時無有不成。○陳逢衡云：求之以其道，以仁義之師救民水火也，故無不得；爲之以其事，蒐苗獮狩以講武，務農重穀以教耕，故無不成。○唐大沛云：如欲求禁暴安民之類，惟用王道，乃能得也。道所當爲者各有其事，如務農、講武之類，用力爲之，無有不成之時。○朱右曾云：求，猶責也。道，謂交鄰之道。爲，使也。

有利備，無患事。

【彙校】利備，丁改「備則」，連下讀。

【集注】潘振云：有利國之備，而無受患於敵國之事也。○陳逢衡云：有利備者，豫於暇日也。無患事者，不窘於目前也。○唐大沛云：利國之道豫爲之備，斯無一朝之患窘於目前也。○劉師培云：《左傳·襄十一年》魏絳引《書》曰：「居安思危，則有備無患。」所云有備無患，即約此文。僞《書·説命》亦襲之。

時至而不迎，大禄乃遷；延之不道，行事乃困。

【彙校】丁宗洛「大禄」改「天禄」，「延之」改「迎之」。

【集注】潘振云：時既至矣，不迎其機而爲之，去疾不盡，而長寇讎，天禄乃遷於他人也。知難而退者，五動之道。未可伐而伐之，延進敵人，不以其道，行此武事，乃致困窮也。〇陳逢衡云：時至而不迎，則事機失。大禄，天禄也。遷，徙也。延之不道，謂求之不以其道。行事乃困，安望其得乎？〇唐大沛云：凡事不可失時，行軍尤重。時至而迎之，乘時也。否則坐失時機矣。大禄，猶言大福。遷，徙也。既失時機，則大福不可再得。延，謂延求也。不道，不以正道。以道則志無不得，否則行事困塞而不通。〇朱右曾云：遷，去也。延，進也。延之不道，言重之以不道也。

不作小□，動大殃。

〔彙校〕不作，唐改「不以」。闕文陳疑「是」字，丁疑「忿」字，唐、朱並疑「謀」字，朱駿聲補「利」字。

〔集注〕潘振云：伐國者，不可起小謀而動大殃。〇陳逢衡云：謂不以小利興兵革也。兵者凶事，故曰大殃。〇唐大沛云：言不以小人之謀致國家之大害。《祭公篇》曰「無以小謀敗大作」，義亦類此。

謀有不足者二：仁廢則文謀不足，勇廢則武謀不足，備廢則事謀不足。

〔彙校〕二，諸本作「三」。

〔集注〕潘振云：仁，有文德者，故文謀足。勇，有武德者，故武謀足。備，如城池、米粟、兵革之類。有備則事豫，故事謀足。三者廢，則謀皆不足也。〇陳逢衡云：仁廢則禮義之教亡，殺伐之事起，故文謀不足，文謀謂教化興也。勇廢則果毅之氣消，畏葸之情伏，故武謀不足，武謀謂韜略勝也。備廢則守國之具缺，應敵之用疎，故事謀不足，事謀謂兵食裕也。〇唐大沛云：謀，謂先事圖謀。非仁不足以興文教，非勇不足圖武功，非豫備不足籌軍事。事謂足食足兵之類。

國有本、有幹、有權、有倫質、有樞體。土地，本也；人民，幹也；敵國侔交，權也；政教順成，倫質也；君臣和□，樞體也。

〔彙校〕闕文唐補「一」，朱駿聲補「輯」，丁云應是「悦」。

〔集注〕潘振云：此言文謀之目也。本，如木之有本也。幹，如木之有幹也。侔交，均相交好也。權，權柄，能左右之也。施政示教，是謂政教。順，順從；成，成就也。倫質，即理性也。樞，要也。國之有君臣，猶人之有體，君爲心體，臣爲身體也。○陳逢衡云：本，萬事所出也。幹，枝葉所附也。權，威福所寄也。倫，謂次序；質，謂誠實。樞者轉運之機，體則其所附麗而行者也。敵國侔交，侔謂勢力相敵，交，邦交也。○丁宗洛云：樞應通軀。○唐大沛云：本謂根本，幹謂枝幹，權謂權勢。倫，理；質，實。樞動體立。土地宜固，人民宜保。邦交相稱，順理有成。和一，言相悦而一心。○朱右曾云：倫質，倫理也。樞體，樞機之體。土地生物以養人，故以爲本，然必有德而後有人土財用，此蓋失之。侔，齊等也。以邦交離合爲輕重，亦縱横者之説。

土地未削，人民未散，國權未傾，倫質未移，雖有人昏亂之君，國未亡也。

〔彙校〕諸本「有」下無「人」字。「未移」下丁移補「樞體未小」四字，云：下「居之」句内有「阻體之小」四字，定係此處訛錯，因改正移此。

〔集注〕潘振云：爲君臣計，不可不和也。文謀失其一矣，幸而本、幹、權、倫尚有之，謀雖不足，尚未亡也。○陳逢衡云：土地未削則國富，人民未散則兵彊，國權未傾則鄰好仍睦，倫質未移則紀綱尚正，故雖有昏亂之君，未可伐也。○唐大沛云：能守國，能聚民，權勢猶立，政教猶舉，國之大綱未壞，故不至于亡。昏亂，謂無道。

國有幾失，居之不可阻體之小也。

〔彙校〕丁宗洛移「阻體之小」於上句。唐大沛云：此十三字不可句讀，其中必有脱誤字。○劉師培云：本文有誤。繹其詞義，似指國失險阻言。上云循山川之險而固之，下云然後絶好於閉門循險，本文所述當亦類是。竊疑「可」係衍文，或係「向」訛，謂所居之地不修險阻也。體小一語與下文不類，亦有舛誤。

〔集注〕潘振云：國有幾乎失之者，居其地，不可爲險阻。國體之小，是無本也。○朱右曾云：幾失，失國之幾。阻，疑也。君臣相猜，國政誰卹？

不果鄰家，難復飾也；封疆侵凌，難復振也；服國從失，難復扶也。

〔彙校〕不果，丁改「不畏」，朱從改。

〔集注〕潘振云：鄰家修好，而已不果，難復飾辭以望其交，是無權也。無本無權，是無謀也。惟其無謀，故封疆侵凌而體小，難復救矣。服從之國，從而失之，難復扶矣。○陳逢衡云：不果鄰家，謂爽約於前事，則後期不應，故難復飾，如幽王以烽火爲戲是已。封疆侵凌，有坐而地盡之虞，故難復振，如七國時三晉之於秦是已。服國，小國也，以國服事他人者。從失，謂所託之國失所庇也，故難復扶，如春秋時江、黄之託於齊是已。○唐大沛云：封疆侵凌，爲强大侵凌。勢弱，故難振。小國服事大國，所從失其庇，難見扶助。○朱右曾云：飾，粉飾也。所從之國非有德者，豈肯扶之？○劉師培云：從失，即「縱佚」省形，謂國屬於人，仍縱佚自安，不思自奮也，故下云難扶。

大國之無養，小國之畏事。

〔彙校〕無養,丁改「撫養」。

〔集注〕潘振云:不復救,則大國不字小,無愛養之心也。不復扶,則小國皆坐視,有畏事之心也。○陳逢衡云:大國之無養,不能字小也;小國之畏事,不能事大也。○丁宗洛云:此當即《孟子》以大事小、以小事大意。○朱右曾云:無養,不能覆字也。

不可以本權失□家之交,不可以枉繩失鄰家之交。不據直以約,不虧體以陰。

〔彙校〕繩,元刊本、程本、趙本、吴本、王本作「澠」。○闕文陳疑「邦」字,唐疑「臣」字;丁補「鄰」字,朱從。○陳逢衡云:本權,疑作「大權」。

〔集注〕潘振云:有本有權,而人民或散,是失國家之交矣。枉爲曲,繩爲直,兩不相侔,則不相交。國權既傾,是失鄰家之交矣,皆不可也。宜盡心以謀之,據直道以爲政教。不變通以至於窮,君臣不和,樞體乃虧,以至於陰邪,非謀也。○陳逢衡云:大權,謂肆乃威福於一人,而臣庶解體。枉繩,謂以非禮之事繩之,而因失其歡也。故不可不據直以約,當習爲辭命,以合鄰封也。不虧體以陰,不失己以求媚與國也。約謂約好,陰謂陰私,如寄帑於留是已。○唐大沛云:蓋謂不自恃其權而失下交之道。臣家,謂卿大夫也。鄰家,猶言鄰國。枉繩,不直也。不據直爲約,不自據抗直以爲約倍。不虧體以陰,不虧己德以媚于人。○朱右曾云:本權,猶言常變。繩,直也。小國之存亡,聽命于大國,不可以常變曲直計較也。據直以約,若子産之争承。虧體以陰,若句踐臣于吴而陰謀之。

不可虞而奪也,不可策而服也,不可親而侵也,不可摩而測也,不可求而循。

〔彙校〕「循」下諸本有「也」字，盧從。○唐大沛云：「求」疑「來」字之誤，書中求、來每互誤。

〔集注〕潘振云：敵國之失謀者，我或虞詐以奪其國，或用策而服其人，或相親而侵其地，或揣摩而測其心，或有求而順其情，皆不仁之謀也。仁者不可，惟足於文謀而已矣。○陳逢衡云：虞，度也。策，謀也。虞而奪、策而服，如晉取虞、虢之謂。親而侵，謂外雖親附而包藏禍心，如鄭殺關其思以滅胡，趙簡子以姊嫁代君而取其地殺其身是已。摩，揣摩也。摩而測，謂揣摩嗜好以娛其心志，如越以美女獻吴之類。求而循，謂先以卑辭下之，使不設備，而隨以兵襲其後也，如秦以五丁伐蜀之類。此皆詐僞之師，非堂堂正正之舉，故不可。○唐大沛云：虞，料度也。料度而奪其地，策馭之使服事，親近而侵削之，揣摩而測其意，招來而撫循之，皆不可也，以其國之根本尚固。○朱右曾云：虞，欺也。親而侵，如約縱以擯秦。摩，迫切也。

施度於體，不慮費；事利於國，不計勞。

〔集注〕潘振云：五者之法，關於政體，施之而不慮其煩費；五者之利，被於國中，事之而不計其勤勞，可謂足矣。彼敵國失謀，我待其斃可矣。此仁者之心也。○陳逢衡云：施度於體不慮費，用所當用也；事利於國不計勞，勤所當勤也。蓋慮費則失德，計勞則喪服，而後難必至矣。喪服謂無功也。○唐大沛云：所施度于禮體，雖費不慮；苟利國家，雖勞不計。○朱右曾云：施，謂用財；體，國體也。○于鬯云：體當讀爲禮。禮、體二字本多通用，義亦相成。《易·繫傳》「知崇禮卑」，陸《釋》云：「禮，蜀才作『體』。」《詩·谷風篇》「無遺下體」，《韓詩》孟子傳引「體」作「禮」。《小戴·禮器記》云：「禮也者，猶體也。」並可證也。施度於禮者，謂凡施度必合於禮。若謂必合於體，則無義矣。朱右曾《集訓》以施爲用財，然用財亦必於禮，不可云必於體也。而乃以國體釋此體字，則未知體之當讀爲禮字矣。且下文「凡有事,君民守社稷宗廟而先衰亡者,皆失禮也」,彼禮字正與此體字相照,若以此體爲國體,彼禮字亦爲無本矣。(下文又云:「時而失禮弗可長,得禮而無備弗可成。」又云:「據名而不辱,應行而不困,唯禮。」又云:「本之以禮。」諸禮字亦並由此生發。)此出體字,下文出禮字,文異義同,古書通例也。

失德喪服於鄰家,則不顧難矣;交體侵凌,則不顧權矣。

〔集注〕潘振云:德,文德。周制九服,故謂地爲服也。敵國失謀,忘其五有,喜武功而失文德,喪地於鄰家,則不顧難矣,是無本也。鄰國侔交,即爲一體,而侵凌之,則不顧權矣,是無權也。○陳逢衡云:喪、難俱去聲。交邦交體,敵體也。交體侵凌則兩虎鬭,而國權必傾,故曰不顧權。○唐大沛云:若存慮費計勞之私心,以致失德惠而喪事功於鄰國,則有患難而不足顧矣。服,事也。敵體者相與侵凌,權勢將傾,不顧矣。○朱右曾云:喪服,謂失其所事。交體,謂敵國互相侵凌。

封疆不時得其所,無爲養民矣;

〔彙校〕丁宗洛删「時」字。劉師培亦云:「下云『合同不得其位』,與此對文,『不』下不當有『時』字,『時』即『得』誤,蓋或本作『得』,校者合而一之。」

〔集注〕潘振云:爲,以也。封疆之民失春耕夏耘秋收之時,不得其所,無以養民矣,是無幹也。○陳逢衡云:邊邑不安則有蹂躪之患,故無爲養民。○丁宗洛云:《吴語》:「則無爲貴知矣。」玩「無爲」二字,猶何以之謂也。此處三「無爲」應同此義。○唐大沛云:封疆不時得其所,邊境不安也。無爲養民,無以養民而使之安也。

合同不得其位，無畏患矣；百姓屈急，無藏畜矣；

〔彙校〕丁宗洛云：此二層「無」下脱「爲」字。劉師培云：合同，疑當作「會同」，謂會同失其所列之位也。以上下文例之，二句「無」下各當有「爲」字。

〔集注〕潘振云：君臣相合。同而不和，各失其道，不當其位，無畏患矣，是無樞體也。百姓財屈而勢急，無收藏畜聚矣。○陳逢衡云：合同，所與共謀國者也。不得其位，則國無金湯之恃矣，其誰與畏患乎？屈急，窮蹙之象。民無藏畜，則横征暴斂所致也。「鶴實有禄，余焉能戰」，是其應矣。○丁宗洛云：畜應通蓄。○唐大沛云：共謀國事者不得其人而位之，禍患將至，其誰與畏患？○朱右曾云：不得其位，即服國從失之意。屈急，窮乏也。○劉師培云：屈即《五權解》「極賞則淈」之「淈」。

擠社稷，失宗廟，離墳墓，困鬼神，殘宗族，無爲愛死矣。

〔集注〕潘振云：擠，墜也。愛，吝惜也。政教不成，是無倫質也。以此亡國，不自吝惜其死矣。○陳逢衡云：國勢至社稷宗廟墳墓俱不能保，以致鬼神困、宗廟殘，則當背城一戰，與國俱燼可也，故曰無爲愛死。○唐大沛云：禍敗如此，雖不死，何爲？言當以身殉國也。

卑辭而不聽，□財而無技，計戰而□足，近告而無顧，告過而不悔，請服而不得，

〔彙校〕□財而無技，諸本「技」作「枝」，盧從；闕文唐大沛、朱駿聲均補「賂」字；丁宗洛補改爲「供材而不支」。○計戰而□足，闕文陳、丁、唐、朱均補「不」字。

〔**集注**〕潘振云：枝，節也。計，數也。卑辭以下之，而彼聞之不肯聽；分財以事之，而彼求之無枝節；數戰功以厭其心，而彼以爲不足；方黷武而窮兵，近告鄰邦，爲我修好，而彼不顧；告彼之過，我有辭也，而彼不悔；請服於彼，而彼不許，不可得也。○陳逢衡云：卑辭而不聽，謂以文告請之而不免。□財而無枝，即事以皮幣犬馬珠玉之義。枝與支同，無支則欲事而不得矣。計戰而不足，兵微糧竭也。近告而無顧，四鄰莫援也。告過，如鄭伯肉袒牽羊之類。不悔，則仍未許平也。請服而不得，則雖以附庸之禮臣屬之而不能。○唐大沛云：卑辭而不聽，卑順其辭而不見聽。無枝，言財竭無可支取也。計戰而不足，與之戰而兵力不足以勝敵。近告而不顧，近告鄰國，莫之顧恤。告過而不悔，謝過於大國，大國無悔心，則仍未許平也。○朱右曾云：枝，支持也。近告，求鄰國之援。不悔，不聽其悔過也。言竭力事大，大國不卹。

然後絶好于閉門循險近説外授以天命無爲是定亡也

〔**彙校**〕授，鍾本作「受」，盧從趙改「援」。也，諸本作「矣」，盧從。于，陳逢衡改「干」，並移於「天命」上。○丁宗洛云：定亡，疑「危亡」訛；是，疑「免」訛。○孫詒讓云：「循」當爲「脩」，與上循山川之險義同。○劉師培云：「于」下疑有脱字。

〔**集注**〕盧文弨云：蓋所謂我生不有命在天。○潘振云：説音稅。武謀足矣，然後絶敵人之好，閉門不納其使，順從敵國險近之地以伐之，談説國外四鄰之援以助之。斯時弔民伐罪，名正言順，敵人委之天命，無所作爲，是定亡矣。○陳逢衡讀「然後閉門循險，近説外援，以〔干〕天命，無爲是定亡矣」，云：夫然後絶好以謝之，閉門循險以守之，近説以固民氣，遠交以待外援，倘天命可延，則多難興邦，未必不從效死中借一也。干，如干祿豈弟之干。無爲是定亡矣，言不爲是則死亡可必也。○丁宗洛讀「循險近説，外援以天命，無爲是定亡矣」，云：末句似費解，按「無爲」字當是緣上數段，祇作發語聲。○唐大沛云：當此之時絶四鄰之好，唯閉門以自守耳。循，由也。循險近，由險僻捷近之路以通外國。説如游説之説。説外援，使善説者求援兵於外國。以天命無爲，國之存亡聽之天命，而人力無所爲。○朱右曾云：于，曰也。言然後存亡可聽之天命也。○劉師培云：《國語·晉語二》云：「釋其閉脩。」韋注云：「閉，守也。脩，治也。」則閉門脩險，猶彼文之閉脩矣。

凡有事，君民守社稷宗廟，而先衰亡者，皆失禮也。

〔彙校〕丁宗洛云：「民」上似應有「治」字。

〔集注〕潘振云：失禮，加喪因凶之類。言凡有武事，君民者守社稷宗廟，先敵國而衰且亡，皆失軍禮之故也。○陳逢衡云：有事，謂有急難之事。於時君民上下同心合力以守宗廟社稷，當振作其氣，誓以與國同休之義。若不能然而先衰亡者，是先自敗也已，故曰失禮，謂失軍禮也。○唐大沛云：凡國家有事，君其民守其社稷宗廟，不能自强先至衰亡，皆由平日失禮之故。○朱右曾云：禮，國之幹，失禮則無以立。

大事不法弗可作，法而不時弗可行，時而失禮弗可長，得禮而無備弗可成。舉物不備，而欲□大功於天下者，未有之也。

〔彙校〕「有之」二字諸本倒，盧從。闕文陳逢衡疑是「成」字，唐大沛疑是「立」字；丁宗洛補「致」字，朱右曾從。

〔集注〕潘振云：法，司馬法。武事不法，不可創作；法而不得其時，不可施行；得時而失禮，當速退焉，不可久也。合法應時而得禮，不可以無備，有備則事謀足矣。無備者，不足之謀，不可成也。舉事無備，則事謀不足，而欲立大功於天下者，未之有也。〇陳逢衡云：大事不法弗可作，伐罪弔民，古之人有行之者是爲法，否則不可妄爲。舉事必視乎時，法而不時，則事猶可待，故弗可行。時而失禮，謂時雖可伐，而於止殺之義弗協，故弗可長，所謂以不仁得之，必及其世也。得禮而無備弗可成，備字所包甚廣，大而將相選則股肱備，小而士卒練則羽翼備，非但馬牛車輦戈戟已也。故曰舉物不備而欲成大功於天下者，未之有也。此戒有國不可輕舉妄動之意。〇唐大沛云：國之大事在祀與戎，此謂戎事。法，先王之法。作，起也。雖合先王弔伐之道，而時猶未至，則當待之。時至可行，又必慎始敬終，無失細紀，乃可長久。合乎禮而選將厲兵及一切軍需皆當具備，功乃有成。非然者舉物不備，安得立大功於天下乎？〇朱右曾云：法，舊章也。不時，泥古悖今也。失禮，失經世之體。備，豫也。

執不求周流，舉而不幾其成，亡。

〔**彙校**〕執，程本、鍾本、吴本、王本作「勢」，盧從。〇陳逢衡、朱右曾讀「周」字絶句，「流」屬下。〇丁宗洛云：周流，疑「固混」訛，固字斷句。

〔**集注**〕潘振云：周流，周旋流轉，喻變通也。幾，察也。言仁廢則不仁者興，私欲錮蔽，事勢不通其變，舉行不察其成，是妄動也，故兆國之亡。〇陳逢衡云：周，即備也。勢不求周，與舉物不備同義，舉謂舉事。流舉，飄忽之象。幾，冀也。舉事而不冀其成，是草間竊發之所爲，故亡。〇唐大沛云：周流，猶言周徧。經營國勢，不能事事皆到。舉事而不期于成功，有始無終，其究也必至敗亡。陳讀非是。〇朱右曾云：求周則法時禮備，不可闕一。流舉，猶《荀子》所謂流事，言無根源也。〇劉師培云：上云「舉物不備」，則本文「舉」字下屬，「周流」聯文。《易·繫辭》：

「周流六虛」，疏云：「周徧流動也。」則周流猶徧行。）陳本讀「勢不求周」爲句，非也。

薄其事而求厚其功，亡。

【集注】潘振云：勇廢則無勇者興，不知量力，薄武事而約略軍糧，是惜財也。求厚其功，功不成，糧盡而受困，故致身之亡。○陳逢衡云：薄其事而求厚其功，謂輕視其事而求厚報，如齊宣之興兵搆怨，以求大欲是已，故亡。○唐大沛云：輕薄其事而妄冀大功，必至大敗，亦取亡之道。

內無文道，外無武迹，往不復來者，有悔而求合者，亡。

【彙校】「來者」下丁增「亡」字，朱從。陳逢衡疑「迹」下、「來者」下各脱「亡」字。

【集注】潘振讀「有」字屬上，云：功業可見者曰迹，以物致人曰往。來，還也。悔，吝也。合，集也。妄動兆亡，內無文道也；求功致亡，外無武迹也。如此之國，惟有割地往致鄰封，不復來還者，其國尚可有也。若悔吝而不與，求集其地，未有不亡者也。○陳逢衡云：內無文道外無武迹，則內治外治並失，故亡。迹與績同。往不復來，謂見輕四鄰，不以爲敵禮，則有吞噬之象，故亡。悔而求合者，謂始而相背，繼則欲託以圖存，則中無主矣，故亡。○唐大沛云：文道，謂文治。武迹，謂武功。往聘鄰國而不見答，是輕我也。始相背後乃悔，而求與相合，爲圖存之計，凡此者皆勢微而將亡也。○朱右曾云：往，去也。仁者勇者去而不來也。有悔求合，言國勢已絀而後求合于人也。

不難不費而致大功，故令未有。

〔彙校〕故令，盧從趙改「古今」。

〔集注〕陳逢衡云：不難謂易其事，不費謂嗇于用。○唐大沛云：未有不艱難不費財用而成大功者。

據名而不辱，隱行而不困，唯禮。

〔彙校〕隱，鍾本、吴本、王本作「應」，盧從。

〔集注〕潘振云：持兵有名而無恥辱，應機行事而不困窮，順人心者唯禮。○陳逢衡云：據名而不辱，名謂皇王之名，不辱，無愧也。應行而不困，行謂弔伐之義，不困謂事必濟。此唯動合乎禮者能之。○唐大沛云：據尊名而不愧辱，應行之事而不困塞，唯動合于禮也。○朱右曾云：應行，應物以行。

得之而無逆，失之而無咎，唯敬。

〔彙校〕王念孫云：「無咎」當爲「有咎」。敬則無逆，不敬則有咎，故曰「得之而無逆，失之而有咎，唯敬」。今本「有」作「無」者，涉上文「無逆」而誤。

〔集注〕潘振云：得敵不逆其來，失敵不追其往，重民命者唯敬。○陳逢衡云：得之而無逆，如湯、武之征誅；失之而無咎，如文王之服事。失之，謂勿取也。此唯心存于敬者能之。○唐大沛云：得之而無逆，順理得之。○朱右曾云：咎，病也。

成事而不難，序功而不費，唯時。

〔集注〕潘振云：成事而不見艱難，序功而不費日月者，惟應動之時。○陳逢衡云：成事而不難，序功而不費，此天人交贊之會，故曰時，與《孟子》「唯此時爲然」義同。○唐大沛云：事功之成就而有次序，未有不難不費者，然亦有不難不費者，則時爲之也。

勞而有成，費而不亡，唯當。

〔集注〕潘振云：勞力而力有成，費財而財不亡，唯用力用財之當。○陳逢衡云：勞而有成，功不虚假也；費而不亡，賞不告屈也，此唯事當其可者能之。○唐大沛云：雖勞而非無功，雖費而不至財竭，惟事當其可耳。

施而不拂，成而有權，久之而能□，唯義。

〔彙校〕闕文陳、唐疑是「守」，丁、朱疑是「安」，朱駿聲補「通」。

〔集注〕潘振云：施武謀而不逆，成武事而有權，久之而能變通者，唯合宜之義。○陳逢衡云：不拂其經，成而適中乎權，久而不變，此唯以義制事者能之。○唐大沛云：施于人而不拂其情，成其事而中乎權宜，久而不變，唯能以義制事耳。○朱右曾云：施，措施也。拂，逆也。

不知所取之量，不知所施之度，不知動静之時，不知吉凶之事，不知困達之謀：疑此五者，未可以動大事。

〔彙校〕盧引惠云：「謀」，宋本作「諆」，古通用。

〔集注〕潘振云：此言六時以及五有之當知也。知之，斯有之矣。取國有力量，指四順也。設施有法度，指五有也。當動則動，當静則静，指六時也。知難而退則吉，不量而進則凶，指五動也。計行則達，不行則困，指三謀也。不知則疑矣，未可以作武事也。○陳逢衡云：不知所取之量則無以裕後，不知所施之度則無以圖功，不知動静之時則應事乖，不知吉凶之事則修悖亂，不知困達之謀則無以致屈伸往來之用。取謂取人國，量則其量百世、其量十世之量。施謂措置，度猶方也。動則宜顯，静則宜晦，吉則宜從，凶則宜避。困，窮也。達，通也。未可以動大事，動則自取滅亡矣。○唐大沛云：取諸人有限量，施諸人有度數，當動當静因其時，召吉召凶視其事，致困致達視其謀。此五者，皆不可不知。若不知而有疑，則事機不能預辨，安可妄舉大事？○朱右曾云：量，度量。度，法度。

恃名不久，恃功不立。虚願不至，妄爲不祥。

〔集注〕潘振云：此申首節之義也。有所恃則名不久，功不立，見武色之不可有也。虚願者，立心不直，志願虚也。師直爲壯，曲爲老，故武事不能周至，見巧令之不可有也。妄爲者，妄有作爲，示之以權而彼不決，故受災而不祥，見臨權之不可疑也。其丁寧之意切矣。○陳逢衡云：恃掩飾之名，必露其情，故不久，如五霸假之之類。恃戰勝之功，必屈于力，故不立，如共工氏、阪泉氏是已。願奢而不勇於行，故曰虚願不至，謂無濟于事也。世無桀紂而舉事者，是曰妄爲，夏之武觀、殷之姺邳、周之管蔡皆是也。不祥則災必及其身。○唐大沛云：恃名自豪，名則不久。恃功自伐，功必不立。虚願莫賞，故不至。妄爲召禍，故不祥。○朱右曾云：恃名者無實而不繼，恃功者驕盈而必亡。虚願不修，政福不至。逆天妄爲，禍必來。

太上敬而服，其次欲而得，其次奪而得，其次争而克，其下動而上資其力。

〔**彙校**〕太上，丁、朱二家作「大上」。〇丁宗洛云：此句疑有錯字。蓋言雖欲奪而不得，雖争而不克，斯爲下矣。「上資」或「枉費」訛也。或曰：欲、奪、争即下動，得與克即上資其力，亦通。

〔**集注**〕潘振云：最上神武，敬己之德以服天下。其次聖武，順人之欲而得天下。其次雄武，以兵奪其國而得之。其次勁武，以兵争其地而克之。最下者，動兵而上資大國之力，借人以昭武也。〇陳逢衡云：敬而服，修德而民自化也。欲而得，不戰而屈人之兵也。奪而得，以兵取也。争而克，則所殺過當矣。其下動而上資其力，謂挾天子以令諸侯，如晉文所爲是已。〇唐大沛云：最上聖人，敬修其德而天下服從。其次德化少遜，亦能從欲而得，不以兵争。又其次以兵力奪取人之國。又其次兩敵相争而能勝之。其最下者聚衆舉事，妄動于下，上資其力，爲王者驅除計耳。〇朱右曾云：大上，帝、皇之世。其次則立政以求遂其欲。奪而得，桓、文是也。争而克，楚、漢是也。其下則妄希大寶，殘民以逞，適足爲興王驅除難耳。

凡建國君民，内事文而和，外事武而義。其形慎而殺，其政直而公。

〔**彙校**〕潘振云：「形」當作「刑」。

〔**集注**〕潘振云：凡建立其國，君臨乎民，内從事於文，可否相濟而和；外從事於武，進退合宜而義。武事有刑，謹慎而能殺；文事有政，正直而無私。〇陳逢衡云：内事，國事也。文而和，有文德而和衷也。外事，軍事也。武而義，有武功而合義也。形與刑同。其刑，軍刑也。慎，順也。順而殺，則就死無怨。其政，軍政也。直而公，則奉法有常。〇唐大沛云：治内之事教文德而和平，治外之事修武功而義正。慎其刑而不失過嚴，其政令正直而不失之偏私。○朱右曾云：形、刑古通假。刑當其罪曰殺。○劉師培云：殺字當讀殺禮之殺，指省刑言。

本之以禮，動之以時，正之以度，師之以法，成之以仁，此之道也。

〔集注〕潘振云：刑政之本惟禮，刑政之動惟時。正刑政者，用一定之制度；師刑政者，用已成之法律；成刑政者，用不忍人之心。凡此，皆道也。道存乎紀，紀所以行道也。○陳逢衡云：本之以禮，順天理也。動之以時，法天道也。正之以度，以身爲度也。師之以法，師出以律也。成之以仁，以仁安人也。夫是之謂武紀。○唐大沛云：禮主嚴肅，用武之本。相時而動，武不妄動。整齊之使有進退之度，訓練之使師出以律。成武功所以安民也，安民必以仁德。此武紀之要道也。

逸周書彙校集注卷十

諡法解第六十九

〔集注〕潘振云：諡，衡也，謂衡量人才也。《唐六典》有「三諡」，其原蓋出於此。《武紀》既陳，用人尤重，故次之以《諡法》。○陳逢衡云：《説文》：「稱，諡也。諡，衡也。」《廣雅》：「稱謂之諡。」此蓋周一代諡選之法雜見於簡册者，首尾疑有脱落，三不遠、三不近，似是中腹文字。

有三不遠，有三不近，有三不畜。

〔彙校〕孫詒讓：畜，《史略》作「芒由」二字，疑故書作「蓄」，高本誤分爲二字也。

〔集注〕潘振云：遠、近並去聲。遠，疏之，黜其爵，收其秩也。近，親之，謂置之於位也。畜，養之，謂優之以禄也。○陳逢衡云：不遠，謂當親密也。不近，謂當斥逐也。○丁宗洛云：三不遠、三不近、三不畜，包得《官人解》全篇在内。○朱右曾云：畜，容也。

敬謀、祗德、親同，三不遠也。

〔集注〕潘振云：祇，亦敬也。敬嘉謀，祇盛德，親同姓，此之謂三不遠。○陳逢衡云：敬謀則有成，祇德則日新，親同則有輔，三者皆國之典型。○唐大沛云：敬謀，謀事必敬。祇德，有德者則祇敬之。親同，當即同寅協恭和衷之意。若此之人，所當親近之。○朱右曾云：親同，同氣之親。

聽讒自亂，聽諛自欺，近慼自惡，三不近也。

〔彙校〕劉師培云：《書鈔》三十引「聽讒自亂，聽諛自欺」下接「多易自怠，恨多無親，怨多不克」三語，與今本異。

〔集注〕潘振云：蔽善曰讒。無賢良，不能自治，故亂。面從曰諛。無違言，不求自慊，故欺。不善，爲人所惡，故謂惡人爲慼，近之不能自善，故惡。此之謂三不近。○陳逢衡云：聽讒則內惑，故自亂；聽諛則志滿，故自欺；近慼則習於凶險，故自惡。三者，國之賊害。○唐大沛云：聽讒言自亂其志，聽諂諛自欺其心，近惡人以自陷于惡。若此之人，所當遠之也。○朱右曾云：讒者變亂曲直，諛者歌功頌德，慼者銜怨次骨。

如有忠言，竭親以爲信；有如同好，以謀易寇；有如同惡，合計掬慮，慮泄事敗，是謂好害：三不畜也。

〔彙校〕如有，諸本作「有如」，盧從。是謂，鍾本作「是爲」，陳、朱二家同。○朱右曾云：「掬」當爲「播」，古文形相似。

〔集注〕盧文弨云：掬，當與「播」同。○潘振云：竭，敗也。忠言敗親，以爲誠信，如晉之二五是已。鄰國同好，以謀而變爲寇讎，如秦之杞子是已。兩手承奉爲掬。可伐之國諸侯同惡，合羣臣而計之，定謀慮而使奉之。謀泄事敗，如齊寺人貂漏師于多魚是已。此三臣者害親、害鄰、害軍政。好其人，是好害也，故不可畜也。此之謂三不畜。

〇陳逢衡云：有如忠言，竭親以爲信，此殺妻求將，烹子食君之輩。有如同好，以謀易寇，此謂朋黨之徒始則相愛，繼則相傾，流毒家國，卒致寇戎也。有如同惡，合計掬慮，慮泄事敗，是爲好害，如漢之陳蕃，唐之王涯是已。此皆無益於國，故不畜。〇唐大沛云：以忠君之言，竭盡其親愛以取信，苟非其人，必詐譎者矣。掬，撮也，以兩手撮合之。是掬慮即合計之意。蓋謂同惡其人，謀欲害之，而反受其殃，是自好禍害者也。若此之人，所當迸逐之，不畜于國也。〇朱右曾云：敗其所親近者以取信于君。易寇者，詐謀亂國，甚於寇戎。〇劉師培云：「掬」疑「鞠」叚。鞠慮者，猶言窮竭其慮也。

逸周書彙校集注卷十

器服解第七十

〔**集注**〕潘振云：器，禮器。服，禮服。銓衡有法，得其人而忘其典，是獻足而禮無徵也，故次之以《器服》。至此而解畢。○陳逢衡云：此篇題曰《器服》，而器有明器、用器、食器、車器諸名，服則繢、緌、縞、冠等類是也。篇中脱誤甚多，不可句解，但能字釋，今姑依類求之而已。○丁宗洛云：器者，竹、木、金、石、陶皆是；服者，絲、布、麻皆是。一代制度，莫備於此，惜殘缺過甚耳。○孫詒讓云：案此篇記大喪明器之目，可補禮經之闕。《禮記·禮器》云：「喪禮，忠之至也；備服器，仁之至也。」鄭注云：「謂小斂大斂之衣服，葬之明器。」即此篇名之義。依《左·成二年傳》説，諸侯以上，乃得有樊纓。《玉藻》云：「君羔幦。」《周禮·幂人》云：「凡王巾皆黼。」又《縫人》注云：「抉，天子用象骨。」而此篇有樊纓、羔冒、斧巾、象玦，其爲王禮明矣。所列器服，多《士喪禮》所不具，而與《續漢志》漢大喪儀多相應，疑叔孫通、曹褒諸人固嘗捃校及之，惜文字闕落失次，不能盡通耳。○劉師培云：《儀禮·既夕禮》所記明器，于食器而外，有用器、樂器、役器、燕器之别，舊説謂均士禮。鄭注云：「士禮略也，大夫以上，兼用鬼器、人器也。」然大夫以上之制今不克考，其概略見於此篇。《續漢書·禮儀志》所述大喪葬禮，雖參時制，然均以此爲本，取以相勘，訛文脱字猶克推見。

明器因外有三疲二用。

〔彙校〕潘振云：「因」當作「茵」，「疲」當作「披」。○陳逢衡云：「疲」當作「皮」。○唐大沛云：「外」乃「名」字之訛，草書相似，故誤，以下文「給器因名有三」知之。○孫詒讓云：有三疲二，當作「直二廣三」，即《既夕》之縮二横三也。廣與横古字通。直、有，廣、疲，並形近而誤。

〔集注〕潘振讀「明器茵外有三，披二」，「用」屬下，云：明器，藏器也。明，神之也。茵，褥也。外，茵西也。古人東爲主位，西爲賓位，故謂西爲外也。三，指筲、罋、甒三器也。《儀禮·既夕》：「陳明器于乘車之西，折横覆之。抗木横三縮二，加抗席三。加茵用疏布，緇翦有幅，亦縮二横三。器西南上，綪。茵，苞二。筲三，黍、稷、麥。罋三，醯、醢、屑。冪用疏布。甒二，醴、酒。冪用功布。皆木桁，久之。」披，棺飾也。棺有前後二束，又用戴繫棺前後。細著柳骨，又用披繫棺束左右。著柳車，使之固也。披二者，左右各二也。○陳逢衡云：因，通作茵。《釋名》：「鞇，因也。」鞇、茵通，一作䄄。三皮，虎皮、鹿皮、豹皮也。○丁宗洛云：疲，疑與苦窳同義。○唐大沛讀「用」亦屬下，云：古人葬用明器，明者，神明之也。蓋謂茵之名有三，其用皮爲茵者三。○朱右曾云：明器，送死之器，言神明之器異于人用也。因當爲茵，所以藉棺者。《儀禮·既夕》云：「加茵用疏布，緇翦有幅，亦縮二横三。」賈公彦云：「用大功疏麤之布，染爲淺緇之色。《記》曰：『茵著用荼，實綏澤焉。』」蓋用一幅布爲之，縫合兩邊爲袋，更以物緣此兩邊，因爲飾焉。疲，謂不任用也。用，用器也。《禮·檀弓》云：「夏后氏用明器，殷人用祭器，周人兼用之」，是也。○于鬯云：因當讀爲茵。此言外有三者，即《既夕》茵之横三也。二者，即茵之縮二也。云外有三疲者，疲當讀爲罷。顔之推《家訓·雜藝篇》云：「不用爲罷。」（顔論字體則非，論義不易也。）此疲與用字爲對，正是不用之義。蓋茵之陳者，有横三，有縮二，及其用之壙中，則横三不用，而專用縮二，故曰三疲二用，謂三罷二用也。

器服數：犢四，棓、禁、豐一，⿰角象、荒韋獨。

〔彙校〕犢，鍾本作「櫝」。荒，程本、鍾本、吴本、王本作「天」，盧從。按：諸家「數」下或不斷。○王念孫云：「棓」蓋「桮」字之誤。桮、禁、豐皆飲酒所用，篆文桮、棓二字相似，故桮誤爲棓。「⿰角象」蓋「觴」字之誤。觴亦酒器，故曰四桮禁豐一觴。○潘振云：數，當作「素」。○陳逢衡云：四，當作「柶」。《説文》：「柶，匕也。」天，當作「矢」。（按：朱右曾作「矢」）○丁宗洛云：「犢」疑「櫝」訛。○丁浮山云：《公羊·成二年傳》：「踊于棓而闚客」，注：「高下有絶，加躡板曰棓。」此似今所謂複閣者。《經》與禁、豐並列，則與《公羊傳》異義矣。竊謂或是「棜」之訛誤，否亦「棓」本通「棜」，蓋承樽器也。○唐大沛云：天，當作「三」。○朱右曾云：獨，當爲「韣」，韜矢之衣，以韋爲之。○孫詒讓云：數犢，當作「素獨」。後象玦朱極皆素獨，盧校云素一作數，與此正同。素數、獨犢並音近而譌。此素獨蓋繫下「四棓禁豐一⿰角象」等而言，别於矢之韋獨也。○劉師培云：「服」字上下均有脱字。

〔集注〕潘振「服」連上「用」字讀，云：用器，亦藏器也，象生時所用之器也。服，矢服。素，熟也。犢，牛子。《儀禮·士喪禮記》：「主人乘惡車，犬服。」注云：「喪有兵器，建于車上笭間。服則兵服也。犬皮取其堅。」此服熟牛子皮爲之。其服有四，死者與生者不同與。桮，即周之敦。禁，承酒尊之器。豐，似豆而卑，所以承爵者。一者，棓、禁、豐各一也。⿰角象字音未聞，依諧聲例，疑當音豪。韋，柔皮。獨，犬也。⿰角象天，或是盛棓、禁、豐之器與。棓、禁、豐之貯於⿰角象天，猶筲、罋、甒之貯於木桁與。熟犬皮爲之，未可知也。○陳逢衡云：數犢，即素獨。又云：犢與韇、韣通，蓋藏弓之函。以牛皮爲之，故其字或从牛或从革或从皮也。《廣雅》：「棓，杖也。」《淮南·詮言訓》有桃棓，許慎注：「棓，大杖，桃木爲之。」然此字叙于禁、豐之上，當通作瓿。瓿，甂也。禁即《禮器》士大夫棜禁之禁，禁如方案。名之禁者，因爲酒戒也。豐，罰爵也，《射禮》所用。豐，滿也，寓滿則覆之義。矢以豪牛爲鏃曰⿰角象矢。豪牛，見《穆天子傳》。《字彙補》云：「⿰角豪音義未詳，見《汲冢周書》。」韋獨，弓韜也。獨與韣通，故曰韋獨，韋，皮也。《少儀》：「弓則以左手屈韣執柎」，注：「韣，弓衣也。」又《明堂位》載「弧韣」，注：「弧，旌旗，所以張幅也，其衣曰韣。」又《儀禮・既夕》有「韣」，注：「韣，弓衣也，以緇布爲之。」〇丁浮山云：《禮・禮器》：「大夫士棜禁。」《玉藻》：「大夫側尊用棜，士側尊用禁。」注：「禁，承酒尊之器。」疏：「承尊者皆用禁，名之禁者，爲酒戒也。」《儀禮・鄉射禮》：「司射適堂西，命弟子設豐。」注：「將飲，不勝者設豐，所以承其爵也。」疏：「燕禮，君尊有豐，此言承爵，豐則兩用之禮器。天子諸侯之尊，廢禁。」《説文》：「鄉飲酒有豐侯，亦謂之廢禁。」⿰角豪，應是酒器，蓋桄船之類也。然似取豪飲之義，應讀如貪饕之饕。韋，應如《左傳》「乘韋十二」之韋。獨，犬名。《埤雅》顏從曰：「獨一叫而猨散，鼉一鳴而鼉伏。」或曰：鼉鳴夜，獨叫曉。獨，猨類也，似猨而大，食猨，今俗謂之獨猨。蓋猨性羣，獨性特，猨鳴三，獨叫一，是以謂之獨也。」然則韋獨，蓋以牛皮畫獨之形，猶宗彝繡之於裳，鵃鴿畫之於侯耳。顧宗彝虎蜼也，義取其孝，鵃鴿取其正，未識韋之以獨其取其叫曉耶，抑取其伏羣猨耶？〇唐大沛「器」亦連上「用」字讀，云：用器，常用之器，蓋亦明器中所有者。服，衣服也。數櫝四，蓋謂服飾之物以素櫝盛之有四也。韋獨，獨與韇、犢、櫝通。〇朱右曾云：棓讀爲栝，盤盎之總名。禁，所以庋甒，如方案，橢長，足高三寸。豐，承觶之器，似豆而卑。⿰角豪，讀爲觴，酒器也。矢韋獨，《既夕記》云：「弓矢之新沽功，有弭飾焉。」又曰：「猴矢一乘，志矢一乘。」《周禮・司弓矢》云：「大喪供明弓矢。」此不言弓，闕文也。〇劉師培亦連上用字讀，云：用器，與下「食器」及「樂」（下亦當補器字）並文，蓋此篇亦就用器、食器分析也。服素櫝，當冢用器言，猶之樂器節末亦有皆素獨之文也。

食器：甒迤膏侯、屑侯。

〔彙校〕王念孫云：迤蓋「匜」字之誤，匜所以盛水，故次於甒下，草書迤字與匜相似，故匜誤爲迤。○潘振云：侯，當作「候」。○唐大沛云：「侯」字疑誤，二物想亦食器所需，非射之侯也。○孫詒讓云：「膏」當爲「筲」。《禮記・襍記》云：「甕甒筲衡。」此兩「侯」字並當作「雍」，形近而誤。雍即甕之省也。《既夕》陳明器云：「筲三，黍、稷、麥；甕三，醯、醢、屑。」此當云「雍屑雍醯醢」，今本脱「醯醢」二字耳。朱以「侯」屬下桀字爲句，大誤。（盧本上侯字作候，亦誤。）○朱右曾云：迤，當爲「酏」。《既夕》云：「甒二，醴酒醯醢屑。」此不言醯醢，亦闕文也。

〔集注〕潘振云：食器，象生前所食之器，即明器也。首節言明器有三，未詳其物，言此以實之也。甒爲酒器，中寬下直，上鋭平底。五穀之滑者皆曰膏。膏黍膏稷，見《山海經》。筲盛黍稷麥，故名筲爲膏候與。猶廢禁一名豐候也。屑，薑桂之屑，即甕之所盛者。甕盛醯醢屑，故名甕爲屑候與。迤者，茵之西，明器自南綪屈而東，甒迤邐而旁列筲甕之東也。○陳逢衡云：膏侯、屑侯，射器。甒，罌也。《禮器》：「君尊瓦甒」，注：「壺大一石，瓦甒五斗。」《儀禮・士冠禮》：「側尊一甒醴」，疏：「甒爲酒器，中寬下直，上鋭平底。」《方言》：「甖，周魏之間謂之甒。」匜，盥器。膏侯，即《梓人》之獸侯，膏謂鹿豕之屬。或曰：膏者，「𡐓」之訛也。《説文》：「𡐓，射臬也。從土𦎫聲。讀若準。」《周官》司農注：「侯者，以虎熊豹麋之皮飾其側，又方制之以爲𦎫，謂之鵠，著于侯中。」是也。○唐大沛云：膏，脂也。屑，如《内則》屑，桂與薑之屑。○朱右曾讀「屑」字絶句，「侯」屬下，云：酏，酒也。膏，肉之肥者。侯，維也。屑，薑桂之屑。○俞樾云：王氏念孫以迤爲匜字之誤，當從之。甒匜者，二器也。膏侯屑侯者，器中所實也。侯讀爲餱。《説文・食部》：「餱，乾食也。」膏餱，蓋和之以脂膏。屑餱，蓋雜之以薑桂之屑。《儀禮・既夕篇》注曰：「屑，薑桂之屑。」是也。《文選・思元賦》曰：「屑瑶蘂以爲餱兮。」此屑餱二字之證，作侯者，假字也。朱氏右曾以迤膏侯屑爲句，以下侯字屬下，句讀失之。○孫詒讓云：匜非食器，王校非是，此當從朱讀爲「酏」。○陳漢章云：王讀迤爲匜，俞讀侯爲餱，皆是也。膏侯，即《周禮・醢人》之酏食，鄭注：「酏，餈也。」《內則》曰：「取稻米，舉糔溲之，小切狼臅膏，以與稻米爲餈」。鄭注《禮記》餈又云：「若今膏餈。漢名膏餈，古名膏餱，一也。」屑侯，即《籩人》之粉餈。先鄭注：「粉，豆屑也。餈謂乾餌餅之也。」粉餈既以豆屑餅之，故即名屑餱矣。朱釋以迤爲酏酒之酏，而讀「膏侯屑」爲句，謂肉之肥者加薑桂之屑，俞、孫已辨其誤，而孫讀膏爲筲，侯爲甕，亦無據。

樂：鉍㻡參，冠一，竿皆素獨。

〔**彙校**〕竿，王念孫、唐大沛、朱右曾並據《玉海》作「竽」。○王念孫云：冠非竽類，蓋涉下文縞冠、玄冠而誤。《玉海》七十八引作「參笙一竽」，是也。笙、竽皆樂器，故竝言之。（朱右曾從改）○唐大沛云：「樂」字下疑當有「器」字，今脱。「鉍㻡」二字當在上文「服」字下，皆服飾之類也。○朱右曾云：「鉍」當爲「⿱珡金」，古琴字。○孫詒讓云：「鉍」當爲「瑟」之異文。○劉師培云：「鉍㻡」二字乃「矢韋獨」下之錯簡也。《儀禮・既夕記》云：「弓矢之新沽功，有弭飾焉，亦張可也，有柲。」鄭注云：「柲，弓檠，弛則縛之於弓裏，備損傷。」此明器有柲之徵。鉍疑即柲。㻡，又韘字之叚也。《說文》云：「韘，射決也，所以拘弦。」是柲、韘類同，故二字並文。下文「象玦朱極韋矢獨」七字，似當在此二字下，玦、韘亦同物也。參冠一竽，《玉海》引作「參笙一竽」，《雜志》據之，朱本改「冠」爲「笙」。竊以「笙」字固當據補，惟「冠」係「莞」訛。《穆天子傳》載盛姬葬禮云：「樂□人陳琴瑟□竽籥䇣莞而哭」，其證也。

〔**集注**〕王念孫云：參與三同。○潘振讀連下「二」字爲句，云：鉍音祕，㻡音薛。樂，樂器。鉍，矛柄，指役器而言。㻡宜玉類，似佩器也，《儀禮》未聞。冠爲元服。參冠，謂間厠乎冠列者，指笠而言，燕器也。一者，樂鉍、㻡、參冠各一也。竿，竹杠，皆用白狗皮綢之。素，白也。二者，一繫銘旌，一繫功布與。○陳逢衡連下「二丸」爲句，云：鉍即珌，

《說文》：「佩刀下飾，天子以玉。」《前漢・王莽傳》：「瑒琫瑒珌」，注：「佩刀之飾，上曰琫，下曰珌」。⿰王枼，當與鞢字通，玦也。玦从玉，故⿰王枼亦从玉。參冠，縿冠也。縿亦作繰。《廣雅》：「繰謂之緁。」《禮・檀弓》「縿幕」注：「縿，緁也。縿讀如綃。」然則縿冠者，以緁爲冠，緁猶純也。「竿謂之箷」，見《爾雅・釋器》。竿，居案切，衣架也。素獨二丸，即上文數櫝韋獨也。獨與韣通。《考工記・輈人》注：「有衣謂之韣，韣，韜也。」蓋以皮爲之，故謂之韋獨，以其不繪畫，故謂之素獨也。其又轉爲韇者，《儀禮・士喪禮》「筮者東面抽上韇」注：「韇，藏筴之器也。」《士喪禮》注同。蓋其器以牛皮爲之，故《周書》以「櫝」代「韇」也。《廣雅》：「皾⿰夾丸，矢藏也。」《儀禮・士冠禮》注：「藏弓矢者謂之韇丸。」《方言》：「所以藏弓謂之鞬，或謂之皾丸。」《鄭風》「抑釋掤忌」傳：「掤，所以覆矢。」馬融注：「掤，櫝丸蓋也。」昭二十五年《左傳》「執冰而踞」，賈逵注：「冰，櫝丸蓋也。」《後漢書・南匈奴傳》：「弓鞬韇丸。」故此言素獨二丸也。〇丁浮山云：《玉篇》：「鉍，矛柄也。音祕，又音必。」《集韻》：「矛𥎞謂之珌。」是珌與鉍通也。然經文上言食器，或亦兩器而同名，及一器而兩用耶？素獨者，或其器本名獨，而以帛爲之，故名耶？然素，樸素也，不畫而素，亦一義也。〇唐大沛云：皆素獨，皆以素獨盛之。〇朱右曾云：《既夕禮》有燕樂器。《檀弓》云：「琴瑟張而不平，笙竽備而不和，有鐘磬而無簨簴」，是也。⿰王枼讀爲瑟，聲相近。笙十三簧，竽二十六簧，皆以素布爲韣。〇陳漢章云：鉍、⿰王枼二字，皆《說文》所無，以偏旁求之，鉍當爲樂之金屬，⿰王枼當爲樂之石屬。《檀弓》言明器云：「有鐘磬而無簨簴。」則鉍如鐘之別名鎛，⿰王枼如磬之別名球歟。朱釋爲琴瑟，孫謂鉍爲瑟，皆於字書無考而臆測之。

二丸弇焚菜膾五昔

〔彙校〕昔，潘云當爲「腊」，丁亦改「腊」。〇唐大沛云：或曰「焚」當作「繁」，下文「繁纓」亦誤作「焚纓」，是其證。繁與鬻通。案此八字當在「膏侯屑侯」下，以皆食器所有之物也。○孫詒讓云：丸弇，當作「瓦𢍺」。《說文・豆部》云：「𢍺，禮器也。從廾持肉在豆上。讀若鐙。」經典通作「登」、「鐙」。《爾雅・釋器》云：「瓦豆謂之登。」《續漢書・禮儀志》說大喪明器云：「有瓦鐙一。」瓦𢍺即瓦鐙也。焚，當爲「樊」，即「槃」之借字，亦以瓦爲之，故與鐙類舉。《續漢志》明器有瓦槃十，亦即此也。丸瓦、弇𢍺、焚樊，並形近而誤。下文「樊纓」亦作「焚纓」，可證。朱讀「焚」屬下「菜」字句，又强爲之説，殊謬。又案「菜膾五昔」，當屬食器「雍屑雍醯醢」下，誤錯箸於此。

【集注】潘振云：丸，赤丸也。器口小中寬者曰弇，蓋盛丸之器與。《後漢書・禮儀志》「大儺」注：「方相帥百隸，以赤丸播灑之。」《周禮・夏官・方相氏》：「大喪，先匶；及墓，入壙，以戈擊四隅，毆方良。」焚，燒也。菜未聞其名，蓋腸乾者，故可燒於墓前與。肉之腥者曰膾。《内則》麋鹿、魚爲菹，麕爲辟，雞、野豕爲軒，兔爲宛脾。此六腥也。《儀禮・既夕》有魚無膾，解文有膾無魚，故此言五腥與。腊，小物全乾者。○陳逢衡云：弇焚，疑食器，焚音燔。菜，旨蓄。牛與羊、魚聶而切之爲膾。「昔」與「腊」通。《釋名》：「腊，乾昔也。」五昔者，魚腊、兔腊、雉腊、豕腊之類。○丁浮山云：《正韻》：「凡物員轉者皆曰丸。」又《禮・月令・孟冬》：「其器閎以奄」，《呂覽》作「宏以弇」，注：「閎者中寬，弇者上窄。」是皆言其器之形也。經言丸弇焚菜，意焚菜亦如菹桃醢魚之類，而即丸弇之爲用者與？○唐大沛云：丸，蓋也，當即弇之蓋。丸二則弇亦二。菜與膾皆鮮物，故合貯一弇。「昔」與「腊」通，乾肉也。腊之類有五，又另貯一弇。○朱右曾云：丁曰：「凡物圓轉者皆曰丸。」愚案：《說文》云：「弇，蓋也。」「昔，乾肉也。」《廣雅》云：「焚，乾也。」菜，若韭、芹之類。膾，或以魚，或以肉。昔，若魚兔之類，有五也，皆實于丸之有蓋者。

纁裹桃枝素獨蒲簟席皆素斧獨巾

〔**彙校**〕王念孫云：此（末八字）當作「簟蒲席皆素獨斧巾」。「獨」蓋與「櫝」通，謂簟與蒲席皆以素櫝盛之也。上下文皆言素獨，此素獨連文之證。下句「斧巾」別是一物。《周官·冪人》曰：「凡王巾皆黼。」《爾雅》曰：「斧謂之黼。」故有斧巾之名。斧巾之間不當有獨字，《玉海》引此無獨字，是其證。（朱從改）

〔**集注**〕潘振讀「獨巾」二字屬下，云：纁，淺絳色。桃枝，竹名。以桃枝爲席，即《吴都賦》桃笙也。吴人謂簟爲笙，用淺絳之布爲其裏也。蒲簟，蒲席也，以白狗皮爲裏。此二席者，其純皆用白布，而刺斧文也。白與黑謂之黼。《儀禮·士喪禮記》有乘車、道車、稾車，皆魂車也。豈桃枝爲乘車之蔽，蒲簟爲道車之蔽與？稾車説見後。○陳逢衡云：《考工記》：「三入爲纁。」《爾雅·釋器》：「三染謂之纁。」纁裏，猶言黄裏，衣内曰裏。案纁裏與桃枝連文者，謂以淺絳色或絹或布爲席簟底襯，故曰裏也。桃枝，蔑席也。《書·顧命》「蔑席」注：「桃枝，竹也。」《周禮·春官·司几筵》：「加次席黼純」，注：「次席，桃枝席。」牀之小者曰獨，坐席之小者曰素獨，素亦竹也。蒲簟席者，《説文》：「簟，竹席也。」《小雅·斯干篇》：「下莞上簟」，箋：「莞，小蒲之席也。竹葦曰簟。」《禮記》：「大路素而越席」，注：「越，蒲屬。祭天之車，蒻蒲爲席也。」蒲席，蓋即《顧命》之底席。《公食大夫禮》有蒲筵，筵亦席也。素斧，斧猶黼也。青與白謂之黼。巾者，用以覆物。《廣雅》：「帉、帨帥、帨、帣、幣、幏、幣，巾也。」○丁宗洛云：《周語》「静其巾冪」注：「巾冪，所以覆尊彝。」《禮·内則》「盥卒授巾」注：「巾以帨手。」《玉篇》：「佩巾本以拭物，後人著之於頭。」是一物有數用也。斧與黼同義。《釋名》云：「斧，甫也，甫，始也。凡將制器，始用斧伐木，已乃制之也。」《書》「黼黻」注：「黼形如斧，義取其斷。」然則黼可繡之於裳，而斧不可畫之於巾乎？素斧獨巾，蓋謂巾上有斧文者也。○朱右曾云：《爾雅》云：「桃枝，四寸，有節。」《竹譜》云：「皮赤，編之滑勁，可爲席。」《周禮·司几筵》所謂次席，後世謂之桃笙。簟，方文席。蒲，水草。蒲席，《顧命》謂之底席。皆以素布爲緺，而繫斧巾焉。巾，佩巾也。

《周禮》冪人掌供巾冪，凡王巾皆黼。

玄繢綏，縞冠素紕，玄冠組武卷組纓。

【彙校】王念孫云：「玄」下當有「冠」字，與下句「縞冠素紕」文同一例。《玉藻》亦云：「玄冠朱組纓，緇布冠繢綏，縞冠素紕。」（朱説同）○唐大沛云：「組武卷組纓」五字疑有衍字誤字，似當作「玄冠組纓」，其「組武卷」三字疑本是「武卷」，無「組」字，屬下文。○孫詒讓云：王、朱校是也。玄冠繢綏，即玄冠之纓，下不當更云玄冠，此「玄冠」二字即上文之脱而誤移於此者。下當云「玄組武組纓」，武與卷同物，亦不當兩出，疑「卷」即武字之注，誤入正文，而注又脱一武字耳。

【集注】潘振「玄繢綏」連上「斉巾」讀，云：巾一幅，所以裹頭也。巾者，謹也，二十成人，士冠庶人巾，當自謹修於四教也。以犬皮爲之，用玄色之繒以爲纓，而繪畫其綏。綏，纓飾也。此生時始服之冠也。縞冠，以生絹爲冠也。素，熟絹也。紕，緣邊也。生時祥祭後所服之冠也。玄冠，以黑繒爲冠梁，廣二寸，又以黑繒爲武。冠屬於武，其畢向内縫之。冠梁古用縮縫，周用横縫，辟積無數。組，纓也。武，冠卷也。連屬其組於武而不垂纓，居冠屬武，此生時燕居之冠也。冠卷連組而垂其纓，此生時有事之冠，《玉藻》所謂有事然後綏也。○陳逢衡云：天謂之玄。繢，畫也。綏，纓之垂也，見《玉藻》「緇布冠繢綏」注。縞冠，子姓之冠也。繒之精者曰縞。紕，飾也。素紕，無文采也。《禮·玉藻》：「縞冠素紕，既祥之冠也。」注：「紕，緣邊也。讀如埤益之埤。」《雜記》：「紕以爵」，韋注：「在旁曰紕。」玄冠，天子、諸侯、士通用之冠也，其等以朱組纓、丹組纓、綦組纓別之。組，《説文》：「綬屬，其小者以爲冕纓。」武，所以束。卷，同絭。《説文》：「紘，冠卷也。纓，冠系也。」《逸雅》：「纓，頸也，自上而繫於頸也。」○丁浮山云：繢，通作繪。《周禮・春官・司几筵》：「諸侯祭祀，席蒲筵繢純。」注：「繢，繪畫文也。」緌，《説文》：「系冠纓也。」《詩》：「冠緌雙止」，注：「冠緌，服之尊者。」《左・桓二年傳》：「衡紞紘綖」，注：「紘，纓從下而上者。」疏：「紘纓皆以組爲之，所以結冠於人首也。紘用一，組從下屈而上，屬之於兩旁，結之於頷下，垂其餘也。」《禮・玉藻》曰：「玄冠朱組纓，天子之冠也；緇布冠繢緌，諸侯之冠也；玄冠丹組纓，諸侯之齊冠也；玄冠綦組纓，士之齊冠也；縞冠玄武，子姓之冠也；縞冠素紕，既祥之冠也。垂緌五寸，惰游之士也。玄冠縞武，不齒之服也。居冠屬武，自天子下達。玄冠紫緌，自魯桓公始也。」此段恰相印證。○朱右曾云：玄冠，委貌也。緌，冠系之飾。縞冠，以生絹爲之，以素繒緣冠兩邊及冠卷之下畔，是既祥之冠也。武，冠卷也，以組飾之，又以爲纓。禮，天子朱組，諸侯綦組。

象□□瑱絺紳帶

〔**彙校**〕二闕文元刊本字泐，下一字似「緯」。○王念孫云：《玉海》作「象琪繢瑱」。（朱據補）○潘振云：「象」下脱文，承上冠纓，當是「笄」字。「瑱」上脱文，當是「象」字。「絺」當作「緇」。○朱駿聲補「邸笄」二字。

〔**集注**〕王念孫云：琪與璂同。《説文》：「璂，弁飾，往往冒玉也。從玉綦聲。」或從基聲，作「璂」。《周官・弁師》：「王之皮弁，會五采玉璂。」《釋文》：「璂音其，本亦作琪。」此言象琪，蓋謂以象骨爲飾也。繢瑱未詳。○潘振云：笄，係也，所以係冠，使不墜也。瑱，充耳也。二者皆以象骨爲之。皮弁爵弁，皆有笄瑱也。緇，黑色。紳，帶之垂者。《玉藻》：「紳長制，士三尺。」「雜帶，士緇辟，二寸，再繚四寸。」○陳逢衡云：象，象牙，佩飾也。瑱，他甸切。《説文》：「以玉充耳也。」《詩・鄘風》「玉之瑱也」傳：「瑱，塞耳也。」《衛風》「充耳琇瑩」傳：「充耳謂之瑱，天子玉瑱，諸侯以石。」絺，細葛也。紳，大帶也。〇丁浮山云：《書》「黼黻絺繡」注：「絺，紩也。」《説文》又曰：「紩，縫也。」《急就篇》注：「納刺謂之紩。」《禮・內則》注：「紳，所以自紳約也。」又《論語》「子張書諸紳」疏：「以帶束要，垂其餘以爲飾，謂之紳。」《禮・玉藻》子游曰：「參分帶下，紳居二焉。」是紳長之制也。又曰：「天子素帶朱裏終辟，諸侯素帶終辟，大夫素帶辟垂，士練帶率下辟，居士錦帶，弟子縞帶，並紐約用組三寸，長齊于帶。」注：「辟讀如紕，緣邊也。紐，謂帶之交結之處。自天子至弟子，皆以組爲之，組之長與紳齊。」此帶制也。〇朱右曾云：琪與「璂」同。《周禮・弁師》「玉璂」注云：「皮弁之縫，中結五采，玉以爲飾。」此則用象骨也。繢瑱，以繢懸瑱，繢似纂而赤色。絺紳帶者，以絺爲帶而垂其首。紳，帶之垂者。

象玦朱極韋素獨簞籥捍

〔彙校〕素，鍾本、王本作「數」。〇潘振云：「素獨簞」三字，當在下節「次車羔冒」之下。〇朱右曾云：「簞」當爲「簞」，形近而譌。

〔集注〕潘振云：玦，以象骨爲之，著右手大指，所以鉤弦闓體。又謂之韘。極，放也。韜食指將指無名指，以利放弦，故《大射》曰「朱極三」。又謂之沓，謂彄沓右手三指，柔皮爲之也。籥，似笛，生時舞所執。捍，謂拾也。射韝以韋爲之，著於左臂，蔽膚斂衣以遂弦，即《儀禮》遂也。〇陳逢衡云：象玦，射者所用，著於右手大指以鉤弦，《內則》所謂右佩玦是也。亦謂之韘。《説文》：「韘，射決也，所以拘弦，以象、骨，韋系，箸右巨指。」或作弽。《詩・衛風》「佩韘」傳：「韘，玦也。」《鄉射禮》「袒決遂」鄭注：「決，猶闓也，以象、骨爲之，著右大擘指，以鉤弦闓體也。庶物異名。」疏曰：「《詩》云：『童子佩韘』，鄭氏曰：『沓也。』」即大射所謂朱極三也。以朱韋爲之，用以彄沓右手食指將指無名指也。極，猶放也，所以韜指利放弦也。《周書・器服》有朱極韋，則此名久矣。」衡案：射臂沓是韝，韝與拾捍同，非韘也。一著右手，一著左臂，宜辨。素獨簟，見上。《廣雅》：「籥，籋也。」捍，即《内則》右佩捍之捍，注：「捍，拾也，言可以捍弦也。」《詩・小雅・車攻篇》：「決拾既傾」，毛傳：「決，鉤弦也。拾，遂也。」《周禮》繕人掌抉拾，鄭衆云：「拾謂韝扞也。」《鄉射禮》注：「遂，射韝也，以韋爲之，著左臂所以遂弦也。」其非射時則謂之拾。拾，斂也，所以蔽膚斂衣也。」〇丁浮山云：玦音決，環之不周者。《白虎通》：「君子能決斷則佩玦。」據《内則》「右佩玦捍」及注，則玦、捍乃同類之物，而《經》反離開各言，毋亦顛倒錯亂之所致與？韋素獨者，或韋素兼體而名之耶？然謂經文即以韋獨、素獨並稱而省文，亦可。《淮南子・人間訓》：「家無筦籥之信。」則籥又與鑰同義。〇唐大沛云：簟，席也。〇朱右曾云：簟，竹器之圓者，以盛籥捍也。鍵謂之籥。或曰：書篇也。〇陳漢章云：簟已見上文，此簟讀爲「鐔」。《説文》：「鐔，劍鼻也。」朱釋謂簟之謁，非。又謂鍵爲籥，或爲書篇，亦非。古音龠與敫同部，此籥讀爲⿱敫角。《説文》：「⿱敫角，杖耑角也。」《儀禮》士喪器有杖，爲燕器；有甲胄干笮，爲役器。此王禮，故有燕器之杖，又有役器之劍。劍以鐔表之，杖以⿱敫角表之。其下之「捍」，即役器之干。干，扞也。字或作「戦」，故亦作「捍」。朱釋「捍」爲射時所用之拾，則當與上文「象玦朱極」爲次矣。

次車羔冒□純載枉綫

〔**彙校**〕潘振云：上節「素獨簟」三字，當在此節「羔冒」之下。脱文當是「素」字。〇陳逢衡云：「羔」當作「羊」，「純」當作「軘」，「枉」當作「軖」，「綫」當作「棧」。〇朱右曾云：闕處當是「虎」字。〇朱駿聲補「玄」字。〇孫詒讓云：朱云：「《玉藻》云『君羔幦』，幦即冒。」案「冒」當爲「冥」，即「幎」之省文也。《周禮》「冥氏」，鄭注讀爲冥方之冥。冥方即算術之方冪也。幦，《周禮·巾車》並作「𧝄」，與幎、冥聲類同。○劉師培云：載杠綫，此似指喪車言也。「綫」字疑即棧車之「棧」。《周禮·巾車職》謂服車五乘，士乘棧車。《説文》謂竹木之車曰棧。或天子之喪，遣車以下亦兼用之。「杠」疑「輇」字殘形，即輇車也。

〔集注〕潘振云：凡次乎上者皆曰次。次車，指稾車與？羔冒，以羔皮覆其式也。案《玉藻》士齊車，鹿幦豹植。《士喪禮記》乘車鹿淺幦，道車稾車不言幦。解文次車羔冒，則乘車以下之車皆羔幦與？稾車無文，故直以白犬皮爲簟。桃枝蒲簟有裏，獨簟無裏，較質，故直用素純而不斧也。杠綫喪勤，其義未聞。案《士喪禮記》「主人乘惡車，約綏約轡」，注云：「約，繩也。」此言繩，則吉事用絲矣。綫，絲也。豈指死者生時之所用與？杠曲而載之，或綏或轡，未可知也。○陳逢衡云：次車，次輅，謂象輅、革輅。羊，羊車也，見《考工記》，注：「羊，善也。」冒有墨音，疑即墨車也。《周禮·巾車》：「大夫乘墨車。」軘，軘車也。《左傳》：「使軘車逆之」，注：「軘車，兵車名。」載，大車也。《易》曰：「大車以載。」軠，紡車也。《通俗文》云：「繰車曰軠。」或曰「杠」當作「任」，亦大車也。《詩》曰：「我任我輦。」棧，棧車也。《詩》曰：「有棧之車。」《周禮·巾車》：「士乘棧。」《考工記》：「棧車欲弇。」○朱右曾云：次車，貳車也。《穆天子傳》云：「次車之乘。」以士禮言之，其道車歟？《既夕記》云：「乘車載旜，道車載朝服，稾車載蓑笠。」冒，覆式者也。《玉藻》云：「君羔幦虎犆。」幦即冒，犆即純。純音準，緣也。○劉師培云：朱校云純即犆，其説是也。純讀爲緇，甾、直古通。○陳漢章云：載杠綫，朱釋未詳，劉君謂綫爲棧車，是也。謂杠爲輇車，則與棧車不類。且喪禮輴車與輇車異，天子諸侯用輴不用輇。此杠字讀爲「廣」。廣車以皮革輓，棧車不革輓。《儀禮·既夕》注：「今文棧作輚。」《後漢書·班固傳》注引《埤蒼》曰：「輚，卧車也。」《集韻》：「輚，卧車。一曰兵車。」兵車即廣車。與廣車爲類，明棧車非獨爲士所乘。《周禮》司裘大喪飾皮車，車僕大喪廞革車，巾車大喪飾遣車。王之遣車九乘，凡廣車、棧車皆厥焉，故此文次次車之下，而曰載枉綫。

喪勤焚纓一

【彙校】王念孫云：「勤」蓋「勒」字之誤，「勒」上又脱一字。「焚纓」，蓋「樊纓」之誤。《周官·巾車》有樊纓，又有龍勒，是其證。焚本作樊，與樊相似而誤。（朱説同。潘亦云：「勤」字或當作「勒」。）〇劉師培讀「一」連下「給」爲句，云：《墨子·節葬下篇》云：「今王公大人之爲葬埋則異於此，必大棺中棺，革闠三操，璧玉即具，戈劍鼎鼓壺濫，文繡素練，大鞅萬領，輿馬女樂皆具。」所云大鞅萬領，似即此文之焚（即樊字）纓一給，「大」疑「樊」脱，「鞅」即纓也。惟「萬領一給」均係訛文。

【集注】潘振云：勒，馬頭絡銜也。不曰具勒而曰喪勒，蓋死者生時之所用，與見在施馬之勒異與。纓，馬鞅也，在馬膺前，如索羣，尊卑各有數。人死馬存，生人所用，故但焚其纓於墓前。焚之，陽也，故以名焚纓與。纓言焚，其餘不焚也。〇陳逢衡云：喪，喪車也。勤，役車也。役有勤苦之義。《詩》曰：「役車其休。」《巾車》：「庶人乘役車。」焚纓，焚《説文》本作樊，樊讀如鞶。《周禮·巾車》：「玉輅錫樊纓，金輅鉤樊纓，象輅朱樊纓。」注：「鞶，馬大帶也。鄭司農云：纓謂當胸。元謂纓，今馬鞅。」〇丁浮山云：喪應與繐通。《類篇》：「湘繐，淺黃也。」〇朱右曾云：喪勒、樊纓，俱馬飾也。《既夕記》云：「薦馬纓三就」，注云：「今馬鞅也。諸侯之臣飾纓以三色而三成，此三色者蓋縧絲也，其著之如罽然。天子之臣如其命數。」

給器因名有三幾玄菌

〔彙校〕幾，趙本作「機」。茵，盧作「菌」，朱改「茵」，陳、唐亦疑當作「茵」，丁浮山疑「閫」訛。給，丁、朱作「紿」，連上「一」字讀。丁浮山云：《説文》絲勞即給，音殆，或作「紿」，非。○孫詒讓云：此與上文「明器因外有三疲二」句相類，疑「名」即「外」之譌，而上下並有脱文，或即涉上文而衍。「因」亦當讀爲「茵」。朱讀「因」如字（見注），又以「器因」爲句，「名」爲銘旌，並失之。

〔集注〕潘振云：幾音祈。器，即葬器。《儀禮》無獨巾之屬，至墓而皆供給之，故曰給器。其藉柩之茵有三，疏布爲之者。幾，漆飾沂鄂也。天謂之玄。茵，地蕈也。幾、玄、茵，皆黑色也。○丁浮山云：《禮·郊特牲》：「丹漆雕幾之美」，注：「雕，刻鏤之也。幾，漆飾。」此幾字疑與雕幾之幾同義。○朱右曾讀「一給」句，「器因」句，「名有三」句，「幾玄茵」句，云：《説文》云：「絲勞，曰紿。」以紿飾纓，示不任用也。天子之纓當五采，十有二就。樊，蒲寒反。紿音怠。器因，皆載之次車者。《士禮》：「啓殯，祝取銘置于重；既祖，祝取銘置于茵。」注曰：「今文銘皆爲名。」是名既銘旌也。其制士長三尺，大夫五尺，諸侯七尺，天子九尺，書其末曰某某之柩。賈公彥曰：「士無厥旌，惟有乘車，所建攝盛之旜，大夫以上有厥旌。」通此二旌則備三旌，故曰名有三。幾，如雕幾之幾，附纏之爲沂鄂也。茵，芝也，漆爲茵形，以飾車也。

纁裏桃枝獨蒲席皆素布獨巾

〔彙校〕王念孫云：「桃枝獨蒲席皆素布獨巾」十字，案此當作「桃枝蒲席皆素獨布巾」九字，謂桃枝席蒲席皆以素櫝盛之也。「桃枝」「蒲席」之間不當有「獨」字，蓋涉上文「桃枝素獨」而衍，下句「布巾」亦別是一物。《周官·冪人》疏：「布巾，畫布巾」，是也。「布」、「巾」之間亦不當有「獨」字。（朱從改）○潘振云：纁裏之桃枝席，以及獨簟、蒲簟，三席純，皆素布者，明抗席非上文車蔽也。○陳逢衡云：纏裹桃枝獨蒲席，見上。素布獨巾，蓋用以冪尊彝者。《禮器》「犧尊」疏：「布鼏，鼏即冪覆尊巾也。」○丁浮山云：按《急就篇》注云：「巾者，一幅之巾，所以裹頭也。」是巾不必皆有文者。《禮・內則》「左佩紛帨」注：「紛帨，拭物之佩巾。」《周禮・春官・司几筵》「紛純」注：「紛，如綬，有文而狹。」是有文惟紛帨，餘皆無文。素布獨巾，蓋巾之無文者，與素斧獨巾分兩類矣。若獨，特也，與上「韋獨」之獨異義，則兩「獨巾」並然。○唐大沛「纏裹」連上「玄茵」句，云：蓋玄茵用纏裹也。○朱右曾云：載于次車，故別出之。

玄象玄純

【彙校】孫詒讓云：「象」當爲「豙」，即「幏」之省。《方言》云：「幏，巾也。」朱以「象」爲繪象，失之。

【集注】潘振云：玄象，黑色之象笄，所以插巾者。玄純，巾上黑色之緣也。○陳逢衡云：「象」與「襐」通，《說文》：「飾也」，《玉篇》：「首飾也。」《漢書・外戚傳》「襐飾」顏注：「盛飾也。一曰首飾，在兩耳後，刻鏤爲之。」《詩・衛風》：「象服是宜」，傳云：「象服，尊者所以爲飾。」正義以爲象骨飾服。純，緣也。《雜記》「純以素」注：「在下曰純。」《士喪禮》「緇純」注：「飾衣曰純。」《爾雅》：「緣謂之純。」注：「衣緣飾也。」○朱右曾連上「布巾」句，云：巾有繪玄象者，有以玄繒緣邊者。○劉師培云：按此節之文已見前節，惟桃枝下脱素字，蒲下脱簟字，素斧作素布，餘則悉同，猶此上「器因」五字亦與本篇首語相複也。疑本篇分記王禮、侯禮，上節「素斧獨巾」，《雜志》謂當作「素獨斧巾」，此節「素布獨巾」，《雜志》謂當作「素獨布巾」。斧巾惟天子用之，布巾則否，則此篇分記王、侯明器，亦其徵矣。

逸周書彙校集注卷十

周書序

〔彙校〕按：此序程本、鍾本、王本在卷端。

〔集注〕潘振云：周，代名也。《白虎通》云：「王者受命，必立天下之美號。」周者，至也，密也，道德周密，無所不至也。書者，庶也，紀庶物也。聖賢立教，書而云法，因號曰「書」。序，次也。○陳逢衡云：此輯《周書》既成，因作序以係於末，蓋倣百篇《書》序爲之。觀於序《太子晉》曰：「侵我王略。」玩一「我」字，則作序者定爲周史，而非晉史氏矣。○唐大沛云：此序蓋戰國時人編書者所作，時代先後每有顛倒，序語亦不盡可憑信，且殘缺，間有誤字。○朱右曾云：孔子録《書》有百篇之序，繫《易》則有《序卦》。子夏傳《詩》，故有《詩序》。此書既爲孔子删削之餘，不應有序，疑周末史官依放百篇爲之。觀劉向、班固言「《周書》七十一篇」，通序爲數，知作序者在向、固之先矣。然序文與本書時有不相應處，豈本書有脱誤歟？抑序者之失歟？宋時此書有兩本，一本序在書末，一本散冠各篇之首，見陳振孫《書録解題》。

昔在文王、商紂並立，困于虐政，將弘道以弱無道，作《度訓》。

【集注】潘振云：並立者，文事君以敬，導君以仁，欲與之並立於天地間也。宏道，擴大其道。弼，輔也。無道，指紂也。○陳逢衡云：文王服事之忠，千古如見。《度訓》一作，蓋直欲格君心之非矣。上下有等則不踰分，不踰分則不爲亂。紂雖無道，可不至失天下。文之心如是而已。○朱右曾云：文王出爲西伯，入爲三公，陳善納誨，固其職分。然以紂之昏闇，猶惓惓乎欲牖其明，則忠之至也。三《訓》蓋皆爲三公時所作。

殷人作教，民不知極，將明道極以移其俗，作《命訓》。

【彙校】丁宗洛云：「教」字恐有誤。○劉師培云：將明道極以移其俗，「極」疑衍文。此與上文「將弘道」句同，「極」涉上語「民不知極」衍。

【集注】潘振云：教從德作，民知至善矣。其所令反其所好，故不知極也。○陳逢衡云：民習于惡，故不知極，極，中也。文王憂之，詔以惠迪從逆之義。○朱右曾云：殷人尚鬼，知禍福有命，而不知惠。逆之由人則民行惰，而勸懲之柄失矣，故訓以六方三術而導之中。

紂作淫亂，民散無性習常，文王惠和化服之，作《常訓》。

【彙校】習，程本、趙本、吴本、王本作「冒」；惠，程本、鍾本、吴本、王本作「意」。盧校亦作「習」、作「惠」，云：「民散無性習常」六字中疑尚脱二字。舊作「冒常」，訛。「惠和」舊作「意和」，訛。《左傳》云「紂作淫亂，文王惠和」，正與此文同，今改正。（丁、朱「冒常」未從改）○陳逢衡云：「民散無性習常」六字，當是「民無常性」四字。文王惠服句「化服之」上疑脱「民」字。○丁宗洛讀「民散」句，「冒（習）」從浮山改「背」。○孫詒讓云：當作「民散無紀」，與下《文酌篇》序正同。「無」下脱一「紀」字，「性冒常」上又脱一字。冒常，謂抵冒常法也。盧改「習常」，非是。○劉師培云：盧謂句有脱字，是也，改「冒」爲「習」，似非。考《人物志·八觀篇》云：「妒惑之色，冒昧無常。」疑此四字與彼同。

【集注】潘振云：酒色曰淫，暴虐曰亂。民散，謂情意乖離，不相維繫，無本然之性，習惡爲常。文王順理和情，以教化服其心也。○陳逢衡云：常，典常也。失其性，則爲迷民矣。文王懲紂之虐，民亦從之，故兢兢以四徵、六極、八政、九德爲訓。○唐大沛云：此三篇脈絡貫通，千古内聖外王之道備于此矣，蓋同時一手所作，疑即《顧命》所謂周之大訓是也。三篇原屬一篇，編書者分爲三，猶《盤庚》本一篇，後人妄分爲三也。此序似未達作訓之本旨，而以己意序之，不足信也。○朱右曾云：性，善常也。變于習而爲不善，非常也。紂帥天下以暴，而民從之，以不善爲常，故云無性冒常。

上失其道，民散無紀，西伯脩仁明恥示教，作《文酌》。

【彙校】脩，程本、鍾本、吴本、王本作「修」。

【集注】潘振云：無紀，無條理也。明恥者，明不仁之可恥。示教者，示之以仁道之教也。○陳逢衡云：民之無良，由無恥也。酌有斟酌之義。此篇文義甚晦，與西伯脩仁之説不甚符。○朱右曾云：此篇言斟酌爲政之事，無明恥示教之意。

上失其道，民失其業，□□凶年，作《糴匡》。

【彙校】闕處丁補「以救」，朱駿聲補「閔卹」。

【集注】潘振云：兩「失道」，前失教民之道，此失養民之道也。○陳逢衡云：紂不愛民，故民失業。不力田，思逢年，古無是理。備荒之策，唯聖人能勤本務，故豐不忘歉。○朱右曾云：匡，救也，告糴以救荒。然篇中有成年、年儉、年饑、大荒四節，非僅言荒政也。

文王立，西距昆夷，北備獫狁，謀武以昭威懷，作《武稱》。

【彙校】陳逢衡云：立，楊本作「五祀」。朱右曾云：《通鑑前篇》引此係之文王五祀。

【集注】潘振云：立，立於西伯之位也。距，拒同。安定山谷之間，昆夷舊壤。安定縣屬甘肅鞏昌府。獫狁，葷育也，漢曰匈奴。威，畏同。昭威懷者，昭明可畏之威、可懷之德也。○陳逢衡云：文王之時，西有昆夷，北有獫狁，東有商紂，故化行之始莫先於南。或疑此篇非王者之師，然用兵之道在乎應天順人，不係乎臨敵應變也。「美男破老，美女破舌」等語，非必用以誘人，抑且因以自戒。孔子曰：「好謀而成，謀可不用乎？」○唐大沛云：此篇非文王時書。○朱右曾云：昆夷，畎戎。獫狁，北狄。《詩·采薇·序》與此略同。稱，宜也。

武以禁暴，文以綏德，大聖允兼，作《允文》。

【集注】潘振云：綏德者，安有德之人也。大而化之之謂聖，故曰大聖。允兼者，信併有文德武勇也。○陳逢衡云：此篇尤用武之經，非特仁人之言，其言藹如也。○朱右曾云：言布文德于武事之中。

武有七德，文王作《大武》、《大明武》、《小明武》三篇。

〔**彙校**〕「文」字元刊本泐，盧改闕，云：所脱疑不止一字。俗本作「文王」，非。○丁宗洛云：「文王」下增「肇基」二字則文義通，亦與經旨合。○朱右曾云：《文選・魏公九錫文》注引《周書》太公曰：「同惡相助，同好相趨」，今此二句在《大武篇》，然則此序當云「太公謨乎文王」，盧説是也。

〔**集注**〕潘振云：七德者，禁暴、戢兵、保大、定功、安民、和衆、豐財也。

穆王遭大荒，謀救患分，□《大匡》。

〔**彙校**〕按：「分」下諸本有「災」字，闕處王本作「作」，盧並從。○盧文弨云：「穆王」當作「文王」。豈穆考亦可稱穆王與？○孫詒讓云：盧説不可據。本篇云：「惟周王宅程三年，遭天之大荒」，則疑「穆王」當作「在程」，「在」或省作「左」，與「王」形近而譌，傳寫又到箸「程」下，遂不可通。《詩・大雅・皇矣》正義云：「《周書》稱文王在程作《程寤》、《程典》」，即據叙文也。

〔**集注**〕潘振云：救民之患，分任其災也。

此有脱簡□□□□□□□□□□□□□□□□□□□□□作《九間》。

〔**彙校**〕九間，程本、鍾本、王本作「九開」，盧從。○盧文弨云：《詩正義》云：「《周書》稱文王在程作《程寤》、《程典》」，當在此。（朱據補）○陳逢衡云：此脱《程典》、《程寤》、《秦陰》、《九政》諸序。案《程典》篇云：「商王用宗讒，震怒無疆，諸侯不娛，逆諸文王，文王弗忍，乃作《程典》」，即以當《程典》篇序可。《程寤》、《秦陰》、《九政》、《九開》俱亡。《程寤》因拜吉夢而作。《秦陰》則《泰陰》也，蓋推歲穰歲惡之書。《九征》則司馬九伐是已。《九開》蓋以九類者，如九過、九禁、九教、九利之説。今其書不傳。○丁宗洛云：《九開》之上有《程典》、《程寤》、《秦陰》、《九政》四篇，而方圜祇二十八個，當是鈔書者誤去之耳。○唐大沛云：沛嘗疑《周書》古簡每簡蓋十四字，説見《周祝》及《文政篇》。今此序缺二十八字，當是脱兩簡，則每簡十四字之説此亦可證。○朱駿聲補「文王率六州事商，作《程典》、《程寤》。文王康民立政，作《秦陰》、《九政》。文王爲西伯」二十八字。

文王唯庶邦之多難，論典以匡謬，作《劉法》。

〔彙校〕朱右曾云：「唯」當作「惟」。

〔集注〕潘振云：唯、惟同，思也。多難，如密人侵阮之類。論治國典常之道，以匡正政事之差謬也。○陳逢衡云：劉法，以軍政治庶邦也。紂之時刑罰不中，庶邦化之，故文王論常典以匡正其謬誤。此篇亡。○朱右曾云：劉，陳也。

文王卿士諗發教禁戒，作《文開》。

〔彙校〕丁宗洛云：宜倒作「諗卿士」。

〔集注〕潘振云：卿士，六卿之外，更爲都官，以總六官之事也。諗，告也，告文王也。教，如司徒十二教之類。禁戒，如士師五禁五戒之類。禁者，止使勿爲，施於未然之前；戒者，勑其怠忽，儆於事爲之際也。○陳逢衡云：諗，念也，告也，謀也。文王詢于八虞，諮于二虢，度于閎夭，謀于南宫，諏于蔡原，訪于辛尹，是其卿士諗發之證。開，啓也。此篇亡。○朱右曾云：凡言「開」者，皆開導訓誨之意。

維美公命于文王，脩身觀天以謀商難，作《保開》。

〔彙校〕脩，趙本、鍾本、吳本、王本作「修」。下並同。○朱右曾云：美公未聞，疑「太公」之譌。○孫詒讓云：「美」疑當爲「姜」，姜公即太公也。《抱朴子・接疏篇》亦稱太公爲姜公。○于鬯云：「美」疑本作「姜」字，形相近而誤。《史記・齊世家》云：「太公姓姜氏。」然則姜公即太公也。或謂「美」字本「姜大」二字譌合，亦備一説。○陳漢章云：盧校、朱釋疑「美公」爲太公，孫氏遂改作「姜公」。今考《抱朴子・接疏篇》姜公、《備闕篇》姜牙、《守塉篇》姜望、《廣譬篇》姜老，未嘗以姜公爲太公之定稱，此序「美」字非「姜」之誤也。篇名「保開」，太公又未嘗爲大保。以文王之後官名名之，則「美」或「奭」之誤。《商誓篇》曰：「予保奭其介。」又《淮南・氾論》曰：「文王用召公奭而王。」蓋召公之稱奭公，猶周公之稱公旦矣。序云「文王卿士諗發教禁戒作《文開》」，「成王元年周公忌商之孽訓敬命作《成開》」，以例《保開》爲召公所作，是亦一證。

〔集注〕潘振云：美公，周公旦也。禀命于文王，脩身之德，觀天之時，謀禦商難也。○陳逢衡云：此當作於命爲方伯之時，故曰「維美公命于文王」。謀商難者，謀免商難也。《易》曰：「内文明而外柔順，以蒙大難，文王以之。」此脩身觀天之證。此篇亡。○丁宗洛云：「維美公命」句，猶言文王之命公者甚美也。

文王訓乎武王以繁害之戒，作《文繁》。

〔彙校〕文繁，諸本作「八繁」，盧從。

〔集注〕陳逢衡云：此戒奢之義。繁害者，繁則有害也。其目有八，故曰八繁。是篇亡。○朱右曾云：臨下以簡，君道也。簿書程石，則必有害矣。

文王在酆，命周公謀商難，作《酆保》。

【集注】陳逢衡云：是篇詞明義正，俱格言，其不可解者，則中有脱誤故也。紂自囚文之後，無日不以周爲念，文雖小心服事，而猶恐罹織于禍。○朱右曾云：篇中皆保國之謀，言謀商難，非也。

文啓謀乎後嗣以脩身敬戒，作《大開》、《小開》二篇。

【彙校】丁宗洛云：「文」下應有「王」字。

【集注】潘振云：啓，開導也。君德宜自重，故敬之；天命不可長，故戒之。○陳逢衡云：《大開》乃不全之文，疑與《九開》相表裏。《小開》後半有脱落。二篇皆懼禍之作。○孫詒讓云：敬戒，即本篇之八儆、五戒也，敬、儆字通。

文王有疾，告武王以民之多變，作《文儆》。

【集注】潘振云：多變，多機變也。○陳逢衡云：是篇首題文王，「告夢」二字，因太姒有吉夢，恐後嗣無德，無以召祥也。篇中「利維生痛」等語，民情如睹，而後儒乃謂稍知道者所不言，豈通論哉？○朱右曾云：儆，戒也。

文王告武王以序德之行，作《文傳》。

【彙校】傳，諸本或作「傅」，盧訂「傳」。○朱右曾云：「序」當爲「君」，古文形相近。○孫詒讓云：「序」當爲「厚」。本篇文王曰：「吾厚德而廣惠，忠信而志愛，人君之行。」此檃栝其語，故曰厚德之行。「厚」與「序」字形相近而譌，王、朱説並非是。○劉師培云：《斠補》云「序」當爲「厚」，其説是也。《史記·趙世家》：「而序往古之勳」，《正義》

云：「厚，重也。」是唐本「序」作「厚」，此「序」、「厚」互訛之例。

〔**集注**〕王念孫云：序德，順德也。《文傳篇》曰：「厚德而廣惠，忠信而志愛，人君之行」，即此所謂序德之行也。《爾雅》曰：「順，叙也。」（叙與序同）《周語》曰：「文章比象，周旋序順」，序亦順也。○潘振云：序德之行，次序君德之所行也。○陳逢衡云：文王自儉而富民，蓋欲以家法裕後也。無食則亡，《夏箴》之言至矣，故深以爲戒。○朱右曾云：以君德傳之子孫。○于鬯云：「序」蓋讀爲「予」。「序」諧「予」聲，故得假借。本篇云：「吾語汝我所保與我所守傳之子孫。吾厚德而廣惠，忠信而志愛，人君之行。」作序者即本此而言，故曰予德之行也。

文王既没，武王嗣位，告周公禁五戒，作《柔武》。

〔**彙校**〕戒，盧從趙改「戎」，各家從。

〔**集注**〕潘振云：禁五戎，禁止五事之可以生兵戎者。○陳逢衡云：篇中「以德爲本」數語，挈《柔武》之要。○朱右曾云：致戎在慾，距戎在德，操勝算于無形，故曰柔武。

武王忌商，周公勤天下於大、小《開武》二篇。

〔**彙校**〕「於」，盧訂「作」，各家從。○孫詒讓云：「周公」下當有脱文。「天下」當作「天命」。《大開武篇》云：「在周其維天命」，《小開武篇》云：「王召周公旦曰：余夙夜忌商，不知道極，敬聽以勤天命」，是其證也。又「大小開武」，當作「大小武開」，詳本篇。

〔**集注**〕潘振云：忌商者，以商之暴爲戒也。勤天下者，勤勞王事，佐王無失德也。○陳逢衡云：忌商，畏商之虐也。《大開武》言人事，《小開武》明天道。○朱右曾云：武王惡商之淫亂，周公勸之纘緒也。

武王評周公維道以爲寶，作《寶典》。

〔**彙校**〕盧文弨云：「評」疑「訊」字之誤。○王引之云：「評」字義不可通，「評」當爲「誶」。《爾雅》：「訊，告也。」《釋文》「訊」作「誶」，音粹。《寶典篇》武王告周公曰：「有義是謂生寶」，故言武王誶周公維道以爲寶也。隸書「卒」字或作「卆」，見漢北軍中侯《郭仲奇碑》，與「平」相似，故「誶」譌作「評」。○丁宗洛「評」改「誥」，云：盧校爲「訊」，然不如「誥」字妥。○劉師培云：《玉燭寶典序》云：「《周書》武王説周公推道德以爲《寶典》。」據彼所引，是隋本「評」字作「説」，「維」字作「推」，又「道」下有「德」字。

〔**集注**〕潘振云：評者，平也，所以平理也。○陳逢衡云：信、義、仁三者，國之寶也，故武周兢兢言之。典，常也，欲子孫世守之義。

商謀啓平周，周人將興師以承之，作《酆謀》。

〔**彙校**〕丁宗洛云：謀啓，似應作「啓謀」，猶言始謀也。○俞樾云：商謀啓平周，義不可曉，疑當作「商啓謀乎周」。《大開》、《小開》序曰：「文啓謀乎後嗣」，與此文法正同。啓猶發也。啓謀也者，猶《禮記·内則》所云出謀發慮也。文王之謀後嗣，與商之謀周，其爲謀也不同，然其啓謀則一也。「啓謀」二字誤倒，而「乎」字又誤「平」，乃失其義矣。○孫詒讓云：此篇名當作《酆諜》，今本「諜」並作「謀」，誤。首句「平」當作「乎」，商諜啓乎周，謂商之間諜以情告周也，詳本篇。

〔集注〕潘振云：承，止也。○陳逢衡云：閱此，知商周之勢不兩立久矣。周不伐商，商必滅周，武豈好爲牧野之陳乎？謀于酆，告文王也。○朱右曾云：承，應也。

武王將起師伐商，寤有商儆，作《寤儆》。

〔集注〕潘振云：寤有商儆，夢有商師來伐，儆懼於己也。○陳逢衡云：兵，危事也；紂，强敵也。恐懼之懷，至形夢寐。其所以必遲之十三年者，職是故哉。

周將伐商，順天革命，申喻武義以訓乎民，作《武順》、《武穆》二篇。

〔集注〕潘振云：申論，猶言申命，重複曉諭用武之事宜，以教民也。○陳逢衡云：《武順》一篇兵制，與《周禮》不同，蓋猶周家習用先代之成法也。《武穆》有脱誤，義亦不顯。○唐大沛云：二篇亦非武王將伐商時作。○朱右曾云：《武順》言軍制順乎三才，《武穆》言軍行之紀律。穆，敬也。

武王將行大事乎商郊，乃明德□衆，作《和寤》、《武寤》二篇。

〔彙校〕闕處王本作「於」，丁從周本亦補「於」，朱從。

〔集注〕潘振云：明德者，明示其德於衆臣也。○陳逢衡云：二篇足見武周堂堂正正之師。「神人允順，王克配天」，洵非虚語。○唐大沛云：二篇文筆不類，疑非同時所作。《和寤》殘缺不全，《武寤》似《周頌》逸詩，乃頌美之辭，當在克商以後所作，非將伐商時所作也。○朱右曾云：大事，弔伐之事。寤，覺也。以和民用武之義曉衆也。

武王率六州之兵車三百五十乘以滅殷，作《尅殷》。

【集注】陳逢衡云：此親見商周鼎革之事而作者，故所序歷歷。○唐大沛云：本篇明云周車三百五十乘，而序乃云率六州之兵車，誤矣。○朱右曾云：《牧誓》言從征者八國耳，此云六州，蓋廣言之。

武王作尅商，建三監以救其民，爲之訓範，此有脱簡□□□□□□□□作《大聚》。

【彙校】作尅商，盧改「既尅商」。○陳逢衡云：爲之訓範下當有「作《大匡》、《文政》二篇」七字。○丁宗洛於「訓範」下三方圍處補「作大匡」三字(朱從)，云：按此三語的是《大匡》之序，故補。又按此篇宜加「後」字，説見本篇。《大聚》上有《文政》一篇，闕處字數不敷。○朱右曾云：「救」當爲「牧」。○朱駿聲補「作大匡文政武王觀殷」九字。

【集注】潘振云：建，立也。三監，管叔鮮、蔡叔度、霍叔處也。立之以救殷民，恐武庚不靖以害民也。爲三叔訓告法範也。○陳逢衡云：《大聚》則惠農通商之義。○唐大沛云：《大聚》作於未克殷之前，序誤。○朱右曾云：範，法也。

此有脱簡□□□□□□□□□□□

【彙校】陳逢衡云：空方十一字乃序作《世俘》之義。案《世俘篇》云：「武王成辟，四方通殷命有國」，即序義。○丁宗洛於末三方圍處補「作《世俘》」。

武王既釋箕子囚，俾民辟寧之以王，作《箕子》。

〔**彙校**〕陳逢衡云：「俾民辟寧之以王」，有脱誤。○陳漢章云：「民辟」二字當作「辟民」。《爾雅·釋詁》：「辟，君也。俾，使也。」「王」字當作「土」。寧之以土，謂安之以邦土。此謂封箕子於朝鮮也。《尚書大傳》：「武王勝殷，釋箕子囚，箕子不忍周之釋，走之朝鮮。武王聞之，因以朝鮮封之。」即本此序俾辟民寧之以土也。《廣韻》十七登部「朋」字注：「五貝曰朋。」引《書》云：「武王悦箕子之對，賜十朋。」此書未明稱《周書》，惠棟以爲當在《箕子篇》。朱右曾以爲爲《克殷》文，皆臆測之説。

〔**集注**〕潘振云：俾，與也。民辟，猶民法，即《洪範》也。武訪彝倫，箕子與民王法，安之以王道也。○陳逢衡云：《箕子篇》亡，蓋就封朝鮮之文也。○丁宗洛云：寧之以王，似指封諸朝鮮，以示不敢臣意。但此篇已亡，無可稽考。

武王秉天下，論德施□，而□位以官，作《考德》。

〔**彙校**〕陳逢衡云：「施」下空方疑是「惠」字。「考德」誤，篇内作「耆德」。○丁宗洛「施」下亦補「惠」字，「而」下補「命」字。又云：「秉天下」三字恐有訛誤。○朱駿聲「施」下補「賞」字，「而」下補「定」字。

〔**集注**〕潘振云：秉，把持也。成人有德，故論之，指殷舊臣也。施，施禄也。位以官者，以官職位之也。○陳逢衡云：耆指商室舊臣言。位以官，迪簡之義也。此篇亡。○朱右曾云：此俱有脱文，不可强解。

武王命商王之諸侯綏定厥邦，申義告之，作《商誓》。

〔**彙校**〕丁宗洛云：「商王」疑是「商土」。

〔**集注**〕潘振云：凡有國有采地者，皆稱諸侯，以其有君道也。申義，申明先王之大義也。○陳逢衡云：商紂不能如商先誓王之顯我西土，而督憂天下，皆商諸侯所知也，故申告之。周時千七百七十三諸侯，而孟津來會者八百，其外九百餘國，皆商諸侯也。○朱右曾云：幾、耿、肅、執皆殷之世族，食采寰內者，故謂之諸侯。誓，讀曰「哲」。

武王平商，維定保天室，規擬伊洛，作《度邑》。

〔集注〕潘振云：天室，鎬京也。安定保護之，無遠離也。伊洛，河南也。規摹擬度之，將爲朝會之地也。○陳逢衡云：此篇史公採入《周紀》，蓋抄變其詞，非《周書》原文。○朱右曾云：篇内有定天保、依天室二義，此約略言之。

武王疾此有脱簡□□□□□□□□□□命周公輔小子，告以正要，作《五權》。

〔彙校〕程本、吴本、王本「疾」上有「有」字，少一「□」，盧從。○陳逢衡云：闕文序作《武儆》之義也，空方當是「命周公立小子誦作武儆」十字。○丁宗洛補「命詔周公立後嗣作武儆」十字。○朱駿聲補「詔周公屬小子作武儆後」十字。

〔集注〕潘振云：道本乎天，故正。治切乎民，故要。○陳逢衡云：《五權》俱經國之要，已開姬公《周禮》之先。○唐大沛云：正、政同。○朱右曾云：正要，行政之要。○孫詒讓云：正、政字通。本篇武王召周公旦曰：「先後小子勤在維政之失，政有三機五權」，即所謂告以政要也。

武王既没，成王元年，周公忌商之孽，訓敬命，作《成開》。

〔彙校〕唐大沛云：「訓」下當脱「王」字。

〔集注〕潘振云：孽，庶子，指紂子武庚而言。訓王敬天命也。○陳逢衡云：成，成王也。開，啓也。成開，猶文開、開武也，蓋公以師保之職告道成王者。○朱右曾云：商孽不靖，周公以敬命訓成王。

周公既誅三監，乃述武王之志，建都伊洛，作《作洛》。

【彙校】二「洛」字朱右曾均改「雒」。

【集注】陳逢衡云：武王度于前，周公營于後，聖人創建，非敢苟焉已也。○朱右曾云：殷東、徐、奄皆三監所監。以誅三監，包黜殷踐奄者。所謂虎兕出于柙，龜玉毀于櫝，典守者不得辭其過也。

周公會羣臣於閎門，以輔主之格言，作《皇門》。

【彙校】唐大沛云：「門」下當有「告」字。○朱右曾云：「以」下當有「求」字。

【集注】潘振云：格，法式也。○陳逢衡云：此訓大門宗子、勢臣咸獻言于王所以輔成王，毋爲媢夫食蓋也。○朱右曾云：格言，至言也。

周公陳武王之言以贊已言，戒乎成王，作《大戒》。

【集注】潘振云：陳，布也。贊，助也。○陳逢衡云：此訓王以體羣臣之事，而因以儆王也。

周公正三統之義，作《周月》；

【集注】潘振云：正，備也，定也。○陳逢衡云：以中氣定十二月，較唐堯以閏月定四時又加密矣。○朱右曾云：

統，本也。《書大傳》曰：「三統者，所以序生；三王者，所以統天下。是故三統、三正，若循連環。」又曰：「不以二三月爲正者，萬物不齊，莫適所統。」

辯二十四氣之應以明天時，作《時訓》。

〔彙校〕辯，丁、朱二家作「辨」。

〔集注〕陳逢衡云：此占驗休咎之始，後世農家月令之嚆矢也。○朱右曾云：天有四時，時有六氣，氣有三候。積微以成著。皇極不建，厥沴徵焉，王者之所以敬天勤民也。

周公制十二月賦政之法，作《月令》。

〔彙校〕陳逢衡云：此篇亡，盧本補以吕氏十二《紀》首，失之。○丁引浮山云：「政」疑「斂」訛。

〔集注〕潘振云：賦，取也。謂土地所生，以供天子也。政，政令也。○朱右曾云：蔡邕《明堂月令論》引《月令篇名》云：「因天時制人事，天子發號施令，祀神受職，每月異禮，故謂之《月令》，所以順陰陽奉四時，效氣物行王政也。成法具備，各從時月，藏之明堂，所以示承祖考神明，明不敢媟瀆之義，故以『明堂』冠『月令』以名其篇。」又曰：「《夏小正》，夏之月令也。殷人無文，及周而文義備。所説博衍深遠，宜周公之所著也。」邕論如此，惜今之不可見也。

周公肇制文王之謚義以垂于後，作《謚法》。

〔彙校〕謚，諸本或作「謚」。○盧文弨云：《前編》「肇」作「啓」，訛。○陳逢衡云：後代謚法原本於此，篇中前後訛錯，信如盧氏「兩排」之説。〇丁宗洛云：「文王」應作「文武」。

〔集注〕〇朱右曾云：謚法前古未有，故曰肇制。〇劉師培云：案朱釋云「謚法前古未有，故曰肇制」，其説非也。《禮記・郊特牲》云：「古者生無爵，死無謚。」鄭注云：「古謂殷以前也。大夫以上乃謂之爵，死有謚也。周制，爵及命士雖及之，猶不謚也。」《儀禮・士冠禮》注略同。《白虎通義・謚篇》亦引《郊特牲》文，申之云：「此言生有爵，死當有謚也。」據彼説，則有謚不始於周，故馬融注《尚書》，亦以「堯」、「舜」爲謚。此言周公肇制文王謚義者，謂公於改葬先王時，始確定文王之謚耳。蓋公因碻定文王之謚，詳述其義，並推及他謚，勒爲一書，故曰周公作《謚法》，非周公以前無謚也。乃《左傳》「孟子卒」孔疏引杜預《釋例》云：「謚者，興於周之始。」又《御覽》五百六十二引《禮記外傳》云：「古者生無爵死無謚，謚法，周公所爲也。堯、舜、禹、湯，皆後追議其功耳。」則誤解《郊特牲》之文，與鄭説弗合。朱氏之説，蓋本於兹。

周公將致政成王，朝諸侯於明堂，作《明堂》。

〔集注〕陳逢衡云：此即《小戴・明堂位》前半所採也。

成王既即政，因嘗麥以語羣臣而求助，作《嘗麥》。

〔彙校〕劉師培云：《玉海》六十七引作「因嘗麥語羣臣以求助」。

〔集注〕陳逢衡云：此因嘗麥之後，命大正正刑書，以爲國典，蓋有懲於商紂之虐，並武庚、三叔之畔也，故舉蚩尤、武觀爲戒。〇朱右曾云：書訓恤刑，《嘗麥》特其緣起爾，與《周頌》、《訪落》、《小毖》不同。

周公爲太師，告成王以五徵則，作《本典》。

〔**彙校**〕盧删「徵」字，云：「五則」疑當作「五明」。〇丁宗洛云：篇内言智、仁、義、德、武，即是五則，不必疑是「明」字。

〔**集注**〕潘振云：太師，三公之一。〇陳逢衡云：五則，智、仁、義、德、武也。〇朱右曾云：初，太公爲太師，周公爲太傅，召公爲太保。至此，周公代太公爲太師焉。

成王訪周公以民事，周公陳六以觀察之，作《官人》。

〔**彙校**〕「六」下鍾本有「徵」字；盧亦補「徵」，云：舊脱「徵」字於上「以五」之下，今移此。

〔**集注**〕潘振云：民事，民間興賢能之事。〇陳逢衡云：語曰：「人藏其心，不可測度也。」又曰：「人心之不同，如其面焉，非觀察，烏足以知之？」〇朱右曾云：惟民務官，故云民事。

周室既寧，八方會同，各以其職來獻，欲垂法厥後，作《王會》。

〔**彙校**〕盧文弨云：王伯厚本無「其」字，又「後」作「世」。（朱從）〇劉師培云：《玉海》一百五十二所引亦有「其」字。〇王念孫云：作「世」者古本，作「後」者，淺人不曉「世」字之義而改之也。今案《晉語》：「非德不及世」，韋注曰：「世，嗣也。」《秦策》：「澤可以遺世」，高注曰：「世，後世也。」是古謂後世爲世，故曰垂法厥世。《玉海》百五十二及補注本並作「世」，而不云一作「後」，則今本作「後」者必元以後人改之也。

〔**集注**〕潘振云：時見曰會，會無常期。王將征討不順服者，既朝，命爲壇於國外，合諸侯而發禁命事焉。殷見曰同，說見《職方》篇末。既朝，亦爲壇於國外，合諸侯而命其政。○朱右曾云：職，職貢也。世，嗣也。

周公云殁，王制將衰，穆王因祭祖不豫，詢其守位，作《祭公》。

〔彙校〕其，諸本作「某」；盧從，云：「某」當與「謀」同。（丁、朱從改「謀」）祭祖，陳改「祖祭公」。○朱右曾云：據《禮·緇衣篇》，當作《祭公顧命》。

〔集注〕陳逢衡云：篇中格言正論，不愧典型，當與《左傳》祈昭之諫並傳。

穆王思保位惟難，恐貽世羞，欲自警悟，作《史記》。

〔集注〕潘振云：警者，戒將來；悟者，悔已往。○陳逢衡云：此穆王晚年自悔之作，較之衛武公九十箴警於國，尤爲悚惕。○朱右曾云：鑒古事以自警覺也。

王化雖弛，天命方永，四夷八蠻，攸尊王政，作《職方》。

〔集注〕潘振云：弛，廢也。方永，方久而未已也。東西南北爲四夷。南方最遠，故特紀其所服之國數爾。攸，語助辭。○陳逢衡云：《職方氏》見《周禮·夏官》，蓋穆王抄録以備省方之典者。或曰：王化雖弛，指商紂也；天命方永，指周初得天下也；四夷八蠻攸尊王政，即所謂通道於九夷八蠻也。此篇當係於武王時，亦通。

芮伯稽古作訓，納王于善，暨執政小臣，咸省厥躬，作《芮良夫》。

〔彙校〕朱右曾云：小臣，疑「小子」之譌。

〔集注〕陳逢衡云：此老成金石之論，可與《桑柔》諸篇並垂不朽。

晉侯尚力，侵我王略，叔向聞儲幼而果賢，□復王位，作《太子晉》。

〔彙校〕闕文陳疑「思」字，丁亦補「思」，朱駿聲補「將」。王位，丁改「王田」。

〔集注〕潘振云：略，封略。儲，副也。《南齊書》太子曰東儲。位，地位。復王位，歸王地也。○陳逢衡云：叔向，晉之賢臣；師曠，周之罪人也。平公聽師曠之言，而不反侵地，宜其有疾如蟲哉！序言晉侯尚力侵我王略，周史蓋慨乎言之。○朱右曾云：略，經略土地之界也。太子謂之儲君，儲猶待也。

玉者德以飾躬，用爲所佩。

〔彙校〕玉，鍾本作「王」，盧從。○「佩」下盧增「作王佩」三字。

〔集注〕潘振云：德有文，故言飾。○陳逢衡云：此丹書十七章之遺。世無太公，其作於老子乎？○朱右曾云：佩，猶飾也。

夏多罪，湯將放之，徵前事以戒後王也，作《殷祝》。

〔彙校〕盧文弨云：趙云「將」字衍。

〔集注〕陳逢衡云：南巢之放，非湯意也。蓋桀奔南巢，而湯因安置之，故謂之放。觀於此篇所載湯讓桀事，則武王太白之懸，信不誣矣。不然，一讓一誅，事理懸絶，序《周書》者何不爲武王諱，而偏以令名誄成湯也？○朱右曾云：《儀禮》有商祝、周祝，謂習於商周之禮者，在《周禮》，則喪祝之職也。《序官》云：「喪祝上士二人，中士四人，下士八人。」此及下篇蓋商祝、周祝之所記，故以名篇。

民非后罔乂，后非民罔與爲邦，慎政在微，作《周祝》。

〔集注〕潘振云：微，指道，道心惟微也。《王佩》、《殷祝》、《周祝》，疑景王時作，説見《王佩解》題下。○陳逢衡云：亦典亦諧，亦古亦韻，微乎微乎，以水投水，妙文須以妙解解之，毋庸作《河漢》也。○朱右曾云：微，纖也，隱也。君子察未萌之萌，故競競業業，一日二日萬機。

武以靖亂，非直不尅，作《武紀》。

〔彙校〕丁宗洛云：「直」疑「悳」訛。

〔集注〕潘振云：武以安亂，非無私者不能。○陳逢衡云：二語直括千古用兵之要，甚矣！武不可無紀也。○朱右曾云：師直爲壯，然篇中言六時、五動、四順，非直也。唯文而和、武而義，庶乎近之。

積習生常，不可不慎，作《銓法》。

〔彙校〕丁宗洛云：「積習」二句非《銓法》之要旨，恐有誤。

〔集注〕潘振云：君臣之善惡，習慣成自然，故用人當慎始也。○陳逢衡云：官人之法，治世常嚴，亂世常疲，不慎故也。○朱右曾云：銓，衡也，所以稱物也。

車服制度，明不苟踰，作《器服》。

〔**彙校**〕盧文弨云：明，本一作「民」。

〔**集注**〕潘振云：制，貴賤之品制。度，多少之數度。踰，僭也。三篇疑敬王時作，説見《武紀解》題下。○陳逢衡云：此篇脱失多矣，然正其訛字，猶可解者六七。○朱右曾云：此序與書不相應。

周道於乎大備。

〔**彙校**〕「於」下盧從趙補「是」字，潘、丁、唐從。○王念孫云：此本作「周道於焉大備」，於焉即於是也。今本「焉」誤作「乎」，非脱去「是」字。《玉海》三十七、七十八引此並作「於焉」。（朱從改）

〔**集注**〕潘振云：總結之也。○陳逢衡云：於乎，嘆辭。此作序者於序畢之後，因以贊美《周書》也。

附録一

佚文

説明

《逸周書》佚文，前人盧文弨、陳逢衡、丁宗洛、朱右曾、陳漢章諸家或附篇内，或作專篇，均有輯録。今綜各家所輯，去其重輯、誤輯，並覈檢原書，重作輯録。偶有各家未輯及者，亦補輯之。

是輯佚文，凡各書所引相近似者，以其最完備者爲主條，餘以校語形式明其異同，附於主條之下。有所引屬主條之一句或部分者，亦附該主條之下，不另列條。

有引文相同而稱題互異者，均兼明之，以資考信。

各條之左，均注明原輯者；各家有考、釋者亦附列之。

是輯於諸書引作《周書》而實非其文者，一般不録，部分明知其非而前人數家同輯或有考説者，則兼録之，不另附按，讀者自察。

神農之時天雨粟，神農耕而種之。作陶冶斤斧，破木爲耜，鉏耨以墾草莽，然後五穀興，以助菓蓏之實。《藝文類聚》八十五、《御覽》八四〇、《通鑑外紀》引《周書》又《初學記》九、《後漢書·馮衍傳》

李注、《御覽》一、七十八、三三八、三六六、八七三及希麟《續一切經音義》八亦引此條，互有詳略，不具列。又《續音義》五引《周書》曰：「神農治斤斧」，《御覽》八三三引《周書》曰：「神農耕而作陶」，《玉海》一二五及《廣韻》並引《周書》曰：「神農作瓦器」，《齊民要術》一引《周書》曰：「然後五穀與助，百果藏實。」又《續音義》九引此條前二句，題《周易》；《御覽》七六三引作《周禮》。

按：此條陳逢衡、朱右曾、陳漢章三家並輯。

朱右曾云：此及下(文王曰)三條蓋皆《考德》篇逸文。《廣韻》引《周書》「神農作瓦器」，蓋以訓詁易之。

黄帝始穿井。慧琳《一切經音義》九二、《御覽》一八九引《周書》　又《初學記》七、《經典釋文》一引此條無「始」字，《釋文》九十二引「始」上有「卜」字。

按：此條陳逢衡、朱右曾、陳漢章三家並輯，唯《一切經音義》未及。

黄帝始烝穀爲飯。《初學記》二十六引《周書》　又《北堂書鈔》一四四引「烝」作「蒸」，上有「立食」二字。又《御覽》八五〇引此作《周禮》。

按：此條二陳、朱右曾並輯。

黄帝始亨穀爲粥。《初學記》二十六、《御覽》八五九引《周書》　又《路史・餘論》引此條，「粥」作「糜」。

按：此條二陳及朱右曾並輯。

朱右曾云：《説文・米部》：「糜，糁糜也。黄帝初教作糜。」説俱本此。

黄帝始燔肉爲炙。《孟子疏・告子上》引《周書》

按：此條朱右曾、陳漢章二家並輯。

黄帝始鐕竈。《北堂書鈔》引《周書》

按：此條朱右曾輯。

又按：以上五條朱右曾合爲一條，輯作「黄帝作井，始鐕竈，亨穀爲粥，蒸穀爲飯，燔肉爲炙」。

黄帝始炊穀爲餅。《原本玉篇・食部》引《周書》

按：此條陳漢章輯。

黄帝始作宫室。《廣韻・質》引《周書》

按：此條陳漢章輯。

文王去商在程。正月既生魄，太姒夢見商之庭産棘，小子發取周庭之梓樹乎闕間，梓化爲松柏棫柞，寤驚，以告文王。王及太子發並拜吉夢，受商之大命于皇天上帝。《御覽》三九七引《周書》　又《御覽》五三三引此「太姒夢」以上作「文王在翟」，「樹乎」作「樹於」，無「寤」字，「王及太子發」作「文曰召發于明堂」，至「大命」，題《周書・程寤》。又《類聚》七九引《周書》此條「太姒夢」以下，「小子」作「太子」，「寤驚」作「寐覺」，「王及太子發」作「文王乃召太子發占之于明堂」。《類聚》八九引同《御覽》五三三，唯「産」作「生」，「受商大命」下有「秋朝士」三字。又李善《文選注》五六引此條，「太姒夢」以上作「文王至此商」，至于「松柏」。又《御覽》九五三引《周書》曰：「太姒夢周梓化爲松」；九五九引《周書》曰：「太姒夢見商之庭産棘」；九五八引《周書》曰：「太子夢太子發取周庭之梓樹於商闕間，化爲松杞」，又引《周書》曰：「太姒夢梓化爲杞。」陳逢衡云：《御覽》於「柏」類不引《周書》，而於「杞」類並云「化爲杞」，當屬誤引。

按：此條盧文弨綜合《御覽》三九七、五三三及《類聚》所引爲七十五字（詳篇内），列在篇内，潘、丁從，丁於《訂逸句》又分輯數條。陳逢衡各書分輯，朱右曾、陳漢章輯從盧氏。

丁宗洛云：《程寤》闕文《太平御覽》三九七已引之矣，而此卷（按：指《御覽》五三三）明言「《程寤》曰」，則尤爲確據。又云：《博物志補》：「太姒夢見商之庭産棘，乃小子發取周庭梓樹之于闕間，化爲松柏棫柞，驚以告王，文王曰：慎勿言」，應《程寤解》文。

朱右曾云：此《程寤》篇逸文也。去商，謂釋羑里之囚。《御覽》八十四卷引《帝王世紀》謂在文王十年，疑非也。《世紀》又云：「文王不敢占，召太子發，命祝以幣，告于宗廟羣神，然後占之于明堂。」

文王曰：「周視民如愛子也。」李善《文選注》五一引《周書》

按：此條丁宗洛輯爲《劉法解》逸文，朱右曾從。又此條上丁引《文選注》五一所引「文王曰：法寬刑緩，囹圄空虛」，朱亦列爲逸文，云：「此及下二節疑《劉法》篇逸文也。」按今本《文選注》作「文子曰」，丁、朱蓋誤。

文王獨坐，屏去左右，深念遠慮，召太公望曰：「帝王猛暴無文，强粱好武，侵淩諸侯，苦勞天下，百姓之怨心生矣。其災予奚行而得免於無道乎？」太公曰：「因其所爲且興其化，上知天道，中知人事，下知地理，乃可以有國焉。」《御覽》八四引《周書》

按：此條丁、朱、二陳並輯。

丁宗洛云：「帝王」疑「商王」訛。

陳逢衡云：《雒書靈准聽》亦有此文，「帝王」作「商王」，「且興」作「但與」。

朱右曾云：此及下數條疑皆《保開》篇逸文也。「帝」當爲「商」，古文形相似。强粱，多力也。《史記》云：「紂材力過人，手格猛獸。」《世紀》云：「紂倒曳九牛，撫粱易柱。」因其所爲以興化者，言民窮困易于見德也。

陳漢章以此條與下「文王昌曰」條連屬，云：案此文與《六韜》之《武韜·發啓》篇相似，《太平御覽》八十四引作《周書》。嚴氏可均輯入《太公陰符》，謂《戰國策》、《太公陰符》之謀，《史記》作《周書陰符》，云《周書》者，周時史官稱述，猶《六韜》稱周。史諸引《周書陰符》或但稱《周書》，驗知非《逸周書》也。據此，可知此文或非《周書》百篇之餘，朱本疑爲《保開》篇之佚文，非。

恃德者昌，恃力者亡。《史記·商君列傳》引《書》 《索隱》云：「此是《周書》之言，孔之所删之餘。」

按：此條丁、朱、二陳並輯。

天予不取，反受其咎。《漢書·蕭何傳》引《周書》　師古曰：「《周書》者，本與《尚書》相類，蓋孔子所删百篇之外，劉向奏有七十一篇。」又《史記·張耳陳餘傳》：客有説張耳曰：「臣聞天予不取，反受其咎。」《索隱》曰：「此辭出《國語》。」按《國語·越語》范蠡曰：「臣聞之：得時毋怠，時不再來；天予不取，反爲之災。」

按：此條朱及二陳並輯。

因五行相尅而作五刑，墨、劓、刵、宫、大辟是也。火能變金色，故墨以變其肉；金能尅木，故刵以去其骨節；木能尅土，故劓以去其鼻；土能塞水，故宫以斷其淫佚；水能滅火，故大辟以絶其生命。《五行大義》引《周書》　又《書鈔》、《後漢書注》引此作《白虎通》，《御覽》引此作《禮統》。

按：此條陳逢衡、朱右曾並輯，朱疑《保開解》文。

太公曰：「知與衆同者，非人師也。大知似狂。不癡不狂，其名不彰；不狂不癡，不能成事。」《御覽》七三九引《周書》　又《御覽》四九〇引《周書》曰：太公望忽然曰：「不癡不狂，其名不彰，不狂不癡，其事不成。」

按：此條朱右曾輯，疑爲《保開解》文。

文王昌曰：「吾聞之：無變古，無易常，無陰謀，無擅制，無更創。爲此則不祥。」太公曰：「夫天下，非常一人之天下也；天下之國，非一人之國也。莫常有之，唯有道者取之。古之王者，未使民民化，未賞民民勸，不知怒，不知喜，愉愉然其如赤子。此古善爲政也。」《御覽》八四引《周書》

按：此條丁、朱、二陳並輯，丁屬之《九政》篇。

武王悦箕子之對，賜貝十朋。《廣韻·登》引《周書》

按：此條朱右曾、陳漢章並輯。朱右曾云：惠棟曰：「此語别無所見，當在《箕子》篇。」愚案：《藝文類聚》引《帝王世紀》曰：「武王克商，命召公釋箕子之囚，賜貝十朋，令原公釋百姓之囚。」然則或是《克殷》篇軼文也。又案《竹書紀年統箋》云：「王曰：咨爾商王父，惟辛不悛，天用假手于朕，去故就新。辛錫朕以國，闡洪範九疇，俟錫以道。朕殫厥邦，土靡所私，乃朝鮮于周氐于遐逖，其以屬父師」云云，未知所出。

少昊曰清。清者，黄帝之子青陽也。《漢書·律曆志》引《考德》，師古曰：「《考德》者，考五帝德之書也。」

按：此條朱右曾輯。

三王之統若循環，周則復始，窮則反本。《御覽》七六引《周書》

按：此條朱右曾輯。

陳漢章云：案劉君曰：「《選》注所引，《西征賦》注、《遊仙詩》注兩標《大傳》，朱本定爲佚文，亦屬未諦。」今考《公羊傳疏·隱元年》引《書傳略説》，明云「三統三正，若循連環，周則又始，窮則反本」。《御覽》二六、二九亦引作《書傳》。《文選·臨終詩》、《廣絶交論》二注與《西征賦》、《遊仙詩》注同。

三日曰朏。《尚書·召誥正義》、《困學紀聞》引《周書·月令》　又《漢書·律曆志》引此題《古文月采》，師古曰：「《月采》，説月之光采，其書則亡。」

按：此條丁、朱、二陳並輯。

丁宗洛云：朱子疑《月采》爲《月令》之誤，是則《月令》原書自有本文。

陳逢衡云：月之光采，有何可説？顔蓋以意測《月采》之義，而非得之目驗也。月采，當即《魯語》大采朝日少采夕月之義。《書·召誥》正義引《周書·月令》「三日曰朏」，則又誤以《月采》爲《月令》矣。案今本《月令》篇全亡，止《御覽》所引改火數語耳。

陳漢章云：以《書正義》考之，「采」字疑當作「令」。

更火，春取榆柳之火，夏取棗杏之火，季夏取桑柘之火，秋取柞楢之火，冬取槐檀之火。《論語集解》馬融注引《周書・月令》　又《御覽》九五八引《周書》曰：「季夏取桑柘之火。」

按：此條丁、朱、二陳並輯。

朱右曾云：邢昺曰：「《周書》，孔子所删《尚書》百篇之餘也。晉咸康中，得之汲冢，有《月令》篇，其辭今亡。《周禮・司爟》四時變國火，鄭司農説以《鄹子》云云，其文與此正同。釋者曰榆柳青，故春用之；棗杏赤，故夏用之；桑柘黄，故季夏用之；柞楢白，故秋用之；槐檀黑，故冬用之。」愚謂《周書》自漢以來著録，特藏在中秘，諸儒有見有不見，故司農但據《鄹子》。如謂得自汲冢，馬氏安得徵引之哉？考《崇文總目》有《周書月令》一卷，則昺時其書尚存，乃云亡逸，陋矣。賈公彦云《鄹子》書出于《周書》，其義是一。

陳漢章云：馬、鄭並稱《周書・月令》，其非即吕紀《月令》，斯可決矣。《書疏》引《周書・月令》，《漢志》目以古文，則《古文周書》之爲《周書》亦可決矣。

凡禾，麥居東方，黍居南方，稻居中央，粟居西方，菽居北方。《初學記》二七、《御覽》八三七引《周書》

按：此條二陳及朱右曾並輯。

朱右曾云：此以五穀配五方。禾者，穀之總名。粟，即稷也。

夏食鬱。《御覽》九七三引《周書》　又九六七引《周禮》曰：「夏食鬱律、桃、李、杏、梅。」

秋食樝、梨、橘、柚。《初學記》二八引《周書》《御覽》九七三引《周書》曰：「秋食橘柚。」

冬食菱藕。《御覽》九七五引《周書》

按：上三條朱右曾、陳逢衡並輯，朱合一條，作「夏食鬱律桃李杏梅，秋食樝梨橘柚，冬食菱藕」，云：鬱律，郁李也。一名鬱，又名棣。《花木志》曰：「鬱樹高五六尺，其實大如李，赤色，食之甘。」《廣雅》曰：「一名雀某，又名爵李。」《詩·豳風》曰：「六月食鬱。」

明堂方一百一十二尺，室中方六十尺，牖高三尺，門方十六尺。東方曰青陽，南方曰明堂，西方曰總章，北方曰玄堂，中央曰太廟。左爲左个，右爲右个。《類聚》三八、引《周書》《初學記》十三引「太廟」下有「亦曰太室」四字。《隋書·宇文愷傳》引《周書·明堂》曰：「堂方百一十二尺，高四尺，階博六尺三寸。室居內，方百尺，室內方六十尺。户高八尺，博四尺。」《御覽》五三三引同《隋書》，下有「東應門，南庫門，西臯門，北雉門」，再下同《類聚》。又《隋書·牛弘傳》引《周書·月令》曰：「明堂方一百四十四尺，屋圓楣，徑二百一十六尺。太室方六丈，通天屋，徑九丈，八闥二十八柱。堂高三丈，四向五色。」

按：此條盧據《御覽》輯補於篇內「致政於成王」下，「个」作「介」。朱右曾綜《類聚》、《初學記》、《御覽》爲一條，「一百一十二尺」依《月令論》訂「一百四十四尺」，「高四尺」依孫星衍訂「三尺」，「个」亦作「介」。

盧文弨云：徐鉉謂「个」不見義，無以下筆，《明堂》左右个當作「介」，蓋本此。

朱右曾云：明堂之説，頗爲諸儒所亂。今據本書，參以《考工記》、《大戴·盛德篇》先言其制，而後詳釋之焉。

其堂中爲太室，太室之南曰明堂，太廟東曰青陽，太廟西曰總章，太廟北曰玄堂，太廟居於四正。太室之四隅各有一室，並太室爲五室。每室一面中户旁兩牖，凡四户八牖。五室則二十户四十牖。東南室之南曰明堂左介，其東曰青陽右介。東北室之東曰青陽左介，其北曰玄堂右介。西北室之北曰玄堂左介，其西曰總章右介。西南室之西曰總章左介，其南爲明堂右介。介亦曰个，在堂之兩旁，隔之以序，若《儀禮》廟寢之有東堂西堂也。隅室直个之後，若東西堂後之有夾室也。太室之上爲重屋，其制圓，漢人謂之通天屋。其制蓋始于殷，故曰殷人重屋。重屋之下，爲四注屋，其制方，當坫之上，則屋翼反向外，故曰乃位五宫，咸有四阿反坫。堂廉深廣皆百四十四尺。蔡邕云：「坤之策也，其制蓋因于夏。」《考工記》云：「夏后氏世室，堂修二七，廣四修一。」二七爲十四丈，益廣四尺，而修亦如之，故漢司徒馬宫《明堂議》曰：「夏后氏益其堂之廣百四十四尺」，是也。高三尺謂堂之基，因于殷之堂崇三尺也。其檐榮之高，十其階之高，《大戴禮》云「堂高三丈」是也。南面三階，東西北各二階，凡九階。階廣六尺三寸，十其堂之一也。室居中，方百尺者，統五室言之。室中方六十尺者，以太室言之。《五經異誼》及《北史·李謐傳》、《隋書·宇文愷傳》並引《大戴·明堂説》云：「東西九仞，南北七筵。」七尺曰仞，九尺爲筵。九仞七筵，變文言之，實皆六十三尺。《考工記》云：「凡室二筵，謂四隅之室也。」以六十三尺之太室加兩夾室各二筵，則五室之方居堂内九十九尺。今云室居中方百尺，室中方六十尺，雖微有參差，大致同也。依此論，則太室方六丈餘，室各方二丈耳。諸儒之説或以爲九室，顯乖《匠人》之文「屋圓楣，徑二百一十六尺」，又違四阿之制。堂高三丈，而通天屋高八十一尺，計高出于堂幾及兩倍，非其制也。外有二十八柱列于四方，如使有疎有密，不足以壯觀瞻。如匀布之，則中階之前遮植一柱，又何義也？《宇文愷傳》引《黄圖》言前漢明堂之制，又引《禮圖》言後漢明堂之制，皆九室十二堂，但前漢室有四户八牖，後漢則每室二户爲異耳。蔡邕《明堂月令論》雖云依《周書》立説，其實半雜前漢之制。《大戴禮》亦然，學者宜分別觀之。至《考工記》言東西九筵南北七筵，孔廣森曰："九筵似記者之誤。"愚謂《記》又云堂崇一筵，亦誤也。

西域獻火浣布，昆吾氏獻切玉刀。火浣布汙則燒之則潔，刀切玉如泥。《博物志》二引《周書》

按：此條盧、朱、二陳並輯，後二句盧、朱、陳漢章皆以爲《志》文。盧云：當在《王會篇》。

陳逢衡云：《丹鉛總録》卷十一引《逸周書》曰："火澣之布入火不滅，布則火色，垢則布色，出火而振之，皎然疑乎雪。"又《管城碩記》卷十八引《逸周書》曰："火浣布必投諸火，出火振之，皜然疑乎雪焉。"案《博物志》所引《周書》甚多，是必親見當日《周書》原本。若楊氏、徐氏所引，則與《列子·湯問篇》相近。

陳漢章云：盧本以爲《王會篇》佚文，朱本從之。今考《列子·湯問篇》："周穆王大征西戎，西戎獻錕鋙之劍、火浣之布。"張湛注云："此《周書》所云。"又《孔叢子·陳士義篇》與《列子》同。子順又曰："《周書》火浣布垢必投諸火，布則火色，垢乃灰色。幽火振之，皜然疑乎雪焉。"二書並據《周書》，在穆王西征時。劉君又引江淹《集銅劍讚序》云："《周書》稱穆王時征犬戎，得昆吾之劍，火浣布長尺有咫。又有鍊銅赤刀，割玉如泥也。"則此爲穆王時物，與《王會》靡涉。

年不登甲則纓縢，宫室不容。《初學記》二二、《御覽》三五五引《周書》《初學記》又引注曰："繩甲不以組。"

按：此條二陳、朱右曾並輯，朱本"則"作"不"。

陳逢衡云：惠定宇《左傳補注》三引作「甲不纓縢」。衡案：《禮・少儀》：「國家靡敝，則車不雕幾，甲不組縢。」鄭注：「組縢，以組飾之，及紟帶也。」惠引作「甲不」，似可據。

朱右曾云：此前《大匡》篇逸文也。容，飾也。謂黝堊也。

年飢，上用輿曲鞥不漆，矛戟縷纏，羽旄不擇鳥。《御覽》三五二引《周書》

按：此條朱右曾、陳漢章並輯。

將欲敗之，必姑輔之；將欲取之，必姑與之。《戰國策・魏策》任章引《周書》

按：此條朱右曾、陳漢章並輯。

陳漢章云：「《困學紀聞》謂此蘇秦所讀《周書・陰符》者，老氏之言出於此。」今考《老子》三十六章：「將欲奪之，必固與之。」《韓非子・喻老》引《老子》「奪」字正作「取」，而《說林・上篇》引《周書》與《國策》同。

欲起無先。《史記・楚世家》引《周書》

按：此條二陳、朱右曾並輯。

朱右曾云：此即不爲物先之意。

成功之下，不可久處。《史記・蔡澤傳》引《周書》

按：此條二陳、朱右曾並輯。

必參而伍之。《史記·蒙恬傳》引《周書》《索隱》曰：「參謂三卿，伍即五大夫，欲參伍更議。」

按：此條二陳、丁、朱並輯。

朱右曾云：愚謂兼聽參觀之意。

農不出則乏其食，工不出則乏其事，商不出則三寶絶，虞不出則財匱少，財匱少而山澤不辟矣。《史記·貨殖傳》引《周書》

按：此條二陳、丁、朱並輯。

丁宗洛云：按卷二《程典》云：「工攻其材，商通其財，百物鳥獸魚鼈，無不順時。」卷四《大聚》云：「山林藪澤以因其利，工匠役工以攻其材，商賈趣市以合其用。」語意皆與《文傳》略同，《史記》蓋取其意而節引之，而反言之，故似不同，然子書中實多此類。

朱右曾云：江聲曰：「三寶，金也、木也、玉石也。絶，謂不流通也。」

陳漢章云：案《鹽鐵論·本議篇》大夫曰：「工不出則農用乖，商不出則寶貨絶。農用乏則穀不殖，寶貨絶則財用匱。」語意亦本《周書》。

先其算命。《漢書·律曆志》引《書》師古曰：「逸《書》也。言王者統業，先立算數以命百事也。」

按：此條二陳、朱右曾並輯。

知天文者冠鷸冠。《漢書・五行志中之上》師古注引《逸周書》　師古曰：「蓋以鷸鳥知天時也。」

按：此條二陳、朱右曾並輯。

陳逢衡云：《格致鏡原・鳥部》引作《逸周書》，《爾雅正義》卷十八引同，蓋俱誤以《禮記》爲《逸周書》也。案《説文・鳥部》：「鷸，知天將雨鳥也。从鳥，矞聲。《禮記》：知天文者冠鷸。」錢坫《説文解字斠詮》曰：「應是《逸周書》。」其説亦誤。邵晉涵《爾雅正義》曰：「今《禮記》無此文。段玉裁曰：『引《禮記》者，《漢志》百三十一篇中語也。』《獨斷》曰：『建華冠形制似縷。』《鹿記》曰：『知天文者服之。』鄭子臧聚鷸冠前圜，此則是也。司馬彪《輿服志》引《記》曰：『知天者冠述，知地者履絇。』《莊子》鷸一作『述』。『述』者『⿺辶鳥』之省。《毛傳》：『遹，述也，古音同也。』《説苑》：『知天道者冠鉥，知地道者履蹻。』則又假鉥蹻爲⿺辶鳥絇字。」衡案：顔師古《匡謬正俗》引「知天文者冠鷸」爲《逸禮記》。

朱右曾云：述、鉥皆⿺辶鳥之假借，⿺辶鳥即鷸也。或云《記》或云《禮記》，總之出于《周書》耳。師古曰：「鷸，大鳥，即《戰國策》所云啄蚌者也。」《匡謬正俗》云：「天將雨，鷸則鳴。古人以其知天時，乃爲冠，象此鳥之形，使掌天文者冠之。」然則鷸冠象鷸之形，非聚其羽以飾冠，與《左傳》子臧好聚鷸冠異。

以左道事君者誅。《漢書・王商傳》引《周書》

按：此條二陳、丁、朱並輯。

丁宗洛云：浮山嘗言此語當是《史記解》「昔者玄都」一段之上脱文，蓋領綱之語，與上下段一律。洛謂左道事君，與龜策神巫等句尚可比附，而誅與玄都却不相應。

朱右曾云：康成《王制注》云：「左道，若巫蠱及俗禁。」《正義》云：「俗禁，若漢張竦行辟反支。」《後漢書·郭躬傳》：「有陳伯子者，出辟往亡，入辟歸忌」，是也。

記人之功，忘人之過，宜爲君者也。《漢書·陳湯傳》谷永引《周書》　師古曰：《尚書》之外逸《書》也。

按：此條二陳、丁、朱並輯。

陳逢衡云：《王嘉傳》云：「記善忘過。」又曰：「記人之功，忽於小過。」皆本此。

陳漢章云：《後漢書·馬援傳》朱勃上書亦曰：「臣聞王德聖政，不忘人之功。」章懷注引《周書》，或即本《陳湯傳》。賈子《新書·大政篇》云：「識人之功而忘人之善者，宜爲貴。」亦本《周書》。

國無三年之食者，國非其國也；　家無三年之食者，子非其子也。《墨子·七患篇》引《周書》

按：此條朱右曾、陳漢章並輯。

朱右曾云：此與《文傳》篇語意相似而文不同，故並録之。

陳漢章云：畢氏沅校《墨子》，以爲《周書》所引《夏箴》文，孫氏《閒詁》此文與《周書·文傳篇》少異。《穀梁·莊廿八年傳》曰：「國無三年之畜，國非其國也。」疑《夏箴》之文本如是。

往者不可及，來者不可待。賢明其世，謂之天子。《吕氏春秋·聽言》引《周書》

按：此條二陳、丁、朱並輯，丁屬《九政解》。

陳逢衡云：此頗似《太子晉解》中語。又《漢書》鼂錯引《傳》曰：「往者不可及，來者猶可待，能明其世者，謂之天子。」與此小異，其引作「傳曰」者，「傳曰」猶「語曰」，古人引書之通稱也。

陳漢章云：「世」即《小開篇》「何畏非世」。

若臨深淵，若履薄冰。《吕氏春秋·慎大》引《周書》　高誘注曰：「《周書》，周文公所作。」

按：此條二陳、丁、朱並輯，丁屬《保開解》。

陳逢衡云：此二句即尹佚對成王語，見《淮南·道應訓》。

陳漢章云：此文亦見《文子·上仁篇》、《説苑·政理篇》，若《詩·小雅》，又爲周大夫刺幽王作。

民善之則畜也，不善則讎也。《吕氏春秋·適威》引《周書》　高誘注：「《周書》，周公所作。畜，好也。」

按：此條二陳、丁、朱並輯，丁屬《芮良夫解》。

陳逢衡云：《周書》乃周一代之書，誘以爲周公所作，誤矣。《淮南·道應訓》成王問政於尹佚曰：「吾何德之行而民親其上？」對曰：「使之時而敬順之。」王曰：「其度安在？」曰：「如臨深淵，如履薄冰。」王曰：「懼哉，王人乎！」尹佚曰：「天地之間，四海之内，善之則吾畜也，不善則吾讎也。昔夏商之臣反讎桀紂而臣湯武，夙沙之民皆自攻其君而歸神農，此世之所明知也。如之何其無懼也？」案「善之」二句，與吕氏所引《周書》同，則《道應》所述當是《周書》全文。

朱右曾云：此二語與《芮良夫》「德則民戴，否則民讐」相似，而高氏指爲周公之言，其必確有所據者矣。

天子見怪則修德，諸侯見怪則修政，卿大夫見怪則修職，士、庶人見怪則修身。《後漢書·楊賜傳》引《周書》

按：此條二陳、朱右曾並輯。

陳逢衡云：《楊賜傳》前引「天齊乎人假我一日」，以爲《尚書》，此引作《周書》，所以別乎《尚書》也。又賈子《春秋連語》「天子夢惡則修道，諸侯夢惡則修政」四語與此彷彿。

陳漢章云：《羣書治要》載桓譚《新論》引《周書》與楊賜同，下多「神不能傷道，妖亦不能害德」二句。

揜雉不得，更順其風。《淮南·覽冥訓》引《周書》　高誘曰：「言揜雉雖不得，當更從其上風，順其道理也。」

按：此條二陳、朱右曾並輯。

上言者下用也，下言者上用也。上言者常也，下言者權也。《淮南·氾論訓》引《周書》　高誘曰：「用可否相濟也。」

按：此條二陳、朱右曾並輯。

陳逢衡云：上言、下言，以次第說；上用、下用，指人說。下謂百姓，上謂君子。上言者常，天經地誼，萬古爲昭，故爲上言。下言者權，反經合道，一時之用，故爲下言。又《韓非·說林》引《周書》「下言而上用者惑也」，似當在此四語下。

朱右曾云：用，資也，資以施行也。

陳漢章云：高注：「周史之書。」今考《文子·道德篇》同。

下言而上用者惑也。《韓非子·説林》引《周書》

按：此條二陳、朱右曾並輯，陳逢衡説見上條注。

朱右曾云：「者」字下疑脱一「不」字。

陳漢章云：孫氏《札迻》云：蓋《逸周書》之文。古字「惑」與「或」通，亦是不常用之言，與《淮南子》言「權」同。

既彫既琢，還歸其樸。《韓非子·外儲説左上》引《書》

按：此條二陳、朱右曾並輯。

紳之束之。《韓非子·外儲説左上》引《書》

按：此條二陳、朱右曾並輯。

朱右曾云：「紳」通作「申」。《玉藻》「紳長制」，《釋文》本作「申」，是古通假也。申，重也，言申命以約束之。或讀如字，亦通。

前車覆，後車戒。《説苑·善説篇》

按：此條二陳、朱右曾並輯。

陳逢衡云：此二語始於《晏子春秋》引諺，見《文選·潘岳西征賦》注，又見《六代論》注。《大戴禮》及《漢書·賈誼傳》均有此二語。

朱右曾云：《大戴·保傅篇》引此以爲鄙語。

陳漢章云：《晏子春秋·雜篇》已引爲諺，賈子《新書·連語》則引爲周諺。又《韓詩外傳》引鄙語又曰：「前車覆而後車不誡，是以後車覆也。」

宫中之宂食。《説文·宀部》引《周書》

按：此條丁、朱、陳漢章並輯。

丁宗洛以此屬《文開解》，云：此語似是宜汰宂官之意，與《周禮》内官不過九御恰合。今稽諸《序》中「諗卿士」之文，亦猶無封靡于爾邦之旨。

朱右曾云：《説文》云：「宂，㪔也。从宀、儿，人在屋下，無田事也。」段玉裁謂《周書》當作《周禮》，然《周禮》實無此文，安知不在《周書》亡篇乎？許君偁引此書，或偁《周書》，如《豕部》「豲」下引《周書》：「豲有爪而不敢以撅。」或偁《逸周書》，如《羽部》「翰」下引《逸周書》：「文翰若翬雉。」未知義例安在。今據凡偁《周書》及《逸周書》而不見于《尚書》者録之。

陳漢章云：今考段氏所據，《槀人》所謂「内外朝宂食者」之文也。《初學記》十九、《御覽》三百七十七所引《周書》曰「邱陵之人專而長」，明係《周禮》之譌，朱氏亦以爲《周書》佚文，何以文句無異乎？

士分民之祘，均分以祘之也。《説文·示部》引《逸周書》

按：此條二陳、丁、朱並輯。

丁宗洛屬之《本典解》，云：按許氏引書，多與原句不協，故閻百詩云：「《説文》重在字，每約書語成文。如重『嵞』字，則約『予創若時娶于塗山』爲『予娶嵞山』，重『𢦔』字，則約『有大艱于西土，西土人亦不静越茲蠢』爲『我有𢦔于西』，非真有是句也。他可類推。」竊謂此數語亦然。

朱右曾云：《説文》云：「明視以算之。从二示，讀若算。」

味辛而不𤈦。《説文·火部》引《逸周書》

按：此條二陳、丁、朱並輯。

陳逢衡云：段玉裁曰：「『逸』字衍，當删。《九經字樣》引無『逸』字，可證。《周書》蓋七十一篇之《周書》，今本未見有此句。《吕覽·本味篇》曰：『辛而不烈』，《周書》作『不𤈦』，字異義同。」衡案：段氏據《九經字樣》以爲當衍「逸」字，今檢《説文》所引《周書》、《逸周書》甚分晰，若衍去「逸」字，則與《尚書》混矣。

丁宗洛屬之《箕子》，云：此亦頗似九疇中五行條下語。

朱右曾云：《説文》云：「熮，火皃。从火，翏聲。」《吕覽·本味》云：「味辛而不烈。」烈、熮聲之轉也。段氏曰：「《方言注》云：『痨、瘌皆辛螫也。』螫與熮聲相近。」

來就惎惎。《説文·心部》引《周書》

按：此條朱右曾、陳漢章並輯。

朱右曾云：《説文》云：「惎，毒也。从心，其聲。」段氏以爲《秦誓》「未就予忌」之譌，恐未必然。

竹箭如榗。《説文·木部》引《書》

按：此條朱右曾、陳漢章並輯。

朱右曾云：《説文》云：「榗，木也。从木，晉聲，子賤反。」

竘匠《説文·立部》引《逸周書》

按：此條二陳、朱右曾並輯。

陳逢衡云：《説文·十篇》：「竘，建也，一曰匠也。从立，句聲，讀若齲。《逸周書》有竘匠。」段玉裁曰：「蓋謂《周書》七十一篇也。竘匠之文俟考。」

朱右曾云：《方言》：「竘，治也。吴越飾皃爲竘，或謂之巧。」郭璞讀若㮸。《廣雅》：「竘，治也。」又云：「巧也。」又案《説文》所偁尚有「戔戔巧言，稱奉玠珪。師乃搯實，玄黄于匪。圛圛升雲，半有半無。王出涘孳孳不怠，盡執柯」諸句，或爲《尚書》逸文，或爲《尚書》異文，未敢濫録。

君憂臣勞，主辱臣死。《文選注》二〇引《周書》

按：此條二陳、丁、朱並輯。

陳逢衡云：此二語見《越語》，又見《范雎列傳》。

丁宗洛屬之《八繁解》，云：按酈道元曰：「羑水出蕩陰西北，東流逕羑城，故羑里也。昔殷紂納崇侯虎之言，囚西伯于此。散宜生、南宫适見，文王乃演《易》，用明否泰始終之義焉。」此自是此篇情事，然而文王何以獲釋也？《史記》、《六韜》並言文王被囚時，散宜生、閎夭之徒及太公望求美女、文馬、奇貨以獻紂，求赦西伯，則《選注》所引二句必係望、散諸臣謀救文王之語。此篇既彙叙此七年事，則此二句屬於此篇無疑矣。

美爲士者，飛鳥歸之蔽于天，魚鼈歸之沸于淵。《文選注》四七引《周書》

按：此條二陳、丁、朱並輯。

丁宗洛屬之《大聚解》，云：此注亦節録其意。

魚龍成則藪澤竭，即蓮藕掘。《御覽》九九九引《周書》　又《類聚》八二引《周書》曰：「藪澤已竭，即蓮藕掘。」然則「魚龍成則」下有脱字。

按：此條二陳、丁、朱並輯。丁屬之《芮良夫解》「嗚呼□□□亦如之」上。

邱陵之人專而長。《初學記》一九、《御覽》三七七引《周書》

按：此條朱右曾輯。

朱右曾云：專，圜也。

容容熙熙，皆爲利謀；熙熙攘攘，皆爲利往。《御覽》四四九引《周書》

按：此條二陳、朱右曾並輯。

朱右曾云：容容，隨衆進退也。熙熙，盛也。攘攘，衆也。

陳漢章云：案《御覽》四九六又引《六韜》曰：「天下攘攘，皆爲利往；天下熙熙，皆爲利來。」爲史公《貨殖傳》所本。

武王不閉外門，以示無懼；去劍搢笏，以示無仇。《御覽》六九二引《周書》

按：此條二陳、朱右曾並輯。

甘食美衣使長貧。《御覽》八四七引《周書》

按：此條二陳、朱右曾並輯。

天狗所止，地盡傾，餘光燭天爲流星，長十數丈。其疾如風，其聲如雷，其光如電。郭璞

《山海經注》十六引《周書》

按：此條二陳、朱右曾並輯。

陳逢衡云：郝懿行曰：「疑當爲《漢書》之訛。《天文志》云：『天狗狀如大流星，有聲，其止地，類狗。所墜及，望之如火光炎炎中天。其下圜，如數頃田處其上鋭，見則有黄色，千里破軍殺將。』」

周穆王姜后晝寢而孕，越姬嬖，竊而育之。斃以玄鳥二七，塗以彘血，寘諸姜后，遽以告王。王恐，發書而占之。曰：「蜉蝣之羽，飛集於户；鴻之戾止，弟弗克理；皇靈降誅，尚復其所。」問左史氏，史豹曰：「蟲飛集户，是曰失所，惟彼小人，弗克以育君子。」史良曰：「是謂闕親，將留其身，歸于母氏，而後獲寧。册而藏之，厥休將振。」王與令尹册而藏之於櫝。居三月，越姬死。七日而復，言其情曰：「先君怒予甚，曰：『爾夷隸也，胡竊君之子，不歸母氏？』將寘而大戮，及王子於治。」《文選注》十五引《古文周書》

按：此條二陳並輯。及王子於治，二陳輯作「反王子於后」。陳漢章云：王先謙《後漢書集解》引作「反王子於后」。

穆王田，有黑鳥若鳩，翩飛而跱於衡，御者斃之以策，馬佚，不克止之，蹪於乘，傷帝左股。《文選注》十四引《古文周書》

按：此條朱右曾、陳漢章並輯。

陳漢章云：案二注並稱《古文周書》,不曰《汲冢周書》。自梅鼎祚《東漢文紀》以前注爲《汲冢師春》,嚴可均《三代文編》遂以二注爲《汲冢瑣語》。林春溥《古書拾遺》亦以爲竹書逸文。試思《古文周書》若出汲冢,張平子何以賦云「子有故於玄鳥兮,歸母氏而後寧」?《東觀漢記》載朱勃理馬援書何以稱「飛鳥跱衡,馬驚觸虎」乎?後漢人所稱道明是古文,若《法苑珠林》、《廣宏明集》所稱《周書異》,記昭王二十四年佛生,穆王五十三年佛滅度,又引《周書》「佛身丈六」,斯則《汲冢瑣語》所無,不足輯述已。

春爲牡陣,弓爲前行;夏爲方陣,戟爲前行;六月爲圓陣,矛爲前行;秋爲牝陣,劍爲前行;冬爲伏陣,楯爲前行。《五行大義》四引《周書》《御覽》三〇一引「牡」、「牝」二字互易,「六月」作「季夏」,末有「是爲五陣」四字。

按：此條二陳、朱右曾並輯,朱據《通典》、《御覽》。

陳逢衡云：《月令輯要》引同《御覽》,唯無「是爲五陣」四字,而「春爲牝陣」上有「兵凡有五陣」五字。

陳漢章云：《御覽》三三五、三三九引《六韜》文又異。

先君而後臣,先父母而後兄弟,先兄弟而後交友,先交友而後妻子。《列女傳·節義》引《周書》

按：此條陳漢章輯。陳云：此似《常訓》八政佚文。

武王曰：吾含怒深矣！《文選注》十引《周書》

按：此條陳漢章輯。

武王伐殷，得二丈夫而問之曰：「殷國將亡，亦有妖乎？」其一人對曰：「殷君善治宮室，大者百里，中有九市。」《御覽》八二七引《六韜》曰，注云：《周書》同。

按：此條陳漢章輯。

成王將加元服，使人來零陵取文竹爲冠。《御覽》六八四引《周書》

按：此條二陳並輯。

陳逢衡云：零陵之名起於後世，疑所引有誤。

靈王生而有髭。王甚神聖，亦克修其職，諸侯服享，二世休和。《御覽》三七四引《風俗通》謹案《周書》

按：此條陳漢章輯。

陳漢章云：案《左傳·昭廿六年》王子朝言在定王六年，秦人降妖，曰「周其有顗王，亦克能修其職，諸侯服享，二世共職。」杜注、孔疏不引《風俗通》。所案《周書》，亦如文二年傳《周志》之失考。

毋爲權首,將受其咎。《漢書·荆燕吴傳贊》引《書》　師古曰:「此《逸周書》之言。」

按:此條陳漢章輯。陳云:此贊實本《史記·吴王濞傳贊》,亦不列《書》。

國法不一則有國者不祥,民不道法則不祥,國更立法以典民則祥,(楊慎曰:此句當仍云「不祥」。)羣臣不用禮義教訓則不祥,百官服事者離法而治則不祥。《管子·任法》引《周書》

按:此條二陳並輯。

陳漢章云:此或即《劉法解》文。

懷與安,實疚大事。《國語·晉語四》齊姜氏引《西方之書》　韋昭云:「西方,謂周。」

按:此條陳漢章輯。陳云:宋陳騤文云:「蓋《逸周書》。」

武王營洛邑,未成。四海之神皆會,曰:「周王神聖,當知我名。若不知,水旱敗之。」明年,雨雪十餘旬,深丈餘。五大夫乘車從兩騎止王門,太公曰:「車騎無跡謂之變。」乃使人持粥進之,曰:「不知客尊卑何?」從騎曰:「先進南海御,次東海御,次北海御,次西海御,次河伯,次風伯,次雨師。」武王問太公並何名,太公曰:「南海神名祝融,東海神名勾芒,北海神名玄冥,西海神名蓐收。」《五行大義》五引《周書》

按：此條二陳並輯。

陳逢衡云：《舊唐書·禮儀志》引《六韜》：「武王伐紂，雪深丈餘，五車二馬，行無轍跡，詣營求謁。武王怪而問焉，『此必五方之神，來受事耳。』遂以其名召入，各以其職命焉。既而克殷，風調雨順。」

陳漢章云：此文《史記·封禪書》正義及《文選·思玄賦》舊注、《雪賦》注等並引爲《金匱》，《舊唐書·禮儀志》又引爲《六韜》，必非《周書》七十一篇佚文。嚴氏可均曰：「神道設教，不必疑其不純。」然終可疑，故不以系前武王下。

人感十而生。天五行，地五行，合爲十也。《五行大義》卷五引《周書》

按：此條陳漢章輯。陳云：案此文與《武順》篇言男女異，故録之。

宓犧、神農教而不誅，黄帝、堯、舜誅而不怒。《北堂書鈔》十引《周書》《御覽》七六引作《六韜》。

興能進賢，以聖賢者爲政。上賢下不肖。《北堂書鈔》十一引《周書》

因任而授官，修名而責實。《北堂書鈔》三一引《周書》

利而勿害。貪利則治道乖，通利則君道章。同上禮義，治國之粉澤。雖然，非所以富天下而强國。《北堂書鈔》八〇引《周書》《初學記》二一引《六韜》作「禮者，天理之粉澤」。《御覽》五二三、六〇一引《六韜》太公對文王曰：「禮者，治之粉澤也。」

師有六都印，皆是師自防之法。《北堂書鈔》一三一引《周書》

按：以上六條並陳漢章輯。

秦吏趙凱之私恨告國民吴旦生盜食宗廟御桃，旦生對曰：「民不敢食也！」王曰：「剖其腹出其桃。」史記惡而書之，曰：「食桃之肉，當有遺核，王不知此而剖人腹以求桃，非理也。」《類聚》八二引《周書》

按：此條二陳並輯。

陳逢衡云：此當入《瑣語》。

陳漢章云：《御覽》九六七引《鍾離意别傳》、《周書》文同，此必《汲冢周書》。

柏杍子往于東海，至于三壽，得一狐九尾。《稽瑞》引《汲冢周書》

按：此條陳漢章輯。陳云：此或《王會》篇「青丘狐九尾」注。

卒，暴急也。慧琳《一切經音義》六引《周書》

按：此條陳漢章輯。陳引劉師培曰：此或《周書》注文。

無渠壍而守，無衝櫓而攻。慧琳《一切經音義》三一引《周書》　又同書十八、一〇〇並引「無渠壍而守」，三二引「無渠壍而守之」，六六作「無渠壍而中也」。

按：此條陳漢章輯。陳引劉師培云：而中，「中」係「守」訛。

古有虎賁士千人，以牛投牛，以馬投馬，以車捧車。《御覽》二四一引《周書》

按：此條陳漢章輯，誤作四四一。

禹渫七十川，大利天下。《文選注》十二引《周書》

按：此條陳漢章輯。

太公曰：「同惡相助，同好相趨。」《文選注》三五引《周書》

按：此條陳漢章輯，云：《大武》、《大開武》、《文政》篇文相似，但皆不云太公。

王曰：「余不知九星之光。」周公曰：「星、辰、日、月、四時、歲，是謂九星。」《文選注》三六引《周書》

按：此條二陳並輯。

朕實不明，以俔伯父。《説文·人部》引《逸周書》

按：此條陳逢衡輯，云：「朕實不明」四字見《大戒解》，而《本典解》另有「今朕不知，故問伯父」二語，豈許氏抄變其辭，而約言之歟？否則，當爲闕篇中逸文，故録之。

葛，小人得其葉以爲羹，君子得其材以爲絺綌，以爲君子朝廷夏服。《御覽》九九五引《周書》

按：此條陳逢衡、丁宗洛並輯。

丁宗洛云：按此數語與《文傳》似不合，但《御覽》引書如卷四《書》曰：「月經于箕則多風，離于畢則多雨」，明是「星有好風」二句注語，而直指爲《書》，則安知此處非本其意而徑稱《周書》耶？

武王膺受大命革殷，受天明命。《文選注》四六引《周書》

按：此條陳漢章輯，云：《文選·王融曲水詩序》「革宋受天」注引《周書》曰：「武王膺受大命革殷，受天明命」，又曰：「我聞古商先王成湯保生商人。」案「我聞古商先王」云云見《商誓解》，則所引「武王膺受大命」十二字疑是《商誓》其「周即命」下空方之缺文。梁氏曜北謂是《克殷解》脱文。

孔子曰：「文王得四臣，邱亦得四友。自吾得師也，前有光，後有暉，是非先後邪？」《文選注》五九引《周書》

按：此條陳逢衡輯，云：《周書》不應有孔子曰，此乃《書大傳》之文。

周成王時於越獻舟。《藝文類聚》七一引《周書》

按：此條陳逢衡輯，云：案《藝文·狐部》引《周書》「成王時青邱獻九尾狐」，《車部》引《周書·王會》「成王時白州獻比閭」，《鳥部》引《周書》「成王時蒼梧獻翡翠」，《獸部》引《周書》「成王時不屠獻青熊」。此「於越獻舟」，乃《竹書紀年》中語。

成王時封人獻卹，卹若龜而喙長。《格致鏡原·水族》引《周書·王會》

按：此條陳逢衡輯，云：徐應秋《談薈》卷二十六亦引，然未見出處，俟考。

微子開者，紂之兄也。紂不道，數諫不聽。度紂終不可諫，欲死之。及去，未能決，乃問太師箕子、少師比干曰：「紂湎于酒，婦人之言是用，若涉水無津涯。」箕子曰：「今誠得治國，國治身死，不恨爲死。終不治，不如去之。」紂乃爲象牀，箕子曰：「彼爲玉牀，則思遠方珍怪之物而御之矣。爲人臣者，諫不聽，則彰君之惡。」乃被髮佯狂。比干曰：「君有過，不以死争，則百姓何辜矣！」乃直言諫紂。紂怒，剖視其心。微子曰：「父有過，三諫不聽，則號泣而隨之。臣三諫不聽，則其義可去矣。」《御覽》四五六引《周書》

按：此條陳逢衡輯，末有「後周武王滅紂，封之於宋，其地則魏、齊、楚之分」，云：此似《大傳》文，故末句有「其地則魏齊楚之分」。

又按：此條下《御覽》更有「又曰」數條，言魏襄王、智伯、韓康子、齊宣王等事，疑他書之誤，故不録。

大道亶亶，其去身不遠。人皆有之，舜獨以之。《賈子·君道》引《周書》

按：此條陳逢衡輯，云：亶亶，《文子·道原篇》作「坦坦」。《淮南·原道訓》云：「大道坦坦，去身不遠，求之近者，往而復反。」

聖作則。《左傳·昭公六年》叔向引《書》，杜注曰：「逸《書》也。」

按：此條陳逢衡輯，云：《説命》有「明哲實作則」。

無尊妾而卑妻，無孽適子而尊小枝，無尊嬖臣而匹上卿，無尊大臣以擬其主也。《韓非子》引《周志》曰

按：此條丁宗洛輯，屬之《祭公解》，云：按《周書》與《周記》雖不同，而語意却頗符合，意祭公獻替之謨，當日

必自成編，作者録入此書曰《周書》，而初本名《記》歟？《韓非子》與作此書者其時不甚先後，則字句之不同，安知非作此書者稍加潤色耶？

木實繁者披其枝，披其枝者傷其心。《戰國策·秦策》引《詩》曰

按：此條丁宗洛輯，屬之《周祝解》，云：按此章引《詩》下自釋曰：「大其都者危其國，尊其臣者卑其主。」次章應侯謂昭王又曰：「臣聞之木實繁者枝必披，枝之披者傷其心」，亦自釋云：「都大者危其國，臣强者危其主。」可見引《詩》之旨本同，而其語已有參差矣。觀其語之參差，安知「詩」非即「書」而偶失記耶？

師乃搯兵拔刺擊之。慧琳《一切經音義》九四引《周書》　又七二引《周書》曰：「拔兵搯刃也。」

年飢，上用輿曲輈不漆，矛戟縷纏，羽旄不擇鳥。《御覽》三五二引《周書》

憑玉几。慧琳《一切經音義》十八、四二、六五引《周書》

分陜之地。希麟《續一切經音義》二引《周書》

按：上四條各家未輯。

又按：《謚法》篇逸文，盧校據《史記正義》悉補入篇内（詳本篇）。陳逢衡《補注》輯在篇末，今特移輯於左：

忠信接禮曰文。《左傳》「文公」《釋文》

綏柔士民曰德。《史記正義》

安民以居，安士以事。《史記正義》

忠和純淑曰德。《後漢書》「明德馬皇后」注

因事有功曰襄。《左傳》「襄公」《釋文》、「襄公」疏、《穀梁》「襄公」疏、《孟子》「梁襄王」疏

小心畏忌曰僖。《獨斷》、《史記正義》、《左傳·隱五年》疏、「僖公」《釋文》、《穀梁》「僖公」疏

思所當忌。《史記正義》

有功安人曰憙。《後漢書》「和憙鄧皇后」注

知質有聖曰獻。《史記正義》、《左傳·昭公二十二年》疏

有所通而無蔽。《史記正義》

温柔好樂曰康。《史記正義》

聲聞宣遠曰昭。《獨斷》

耆意大慮曰景。《史記正義》

耆，强也。《史記正義》

致志大圖曰景。《獨斷》

内外用情曰貞。《左傳》疏、《檀弓》「貞惠文子」疏

克敵服遠曰桓。《後漢書》「孝桓皇帝」注

謀慮不愆曰思。《後漢書》「安思閻皇后」注

柔質慈民曰惠。《史記正義》、《漢書》「孝惠皇帝」注

知其性。《史記正義》

愛民好與曰惠。《獨斷》、《史記正義》、《左傳·隱元年》疏、《檀弓》「貞惠文子」疏、《孟子》「梁惠王」疏

與謂施。《史記正義》

勝敵志强曰莊。《史記正義》

不撓故勝。《史記正義》

好勇致力曰莊。《獨斷》

勝敵克莊曰莊。《左傳》「莊公」疏、《穀梁》「莊公」疏　《左傳》「莊公」《釋文》「壯」作「亂」

夙興夜寐曰敬。《獨斷》

見美堅長曰隱。《史記正義》

美過其令。《史記正義》

暴戾無親曰刺。《漢書·武五子傳》注

好內遠禮曰煬。《史記正義》

朋淫於家不奉禮。《史記正義》

祇動追懼曰頃。《左・昭八年》疏

寬容和平曰安。《後漢書》「孝安皇帝」注

暴虐無親曰厲。《獨斷》　案此與「暴戾無親曰剌」同

忠正無邪曰質。《後漢書》「孝質皇帝」注

慈仁和民曰順。《獨斷》

柔賢慈惠曰順。《册府元龜》載雲別傳姜維議引《謚法》

蔽仁傷善曰繆。《漢書・景十三王傳》「廣川繆王齊」注　○以上諸謚所用字俱見《周書》。

賞慶刑威曰君。《史記正義》以下諸謚所用字《周書》不載：

能行四者。《史記正義》

從之成羣曰君。《史記正義》

民從之。《史記正義》

治典不殺曰祁。《史記正義》盧文弨曰：《獨斷》作「祈」，一作「震」。《左氏・莊六年正義》引「經典不易曰祁」。

秉常不衰。《史記正義》

正德應和曰莫。《史記正義》

正其德應其和。《史記正義》

翼善傳聖曰堯。《白虎通》引《禮記·謚法》、《獨斷》、《史記集解》、《論語·堯曰》疏同。

仁聖盛明曰舜。《白虎通》引《禮記·謚法》、《獨斷》、《史記集解》《論語·堯曰》疏引作「仁義」，《中庸》疏同。

受禪成功曰禹。《史記集解》《中庸》「其斯以爲舜乎」疏引：「受禪成功曰舜。」《姓纂·九麌》引《風俗通》：「禹氏，夏禹之後，以謚爲氏。」

除殘去虐曰湯。《史記集解》、《史記正義》《白虎通》：「湯死後稱成湯，以兩言爲謚也。」《廣韻·十一唐》：「湯氏，殷湯之後，以謚爲氏。」

賊人多殺曰桀。《史記集解》《獨斷》作「殘人多壘」。

殘義損善曰紂。《獨斷》、《史記集解》

善行不怠曰敦。《史記·王子侯年表》「臨樂敦侯劉光」索隱引《謚法》

能紹前業曰光。《漢書》「光武皇帝」注

温克令儀曰章。《漢書》「孝章皇帝」注

不剛不柔曰和。《漢書》「孝和皇帝」注

正德美容曰和。《漢書》「孝和皇帝」注

幼少在位曰沖。司馬彪曰：「沖幼早夭，故謚曰沖。」

景，武也。《史記正義》

布，施也。《史記正義》

陳逢衡云：按春秋時周有顯王、赧王，鄭有繻公，（此繻公是幽公之弟，非成公庶兄繻。）宋有休公、辟公，陳有申公、相公、利公，蔡、曹俱有宫伯，燕有鄭公，晉、衛、秦、杞俱有出公，俱謚所未載。又漢所用謚，如膠西于王之于，清河綱王之綱，周呂令武侯呂澤之令，（《索隱》曰：「周呂，國也。令武，謚也。」）酇侯蕭何、安國王斿、秣陵侯劉纏、什邡侯雍桓之終，高宛侯丙猜、鄘成侯周緤之制，衍侯翟山、稾侯陳鍇之祇，祁穀侯繒賀之穀，（《索隱》曰：「《謚法》行見中外曰穀。」）邛侯黄榮盛之慶，廣陵侯劉裘之虒，（史表作「常侯劉裘」，案「常」亦《謚法》所不載。）定敷侯劉越、柳敷侯劉罷之敷，（《索隱》曰：「敷，謚也。」《説文》云：「敷讀如躍。」）牧邱恬侯石慶之恬，常樂侯稠雕之肥，邯會侯劉仁、挾術侯劉昆景之衍，都昌侯朱充之昌，成安侯郭賞之刻，賞子郭長之郮，王莽妻孝睦之睦，舞陽侯岑彭、溧陽侯史崇之壯，夷安侯鄧康之義。以上漢所用字，當亦古《謚法》所傳。又《史記·老子列傳》：「姓李氏名耳字伯陽，謚曰聃。」又《姓氏急就篇·寧公》：「秦襄公曾孫謚寧公，支庶因以爲氏。」又《一切經音義》卷二引《謚法》：「温故知新曰師，尊嚴能憚曰師。」卷四引《謚法》：「貴貴親賢曰仁，殺身成人曰仁。」卷十三引《謚法》：「賊人多累曰桀。」劉熙曰：「多以惡逆累賢人也。」卷十五引《謚法》：「陽，詐也。」卷二十三引《謚法》：「賤而得愛曰嬖。」（《通鑑·建光元年》「嬖幸充庭」胡三省注：「《謚法》：賤而得愛曰嬖。」）卷二十三、二十四引《謚法》：「知死不避曰勇，縣命爲仁曰勇。」又鄧名世《姓氏書辨證》七「之」引《姓苑》：「慈氏出自高陽氏才子八人，其一倉舒謚慈，後世以爲氏。」又二「先」引《姓源韻譜》：「淵氏出自高陽氏才子八人，其一謚淵，後世以爲氏。」

輯用書目

《北堂書鈔》 中國書店影印光緒十四年南海孔氏刊本
《藝文類聚》 上海古籍出版社校點本
《初學記》 中華書局校點本
《太平御覽》 中華書局影印本
《六臣文選注》 中華書局影印本
《經典釋文》 中華書局影印本
《正、續一切經音義》 上海古籍出版社影印本
《説文解字》 中華書局影印本
《宋本廣韻》 北京中國書店影印本
《尚書注疏》 中華書局影印《十三經注疏》本
《孟子注疏》 同上
《爾雅注疏》 同上
《論語集解》《知不足齋叢書》本
《史記》及三家注 中華書局標點本

《漢書》及顏注　同上
《後漢書》及李賢注　同上
《隋書》　同上
《唐書》　同上
《資治通鑑》　中華書局校點本
《通鑑外紀》　影印《四庫全書》本
《路史》　同上
《國語》　《國學基本叢書》本
《左傳》　中華書局標點本
《戰國策》　上海古籍出版社校點本
《博物志》　影印《四庫全書》本
《稽瑞》　《叢書集成初編》本
《五行大義》　《知不足齋叢書》本
《山海經》郭璞注　上海古籍出版社校注本
《墨子》　《四部叢刊》本
《呂氏春秋》　上海古籍出版社影印《二十二子》本

《管子》 同上
《韓非子》 同上
《淮南子》 同上
《賈誼新書》 同上
《古列女傳》《叢書集成》影印《文選樓叢書》本
《説苑》 影印《四庫全書》本
《水經注》 《四部叢刊》本
《齊民要術》 同上
《困學紀聞》 《四部叢刊三編》本
《格致鏡原》 影印《四庫全書》本

附録二

序　跋

傳寫周書跋

李燾

晉孔晁注《周書》十卷。按隋唐《經籍志》、《藝文志》，皆稱此書得於晉太康中汲郡魏安釐王冢。孔晁注或稱十卷、或稱八卷，大抵不殊。若此，則晉以前初未有此也。然劉向所録及班固，並著《周書》七十一篇，且謂孔子删削之餘。而司馬遷《史記》武王克殷事蓋與此合，豈西漢世已得中秘，其後稍隱，學者不道，及盜發冢，幸復出邪？篇目比漢但闕一耳，必班、劉、司馬所□者已！繫之汲冢，失其本矣！書多駁辭，宜孔子所不取。戰國處士私相綴續，託周爲名，孔子亦未見。古章句或舛訛難讀，聊復傳寫，以待是正。巽巖李燾。

（據元刊本卷端所附）

刻周書序

丁黼

夫子定《書》爲百篇矣，孟子於《武成》取其二三策，謂「血流漂杵」等語鄰於誇也。今所謂《汲冢周書》，多誇詡之辭，且雜以詭譎之説，此豈文、武、周公之事，而孔、孟之所取哉？然其間畏天敬民、尊賢尚德、古先聖王之格言遺制，尚多有之。至於《時訓》、《明堂》，《禮》者之所採録；《克殷》、《度邑》，司馬遷之所援據，是蓋有不可盡廢者。晉狼瞫曰：《周志》有之：「勇則害上，不登於明堂。」其語今見之篇中。此吾夫子未定之書也。漢蕭何云：《周書》曰：「天予不取，返受其咎。」此則夫子既定之後，而書無此語，意者其在逸篇乎！其後班固志《藝文》，《書》凡九家，有《周書》七十一篇。劉向云：「周時誥誓號令，蓋孔子所論百篇之餘也。」以兩漢諸人之所纂記推之，則非始出於汲冢也明矣。惜乎後世不復貴重，文字日就舛訛。予始得本於李巽巖家，脱誤爲甚。繼得陳正卿本，用相參校，修補頗多。其間數篇，尚有不可句讀；脱文衍字，亦有不容强解者。姑且刻之，俟求善本，更加增削，庶使流傳，以爲近古之書云。嘉定十五年四月十一日，東徐丁黼謹識。

（據元刊本卷端所附）

汲冢周書序

黄玠

古書之存者，六籍之外，蓋亦無幾。《汲冢周書》，其一也。其書十卷，自《度訓》至于《器服》，凡七十解。自叙其後爲一篇，若《書》之有小序同。孔晁爲之注。晉太康中，盜發汲郡魏安釐王冢而得之，故繫之汲冢。所言文王與紂之事，故謂之《周書》。劉向謂是周時誓告號令，孔子删録之餘。班固《藝文志》，亦有其篇目。司馬遷記武王伐紂之事，正與此合。然則兩漢之時已在中秘，非始出於汲冢也。觀其屬辭成章，體制絶不與百篇相似，亦不類西京文字，是蓋戰國之世逸民處士之所纂輯，以備私藏者。性命道德之幾微，文、武政教之要略，與夫《謚法》、《職方》、《時訓》、《月令》，無不切於修己治人。雖其間駁而不純，要不失爲古書也。郡太守劉公廷幹，好古尤至，出其先世所藏，命刻板學宫，俾行于世，上不負古人之用心，下得以廣諸生之聞見。其淑惠後人，不既多乎？至正甲午冬十二月，四明後學黄玠謹志。

（據元刊本卷端所附）

逸周書序

楊慎

晉太康二年，汲郡人不音彪。文弨案：何超《晉書音義》云：「不，甫鳩反，姓也。」準私發魏安釐王冢，得竹書數十車。其《紀年》十三篇；《易經》二篇；《易繇陰陽卦》二篇；《卦下易經》一篇；《公孫段》二篇，文弨案：《晉書》「段」作「叚」。《説文》「碬」字引《左氏傳》「鄭公孫碬字子石」，乎加切。又《九經字樣》「碬」音霞，云見《春秋》。然則作「叚」字未爲非也。公孫段與邵涉論《易》；《國語》三篇，言楚、晉事；《名》三篇，似《爾雅》、《論語》，又似《禮記》；《師春》一篇，《瑣語》十一篇，諸國夢卜妖相書也；《梁丘藏》一篇，先叙魏之世數，次言丘藏金玉事；《繳書》二篇，論弋射法；《生封》一篇，帝王所封；《大歷》二篇，鄒生談天類也；《穆天子傳》五篇；《圖詩》一篇；又雜書十九篇，凡七十五篇。七篇簡書折壞，不識名題。漆書，皆科斗文字。多燼簡斷札，文既殘缺，不復詮次。武帝詔荀勖撰次之，以爲《中經》，列在秘書。著作郎束晳得觀竹書，隨疑分釋，皆有義證。此《晉書・武帝紀》荀勖及束晳傳文也。又杜預《春秋集解後序》亦云：「汲冢古文七十五卷，多不可訓，《周易》及《紀年》最爲分了。《周易》上下篇，與今正同。別有《陰陽説》，而無《彖象》、《文言》、《繫辭》。其《紀年》起自夏殷周，皆三代王事，無諸國別也。惟特記晉國，起自殤叔，皆用夏正建寅之月爲歲首，編年相次。晉滅，獨記魏事，至魏哀王之二十年，蓋魏國之史記也。文大似《春秋經》。又稱伊尹放太甲七年，太甲潛出自桐殺伊尹，乃立其子伊陟，伊奮令復其父之田宅而中分之。《師春》一卷，則純集《左氏傳》卜筮事。」合此觀之，汲冢所得書雖不可見，而其目悉具於此，曾無一語及所謂《周書》者也。文弨案：《束皙傳》又有雜書十九篇，内《周書》論楚事，然則亦非此《周書》也。案《漢藝文志》有《逸周書》七十一篇，文弨案：《漢志》無「逸」字。以今所謂《汲冢周書》校之，止缺四篇。蓋漢以來原有此書，不因發冢始得也。李善注《文選》，日月遠在晉後，而其所引亦稱《逸周書》，不曰汲冢書也。惟宋太宗時修《太平御覽》，首卷引目始有《汲冢周書》之名。蓋當時儒臣求汲冢七十五篇而不得，遂以《逸周書》七十一篇充之矣。文弨案：隋唐《志》已云汲冢矣。晁氏公武、陳氏振孫、洪氏适、高氏似孫、黄氏震、李氏燾、吴氏澄、周氏洪謨，號通知古今者，皆未暇深考，文弨案：李巽巖已云繫之汲冢，失其本矣，升菴失考。余故録《晉書》及《左傳後序》文於此。則此書也，當復其舊名，題曰《逸周書》可也。嘉靖壬午八月望日，楊慎書。

（據盧校本卷端所附）

刻汲冢周書跋

章　檗

《汲冢周書》，自漢已入中秘。晉太康間，竹簡古書稍稍復出云。書疑戰國士綴拾成之，藉周爲名，孔氏殆未之見者。凡七十篇，真贋醇駁，讀者類能辨之。然藝圃菁華，芬芳縟采，上溯二京，而先秦七國，則斯編也，其逸響高韻之存乎！余念莆爲書學淵藪，以手鈔善本刻此，俾誦者知爲經之别録，俱不可捐爾。時嘉靖癸卯長至月吉旦，賜進士福建興化府推官、前山西道監察御史、四明後學章檗謹跋。

（據《四部叢刊》本）

汲冢周書序

姜士昌

史以事、辭勝。如以事而已，則自周秦以逮於今，體無論繁簡，辭無論工拙，而是非善敗興壞之端，備見於史，何可廢也？如以辭而已，則自左氏内外《傳》、子長孟堅二書，以及於范曄、陳壽而下，遂無足論。然吾以爲皆不能當左氏。左氏所紀載，雖斷自東遷以後，而彼其時去古未遠，所稱引多三代盛時微言遺事，迄今讀之，若揭日月而行千載，其博大精深之旨，非晚世學者所及，固道法所存，而六藝之羽翼也。等左氏而上之，則無如世所稱《汲冢周書》者。《周書》七十一篇，自劉歆《七略》、班史《藝文志》已有之。而汲冢發自晉太康二年，得書七十五篇，其目具在，無所謂《周書》。此書當仍舊名，不得繫之汲冢。楊用修太史論辨甚覈，茲可無論。其文辭湛深質古出左氏上，所不必論。若《酆謀》、《世俘》諸篇，記武王謀伐殷，與克殷俘馘甚衆，往往誇誕不雅馴，疑衰周戰國之士以意參入之。然吾觀《文傳》、《柔武》、《和寤》、《大聚》、《度邑》、《時訓》、《官人》、《王會》、《職方》諸篇，其陳典常，垂法戒，辨析幾微，銓叙名物，亦有非叔季之主、淺聞之士所能彷彿者。蓋文、武、周公所爲政教號令，概見此書，固不徒以事與辭勝而已也。丘明氏以博物君子，抒藻摛辭，臣素王以垂不朽。千載而下，誦法素王者不能舍《左氏》，故諸家訓詁，犂然甚具。而《周書》視《左氏》，辭特深奧。流俗畏難好易，不復研覈。孔晁一注寥寥，及今亦頗多繆誤矣。楊用修太史嘗序是書以傳，顧未嘗一爲參合讐校。予讀之，不無遺憾。乃稍加參訂，正其舛誤。其不可以意更定者仍闕之，以竢博聞之士。説者謂《尚書》纂自孔子，而此逸書者，劉向以爲孔子所論之餘，若不足存。嗟乎！是書不知當孔子删與否，其指誠不得與經並，然其事則文、武、周公，其文辭則東周以後作者不逮也。蓋不離屬辭紀事，而道法猶有存者。謂《尚書》百篇而外，是書無一語足傳於經，吾猶疑之，安得以一二駁辭，盡疑其爲孔子所詘，遂置不復道哉？自六藝以下，文辭最質古者無如是書與《周髀》、《穆天子傳》諸篇，而是書深遠矣。然皆殘缺漫漶，不甚可讀。蓋去古日遠，綴文者喜爲近易，故時俗之言易傳，而古語日就脱誤，有足歎者！予既刻是書，因爲叙之如此。仲文姜士昌序。

（據《漢魏叢書》本所附）

刊汲冢周書序

汪士漢

孔子删《書》，斷自唐、虞，下終《秦誓》，共書百篇，無所謂《周書》七十一篇也。考《班史藝文志》「《周書》七十一篇」，劉向云：「周時誥誓號令也，蓋孔子所論百篇之餘。今之存者，四十五篇矣。」其閒《時訓》、《明堂》見諸《記禮》，《克殷》、《度邑》援自史遷。是此爲周之逸書，或經秦火之餘，而司馬、班、劉所見者仍有四十五篇，初不因汲冢而始有也。汲冢則自晉太康二年，汲郡人發魏安釐王冢得竹書數十乘，其目七十五篇，無所謂《周書》。楊用修太史云：宋太宗修《太平御覽》始列《汲冢周書》，或宋儒臣求汲冢七十五篇而不得，卒以《周書》七十一篇充之。愚案：《班志》載七十一篇僅存四十五篇，今之傳者其目則七十篇，所存則五十九篇，意《逸周書》七十一篇秦火亡其二十六，汲冢則得書五十九，厥書較備於昔，故以《汲冢周書》名之耶？抑或汲冢曾存是書，偶未列其目耶？是未可知。先儒云六經而下，求其文字近古有裨於性命道德文武政教者，無踰於此書，則是書不可以不傳。今仍其舊名，以俟廣覽博搜之君子云。康熙己酉二月，春分前二日，星源汪士漢識。

（據《周書補注》卷端所附）

汲冢周書跋

王　謨

右《汲冢周書》十卷，《通考》引晁氏、陳氏，又巽巖李氏、容齋洪氏、後村劉氏諸家，論説備矣，不若王厚齋先生書最爲詳括。按《困學紀聞》云：《漢藝文志》「《周書》七十一篇」，劉向云：「周時誥誓號令，蓋孔子所論百篇之餘。」隋、唐《志》繫之「汲冢」，然汲冢得竹簡書在晉咸寧五年，而兩漢已有《周書》矣。太史公引《克殷》、《度邑》；鄭康成注《周禮》云「《周書·王會》備焉」，注《儀禮》云「《周書》北唐以閭」；許叔重《説文》引《逸周書》「文翰若翬雉」，又引「貔有爪而不敢以撅」；馬融注《論語》引《周月令》：皆在漢世。杜元凱解《左傳》時，汲冢書未出也，「千里百縣」、「轡之柔矣」，皆以《周書》爲據。則此書非始出於汲冢也。按《晉束皙傳》：「太康二年，汲郡得竹書七十五卷，六十八卷有名題，七卷不可名題」，並目録亦無《周書》。然則繫《周書》於汲冢，其誤明矣。其於《玉海》，則以《周書》、《周史記》合爲一條，引劉知幾《史通》云：「《周書》與《尚書》相類，即孔氏刊約百篇之外，凡七十一章，上自文、武，下終靈、景。其有典雅高義，亦有淺末常説，殆似後之好事者所增益也。至若《職方》之言，與《周官》無異；《時訓》之説，比《月令》多同：斯百王之正書，五經之別録。」尤得此書要領。下所援據考證，猶數十條，文多不録。而《通考》未見稱引，由之齋先生與馬氏皆宋末人，並時著書，至元世始先後刊行，當時固未及見也。但《玉海》本《漢志》以《周書》入經部，而《通考》則從隋、唐《志》以《周書》入雜史，此則當從其朔也。《叢書》原本仍以此書列別史，今訂正。汝上王謨識。

（據《增訂漢魏叢書》本）

四庫總目提要

紀　昀

《逸周書》十卷，舊本題《汲冢周書》。考《隋經籍志》、《唐藝文志》，俱稱此書以晉太康二年得於魏安釐王冢中，則「汲冢」之説，其來已久。然《晉書·武帝紀》及《荀勗、束晳傳》載汲郡人不準所得竹書七十五篇，具有篇目，無所謂《周書》。杜預《春秋集解後序》載汲冢諸書，亦不列《周書》之目，是《周書》不出汲冢也。考《漢書·藝文志》先有《周書》七十一篇，今本比班固所紀唯少一篇。陳振孫《書録解題》稱「凡七十篇，叙一篇在其末，京口刊本始以序散入諸篇」，則篇數仍七十有一，與《漢志》合。司馬遷記武王克商事，亦與此書相應；許慎作《説文》，引《周書》「大翰若翬雉」，又引《周書》「豲有爪而不敢以撅」；馬融注《論語》，引《周書·月令》；鄭康成注《周禮》，引《周書·王會》；注《儀禮》，引《周書》「北唐以閭」：皆在汲冢前。知爲漢代相傳之舊。李善《文選注》所引，皆稱《逸周書》，知唐初舊本尚不題汲冢。其相沿稱汲冢者，殆以梁任昉得竹簡漆書，不能辨識，以示劉顯，顯識爲孔子删《書》之餘。其時《南史》未出，流傳不審，遂誤合汲冢竹簡爲一事，而修《隋志》者誤採之耶？《文獻通考》所引李燾跋及劉克莊《後村詩話》，皆以爲漢時本有此書，其後稍隱，賴汲冢竹簡出乃得復顯。是又心知其非，而爲調停之説。惟舊本載嘉定十五年丁黼跋，反覆考證，確以爲不出汲冢，斯定論矣。其書載有太子晉事，則當成於靈王以後。所云文王受命稱王，武王、周公私計東伐，俘馘殷遺，暴殄原獸，輦括寶玉動至億萬，三發下車，懸紂首太白，又用之南郊，皆古人必無之事。陳振孫以爲戰國後人所爲，似非無見。然《左傳》引《周志》「勇則害上，不登於明堂」，又引《書》「慎始而敬，終乃不困」，又引《書》「居安思危」，又稱「周作九刑」，其文皆在今書中。則春秋時已有之，特戰國以後又輾轉附益，故其言頗駁雜耳。究厥本始，終爲三代之遺文，不可廢也。近代所行之本，皆闕《程寤》、《秦陰》、《九政》、《九開》、《劉法》、《文開》、《保開》、《八繁》、《箕子》、《耆德》、《月〔令〕》，合十一篇，餘亦文多佚脱。今考《史記·楚世家》引《周書》「欲起無先」，《主父偃傳》引《周書》「安危在出令，存亡在所命」，《貨殖列傳》引《周書》「農不出則乏其食，工不出則乏其事，商不出則三寶絶，虞不出則財匱少」，《漢書》引《周書》「無爲權首，將受其咎」，又引《周書》「天予不取，反受其咎」，《唐六典》引《周書》「湯放桀，大會諸侯，取天子之璽置天子之座」：今本皆無之，蓋皆所佚十一篇之文也。觀李燾所跋，已有脱爛難讀之語，則宋本已然矣。

（據影印文淵閣本《四庫全書》本）

刊盧文弨校定逸周書序

謝　墉

《周書》本以總名一代之書，猶之《商書》、《夏書》也。自漢以來，以所傳五十八篇目爲《尚書》，而於《尚書》所載《周書》之外以七十一篇者，稱之爲《周書》而别之，劉向以爲孔子删削之餘。第《漢志》載《周書》七十一篇，即列於《尚書》之後，而總繫之以辭，則究未嘗别之於《尚書》之外也。至《隋志》，始降列雜史之首，以爲與《穆天子傳》俱汲冢書。然《漢志》

未嘗列《穆傳》，則其非出自汲冢可知，不當牽合。愚嘗玩其文義，與《尚書》周時誥、誓諸篇絶異，而其宏深奥衍，包孕精微，斷非秦漢人所能彷彿。不第《克殷》、《度邑》爲龍門所引用也，《明堂》見於《禮記》，《職方》載在《周官》，其文雖有小異，要不足爲病。而《箕子》、《月令》，想即《洪範》、《吕覽》所傳之文，周史所記載者也。惟其闕佚既多，又頗有爲後人羼入者，篇名亦大率俗儒更易，必有妄爲分合之處。其序次，亦未確當。如《大匡》爲荒政第四卷王在管時，不當復以名篇，且文内大匡、中匡、小匡，意不可解。《時訓》似《五行傳》，《謚法》與《史記正義》大同。《殷祝》雜出殷事，與《王會》篇末成湯、伊尹語皆爲不類。若《太子晉》一篇，尤爲荒誕，體格亦卑弱不振，不待明眼人始辨之也。愚謂是書文義酷似《國語》，無疑周末人傳述之作。其中時涉陰謀，如《寤儆》之歎謀泄，《和寤》之記圖商，多行兵用武之法，豈即戰國時所稱《太公陰符》之謀與？時蓋周道衰微，史臣掇拾古訓以成此書，始於文、武，而終於穆王、厲王也。好古之士，所宜分别觀之。立乎千載以下，讀千載以上之書，而猶執篇目之多寡以繩之，豈不誤哉？乾隆五十有一年，歲在丙午，八月望日，嘉善謝墉題於江陰使院。

《班志》載《周書》七十一篇僅存四十五篇，今其目仍有七十篇，而存者乃有五十九篇，較《班志》轉多十四篇，此由後人妄分以符七十之數，實祇四十五篇未嘗亡耳。且如《大武》

以下，並論攻伐之宜，文氣不斷，不得分爲三篇。卷一之《糴匡》與卷二之《大匡》俱屬荒政，辭義聯屬，自是一篇。蓋《糴匡》之文，即在《大匡》中閒。如勤而不賓、祈而不賓、利民不淫、民利不淫，文義一律，簡册舛錯，遂分而爲二，因有卿參告糴之句，而妄立「糴匡」之名也。若第四卷《大匡》爲監殷事，篇内雖有大匡、中匡、小匡之名，不應與前篇同其名目，二者必有一訛。《武寤》文勢亦似，竟接前文，非另篇也。《世俘》與《克殷》事詞相屬，文筆亦一類，應爲《克殷》一篇。今中隔《大匡》、《文政》、《大聚》三篇，蓋亦妄立「世俘」之名而分之，并亂其篇次也。

孔氏既注《周書》，而尚有不注者十餘篇，豈此十餘篇爲孔氏之所未見，後乃附入者耶？如《器服》篇多闕文，固不可注，至若《酆謀》、《度邑》、《武儆》、《嘗麥》、《官人》諸篇，均多名言法語，何以概置不注？是可疑也。

是書之刻，盧抱經同年積數年校勘之功，加以博雅之士薈萃所見而成之，而墉適以採風莅止，遂以夙昔管見參互考訂，課士之餘，不辭炳燭之明，悉力討論，謹以質之同好汲古之士，願更有以開我也。丙午九月，下浣墉又識。

（據盧文弨《逸周書校定》抱經堂單刻本）

周書解義序

吴錫麒

《漢書·藝文志》《書》九家，有《周書》七十一篇。當時説經者頗習其書，多見徵引，特未聞詮釋及之者。至晉，始有五經博士孔晁一注，寥寥至今。説者疑劉向以爲孔子所論之餘，似乎無足貴重，不知向明言周時誥誓號令，其目與《夏書》、《商書》正同。雖駁而不純，多有後人竄入，至於修己治人之要，包孕千古，博大宏深，苟非好學深思，不能通知其解，是故疏證之難也。近盧抱經先生手校此書，鳩集舊本，自元以下凡得一十九家，左右採獲，力任廓清，其功不少。然欲紆徐而導之，理糾結而解之，櫛句梳章，使讀者渙然冰釋，則猶有待。何者？博觀約取，其志在精，而曲引旁通，所貴在顯也。且夫訓詁之學，亦不外以古證古而已。是書則馬融鄭玄之注經、司馬遷班固之作史，單辭隻義，莫不各有取資。即許慎《説文》、李善《選》學，一經援據，如見先民。誠以去古未遥，師承有自，故言之親切矣。誠使漱瀝於羣言，采華於往籍，合諸書以求是書之解，則如酥攪水、以豆合黄，可以因字會文，即文通義，所謂九變復貫也，所謂執柯以伐柯也。餘莊爲余同年鶴沙令子，承其家學，以爲周家道法，咸在於是，乃上契古人，博觀大要，於《命訓》、《度邑》，而徵天人之感格焉；於《程典》、《酆保》，而明朝廷之法戒焉；於《文傳》、《大聚》，而究民生之繫維焉；於《王會》、《明堂》，而考制度之因革焉；於《官人》、《謚法》，而寓臣職之勸懲焉。發露其精神，而貫串其脈絡，以定全書之得失，以補孔注之闕遺。書成，屬余叙之。余美其名物粲著，規模邳張，郁郁乎其文，徽徽乎益以章文武周公之遺烈，又豈徒訓詁之學已哉！是書自《隋經籍志》誤爲出於汲冢，遂至淆亂者千數百年，幾并孔注而晦。然觀漢至唐初凡引《周書》，皆不言汲冢，而《晉書·荀勖、束晳傳》所稱汲冢，又不言《周書》，則竹簡與《周書》顯然爲二。自宋丁黼跋、明楊慎序詳加辨論，其書始彰。自抱經氏是正文字，而又得餘莊引而伸之，其注始詳而備。今士林博稽羣籍，多有肄業及之者。雖不必盡奉爲經訓，而握卷而視，昭若發矇，未始非餘莊爲之功臣也。錢唐吴錫麒撰。

（據月林堂板《周書解義》附）

周書解義自序

潘　振

潘振字芑田，號餘莊，浙江杭州府仁和縣人也。年四十有餘，歲當乙丑，《周書》注成，因自序焉。滎陽潘氏，系出畢公。始祖諱時，字德鄌，號月林，仕宋爲顯謨閣大學士，進贈開國男，家上虞。傳十有九葉，多業儒。高祖諱世洋，字玉華，始遷杭。曾祖諱楨，字爾祥，好學而不仕。祖諱應元，字文瞻，授父經籍，中年患目疴。父諱鑽，字九韶，號鶴沙，善服勤。母孫氏，諱素華，佐養無少闕，坎坷十二年，而能曲盡事舅禮。祖撰聯句賜嘉之：德立身，功立家，翼丈夫讀書氣志；勤宜事，儉宜室，成子婦順則聲名。父受祖傳，非一經矣，而《書》獨精詳。丁丑采芹，祖於辛巳終喜得見之。甲午，父鄉舉孝廉，傳書於振，而難窺其藴。父誨之曰：「《書》，陳心法者也，觀《尚書序》可知。又有《周書》七十篇，今存五十九篇，道德之幾微，政教之要略，凡所以修己而治人者，何莫非心法乎？《漢志》載《周書》七十一篇，即列於《尚書》之後，而總繫之以辭，時未有逸之稱也。逮郭氏注《爾雅》、李氏注《文選》，俱引稱《逸周書》。汲冢發自晉太康二年，書目具在，無所謂《周書》。宋太宗修《太平御覽》，首卷引目有《汲冢周書》之名，蓋當時儒臣求汲冢七十五篇而不得，遂以《周書》充之而已。汝兼習哉！」振退而考蔡氏序，得讀《尚書》法，而《周書》猶多訛缺之疑。自庚子入泮，以後盧氏本出，校對完善，暇就研索，即所謂心法者，參考其指，乃知自《度訓》以至《文傳》，文王之心法也；自《柔武》以至《五權》，武王之心法也；自《祭公》以至《職方》，穆王以文武成王之心法爲心法也。過此以往，而《芮良夫》有解矣，《太子晉》有解矣，《王佩》及《器服》皆有解矣。後先異轍，胥存心法於不泯者，何哉？人同此心，心同此理，無以異也。其要不外乎主敬。《周月》敬天，《程典》敬君，《祭公》敬祖，《柔武》敬親，《王佩》

敬身，《程寤》敬配匹，《大開》敬後嗣，《商誓》敬故舊，《皇門》敬朝廷，《糴匡》敬民命，《明堂》敬諸侯，《職方》敬天下，《殷祝》敬古昔。各以類推，餘皆可知。敬者，心法之終始也，豈非與《尚書》相表裏哉？振之得於嚴訓者如此也。厥後父命撰書注，授訓詁法，且曰：「孔注宜增損之。」數聞命，謹應。唯癸丑注此書，趨庭就正。未幾，父没。言猶在耳，欲承先志以竟其事。編未成，而元配祝鳴玉於己未逝。鳴玉，熟《綱鑑》，嫻《内則》者。叔父諱鎧，字憲成，又於是年故。庚申，鄉舉副車。而明年，胞弟欣亡。遭家多蹇，著述之功旋作旋輟。母曰：「汝無忘先子之言，尚終其業！」振凛之不敢怠。癸亥，丁内艱。有懷二人，倍加奮勉，詳審再三，而注始畢。自來十有三年矣。名之曰《周書解義》，蓋解自有義，第即其解以還其義也云爾。嘉慶十年夏四月甲寅朔謹序。

（據月林堂板《周書解義》）

校訂周書解義跋

徐珩

是書見劉歆《七略》、班固《藝文志》，千百年來未有專家，孔氏之注簡略太半，僅賴校本以傳於世。傳之而不申其義，則有解如無解矣。餘莊年伯繼其家學，竭慮殫精，不憚十數載之勞，廣成《解義》，攜示家嚴定之。珩奉父命校訂焉。是注有倫有脊，綜括無遺，宜約宜詳，折衷至當，使古人著作之深心昭然若揭，後之覽者既可通其章句，自能識其精微，而《周書》之事理不且與《尚書》并著也哉！年愚姪徐珩跋。

（據月林堂板《周書解義》）

逸周書補注自序

陳逢衡

古籍之存於今也，若滅若没，岌岌乎千鈞一髮矣。學者不能悉心研究，但知拾取浮言，習爲排斥之説，是豈與古爲讐哉？抑亦囿於衆而不克自拔也？夫以孔壁古文之炳於唐疏頒於學官，尚不見容斯世，矧其在七十一篇之聲沈響絶者乎？吾爲此懼，爰取晉孔氏所注《周書》補之。雖學殖蕪陋，無所發明，幸依盧學士校刊本，爲之彌縫而斟酌，以求合焉。庶幾區區嗜古之心，稍覺慰耳。竊念生平閉户自怡，不邀虚譽，知我罪我，皆所不計。且幸家有藏書，倘天假以年，總集前此攻擊古文諸家，條分縷晰，以昭平允之論，則予今日之殷殷七十一篇，實他日力挽二十五篇之先路也。道光五年乙酉五月端午日，江都陳逢衡識。

逸周書補注序

顧千里

邗水之陽，有修絜自好之士曰陳君穆堂。家世儒林，受學植行。插架既備，寢饋其間。徧涉四部，尤邃三古。雪鈔螢纂，祁酷靡輟。專室左右，池亭花藥，琴樽香茹。勝侶過訪，從容譚藝，皆以君爲如春之熙怡、秋之曠爽也。值今天子元年開殊科，有司欲選君以上，大府君力辭非所敢當。至再三，乃止。於昔人所謂爲善而不近名，庶乎似之！予屢遊是土，交君頗稔。客冬，曾數晨夕，獲見所注《逸周書》廿二卷，并屬爲之序。夫《逸周書》，晉孔晁解疏陋無足觀。近世餘姚盧學士文弨雖集合衆家校正刊行，然間一尋覽，但覺尚多棘口詟心，譬猶蠶叢魚鳧與康莊相錯，每至窘步，輒復掩卷。君獨不避艱難，鉤深致遠，字梳句櫛，旁徵博引，詳哉言之。凡孔解所無、盧校之欠，期於全得其通。則將讀是書，舍君之注曷由哉？定本有年，未遽問世；造物不聽，君秘而自娱。迨乎今兹，削氏告竟，予遂操翰濡墨，克完宿諾，爲讀《逸周書》者幸，彌爲《逸周書》幸矣！又嘗見君有《疏證隋經籍志》一書，爲例本諸深寧叟《漢藝文》之作加以推廣。厥在補亡，搜羅鴻濶，排比妥帖，當使百氏廢者咸起，九流散者仍聚。其殆兼會前此孫穀、姚之駰、余蕭客、章宗源等諸公所長，而益其所未及，爲成一家言。兹事體大，方遲脱藁。以君富齒僅艾，篤嗜罔遷，日而月之，優而柔之，玉屑堆桉，此中閉户珠光照乘，他時懸門可屈指計爾！牽連及焉，用訊夫世之以讀是書而知君者，且毋以知是書而盡君也！道光乙酉嘉平月，元和顧千里撰於新城雙橋巷口之思適寓齋。

逸周書補注叙略

陳逢衡

《逸周書》古無善本，以近日餘姚盧氏抱經堂校本爲最善。其所據舊本，則有元劉廷幹本、名貞，有四明黄玢序。明章孽本、程榮本、吴琯本、卜世昌本、何允中本、胡文焕本、鍾惺本。其參校諸家，則有元和惠氏定宇棟、吴江沈氏果堂彤、嘉善謝氏金圃墉、江陰趙氏敬夫曦明、臨潼張氏芑田坦、江寧嚴氏東有長明、金壇段氏若膺玉裁、仁和沈氏朗仲景熊、仁和梁氏曜北玉繩、錢塘梁氏處素履繩、錢塘陳氏省衷雷。而末則自序合衆本並集諸家説校，蓋世閒相傳之本莫善於此矣。故一依盧氏作藍本，而間取他本參訂之。

《逸周書》於全刻外，其見於選本者，則有武林陳爻一、淏子周文歸、西吴潘基慶。潘刻於萬曆辛亥，陳刻於崇禎庚辰，祇取圈評，無所詮發。潘刻《命訓》、《常訓》、《武稱》、《程典》、《文傳》、《武順》、《大匡》、《大聚》、《皇門》、《大戒》、《史記》、《職方》、《芮良夫》、《周祝》、

《武紀》共十五篇，則其自選。陳刻《度訓》、《命訓》、《武稱》、《文傳》、《大開武》、《武順》、《和寤》、《武寤》、《克殷》誤作陰、《作雒》、《謚法》、《官人》、《王會》、《王佩》共十四篇，則竟陵鍾伯敬選也。嘉靖間黄佐輯《六藝流别》，採逸書甚多。其録於《書藝》者，則有《商誓》、《皇門》之誥、《祭公之顧命》、《程典》、《嘗麥》、《歲典》、《本典》、《文酌》之謨、《開武》之謨、《佩玉》之訓、《大匡》之問、《度邑》之問、《四方獻令》。其録於《禮藝》者則有《謚法義》、《夏箴》見《文傳解》、《商箴》、（案所引「天曰順，順維生；地曰固，固維寧；人曰信，信維聽」，乃《吕氏春秋・序意篇》文，非逸書。）《金版銘》、（案所引乃《大聚解》。）《即位筴祝》。（案所引乃《克殷解》中「殷之末孫」至「受天明命」一段。）其録於《春秋藝》者，則有《成周王會記》。《詩藝》則「辔之柔矣」六語，「天爲蓋地爲軫」六語，「欲伐而不得生斧柯」二語而已。典謨訓問，硬分名目，已屬穿鑿，而於諸篇舊本空圍一概删去，連接成文，尤非。

是書命名，俱以「解」名其篇。案《説文》：「解，判也。」《博雅》：「解，説也。」《玉篇》：「釋也」。《文心雕龍》曰：「百官詢事，則有關刺解諜，解者，釋也，解釋結滯，徵事以對也。」又《古今樂録》：「傖歌以一句爲一解，中國以一章爲一解。」王僧虔啓云：「古曰章，今曰解。」據斯二説，古人原有以一篇爲一解者。求之春秋時，惟《管子》有《牧民解》、《形勢解》、《立政九敗解》、《版法解》、《明法解》，然皆申明前篇之意而爲解説，故曰解，與

《周書》又不同。

《大匡》第十一、《程典》、《文傳》、《大開武》、《小開武》、《武順》、《和寤》、《武寤》、《克殷》、《大聚》、《度邑》、《作雒》、《皇門》、《周月》、《時訓》、《謚法》、《王會》、《祭公》、《史記》、《職方》、《芮良夫》、《王佩》最爲完善，而《度邑》、《皇門》、《祭公》、《芮良夫》其尤雅者也。《文酌》、《酆保》、《小開》、《寶典》、《大匡》（第三十七）、《文政》、《成開》諸篇，訛誤脱落，均所不免，在善讀者疑以傳疑而已。

《糴匡》、《大匡》第十一、《文傳》、《大聚》等篇，皆爲備荒而設，可見周家體卹民隱至意。

《武稱》、《允文》、《大武》、《大明武》、《小明武》、《柔武》、《武順》、《武紀》，皆兵法也。諸篇不無戰國謀略先聲，然要是周人手筆，非秦漢以後語。

《大開》、《武儆》、《銓法》、《器服》四篇，俱不全之文，而《器服》則並難句讀。

《程寤》、《秦當作泰陰》、《九征》、《九開》、《劉法》、《文開》、《保開》、《八繁》、《箕子》、《耆德》、《月令》十一篇皆亡。盧本據《藝文類聚》、《太平御覽》補《程寤》七十五字，據蔡邕《明堂月令論》及《隋書·牛宏傳》抄呂氏十二《紀》首補《月令》，今仍從舊本。

《謚法解》即六家之《周公謚法》。盧本以《史記正義》删改，則既失《謚法解》之舊觀，而又非《史正義》之目次，兩失之矣。今仍從舊。

《王會解》，孔氏注本甚略，宋王伯厚舊有《補注》，於名物多不能詳，而援引又無裁斷。是篇凡七易稿，其無考者猶磊磊焉。甚矣，古書之難讀也！

《世俘》一篇，據《漢志》亦稱《武成》。舊本「乙巳陳本命新荒蜀磨至」至「百韋命伐厲告以馘俘」七十九字係錯簡，故日月不符。今依正文干支推算時日，毫無疑義。

《皇門》作於流言初起之時，《嘗麥》作於三叔搆禍之後，二篇文辭古奥，定是西周手筆。

《大匡解》云管叔自作殷之監，《作雒解》云武王克殷建管叔於東，可知管叔之畔，於周公無涉。《作雒》又言三叔及殷東徐奄及熊盈以略，後又言俾中旄父宇於東，可以證周公居東之東，是國邑非東都也。

《作雒解》云周公立相天子，《大戒解》云王訪於周公，《明堂解》云武王崩成王嗣，《嘗麥解》云王初祈禱於宗廟，《本典解》云王在東宮，《王會解》云天子南面立周公在左，均是周公未攝天子之證，可補傳注所未及。

是書舊稱《周書》，見《漢藝文志》。其後《隋經籍志》因之，劉知幾《史通》因之，經注亦多作《周書》。至晁公武《讀書志》，始目爲《汲冢周書》。楊升菴辨之甚悉，則當稱《周書》爲是。今題《逸周書》者，從《説文》引稱《逸周書》以別於《尚書》，故仍從盧本不改。

此書相傳爲孔晁注，然《晉書》無孔晁傳。《隋志》「《周書》十卷」，亦不云某人注。晁公武《讀書志》始云晉孔晁注。案孔氏之學,《隋志》載梁有《尚書義問》三卷,鄭玄、王肅及晉五經博士孔晁撰。又云《春秋外傳國語》二十卷,晉五經博士孔晁注。又《穀梁傳》五卷,注謂孔君,指訓而不言名。余蕭客《經解鉤沉》曰:程端學《春秋本義》十四卷,引孔晁。書之有《補遺》也,蓋摘録他書之引是書而爲今本所無者。然往往援據失真,謬相引證,訛以傳訛,非徒無益,兹特别立《諸書誤引》一門,懼魚目之混珠也。

周人卜年七百,當戰國之際,家自爲説,人自爲書,幾於汗牛充棟。其有典章文物藉以流傳者,已如吉光片羽,不可多得。其間小説稗官,往往雜出。此亦金中之沙,相附而存,棄之可惜。然不敢竟謂逸書之遺,故又爲《附録》一門,以拾散亂於朽蠹之餘而已。

逸周書管箋序

陳　鈞

鄉鈞以經學受知於阮芸臺宗師,曾謂能用《逸周書》,是必留心古籍者。然其時不過摭採字句,襲取詞調,矜博雅而騁藻繪,於經旨閫奥,毫未窺也。既而苦殘缺之難補,慨訛誤之莫更,求一善本不可得,因之輟業者三十餘年。兹我瑶泉公祖出所著《逸周書管箋》一編,屬爲較録。鈞受而讀之,見其據孔博士舊注,參取周氏、盧氏各本,詳考博辨,將以別黑白而定一尊，又與難弟浮山先生口訂手勘，晦明弗懈，增損塗乙，朱墨雜錯，務求足以垂世而行遠。鈞覽玩不忍釋手，若遇良友於離羣索居之後，不覺臭味之何以親；如覩光天霽日於陰霾開豁之餘，不覺耳目之何以爽。甚矣！古義雖奥，必有會心之人；古籍雖沉，必有顯播之日，誰謂此書竟無善本哉！夫注書而不能發前人之所未發，則其書可以不注；發前人之所未發而不先得乎後人之所欲發，則其注未必遂傳。發前人之所未發，得後人之所欲發，而無關於綱常倫紀之大，不能曲闡乎古聖賢心跡之微，不克滌蕩乎數千年諸家晦盲否塞之迷謬，則其傳亦未必能久。是編如《疏證》之賅洽，《摭訂》之詳贍，覺其書卓然與百篇中《周書》並重。而《箋釋》之平正確實，明白曉暢，亦足與蔡傳並傳。尤愛《提要》一卷，剖析微芒，洞窺原本，俾數千年疑案一旦涣若冰釋，不惟議武非聖人如東坡者流固已無從置喙，即以此書爲戰國處士所纂而非孔子删論之餘者，亦當自悔其寡識。謂非不朽之盛業與！鈞年來以經學爲耕耨計，而於古籍究鮮有闡發。歲月虚擲，老大自傷。今讀是編，方爲此書幸，而輒不禁俯首生愧云。道光戊子春日，治晚生陳鈞謹序。

逸周書管箋序

張大業

羣經中，惟《尚書》最難讀。有今文，有古文，有中古文。説者謂中古文即漆書古文，爲真古文。顧《易》亦有中古文，未必《書》之中古文果真古文也。漢初有二十八宿之議，古文未顯而今文特重。然至唐僞古文行矣，而《今文尚書》之稱數見不鮮，豈即漢所謂今文乎？是又何書也？古文可疑，今文亦有可疑。如《堯典》，今文也，虞舜二字，虞者國號，舜者帝號，不應有鰥在下之日帝廷稱之。《孟子》不告而娶，辨論再三，而《書》言釐降二女，在烝烝乂不格姦之後。可信者在《孟子》，則《書》此節何解？《金縢》，今文也，今天動威以彰周公之德，何致周公之號遽出成王口中，且以通篇稽諸？《史記·魯世家》合兩事爲一事，遂致雷電以風，千載嘵嘵。《康誥》，今文也，何以武王誥康之篇，反與《酒誥》、《梓材》並列成王《大誥》之後？封衛在成王時，何以《左傳》言命以《康誥》而封於殷墟？《多士》，今文也，經一言周公初於新邑洛，再言今朕作大邑於茲洛，何以《序》言成周既成，遷殷頑民，其地與事兩不相應？《多方》，今文也，而天惟五年，須暇之子孫誕作民主，此五年從何時數起？予與瑶泉促膝都門，每當月夜，酣歌雪牕，噓暖唱和，外輒以此等疑義相辨難。瑶泉曰：「君欲破此疑團乎？有一書。」予曰：「其殆史所稱《尚書》逸篇之《周書》矣乎？」猶憶嘉慶戊辰，瑶泉旅寓安平，抱悼亡之戚，曾寄予信，謂議續絃未就，惟以訂勘《逸周書》，效吕東萊作《博議》。且約予共校，俟他時質證同異。故予嘗竊誦其書，言文王者二十五篇，言武王者二十一篇。雖語多晦澀，字多訛闕，要足見謨烈之遺。《皇門》、《成開》、《大戒》等篇，古奥深厚；《大匡》、《大聚》、《文傳》、《文政》等篇，醇雅淵懿，皆豐鎬盛時之文。《商誓》與《多士》、《多方》相出入，《度邑》、《作洛》與《召誥》、《洛誥》相發明，《嘗麥》與《吕刑》相彷彿，《祭公》、《芮良夫》與《無逸》、《君奭》相近似，意其足相印證者在是乎！瑶泉曰：「未也。《泰誓》言觀政於商，似武王有圖商之志。甲子之役，即孟子亦言聞誅一夫紂未聞弑君，似武王百篇中《周書》十九篇，紀武王者二，豈孔子概删之，祇約成《牧誓》、《洪範》二篇乎？《泰跋扈已極。紂之死，《史記》言斬紂頭，以及諸書言繫繯車曳，甚於伍員之鞭楚平。文、武相承之年數，伐殷前後之月日，《史記》、《漢書》兩相矛盾。周公當主少國疑之際而踐祚涖阼，載號載呶，甚至如劉恕《外紀》以周公紀元。」當其時，瑶泉分符沛上，予亟勸其割俸以授梓。瑶泉欿然曰：「作一聲，即强識之，亦莫詳且熟。故瑶泉逐條覼縷，風生泉湧，予噤口不能《中庸》取自《禮記》，《孟子》取自《戰國策》，皆賴諸儒表彰之力。此書足與《尚書》並重，吾必求所以表彰之，猶有待。」迨予幸叨甲第，作宰五臺，瑶泉遺先後所梓書數種，併言《逸周書》將付剞劂，爲之賫其稿以相示。予讀之，全書十卷，外有《疏證》、《提要》、《集説》、《摭訂》四卷，蓋倅州數年，與難弟浮山所共成者。《柔武》之以德爲本，以義爲術，以信爲動，以成爲心，以決爲計，以節爲勝，提明以見武王治國治天下之要道。《酆謀》之時至矣，乃興師循故，辨之以爲伐黎之舉。《武寤》之王不食言庶赦定宗，揭之以彰武王無利天下之意。《克殷》之登於廩臺之上屏遮而自燔於火，表紂爲千古最先殉國之君；立王子武庚命管叔相，闡之以爲武王不幸值紂已死，故隱於奉戴嗣君而退守舊藩也。《殷祝》一解，詳述湯之請桀，何與於周而編入周書？繹作者之意，蓋以湯明武，紂若不死，武王必請復辟，斯明徵也。《文傳》言文王受命九年，《寶典》、《酆謀》並言王三祀，《大匡》（指後篇）、《文政》兩言十有三祀，與《漢書》之合文九武四爲十三年不同，亦與晚出《泰誓》之十三年不同。《武儆》言十七祀，據《竹書》，知《史記》之本《金縢》而言克殷後二年崩者誤。《作洛》曰周公立相天子，無負扆而朝之事；曰周公召公内弭父兄外撫諸侯，知周公無流言避難之事；曰二年又作師旅臨衛征殷，亦無居東二年征東三年之事。而且《克殷》之射擊斬折，《世俘》之負懸，《度邑》之言居陽翟因其有夏之居，《作洛》之言作大邑成周於土中；無可辨證之中，天然有一確證；無可考核之中，豁然而成精核。予於是嘆《逸周書》洵有功於《尚書》，且以徵古文之不如今文也。屬瑶泉命予序，噫！予之言奚足爲瑶泉重，惟是瑶泉嘗言儒者訂訛闢謬，與抱殘守闕同是一心，況此書人每鄙爲不足讀，而表彰之不遺餘力，其心較他經爲更勞且迫哉！予交瑶泉二十餘年，知其學皆有所獨得，平日之相與辨難者，固未足盡其藴也。然有論證偶及此書者，兹特文之以覆之，豈敢言序哉！用以誌予兄事瑶泉之素云。

道光庚寅立春日，誼弟張大業謹識。

逸周書管箋序

楊嗣曾

予與瑶泉初訂文字交，獲見其所著述十數種，有已梓者，有未及梓者，而其用力之專，用心之勤，尤在《逸周書管箋》一書。方《管箋》之付梓也，瑶泉問序於予，予以簿書鞅掌，謂藏事尚需時日，而未之就。今夏因公晉省，攜其副本以自隨，旅邸中繙閱數過，爲消暑計。因嘆然曰：有是哉？瑶泉之樂此不疲也！十卷書中，訂譌補闕，俾世之苦其難讀者忽易讀，世之鄙爲不足讀者咸以爲不可不讀。而又有《疏證》，使人知冠以汲冢無謂也；有《集説》，而知世儒之議之者固毛疵，即譽之者猶膚末也；有《摭訂》，而辨别於東遷以後與未東遷以前，及今文之可信古文之可疑，爲甚晰也；至《提要》，則窮原探委，曲暢旁通，定射擊斬折之解，辨負懸之訛，闡殉國之旨，於是書亦幸無遺議矣。顧吾尤有爲瑶泉幸焉者：《克殷》、《世俘》二篇，孔注本於《史記》，《史記》又本於《尸子》、《墨子》等書。昔賢因武紂之事未嘗不辨，無如王子雍後真古文不可見，後人竟無所據，以駁《史記》而訂正此書，故其事遂成千古一大疑案。真古文亡而僞古文出，使作僞者沿《史記》諸説以附益於《武成》，則瑶泉終莫能辨。即辨之，亦誰信之？惟古文不襲太史公之唾餘，而《武成》一篇似留此滲漏，以待後人勘定而表彰之。故瑶泉始得以是爲武紂辨。其可幸爲何如也？士大夫一登仕版，誰復能枕經葄史，握槧懷鉛，日不忘秀才本色？瑶泉是編，研究十數年，搜尋千餘卷，寢食爲之俱廢，而後詞顯義明，足與百篇中《周書》並重。天下儒者，諒莫不嘆其爲孔博士功臣。顧安知瑶泉仕不廢學，其心之勤與力之專若此哉？予前養痾泲上，深知瑶泉績學淵通，宅心醇粹。瑶泉每以師道待予。迨予莅任數年，又喜其佐予以正人心而善風俗，瑶泉之師事予益篤。噫！予何足爲瑶泉師？惟於此書樂誌數言，以見相得莫逆之雅云爾。道光庚寅夏五下浣，書於山左會垣之寓齋，商城楊嗣曾魯生氏。

逸周書管箋自序

丁宗洛

此書曰「逸」曰「汲冢」，均非《漢書·藝文志》舊稱，然均爲宋元以來之通稱。至國朝修《四庫全書》題曰《逸周書》，遂爲定號。號既定，則世益珍，顧讀者又苦無佳本。嘗考宋之李燾、陳正卿、元之劉貞、明之章蘗、吴琯、卜世昌、楊慎，俱經刊刻。大約殘闕處前後相因，如太倉陳米；訛誤處彼此互異，如多歧亡羊，後儒奚賴焉？洛自嘉慶甲子棘闈報罷，欲爲汗漫遊，忽有從陸放翁學詩之夢。由是究心韻語，與宇内風人騷客迭相唱和，頗不以科名爲念矣。既而讀《禮》家居，諸子姪仍以經義相質。從弟至臣宗周，特求校此書以資誦讀。洛亦愴然念本生考之命校正，而未克卒業也。急取周氏光霽本訂其訛補其闕脱，凡若干條。丁卯挈眷北上，購盧紹弓先生抱經堂本以相勘，蓋同者半異者半，而不及者亦半。盧氏本號稱最善，然往往以訛脱難曉語鶻突過去，猶未足以厭予望也。維時僑寓穀邱，閉門謝客，課虚無以責，有搜荒邈以求安，自覺有穿天心出月脅之致。己巳、庚午間，遂繕清本，棄諸行篋。苟遇博古名流，必出以就正。偶有續解，隨附卷端。積久，而增於前又如許矣。然未敢遽以問世也。道光癸未，季弟如金來署，見而嘆曰：「弟亦有校本，已自謂無有遺義，今讀兄所校者，反覆勝也。」洛曰：「我與若皆自謂無遺，而遺者竟各不同，安知所遺不尚多乎？」又復冥搜互探，去短存長，踰兩年而後定。嗟嗟！以洛之鈍拙，於此數卷書且歷十餘年，四易其稿，始能得什一於千百。綴聞之士，能無訕笑乎？遂名之曰《逸周書管箋》。將授剞劂氏，爲紀其校書之顛末如此。道光乙酉立冬日，瑶泉丁宗洛識於沛二官舍。

箋逸周書凡

丁宗洛

一、校書經爲主，注爲輔。經不可通，求之於注；注不可解，求之於經；經注俱難依據，然後援引他書，脱者增之，衍者删之，闕者補之，譌者正之。苟可共信，何妨徑爲點定？然經必萬不得已，而後竄易，注則彼此挪移，增删字句，以期明晰。若稍未醒豁，無論經、注，俱祗夾寫本文之下，用示存疑。此外足備一説，及續增意解，不及隨文附紀，舊列全書之後爲《外篇》，今則列上方，低一格以别評語，仍以外篇冠之。此予重校此書之大凡也。

一、盧氏所校，頗稱善本，今則細心參訂。盧氏援據諸書，有直舍此而從彼者，如《武順解》，盧氏引《博物志》將「左、右」「天、地」等字互易，今仍本經。《克殷解》，盧氏據《史記》增「膺更大命」三句，今從盧氏。但盧氏有取決於韻而欲改經文者，如《小明武解》「枝葉代興」欲改「興」爲「舉」，與上「主」叶；《周祝解》「澤有獸而焚其草木」，欲去「木」字與下「巧」叶，今則斷不敢從。又盧氏校語均在各段注後，今緣有所挪移，如《常訓解》言「行權當有時如此」注，舊在「政不成」句下；《大匡解》經文「鄉正保貸」句，爲注隔連上段，今俱移易。故校經經後，校注注後。文繁，則詳於句下，以便省覽。至凡訛衍闕脱之處，或稱盧改，或曰從盧改，或云盧從某本。既不没諸家之善，亦足見盧氏矜慎之心。此予據盧本校此書之大凡也。按盧本蓋從賈公彦《周禮疏》之式，今因校訂頗多，若相隔過遠，不便省覽，故爲此式。元吴師道補注《國策》，已啓其端。

一、是書在嘉慶己巳、庚午間已繕定本，祗因旅資屢匱，宦囊又澁，未及授梓。越道光甲申，四弟浮山如金在署亦有校本，乃合而訂之。如《羅匡》之「大馴鍾絶」，《大戒》之「重位輕服」，豁然打破疑團；《克殷》之射、擊、斬、折，《世俘》之負、懸，炯然照以慧炬。而且旁搜博討，爲《疏證》、《提要》、《集説》三卷於前，爲《摭訂》一卷於後。歷三年餘而後定全書，雖較舊本增十之五六，仍稱十卷，以符《隋經籍》、《唐藝文》之數。此予與弟共校此書之大凡也。

一、從來校此書者，訂正無幾，而訛謬轉增。相襲相沿閱數百年，而殘闕益甚。茲則悉心校對，使刻書不爲流毒之漸。又依五經旁訓辨體之式，詳其句讀，《文政》之「開宗循王」，注本在循字下；《大戒》之「子惟重告冄庸」，注本在「冄」字下，今皆移正。後《大匡》之「汝其夙夜濟濟」，有注在「汝其」下，《祭公》之「朕魂在於天昭王之所」，有注在「於天」下，其語極爲黏煞，難以删併，故從舊。正其段落，《度邑》篇中間移一段於《武儆》，原宜照《尚書·康誥》、《洛誥》起數行之例，但因校語太繁，恐眉目不清，故直作正文。使讀者心目朗然。若有難曉等句，不分經注，概用尖圈别之。又如《克殷》、《世俘》二篇，射擊斬折負首懸旂等注，大乖義理，與他處詞旨紕繆迥異，故直删去，免致惑人。若如《大開武》篇欲以毁送之商密、《酆謀》篇言可伐紂之時至，則用簽抹，使人纔一展卷便自了然。此予刻此書之大凡也。瑶泉宗洛謹識。

逸周書管箋序

丁浮山

嘉慶辛未，仲兄公車歸，以一校本《逸周書》授從弟守之宗曾曰：「此汝叔兄自都門寄以示汝者，讀畢兼示至臣。」吾攫而先讀之，見其博採諸家以墨書，自得新義以朱書，蓋兄舊序所謂「朱墨相隨，逐節爲箋」者也。時吾因朱書尚多缺，急自校正，將以别張一軍焉。未幾，省兄濟署，讀其手繕定本，昔日朱書所未舉者，已爲墨筆所具詳。吾之喜其得於朱書所缺外者，竟亦無幾，且滋愧矣。雖然，兩年校勘，得一義如雲破月來，成一語如風回綺合，蓋不勝稽古之樂者。回憶守之、至臣兩弟，均不獲卒讀，而吾幸有與於此書之成，其喜不更甚耶！浮山如金謹識。

逸周書管箋跋

丁浮山

右《逸周書》十卷，《隋經籍》、《唐藝文》之舊目也。增《疏證》、《提要》、《集説》三卷於前，附《摭訂》一卷於後，統名之曰《管箋》，則今年立秋日之所告成也。余讀之，不禁蹶然起曰：昔嘉慶丙辰之春，余與叔兄同硯席，夢見兄持彩筆一束，擇其佳者一管授余，兄弟各賦詩誌喜，仲兄亦交和其韻。越己未，先君子歸自都中，召余兄弟誥之曰：「士不通經，不足致用，而二帝三王之治本於道，二帝三王之道著於《書》。百篇之外，尚有七十篇。雖中間殘缺頗多，而微詞奧義，可以知周之德，與周之所以王者實在於此。爾等人置一簡，訛誤者如何正，殘缺者如何補，各攄心得，毋事勦襲。經術之講明，蓋有厚望焉。」自是經義相質，寒暑弗輟，不得於經必求諸注，不得於注必求諸序，序又不可得，則旁求於衆說。奇共賞而疑共析，洵天倫間一樂事也。辛酉冬，不幸先君子棄養，余兄弟恪守成訓弗敢忘。無如伯兄累於家計，未能成帙。叔兄奔走燕塵，分符濟水。仲兄計偕北上，司訓羅陽，余亦飢驅筆耕舌耨者無寧歲。今上紀元，余卜居徐聞之龍山，始得此書插架。鰓鰓然喜，可以告先人矣。癸未冬，省叔兄於濟署，兄闢棣華書屋居之，偶出此書以相示，余亦舉所自校者以相質。兄喟然嘆曰：「我兄弟所見尚有挂漏，何況天下之大？」遂析散舊本，再加校訂，屬兄以訂地、訂事、訂官、訂人、訂物，責其考證。蓋兄因公冗，不克徧閱羣書，而余又無慧性，鮮所折衷。兄嘗言考據之道，極疑難處，必有一線可通，極叢雜處，必有一緒相引，病在我輩讀書粗心滑口耳。余於是遇不可解處，輒將所考書呈諸兄以待裁定。夏之夜冬之夜，往往瀹茗述古，輿酣筆灑，其辨駁聲與譙樓更鼓、鐵塔寺鐘及簷前雨點相間。屈指數之，歷五稔矣。又洵冷署中一天倫樂事也。數十年授筆之夢，其應於是乎？書既成，仲兄所訂正者亦已備録卷中，因思賞奇析疑，與當日同侍先君子𦣻下無異。他時質諸伯兄、仲兄，當以爲何如？道光七年丁亥立秋後一日，季弟如金敬跋於濟署之棣華書屋。

逸周書管箋跋

何志瑗

右《逸周書管箋》十卷，又《疏證、提要、集説、摭訂》四卷，以其皆箋書之所及，統以《管箋》名之，約有二十三萬九千餘言。先生自叙謂乙酉冬告成，浮山先生又言丁亥秋告成。蓋隨時審酌，隨手更正，至是五易其稿矣。瑗以今年執經門下，適先生舉此書令其校字。瑗覃思畢精久之，迺憬然曰：合兄弟友朋以共商，歷十餘年而猶未敢遽定，何其慎也！風塵奔走之間，冠蓋雜遝之地，口喃喃若有所言者此書，意惄惄若有所恨者亦此書，何其勤也！苟爲吾説所取資，無書不可採，無人不可從。不則雖賢豪亦難奪其見，雖《史》、《漢》亦必指其疵，何其虛心而定識也！先生嘗言：「嘉慶庚午，旅寓安平，方繕此書。時夢有客自都中來，持贈二本，夢中喜爲宋槧。既醒，册式欵識宛然在目。道光丙戌，因《克殷》之屏遮自燔與《世俘》之瑾身自焚頗覺齟齬，忽於夢中得自殉之説，醒而求諸經文，遂悟《史記》寶玉衣誤，注言紂身不盡玉亦不銷誤，自《史記正義》以來將庶玉與天知玉混爲一事誤，盧本於『璲身』上增『五』字亦誤。」噫！思念之專，通於冥漠；精神之感，形諸寤寐，固如是乎！瑗鈍拙，他未有所進益，惟素好讀此書。苦無善本，即見盧氏本，亦昏昏欲睡。今讀先生所箋者，咀彌旨，嚼彌甘。夫乃歎昔人斥爲六國時僞譔者，竟粹然可與五經並行，不洵藝林一快事哉！丁亥季冬朔日，受業何志瑗謹識。

逸周書分編句釋叙録

劉兆祐

《逸周書分編句釋》，十二卷，清唐大沛撰。大沛字醴泉，上元人。

是書《隋書·經籍志》以爲「似仲尼刪《書》之餘」。陳振孫《直齋書録解題》曰：「相傳以爲孔子刪《書》所餘者，未必然也。文體與古文不類，似戰國後人放傚爲之者。」李燾跋嘉定十五年刊本曰：「書多駁辭，宜孔子所不取；抑戰國處士私相綴緝，託周爲名，孔子亦未必見。章句或脱爛難讀，更須考求別加是正云。」劉克莊《後村詩話》言之尤詳，曰：「《汲冢書》十卷，七十篇，與《藝文志》『《周書》七十一篇』合，但少一篇。晁子止謂其記録失實，李仁父謂書多駁詞。按中間所載，武王征四方，馘億有十萬七千七百七十有九，俘三億萬二百三十，暴於秦皇漢武矣。狩擒虎二十有二，囿雖大紂，安得熊羆如是其衆？又謂俘商寶玉億有百萬，皆荒唐誇誕，不近人情，非止於駁而已。百篇，聖筆所定，《孟子》猶疑漂杵之語。前輩云：『吾欲忘言觀道妙。』六經俱不是全書，況汲冢之類乎？」諸家所疑如此。《四庫全書總目提要》以《左傳》引《書》「志勇則害上，不登於明堂」；又引《書》「慎始而敬終，終乃不困」；又引《書》「居安思危」；又稱周作九刑：其文皆在今書中。則春秋時已有之，特戰國以後，又輾轉附益，故其言駁雜耳。究厥本末，終爲三代之遺文，不可廢也。

注此書者，以晉孔晁爲最早。校訂者，則以清盧文弨抱經堂本爲最佳。盧氏據元劉廷幹本及明章蘗、程榮、吴琯、卜世昌、何允中、胡文煥、鍾惺諸家本，參互校定。唐氏以原本有真古書完具者，有稍殘缺者，有殘缺已甚者，有集斷簡而成者，有取古兵家言指爲文武之書者，有僞敘首尾强屬之某王時者，有本篇已亡讕取他書以當之者，真贋相淆，純雜不一，誠不可不分别觀之，乃訂爲上編、中編、下編。上編所收大抵即所謂真古書完具，皆先聖不朽之書者；中編所收，大抵即所謂雜集先聖格言以成，或雖有錯簡訛脱，要不失爲古書中精且醇者；下編所收，則大抵集取斷簡而成，或篇章殘缺，義亦難曉者。各編之次第，則以訓告書爲先，紀事書次之，政制書次之，武備書又次之。上編收訓告書十二篇，紀事書七篇，政制書九篇，計二十八篇，中政制書九篇已散佚；中編收訓告書十篇，武備書八篇，計十八篇；下編收訓告書八篇，紀事書二篇，政制書三篇，序一篇，計十四篇。其訓釋則多引晁注，遇有誤處，則加以訂正。又録盧氏説及盧氏所引惠士奇、惠棟、趙曦明、張坦、嚴長明、段玉裁、梁玉繩、梁履繩、陳雷、沈景熊諸家之説。此外，復引宋儒王伯厚之《補注》、王懷祖之《讀書雜志》、陳穆堂之《補注》及其他諸家説；遇有疑處，則加按語。

是編成於清道光十六年，後又經唐氏手自訂補。雖有散佚，以其蒐採説解最爲完備，爲讀《逸周書》者所不可廢也。是書未曾刊行；今據唐氏手定底稿本影印行世。

唐大沛

逸周書分編句釋凡例

一、是書原本有真古書完具者，有稍殘缺者，有殘缺已甚者，有集斷簡而成者，有取古兵家言指爲文武之書者，有僞叙首尾强屬之某王時者，有本篇已亡讕取他書以當之者。真贋相淆，純雜不一，誠不可不分别觀之也，故訂爲上編、中編、下編。

一、原本以時代序次，究之時代亦不盡可據，且有前後失次者，故不用此例。每編以訓告書爲先，紀事書次之，政制書次之，武備書次之。其時代可信者，悉順其序，而篇題解第之數仍依古本，旁注今次某編某書第幾。

一、上編訓告書：依原本首《度訓》、《命訓》、《常訓》，以著千古帝王相傳之道法；次列《商誓》、《度邑》、《皇門》、《嘗麥》、《祭公》、《芮良夫》，與《今文尚書》二十八篇悉同執轍；次列《史記》、《周祝》、《王佩》，各成體製，超絕古今，皆先聖不朽之書也。凡十二篇。

一、上編紀事書：《酆謀》、《寤儆》、《克殷》、《世俘》，武王時所紀録也；《作雒》、《明堂》，成王時所紀録也；《王會》一篇，究非實録，姑附載于末。凡七篇。

一、上編政制書：《大匡》、《糴匡》，紀文王之仁政；《大聚》，出周公之手，著豐鎬之遺規；《武順》，爲周家世傳之軍政；《周月》、《時訓》、《職方》，以經天緯地；《官人》，以進賢；《謚法》，以正名：皆帝王經世之要也。凡九篇。

一、中編訓告書：首《程典》、《寶典》、《本典》，著文王、武王、成王、周公之遺訓也。與上編首三《訓》相配，皆古書中精且醇者。《文傳》，蓋雜集先聖格言以成；《柔武》，自「維周禁五戎」以下，亦古聖遺書；《大開武》，想見武王創業艱難，其中有雜入他書者；《小開武》，文筆與前篇不類，其中有本之《洪範》者；《五權》，略似集成之者；《成開》、《大戒》，有錯簡訛脱處，亦皆格言。凡十篇。

一、中編武備書：《大明武》、《小明武》、《允文》、《武寤》，皆韻語古雅；《武穆》、《武稱》，《大武》、《武紀》，皆兵家要言，而《武紀》尤醇正。凡八篇。

一、下編訓告書:《酆謀》,首尾皆僞作,中間則雜取兵家之言;《大開》,多殘缺,《小開》,亦殘缺訛脱,似集取斷簡而成者;《文儆》,殘缺,義亦難曉;《和寤》,後段雜入他書;《大匡》,亦似集成之者,中間文古義晦;《文政》,首尾皆錯簡,中間多訛脱難曉;《武儆》,殘缺訛脱太甚。凡八篇。

一、下編紀事書:《殷祝》、《太子晉》,文筆皆佳。凡二篇。

一、下編政制書:《文酌》,多訛脱義晦;《詮法》、《器服》,皆殘缺。附《周書序》一篇,凡四篇。

一、是書點句頗難,前人評選此書者句讀多誤。即孔注,於正文亦間有誤讀處。予所離句,恐亦不能無誤,姑就管見識之,且義取淺顯,謹倣宋儒朱申氏《左傳句解》之例,而不敢稱解,第隨文釋義云爾。

一、是書善本,莫若盧紹弓先生抱經堂校定本。先生據元劉廷幹本及明章蘖、程榮、吴琯、卜世昌、何允中、胡文焕,鍾惺諸家本參互校定,今正文及晉孔晁注悉依盧本抄録,而間有定正一二處。其録盧説稱盧云,至盧所引惠半農士奇、惠定宇棟、趙敬夫曦明、張芑田坦、嚴東有長明、段若膺玉裁、梁耀化玉繩、梁處素履繩、陳省衷雷、沈朗仲景熊諸家之説,悉依盧本稱惠云、沈云、謝云、趙云之例。此外有引宋儒王伯厚《補注》,則稱《王補注》,有引王懷祖先生《讀書雜志》，則稱《王雜志》；有引陳穆堂《補注》，則稱《陳補注》。有雜引諸家説，則稱某氏某名。惟有疑處及據管見定正處、總論處，則别以「沛案」二字。其隨文訓釋者不具。

一、每篇皆另紙鈔録，使可分可合，可選可删。又每篇分節次處另行提寫，以清眉目。

一、是書前人摒諸雜史類中，讀者甚少。今予不揣檮昧，爲分編以别之，集衆説以釋之。雖未必盡允，亦似覺稍闢蠶叢矣。倘英儒瞻聞之士具卓識以删定是書，取其最精當者二十餘篇闡發而表章之，以與《今文尚書》二十八篇並傳，庶使古聖人之大義微言不至湮没于後世，豈非懿事哉？是有俟于後之君子。

道光十六年歲次丙申秋九月，上元唐大沛識。

逸周書集訓校釋序

朱右曾

朱右曾曰：《周書》偁逸，昉《説文》；繫之汲冢，自《隨書·經籍志》。《隨志》之失，先儒辨之。不逸而逸，無以别于《逸尚書》，故宜復《漢志》之舊題也。其書存者五十九篇，並序爲六十篇，較《漢志》篇數亡其十有一焉。注之者，晉五經博士孔晁。每篇題云「某某解弟幾」，此晁所目也。舊但云「某某弟幾」。蔡邕《明堂月令論》曰：「《周書》七十一篇，而《月令》弟五十三。」可證也。唐初，孔氏注本亡其二十五篇。師古據之以注《漢志》，故云「今其存者四十五篇」。師古之後，又亡其三，故今孔注祇有四十二篇也。然晉唐之世，書有二本。孔氏解《克殷》「荷素質之旗于王前」云：「一作以前于王」；解《大武》「三擯厥親」云：「擯，一作損」。李善注《文選》「邱中」云：「《周書》邱一作苑。」劉知幾《史通》云：「《周書》七十一章，上自文武，下終靈景。」不言有所闕佚，與師古説殊。《唐書·藝文志》：《汲冢周書》十卷、孔晁注《周書》八卷。二本並列，尤明徵也。其合四十二篇之注于七十一篇之本而亡其十一篇者，未知何代，要在唐以後矣。嗟乎！自周至今殆三千載，苟獲碎金殘石于瓦礫之中，尚寶之如拱璧。《山海經》之謬悠、《穆王遊行》之荒唐、僞《紀年》之杜撰，尚有掔覃綴緝之者，況上翼六經，下籠諸子，宏深質古若是書者乎？《漢志》儒家有《周政》六篇、《周法》九篇，道家有《周訓》十四篇，皆不傳，傳者唯此。儒者顧不甚愛惜，任其脱爛，或又從而觝排之。甚矣，其專己而蔑古也！愚觀此書雖未必果出文武周召之手，要亦非戰國秦漢人所能僞託。何者？莊生有言：聖人之法以參爲驗，以稽爲決，一、二、三、四是也。周室之初，箕子陳疇，周官分職，皆以數紀，大致與此書相似：其證一也。《克殷》篇所叙，非親見者不能；《商誓》、《度邑》、《皇門》、《芮良夫》諸篇，大姒《今文尚書》，非僞古文所能彷彿：其證二也。偁引是書者，荀息、引《武稱》「美女破舌，美男破老」，見《戰國策・田軫爲陳軫章》。狼瞫，引《大匡》「勇則害上不登于明堂」，見《左氏・文二年傳》。魏絳，引《程典》「居安思危」，見《左氏・襄十一年傳》。皆在孔子前：其證三也。夫《酆保》爲保國之謀，《武稱》著用兵之難，《常訓》之言性，《文酌》、《文傳》之言政，俱不悖于孔孟，而説者或誚爲陰謀，或譏其傎戾。嗚呼！豈知是書者哉！抑又考之《春秋傳》曰：「辛有之二子董之晉，於是乎有董史。」辛有，當周平王時周史辛甲之裔，世職載筆，或其子適晉，以周之典籍往，未可知也。觀《太子晉》篇末云「師曠歸未及三年告死者至」，亦似晉史之辭。六國以後，書始廣播。墨翟、蘇秦、蔡澤、呂不韋、韓非、蒙恬、蕭何之倫，蘇秦引《和寤》「緜緜不絶」四句，韓非引《寤儆》「無虎傅翼」四句，餘詳逸文。以及伏生、大小戴、太史公，時時節取此書。意其時學者誦習，亞于六藝，故劉歆、班固列之六藝書九家中，未嘗以孔子删定之餘夷之諸子雜家之例。姜士昌曰：「邱明以博物君子臣素王以垂不朽，誦法素王者不能舍《左氏》，故諸家訓詁犂然甚具。《周書》辭特深奥，流俗畏難好易，不復掔覈。」愚嘗味乎其言，覃思久之。夫孔注疏略，且多譌闕。餘姚盧文弨集諸家校訂，間有所釋，但恨其未備。嗣又得高郵王氏念孫、海寧洪氏頤煊之書，校定正文，及其義訓。乃不揣鄙陋，集諸家之説，仍是删違，申以己意：一，考定正文。如《文酌》「樹惠不瘛」，瘛譌爲瘛；《糴匡》「企不滿壑」，企當爲佥之類。一，正其訓詁。如《大匡》「展盡不伊」，孔注曰：「伊，惟也。」本《儀禮・士冠禮注》，今譌爲「推」；《武稱》

「遂其咎」之遂，當本《説文》訓亡；《大匡》「無播蔬」之播，當本《楚辭注》訓棄之類。一，詳其名物。如《王會》之「臺」，即《司儀》之「壇」；矛爲刺兵，非句兵之戟；《作雒》「晝旅」即旅樹；《器服》一篇皆明器之類。凡所訓解，悉本前儒，而以校訂音釋附焉。爰名之曰《集訓校釋》，屬藁於道光丁酉。又經陽湖同年丁侍讀嘉葆、太倉陸孝廉麟書、同里葛廣文其仁商榷，輒復隨手更定，蓋再易藁矣。今夏案牘餘閒，念心力之頗耗，感良朋之匡正，付之梓人。譬《左氏傳》，亦欲待服、杜諸儒出而論定云。時道光二十有六年丙午夏六月既望，識於新安郡齋。

王會篇箋釋序

張　穆

《周書》爲百篇之餘，著録於子駿《七略》、班孟堅《藝文志》，非出於汲冢，而讀者多懵其源流。至《王會》一篇，紀成周之盛，名物制度，足補墳典邱索之闕。自許、鄭注經，皆所援引，尤可寶重。顧船比部精心覃覈，博稽詳校，成《箋釋》一書。觀者咸服其賅博精深，擬諸裴氏之注《三國》、酈氏之注《水經》。而余謂其過人處，在於訓詁、地理二端，尤爲得未曾有。蓋先秦古籍深奥難通，顧船能疏通而證明之。如[illegible][illegible]之義，足補汶長；亢唐之訓，足匡司農；邛邛距虛之爲二獸，足糾景純。豁然若晦之見燎，釋然若冰之方泮。其它毋穿經術，宏益良多，定宇、紹弓，有所不逮。至若《禹貢》、《方域》、《春秋地名》，古人所稱絶學，而商周國名，曠無考證。《路史》之流，患在無稽，不足依據。顧船獨能一一求其所在，不爲鑿空之談。如區陽、西申、規規、禺氏之類，每樹一誼，堅確不移，使讀史者上下千秋縱横萬里，可以燭照數計，不誠爲稽古之快事哉！昔閻潛邱精考證之學，嘗云「讀書必尋源頭」。手一書至檢數十書相證，侍側者頭目爲眩，而潛邱精神涌溢，眼爛如電。其所著述，屹如長城，堅不可攻。故杜于皇贈閻詩有云：「不貴子博觀，貴子秉確識。吾子必自愛，如子實難得。」余曩謂斯語非潛邱不足當之，亦非于皇不能言之，至今日可轉爲顧船贈矣，因題於簡耑以志忻慕。戊申二月望日，平定張穆。

王會篇箋釋序

何秋濤

《王會》一篇，載於《周書》，紀成王時四海職貢之盛。其威儀度數，可以補《儀禮》、《周官》之缺。其國名地名，上綴《禹貢》，旁稽《職方》，下可與後世史志相證。其方物，皆五方珍奇，足資博覽。而又一一摭實詳記，與《爾雅》、《説文》相表裏，非若《山海經》、《禹本紀》諸書之怪，爲搢紳先生所難言也。然則學者欲論治道，稽典制，秉雅訓，考文獻，仰溯姬籙，舍此事末由知已。顧其注家，自晉孔晁後，惟宋浚儀王氏《補注》頗詳，且增入《大傳》所載禹四海異物，與本書附載之湯《四方獻令》並加詮釋，俾三代之典彙合參觀，誠有功於後學。自時厥後，讀家稀絶，塗徑榛蕪。迄於今日，奪謬淆譌，益復難讀。當世名人，爰自抱經盧氏、曜北梁氏、懷祖王先生以後，校訂注釋者數家，然諸君子大都考其字句，正其譌闕，至於詮釋雅訓，地志方物之事，猶或引而不發，未能盡詳。今則以王氏《補注》爲本，並取諸家所長，增採音義，徧考羣籍，悉心孯覈，作爲《箋釋》。箋以闡注，釋以祛疑。其既經諸家考定，歸趣無異，不事更張。或它家之論稍有齟齬，概從蓋闕，毋滋眩惑。凡所指摘，雖頗有依據，舊文爬羅剔抉，蓋仿鄭康成駁異義、箴膏肓之例。諸本互異，擇善而從，亦用鄭君注《禮》詳故書、今書之例。惟是學譾識陋，罔能淹貫，穿穴掎摭，聊效管闚。至其精指，請以俟之明哲云。道光二十九年五月望後一日，光澤何秋濤自識。

周書斠補序

孫詒讓

《周書》七十一篇，《七略》始著録。自《左傳》以逮墨、商、韓、吕諸子，咸有誦述。雖雜以陰符，間傷詭駮，然古事古義，多足資考證，信先秦雅記，壁經之枝别也。隋、唐《志》繫之汲冢，致爲疏舛。《晉書》記荀勗、束晳所校汲冢古文，篇目雖有《周書》，與此實不相涉。今汲縣晉石刻《太公吕望表》引《竹書·周志》「文王夢天帝服玄禳以立於令狐之津」云云，乃真汲冢所得《周書》。以七十一篇書校之，文例殊異，斯其符驗矣。此書舊多闕誤，近代盧紹弓校本、朱氏亮甫《集訓》，芟鬄蓁薉，世推爲善册。余嘗以高續古《史略》、黄東發《日鈔》勘之，知宋時傳本實較今爲善。世所傳録惠氏定宇校本，略記宋槧異文，雖多譌互，猶可推故書蹤迹。盧本亦據惠校，顧採之未盡。朱本於盧校之善者復不盡從之，而所補闕文，多採丁宗洛《管箋》，則又大都憑臆增羼，絶無義據。蓋此書流傳二千餘年，不知幾更移寫，俗陋書史，率付之不校即校矣，而求專家通學如盧、朱者，固百不一遘。今讀《酆謀》今本並誤「謀」、《商誓》、《作雒》諸篇，則盧、朱兩校，亦皆不能無妄改之失。然則此書之創痏眯目，斷跀不屬，寧足異乎？余昔讀此書，頗涉讎勘，略有發正，輒付掌録，覬以思誤之適，自資省覽，不足爲盧、朱兩家拾遺補闕也。至近代治此書者，如王氏懷祖《讀書雜志》、洪氏筠軒《讀書叢録》，二書朱校亦採之，然未盡也。莊氏葆琛《尚書記》、此書逞臆增竄，難以依據，然亦間有確當者。何氏願船《王會箋釋》、俞文蔭父《羣經平議》，其所理董，亦多精塙，既學者所習見，則固不煩捃録矣。光緒丙申七月，瑞安孫詒讓。

逸周書補釋自序

劉師培

《法言》有言：「書之不備者過半矣，而習者不知。」夫書之不備，奚惟古文《尚書》然哉？《周書》七十一篇，昔在周世，蓋與《尚書》百篇並列；春秋之際，學士大夫競相習誦。下逮管、墨、商、呂之書，各有稱述，均曰《周書》。儕之誓、誥，意靡軒輊。惟宣尼删《書》屏遺，弗加録。秦、漢傳經之士，均上溯七十子之傳，由是七十一篇絶無師説，爲漢儒所弗治，蓋與《古文尚書》不備者等矣。惟史遷擷以入史，鄭君用以證經，如《周官·職方氏》「兖州其民二男二女」，鄭謂當作「三女」，蓋即據《職方解》。許君援以説字。古字古誼，資斯罔墜。嗣孔晁作注，按文生訓，瞑於詁故。隋唐而降，轉相移録，校讎罕達，纔脱字易文，篇必數見。淺識之士，復儕諸汲冢古文，與《竹書紀年》並黜。惟王應麟補注《王會解》，克於孔注多匡補。近儒元和惠氏士奇作《禮説》，始援以説經。嗣嘉善謝氏墉刊餘姚盧氏文弨抱經堂校本，萃合舊刊，參互考驗，旁採惠棟、沈彤、趙曦明、段玉裁、二梁玉繩、履繩之説。雖義多闡發，然説間膠執，或改移喪真。盧氏而降，則高郵王氏念孫作《雜志》，子引之之説亦載入。臨海洪氏頤煊作《叢録》，其於盧校咸足諍違補缺，王説尤精審。别有江都陳氏逢衡作《補注》，嘉定朱氏右曾作《集訓校釋》，陳侈虛言，旁雜無緦理，朱書稍中繩，然恒依文繹意，鮮所疹發遠出。德清俞氏樾《平議》、下武進莊氏述祖《尚書記》，穿穴凌雜，創獲亦時有。光澤何氏秋濤《王會篇箋釋》，精於考地説物，説贍而旨約。此近儒治此書者之大略也。師培幼治此書，旁考近儒之説，間有撰述，未遑寫定。近讀瑞安孫氏詒讓《周書斠補》，每下一義，旁推交通，百思而莫易。《嘗麥》諸篇，詮釋尤晰，雖王氏《雜志》尚或莫逮。因發笥出舊説，以與孫書互勘，同於孫説者十之二，如《大明武解》「外權」當作「外灌」，《小明武解》「參呼」當作「噪呼」，《程典解》「土勸」當作「土觀」，《酆保解》「蟜萌」當作「僑氓」，《大匡解》「背黨」當作「比黨」，《武儆解》「金枝郊寶」當作「金版郊室」，《器服解》「丸弁焚」當作「瓦登槃」是也。始異孫説改從孫説者十之三，如《大匡解》管叔自作殷之監，昔疑「自作」爲「聚」字之訛，解爲會合殷監，嗣覩孫改「自作」爲「臮」，遂宗其説。並從芟刈。於説之間可存者，略加編次。孔注而外，上採惠、盧、謝、洪、二王、陳、朱、俞、莊之説，迄孫説而止。凡所引前人説，均作「某云」，惟二惠、二王增名以爲別。於盧、陳、朱、孫所引之説，則以「某曰」別之。《王會解》一篇，則兼採王氏《補注》及何氏《箋釋》，以資印證。成書二卷，顔曰《補釋》。若五官、三監、五服、濮、路諸考，則別著爲篇，不附本書。因思前儒治此書者侈言考史，於典制則弗詳。然成周開國之初設官分職，較之《周官禮》所載不盡從同，欲稽同異，惟恃此編疏通而證明之，或亦後儒之責歟！

（據《左盦集》卷一所載）

周書補正自序

劉師培

《周書》七十一篇，蓋百篇之甹枅、九流之蘿萌也。昔者周世良佐達儒，習誦弗斁，儕諸謨、典，意泯輊軒。仲尼刪《書》，顧弗加録。斯蓋《世俘》之屬、《職方》之倫，詞或逕符於《武成》篇，或別麗于《周官》，偏舉已昭，互見則蔓。又《書》以廣聽，旨冀昭後，《寤儆》而上，詞顧涉權：慮兹世慝，爰從泠汰；《周月》諸解，體乖記言，析類崇謹，芟夷逌及。然《詩》合《韶》、《武》，僅存三百；《貍首》爲節，雅樂弗廢。刪而復存，《詩》、《書》一焉。又三《訓》以下，多三聖謀商之迹。度以範民，儉以持邦，備以輔攻，密以謀人家國，事出周史，事匪虛構。故百家競興，老摭其英，管、商、韓攈拾咸及。嗣則《廣文》、《大武》，籌臣通其謨；《六弢》、《金板》，計家副其諼。抵巇飛箝，浸流傾危。蓋見仁見智，理非一軌；根柢六藝，諸子實鈞；意所拾取，不必符儒。崇尚《周書》，斯爲盛矣！惟秦漢傳經，咸自儒家緒纘，七十子繇是絶無師説，與壁經衡顧稱述，亦不替。古文寖盛，儒者乃稍稍孳治。漢迹既東，説經貴旁徹，詮字説制，奉爲裁准，圓圛所資，蓋與經勒。晉五經博士孔君，辨歧誼於鄭、王，溯故言於賈、馬，按篇撰注，達滯抉幽。《外傳》韋解，近相匹擬；《戴禮》盧注，迴匪其方。惟或依字立訓，間瞑通假。降迄六代，遞相移録，篇帙缺而莫完，注文殘而弗續。歷唐達宋，篇僅六十；篇存注亡，復佔十九。加以胥寫奪訛，讎勘勿施，文句俄空，字體錯易，淺知士夫，以之下儕汲冢書。流别既眯，撢研絶罕。間有擴傳孔義，衹王應麟《王會篇補注》而已。近儒校勘，盧、朱差諦。王、洪、俞、戴，各揭厥識，惠昭故刊。孫次《斠補》，亦其選也。若夫丁、陳屬注，莊、魏裁篇，曼詞斎字，鮮入緦理。郝雖率戛而喪促，何復訏怽而多支？秜礫弗掇，指義焉通？師培服習斯編，於兹五載。竊以宋槧而下，善本罄殄。羣籍引援，條計千百，字或今佚而曩存，文或彼順而此踳。恉克兩通，殊文亦尚，莫違孔本，别義尤珍。前校採摭，十僅備六，爰事旁徵，用資思誤。又誓誥之篇，夙稱謳詰，古字古言，讀應《爾雅》，説膠則黏，訓乖則閡。近儒傳繹，脱詭遞彰。誼既違缺，是用諍補。況復豐鄗舊章，或冢殷商；雒邑六典，弗悉攷符。制與古學互昭，藴或後儒未闡。莞闚所逮，亦事引撢。綜斯三旨，稿凡四易，成書六卷，名曰《補正》。《略説》一卷，别麗簡末，所以掊謬悠，摭殘佚也。惟是蒐言蹶作，故籍冥湛，六藝之文幾儕髦棄，矧兹經餘肄業？及糾繩謬，是在達者。辛亥六月，儀徵劉師培。

周書補正跋

劉師培

《周書》七十一篇，晉有孔晁注，宋有王應麟《王會篇補注》。近儒元和惠氏士奇作《禮説》，始援以説經。嗣嘉善謝氏墉刊餘姚盧氏文弨抱經堂本，萃合舊刊，旁採惠棟、沈彤、趙曦明、段玉裁、二梁玉繩、履繩之説，雖義多闡發，然或改移喪真。盧氏而降，則高郵王氏念孫作《雜志》、臨海洪氏頤煊作《叢録》，其於盧校，咸足諍違補缺，王説尤精審。别有江都陳氏逢衡作《補注》，嘉定朱氏右曾作《集訓校釋》，栖霞郝氏懿行作《輯要》，陳侈虚言。朱、郝依文繹意，並鱗瘮發遠出。德清俞氏樾《平議》、下武進莊氏述祖《尚書記》，説尤凌雜。光澤何氏秋濤《王會篇箋釋》，惟精考地。此近儒治此書之大略也。師培幼治此書，旁考近儒之説，兼得元和朱氏駿聲、江都田氏普實、德清戴代望各校本，參互考覈，以求其真。間有撰述，未遑寫定。近讀瑞安孫氏詒讓《斠補》，每下一義，旁推交通，百思而莫易。《嘗麥》諸篇，詮釋尤晰，王氏《雜志》尚或莫逮。因發笥出舊説，以與孫書互勘。同於孫説者十之二，始異孫説改從孫説者十之三，並從芟刈。於兩説之間可存者，略加編次。孔注而外，上採惠、盧、謝、洪、二王、二朱、陳、莊、郝、俞、田、戴之説，迄孫説而止，《王會》一篇則兼採王氏《補注》及何氏《箋釋》，以資印證。成書六卷，署曰《補正》。若五官、三監、五服、濮、路、《月令》、明堂諸考，則别著爲篇，不附本書。《略説》一卷，書亦别出。世有好古敏求之士，幸詳覽焉！民國二年四月，師培記。

周書後案序

陳漢章

有《周書》、有《逸周書》、有《古文周書》、有《汲冢周書》，汲冢書與《古文周書》之辨，於《文選注》徵之，《逸周書》與《周書》之辨，於鄦君書徵之。自餘則仳判不嚴，掍合爲一，或更羼入《六韜》、《陰符》、《金匱》諸説，故《周書》苦難讀也。宋《蘇氏謚法》稱《今文周書》，蓋以汲冢書爲古文，與唐人意異。余少從《漢魏叢書》中見《周書》，喜其古奥，而文句譌奪，隱滯弗憭。移録高郵王氏《雜志》於簡端，頗有悟入處。嗣後得盧校本，又徧讀諸家注釋。揚州劉君申叔前詒余《補正》六卷，參以瑞安孫氏《斠補》，乃遂整理舊稿，孯覈異同，去其與孫、劉闇合者，而存其所見出諸家之外者。《王會》、《史記》二篇，倍加詳考。併及佚文，都爲四卷，録付穀兒校刊，名之曰《後案》。後有案其説而辨其然不然者，蓋深有望乎通古今知然不之士也！顧爲之擁篲清道焉。陳漢章自識，時年七十有二。

後記

本項目由李學勤先生主持，具體工作，由張懋鎔、田旭東、黄懷信等三人分工合作完成。其中黄懷信負責制定體例（李先生審定），全部舊本校勘，卷一、二、三（部分）、十及各家序跋與佚文之彙輯，田旭東負責卷三（部分）、四、五、六之彙輯，張懋鎔負責卷七、八、九之彙輯。初稿完成後，李學勤先生審閱了部分書稿，並就幾處疑難斷句作出裁定。清樣打出後，李先生又加審閱，多所修正。是李先生之於此書，可謂盡心。這是我們首先想向讀者道明的。

又本項目曾先後得到陝西省教委、全國高校古委會專項資助；西北大學科研處馬林安同志、西北大學古籍所所長周天游教授，也給予了很大支持與幫助；學友趙瑞民博士、上海古籍出版社劉德權先生，也爲此書付出了艱辛的勞動，在此一併表示感謝。

由於水平有限，錯誤、疏漏當所不免；又由於衆手所成，體制、風格或有不一，唯讀者諸君多加指正，則於心不勝感戴！

撰者識

一九九四年八月